新編諸子集成

春秋繁露義證

蘇輿 撰
鍾哲 點校

中華書局

點校説明

春秋繁露是西漢董仲舒(約公元前一七九——前一〇四)的主要著作,一般認爲係後人輯録成帙。至有清一代,才出現兩個較完善的校注讀本(盧文弨校本和凌曙注本)。宣統年間,湖南平江人蘇輿(?——一九一四)字厚菴,兼取盧校凌注,廣採前人研究成果,「隨時劄録」,成春秋繁露義證,是目前爲止校訂春秋繁露較完善的本子。

此次整理,以一九一〇年長沙王先謙原刻本爲底本,通校了凌本。遇有異文,又參校了盧本和四部叢刊本。對其他引文,亦找原書作了校對。文字凡有改動,咸出校記説明,惟顯誤字、避諱字逕改不出校。年譜、考證及王先謙序原在卷首,今移附書後。

鍾哲　一九八八、九、三十

此次重印,我們參考鍾肇鵬先生的意見,作了部分修訂,沈燮元先生還指出原「點校説明」的一處嚴重錯誤,這裏一併致謝。

中華書局編輯部

二〇〇九年十二月

目録

春秋繁露義證卷第十二……三三一

春秋繁露義證卷第十三……三四六

春秋繁露義證卷第十四

春秋繁露義證卷第十五

附　録

自序

余少好讀董生書，初得淩氏注本，惜其稱引繁博，義藴未究。已而聞有爲董氏學者，繹其義例，頗復詫異。乃盡屏諸説，潛心玩索，如是有日，始粗明其旨趣焉。繁露非完書也。而其説春秋者，又不過十之五六。然而五比偶類，覽緒屠贅，尚可以多連博貫，是在其人之深思慎述。而緣引傅會，以自成其曲説者，亦未嘗不因其書之少也。

余因推思董書湮抑之繇，蓋武帝崇奉春秋本由平津，董生實與之殊趣。生於帝又有以言災異下吏之嫌，雖其後帝思前言，使其弟子吕步舒以春秋義治淮南獄，且輯用生公羊議，時復遣大臣就問政典，抑貌敬以爲尊經隆儒之飾耳。史公稱公孫弘以春秋白衣爲天子三公，天下學士靡然嚮風。則當日朝野風尚可以概見。其後眭孟以再傳弟子誤會師説，上書昭帝，卒被刑誅。董云：「雖有繼體守文之君，不害聖人之受命。」殆謂如孔子受命作春秋，行天子之事耳。弘乃請漢帝索求賢人而退，自封百里，是直欲禪位也。故史獨稱嬴公一傳能守師法。當時禁網嚴峻，其書殆如後世之遭毁禁，學者益不敢出。乃至劭公釋傳，但述胡毋，不及董生，皆此故已。歆崇古學，今文益微，公羊且被譏議，董書更何自存？是以荀爽對策，請頒制度之別；應劭譔集，中有斷獄之書。則知易代幸存，都未流布，今並此而佚，惜哉！非隋唐人時見徵引，則宋世且無從輯録此書矣。雖真贋糅雜，而珍共球璧，豈不以久晦之故與？國朝嘉道之間，是書大顯，綴學之士，益知鑽研公羊。而如龔自珍、劉逢禄、宋翔鳳、戴望之徒，劉宋皆莊存與甥，似不如莊之矜慎。闡發要眇，頗復鑿之使深，漸乖本旨。承其後者，沿譌襲謬，流爲隱怪，幾使董生純儒蒙世詬厲，豈不異哉！

義證之作，隨時劄録，宦學多暇，繕寫成帙。以呈長沙師，師亟取公錢刊行。踳駮疏舛，自知不免，惟通識君子，恕其愚矇，匡其闕誤，則幸甚。

宣統己酉十月，平江蘇輿敬識於宣武門内小絨綫胡同寓廬

例言

漢藝文志載董仲舒百二十三篇，公羊董仲舒治獄十六篇。後漢書應劭傳，仲舒作春秋決獄二百三十二事，當即志之十六篇，而無春秋繁露名。漢書本傳載仲舒説「春秋得失，聞舉、玉杯、蕃露、清明之屬復數十篇」。是蕃露止一篇名，當在百二十三篇中。此書隋、唐志始著録，唐宋類書時見徵引。論衡所引情性陰陽之説，與今本不同。又旱祭、女媧之議，今亦未見，或是百二十三篇中原文。公羊序疏引繁露云：「能通一經曰儒生，博覽羣書號曰鴻儒。」又莊十三年疏引繁露云：「論功則桓兄文弟，論德則文兄桓弟。」禮記文王世子疏引繁露云：「成均爲五帝之學。」周禮大司樂注亦引董仲舒語云：「成均五帝之學也。」疏特出繁露釋之，是亦以爲繁露語。今本竝無之，則知唐時繁露，尚多於今本。漢書宣紀注臣瓚引董仲舒書曰：「有其功無其意謂之戾，無其功有其意謂之罪。」又宋趙德麟侯鯖録引董仲舒曰：「太平之世，則風不鳴條，開甲散萌而已。雨不破塊，濡葉津根而已。雷不驚人，號令啟發而已。電不眩目，宣示光耀而已。霧不塞望，浸淫被泊而已。雪不封陵，弭害消毒而已。雲則五色而爲慶，雨則三日而成膏，露則結珠而爲液。此聖人在上，則陰陽和而風雨時也。政多紕繆，則陰陽不調，風發屋，雨溢河，雹至牛目，雪殺驢。此皆陰陽相盪爲祲沴之故也。」周密齊東野語載西京雜記載董仲舒曰：「水極陰而有温泉，火至陽而有寒燄。」亦均似繁露語。此外引仲舒書者尚多，惟如御覽四百七十二引董子曰「禹見耕者五耦而式」云云。此等疑是董無心所著書，當分别觀之。蓋東漢古學盛而今學微，故董書與之散佚。兹後人採掇之廑存者，前人已疑其非盡本真。詳見攷證。朱子亦曾言，繁露、玉杯等篇，多非其實。又朱子策問云：「問漢世專門之學，如歐陽、大小夏侯、孔氏書，齊、魯、韓氏詩，后氏、戴氏禮，董氏春秋，梁丘、費氏易，今皆亡矣。其僅有存者，又已列於學官，其亦可以無惡於專門矣。」云云。然微詞要義，往往而存，不可忽也。西漢大師說經，此爲第一書矣。西漢書有兩體：一、今所傳毛公詩傳，爲注經體。朱子答張敬夫書云：「漢儒可謂善說經者，不過只說訓詁。」又語類云：「漢初諸儒，專治訓詁。」是也。一、說經體，如此書及韓詩外傳是也。然韓詩述事以證經，此書依經以騁義，尤爲精切。今所云漢學，但是注體，故遂與義理分途。杭世駿乃云：「董生繁露，韓嬰外傳，偭背經旨，鋪列雜說，不知著書之體者也。」又尚書大傳及說苑、列女傳等書，皆於說經體爲近。茲於其可疑者，略爲別白，間復離其節次。錯簡誤文，時據諸家說及羣書逡正，竝注原文於下。

何休序公羊解詁云：「往者略依胡毋生條例，多得其正。故遂隱括，使就繩墨。」而無一語及董。條例當是「五始」、「三科」、「九旨」、「七等」、「六輔」、「二類」、「七缺」之說。何以新周故宋，以春秋當新王爲一科三旨。此實誤會。董決不以此爲科旨。其引春秋、杞子，乃借以證興禮之意，說見本篇注。究其義，與此合者十實八九。胡毋生與董同業，殆師說同也。東塾讀書記舉何注同繁露者止三條。晁氏志，董仲舒以公羊顯，又四傳至何休。案唐時配享孔子廟庭，有何休無董仲舒，蓋不知何學本於董氏。惟胡安國列春秋綱領七家，有董無何。余別有公羊董義述。茲間爲採入，以證淵源。其說焉而失者，間爲辨正。此外如兩京經師家說，及詔令奏議與本書比傅者，頗復採録。用徵條貫之同，而得致用之略。諸子及各傳記，亦多節取。緯家說同出今學，引用特愼。家語、孔叢雖爲僞譔，要是古說，間亦采録。

此書凌氏曙始有注本。明朱睦㮮萬卷堂書目有吴廷舉繁露節解一册，今未見。凌之學出於劉氏逢禄，見包世臣所作墓表。而大體平實，絕無牽傅。惟於董義，少所發揮，疏漏繁碎，時所不免。如「子曰」「嗚呼」之類，並爲詳釋。王道篇「吴王夫差行强於越，臣人之主，妾人之妻」，見越世家，而誤云「以楚人之王爲臣，楚人之妻爲妾」。觀德篇「諸夏滅國首無駭」，見於隱二年，而以爲首齊師滅譚。三代改制篇「薦尚肝」云云，與明堂位異，不知是今文異説，而以爲誤文。斯類不勝枚舉。隨文改正，不復徵引，以省複冗。其可採者，仍加「凌云」以別之。各家解釋，足資考證者，並爲收入。與盧氏同參校者，爲趙曦明、江恂、秦黌、張坦、陳桂森、段玉裁、吴典、錢唐、秦恩復、陸時化、陳兆麟、齊韶。錢有校語數條，今據盧本録入。凌本所引莊侍郎存與、張編修惠言、劉庶常逢禄、李庶常兆洛、沈孝廉欽韓、鄧文學立成説，亦並采用。戴望説，據孫詒讓札迻引；朱一新説，見無邪堂答問及與某氏書。○光緒丁戊之閒，某氏有爲春秋董氏學者，割裂支離，疑誤後學。如董以傳所不見爲「微言」，而剌取陰陽、性命、氣化之屬，摭合外教，列爲「微言」，此影附之失實也。三統改制，既以孔子春秋當新王，則三統上及商周而止。而動云孔子改制，上託夏、商、周以爲三統。此條貫之未晰也。鄗取乎莒，及魯用八佾，並見公羊，而以爲口説，出公羊外。此讀傳之未周也。其他更不足辨。

是書宋本不多見，然據明校所引宋本參之，知已不免譌誤。乾隆時館臣據永樂大典所收樓鑰本對勘，補訂删改，漸成完帙。且於創行聚珍板之始，首先排印。詳見聚珍板程式，即今所稱官本。盧氏文弨曾取聚珍本覆加考核，參以明嘉靖蜀中本，及程榮、何允中兩家本，今所稱盧校本是也。凌注本亦以聚珍爲主，參以明王道焜及武進張惠言讀本。予復得明天啟時朱養和所刊孫鑛評本，合互校訂，擇善而從。從盧校本爲多。據朱刊孫鑛評本凡例，又稱此書尚有婺女潘氏本，太倉王氏本，與宋本同。又聞明蘭雪堂本，仿宋刻最佳，今亦未見。其官本曾校他本作某，與今所見各本同者，不復列，異則出之。凡校語不關書義者，別爲圈隔，以便省覽。其顯然譌奪者，不復列，得兩通者存之。

春秋繁露義證卷第一

周禮大司樂賈疏云：「前漢董仲舒作春秋繁露。繁，多；露，潤。爲春秋作義，潤益處多。」南宋館閣書目云：「逸周書王會解『天子南面立，絻無繁露』，注云：『繁露，冕之所垂也，有聯貫之象。』春秋屬辭比事，仲舒立名，或取諸此。」史記索隱及王應麟漢藝文志攷説同。程大昌書秘書省繁露後云：「牛亭問崔豹：『冕旒以繁露者何？』答曰：『綴玉而下垂，如繁露也。』（見博物志。）則繁露也者，古冕之旒，似露而垂，是其所從假以名書也。以杜樂所引，推想其書，皆句用一物，以發己意，有垂旒凝露之象焉。」

輿案：諸家所推名書之意，皆近傅會。程氏至比於連珠，自仿其體，記録雜事，爲演繁露，失之尤遠。漢書董仲舒傳云：（後稱本傳。）「仲舒所著，皆明經術之意，及上疏條教，凡百二十三篇。而説春秋事得失，聞舉、玉杯、蕃露、清明之屬，復數十篇，十餘萬言，皆傳於後世。」是蕃（蕃、繁通。）露只一篇名。漢藝文志有董仲舒百二十三篇，公羊董仲舒治獄十六篇。後漢書應劭傳：「仲舒作春秋決獄二百三十二事。」當即藝文志之十六篇，並在此書外，而無春秋繁露名。至隋、唐志著録，始有春秋繁露十七卷。而百二十三篇者已佚，疑是後人雜採董書，綴緝成卷，以篇名總全書耳。御覽六百二、九百三十，並引西京雜記，言「董仲舒夢蛟龍入懷，乃作春秋繁露」，則知由來久矣。

楚莊王第一

樓郁云：「潘氏本楚莊王篇爲第一，他本皆無之。然則爲潘氏附著無疑。」輿案：此取篇首字爲名，獨異他篇。疑本名繁露，後人以避總書，改今篇名。玉海載八十二篇目，云「始楚莊王，終天道施」，則王深寧所見本亦如此。

楚莊王殺陳夏徵舒，春秋貶其文，不予專討也。宣十一年：「楚人殺陳夏徵舒。」公羊傳云：（以後稱傳，不出公羊。）「此楚子也。其稱人何？貶。曷爲貶？不與外討也。」「曷爲不與？實與而文不與。文曷爲不與？諸侯之義，不得專討也。」案：本書竝公羊說，而順命及深察名號篇有穀梁語。本篇晉伐鮮虞，玉英篇桓無王，有穀梁義。此類當是師說偶同。**靈王殺齊慶封，而直稱楚子，何也？**昭四年：「楚子、蔡侯、陳侯、許子、頓子、胡子、沈子、淮夷伐吳，執齊慶封，殺之。」傳：「此伐吳也。其言執齊慶封何？爲齊誅也。其爲齊誅奈何？慶封走之吳，吳封之於防。然則曷爲不言伐防？不與諸侯專討也。」案：直稱楚子，傳無文。本書之於傳，闡發爲多。亦有推補之者，如此及非逢丑父之類是也。有救正之者，如賢齊襄復賢紀侯之類是也。有特畧之者，如殺子赤弗忍書日，外不用時月日例是也。**曰：莊王之行賢，而徵舒之罪重。**宣十年：『陳夏徵舒弒其君平國。』」史記陳杞世家：「孔子讀史記至楚復陳，曰：『賢哉楚莊王，輕千乘之國而重一言。』」**以賢君討重罪，其於人心善。若不貶，孰知其非正經。**春秋以經輔治，以權濟變，使人心不迷於正經，則天下可得而理矣。孟子曰：「君子反經。」**春秋常於其嫌得者，見其不得也。**莊王以賢君討重罪，嫌於得褒。靈王懷惡而討，與慶封同罪，故不嫌也。春秋別嫌疑，明是非，常于衆人之所善，見其惡焉；於衆人之所忽，見其美焉。隱七年傳云：「貴賤不嫌同號，美惡不嫌同辭。」蓋不嫌者可同，嫌者則纖微不相假借。在禮，女君嫌於舅姑爲婦，故于妾無服，而妾爲女君期，妾不嫌而女君嫌也。燕不以公卿爲賓，而以大夫爲賓，大夫不嫌而公卿嫌也。尸不以子而以孫，孫不嫌而子嫌。皆此例也。故曰：春秋原於禮。○嫌得者，王道焜本注云：「宋本得作德。」盧文弨云：（後稱盧云。）「得、德古多通用。」**是故齊桓不予專地而封，晉文不予致王而朝，楚莊弗予專殺而討。**僖元年：「齊師、宋師、曹師次於聶北，救邢。」傳：「君則其稱師何？不與諸侯專封也。」僖十四年：「諸侯城緣陵。」傳：「城杞也。」「孰城之？桓公城之。曷爲不言桓公城之？不與諸侯專封也。」僖二十八年：「公會晉侯、齊侯、宋公、蔡侯、鄭伯、衛子、莒子，盟於踐土。公朝於王所。」傳：「曷爲不言公如京師，天子在是也。天子在是，則曷不言天子在是？不與致天子也。」弗，當作不，與上一律。**三者不得，則諸侯之得，殆此矣。**盧云：「殆，近也。此，即指上三事而言。」輿案：不與專封、致王、專討，尊王之大義也。三者不得褒，則其他諸侯之得褒者，可知其比矣。○此，官本作貶，云：「他本作此。」凌本同，「殆」下引原注云：（凡凌引原注，皆王道焜本。）「恐是不待。」俞樾云：（後稱俞云。）「以三君者之賢，而不得焉，則諸侯之得，殆非所以爲褒，而適所以爲貶。故曰諸侯之得殆貶矣。」輿案：春秋以比成文，豈能概以褒爲貶。今從盧校。**此楚靈之所以稱子而討也。**楚莊之賢，不與專討，則楚靈之不予可知。雖稱子以討罪人，不嫌矣。**春秋之辭，多所況，**詞多以況譬而見，所謂比例。**是文約而法明也。**史記孔子世家：「約其文辭而指博。」故吳楚之君自稱王，而春秋貶之曰子。踐土之會，實召周天子，而春秋諱之曰：『天王狩於河陽。』推此類以繩當世。貶損之義，後有王者，舉而開之。春秋之義行，則天下亂臣賊子懼焉。孔子在位聽訟，文辭有可與人共者，弗獨有也。至於爲春秋，筆則筆，削則削，子夏之徒不能贊一詞。弟子受春秋，孔子曰：『後世知丘者以春秋，而罪丘者亦以春秋。』」問者曰：不予諸侯之專封，復見於陳蔡之滅。不予諸侯之專討，獨不復見於慶封之殺，何也？昭十三年：蔡侯廬歸于蔡。陳侯吴歸于陳。」傳：「此皆滅國也。其言歸何？不予諸侯專封也。」盧云：「文已見僖十四年，此又復見也。」○「慶封」上，各本脱「於」字，今依盧校補。曰：春秋之用辭，已明者去之，未明者著之。莊存與云：（後稱莊云）「春秋之辭，文有不再襲，事有不再見，明之至也。事若可類，以類索其別。文若可貫，以貫異其條。聖法已畢，則人事雖博，所不存也。」輿謂春秋用辭，有簡有復。大美大惡之所昭，愚夫婦之所與知者，則一明而不贅，所謂壹譏而已者也。嫌於善而事或鄰於枉，嫌於惡而心不詭於良，則必推其隱曲，往復聯貫。或變文以起其別義，或同辭以致其湛思。故孔子曰：「書之重，辭之復，嗚呼！不可不察也。」（見祭義篇。）今諸侯之不得專討，固已明矣。而慶封之罪未有所見也，昭四年傳：「慶封之罪何？脅齊君而亂齊國也。」故稱楚子以伯討之，著其罪之宜死，以爲天下大禁。春秋，明是非之書也。記行事以加王心，凡以禁奸而勸善而已。雖以楚靈無道，諸侯外討，不以貸慶封當死之罪。故曰：春秋成而亂臣賊子懼。曰：人臣之行，貶主之位，曰者，言春秋之意如此。此類即大義。使主失其尊，故云貶。傳所云脅君也。亂國之臣，俞云：「當作亂主之國。」雖不篡殺，○凌曙云：（後稱凌云。）「當作弑。」案：弑、殺一字兩讀，殺君作弑，由後改。其罪皆宜死，比於此其云爾也。篡弑之宜死，不待著也。傳特著慶封脅君亂國之罪，見後世臣子有似此者，不待其有篡弑之迹，皆爲聖法所必誅，以慶封爲例云爾。漢書翟方進傳：「陳慶自設不坐之比。」顔注：「比，例也。」論衡程材篇：「仲舒表春秋之義，稽合於律，無乖異者。然則春秋漢之經，孔子制作，垂遺於漢。論者徒尊法家，不高春秋，是闇蔽也。」

案：比即律之所由生。歷代刑律故多根柢於春秋。○句末「其」字、「也」字疑衍。

春秋曰：○凌本不提行。**「晉伐鮮虞。」奚惡乎晉而同夷狄也？**昭十二年：「晉伐鮮虞。」何注：「晉不大綏諸侯，先之以博愛，而先伐同姓。從親親起，欲以立威行霸，故狄之。」疏云：「諸夏之稱，連國稱爵。今單言晉，作夷狄之號。」　案：穀梁傳：「其曰晉，狄之也。」據此，知公羊義同。賈、服注春秋左氏傳，亦引穀梁爲説。是古今文説無異義也。俞云：「自此至『是其所以窮也』，當在竹林篇鄭伐許一節之前。彼文云：『春秋曰：「鄭伐許。」奚惡於鄭而夷狄之也？』中間亦有問者曰云云，與此文一律。故知兩文必相次也。董子原書，當以春秋分十二世爲三等，爲首篇其篇名即曰繁露。今書稱春秋繁露者，以首篇之名目其全書也。傳寫者誤取楚莊王及晉伐鮮虞二節列於前，遂以楚莊王題篇，并繁露之名而失之矣。然則楚莊王節宜在何處？曰：此固不可考。然晉伐鮮虞在竹林篇，則楚莊王節或亦當在竹林篇，蓋與晉伐鮮虞節本相次也。今本竹林篇逄丑父及鄭伐許兩節相次，古本此兩節之間，當有楚莊王及晉伐鮮虞兩節。晉伐鮮虞與鄭伐許固以類相從，而楚莊王節以楚莊王殺陳夏徵舒、靈王殺齊慶封相提並論，逄丑父節以丑父欺晉、祭仲許宋相提並論，是二事亦以類相從也。然則此兩節之當厠於其間無疑矣，傳寫者升此兩節於篇首，必非其舊。」　輿案：此書隨文綴緝，其節次不可深考。今於前人校定確見爲誤者，間爲迻正一二，餘悉仍其舊云。**曰：春秋尊禮而重信。信重於地，禮尊於身。**國家之於地，人之於身，可謂尊重矣。而信禮則又過之，以顯信禮之大也。孔子曰：「自古有死，無信不立。」**何以知其然也？宋伯姬疑**〔一〕**禮而死於火，齊桓公疑信而虧其地，**襄三十年傳：「宋災，伯姬存焉。有司復曰：『火至矣，請出。』伯姬曰：『不可！吾聞之

〔一〕「疑」字，凌本、叢刊本作「恐不」。

也」：婦人夜出，不見傅，母不下堂。傅至矣，母未至也。』逮乎火而死。」莊十三年：「公會齊侯盟於柯。」傳：「曹子手劍而從之曰『願請汶陽之田』。桓公曰『諾』。要盟可犯，而桓公不欺，曹子可讐，而桓公不怨。桓公之信，著乎天下，自柯之盟始焉。」　案：疑禮疑信，謂止於信禮，雖死身失地而不遷也。詩桑柔篇「靡所止疑」，毛傳：「疑，定也。」荀子解蔽篇：「以可以知人之性，求可以知物之理，而無所疑止之。」疑止，即止疑。疑，亦止也。儀禮公食大夫禮「賓立於階西，疑立」，注：「疑，正立也，自定之貌。」又見士昏禮、鄉飲酒注：「疑，古亦通作凝。」詩「止疑」，齊作止凝。易坤文言「陰疑於陽必戰」，荀虞、姚信、蜀才本作凝。莊子達生篇「用志不分，乃凝於神」，列子黄帝篇作疑。韻會：「凝或作疑。」又引大雅「靡所止凝」，注：「音屹，讀如儀禮疑立之疑，定也。」是疑、凝、屹同義，此古訓之僅存者。○疑禮，明天啟孫鑛評本（以後稱天啟本。）作恐不禮，注云：「一作疑禮。」俞云：「下句『疑』下亦當有不字，疑亦猶恐也。禮記雜記『皆爲疑死』，鄭注：『疑猶恐也。』疑與恐同義。此文上言恐不禮，下言疑不信，文異而義同。」案俞説非，今從盧校。

春秋賢而舉之，以爲天下法，曰禮而信。三字疑有誤脱或衍文。**禮無不答，施無不報，天之數也。**數，猶道也。吕覽壅塞篇「寡不勝衆，數也」，高注：「數，道數也。」本書數字多如此用。玉杯篇「與天數相終始」，謂與天道相終始也。「弗繫人數而已」，謂弗繫人道也。本篇「得大數而治，失大數而亂」，大數猶言大道也。此例甚多。哀七年左傳：「制禮上物，不過十二，天之大數也。」潛夫論班禄篇引作「天之道」，又其證也。**今我君臣同姓適女，女無良心，**適，之也。女、汝同。孔廣森云：（凡孔説竝出公羊通義。）「鮮虞，姬姓國，見世本。杜預謂白狄別種，妄也。後改國名中山。史記中山武公，徐廣以爲西周桓公之子。雖失其實，然爲周分子無疑。」**禮以不答。有恐畏我，**以、已通，既也。盧云：「有，古與又同，書内多如此。」**何其不夷狄也。**春秋論夷狄，不以地限，故曰中國亦新夷狄。詳見竹林篇。公子慶父之亂，魯危殆亡，而齊侯〔一〕安之。殆亡，言幾於亡。○官本云：「安，他本誤公。」於彼無親，尚來憂我，彼我、汝我，皆春秋設詞。閔二年傳：「莊公死，子般弒，比三君死，曠年無君。設以齊取魯，曾不興師徒，以言而已矣。桓公使高子將南陽之甲，立僖公而城魯。」如何與同姓而殘賊遇我。俞云：「與，當作以，古字通用。」詩云：「宛彼鳴鳩，翰飛戾天。我心憂傷，念彼先人。明發不昧，有懷二人。」念彼，毛詩作念昔；不昧，作不寐。此今文字異。阮元三家詩補遺及陳喬樅並以董爲齊詩，公羊本齊學也。毛傳：「先人，文武也。」禮祭義：「明發不寐，有懷二人，文王之詩也。」鄭注：「明發，謂夜至旦也。二人，謂父母。」案：上以同姓爲言，而引此詩，是董亦以先人爲文武，以晉與鮮虞同出姬姓也。知古今文說同。人皆有此心也。今晉不以同姓憂我，而强大厭我，厭，同壓。○盧云：「舊本作『今晉文不以其同姓憂我』，譌。」我心望焉。望，猶恨。故言之不好。謂不予褒稱。楚辭：「余令鴆爲媒兮，鴆告余以不好。」二字所本。謂之晉而已，婉辭也。衛伐凡伯，晉敗王師，直書爲戎。此第去爵號。以彼例此，猶是婉辭。春秋嚴於亂臣賊子之防，纖芥必貶。至於事關君父，則辭多隱諱。對於鄰敵，亦義取包容。原賢者之心，避難言之隱，皆不失忠厚之旨。董子之言春秋也，曰「正辭」，曰「婉辭」，曰「温辭」，曰「微詞」，曰「詭詞」。又曰：「以仁治人，以義正我。」可以觀其通矣。○凌本「婉」上有是字。

問者曰：○凌本不提行，天啟本同。今從盧本。晉惡而不可親，公往而不敢至，昭二年：「公如晉，

〔一〕「齊侯」，凌本、盧本、叢刊本作「齊桓」。

至河乃復。」傳：「其言至河乃復何？不敢進也。」**乃人情耳。君子何恥而稱公有疾也？**昭二十三年：「公如晉，至河，公有疾，乃復〔一〕。」傳：「何言乎公有疾乃復？殺恥也。」何注：「因有疾以殺畏晉之恥。」**曰：惡無故自來。君子不恥，内省不疚，何憂於志，是已矣。**○盧云：「大典本『於志』作何懼。『已矣』二字疑一衍。」輿案：官本作何懼，云：「他本作於志。」凌本同。案此當是引大學「無惡於志」語，無何異文。憂，原當作惡，「何惡」正承上「不恥」。憂，篆書作「𢝊」，與「惡」相近，後人改「何憂」，遂並改「於志」作何懼，以合論語耳。**今春秋恥之者，昭公有以取之也。臣陵其君，始於文而甚於昭。**文之失由於厭政，專任行父。案僖三十年傳：「公子遂如京師，遂如晉。」傳云：「公不得爲政爾。」是公羊以爲始於僖也。後漢樂恢傳：「政在大夫，孔子所疾，世卿持權，春秋以戒。聖人懇惻，不虚言也。」**公受亂陵夷，而無懼惕之心，**亂端由來者漸，不知懼惕，遂至無救。漢書竇田灌韓傳贊「陵夷以憂死」，顔注：「陵夷，即陵遲，漸卑替也。」案：説文：「夌，夌徲也。」是本字作夌。淮南泰族訓：「山以陵遲故能高。」言由平易積漸至高也。盧云：「懼，讀爲瞿。」**囂囂然輕計妄討，**○盧云：「舊本『計』作詐，從趙改。」**犯大禮而取同姓，**襄十年：「十有二月甲子，宋公戌卒。」何注：「去冬者，蓋昭公取吴孟子之年。」哀十二年「孟子卒」，傳：「其稱孟子何？諱娶内姓，蓋吴女也。」**接不義而重自輕也。**輕討季氏，已取輕矣，復犯大禮，是重自輕。**人之言曰：「國家治，則四鄰賀；國家亂，則四鄰散。」是故季孫專其位，而大國莫之正。**凌云：「謂齊晉不能救正。」**出走八年，**凌云：「自二十五年九月孫於齊，至三十二年薨於

〔一〕「乃復」，據公羊傳補。

乾侯，凡八年。」死乃得歸。定元年：「公之喪至自乾侯。」身亡子危，定元年傳：「即位何以後？昭公在外，得入不得入未可知也。曷爲未可知？在季氏也。」困之至也。君子不恥其困，而恥其所以窮。無取辱之道而至於困，則命也。所恥者，有致窮之道耳。故人主慎微儆漸，震恐可以致福。昭公雖逢此時，苟不取同姓，詎至於是。雖取同姓，能用孔子自輔，亦不至如是。孔子學主經世，故有輔治之用。仲舒推定二年雉門及兩觀災，及哀三年桓釐宮災，四年亳社災，竝以爲不用孔子之應。法言寡見篇：「或問：魯用儒而削，何也？曰：魯不用儒也。昔在姬公用於周，而四海皇皇，奠枕於京。孔子用於魯，齊人章章，歸其侵疆。魯不用真儒故也。如用真儒，無敵於天下，安得削？浩浩之海濟，樓航之力也。航人無楫，如航何？」又五百篇：「或問：孔子之時，諸侯有知其聖者與？曰：知之。曰：知之則曷爲不用？曰不能。曰：知聖而不能用也，可得聞乎？曰：用之則宜從之，從之則棄其所習，逆其所順，彊其所劣，捐其所能，衝衝如也。非至德孰能用之？」時難而治簡，行枉而無救，是其所以窮也。上無禮，故曰治簡；左右無賢，故曰無救。夫得賢猶足補失禮之釁，爲治者可知所務矣。詩曰：「人之云亡，邦國殄瘁。」

春秋分十二世以爲三等，有見，有聞，有傳聞。有見三世，有聞四世，有傳聞五世。故哀、定、昭，君子之所見也。襄、成、文、宣，君子之所聞也。僖、閔、莊、桓、隱，君子之所傳聞也。隱元年〔一〕傳：「所見異辭，所聞異辭，所傳聞異辭。」又見桓二年傳。隱元年何注：「所見者，謂昭、定、哀，己

〔一〕「元年」，原誤「二年」，據凌本及公羊傳改。

與父時事也。所聞者，謂文、宣、成、襄，王父時事也。所傳聞者，謂隱、桓、莊、閔、僖，高祖曾祖時事也。」與董子同。顔安樂以爲：襄二十三年「邾婁鼻我來奔」，傳云：「邾婁無大夫，此何以書？以近書也。」又昭二十七年「邾婁快來奔」，傳云：「邾婁無大夫，此何以書？以近書也。」二文不異，宜同一世。故斷自孔子生後即爲所見之世。案：孔子以襄二十一年生，終襄三十一年，才十歲耳。所見短而所聞長，宜從董説。孔廣森謂所見世宜以襄爲限，所聞世以成、宣、文、僖四廟爲限。殆不必然。董子言三世，不用亂世、升平、太平之説，（近人多稱據亂世，案何休公羊解詁序云：「本據亂而作。」疏云：「謂據亂世之史而爲春秋。」是「據亂」二字不相聯也，今删據字。）要以漸進爲主。所謂撥亂世，反之正也。○文宣，盧本倒作「宣文」。**所見六十一年，所聞八十五年，所傳聞九十六年。於所見微其辭，於所聞痛其禍，於傳聞殺其恩，與情俱也。**本書奉本篇：「殺隱桓以爲遠祖，宗定哀以爲考妣。」案：禮，服上不盡高祖，下不盡玄孫。故曰四世而緦麻，服之窮也。五世袒免，殺同姓也。六世而親屬竭矣。又曲禮有不逮事之義，則不諱。此亦春秋緣禮而起者。凌云：「漢書韋玄成傳：『親疏之殺。』殺，慚降也。」**是故逐季氏而言又雩，微其辭也。**昭二十五年傳：「又雩者，非雩也，聚衆以逐季氏也。」定元年傳：「定哀多微辭，主人習其讀而問其傳，則未知己之有罪焉爾。」何注：「上以諱尊隆恩，下以避害容身。」太史公匈奴傳贊：「孔氏著春秋，隱桓之間則章，至定哀之際則微。爲其切當世之文，而罔褒忌諱之辭也。」**子赤殺，弗忍書日，痛其禍也。**文十八年「子卒」，傳：「子卒者孰謂？謂子赤也。何以不日？隱之也。何隱爾？弒也。弒則何以不日？不忍言也。」何注：「所聞之世，臣子恩痛王父深厚，故不忍言其日，與子般異。」○凌云：「殺，當作弒。」**子般殺而書乙未，殺其恩也。**莊三十二年：「十月乙未，子般卒。」隱元年何注：「異辭者，見恩有厚薄，義有深淺，時恩衰義缺，將以理人倫，序人類，因制治亂之法。」又桓二年注：「所見之世，臣子恩其君父尤厚，故多微辭是也。所聞之世，恩王父少殺，故立煬宮不日，武宮日是也。所傳聞之世，恩高祖曾祖又少殺，故子赤卒不日，子般卒日是也。」又見哀十四年注。盧云：「左傳作己未，二傳作乙未。」**屈伸之志，詳略之文，皆應之。**差世之遠近，爲恩隆殺，此屈遠而伸近也。屈民而伸君，屈君而伸天，（玉杯。）屈天地而伸義，（精華。）屈伸之旨大矣。精華篇云：「春秋傷痛而敦重，是以奪晉子繼位之辭，與齊子成君之號，詳見之也。」此亦詳略之例也。**吾以其近近而遠遠，親親而疏疏也，**○盧本「以」下有知字。凌本無，「以」作見。今從天啟本。**亦知其貴貴而賤賤，重重而輕輕也。有知其厚厚而薄薄，善善而惡惡也，有知其陽陽而陰陰，白白而黑黑也。**有，與又同。陽陰，謂尊卑。本書多以陰陽況君臣。荀子儒效篇：「修百王之法，若辨白黑。」後漢馮衍傳注：「白黑猶賢愚也。」司馬遷傳「春秋上明三王之道，下辨人事之經紀，別嫌疑，明是非，定猶豫，善善惡惡，賢賢賤不肖」，即董生説。韓愈行難篇「陸先生之賢，聞于天下，是是而非非」，語意本此。**百物皆有合偶，偶之合之，仇之匹之，善矣。**合偶仇匹，謂遠近親疏，貴賤重輕，各有對待，以爲屈伸詳略之等差也。本書威德所生篇云：「冬夏者，威德之合也。寒暑者，喜怒之偶也。」基義篇云：「凡物必有合。合必有上，必有下，必有左，必有右，必有前，必有後，必有表，必有裏。有美必有惡，有順必有逆，有喜必有怒，有寒必有暑，有晝必有夜。此皆其合也。」釋詁：「仇匹，合也。」王褒四子講德論：「鳴聲相應，仇匹相從。人由意合，物以類同。」偶、合、仇、匹，四字義並近。○天啟本「矣」作也。**詩云：「威儀抑抑，德音秩秩。無怨無惡，率由仇匹。」此之謂也。**仇匹，毛詩作羣匹。案：羣匹，又見禮三年問。羣亦仇也，古今文異耳。説文「羣，輩也」，義並相近。盧云：「王伯厚詩考未載。」**然則春秋，義之大者也。**春秋以立義爲宗，在學者善推耳。故孔子曰：「其義竊取。」然而筆削之意可窺識者，落落大端而已，以俟讀者之博達焉。程子云：「後世以史視春秋，謂褒貶善惡而已。至於經世之大法，則未之知也。春秋大義數十，炳如日星，乃易見也。惟其微詞奥義，時措咸宜者，爲難知也。或抑或縱，或予或奪，或進或退，或微或顯。而得于義理之安，文質之中，寬猛之宜，是非之公，乃制事之權衡，揆道之模範也。」得一端而博達之，漢書杜鄴傳：「案春秋災異，以指象爲言語，故在于得一類而達之也。」語又見精華篇。觀其是非，可以得其正法。法曰正法，辭曰正辭，凡以審視是非於天下。視其温辭，可以知其塞怨。辭愈婉而怨愈深。君弑而曰薨，夫人奔而曰孫，與讎狩而曰齊人，定公受國季氏，後書即位，而不敢名其脅。昭公娶同姓，避姬稱而不忍著其惡。皆其類也。塞怨，猶幽怨。俞云：「温，當讀爲藴，古字通。藴辭，謂藴蓄之詞，即上所謂微其詞者。」孫詒讓云：「鬼谷子權篇『憂者，閉塞而不泄者也』，即此塞怨之義。」輿案：温辭，自合，不必改字。是故於外，道而不顯，大惡書而抑多婉詞。於内，諱而不隱。微其辭而已，不隱其事。是故君道失則不書即位，不書玉，不書正。夫人之道失則書夫人姜氏，書婦姜，書孟子。大事曰大雩，大閲曰大蒐。曰考宫，曰獻羽，曰立宫，曰毁泉臺，所以正其失禮。曰初税畝，曰作丘甲，曰用田賦，曰作三軍，曰舍中軍，所以箴其失政。曰築郿，曰新延廐，曰新作南門，病民則書之。曰大水，曰螟，曰螽，曰震電，曰雨雹，慢時則書之。不以尊親之故，而概寬責備也。於尊亦然，於賢亦然。此其别内外、差賢不肖而等尊卑也。閔元年傳：「春秋爲尊者諱，爲親者諱，爲賢者諱。」孔廣森云：「聞之，有虞氏貴德，夏后氏貴爵，殷周貴親。春秋監四代之全模，建百王之通軌。尊尊、親親而賢其賢。尊者有過，是不敢譏。親者有過，是不可譏。賢者有過，是不忍譏。爰變其文而爲之諱，諱猶譏也。傳以諱與讎狩爲譏重是也。所謂父子相隱，直在其中。豈曲佞飾過之云乎。」○盧云：「以爲親者諱爲主。故云『於尊亦然，於賢亦然』。下云『别内外』，覆申爲親諱之義。『差賢不肖』，覆申爲賢者諱之義。『等尊卑』，覆申爲尊者諱之義。本或無『於尊亦然』四字者，脱也。」輿案：天啟本不脱。義不訕上，智不危身。故遠者以義諱，近者以智畏。畏與義兼，則世逾近而言逾謹矣。孔子曰：「畏大人。」又曰：「邦無道，危行言孫。」哀十四年何注：「託記高祖以來事可及問聞知者，猶曰我但記先人所聞，辟制作之害。」史記十二諸侯年表序：「孔子明王道，干七十餘君，莫能用，故西觀周室，論史記舊文，興於魯而次春秋，上記隱，下至哀之獲麟。約其辭文，去其煩重。以制義法。王道備，人事浹，七十子之徒，口受其傳指，爲有所刺譏褒諱挹損之文辭不可以書見也。」漢書藝文志：「春秋有所褒諱貶損，不可書見，口授弟子。」又云：「春秋所褒損大人，當世有威權勢力，其事實皆形於傳。是以隱其書而不宣，所以免時難也。」○逾，天啟本注云：「一作愈。」此定哀之所以微其辭。以故用則天下平，不用則安其身，春秋之道也。錢塘云：（後稱錢云。）「此春秋説開端大旨，當爲首篇，如冕旒然，繁露之名，或取於此。今次於前三節後，而以楚莊王題篇，疑出後人掇拾綴緝所致。」輿案：董書散亡，今本洵爲後人掇拾。是否以此開章，不可臆定。錢疑此篇本名繁露是，而説名篇意則鑿。

春秋之道，○天啟本不提行。奉天而法古。是故雖有巧手，弗修規矩，不能正方員。管子法法篇：「巧者不能廢規矩而正方員，聖人不能廢法而治國。」淮南子：「規者，所以員萬物也。矩者，所以方萬物也。」修，當作循。雖有察耳，不吹六律，不能定五音。六律，陽律：太簇、姑洗、蕤賓、夷則、無射、黄鐘。五音：宮、商、角、徵、羽。雖有知心，不覽先王，不能平天下。知，讀智。官本云：「覽，他本作覺。」然則先王之遺道，凌云：「遺留之道。」亦天下之規矩六律已。義本孟子。故聖者法天，賢者法聖，此其大數也。得大數而治，失大數而亂，此治亂之分也。所聞天下無二道，故聖人異治同理也。所聞，謂聞之於師。漢世治經，最重師説，蓋古道之遺也。荀子大略篇：「言而不稱師，謂之畔。教而不稱師，謂之倍。

倍畔之人，明君不內，朝士大夫遇諸塗，不與言〔一〕。」其嚴如此。董子對册云：（以後稱對册云。）臣愚不肖，述所聞，誦所學，道師之言，廑能勿失耳。」漢世選舉，有出入不悖所聞之目。其有偶背師説者，則承學之士相與詆諆。而假託大師，以自尊異者亦多也。又有因變異師説，得立太常者，嚴顔之春秋是已，然仍時傅師説以自固。揚雄法言寡見篇譏之曰：「譊譊之學，各習其師。」班固亦以安其所習，毁所不見，終以自蔽，爲學者之大患。西漢末造，稍稍訛雜矣。逮于東漢之初，博士弟子不修家法，私相容隱，以遵師爲非義，意説爲得理。徐防以爲深慮，上疏切言，謂宜改薄從忠。可想見風尚推移之漸矣。本書俞序篇所引師説，有子夏、閔子、公肩子、曾子、子石、世子、子池之倫。公羊疏謂胡毋生以公羊經傳傳授董氏。（見何休序徐疏。）然考漢書儒林傳：「胡毋生治公羊春秋，爲景帝博士。與仲舒同業，仲舒著書稱其德。年老，歸教於齊，齊之言春秋者宗事之，公孫弘亦頗受焉。」是仲舒但與胡毋同業，非師弟，徐説誤也。而今書中又無稱胡毋生之文，知殘佚多矣。

古今通達，故先賢傳其法於後世也。韓詩外傳：「夫詐人者曰：古今異情，其所以治亂異道。而衆人皆愚而無知，陋而無度者也。於其所見猶可欺也，況乎千歲之後乎？聖人以己度人者也。以心度心，以情度情，以類度類，古今一也。類不悖，雖久同理。故性緣理而不迷也。夫五帝之前無傳人，非無賢人，久故也。五帝之中無傳政，非無善政，久故也。虞夏有傳政，不如殷周之察也。非無善政，久故也。夫傳者久則愈略，近則愈詳。略則舉大，詳則舉細。故愚者聞其大不知其細，聞其細不知其大。是以久而差。三王五帝，政之至也。詩曰：『帝命不違，至於湯齊。』古今一也。」荀子非相篇大同。

春秋之於世事也，善復古，譏易常，欲其法先王也。宣十五年傳：「上變古易常，應是而有天災。」昭五年傳：「舍中軍者何？復古也。」僖二十年：「新作南

〔一〕「言」字，原作「語」，據荀子改。

門。」傳：「譏，何譏爾？門有古常也。」　案：董子言治重法古。其對册亦云：「春秋變古則譏之。」漢世儒者，多循其說。貢禹疏：「承衰救亂，矯復古化，在於陛下。臣愚以爲盡如太古難，宜少放古以自節焉。」禹，董子再傳弟子也。孟子言法先王，荀子言法後王。荀子生周末，又其時老莊盛行，高語皇古，故以文武爲後王。儒效等篇亦有稱先王者。董子承秦後，故不言法後王。春秋尊文王之法，則仍法周，與荀同。

然而介以一言曰：「王者必改制。」

此相傳舊説也。武帝册仲舒云：「蓋聞五帝三王之道，改制作樂，而天下洽和，百王同之。」荀子正論篇「唯其徙朝改制爲難」，楊注：「謂殊徽號，異制度也。」白虎通封禪篇：「始受命之日，改制應天，天下太平，功成，封禪以告天也。」風俗通山澤篇：「王者受命易姓，改制應天。」並以改制屬王者。其文甚明，其事則正朔、服色之類也。惟春秋緯云：「作春秋以改亂制。」（公羊序疏亦引此語。）自是遂有以改制屬孔子春秋者。然云「改亂制」，是改末流之失，非王者改制之謂也。董子所謂立義云爾。（見王道篇。）問者曰：「本書三代改制篇，明以春秋爲一代變周之制，則何也？」曰：此蓋漢初師説，所云正黑統、存二王云云，皆王者即位改制應天之事，託春秋以諷時主也。對册云：「春秋受命所先制者，改正朔，易服色，所以應天也。」意可見矣。蓋漢有天下，沿用秦正，至於服色禮樂，並安苟簡。賈誼在文帝時，即以改正朔、易服色、制度、定官名、興禮樂爲言，草具其儀法，色尚黄，數用五。文帝未皇更定，其後司馬相如作子虛賦，且以是諷諫焉。司馬遷，學於董生者也。亦言曆紀壞廢，漢興未改正朔，宜可正。事見漢兒寬傳。迄武帝太初元年，始採諸人説正曆，以正月爲歲首，色尚黄，數用五。董子此書，作於太初前，蓋漢初儒者通論，非董刱説。故余以爲董子若生於太初後，或不斷斷於是。歐陽修譏其惑於改正朔，殆未深究其時也。後人因此動言改制，則愈謬矣。隱元年何注云：「所以通其義於王者，惟王者然後改元立號。」是也。而隱二年注云：「春秋有改周變命之制。」孔子畏時遠害，又知秦將燔詩書，其説口授相傳。至漢公羊氏及弟子胡毋生等，乃始著於竹帛。」遂爲誕説所祖。以文不見公羊，誣及董子，不知此文固甚明也。妄者至謂王者即孔子，謬不足辨。（義互見三代改制篇。）俞云：「襄三十一年左傳『介於大國』，杜注曰：

『介，猶間也。』故古語以間介連文。孟子盡心篇『山徑之蹊間介』，文選長笛賦『間介無蹊』，即用孟子文是也。介以一言，猶間以一言。蓋春秋之於世事，善復古，譏易常，欲其法先王，而或且出一言以介之，曰：『王者必改制。』此介字即『吾無間然』之間。玉杯篇『此所間也』，即此介字之義。」輿案：潛夫論明闇篇：「是以當塗之人，恒嫉正直之士，得一介言於君，以矯其邪也。」亦以介爲間。自僻者得此以爲辭，曰：古苟可循先王之道，何莫相因？「古」下八字爲一句。謂自僻者借王者改制爲詞，言古者苟可以循用先王之道，何莫並制度而因之。言道亦可變也。殆其時博士習春秋雜説者有此議耶？王安石太古篇云：「太古之道，果可行之萬世，聖人惡用制作于其間。」亦溷道與制而一之，與此語意正同。世迷是聞，以疑正道而信邪言，甚可患也。以改道爲邪言，董生之患深矣。後世猶有假其辭以致亂者。答之曰：人有聞諸侯之君射貍首之樂者，大射儀：「樂正反位，奏貍首以射。」鄭云：「貍首，逸詩，曾孫也。貍之言不來也。」於是自斷貍首，縣而射之，曰：安在於樂也！此聞其〔一〕名而不知其實者也。聞名而不知實，貿然行之，其極足以亡天下。今所謂新王必改制者，非改其道，非變其理，受命於天，易姓更王，非繼前王而王也。若一因前制，修故業，而無有所改，是與繼前王而王者無以別。修，當作循。白虎通三正篇：「王者受命，必改朔何？明易姓，示不相襲也。明受之於天，不受之於人。所以變易民心，革其耳目，以助化也。故大傳曰『王者始起，改正朔，易服色，殊徽號，異器械，別衣服』也。是以禹舜雖繼太平，猶宜改以應天。」又白虎通號篇：「王者受命，必立天下之美號，以表功自見，明

〔一〕「其」字，據凌本、盧本、叢刊本補。

易姓爲子孫制也。夏、殷、周者，有天下之大號也。百王同，天下無以相別。改制，天子之大禮。號以自別於前，所以表著己之功業也。必改號者，所以明天命已著，欲顯揚己於天下也。己復襲先王之號，與繼體守文之君無以異也，不顯不明，非天意也，故受命王者，必擇天下美號，表著己之功業，明當致施是也。所以預自表見於前也。」又云：「春秋傳曰：王者受命而王，必擇天下之美號以自號也。」隱元年何注：「王者受命，必徙居處，改正朔，易服色，殊徽號，變犧牲，異器械，明受之於天，不受之於人。」孔叢雜訓篇：「縣子問子思曰：『顏回問爲邦，夫子曰：「行夏之時。」若是，殷周異正爲非乎？』子思曰：『夏數得天，堯舜之所同也。殷周之王，征伐革命，以應乎天，因改正朔，若云天時之改耳，故不相因也。夫受禪於人者，則襲其統；受命於天者，則革之，所以神其事，如天道之變然也。以三統之義，夏得其正，是以夫子云。』」通典五十五引元命苞云：「古者易姓而王，示不相襲，明受之於天也。」輿案：正朔、服色數者，爲天子大禮。易姓受命，必顯揚一二，以新民耳目。晉書輿服志：「高堂隆奏言：改正朔，殊徽號者，帝王所以神明其政，變民耳目也。」深得其旨。若議變更於守成之代，則不識治體矣。

受命之君，天之所大顯也。事父者承意，事君者儀志。儀，猶表也。謂表君之志。**事天亦然。今天大顯己，物襲所代而率與同，**俞云：「『己』字，絶句。物，當爲勿。尚書立政篇『時則勿有間之』，論衡譴告篇勿作物。莊子天道篇『中心物愷』，釋文：『物，本亦作勿。』是古字通也。此承上文受命之君，天所大顯而言，謂天既大顯己于所代之國，本不相襲，而己不能改制，大率與同，則非天意矣。」輿案：俞讀是，而改字非也。周語「更姓改物」，韋注：「改物，改正朔，易服色也。」物即正朔服色之謂，下文「物改而天授顯」，承此「物」字言之。此言不改物而率與所代之國同也。**則不顯不明，非天志。故必徙居處、更稱號、改正朔、易服色者，無他焉，不敢不順天志而明自顯也。**禮記正義云：「鄭康成之義，自古以來皆改正朔。若孔安國，則改正朔殷周二代，故注尚書湯改正易服。是從湯始改正朔也。」案：鄭義與董同。若夫大綱、人倫、道理、政治、教化、習俗、文義盡如故，亦何改哉？申制度之可改，以明道理之決不可改。禮大傳云：「不可得而變革者，親親、尊尊、長長，男女有別。」董子復推廣於政教、習俗、文義，所以防後世之藉口蔑古者周矣。文義，謂文字訓故。故王者有改制之名，無易道之實。鹽鐵論尊道篇：「文學曰：『師曠之調五音，不失宮商。聖王之治世，不離仁義。故有改制之名，無變道之實。上自黃帝，下至三王，莫不明德教，謹庠序，崇仁義，立教化，此百世不易之道也。殷周因修而昌，秦王變法而亡。』詩云：『雖無老成人，尚有典型。』」韓詩外傳：「君子之於道也，猶農夫之耕，雖不獲年之優，無以易也。」白虎通三正篇：「王者有改道之文，無改道之實。如君南面，臣北面，皮弁素積，聲味不可變，哀戚不可改，百王不易之道也。」案：白虎通爵篇亦作「王者有改道之文」，疑本作「改制」，後人沿下文而誤改之。孔子曰：「無爲而治者，其舜乎！」言其主堯之道而已。此非不易之效與？對册云：「孔子曰：『亡爲而治者，其舜虖？』改正朔，易服色，以順天命而已。其餘盡循堯道，何更爲哉！故王者有改制之名，亡變道之實。」案：以循堯道爲無爲，亦今文家説。白虎通三教篇：「舜之承堯，無爲易也。」○官本云：「治，他本作制，誤。」問者曰：物改而天授顯矣，○盧云：「授，別本作受，今從何本。」輿案：天啟本作「授」，凌本同。其必更作樂，何也？曰：樂異乎是。制爲應天改之，樂爲應人作之。仁義禮樂，不在改制之中。武帝册「改制作樂」，亦是分言。孔子告顏淵，夏時，周冕，殷輅，改制之事；韶舞，作樂之事。彼之所受命者，必民之所同樂也。○盧云：「受，舊本作授，訛。」輿案：天啟本作「授」，亦通，無下「之」字。是故大改制於初，所以明天命也。更作樂於終，所以見天功也。更作樂於終，明其初尚相沿也。對册云：「王者未作樂之時，迺用先王之樂宜於世者，而以深入教化於民。教化之情不得，雅頌之樂不成。故王者功成作樂，樂其德也。樂者，所以變民風，化民俗也。其變民也易，故其化人也著。故聲發於和而本於情，接於肌膚，藏於骨髓。」漢書禮樂志：「王者未作樂之時，因先王之樂，以教化百姓，説樂其俗。然後改作，以章功德。」白虎通禮樂篇：「王者始起，何用正民？以爲且用先代之禮樂。天下太平，乃更制作焉。書曰：肇稱殷禮，祀新邑。此言太平去殷禮。春秋傳曰：曷爲不修乎近而修乎遠？同己也，可因先以太平也。必復更制者，示不襲也。又天下樂之者，樂所以象德、表功而殊名也。」昭二十五年何注：「周所以舞夏樂者，王者始起未制作之時，取先王之樂與己同者，假以風化天下。天下大同，乃自作樂。取夏樂者，與周俱文也。王者舞六樂於宗廟之中，舞先王之樂，明有法也。舞己之樂，明有則也。舞四夷之樂，大德廣及之也。」白虎通大同。

緣天下之所新樂而爲之文曲，○後漢書祭祀志注，東平蒼王議引元命苞云：「然天地之所雜，樂爲之文典。」疑彼文誤。**且以和政，且以興德。天下未偏合和，王者不虚作樂。樂者，盈於内而動發於外者也。**樂記：「樂，樂其所自生。」又曰：「樂者心之動。」毛詩周頌譜正義引尚書大傳云：「周公將作禮樂，優游之三年，不能作。君子恥其言而不見從，恥其行而不見隨。將大作，恐天下莫我知也；將小作，恐不能揚父祖功業德澤。然後營洛以觀天下之心，于是四方諸侯率其羣黨，各攻位于其庭。周公曰：『示之以力役且猶至，況導之以禮樂乎？』然後敢作禮樂。」書曰：「作新大邑於東國洛，四方民大和會。」此之謂也。

應其治時，制禮作樂以成之。成者，本末質文皆以具矣。以，與已同。禮樂記：「王者功成作樂，治定制禮。」白虎通禮樂篇：「樂言作，禮言制何？樂者陽也，動作倡始，故言作。禮者陰也，繫制於陽，故言制。樂象陽也，禮法陰也。」

是故作樂者必反天下之所始樂於己以爲本。舜時，民樂其昭堯之業也，故韶。「韶」者，昭也。沈欽韓云：「此與大司樂注義略同。然彼昭作紹，他處亦多紹字。」輿案：白虎通禮樂篇：「舜曰簫韶者，舜能繼堯之道也。」漢書禮樂志：「舜作招，招，繼堯也。」繼亦紹義，此作「昭」，爲異文。

禹

之時，民樂其三聖相繼，故夏。「夏」者，大也。漢書禮樂志：「夏，大承二〔一〕帝也。」白虎通：「禹曰大夏者，言禹能順二聖之道而行之，故曰大夏也。」御覽引元命苞云：「禹之時，民大樂其騈三聖相繼，故「夏」者大也。」**湯之時，民樂其救之於患害也，故護。「護」者，救也。**盧云：「救之，疑當作救己。」輿案：御覽引元命苞云：「湯之時，民大樂其救之於患害，故樂名大濩。」作「之」文義自順。禮樂志：「濩，言救民也。」白虎通：「言湯承衰，能護民之急也。」護、濩同字。**文王之時，民樂其興師征伐也，故武。「武」者，伐也。**春秋今文家以文王爲受命王，故以征伐作樂並歸之。大戴禮少間篇：「乃退伐崇許魏，以客事天子。文王卒受天命，作物配天。」尚書大傳：「文王六年伐崇稱王。」春秋元命苞：「西伯既得丹書，於是稱王，改正朔，誅崇侯虎。」後漢伏湛上疏云「文王受命而征伐五國。」荀子儒效篇：「武王誅紂合天下，立聲樂，於是武象起而韶濩廢矣。」是荀子以武象並爲武王作。案：本書三代改制篇亦云文王「作武樂」，武王「作象樂」。是董直以武爲文王樂名，與荀異。漢書禮樂志：「武王作武，周公作勺。勺，言能勺先祖之道也。武，言以武功定天下也。」未嘗言文王有樂。周頌序：「維清，奏象舞也。」箋云：「象用兵時刺伐之舞，武王制焉。」正義云：「文王時有擊刺之法，武王作樂，象而爲舞，號其樂曰象舞。」左襄二十九年傳：「見舞象箾、南籥者。」杜注：「皆文王之樂。大武，武王樂。」服虔云：「象，文王之樂，象舞也。」史記注引賈逵說同。劉敞云：「象則文王之樂，所謂象箾者，蓋文舞也。故其辭稱文王之典。」據服杜注，則古文家亦以爲文王時有樂，但不以武爲文王樂名。**四者，天下同樂之，一也，**○官本云：「同樂之，他本作「之樂同」」。**其所同樂之端不可一也。**隱五年何注：「王者治定制禮，功成作樂。未制作之時，取先王之禮樂宜于今者用之。堯曰大章，舜

〔一〕「二」字，原作「三」，據漢書禮樂志改。

曰簫韶，夏曰大夏，殷曰大護，周曰大武，各取其時民所樂者名之。堯時民樂其道章明也，舜時民樂其修紹堯道也，夏時民樂大其三聖相承也，殷時民樂大其護己也，周時民樂其伐紂也。蓋異號而同意，異歌而同歸。」似本此文，而更及堯。凌云：「自『王者不虛作樂』至此，亦見元命苞。」**作樂之法，必反本之所樂。所樂不同事，樂安得不世異？是故舜作韶而禹作夏，湯作護而文王作武。四樂殊名，則各順其民始樂於己也。**凌云：「史記：『名與功偕〔一〕。』正義：『名謂樂名也。功者，揖讓干戈之功也。聖王制樂之名，與所建之功俱作也。』」○官本云：四樂，他本作「四代」。**吾見其效矣。詩云：「文王受命，有此武功。既伐於崇，作邑於豐。」樂之風也。**文王伐崇，漢儒推爲周時征伐之始，本書兩引其詩。漢嚴助傳：淮南王安謝曰：「雖湯伐桀，文王伐崇，誠不過此。」凌云：「釋文『風是諸侯政教，所以風天下』，論語：『君子之德風』，並是此義。」**又曰：「王赫斯怒，爰整其旅。」當是時，紂爲無道，諸侯大亂，民樂文王之怒而詠歌之也。周人德已洽天下，**盧云：「人，字疑衍。」**反本以爲樂，謂之大武，言民所始樂者武也云爾。**白虎通禮樂篇：「詩人歌之曰：『王赫斯怒，爰整其旅。』當此之時，樂文王之怒以定天下，故樂其武也。周室中制象樂何？殷紂爲惡日久，其惡最甚，斮涉句胎，殘賊天下。武王起兵，前歌後儛。剋殷之後，民人大喜，故中作所以節喜盛。」又云：「周公曰酌，武王曰象，合曰大武者，天下始樂周之征伐行武。」據此，則董以武爲文王作，大武爲武王作。禮明堂位：「冕而舞大武。」內則：「舞勺舞象。」汋、酌、象並見三代改制篇，別無大武名。當是以勺象合名大武，與白虎通説同也。**故凡樂**

〔一〕「名與功偕」，原誤「功與名偕」，據凌本及史記樂書改。

者，作之於終，而名之以始，重本之義也。禮樂志：「高祖廟奏武德、文始、四時、五行之舞。武德舞者，高祖四年作，以象天下樂已行，武已除亂也。文始舞者，本舜招舞也，高祖六年更名曰文始，以示不相襲也。五行舞者，本周舞也，秦始皇二十六年更名曰五行也。四時舞者，孝文所作，以明示天下之安和也。蓋樂已所自作，明有制也。樂先王之樂，明有法也。」據董此論，似以當時更制樂舞，全易始名，非重本之義。由此觀之，正朔、服色之改，受命應天制禮作樂之異，人心之動也。二者離而復合，所爲一也。改正朔、易服色在先，禮樂制作在後，雖不同時，而同歸於刱垂。故曰離而復合，所爲應天順人之意一也。錢云：「何氏三科九旨之説，實本仲舒。此已得二科六指，尚有一科三指，見王道篇，或宜在此。」　輿案：何氏九科三旨，所謂「張三世」，見此篇「通三統」，見三代改制篇「異外内」，見王道篇。然董自有六科十指，何自言用胡毋生條例，或不必盡同。

玉杯第二

玉杯、竹林等名，並不知所取義。崇文總目已疑其附著。玉海四十云：「玉杯、竹林二篇之名，未有以訂之。」又云：「三篇闕，玉杯第二，竹林第三，玉英第四。」王所見本蓋無此三篇。

春秋譏文公以喪取。盧云：「僖以三十三年十二月薨。文二年：『冬，公子遂如齊納幣。』傳曰：『譏喪取。』先是元年冬，公孫敖如齊，何氏亦以爲『譏喪取』，以納幣前尚有納采、問名、納吉之禮故也。」難者曰：「喪之法，不過三年。○官本云：「之法，他本誤作此月。」案：天啟本作者月。三年之喪，二十五月。閔二年傳：「三年之喪，實以二十五月。」孝經：「喪不過三年。」禮三年問：「喪服二十五月而畢。」荀子禮論篇同。白虎通喪服篇：「三年之喪何二十五月？以爲古民質，痛於死者，不封不樹，喪期無數。亡之則除。後代聖人因天地萬物有終始，而爲之制，以期斷之。父至尊，母至親，故爲加隆，以盡孝子之恩。恩愛至深，加之則倍，故再期二十五月也。禮有取於三，故謂之三年。緣其漸三年之氣也。故春秋傳曰『三年之喪，其實二十五月』也。」又云：「二十五月而大祥，飲醴酒，食乾肉。二十七月而禫，通祭宗廟，去喪之殺也。」鄭答趙商云：「祥謂大祥二十五月，是月禫謂二十七月，非謂上祥之月也。」又云：「閔公吉禘，凡二十二月而除，又不禫，於禮少六月。」是鄭以二十五月爲大祥，二十七月禫，與白虎通略同，並今文家説也。雜記：「期之喪，十三月而祥，十五月而禫。」期喪祥禫，尚不同月，則三年之喪可知。此云二十五月，蓋據大祥爲斷。文二年傳：「譏。欲久喪而後不能也。」何注：「文公〔一〕亂聖人制，欲服喪三十六月，又不能卒竟，故以二十五月。」　案：文欲服喪三十六月，不見經傳。何殆如應劭漢書注，釋漢文帝三十六日釋服，爲以日易月之誤，不知文帝三十六日釋服，自已葬言之，未葬之前，仍服斬衰。故紀云：「已下」，謂已葬也。文帝自定國制，非關法古。翟方進傳：「後母終，既葬三十六日除服，以爲不敢踰制。」蔡邕言孝文制喪服三十六日是也。荀爽對册言孝文以日易月，翟方進遭母憂，三十六日而除，亦忘其「既葬」二字，已啟誤端。續漢書禮儀志：「以葬，大紅十五日，小紅十四日，纖七日釋服。」以葬，即已葬，尚不誤。朱子答余正甫書：「漢文葬後三易服，三十六日而除。」讀漢書最審。自世承荀應之誤，于是唐元感著論，謂三年之喪合三十六月，爲張柬之所駁。唐玄肅二宗之喪，又降三十六日爲二十七日。（見常袞議。）至今相沿，皆失古義。（劉太室居母喪，三十六月除服。顧炎武馳書論之。見王山史山志。）御覽五百四十五引孝經援神契：「喪不過三年。以期增倍，五五二十五月，義斷仁，示民有終，緣喪絶情。」後漢故領校巴郡太守樊

〔一〕「公」字，據公羊傳何注補。

封君碑：「遭離母憂，五五斷仁。」是漢時士夫喪服與董説合。王肅注禮，以二十五月大祥，其月爲禫，二十六月作樂，故與鄭異。閔二年何注：「引士虞記：『中月而禫，是月也吉祭，猶未配。』云是月者，二十七月也。傳言二十五月者，在二十五月外，可不譏。」禫雖不見董説，證以白虎通及何注，知今文家説如鄭所云也。程子遺書：「問：喪止於三年何義？曰：『歲一周則天道一變，人心亦隨以變，惟人子孝於親，至此猶未忘，故必至於再變猶未忘，又繼之以一時。』」亦據二十七月禫爲説。司馬光書儀及朱子並以二十五月祥後即禫，從王肅説，似違古誼。今制二十七月即吉，用鄭義，最合。

今按經，文公乃四十一月方取。在四年夏。○天啟本「方」作乃，云：「一作方。」凌本作乃。取時無喪，出其法也久矣。先王喪法二十五月，今逾期，故云「出其法」。春秋立人道之極，文公出法已久，猶致譏詞，則宣公即位之初如齊逆女，不待貶矣。○天啟本無「久」字，盧云「錢增」。今從盧本。何以謂之喪取。」曰：春秋之論事，莫重於志。今取必納幣，納幣之月在喪分，故謂之喪取也。且文公以秋祫祭，文二年：「八月丁卯，大事於太廟，躋僖公。」以冬納幣，皆失於太蚤。春秋不譏其前，而顧譏其後，此釋傳所云「不於祭焉譏」。必以三年之喪，肌膚之情也。雖從俗而不能終，猶宜未平於心。父母之喪，終身焉爾矣。三年者，聖人之中制，賢者有以達哀，不肖者跂及焉。從俗者，君子之不得已也。彼墨者乃以三年之喪爲敗男女之交，世豈有忍於肌膚之情，而能兼愛天下者乎？孔叢詰墨篇云：「景公祭路寢，聞哭聲，問梁邱據。對曰：『魯孔子之徒也，其母死，喪服三年，哭泣甚哀。』公曰：『豈不可哉？』晏子曰：『古者聖人非不能也，而不爲者，知其無補於死者，而深害生事故也。』」亦見晏子外篇。此墨徒託爲晏言以譏孔者。三年喪期，由來蓋舊。孟子論唐虞事，已稱「三年之喪畢」。堯典亦云：「百姓如喪考妣，三年。」曾子問稱夏后氏三年之喪，既殯而致事。高宗諒闇三年，又見於書與子張之問。世衰俗薄，始有欲以期斷者。禮不下於民，或未能舉天下而皆達。自孔子立三年之義，其徒循之，遂爲通制，非自孔子刱也。（喪禮儀節，容有孔子所傳定者。禮雜記所載，哀公使孺悲之孔子學士喪禮，士喪禮于是乎書是已。）史記魯周公世家：「伯禽受封之魯，三年而後執政。周公曰：『何遲也？』伯禽曰：『變其俗，革其禮，喪三年然後除之。』」是此云「從俗」，謂魯舊俗。今全無悼遠之志，反思念取事，是春秋之所甚疾也。故譏不出三年於首而已，譏以喪取也。「故」下八字疑有誤，當云「故雖出三年逆婦」。程子遺書：「問：夏逆婦姜於齊，何故便書婦？曰：此是文公在喪服將滿之時納幣，故聖人于其逆時便成之爲婦。春秋微顯闡幽，乃在如此處。凡事分明可見者，聖人更不微文以見意，只直書而已。如桓三年及宣元年逆女，皆分明在喪服中成昏，故只書逆女。文公則但在喪服納幣，至逆女卻在四年。聖人欲顯其居喪納幣之罪，故書婦姜。」其意言雖至四年方逆女，其實與喪昏同也。不別先後，賤其無人心也。文二年傳：「納幣不書，此何以書？譏。何譏爾？喪娶也。娶在三年之外，則何譏乎喪娶？三年之内，不圖婚。吉禘於莊公譏。然則曷爲不于祭焉譏？三年之恩疾矣，非虛加之也，以人心爲皆有之。以人心爲皆有之，則曷爲獨于娶焉譏？娶者大吉也，非常吉也，其爲吉者主於己。以爲有人心焉者，則宜于此焉變矣。」緣此以論禮，禮之所重者在其志。緣春秋論禮，深得其本。太史公述董語云：「春秋者，禮義之大宗。」志敬而節具，則君子予之知禮。志和而音雅，則君子予之知樂。志哀而居約，則君子予之知喪。故曰：非虛加之，重志之謂也。此釋傳語。何注：「非虛加責之。」案：有其志，然後予之。則無其志而遂責之，義自顯見。志爲質，物爲文。文著於質，質不居文，文安施質？言文所以著質，苟無質，文于何附？中庸曰：「不誠無物。」書曰：「享多儀，儀不及物。」白虎通三正篇：「事莫不先有質性，後有文章也。」質文兩備，然後其禮成。文質偏行，不得有我爾之名。二者失禮惟鈞。俱不能備而偏行之，寧有質而無文。如不得已，寧偏於質。孔子曰：「禮與其奢也寧儉，喪與其易也寧戚。」周末諸子，如老、尹、桑、棘，並主此説。聖人鑒其矯枉之志，少善之而已。**雖弗予能禮，尚少善之，介葛盧來是也。**僖二十九年：「春，介葛盧來。」以未見公，冬又來。何注云：「不能升降揖讓也。介者國也。葛盧者名也。進稱名者，能慕中國，朝賢君，明當扶勉以禮義。」案：經雖不書來朝，而兩記其來，故曰：「少善之。」**有文無質，非直不子，乃少惡之，謂州公寔來是也。**盧云：「桓五年冬，『州公如曹』。次年春正月，書『寔來』。傳曰：『謂州公也。曷爲謂之寔來？慢之也。曷爲慢之？化我也。』何注：『行過無禮謂之化。』」**然則春秋之序道也，先質而後文，右志而左物。**本書十指篇云：「承周文而反之質。」王道篇云：「救文以質。」此董説春秋旨。案：春秋法文，周監郁郁，何以後文？適會其時，以救敝也。如其質敝，又合先文。秦質敝極矣，漢起，少文之。逮其久，又有將敝者，故董極明春秋序道以正之。右左，猶先後。**故曰：**○官本云：「他本脱二字。」**「禮云禮云，玉帛云乎哉？」推而前之，亦宜曰：朝云朝云，辭令云乎哉？「樂云樂云，鐘鼓云乎哉？」引而後之，亦宜曰：喪云喪云，衣服云乎哉？**釋名：「出，推也，推而前也。」是漢世有此語。五禮之序，吉前凶後，故云推前引後。荀子大略篇：「聘禮志曰：『幣厚則傷德，財侈則殄禮。』『禮云禮云，玉帛云乎哉？』詩曰：『物其旨矣，惟其偕矣。』不時宜，不敬交，不驩欣，雖旨，非禮也。」漢禮樂志：「畏敬之意難見，則著之于享獻、辭受、登降、拜跪。和親之説難形，則發之于詩歌、詠言、鐘石、筦絃。蓋嘉其敬意而不及其財賄，美其歡心而不流其聲音。故孔子曰：『禮云禮云，玉帛云乎哉？樂云樂云，鐘鼓云乎哉？』此禮樂之本也。」賈誼疏：「然而曰禮云禮云者，貴絶惡于未萌，而起教于微眇，使民日遷善遠罪而不自知也。」晉書禮志：盧欽等議皇太子喪服云：「君子之於禮，有直而行，曲而報，有經而等，有順而去之，存諸内而已。禮云，非玉帛之謂，喪云，唯衰麻之謂乎？」語意正與此同。**是故孔子立**

新王之道，制可改者也，惟王者然後能改元立號，制禮作樂，非聖人所能託。道不變者也，周德既弊，而聖人得假王者以起義而扶其失，俟來者之取鑒。故曰孔子立新王之道，猶云爲後王立義爾。義者，道之宗也。孟子固曰：「春秋，天子之事。」其言治亂循環，直以孔子與堯、舜、周公並論。公羊亦曰：「以此爲王者之事也。」（僖四年。）又曰：「制春秋之義，以俟後聖。」（哀十四年。）董説蓋遠有所承。史公尊孔子，立世家，又得之董生者。淮南氾論訓云：「周室廢，禮義壞，而春秋作。」又云：「殷變夏，周變殷，春秋變周。」説苑君道篇云：「孔子曰：『夏道不亡，商德不作；商道不亡，周德不作；周道不亡，春秋不作。』春秋作而君子知周道亡也。」論衡對作篇云：「孔子作春秋，周民弊也。故采求毫末之善，貶纖芥之惡，撥亂世，反諸正。人事浹，王道備，所以檢柙靡薄之俗者，悉其密致。夫防決不備，有水溢之害；網解不結，有獸失之患。是故周道不弊，則民不文薄；民不文薄，春秋不作。」又超奇篇云：「孔子作春秋，以示王意。然則孔子之春秋，素王之業也。諸子之傳書，素相之事也。觀春秋以見王意，讀諸子以覩相指。」風俗通窮通篇云：「仲尼制春秋之義，著素王之法。」（素猶空也，孔子自立素王之法耳，非敢自謂素王。此語最明。説者造爲素王素臣之説，鄭氏六藝論又云：「孔子自號素王。」謬矣。晉杜預春秋左氏傳序已斥之。）是漢世儒者並以春秋爲一代之治，蓋後人尊孔以尊王之意，非孔子所敢自居也。太史公引壺遂語云：「孔子作春秋，垂空文，以斷禮義，當一王之法。」又儒林傳云：「因史記作春秋，以當王法。其辭微而指博。」得其義矣。周子云：「春秋正王道，明大法也，孔子爲後世王者而修也。」程子云：「夫子當周之季，以聖人不復作也，順天應時之治，不復有也，于是作春秋，爲百王不易之大法。」正與此合。夫王迹熄而春秋作，周道亡於幽厲，熄者其迹，亡者其道，非春秋敢於奪王統也。明高拱春秋正旨言「春秋乃明天子之義，非以天子賞罰之權自居」，最合。（見焦循孟子正義引。）而何休則云：「春秋託新王受命于魯。」（隱元年注。）趙岐注孟子亦云：「明春秋借魯受命立制。」于是有受命之説矣，此董子所不言也。（符瑞篇：「西狩受命。」謂受命作春秋，與何趙意異。）何休又云：「聖人爲漢制法。」（襄十四年注。）又云：「春秋之道，亦通于三王，非主假周以爲漢制而已。」（桓三年注。）郅惲治嚴氏春秋，其上王莽書亦云：「漢歷久長，孔爲赤制。」論衡佚文篇云：「孔子曰：『文王既歿，文不在茲乎？』文王之文，傳在孔子，孔子爲漢制文，傳在漢也。」後漢東平王蒼傳云：「孔子曰：『行夏之時。』爲漢制法也。」蘇竟傳云：「孔丘秘經，爲漢赤制。」公孫述引讖記，以爲孔子作春秋爲赤制，而斷十二公。（緯書尤多，不具引。）于是春秋爲漢制作之説出矣。夫春秋立義，俟諸後聖。後聖者，必在天子之位，有制作之權者也。漢之臣子尊春秋爲漢制作，猶之爲我朝臣子謂爲我朝制作云爾。蓋出自尊時之意，于經義無預也。後人不明其旨，而附會支離，自此起矣。

明其貴志以反和，見其好誠以滅僞。和，疑利之誤，「誠」「僞」對文可證。**其有繼周之弊，故若此也。**孔子用禮樂則從先進，猶春秋志也。明道程子云：「孔子患時之文弊，而欲救之以質，故曰從先進，取其誠意之多也。」又伊川程子禮序云：「夫子嘗曰：『郁郁乎文哉！吾從周。』逮其弊也，忠義之薄，情文之繁，林放有禮本之問，而孔子欲先進之從，蓋所以矯正反弊也。」　案：對册云：「今漢繼大亂之後，宜若少損周之文致，用夏之忠者。」此董子宗孔言政學宗旨。表記云：「殷周之道，不勝其弊。」注：「殷周極文，民無恥而巧利，後世之政難復也。」白虎通三教篇：「王者設三教者何？承衰救弊，欲民反正道也。三正之有失，故立三教以相指授。夏人之王教以忠，其失野，救野之失莫如敬。殷人之王教以敬，其失鬼，救鬼之失莫如文。周人之王教以文，其失薄，救薄之失莫如忠。三者如順循環，周則復始，窮則反本。」桓十一年何注：「王者起，所以必改質文者，爲承衰亂，救人之失也。天道本下，親親而質省。地道敬上，尊尊而文煩。故王者始起，先本天道以治天下，質而親親。及其衰敝，其失也親親而不尊，故後王起，法地道以治天下，文而尊尊。及其衰敝，其失也尊尊而不親，故復反之於質也。」嚴安傳：「臣聞鄒衍曰：『政教文質者，所以云救也。』當時則用，過則舍之，有易則易也。」杜欽對册云：「今漢家承周秦之弊，宜抑文尚質，廢奢長儉，表實去僞。當世治之所務也。」論衡定賢篇：「問：周道不弊，孔子不作春秋。春秋之作，起周道弊也。」又齊世篇云：「至周之時，人民久薄，故孔子作春秋。」又云：「夫器業變易，性行不易，然而有質樸文薄之語者，世有盛衰，衰極久有弊也。譬猶衣食之于人也，初成鮮完，始熟香潔，少久穿敗，連日臭茹矣。文質之法，古今所共，一質一文，一衰一盛，古而有之，非獨今也。」鹽鐵論鑄幣篇：「三王之時，迭盛迭衰，衰者扶之，傾者定之。是以夏忠、殷質、周文。庠序之教，恭讓之禮，粲然可觀也。」唐儒學傳：啖助云：「孔子修春秋，意以爲夏政忠，忠之敝野，商人承之以敬。敬之敝鬼，周人承之以文。文之敝僿，救僿莫如忠。夫文者，忠之末也。設教于本，其敝且末，設教于末，敝將奈何？武王周公承商之敝，不得已用之。周公殁，莫知所以改，故其敝甚于二代。孔子傷之曰：『虞夏之道，寡怨于民。商周之道，不勝其敝。』故曰：『後代雖有作者，虞帝不可及已。』蓋言唐虞之化難行于季世，而夏之忠，當變而致焉。故春秋以權輔用，以誠斷禮，而以忠道原情云。不拘空名，不尚猾介，從宜救亂，因時黜陟。古語曰：『商變夏，周變商，春秋變周。』而公羊子亦言『樂堯舜之道，以擬後聖』。是知春秋用二帝三王法，以夏爲本，不壹守周典明矣。」並足發明董義。俞云：「有猶爲也，言春秋所以貴志好誠，爲繼周之敝，故若此也。」爲、有聲轉互訓，見王氏引之經傳釋詞。

春秋之法，以人隨君，以君隨天。隨，猶從也，即伏從之義。隨從，見三代改制篇。**曰：緣民臣之心，不可一日無君。**以民首臣，貴民之義。**一日不可無君，而猶三年稱子者，爲君心之未當立也。此非以人隨君耶？**雖欲得爲君，而不可不從稱子，以順君心，故曰「隨君」。**孝子之心，三年不當。**不忍當其位。荀子儒效篇：「天子者，不可以少當也。」與此「當」字義同。儀禮經傳通解續引書傳云：「古者君薨，世子聽于冢宰三年，不敢服先王之服，履先王之位而聽焉。」以民臣之心，則不可一日無君矣，不可一日無君，猶不可一日無天也。以孝子之隱乎，則孝子三年弗居也。故曰：義者彼也，隱者此也，遠彼而近此，孝子之道備矣。**三年不當而踰年即位者，與天數俱終始也。此非以君隨天邪？**未踰年不忍即位，與天終之義；踰年不敢曠位，與天始之義。文九年傳：「以諸侯之踰年即位，亦知天子之踰年即位也。」（通典九十載范宣語，引傳「踰年」下有

「稱」字。）以天子三年然後稱王，亦知諸侯于其封内三年稱子也。踰年稱公矣。則曷爲于其封内三年稱子。緣民臣之心，不可一日無君。緣終始之義，一年不二君，不可曠年無君。緣孝子之心，則三年不忍當也。」白虎通爵篇：「踰年即位，所以繫民臣之心也。三年然後受爵者，緣孝子之心，未忍安吉也。」又云：「王者既殯而即繼體之位何？緣臣民（當作「民臣」。）之心，不可一日無君也。故先君不可得見，則後君繼體矣。緣終始之義，一年不可有二君。故尚書曰：『王釋冕反〔一〕喪服。』不可曠年無君，故踰年乃即位改元，元以名年，年以紀事，君統事見矣，而未發號令也。春秋傳曰：『天子三年然後稱王者，謂稱王統事，發號令也。』緣孝子之心，則三年不忍當也。故三年除喪，乃即位統事，踐祚爲主，南面朝臣下。以發號令也。故天子諸侯，凡三年即位，終始之義乃備。」　輿案：考工記畫繢鄭注引子家駒曰：「天子僭天，惟其隨之，是以不得而僭。」此亦足以得禮意矣。　**故屈民而伸君，屈君而伸天，春秋之大義也。**屈民以防下之畔，屈君以警上之肆。夫天生民而立之君，此萬古不敝之法也。聖人教民尊君至矣，然而盛箴諫以糾之，設災異以警之，賞曰天命，刑曰天討，使之罔敢私也。視自民視，聽自民聽，使之知所畏也。崩遷則有南郊稱天告諡之文，有宗廟觀德之典，屈伸之志徽矣。故曰春秋大義。（墨子天志篇：「天子未得恣己而爲政，有天正之。」亦此義。）

春秋論十二世之事，人道浹而王道備。法布二百四十二年之中，相爲左右，以成文采。其居參錯，非襲古也。　即事類以布其法，例不必同，文不必備。左之右之，參之錯之，在讀者善會耳。司馬遷傳：「聞之董生，孔子知時之不用，道之不行也。是非二百四十二年之中，以爲天下儀表，貶諸侯，討大夫，以達王

〔一〕「反」字，據白虎通爵篇補。

事而已矣。」**是故論春秋者，合而通之，緣而求之，五其比，偶其類，覽其緒，屠其贅，是以人道浹而王法立。**此董子示後世治春秋之法。合而通之，合全書以會其通，如傳聞、所聞、所見異辭之類是也。緣而求之，謂緣此以例彼，如不與諸侯專封例貶，而殺慶封稱楚子知爲侯伯討之類是也。「五其比、偶其類」，此見于經，有類可推者也。「覽其緒，屠其贅」，此不見于經，餘義待伸者也。贅，餘也。俞云：「五當爲伍，屠當爲杜，古字通。昭九年左傳『屠蒯』，禮記檀弓作『杜蕢』是也。凡非經本有之義，皆謂之贅。爲春秋宜杜塞之，則聖人大義不爲羣言淆亂矣。」案：俞説誤。贅者，董子之所重也。故下云：「有所見而經安受其贅。」屠，蓋剖析之意。先師或得之口授，或由于例推，皆所以明義也。西漢治經，專重大義。要以原本禮紀，推極微眇，貴在不失聖人之意。然僻者爲之，往往傅會而違戾經旨。或云「屠」當爲著，亦通。○官本云：「人道，他本作人心。」**以爲不然？**反詰詞，猶言如不以爲然乎？何以不在經者，操之與在經同。竹林篇、韓策竝有此語。**今夫天子踰年即位，諸侯於封内三年稱子，皆不在經也，而操之與在經無以異。非無其辨也，有所見而經安受其贅也。**天啟本旁注云：「安訓不。」案：安受，猶云樂受之。天地萬物之事蕃矣，聖人不能一一辨之，有能代聖人辨之，足見聖心者，視之與正經同，而經不遺憾於贅矣。但不可貿然無見而以臆説之。班氏咎后蒼以士禮推于天子。漢季學者，改經傳以附會新説，則治經之蠹耳。**故能以比貫類、以辨付贅者，大得之矣。**見於經者求之於比，不見於經者明之以辨，則春秋之義得矣。俞云：「文九年傳：『未稱王，何以知其即位？以諸侯之踰年即位，亦知天子之踰年即位也。以天子三年然後稱王，亦知諸侯于其封内三年稱子也。』夫經書公即位，則諸侯踰年即位見矣，而天子踰年即位，于經無見也，武氏子毛伯不稱使，則天子三年然後稱王見矣，而魯十二公無有三年稱子于其封内者，是諸侯于其封内三年稱子于經無見也。凡此皆所謂贅也。而學者操其説與實在經者無異，而其中固有辨也。何也？必于經實有所見，然後引而申之，觸類而長之，而經亦安然而受之也。董子此言，必有爲而發。當時若公孫弘以曲學阿世，其所學春秋雜說必有附益于師說之外者，故以此辨之與？」

人受命於天，有善善惡惡之性，〇各本不提行，今以與上文不類，別爲一節。可養而不可改，可豫而不可去，禮學記：「禁于未發之謂豫。」若形體之可肥臞，而不可得革也。是故雖有至賢，能爲君親含容其惡，不能爲君親令無惡。隱十年何注：「臣子之義，當先爲君父諱大惡也。」書曰：「厥辟去厥祇。」〇盧云：「大典本『厥辟』下有不辟二字。案此疑非出今太甲。」官本有不辟二字，按云：「他本無。」尚書作「厥辟不辟忝厥祖」。俞云：「此今文尚書也。『祇』者，病也。易復初九『无祇悔』，鄭注：『祇，病也。』說文疒部：『疷，病也。』祇與疷通。」輿案：此疑緣僞古文太甲「祇爾厥辟」而誤。事親亦然，皆忠孝之極也。非至賢安能如是？父不父則子不子，君不君則臣不臣耳。此節非董子原文。董主性待教而善，既云有善善惡惡之性，又云不可得革，義相違反。可疑一。善善惡惡，本爲美德，乃云可養不可改，文不聯屬。可疑二。將順匡救，臣子之職，而云不能爲君親令無惡。可疑三。書引僞太甲，可疑四。父子相隱，人道之常，目爲至賢。可疑五。末二語雜入不倫，可疑六。朱子謂世傳繁露、玉杯等書，多非其實。謂此類邪？

文公不能服喪，不時奉祭，文二年「作僖公主」，傳：「譏不時，欲久喪而後不能也。」〇各本不提行，今別爲一節。不以三年，〇官本作「例序以不三年」，云「他本無例序二字」。淩本同。又以喪取，取于大夫，以卑宗廟，文四年：「夏，逆婦姜于齊。」傳：「高子曰：『取乎大夫者，略之也。』」亂其羣祖以逆先公。文二年：「八月，大事於太廟，躋僖公。」傳：「譏逆祀也。」何注：「文公緣僖公於閔公爲庶兄，置僖公于閔公上，失先後之義。」　案：躋僖公，仲舒以爲小惡，見五經異義引，蓋謂逆先後之序，非易昭穆也。而此以爲大惡，不合。互見五行順逆篇。**小善無一，而大惡四五，故諸侯弗予盟，**文二年「及晉處父盟」，傳：「諱與大夫盟也。」又見文七年傳。○天啟本無「盟」字，下「命」字屬上爲句。**命大夫弗爲使，**文八年：「公孫敖如京師，不至而復，丙戌奔莒。」傳：「不至復者何？內辭也，不可使往也。」**是惡惡之徵、不臣之效也。**惡惡，二字不知何指，將以大夫弗使爲惡惡耶：于義爲悖。**出侮於外，入奪於內，無位之君也。孔子曰：「政逮於大夫四世矣。」蓋自文公以來之謂也。**此節亦疑非董子原文。

君子知在位者之不能以惡服人也，是故簡六藝以贍養之。性有善質，而未能全善，不教則習近于惡，故以六藝養其德性。簡，即下所謂不偏舉其詳也。○凌本不提行。官本云：「他本『以』誤作在。」**詩書序其志，禮樂純其美，易春秋明其知。**志、美、知，屬習六藝者言之。序其志，使無邪慝。純其美，使不躁厲。明其智，使順於陰陽，謹于倫類。**六學皆大，而各有所長。**漢儒林傳云：「六學者，王教之典籍，先聖所以明天道，正人倫，至治之成法也。」「六學」二字本此。又見述武紀敘、述藝文志敘。史記滑稽傳引孔子語，亦稱六藝。蓋掌於官謂之藝，傳於師謂之學。莊子天道篇稱六經，亦即此六經。白虎通論五經象五常，無春秋。復敘五經，又數春秋，無樂，蓋兩説並存。董不云六經而云六學，蓋不用經名，且樂經已亡失也。自漢以後，六經之名甚盛，(司馬遷自敘：「協六經異傳。」匡衡傳：「臣聞六經者，聖人所以統天地之心，通人道之正。」揚雄河東賦：「奮六經以攄頌。」劇秦美新亦云：「制成六經。」王莽傳：「意以爲制定，則天下自平。故鋭思于地里，制禮作樂，講合六經之説。」）並用莊子。而樂經無可掇拾，仍稱六經。復有所謂七經、九經、十三經者，實則詩、書、禮、易、春秋五學也。爾雅，詩學；三禮，禮學；二傳及左氏，春秋學。（論、孟孝經，專記聖賢言語，宜別出。）論語開章言學，謂此也。陸象山不知，遂以爲無頭柄説話，不知時習者何事矣。至樂學廢隊，宜亟修明，以符六學之全。（朱子語類云：「當立一樂學，使士大夫習之，久之必有精通者出。」）**詩道志，故長於質。**詩言志，志不可僞，故曰質。**禮制節，故長於文。**孝經制節謹度，滿而不溢，禮緣後起，故曰文。**樂詠德，故長於風。書著功，故長於事。易本天地，故長於數。春秋正是非，故長於治人。**漢書司馬遷傳：「聞之董生云：『易著天地、陰陽、四時、五行，故長于變。禮綱紀人倫，故長于行。書紀先王之事，故長于政。詩記山川、谿谷、禽獸、草木、牝牡、雌雄，故長于風。樂樂所以立，故長于和。春秋辨是非，故長于治人。是故禮以節人，樂以發和，書以道事，詩以達意，易以道化，春秋以道義。』」用董生語，而略有不同。禮以節人數語，又引見滑稽傳，作孔子語。又云：「有國者不可不知春秋，前有讒而不見，後有賊而不知。爲人臣者不可以不知春秋，守經事而不知其宜，遭變事而不知其權。爲人君父而不通于春秋之義，必蒙首惡之名。爲人臣子而不通于春秋之義，必陷篡弑誅死之罪。其實皆以善爲之，而不知其義，被之空言不敢辭。」並董生説春秋旨。（陳傅良答覃端老論讀史記云：「司馬遷春秋本董仲舒。」最確。）案：一經各有一經之大義。禮記經解：「孔子曰：『入其國，其教可知也。其爲人也，温柔敦厚，詩教也。疏通知遠，書教也。廣博易良，樂教也。絜静精微，易教也。恭儉莊敬，禮教也。屬詞比事，春秋教也。』」是爲言六經大義之始。莊子天下篇云：「詩以道志，書以道事，禮以道行，樂以道和，易以道陰陽，春秋以道名分。」荀子勸學篇云：「書者，政事之紀也。詩者，中聲之所止也。禮者，法之大分，類之紀綱也。」又云：「禮之敬〔一〕文也，樂之中和也，詩書之博也，春秋之微也。」儒效篇又云：「故詩、書、禮、樂之歸在是矣。

〔一〕「敬」字，原誤「教」，據荀子勸學篇改。

詩言是，其志也。書言是，其事也。禮言是，其行也。樂言是，其和也。春秋言是，其微也。」蓋各道所得，並在董生以前。漢書藝文志：「六藝之文，樂以和神〔一〕，仁之表也；詩以正言，義之用也；禮以明體，故無訓；書以廣聽，知〔二〕之術也；春秋以斷事，信之符也。五者，蓋五常之道，相須而備，而易爲之原。」法言寡見篇亦云：「說天者莫辨乎易，說事者莫辨乎書，說體者莫辨乎禮，說志者莫辨乎詩，說理者莫辨乎春秋。」所說大義亦賅括。班志以易統諸經者，蓋以漢世災異圖讖皆附于易，又向歆父子始皆治易，故班承七略，變其序耳。**能兼得其所長，而不能偏舉其詳也。**所謂讀書通大義。如戴記保傅篇所云：「春秋之元，詩之關雎，禮之冠婚，易之乾坤，皆慎始敬終云爾。」又史記外戚世家云：「易基乾坤，詩始關雎，書美釐降，春秋譏不親迎，此皆帝學舉要之例。」**故人主大節則知闇，大博則業厭。**以下見賈子新書容經篇。新書「節」作淺。○盧云：「大，並音泰。」**二者異失同貶，**新書「貶」作敗。**其傷必至，不可不察也。是故善爲師者，既美其道，有慎其行，**有，與又同。新書作「故師傅之道，既美其施，又慎其齊」。無下二句。**齊時蚤晚，**盧云：「齊，酌齊也，與劑同。」**任多少，適疾徐，**任，堪也。斟酌所能堪，而均其多少。**造而勿趨，稽而勿苦，**造，爲。趨，促。稽，留也。新書「稽」作稍。淮南子道應訓：「太疾則苦而不入，太徐則甘而不固。」注：「苦，疾意也。甘，緩意也。爲之而不促，少優游之而不至於苦。」**省其所爲，而成其所湛，**省其所爲，如保傅篇所云「天子處位不端，受業不敬」「簡聞小訟，不傳不習」之類是也。成其所湛，如保傅篇所

〔一〕「神」字，原誤「禮」，據漢書藝文志改。
〔二〕「知」字，原誤「和」，據漢書藝文志改。

云「擇其所嗜，必先受業，乃得嘗之，擇其所樂，必先有習，乃得爲之」，（又見賈誼疏。）是也。或云：「成其所湛，謂就其性之所近，因而成之。」新書作「省其所省，而堪其所堪」。○天啟本注云：「湛，音耽。」盧云：「湛、耽同。」**故力不勞而身大成。**新書「成」作盛。**此之謂聖化，吾取之。**保傅篇云：「天子不論先聖王之德，不知君國畜民之道，不見禮義之正，不察應事之理，不博古之典傳，不閑于威儀之數，詩、書、禮、樂無經，學業不法，凡是其屬，大師之任也。」是古天子習經之證。此所述蓋相傳授經之法。新書作「此聖人之化也，吾取之」，則董語。錢云：「此節汎論六藝，與前後不類，不知何篇之文錯簡于此。」

春秋之好微與？其貴志也。「與」字絕句。言春秋之好微，以其貴志也。貴志，已見前論文公喪取。案：春秋之微有二旨：其一微言，如逐季氏言又雩，逢丑父宜誅、紀季可賢，及詭詞移詞之類是也。此不見于經者，所謂七十子口授傳指也。其一則事別美惡之細，行防纖芥之萌，寓意微眇，使人湛思反道，比貫連類，以得其意，所以治人也。如勸忠則罪盾，勸孝則罪止是也。荀子勸學篇：「春秋之微也。」儒效篇：「春秋言是其微也。」楊倞注：「微，謂儒之微旨。一字爲褒貶，微其文，隱其旨。」正此文「微」字之意，實則皆大義也。近人好侈微言，不知微言隨聖人而徂，非親炙傳受，未易有聞，故曰「仲尼没而微言絶」。若微旨則固可推而得之，而一以進善絶惡爲主，非必張皇幽渺，索之隱怪也。本書「微」字屢見，反覆求之，不越二類。若夫三科九旨，則讀春秋之條例。毖緯圖讖，別爲一學，非聖人所謂微言。故吾以謂今日所宜講明者，唯有大義。**春秋修本末之義，達變故之應，通生死之志，遂人道之極者也。**修本末以守經，達變故以適權，從賢者之志以達其義，從不肖者之志以著其惡，故曰「通生死之志」。人道以仁義信禮爲尚，反其道而生，不如由其道而死，反其道而勝，不如由其道而敗，故曰「遂人道之極」。**是故君殺賊討，則善而書其誅。**○凌云：「殺，當作弒」。**若莫之討，則君不書葬，而賊不復見矣。不書葬，以爲**

無臣子也；賊不復見，以其宜滅絶也。凌云：「隱十一年傳：『春秋君弒賊不討，不書葬，以爲無臣子也。』宣六年注：『據宋督、鄭歸生、齊崔杼弒其君，後不復見。』」今趙盾弒君，四年之後，别牘復見，非春秋之常辭也。官本云：「『牘』字，原本、他本俱誤作獨，今據黄氏日鈔改正。」盧云：「盾弒君在宣二年，至六年侵陳復見。弒君賊復見者，尚有州吁、甯喜之屬。其餘後雖見殺，或不去其官，是不唯趙盾一人之復見。然則不當爲别獨明矣。」凌云：「説文云：『牘，書板也。』蓋長一尺，因取名焉。公羊宣六年傳：『趙盾弒君。此其復見何？弒君者，趙穿也。親弒君者趙穿，則曷爲加之趙盾？不討賊也。』」古今之學者異而問之，曰：是弒君何以復見？猶曰：賊未討，何以書葬？昭十九年「葬許悼公」，傳：「賊未討，何以書葬？不成于弒也。曷爲不成于弒，止進藥而藥殺也。止進藥而藥殺，則曷爲加弒焉爾？譏子道之不盡也。」又曰：「許世子止弒其君買，是君子之聽止也。葬許悼公，是君子之赦止也。赦止者，免止之罪辭也。」此引許止傳以比趙盾。何以書葬者，不宜書葬也而書葬。何以復見者，亦不宜復見也而復見。孔廣森云：「親弒君者趙穿，春秋舍穿而罪盾，以爲穿之罪易見，而盾之咎難知也。所謂視人所惑，爲立説以大明之者也。然而與使復見，則與親弒者有閒已。左氏説盾與許世子止之事雖是，而不知有賊不討不書葬，及弒君賊不復見之例，壹似春秋之誅盾止竟與親弒者無殊。且未知春秋之意，方將因盾復見，起不親弒之迹，則趙穿之惡仍未得揜爾。盾以文誅，穿以實誅。」二者同貫，不得不相若也。盾之復見，直以赴問，而辨不親弒，非不當誅也。則亦不得不謂悼公之書葬，直以赴問而辨不成弒，非不當罪也。赴問，當作「起問」，下同。如云「趙盾弒君，此其復見何」？「賊未討〔一〕，何以書葬」？皆起問之詞。「辨不親弒」，「不成弒」，皆應問之詞。並以傳文爲質，傳有免止罪之文，故以此詰之。○官本「成」作故，案云「他本故作誅」。凌本同。今從盧本。天啟本「不成」作當誅。若是則春秋之説亂矣，豈可法哉。以下釋問者之詞。故貫比而論是非，雖難悉得，其義一也。今誅盾無傳，無，疑作有。弗誅無傳，赦許止有傳，而赦盾無傳。○天啟本下衍「不交無傳」四字，凌本同。以比言之法論也。法論，猶正論。正貫篇云：「論罪源深淺定法誅。」論本于法，故云法誅。董子言春秋，先法而後例，先義而後比。義法者，比例之本統。今刑法有合正律、依例律者，有略例律、依本律者，有原情定律者，有孽非本犯自作？而又非本罪所應減，謂之聽減者，又有律例無正條、得比照輕重科罪者，皆重比之意。無比而處之，誣辭也。今視其比，皆不當死，不當死于春秋之法。何以誅之？春秋赴問數百，赴，疑起。應問數千，同留經中。繙援比類，以發其端。凌云：「荀子『倫類不通』，注：『通倫類，謂雖禮法所未該，以其等倫比類而通之，謂一以貫之，觸類而長之。』」○官本「繙」作幡，按云「他本作繙」。卒無妄言而得應於傳者。今使外賊不可誅，故皆復見，而問曰此復見何也，言莫妄於是，何以得應乎？故吾以其得應，知其問之不妄。以其問之不妄，知盾之獄不可不察也。漢世以春秋決獄，欲知今事，宜察已往。夫名爲弒父而實免罪者，已有之矣；謂免止罪，已見傳。○天啟本「弒」作篡。亦有名爲弒君，而罪不誅者。逆而距之，不若徐而味之。

〔一〕「討」字，原誤「葬」，據公羊傳昭公十九年改。

○官本「距」作罪，案云「他本作距」。**且吾語盾有本，詩云：「他人有心，予忖度之。」此言物莫無鄰，**物未有無鄰者。陰賊者，篡弑之鄰；愿厚者，忠愛之鄰。**察視其外，可以見其內也。**察外可以見內，即微可以知著，觀往可以驗來，徵人可以通天。故太史公曰：「春秋推見以至隱。」**今案盾事而觀其心，愿而不刑，**說文：「愿，謹也。」國語越語注「刑，害也。」謂謹愿而不陰害。**合而信之，非篡弑之鄰也。按盾辭號乎天，苟內不誠，安能如是？**宣六年傳：「晉史書賊曰：『晉趙盾弑其君夷獋。』趙盾曰：『天乎無辜！吾不弑君，誰謂吾弑君者乎？』」　案：此以事証之。新序節士篇：「許悼公疾瘧，飲藥而死，太子止自責不嘗藥。不立其位，與弟緯專哭泣，啜餰粥，溢不容粒。痛己之不嘗藥，未逾年而死。故春秋義之。」是許止之得赦，亦以其誠。義固不能離事而立也。○官本無下「是」字，云「他本下衍一是字」。**是**[一]**故訓其終始無弑之志。**盧云：「訓，順也。」**挂惡謀者，過在不遂去，罪在不討賊而已。**不遂去，謂出亡不遠。挂，猶牽累也。荀子榮辱篇：「挂于患而欲謹，則無益矣。」**臣之宜爲君討賊也，猶子之宜爲父嘗藥也。**禮，親有疾飲藥，子先嘗之。宋律有諸醫誤不如本方殺人者徒二年半，故不如本方殺傷人者以故殺傷論，雖不傷人，杖六十。（見伊川上謝帥師直書。）今律沿明律，凡合和御藥誤不依對證本方，及封題錯誤，經手醫人杖一百，料理揀擇誤不精者，杖六十。又煎調御藥，俟熟，分爲二器，其一器御醫先嘗次院判，次近臣，其一器進御。皆緣春秋遺意。○官本云：「『君』下，他本有之字。」**子不嘗藥，故加之弑父；臣不討賊，故加之弑君。其義一也。**○天啟本「義」作意。**所以示天下廢**

[一]「是」字，凌本、叢刊本無。

臣子之節，其惡之大若此也。後漢袁紹傳：「若以臣今行權爲釁，則桓文當有誅絶之刑；若以衆不討賊爲賢，則趙盾可無書弑之誅矣。」用春秋義。故盾之不討賊，爲弑君也，與止之不嘗藥爲弑父無以異。盾不宜誅，以此參之。止罪止于不嘗藥，盾罪止于不討賊。因止之自責而罪之，復原其非故而赦之。罪之猶有司之執法，赦之猶朝廷之恩宥。止可赦，則盾亦非絶不可原。後漢書霍諝傳：「諝聞春秋之義，原情定過，赦事誅意。故許止雖弑君而不罪，趙盾以縱賊而見書。此仲尼所以垂王法，漢世所宜遵前修也。」問者曰：夫謂之弑而有不誅，其論難知，非蒙之所能見也。○盧云：「蒙，舊本訛作董，或改作衆，皆非也。此自卑小之稱，當作蒙。」官本作衆，云「他本作董」。故赦止之罪，以傳明之。盾不誅，無傳，何也？曰：○官本云：「他本脱『曰』字。」世亂義廢，背上不臣，篡弑覆君者多，而有明大惡之誅，誰言其誅。有，與又同。「大惡之誅」，盧云：「疑當作大惡之不宜誅。」案：盧説是，謂若明言大惡之不宜誅，誰知篡弑之當誅者。春秋明正詞以垂王法，故多不可見之文。後世刑書，有律有例，律以斷法，例以準情。律一定，而例因時爲變通。經猶之律，論猶之例也。後漢張敏傳敏駁議云：「春秋之義，子不報讎，非子也。而法令不爲之減者，以相殺之路不可開故也。」可謂觀其深矣。故晉趙盾、楚公子比皆不誅之文，而弗爲傳，弗欲明之心也。昭十三年：「楚公子比自晉歸于楚，弑其君虔于乾谿。」傳：「此弑其君，其言歸何？歸無惡于弑立也。公子弃疾脅比而立之。」又：「楚公子弃疾弑〔一〕公子比。」傳云：「比已立矣，其稱公子何？其意不當也。其意不當，則曷爲加弑，焉爾？比之義宜乎效死不

〔一〕「弑」字，原作「殺」，據公羊傳改。

立。」凌云：「稱公子，是不誅之文。」問者曰：人弒其君，重卿在而弗能討者，非一國也。○天啟本「重」作者，無下「者」字。凌本「弗」作不。靈公弒，趙盾不在。不在之與在，惡有厚薄。春秋責在而不討賊者，弗繫臣子爾也。隱十一年傳：「春秋君弒賊不討，不書葬。以爲不繫乎臣子也。」責不在而不討賊者，乃加弒焉，何其責厚惡之薄、薄惡之厚也？曰：春秋之道，視人所惑，爲立説以大明之。此讀春秋要法。程子云：「春秋是是非非，因人之行事，不過當年數人而已，窮理之要也。學者不必他求，學春秋可以盡道矣。」孔廣森云：「人莫知大夫不敵君，而後以楚人書。人莫知卿不得憂諸侯，而後以晉人宋人書。溴梁以降，大夫交政，未嘗貶也。郤缺之徙義，公子側之偃革，宜若有善焉，轉發其專平專廢置之罪，而以人書，皆此例也。」今趙盾賢而不遂於理，皆見其善，莫見其罪，此即前書楚人殺陳夏徵舒義。故因其所賢而加之大惡，繫之重責，使人湛思而自省悟以反道。春秋褒貶，所以表微而辨志。有流俗之所原而大惡存，亦有迹勢之所閡而天良在。故罪趙盾，非逢丑父，原楚子，反使近於惡者有所惕，而不敢援寬比以自遁，近于善者有所勸，不致動于雷同之論，以懈于擴充。凡以借鑒來者，使之反道而得是非之正，非刻論既往以爲快也。故達思者乃可以知春秋。○盧云：「湛，與沈同，丑林切。」曰：吁！君臣之大義，父子之道，乃至乎此。○盧云：「大，字疑衍。」此所由惡薄而責之厚也。僖元年傳：「天下諸侯有相滅亡者，桓公不能救，則桓公恥之。」何注：「故爲之諱，所以醇其能以治世自任而厚實之。」又見僖二年注。錢大昕云：「公羊傳，春秋責賢者備，以其爲賢者故責之。責之雖備，而其賢自在，所以爲忠厚也。管仲器小，不害其爲仁。臧武要君，不害其爲知。孟公綽不可爲滕薛大夫，不害其爲廉。宰我、冉有，論語屢責之，不害其爲十哲。聖人議論之公，而度量之大如此。王者知此道，則可無乏才之歎。

儒者知此道，則必無門户之争矣。（養新録十八。）　案：説春秋者必知此而義乃備，否則責人無已，賢者愈無立足之地，而不賢者轉得自放於議論之外，且得援賢者以自解。人心日肆，而世道益偷矣。**他國不討賊者，諸斗筲之民，何足數哉？弗繫人數而已。**斗筲，又見實性篇。中材以上，聖人固未欲弃之矣。**此所由惡厚而責薄也。**襄三十〔一〕年「葬蔡景公」，傳：「賊未討，何以書葬？君子詞也。」此亦薄責之意。昭十六年何注：「以爲固當常然者，乃所以爲惡也。顧以無知薄責之。」孔廣森云：「許世子之罪隱，春秋責之以深；蔡般之罪顯，春秋治之以恕。」　輿案：賢者可以理論，而下愚不足齒數。罪顯易聽，鈇鑕治之，非筆削所能懲。其恕也，乃其所以爲嚴也。傳所謂不疾乃疾之意也。是故春秋之義，責下輕而責上重，責小人恕而責君子愈嚴。**傳曰：輕爲重，重爲輕，非是之謂乎？**○天啟本無下文。**故公子比嫌可以立，趙盾嫌無臣責，許止嫌無子罪。**前篇云：「春秋常於其嫌得者見其不得。」即此「嫌」字之義。可以得褒，與可以免罪一也。**春秋爲人不知惡而恬行不備也，是故重累責之，以矯枉世而直之。**恬，安也。不備，猶不戒。重累責之，猶言重責之，累亦重也。賈子言春秋紀其成敗，以爲來事師法。韓退之詩云：「春秋書王法，不誅其人身。」周子云：「亂臣賊子誅死者于前，所以懼生者於後，責之者所以救世耳。」矯，正也。漢書公孫田王等傳贊：「中山劉子推言王道，撟當世，反諸正。」**矯者不過其正，弗能直。知此而義畢矣。**春秋志存撥亂，然俟其亂而治之，嘗苦不及，故常矯而直之。好利則譏觀魚，尊禮則録伯姬，同斯義也。後漢朱祐等傳論：「光武鑒前事之違，存矯枉之志。」注引孟子曰：「矯枉者過其正。」今

〔一〕「三十」，原誤作「十三」，據公羊傳襄公三十年乙正。

孟子無此語，蓋在七篇外，董語所本。漢書外戚傳：「蓋矯枉者過直，古今同之。」王莽傳：「太后下詔曰：『矯枉者過其正，而朕不親帥，將謂天下何？』」鹽鐵論救匱篇：「橈枉者過直，救文者以質。」並用此誼。漢書諸侯王表序：「藩國大者，夸州兼郡，連城數十，宫室百官，同制京師，可謂矯枉過其正矣。」注：「謂失中也。」與此語意稍別。

春秋繁露義證卷第二

竹林第三

篇名未詳。司馬相如上林賦「覽觀春秋之林」，文選注如淳曰：「春秋義理繁茂，故比之於林藪也。」似足備一義。

春秋之常辭也，不予夷狄而予中國爲禮，至邲之戰，偏然反之，何也？ 宣十二年：「晉荀林父帥師及楚子戰於邲，晉師敗績。」傳：「大夫不敵君，此其稱名氏以敵楚子何？不與晉而與楚子爲禮也。」何注：「不與晉而反與楚子，爲君臣之禮以惡晉也。」　案：「偏然反之」，用棠棣詩義。新論殊好篇：「然嗜好有殊絕者，則偏其反矣。」用詩語，亦同。**曰：春秋無通辭，從變而移。** 精華篇：「春秋無達詞，從變從義，而一以奉天。」達，亦通也。論春秋者，泥詞以求而比，多有不可貫者，故一以義爲主。下文云：「詞不能及，專在於指。」大抵春秋先義法，後比例。以義法生比例，非緣比例求義法也。**今晉變而爲夷狄，楚變而爲君子，故移其辭以從其事。** 事者，義之本也。進夷狄而爲君子，以其合於禮義耳。鍾離雞父之會，不與吴爲禮，至伯莒黄池之會，則爵而不殊，亦其例也。此聖人之大，天地之至仁也。韓愈原道云：「孔子之作春秋也，諸侯用夷禮則夷之，進於中國則中國之。」程子亦云：「春秋之法，中國而用夷道，即夷之。」是故衛而戎焉，（隱七年。）邾婁、牟葛、（桓十五年。）鄭、（閔二年，成三年。）晉（昭三年。）而狄焉。即內而我魯，亦以城邾婁葭而狄焉。（哀六年。）以此見中國夷狄之判，聖人以其行，不限以地明矣。然春秋於中國、大夷、小夷，各有名倫，不相假借，抑又謹於華夷之防。董子兩明其義。宋胡安國諸人，以爲春秋專重攘夷，固因時之論，得其一端耳。夫莊王之舍鄭，有可貴之美，晉人不知其善，而欲擊之。所救已解，如挑與之戰，宣十二年傳：「既則晉師之救鄭者至，曰：『請戰。』莊王許諾，將軍子重諫曰：『晉，大國也，王師淹病矣，君請弗許也。』莊王曰：『弱者吾威之，彊者吾辟之，是以使寡人無以立乎天下。』令之還師而逆晉寇。」○官本云：「如，他本作而。」盧云：「如、而古通用。」此無善善之心，而輕救民之意也，以救民爲輕。是以賤之。而不使得與賢者爲禮。秦穆侮蹇叔而大敗。事見僖三十三年「晉人及姜戎敗秦於殽」傳。鄭文輕衆而喪師。閔二年「鄭棄其師」，傳：「鄭伯惡高克，使之將，逐而不納，弃師之道也。」春秋之敬賢重民如是。敬賢重民，春秋之大義也。說苑君道篇：「夫天之生人也，蓋非以爲君也。天之立君也，蓋非以爲位也。夫爲人君，行其私欲，而不顧其人，是不承天意，忘其位之所以宜事也。如此者，春秋不予能君而夷狄之。鄭伯惡一人，而兼棄其師，故有夷狄不君之詞。人主不以此自省，惟既以失實，心奚因知之。故曰：『有國者不可以不學春秋。』此之謂也。」荀子大略篇：「天之生民，非爲君也。天之立君，以爲民也。」白虎通四：「王者即位，先封賢者，憂民之急也。故列土爲疆，非爲諸侯，張官設府，非爲卿大夫，皆爲民也。」是故戰攻侵伐，雖數百起，必一二書，傷其害所重也。隱二年注：「凡書兵者，正不得也。內外深淺皆舉之者，因重兵害衆。」盧云：「一二，言次第不遺也。」問者曰：其書戰伐甚謹。其惡戰伐無辭，何也？曰：會同之事，大者主小；戰伐之事，後者主先。苟不惡，何爲使起之者居下。是其惡戰伐之辭已。盧云：「考春秋所書戰伐之事，不皆以後者爲主，不知董子何以云然。」　輿案：莊二十八年：「齊人伐衛，衛人及齊人戰，衛人敗績。」以衛主齊。文十二年，秦伐晉，而書「晉人秦人戰於河曲」。以晉主秦，並其例矣。莊二十八年傳云：「春秋伐者爲客，伐者爲主，故使衛主之也。」何注：「伐人者爲客，長言之；見〔一〕伐者爲主，短言之。」僖十八年：「宋師及齊師戰於甗。」傳：「春秋伐者爲客，伐者爲主，曷爲不使齊主之？與襄公之征齊也。」然則惡之則使後者居先，與之則使先者居先，春秋之例也，董蓋申傳義。**且春秋之法，凶年不修舊，意在無苦民爾。**莊二十九年「新延廄」，傳：「新延廄者何？修舊也。何以書？譏。何譏爾？凶年不修。」**苦民尚惡之，況傷民乎？傷民尚痛之，況殺民乎？故曰：凶年修舊則譏，造邑則諱。**莊二十八年：「冬，築微。大無麥禾。」傳：「曷爲先言築微而後言無麥禾？諱以凶年造邑也。」**是害民之小者，惡之小也；害民之大者，惡之大也。今戰伐之於民，其爲害幾何？**猶云爲害何如。**攷意而觀指，則春秋之所惡者，不任德而任力，驅民而殘賊之。其所好者，設而勿用，仁義以服之也。**俞云：「其所好者設，五字衍。」輿案：「設而勿用」句，謂兵刑之屬，上或有脱字耳。公孫弘傳：「得其要則天下安樂，法設而不用。」鹽鐵論世務篇：「兵設而不試，干戈閉藏而不用。」語意正同。「所好」與「所惡」對文，俞説非。○官本云：「好，他本作惡。」**詩云：「弛其文德，洽此四國。」**弛，天啟本作矢。案：毛詩作矢。傳云：「矢，弛也。」古今文字異，義同。禮孔子閒居亦作弛。鄭注：「弛，施也。」矢、弛、施，聲轉誼通。**此春秋之所善也。夫德不足以親近，而文不足以來遠，**據此則董以詩「文德」二字分釋。

〔一〕「見」字，據公羊傳何注補。

而齗齗以戰伐爲之者，天啟本旁注云：「齗齗，或作斷斷。」興案：史記魯周公世家：「洙泗之間，齗齗如也。」索隱：「齗音銀，鬭争貌。又作『斷斷』，如尚書讀，是專一之義。」案文十二年傳何注亦云：「斷斷，專一貌。」此當以作「斷斷」爲是，謂專以武事爲治。此固春秋之所甚疾已，皆非義也。孟子「春秋無義戰」，注：「春秋所載戰伐之事，無應王義者也。」難者曰：春秋之書戰伐也，有惡有善也。惡詐擊而善偏戰，僖元年傳：「季子待之以偏戰。」注：「莒人可忿，而能結日偏戰，是其不加暴之義。」隱六年注：「戰例時，偏戰日，詐戰月。」恥伐喪而榮復讎。襄二年「城虎牢」，傳：「曷爲不言取之？爲中國諱伐喪也。」莊四年「紀侯大去其國」，傳：「曷爲不言齊滅之？爲襄公諱也。春秋爲賢者諱，何賢乎？襄公？復仇也。」奈何以春秋爲無義戰而盡惡之也？曰：凡春秋之記災異也，雖畝有數莖，猶謂之無麥苗也。無麥苗，見莊七年。漢食貨志、仲舒説上曰：「春秋他穀不書，至於麥禾不成則書之，以此見聖人於五穀最重麥與禾也。今關中俗不好種麥，是歲失春秋之所重，而損生民之具也。願陛下幸詔大司農，使關中民益種宿麥，令無後時。」凌云：「莖，音恒，草木幹也。」今天下之大，三百年之久，春秋二百四十二年，三百舉成數。戰攻侵伐不可勝數，而復讎者有二焉。莊九年：「及齊師戰於乾時，我師敗績。」傳曰：「內不言敗，此其言敗何？復讎也。」何注：「復讎以死敗爲榮，故録之。」其一謂齊襄。是何以異於無麥苗之有數莖哉？不足以難之，故謂之無義戰也。以無義戰爲不可，○凌云：「王本脱『戰』字。」則無麥苗亦不可也；以無麥苗爲可，則無義戰亦可矣。若春秋之於偏戰也，○凌云：「王本『戰』誤作義。」善其偏，不善其戰，有以效其然也。盧云：「效，驗也。」春秋愛人，而戰者殺人，君子奚説善殺其所愛哉？説善，疑衍一字。故春秋之於偏戰也，○天啓本無「也」字。猶其於諸夏也。引之魯，則謂之外；引之夷狄，則謂之内。成十五年傳：「春秋内其國而外諸夏，内諸夏而外夷狄。」説苑指武篇：「内治未得，不可以正外；本惠未襲，不可以治末。是以春秋先京師而後諸夏，先諸夏而後夷狄。」　案：春秋緣魯言王義，故本書言魯，説苑言京師，其於明内外之旨，一也。比之詐戰，則謂之義；比之不戰，則謂之不義。故盟不如不盟。然而有所謂善盟；桓三年：「齊侯衛侯胥命於蒲」，傳：「胥命者何？相命也。何言乎相命？近正也。此其爲近正奈何？古者不盟，結言而退。」戰不如不戰，然而有所謂善戰。不義之中有義，義之中有不義。偏義而戰，仍不義。辭不能及，皆在於指，指，即孟子之所謂義。非精心達思者，其孰能知之。思者，思聖人未言之旨要，以救世而撥亂。若索之隱怪，則孔子之所云「以思無益」者。太史公云：「好學深思，心知其意。孰復於心矣，猶不輕著於言也。」詩云：「棠棣之華，偏其反而。豈不爾思？室是遠而。」孔子曰：「未之思也，夫何遠之有！」此以棠棣合適道章爲一，漢晉人説皆如此。何晏云：「棠棣之華，反而後合，詩言權反而後至於大順也。」新論明權篇：「循理守常曰道，臨危制變曰權。權之爲稱，譬猶權衡也。衡者測邪正之形，權者揆輕重之勢。古之權者，審其輕重，必當乎理而後行焉。」易稱「巽以行權」，語稱「可與適道，未可與權」。權者，反於經而合於道，反於義而後有善。若棠棣之華，反而更合也。後漢周章傳論云：「孔子稱『可與立，未可與權』。權者，反常者也。」晉書：「王祥疾篤，著遺令，訓子孫，終之曰：『未之思也，夫何遠之有！』」亦用漢儒義，欲子孫思其遺訓，以適於道也。唐陸贄始疑之，其替換李楚琳狀有云：「以反道爲權，以任數爲智，歷代之所以多喪亂而長姦邪。」宋朱子因分爲二章，語録云：「唐棣之下，初不與上面説權處合。緣漢儒合上文爲一章，誤認偏其反而爲反經合道，所以錯了。」　案：程子云：「論語中言『唐棣之華』者，因權而言逸詩也。孔子删詩，豈只取合於雅頌而已，亦是謂合此義理。」卻用漢儒説。

蓋反經以適道，有善爲旨。公羊家本不輕言，後漢傳論以權爲反常，於義未全，漸失春秋意矣。棠，論語作唐。朱子與張敬夫論癸巳論語説云：「論語及詩召南作唐棣，小雅作常棣，無作『棠』者。唐棣、常棣兩物，夫子所引非小雅之常棣。」宋祁筆記云：「詩有棠棣之華，逸詩有唐棣之華，世又多誤以棠棣爲唐棣。」案此作「棠」，當是今文異字。**由是觀之。見其指者，不任其辭。不任其辭，然後可與適道矣。**任，用也。旨有出於詞之外者，要一準乎王義聖道之歸。孟子讀詩：「以意逆志」，亦此也。法言問道篇：「或問道。曰：道也者，通也，無不通也。或曰：可以適他與？曰：適堯、舜、文王者爲正道，非堯、舜、文王者爲他道。君子正而不他。」莊云：「春秋以辭成象，以象垂法，示天下後世以聖心之極。觀其辭，必以聖人之心存之，史不能究，游夏不能主，是故善説春秋者，止諸至聖之法而已。公羊子曰：『王者孰謂？謂文王也。』其諸君子樂道堯舜之道與？無或執一詞以爲見聖、無或放一詞而不至於聖。推見至隱，懷之爲難，違之斯已。難得其起問，又得其應問，則幾無難。應而不本其所起，見爲附也。起而不達其所應，見爲惑也。詩曰：『棠棣之華，偏其反而。』春秋之詞，其起人之問有如此也。執一者不知問，無權者不能應。子曰：『未之思也，夫何遠之有？』其亦可以求所應問而得之矣。」

司馬子反爲其君使。○盧、凌本並不提行。今從天啟本及程榮校本。**廢君命，與敵情，**以己情輸敵國。**從其所請，與宋平。**宣十五年：「宋人及楚人平。」傳：「外平不書，此何以書？大其平乎己也。莊王圍宋，軍有七日之糧爾，盡此不勝，將去而歸爾。於是使司馬子反乘堙而闚宋城，宋華元亦乘堙而出見之。司馬子反曰：『子之國何如？』華元曰：『憊矣。易子而食之，析骸而炊之。』司馬子反曰：『嘻！甚矣憊。雖然，吾聞之也，圍者拑馬而秣之，使肥者應客，是何子之情也。』華元曰：『吾聞之，君子見人之厄則矜之，小人見人之厄則幸之。吾見子之君子也，是以告情於子也。』司馬子反曰：『諾。勉之矣。吾軍亦有七日之糧爾，盡此不勝，將去而歸爾〔一〕。』揖而去之，反於莊王。莊王怒曰：『吾使子往視之，子曷爲告之？』司馬子反曰：『以區區之宋，猶有不欺人之臣，可以楚而無乎？是以告之也。』莊王曰：『諾。舍而止。雖然，吾猶取此然後歸爾。』司馬子反曰：『然則君請處於此，臣請歸爾。』莊王曰：『子去我而歸，吾孰與處於此？吾亦從子而歸爾。』引師而去之，故君子大其平乎己也。」是內專政而外擅名也。專政則輕君，擅名則不臣，而春秋大之，奚由哉？曰：爲其有慘怛之恩，不忍餓一國之民，使之相食。本書必仁且智篇：「仁者憯怛愛人。」推恩者遠之而大，爲仁者自然而美。推吾民之愛，以及其鄰，故曰「遠之而大」。無所於爲，而惻怛發於乍見，故曰「自然而美」。凌云：「欒稽耀嘉：『仁者有惻隱之心。本生於木。仁生於木，故惻隱出於自然也。』」今子反出己之心，矜宋之民，無計其閒，不暇計其擅命之釁。故大之也。難者曰：春秋之法，卿不憂諸侯，政不在大夫。襄十三年傳：「卿則其稱人何？貶。曷爲貶？卿不憂諸侯也。」子反爲楚臣而恤宋民，是憂諸侯也；不復其君而與敵平，是政在大夫也。子反不復其君而與敵情，使莊王不得不歸，是與與敵平無異。○官本云：「他本無『政』字。」溴梁之盟，信在大夫，而諸侯〔二〕刺之，爲其奪君尊也。襄十六年傳：「諸侯皆在是，其言大夫盟何？信在大夫〔三〕也。何言乎信在大夫？偏刺天下之大夫也。曷爲偏刺天下之大夫？君若贅旒然。」○官本云：「他本無『信』字。」平

〔一〕「爾」字，原作「耳」，據公羊傳改。
〔二〕「諸侯」，凌本、盧本、叢刊本作「春秋」。
〔三〕「大夫」，原誤「大天」，據公羊傳改。

在大夫，亦奪君尊，而春秋大之，此所閒也。閒，隙也，即孟子「連得閒矣」之閒。信在大夫與平在大夫，一刺一大，其旨不同，是文有閒隙，而疑從此出矣。與下「此所惑也」語意一例。○天啟本「閒」作問。盧云：「閒，即上文無計其閒之閒，作問者非。」且春秋之義，臣有惡，擅名美。○盧云：「大典本作『臣有惡，君名美』。疑當作『惡臣擅君名美』。」案：官本「擅」作君，云「他本作擅」。凌本同。今從盧校。故忠臣不顯諫，欲其由君出也。書曰：「爾有嘉謀嘉猷，入告爾君于內，爾乃順之於外，曰：此謀此猷，惟我君之德。」此爲人臣之法也。古之良大夫，其事君皆若是。坊記：「子曰：『善則稱君，過則稱己，則民作忠。』」君陳曰：「爾有嘉謀嘉猷〔一〕入告爾君於內，女乃順之於外，曰：此謀此猷，惟我君之德。於乎，是惟良顯哉。」案：本書與坊記引同，當是今文尚書說。此爲爲人臣者言之，故曰「人臣之法」。僞書以爲成王語，則不倫矣。先儒所以有成王失言之疑也。（見困學紀聞。）鄭注坊記云：「是惟良顯哉，美君之德。」據此則董以良大夫說良顯，與鄭不同。穀梁文六年傳：「士造辟而言，詭詞而出。」亦用書義。今子反去君近而不復，莊王可見而不告，皆以其解二國之難爲不得已也。奈其奪君名美何？此所惑也。曰：春秋之道，固有常有變，變用於變，常用於常，各止其科，非相妨也。春秋有變科，有常科，各因時地而用之。不可以常而概變，亦不可騖變而忽常。是故共學適道，可以語常矣。立，則可以語變矣。權又變之精焉者也。春秋言此則愈慎矣。○官本云：「止，他本作正。」今諸子所稱，皆天下之常，雷同之義也。曲禮：「毋雷同。」鄭注：「雷之發

〔一〕「猷」字，據尚書補。

聲，物無不同時應者。人之言當各由己，不當然也。」後漢陳元傳：「仲尼聖德而不容於世，況於竹素餘文。其爲雷同者所排，固其宜也。」與此「雷同」意同。○官本云：「義，他本作意。」子反之行，一曲之變。獨修之意也。荀子解蔽篇：「凡人之患，蔽於一曲而闇於大理。」注：「一曲，一端之曲説。」又云：「曲知之人，觀於道之一隅，而未之能識也。」淮南子：「察一曲者，不可與言化。」○獨，天啟本作術，旁注「或作獨」。凌本作術，引原注：「術，疑作獨。」俞云：「術，當讀爲遹，爾雅釋詁釋文引孫炎云：『遹，古術字。』述與術通，述、遹同字，則術、遹亦同字矣。」匡謬正俗引逸禮記：「知天文者冠鷸。」鷸字音聿，亦有術音，故禮之衣服圖及蔡邕獨斷，謂爲術氏冠。以顔説推之，術通作鷸，則亦通作遹矣。爾雅訓遹爲自遹修之義，即自修之義，正與上文雷同之義相對成文。詩文王篇：「聿修厥德。」疑三家詩有作「遹修」而訓爲自者。董此言本詩文耳。夫目驚而體失其容，心驚而事有所忘，人之情也。通於驚之情者，取其一美，不盡其失。驚者，初動之情也。惟聖人爲能從心不踰矩，隨處合夫天理，自聖人以下，不能無所牿亡。觸物初動之時，見天理焉。故易曰：「復其見天地之心。」復者，冬至一陽初動時也。孟子之所謂乍見孺子入井，而惻隱之心生，亦其初動時也。即其有失，猶當取其一美。嫂溺援之以手，取其仁，不責其禮，亦若是矣。詩云：「采葑采菲，無以下體。」此之謂也。此與度制篇引此詩義異。左僖三十三年傳引詩，下云：「君取節焉可也。」列女傳賢明篇引詩云：「與人同寒苦，雖有小過，猶與之同死而不去，況於安新去舊乎？」潛夫論論榮篇：「詩云：『采葑采菲，無以下體。』故苟有大美可尚於世，則雖細行小瑕，曷足以爲累乎。」鄭注坊記云：「言人之交當如采葑采菲，取一善而已，君子不求備於一人。」並與此文義同。鄭亦用今文説也。今子反往視宋，聞人相食，大驚而哀之，不意之至於此也，鹽鐵論世務篇：「宋華元、楚司馬子反之相覩也，符契内合，誠有以相信也。」○錢云：「『不意』下當有宋字。」輿案：之，與其同。是以心駭目動而違常禮。禮者，庶於仁、文，質而成體者也。

釋名：「庶，猶摭也。」摭合之意。子反但違常禮耳，有仁有質，雖不成爲禮，而未始無禮之意。禮讓文質，實皆以仁爲體者也。今使人相食，大失其仁，安著其禮？仁者，禮之本，猶亨、利、貞之需元。方救其質，奚恤其文？穀梁僖元年傳注「救，赴急之意。」故曰「當仁不讓」，此之謂也。論語集解引孔曰：「當行仁之事，不復讓於師。」言行仁急。後漢書王望傳：「望行部軍，以便宜出所在布粟振飢民。鍾離意議望罪曰：『昔華元、子反，楚宋之良臣，不禀君命，擅平二國，春秋義之，以爲美談。今望懷義忘罪，當仁不讓，若繩之以法，忽其本情，將乖聖朝愛育之旨。』」正本此義。春秋之辭，有所謂賤者，有賤乎賤者。哀四年傳：「稱盜以弑何？賤乎賤者也。」案：稱人賤，稱盜尤賤。○天啟本脱下五字。夫有賤乎賤者，則亦有貴乎貴者矣。言有尤賤尤貴者。今讓者春秋之所貴。雖然見人相食，驚人相爨，説文「爨，齊謂之炊。」傳所謂「析骸而炊」。救之忘其讓，君子之道有貴於讓者也。仁貴於讓。故説春秋者，無以平定之常義，疑變故之大則，義幾可諭矣。春秋貴仁，雖在失禮，猶嘉與之。所以勸仁，非奬變也。此義之可諭者也。○盧云：「本或作『疑變故之大義，則幾可諭矣』。殆非。」案：凌本同或作。

春秋記天下之得失，而見所以然之故。甚幽而明，無傳而著，不可不察也。春秋記天下得失而已，而其所以然之故甚微，不能累累説之也，在學春秋者因效以求其本。故云「甚幽而明、無傳而著」。傳，猶説也。陸農師答崔子方書云：「夫經一而足，春秋之傳，不係舊史存否何如。若聖人作經，又待魯史而傳，是二而足也。故曰，春秋『甚幽而明，無傳而著』。其設方立例，不可以一方求，亦不可以多方得。譬如天文森布，一衡一縮，各有條理，久視而益明。易曰：『化而裁之，存乎變。推而行之，存乎通。神而明之，存乎其人。』豈獨易也哉，故曰：『詩無達詁，易無達吉，春秋無達例。』要在變而通之耳。」陳澧云：「不信三傳，始於唐人。韓文公寄盧仝詩云：『春秋三傳束高闇，獨抱遺經究終始。』蓋經學風氣，自唐而變，而遠溯其原，則繁露已有『無傳而著』之語。然其所謂無傳而著者，齊頃公伐魯伐衛，大國往聘，慢其使者，晉、魯、衛、曹四國大困之於鞌。自是頃公恐懼，卒修其身，國家安寧也。然慢聘使之事，不見於經，無傳何由著乎？董生之説，已不可通，況後儒乎！」（東塾讀書記十。）案：陳以傳爲三傳之傳，蓋沿陸説而誤。董傳公羊，安得云不用傳乎？且本篇語意，正在因事而察其所以然之故也。**夫泰山之爲大，弗察弗見，而況微渺者乎？**春秋好微。**故案春秋而適往事，**尚書大傳注：「適，得也。」俞云：「詩殷武篇『勿予禍適』，釋文引韓詩云：『適，數也。』適往事，猶言數往事。」**窮其端而視其故，**故，疑作效。窮其端之所始，而觀其效之所終也。下云：「其端乃從懾魯勝衛起。」又云：「此其效也。」正承此爲言。**得志之君子，有喜之人，不可不慎也。**春秋非一世之書也，所以絶亂萌於未然，示變事之所起，使人防患而復道，鑒往以懲來。故本書十指以見事變之所至爲一指。仁義法云：「觀物之動而先覺其萌，絶亂塞害於將然而未行之時。」二端篇云：「覽求微細於無端之處，誠知小之將爲大也，微之將爲著也。吉凶未形，聖人所獨立也。此皆春秋之志也。」夫患至而防，常苦不及，當其微渺，又復難察，大易憂盛，而春秋戒有喜，君子可知所從事矣。**齊頃公親齊桓公之孫，**桓公子惠公生頃公。**國固廣大而地勢便利矣，又得霸主之餘尊，而志加於諸侯。**桓公以後，篡弒相尋，霸業替矣。頃公驕奢，自以爲席餘尊耳。○凌本「主」作王。**以此之故，難使會同，而易使驕奢。即位九年，未嘗肯一與會同之事。有怒魯衛之志，而不從諸侯於清丘、斷道。**盧云：「宣十二年，晉、宋、衛、曹〔一〕會於

〔一〕「曹」字，據盧本及公羊傳補。

清丘，十七年，公會晉、衛、曹、邾婁於斷道，齊皆不與。舊本『從』字上無『不』字，誤脱耳。」春往伐魯，入其北郊，顧返伐衛，敗之新築。立在成二年。當是時也，方乘勝而志廣，○天啟本「乘」作求。大國往聘，慢而弗敬其使者。晉魯俱怒，内悉其衆，外得黨與曹衛〔二〕，句。四國相輔，大困之鞌，成二年傳：「晉郤克與臧孫許同時而聘於齊。蕭同姪子者，齊君之母也，踊於棓而窺客，則客或跛或眇，於是使跛者迓跛者，使眇者迓眇者。二大夫出，相與踦閭而語，移日然後相去。齊人皆曰：『患之起必自此始。』二大夫歸，相與率師爲鞌之戰。」獲齊頃公，斮逢丑父。成二年傳：「逢丑父，頃公之車右也，代頃公當左，使頃公取飲。頃公操飲而至，曰：『革取清者。』頃公用是佚而不返。郤克曰：『欺三軍者，其法奈何？』曰：『斮。』於是斮逢丑父。」○凌云：「逢，從夆不從夆。逢，皮江切。見廣韻。」深本頃公之所以大辱身，幾亡國，爲天下笑，本，猶原也。其端乃從懾魯勝衛起。伐魯，魯不敢出，擊衛，大敗之，因得氣而無敵國以興患也。志得氣盈，心無敵國，遂以取患。孟子曰：「無敵國外患者亡。」○官本云：「得，他本作其。」故曰，得志有喜，不可不戒。此其效也。自是之後，○天啟本無「之」字，凌本同。頃公恐懼，不聽聲樂，不飲酒食肉，内愛百姓，問疾弔喪，成八年傳：「鞌之戰，齊師大敗。齊侯歸，弔死視疾，七年不飲酒，不食肉。晉侯聞之曰：『嘻！奈何使人之君七年不飲酒，不食肉。請皆反其所侵地。』」外敬諸侯。從會與盟，盧云：「成五年會蟲牢，七年盟馬陵，九

〔二〕「曹衛」，凌本、盧本、叢刊本作「衛曹」。

年盟蒲，齊侯皆與。」卒終其身，國家〔一〕安寧。是福之本生於憂，而禍起於喜也。隱四年「公及宋公遇於清」，何注：「重而書之，所以防禍原也。」蓋福有本而禍有原，省之當於其始。説苑敬慎篇：「夫福生於隱約，而禍生於得意，齊頃公是也。齊頃公，桓公之子孫也。地廣民衆，兵强國富，又得霸者之餘尊，驕蹇怠傲。未嘗肯出會同諸侯，乃興師伐魯，反敗衛師於新築，輕小嫚大之行甚。俄而晉魯往聘，以使者戲，二國怒，歸求黨與助，得衛及曹，四國相輔，期戰於鞌，大敗齊師，獲齊頃公，殺逢丑父。於是懼然大恐，賴逢丑父之欺，奔逃得歸。弔死問疾，七年不飲酒，不食肉，外金石絲竹之聲，遠婦女之色。出會與盟，卑下諸侯，國家内得行義，聲聞，震乎諸侯，所亡之地，弗求而自爲來，尊寵不武而得之，可謂能詘免變化以致之。故福生於隱約，而禍生於得意，此得失之效也。」又説叢篇云：「福生於微，禍生於忽，日夜恐懼，唯恐不卒。」又向與子歆書云：「董生有云：『弔者在門，賀者在閭。』言有憂則恐懼敬事，敬事則必有善功而福至也。」又云：「賀者在門，弔者在閭，言受福則驕奢，驕奢則禍至，故弔隨而來。齊頃公之始，藉霸者之餘威，輕侮諸侯，窺蹇跂之容，故被鞌之禍，遁服而亡。所謂賀者在門，弔者在閭也。兵敗師破，人皆弔之，恐懼自新，百姓愛之，諸侯皆歸其所奪邑。所謂弔者在門，賀者在閭也。」案：劉向始治公羊，後治穀梁，故往往多公羊説。嗚呼！物之所由然，其於人切近，可不省邪？因春秋行事，以儆切人主，故曰經世之書。

逢丑父殺其身以生其君，何以不得謂知權？丑父欺晉，祭仲許宋，俱枉正以存其君。桓十一年：「宋人執鄭祭仲。」傳：「祭仲者何？鄭相也。何以不名？賢也。何賢乎祭仲？以爲知權也。其爲知權奈何？古者鄭國處於留，先鄭伯有善於鄶公者，通乎夫人，以取其國而遷鄭焉，而野留。莊公死，已葬。祭仲將往省於

〔一〕「國家」，凌本、盧本、叢刊本作「家國」。

留，途出於宋，宋人執之，謂之曰：『爲我出忽而立突。』祭仲不從其言，則君必死，國必亡。從其言，則君可以生易死，國可以存易亡。少遼緩之，則突可故出，而忽可故反。是不可得則病，然後有鄭國。古人之有權者，祭仲之權是也。權者何？權者，反於經然後有善者也。」漢書鄒陽傳：「昔者鄭祭仲許宋人立公子突，以活其君，非義也。春秋記之，爲其以生易死，以存易亡也。」　案：突固暫立，忽復歸鄭。其後雖終被弒，傳以爲祭仲亡矣。故許之以存其君。盧云：「許宋，疑當作詐宋。」然而丑父之所爲，難於祭仲，丑父戕身，祭仲自辱而已，故曰難。○官本云：「所，他本作難。」祭仲見賢而丑父猶見非，何也？丑父見非，不著經傳，此亦古今學者之疑問，所謂操之與在經無異。非，猶責也。曰：是非難別者在此。此其嫌疑相似而不同理者，不可不察。能於相似者而求其不同，則析理精矣。春秋以別嫌疑爲急。夫去位而避兄弟者，君子之所甚貴；凌云：「鄭忽奔衛，弟突歸於鄭，是避兄弟也。」獲虜逃遁者，君子之所甚〔一〕賤。祭仲措其君於人所甚貴以生其君，故春秋以爲知權而賢之。丑父措其君於人所甚賤以生其君，春秋以爲不知權而簡之。凌云：「簡，略也。」其俱枉正以存君，相似也；其使君榮之與使君辱，不同理。故凡人之有爲也，前枉而後義者，謂之中權，公羊說權義甚嚴。其見於傳者，假祭仲見例而已。然且申之曰：「權之所設，舍死亡無所設。」則於死亡之外，固不許行權矣。又云：「行權有道，自貶損以行權，不害人以行權。殺人以自生，亡人以自存，君子不爲也。」所以示人者至矣。孟子以嫂溺援手爲權，而其所許者，臣則伊尹，女則許穆夫人，（韓詩外傳。）皆從其志而辨

〔一〕「甚」字，據凌本、盧本、叢刊本補。

之。若夫虞舜放象，周公踐阼，斯則人並聖哲，事關宗社，心無所利，勢有所窮，卒底奠安，醇然見義，非夫凡庶之所能擬也。墨子大取篇云：「於所體之中，而權輕重之謂權。殺一人以存天下，非殺一人以利天下也。殺己以存天下，是殺己以利天下。」亦以關於死亡爲説。至董子説權義尤深，丑父之於齊頃公，生君以自殺，存君以自亡，宜若可許爲權矣，而猶以邪道責之。其不輕言權如此。鹽鐵論論儒篇：御史云：「商君雖革法改教，志存於彊國利民。鄒子作變化之術，亦歸於仁義。管仲自貶損以行權，時也。故小枉大直，君子爲之。今硜硜然守一道，引尾生之意，即晉文之譎諸侯以尊周室，不足道。而管子蒙恥辱以存亡，不足稱也。」其説權義，漸失本旨。惟何休以紀季存姑姊妹爲知權，（莊三年注。）較得傳意。後漢馮衍説廉丹云：「衍聞順而成者，道之所大也。逆而功者，權之所貴也。是故期於有成，不問所由，論於大體，不守小節。昔逢丑父伏軾而使其君取飲，稱於諸侯。鄭祭仲立突而出忽，終得復位，美於春秋。蓋以死易生，以存易亡，君子之道也。」衍以丑父與祭仲並論，亦乖董意。後來藉口行權者，抑又絶於此義矣。賈逵抑公羊而伸左氏，乃云「如祭仲、紀季、伍子胥、叔術之屬，左氏義深於君父，公羊多任於權變。」則未知公羊固不輕言權者。程子説春秋云：「權之爲言秤錘之義也，何物爲權？義也。」又云：「古今多錯用權字，纔説權，便是變詐，或權術，不知權只是經所不及者，權量輕重，使之合義。纔合義，便是經也。」與董合。

雖不能成，春秋善之，魯隱公、鄭祭仲是也。

隱爲桓立，將讓而桓弒之，亦是避兄弟而見殺。故與祭仲同稱。

前正而後有枉者，謂之邪道，

以邪與權並舉，不善用權則邪矣。

雖能成之，春秋不愛，齊頃公、逢丑父是也。

○盧云：「齊頃公三字疑衍，本或作齊景公，更訛。」

夫冒大辱以生，其情無樂，故賢人不爲也，而衆人疑焉。

疑身貴於辱。

春秋以爲人之不知義而疑也，故示之以義，

以身較君則君重，以君較國則國重，以國較義則義重，故聖人示之以義。

曰國滅君死之，正也。

襄六年傳：「曷爲不言萊君出奔？國滅君死之，正也。」

正也者，正於天之爲人性命

也。推本乎天，其言粹然。天之爲人性命，使行仁義而羞可耻，非若鳥獸然，苟爲生，苟爲利而已。是故春秋推天施而順人理，○官本云：「人，他本作天。」以至尊爲不可以加於至辱大羞，故獲者絶之。隱六年：「鄭人來輸平。」何注：「稱人共國辭者，嫌來輸平。獨惡鄭擅獲諸侯，魯不能死難，皆當絶之。」○天啟本「加」作生，凌本同。以至辱爲亦不可以加於至尊大位，故雖失位弗君也。○天啟本無「亦」字，凌本同。已反國復在位矣，而春秋猶有不君之辭，莊六年「衛侯朔入於衛」，僖二十八年、三十一年「衛侯鄭歸於衛」，哀八年「歸邾婁子益於邾婁」，並以失國書名，是其例也。○官本云：「他本無『復』字。」況其溷然方獲而虜邪。其於義也，非君定矣。虜，則弗成爲君。凌云：「國策注『慁、溷同，濁貌。』玉篇：『虜，獲也，戰獲俘虜也。』」○天啟本無「也」字。若非君，則丑父何權矣。非君，則丑父之死非死君也，故曰「何權」。故欺三軍爲大罪於晉，○凌本作「大辱」，誤。其免頃公爲辱宗廟於齊，是以雖難而春秋不愛。丑父大義，言丑父如知大義。宜言於頃公曰：「君慢侮而怒諸侯，是失禮大矣。今被大辱而弗能死，是無耻也而復重罪。失禮又無耻，故曰重。○天啟本「復」作獲，凌本同。請俱死，無辱宗廟，無羞社稷。」如此，雖陷其身，尚有廉名。廉，潔也。韓非子解老篇所謂「能廉者必生死之命，輕恬資財」也。當此之時，死賢於生。故君子生以辱，不如死以榮，正是之謂也。生以辱不如死以榮，見大戴禮曾子制言篇。文選江文通詣建平王上書云：「下官聞虧名爲辱，虧形次之。」注引尸子云：「衆以虧形爲辱，君子以虧義爲辱。」由法論之，則丑父欺而不中權，忠而不中義，陷其君於不義。以爲不然？復察春秋。春秋之序辭也，置王於春正之間，非曰上奉天施而下正人，然後可以爲王也云爾。對册云：「臣謹案春秋之文，求王道之端，得之於正。正次王，王次春。春者，天之所爲也。其意曰：上承天之所爲，而下以正其所爲，正王道之端云爾。」白孔六帖一孔引俞文俊書云：「春秋以元加於歲，以春加於王，明王者當奉若天道，以謹其始也。又舉時以終歲，舉月以終時。春秋雖無事，必書首月以存時，明王者當奉若天道，以謹其終也。王者動作終始，必法於天。」王應麟六經天文編引胡氏云：「春秋立文兼述作。舜典紀元日，商訓稱元祀，經書元年。所謂祖二帝，明三王，述而不作者也。正次王，王次春，乃立法創制，裁自聖心，無所述於人者。」程子云：「書春王正月，示人君當上奉天時，下承王正。明此義則知王與天同大，而人道立矣。周正月非春也，假天時以立義耳。」朱子答張南軒書云：「以書考之，凡書月皆不著時，疑古史記事例如此。至孔子作春秋，然後以天時加王月，以明上奉天時，下正王朔之義。而加春於建子之月，則行夏時之義亦在其中。」輿案：置「春」於「王」上，亦春秋以天屈君之旨。程子以加「春」於「王」，寓行夏時之志，非春秋意。朱子蓋偶沿程説而未改者。互見三代改制篇〔一〕。○盧云：「非曰，原注：猶言豈非。」輿案：非，或「亦」之誤。

今善善惡惡，好榮憎辱，非人能自生，此天施之在人者也。是非羞惡之心由天施，故曰性有善端。君子以天施之在人者聽之，則丑父弗忠也。聽，猶治。僖二十八年傳：「其言畀宋人何？與使聽之也。」成十六年傳：「此聽失之大者也。」昭十九年傳：「是君子之聽止也。」注：「聽治止罪。」周禮：「小宰以聽官府之六計。」鄭注：「聽，平治也。」天施之在人者，使人有廉恥。有廉恥者，不生於大辱。○盧云：「『有

〔一〕「篇」字，原作「編」，據本書改。

廉恥』三字、『於』字，錢據大典本補。」大辱莫甚於去南面之位而束獲爲虜也。曾子曰：「辱若可避，避之而已。及其不可避，君子視死如歸。」見曾子制言篇〔一〕。如，作若。謂如頃公者也。此編〔二〕剖析義理極精。公羊假祭仲以言權，董子復假丑父以明中權之難。丑父世之所賢，事又難於祭仲，不許以權，則其他之託言行權者，可知其比矣。傳以「於是斮逢丑父」終，則其不與丑父可知。何注申之云：「丑父死君不賢之者，經有使乎大夫，於王法頃公當絶，如賢丑父，是賞人之臣，絶其君，若以丑父故，不絶頃公，是開諸侯戰不能死難。」正用董義。

春秋曰：「鄭伐許。」奚惡於鄭而夷狄之也？成三年：「鄭伐許。」何注：「謂之鄭者，惡鄭襄公與楚同心，數侵伐諸侯。自此之後，中國會盟無已，兵革數起，夷狄比周爲黨，故夷狄之。」曰：衛侯遬卒，鄭師侵之，是伐喪也。鄭與諸侯盟於蜀，以盟而歸，諸侯以，與已同。於是伐許，是叛盟也。事竝在成二年。○盧云：「伐許，舊本作鄭伐，訛。」伐喪無義，叛盟無信，無信無義，故大惡之。以上釋成三年「鄭伐許」文，下釋成四年「鄭伯伐許」文。問者曰：是君死，其子未踰年，有稱伯不子，有，同又。法辭其罪何？盧云「成四年三月，『鄭伯堅卒』。冬，『鄭伯伐許』。是未踰年君即稱伯也。」輿案：何注云：「未踰年君稱伯者，時樂成君位，親自伐許，故如其意以著其惡。」案禮，既葬稱子，踰年稱爵。今變稱伯，是法辭也，故問其罪。

〔一〕「篇」字，原作「編」，據大戴禮記改。
〔二〕此「編」字，按文義應爲篇。

通典引五經異義云：「諸侯未踰年出朝會與不出會何稱？春秋公羊説云：諸侯未踰年，不出境，在國内稱子。以王事出亦稱子。非王事而出會同，安父位，不稱子。鄭伯伐許是也。未踰年以本爵，譏不子也。左氏説：諸侯未踰年，在國内稱子，以王事出則稱爵。詘於王事，不得申其私恩。鄭伯伐許是也。」又通典引鄭駁異義云：「昔武王卒父業，已除喪，出至孟津之上，猶稱太子者，是爲孝也。今未除喪而出稱爵，是與武王義反矣。」仍用公羊説。**曰：先王之制，有大喪者，三年不呼其門，順其志之不在事也。**宣元年傳：「古者臣有大喪，則君三年不呼其門。君使之，非也。臣行之，禮也。」白虎通喪服篇：「臣下有大喪，不呼其門者，使得終其孝道，成其大禮。」鹽鐵論未通篇：「古有大喪者，君三年不呼其門，通其孝道，遂其哀戚之心也。君子之所重而自盡者，其惟親之喪乎。」後漢書陳忠疏云：「昔先聖緣人情而著其節，制服二十五月。是以春秋臣有大喪，君三年不呼其門。閔子雖要絰服事，以赴公難，退而致仕，以究私恩。故稱君使之非也，臣行之禮也。周室陵遲，禮制不序，『蓼莪』之人，作詩自傷曰：『瓶之罄矣，惟罍之恥。』言己不得終竟子道者，亦上之恥也。」**書云：「高宗諒闇，三年不言。」居喪之義也。**鄭注論語：「諒闇，喪廬。」儀禮經傳通解續引大傳説命文作梁闇，魯世家作亮闇，論語子張、論衡儒增、後漢魯恭傳作諒陰，漢書五行志作涼陰，文九年何注作涼闇，古文尚書作亮陰，並同音字。禮喪服四制、白虎通、漢書王吉傳、後漢濟北惠王傳、景君碑、鄭詩譜、文選西征賦，竝與此同。白虎通爵篇：「尚書曰『高宗諒闇三年』是也。論語曰：『君薨，百官總己以聽於冢宰三年。』所以諒闇三年，卒孝子之道也。」案：晉杜預議禮用書傳，釋諒闇爲信默，遂定皇太子除服諒闇終制之典。且云：「高宗不云服喪三年，而云諒闇三年，此釋服心喪之義也。」與董義違。○天啟本「書」誤詩，凌本同，云：「詩當作書。」今從盧本。**今縱不能如是，奈何其父卒未踰年即以喪舉兵也。春秋以薄恩，且施失其子心，**俞云：「施失，連文，施讀爲弛。禮樂記釋文：『弛，廢也。』施失，猶言廢失，下文同。」**故不復得稱**

子，謂之鄭伯，以辱之也。鄭伯有不子之心，故如其意以辱之。隱三年：「武氏子來求賻。」何注：「時雖世大夫，緣孝子之心不忍便當父位，故順古先試一年，乃令於宗廟。武氏子父新死未命，而便爲大夫，薄父子之恩，故稱氏言子，見未命以譏之。」案：同一薄恩，而或顯子稱，或如其意，故曰「春秋無達詞」。且其先君襄公伐喪叛盟，得罪諸侯，諸侯怒之未解，惡之未已。繼其業者，宜務善以覆之，改行以蓋前愆。所謂「三年無改於父之道」，非謂其不合於道者也。今又重之，無故居喪以伐人。○天啟本「之」作以，凌本同。父伐人喪，子以喪伐人，父加不義於人，子施失恩於親，以犯中國，是父負故惡於前，已起大惡於後。諸侯果〔一〕怒而憎之，率而俱至，○盧云：「本或作『卒而俱至』者，誤。」輿案：天啟本作卒。官本同，云：「他本作『率』。」謀共擊之。鄭乃恐懼，去楚而成蟲牢之盟是也。楚與中國俠而擊之，去楚，謂背楚。盧云：「蟲牢之盟在成五年。三傳並作蟲牢，舊本作蠱牢者誤。六年秋，楚子嬰齊率師伐鄭。冬，晉欒書率師侵鄭。是俠擊也。俠，與夾同。」○官本云：「俠，他本作挾。」鄭罷疲危亡，終身愁辜。盧云：「辜，當讀爲苦。」吾本其端，本，猶原。無義而敗，由輕心然。孔子曰：「道千乘之國，敬事而信。」知其爲得失之大也，故敬而慎之。今鄭伯既無子恩，又不熟計，○官本云：「他本無『既』字。」一舉兵不當，被患不窮，猶無窮。自取之也。是以生不得稱子，去其義也；未踰年，以稱子爲合義，稱伯，是去其義。死不得書葬，見其窮也。卒在成六年。孔廣森云：「鄭襄公背華附楚，賤之曰『鄭伐許』，與『吳伐

〔一〕「果」字，原誤「畢」，據凌本、盧本、叢刊本改。

鄭』、『狄伐晉』，文無以異。至其子衰絰興戎，則正言之曰：『鄭伯伐許』，以爲不待貶絶爾，第末若狄之之顯也。故襄公書葬，悼公不書葬。其葬，猶之突也。其不葬也，猶前之接、後之睔，而蔡之肸也。」○盧云：「窮，本亦作罪。」輿案：天啟本作「不見其罪也」。官本云：「他本衍一『不』字。」**曰：有國者視此。行身不放義，**論語集解引孔云：「放，依也」○官本云：「他本『行』作得。」盧云：「放，甫往反。」**興事不審時，其何如此爾。**盧云：「句疑有訛。」輿案：何，疑禍之誤。○天啟本「其」字在「時」上。

春秋繁露義證卷第三

玉英第四

凌云：「尸子：『龍淵生玉英。』尚書帝命驗『有人雄起戴玉英』，鄭注：『玉英，寶物之名。』」

謂一元者，大始也。謂一年爲元年，未修春秋之先，蓋已有此。商稱元祀是也。而序書稱「一年戊午」，書傳稱「周公攝一年」。又云：「文王一年質虞芮。」意周初尚參錯用之，聖人沿殷法取元，遂爲定稱。爾雅：「元，始也。」文選東都賦注引元命苞：「元年者何？元宜爲一。謂之元何？曰：君之始年也。」通典五十五引晉徐禪議曰：「事莫大於正位，禮莫重於改元。傳曰：元，始也，首也，善之長也。故君道重焉。」或疑王者改元，而春秋於魯明之何也？案春秋正義云：「諸侯於其封內，各得改元。」傳説鄭國之事云，僖之元年，簡之元年，是諸侯皆改元，非獨魯也。鄭樵陳傅良以爲諸侯舊用天子之年，至平王失政，諸侯並稱元年者，非也。封建肇自黃帝，諸侯世守其國，有出于三代前者。有王者興，奉其正朔，以修朝聘。其即位固各自紀元矣。（參用黃震説。）故春秋假魯以明元義。王應麟云：「舜典紀元日，商訓稱元祀，春秋書元年，人君之元，即乾坤之元也。元，即仁也。仁，人心也。衆非元后何戴？后體元則仁覆天下也。即位之一年，必稱元年，累數雖久而不易。戰國而下，此義不明。秦惠文王十四年，更爲元年，汲冢竹書，魏惠王有後元，始變謂一爲元之制。漢文十有六年，惑方士説，改後元年，景帝因之，壬辰改中元，戊戌改後元，猶未以號紀年也。武帝則因事建號，歷代襲沿，春秋之義不明久矣。」（玉海十三。）**知元年志者，**盧云：「錢疑『志』字衍。」輿案：「志」字，當有，猶言知立元之意也。○官本云：「他本無『者』字。」**大人之所重，小人之所輕。**大人承其志，小人則順其時而已。大人謂人君，解見度制篇。**是故治國之端在正名。名之正，興五世，五傳之外，美惡乃形，可謂得其真矣，**○得，天啟本注云：「一作冒。」**非子路之所能見。**○「是故」云云，與上下文不類，疑是深察名號篇文錯簡在此。

惟聖人能屬萬物於一，而繫之元也。終不及本所從來而承之，不能遂其功。欲成其終，不要其本，則無功。聖人奉天以治人，公羊疏云：「元年春者天之本，即位者人之本。」○凌云：「原注：終，一作故。」**是以春秋變一謂之元。元，猶原也。其義以隨天地終始也。**隱元年注：「變一爲元。元者氣也，無形以起，有形以分，造起天地，天地之始也。故上無所繫，而使春繫之也。」疏引宋氏注云：「元爲氣之始，如水之有泉。泉流之原，窺之不見，聽之不聞。」三統厤：「元者，體之長也。合三體而爲之原，故曰元。」易緯：「太初爲氣之始。」春秋緯：「太一含元布精，乃生陰陽。」劉敞春秋權衡云：「元年者，人君也，非太極也。以一爲元氣，何當於義？其過在必欲成五始之説，而不究元年之本情也。」　案。劉糾何氏。其實何本於董，義當有所受之。但董不言元氣，何足成之耳。至説春秋一元之旨，自以對策數語爲至純全。此則推元義言之，隨天終始。語又見符瑞篇。**故人唯有終始也，而生不必應四時之變。**人以生之始爲元，猶王之以即位爲元。不，疑當作「死」。生應春，死應冬。惠棟周易述引亦作「死」。注云：「原始反終，故知死生之説。」**故元者爲萬物之本。**呂覽有始篇引黃帝曰：「芒芒昧昧，因天之威，與元同氣。」易乾鑿度云：「易一元以爲元紀。」鄭注：「天地之元，萬物所紀。」文選遊天台山賦注引阮籍通老子論曰：「道者自然。易謂之太極，春秋謂之元，老子謂之道也。」案：元，猶莊子之所謂「氣母」，乾鑿度之所謂「氣始」。説文「无」下云：「奇字。无通于元氣[一]。」自无而之有，故通元。**而人之元在焉。安在乎？乃在乎天地之前。**俞云：「『乃在乎』三字衍。安在乎天地之前，言不必在天地之前也。易曰：『有天地然後有萬物。』聖人之言，未有言及天地之前者。」輿案：何注言「天地之始」，即本此文。三字非衍，所謂以元統天也。宋周子無極而太極之説，亦本于此。易「太極生兩儀」，聖人之道，運本於元，以統天地，爲萬物根。人之性命，由天道變化而來，其神氣則根極於元。溯厥胚胎，固在天地先矣。説文列「元」字于「天」字前，亦即斯旨。鶡冠子「有一而有氣」，宋佃注云：「一者，元氣之始。」由是言之，人本于天，天本于元，元生于一，是故數始于一，萬物之本也。○官本云：「他本無『前』字。」上「乎」字王本作之，下「在」字作存。盧云：「舊作『安在之，乃存乎天地之前』。今從趙校改。」**故人雖生天氣及奉天氣者，不得與天元本、天元命而共違其所爲也。**易文言：「先天而天勿違，後天而奉天時。」天固勿違於元，聖人亦不能違天，故云不共違其所爲。元者，人與天所同本也。**故春正月者，承天地之所爲也。繼天之所爲而終之也。**大司徒疏、詩文王疏並引鄭云：「是時周公居攝五年，二月三月，當爲一月二月。不云正月者，蓋待治定制禮乃正言正月故也。」程子云：「泰誓、武成稱一月者，商正已絶，周正未建，故只言一月。然則王者于年變一言元，于月亦變一言正矣。」**其道相與共功持業。安容言乃天地之元？**聖人繼天而成治，亦人之元耳。何爲言乃天地之元，與下二語並作反詰辭。○俞云：「聚珍本作乃，云他本作及，當從之。」

[一]「氣」字，今説文作「者」。

興案：作「乃」不誤。**天地之元奚爲於此惡施於人？**盧云：「惡，讀曰烏。」**大其貫承意之理矣。**天地之元，又烏從施於人？蓋惟王者與天合德，斯有承意之理耳。楚莊王篇：「事父者承意，事天亦然。」史記曆書：「王者易姓受命，必謹始初。改正朔，易服色，推本天元，順承厥意。」正用此義。「大其貫」三字，疑有誤。○自「惟聖人」至此，重政篇文。錢云：「『惟聖人能屬萬物于一而繫之元也』，恰與『小人之所輕』文勢相接，疑錯簡在彼，當歸此篇。」今從之，仍提行，示別于彼篇，兩存其文。

是故春秋之道，以元之深正天之端，以天之端正王之政，以王之政正諸侯之即位，以諸侯之即位正竟内之治。隱元年注：「即位者，一國之始。政莫大于正始，故春秋以元之氣正天之端，以天之端正王之政，以王之政正諸侯之即位，以諸侯之即位正境内之治。諸侯不上奉王之政，則不得即位，故先言正月而後言即位。政不由王出，則不得爲政，故先言王而後言正月也。王者不承天以制號令，則無法，故先言春而後言王。天不深正其元，則不能成其化，故先言元而後言春。五者同日並見，相須成體。乃天人之大本，萬物之所繫，不可不察也。」○盧云：「隱元年傳何注『以元之深』作『以元之氣』，疏中引公羊説作『深』字，今故仍之。舊本『位』字上脱『即』字，又脱『以諸侯之即位正境内之治』十一字，則下文五者少其一矣。今據何注訂補。」興案：數語亦見元命苞，玉海十三引何注，亦作「以元之氣」。**五者俱正，而化大行。**對册云：「謹案春秋謂一元之意，一者萬物之所從始也。元者辭之所本也。（本，漢書作大，從王念孫説依漢紀。）謂一爲元者，視大始而欲正本也。春秋深探其本，而反自貴者始。故爲人君者，正心以正朝廷，正朝廷以正百官，正百官以正萬民，正萬民以正四方。四方正，遠近莫敢〔一〕不壹於正。」

〔一〕「敢」字，據漢書董仲舒傳補。

王褒傳：「共惟春秋法五始之要，在乎審己正統而已。」　案：五始，元年一，春二，王三，正月四，公即位五。○「是故春秋之道」至此，二端篇文。錢云：「移在此處，恰與下文相承接。此説元年春王正月公即位之義，即公羊家所謂五始也。」今從之。仍提行，示別于彼篇，兩存其文。

非其位而即之，雖受之先君，春秋危之，宋繆公是也。隱三年「葬宋宣公」，傳：「當時而日，危不得葬也。此當時何危爾？宣公謂繆公曰：『以吾愛與夷，則不若愛女〔一〕，盍終爲君矣。』宣公死，繆公立，逐其二子莊公馮與左師勃，終致國乎與夷。莊公馮弒與夷。」**非其位，不受之先君，而自即之，春秋危之，吳王僚是也。**襄二十九年傳：「闔廬曰：『先君之所以〔二〕不與子國而與弟者，凡爲季子故也。將從先君之命與？則國宜之季子者也。如不從先君之命與？則我宜立者也。僚烏得爲君乎？』於是使專諸刺僚，而致國乎季子。」○盧云：「不受，二字他本多重。」**雖然，苟能行善得衆，春秋弗危，衛侯晉以立書葬是也。**隱四年「衛人立晉」，傳「立者何？立者不宜立也。其稱人何〔三〕？衆立之之辭也。」桓十二年卒，十三年書葬衛宣公。○天啟本「立」作正，凌本同。**俱不宜立，而宋繆受之先君而危。**○天啟本「繆」下有公字。**衛宣弗受先君而不危，以此見得衆心之爲大安也。故齊桓非直弗受之先君也。乃率弗宜爲君者而立，罪亦重矣。**莊九年「齊小白入于齊」，傳：「其言入何？篡也。」**然而知恐懼，敬舉賢人，而以自覆蓋，知不背要盟以**

〔一〕「女」字，原作「爾」，據公羊傳改。
〔二〕「以」字，原作「爲」，據公羊傳改。
〔三〕「何」字，原作「者」，據凌本及公羊傳改。

自湔浣也，凌云：「莊十三年傳：『要盟可犯，而桓公不欺。』」一切經音義：『湔，洗也。浣〔一〕，濯也』。」○官本「敬」作故，云「故，他本作敬」。案：兩作並通。**遂爲賢君，而霸諸侯。**淮南氾論訓：「周公有殺弟之累，齊桓有爭國之名。然而周公以義補缺，桓公以功滅醜，而皆爲賢。」說苑尊賢篇：「桓公於是用管仲、鮑叔、隰朋、賓胥無、甯戚，三存亡國，一繼絶世，救中國，攘戎狄，卒脇荆蠻，以尊周室，霸諸侯。」○官本云：「他本脱『爲』字。」**使齊桓被惡而無此美，得免殺戮〔二〕乃幸已，何霸之有！魯桓忘其憂而禍逮其身。**魯桓亦以簒立，終見殺於齊。**齊桓憂其憂而立功名。推而散之。**猶云推廣言之。**凡人有憂而不知憂者凶，有憂而深憂之者吉。易曰：「復自道，何其咎。」此之謂也。**易小畜初九文。繫詞：「无咎者，善補過也。」**匹夫之反道以除咎尚難，人主之反道以除咎甚易。**人君反道，功效易著，利澤亦遠。**詩云：「德輶如毛。」言其易也。**禮記鄭注：「輶，輕也。言德之輕如毛耳。」潛夫論積微篇：「德輶如毛，爲仁由己。」與此義同。荀子彊國篇引，別一義。

公觀魚于棠，何？惡也。隱五年傳：「百金之魚，公張之。」何注：「百金，猶百萬也。古者以金重一斤，若今萬錢矣。張，謂張罔罟障谷之屬。」又云：「恥公去南面之位，下與百姓爭利，匹夫無異，故諱若使以遠，覩爲譏也。」五行志載董推隱五年秋螟云：「時公觀漁于棠，貪利之應也。」漁，當從本書作「魚」。白虎通十二「王者不親取魚」，説

〔一〕「浣」字，原誤「洗」，據凌本改。

〔二〕「戮」字，凌本、盧本、叢刊本作「滅」。

苑云「公自漁濟上」，義同。**凡人之性，莫不善義，然而不能義者，利敗之也。故君子終日言不及利，欲以勿言愧之而已，愧之以塞其源也。**說苑貴德篇：「凡人之性，莫不欲善其德。然而不能爲善德者，利敗之也。故君子羞言利名。言利名尚羞之，況居而求利者也。」荀子大略篇：「上重義則義克利，上重利則利克義。故天子不言多少，諸侯不言利害。」案：漢世上下侈言利，賈誼陳疏，已言其弊。至武帝而誅求益甚。董子欲爲人君塞言利之源，以化其下，故特假春秋以著戒。史記孟荀列傳太史公曰：「余讀孟子書，至梁惠王問『何以利吾國』，未嘗不廢書而歎也。曰：嗟乎！利誠亂之始也。夫子罕言利者，常防其源也。故曰：『放於利而行多怨。』自天子至於庶人，好利之弊，何以異哉！」○官本云：「『愧之』下『以』字，他本作則。」**夫處位動風化者，徒言利之名爾，猶惡之，況求利乎？**「位」上疑脱一字。太史公平準書贊云：「安寧則長庠序，先本絀末，以禮義防於利。事變多故，而亦反是。是以物盛則衰，時極而轉，一質一文，始終之變也。」史公諱求利之名，歸之時變，蓋定哀微詞之意。**故天王使人求賻求金，皆爲大惡而書。**求賻在隱三年，求金在文九年。**今非直使人也，親自求之，是爲甚惡。**言利猶惡，況曰求？使人猶惡，況自求？故曰甚惡。○官本云：「他本無『今』字，誤衍一非字。」凌云：「非字，不當衍。」**譏何故言觀魚？猶言觀社也，皆諱大惡之辭也。**莊二十三年傳：「諸侯越竟觀社，非禮也。」注：「觀祭社諱淫，言觀社者，與親納幣同義。」墨子：「燕有祖，齊有社，宋有桑社，楚有雲夢，此男女之所屬而觀也。觀社者志不在社也，志在女而已。」說苑貴德篇：「周天子使家父毛伯求金於諸侯，春秋譏之。故天子好利則諸侯貪，諸侯貪則大夫鄙，大夫鄙則庶人盜。上之變下，猶風之靡草也。故爲人君者，明貴德而賤利以道下，下之爲惡，尚不可止。今隱公賞利，而身自漁濟上，而行八佾，以此化於國人，國人安得不解於義。解於義而縱於欲，則災害起而臣下僻矣。」桓十五年何注：「王者千里，畿內租稅，足以共費。四方各以其職來貢，足以尊榮。當以至廉無爲，率先天下，不當求。求則諸侯貪，大夫鄙，士庶盜竊。」○官本云：「他本『諱』誤作『爲』是。」

春秋有經禮，有變禮。爲如安性平心者，經禮也。盧云：「『爲』疑作謂。」輿案：如、而同。性與心爲本質，道雖緣性出，實由後起。禮喪服四制云：「有恩有理，有節有權，取之人情也。恩、理、節，經也。權，制則變也。」**至有於性，雖不安，於心，雖不平，於道，無以易之，此變禮也。是故昏禮不稱主人，經禮也。辭窮無稱，稱主人，變禮也。**隱二年「紀履緰來逆女」，傳：「何以不稱使？婚禮不稱主人。然則曷稱？稱諸父兄師友。宋公使公孫壽來納幣，則其稱主人何？辭窮也。辭窮者何？無母也。」案：禮祭統：「國君娶夫人之辭曰：『請君之玉女，與寡人共有敝邑，事宗廟社稷。』」是稱主人之例也。晉禮志：「穆帝升平元年，將納皇后，王彪之定禮，深非公羊婚禮不稱主人之義。」又曰：「王者之於四海，無非臣妾，雖復父兄之親，師友之賢，皆純臣也。夫崇三綱之始，以定乾坤之儀，安有天父之尊，而稱臣下之命以納伉儷，安有臣下之卑，而稱天父之名以行大禮。遠尋古禮，近求史籍，無王者此制。比於情不安，於義不通。」案王彪之所定，用變禮例。**天子三年然後稱王，經禮也。有故則未三年而稱王，變禮也。**昭二十二年「景王崩」。二十三年，經書「天王居於狄泉」，傳：「此未三年，其稱天王何？著有天子也。」白虎通爵篇：「天子大斂之後稱王者，明民臣不可一日無君也。故尚書曰：『王麻冕黼裳。』此大斂之後也。」案：康王以子繼父，非有故而稱王。是與董異説者，因以顧命爲史臣之詞。○盧云：「舊本作『有物故』，物字衍。」孫詒讓云：「物字不當删。毛詩烝民傳云：『物，事也。』物故猶言事故，與史記、漢書以死亡爲物故者不同。」韓非子難三篇云：「智不足以偏知物故。」盧校失之。**婦人無出境之事，經禮也。母爲子娶婦，奔喪父母，變禮也。**盧云：「僖二十五年，宋蕩伯姬來逆婦。又三十一年，杞伯姬來求婦。文九年，夫人姜氏如齊。又書夫人姜氏至自齊。奔喪得禮，故致。」輿案：莊二年「夫人姜氏會齊侯于部」，何注：「婦人無外事，外則近淫。不致者，本無出道。有出道，乃致，奔喪致是也。」莊二十七年注：「諸侯夫人尊重。既嫁，非有大故不得反。惟自大夫妻，雖無事，歲一歸寧。」疏云：「大故者，奔喪之謂。」白虎通喪服篇：「婦人不出境弔者，婦人無外事，防淫泆也。」禮雜記曰：「婦人越疆而弔，非禮也。而有三年喪，君與夫人俱往。」案許穆夫人歸唁衛侯，見尤百爾，亦以非奔喪父母，不合經禮，故載馳之詠，宛轉自明。韓詩外傳：「高子問於孟子曰：『夫嫁娶者，非己所自親也。衛女何以得編於詩也？』孟子曰：『有衛女之志則可，無衛女之志則殆。若伊尹於太甲，有伊尹之志則可，無伊尹之志則篡。夫道二，常謂之經，變謂之權。懷其常道而挾其變權，乃得爲賢。夫衛女行中孝，慮中聖，權如之何？』」亦以經變爲言。戰國策：「趙太后于其女燕后飲食祝曰：『必勿使反。』」蓋亦用不出境之禮。逆婦求婦，穀梁以爲非正。此公羊一家說。詩泉水箋：「國君夫人，父母在則歸寧，没則大夫寧於兄弟。」此古文說，又以歸寧爲可出境。○官本云：「他本脱『婦』字。」**明乎經變之事，然後知輕重之分，可與適權矣。**制禮之權，與行事之權，互相表裏。行事之權，以先枉後義爲斷。制禮之權，以於道無易爲斷，適權者可不迷於所往矣。然審禮易而處事難，故適權者必先究禮。○天啟本「矣」作也。**難者曰：春秋事同者辭同。此四者俱爲變禮，而或達於經，或不達於經，何也？**昏禮一，稱王二，娶婦三，奔喪四。或達或不達，謂義有見經不見經，其辭不一。**曰：春秋理百物，辨品類，別嫌微，修本末者也。**理百物者，遂人道之極，以達於萬物。辨品類者，人辨其品，物區其類，正名之義也。別嫌微者，美惡貴賤有時不相假借。修本末者，由本逮末，皆循其自然之理也。○官本云：「理，他本作禮。」**是故星墜謂之隕，螽墜謂之雨，其所發之處不同，或降於天，或發於地，其辭不可同也。**星隕在莊七年，雨螽在文三年。何注：「不言如雨言雨螽者，本飛從地上而下至地，似雨尤醇。」輿案：星降於天，不可言雨星。雨亦降於天者，嫌使同也。螽本發於地，不嫌同雨，言雨正狀螽死墜。**今四者俱爲**

變禮也同，而其所發亦不同。或發於男，或發於女，其辭不可同也。辨男女亦所以別嫌微。**是或達於常，或達於變也。**莊云：「春秋辭異則指異。事異而辭同，則以事見之，事不見則以文起之。嫌者使異，不嫌使同。」○「是」下當有以字。

桓之志無王，故不書王。桓三年：「春正月，公會齊侯於嬴。」何注：「無王者，以見桓公無王而行也。二年有王者，見始也。十年有王者，數之終也。十八年有王者，桓公之終也。明終始有王，桓公無之爾。不就元年見始者，未無王也。」案：公羊不明桓無王之義，何注本董義。穀梁則以元年有王爲謹始，二年有王爲正與夷之卒，十年有王爲正終生之卒。據此知二傳義蓋同。**其志欲立，故書即位。**桓元年「公即位」，傳：「繼弒君不言即位，此其言即位何？如其意也。」**書即位者，言其弒君兄也。**以尊則君，以親則兄，身曾事之，臣子無異，故曰君兄。宋高宗遥拜淵聖，廖剛言禮有隆殺，兄爲君則君之，已爲君則兄之可也。未達斯旨。**不書王者，以言其背天子。**此義亦與穀梁同。**是故隱不言立，**不言立，謂不書即位。隱元年傳：「不言即位，成公意也。」○立，天啟本作正，凌本同。竝通。隱十一年傳：「隱何以無正月？隱將讓乎桓，故不有其正月也。」**桓不言王者，從其志以見其事也。**見讓與簒之迹。凡傳言「其意」、「如其意」、「致其意」，皆此義。桓元年注：「桓殺君，欲即位，故如其意以著其惡。直而不顯，諱而不盈。」○天啟本「從」上有「皆」字，凌本同。**從賢之志以達其義，從不肖之志以著其惡。**義，疑作善。襄七年傳：「其言如會何？致其意也。」何注：「鄭伯欲與中國，意未達而見殺，故養遂而致之，所以達賢者之心。」**由此觀之，春秋之所善，善也，所不善，亦不善也，不可不兩省也。**春秋明善惡之書。或從春秋之志以明之，或從其人之志以明之。泓之戰，大宋襄。夷皋弒，罪趙盾。春秋之志也。鄭伯忍於殺弟，則直書「克段」。季友不忍誅兄，則一書「公子牙卒」，再書「公子慶父如齊」。叔武不欲其兄有殺弟名，則爲之諱殺。喜時不欲負芻有篡名，則爲之言「復歸」。此從其人之志也。參而伍之，以求春秋之義，思過半矣。

經曰：「宋督弑其君與夷。」傳言：「莊公馮殺之。」不可及於經，何也？事在桓二年，傳見隱四年。○官本云：「他本脱『宋督』二字。」曰：非不可及於經，其及之端眇，不足以類鉤之，故難知也。眇，微也。讀春秋者，即事以求旨，取其及於經以通其不及於經者。達以精心，自可得其委曲，亦非離事而斷以臆也。泥類以鉤之，而聖法有不見者。蕭楚論春秋書「城楚丘」而不書齊桓封衛之功，以爲嫌於作福，欲俾後之君子觀於所書而知天下之所以亂，索其所不書而知王者之所以存。即此旨也。傳曰：「臧孫許與晉郤克同時而聘乎齊。」見成二年。按經無有，豈不微哉。經有不見，有詭辭，皆爲微言。不書其往而有避也。而，與以同。今此傳言莊公馮，而於經不書，亦以有避也。○盧云：「以有，舊本倒，錢據大典改。」是以不書聘乎齊，避所羞也。以辱客尋隙故○官本云：「他本無『乎』字。」不書莊公馮殺，避所善也。是故讓者春秋之所善。宣公不與其子而與其弟，其弟亦不與子而反之兄子，雖不中法，皆有讓高，不可棄也。高，猶美也。荀子禮論：「高者，美之隆也。」故君子爲之諱不居正之謂避，其後也亂。移之宋督以存善志。隱三年傳：「故君子大居正。宋之禍，宣公爲之也。」俞云：「按『不居正之謂』及『也』字，竝衍文。此本云：故君子爲之諱。（句）避其後亂，移之宋督，以成善志。今衍此六字，則文義不屬矣。下文『棄之則棄善志也，取之則害王法』。疑『不居正之謂也』六字當在彼下。」王道篇：「春秋嘉義氣焉，故皆見之，復正之謂也。」與此文法一律。此亦春秋之義，善無遺也。義善，疑作善善。春秋有詞移，有事移。與夷之弑，移之宋督，以善宣公，以酅入齊，移之紀季，以賢紀侯。移其事也。邲之戰，楚變而稱子，里克殺奚齊，變而稱君之子，移其詞也。移其詞者，即主文推之。移其事者，非口說難明矣。若直書其篡，則宣繆之高滅，而善之無所見矣。善之，謂春秋見褒。○直，天啟本注云：「一作止。」難者曰：爲賢者諱，皆言之，爲宣繆諱，獨弗言，何也？曰：不成於賢也。其爲善不法，心衷於善而已，不合王法。不可取，亦不可棄。棄之則棄善志也，取之則害王法。故不棄亦不載，此謂爲宣繆諱，不載於傳。以意見之而已。苟志於仁無惡，此之謂也。志於仁，但無惡而已，非即仁也。此當是齊論語說。

器從名、地從主人之謂制。盧云：「此節以器從名，地從主人發端，疑與下事不相比屬。或有脱簡，未可知也。不然，將毋謂君之立與不宜立者，君以爲後，臣下孰敢不奉以爲君，此即從名、從主人之比乎？」輿案：推文義，似是以制起權。桓二年傳「器從名」，注云：「從其所爲之地名之。」「地從主人」，注云：「從後所屬主人。」此引之以言物有從主從客之不同，不執於一，是即權之端也。權合於宜之謂制。權之端焉，不可不察也。權者事之發，而其端仍本於制。夫權雖反經，亦必在可以然之域。在可以然之域，即爲合道。不在可以然之域，故雖死亡，終弗爲也，傳云：「權之所設，舍死亡無所設。」此復推勘其義。公子目夷是也。僖二十一年傳：「楚人執宋公以伐宋。宋公謂公子目夷曰：『子歸守國矣。國，子之國也。吾不從子之言，以至乎此。』公子目夷復曰：『君雖不言國，國固臣之國也。』於是歸設守械而守國。楚人謂宋人曰：『子不與我國，吾將殺子君矣。』宋人應之曰：『吾賴社稷之神靈，吾國已有君矣。』楚人知雖殺宋公猶不得宋國，於是釋宋公。宋公釋乎執，走之衛。公子目夷復曰：『國爲君守之，曷爲不入？』然後逆襄公歸。」案：目夷爲桓公後妻子。桓公欲立爲太子，目夷逃之衛，襄公從之。

襄公立，目夷乃歸。事見説苑立節篇。史記宋世家以目夷爲襄公庶兄。春秋重適，故下云「不宜立而立」。此間似有脱文。目夷是在可以然之域者，此句或當在「無以異也」下。**故諸侯父子兄弟不宜立而立者，春秋視其國與宜立之君無以異也。此皆在可以然之域也。**目夷之立，以救宋君。衛晉之立，以得衆心。餘祭夷昧之立，以讓季子。春秋皆許之。○官本云：「者，他本作也。」**至於鄫取乎莒，以之爲同居，目曰「莒人滅鄫」，**經見襄六年。襄五年：「叔孫豹、鄫世子巫如晉。」傳：「叔孫豹率而與之俱也。叔孫豹則曷爲率而與之俱？蓋舅出也。莒將滅之，故相與往殆乎晉也。莒將滅之，則何爲相與往殆乎晉，取後乎莒也。其取後乎莒奈何？莒女有爲鄫夫人者，蓋欲立其出也。」何注：「時莒女嫁爲鄫後夫人，夫人無男有女，還嫁之於莒。有外孫，鄫子愛後夫人而無子，欲立其外孫。」又六年經注云：「言滅者，以異姓爲後，莒人當坐滅也。不月者，取後乎莒，非兵滅。」世本：「鄫，姒姓子爵，夏太康封其子曲烈於鄫。襄六年，莒滅之。鄫太子巫仕魯，去邑爲曾氏。」盧云：「同居，宜當作國君。」俞云：「同居，疑是司君。司君者，嗣君也。尚書高宗肜日『王司敬民』，史記殷本紀『司』作嗣。是古通用。」輿案：俞説是。嗣字古省作司。晉姜鼎銘云：「晉姜曰：『余惟司鄭先姑君晉邦。』」吕大臨考古録，王俅嘯堂集、集古録，薛尚功鐘鼎款識、宣和博古圖，皆釋司爲嗣。○天啟本「以之」作之以。**此在不可以然之域也。**此申雖死亡弗爲之義。國雖滅亡，不可亂其族類。○盧云：「在不，大典本作不在。」輿案：天啟本無「在」字。**故諸侯在不可以然之域者，謂之大德，大德無踰閑者，謂正經。諸侯在可以然之域者，謂之小德，小德出入可也。權譎也，尚歸之以奉鉅經耳。**雖權譎，仍以正歸之，取其不失大經耳。論語：「子夏曰：『大德不踰閑，小德出入可也。』」荀子王制篇：「孔子曰：『大節是也，小節是也，上君也。大節是也，小節一出焉一入焉，中君也。大節非也，小節雖是也，吾無觀其餘矣。』」與此文義同。或謂「諸」下衍「侯」字，亦通。**故春秋之道，博而要，詳**

而反一也。春秋義雖詳博，要不外於正經。孟子曰：「博學而詳説之，將以反説約也。」趙注：「博，廣。詳，悉也。廣學悉其微言而説之者，將以約説其要，意不能盡知，則不能要言之也。是謂廣尋道意，還反於樸，説之美者也。」案：一者，約之至也。反一，猶反約。公子目夷復其君，終不與國，復，謂答復宋公語。祭仲已與，後改之，見桓十一年傳。晉荀息死而不聽，僖十年傳：「獻公死，奚齊立。里克謂荀息曰：『君殺正而立不正，廢長而立幼，如之何？願與子慮之。』荀息曰：『君嘗訊臣矣，臣對曰：使死者反生，生者不愧乎其言，則可謂信矣。』里克知其不可與謀，退殺奚齊。荀息立卓子，里克殺卓子，荀息死之。荀息可謂不失其言矣。」○天啟本「聽」作德。衛曼姑拒而弗内，哀三年傳：「曼姑受命乎靈公而立輒。以曼姑之義，爲固可以拒之也。輒者，曷爲者也？蒯聵之子也。然則曷爲不立蒯聵而立輒？蒯聵爲無道，靈公逐蒯聵而立輒。然則輒之義可以立乎？曰可。其可奈何？不以父命辭王父命，以王父命辭父命，是父之行乎子也。不以家事辭王事，以王事辭家事，是上之行乎下也。」此四臣事異而同心，其義一也。目夷之弗與，重宗廟。祭仲與之，亦重宗廟。宗廟重則君爲輕。（此論與孟子合。西漢不尊孟子，實則孟與春秋説同者多。）春秋時，若左氏所紀吕甥輔孺子以救晉惠公，孫申改立君以釋鄭成，皆師目夷故智。後此則宋之高宗，明之景泰，律以春秋之義，蓋皆在可以然之域。然而處此位者，當側席思艱，竭誠復辟，斯可以適權矣。問者曰：至辱加於大位，已反國者，春秋勿君。齊頃公所以見貶也。宋襄復位，未得爲正，則目夷勿與是，而終與之非矣。曰：貶齊頃者，爲人君言之。賢目夷者，爲守國言之。各明一義，非相妨也。祭仲與突，同爲重宗廟者，亦以宋有亡鄭之力。若朱勝非處苗劉之變，則雖正色捐軀，未爲病國，不當以祭仲廢置君爲詞。宜胡安國駁論之也。而遂以咎公羊則過矣。文天祥言：「社稷爲重，君爲輕。立君以存社稷，存一日則盡臣子一日之責。」正合春秋義。荀息死之，貴先君之命。曼姑拒之，亦貴先君之命也。事雖相反，所爲同，俱爲重宗廟、貴先君之命耳。難者曰：公子目夷、祭仲之所爲者，皆存之事君，○盧云：「本或『爲』下有之字。」案：官本有，云「他本無」。善之可矣。荀息、曼姑非有此事也，○官本云：「他本無『也』字。」而所欲恃者皆不宜立者，何以得載乎義？奚齊非長，衛輒拒父，故疑非義。曰：春秋之法，君立不宜立，不書，大夫立則書。書之者，弗予大夫之得立不宜立者也。如衛人立晉則書之例。不書，予君之得立之也。莊云：「春秋非記事之史，不書多于書，以所不書知所書，以所書知所不書。治亂必表其微，所謂禮禁未然之前也。凡所書者，有所表也。是故春秋之中無空文。」君之立不宜立者，非也。既立之，大夫奉之是也，荀息曼姑之所得爲義也。奚齊，獻公立。輒，靈公立。「所」下疑脱以字。

難紀季曰：○天啟本不提行，凌本同。春秋之法，大夫不得用地。莊三年秋：「紀季以酅入于齊。」定十三年：「晉趙鞅入於晉。」傳：「此叛也。其言歸何？以地正國也。」案：用地，疑作專地。下文云：「今紀季受命乎君，而經書專。」承此言之。桓九年傳：「諸侯不得專地。」語亦見王道篇。通典一：「夫春秋之義，諸侯不得專封，大夫不得專地。」正與此合。又曰：公子無去國之義。襄二十九年傳：「季子去之廷陵，終身不入吳國。」何注：「禮，公子無去國之義，故不越境。」又見莊九年注。○官本云：「公，他本作君。」又曰：君子不避外難。莊二十七年傳：「君子避内難而不避外難。」紀季犯此三者，何以爲賢？賢臣故盜地以下敵，棄君以避難乎？莊三年傳：「何賢乎紀季？服罪也。」魯子曰：「請後五廟，以存姑姊妹。」○盧云：「故，本亦作固，古通用。」曰：賢者不爲是。是故託賢於紀季，以見季之弗爲也。紀季弗爲而紀侯使之可知矣。春秋之書事時，詭其實以有避也。其書人時，易其名以有諱也。莊云：「春秋之義，不可書則避之，不忍書則隱之，不足書則去之，不勝書則省之。辭有據正而不當書者，皆書其可書以見其所不可書。辭有詭正而書者，皆隱其所大不忍，避其所大不可，而後目其所常不忍、常不可也。辭若可去可省而書者，常人之所輕，聖人之所重。

故詭晉文得志之實，以代諱避致王也。代，疑作狩。僖二十八年「天王狩於河陽」，傳云：「狩不書，此何以書？不與再致天子也。」本書王道篇云：「晉文再致天子，諱致言狩。」史記孔子世家：「踐土之會，實召周天子，而春秋諱之曰：『天王狩於河陽。』」**詭莒子號謂之人，避隱公也。**隱八年「公及莒人盟於包來」，傳：「公曷爲與微者盟，稱人則從不疑也。」何注：「實莒子也。言莒子則嫌公行微不肖，諸侯不肯隨從公行，而公反隨從之。故使稱人，則隨從公不疑矣。」**易慶父之名謂之仲孫，**閔元年「冬，齊仲孫來」，傳：「齊仲孫者何？公子慶父也。公子慶父，則曷爲謂之齊仲孫？繫之齊也。曷爲繫之齊？外之也。曷爲外之？春秋爲尊者諱，爲親者諱，爲賢者諱。子女子曰：以春秋爲春秋，齊無仲孫，其諸吾仲孫與？」**變盛謂之成，諱大惡也。**莊八年：「師及齊師圍成，成降於齊師。」傳：「成者何？盛也。盛則曷爲謂之成，諱滅同姓也。」**然則說春秋者，入則詭辭，隨其委曲而後得之。**入則，二字疑誤。春秋詭辭，門弟子當有口說傳授。秦漢之於春秋，若今日之於明季，年代未遠，源流相接。說之者尚可由詭辭得其委曲，然亦不必其密合而無失也。故程子云：「傳經爲難，如聖人之後纔百年，傳之已差。若乃即空文以造詭辭，則所謂解經而欲新奇，何所不至者矣。」**今紀季受命乎君而經書專，**書曰「以酅」，若專詞然。**無善一名而文見賢，**一，疑作之。專詞是無善之名，書紀季而不名，是文見賢。**此皆詭辭，不可不察。春秋之於所賢也，固順其志而一其辭，章其義而褒其美。**春秋責賢者備，有時原賢者亦微，一皆有義可尋。高宣、繆猶之善魯隱，以其讓也，賢紀侯猶之非逄丑父，以其冒大恥同，而一存國，一辱君也。合而偶之，比而求之，聖心見矣。今紀侯春秋之所貴也，是以聽其入齊之志，而詭其服罪之辭也，移之紀季。事由紀侯使之，賢紀季即所以貴紀侯。下「也」字疑衍。故告糴於齊者，實莊公爲之，而春秋詭其辭，以予臧孫辰。莊二十八年「臧孫辰告糴于齊」，傳：「告糴者何？請糴也。何以不稱使？以爲臧孫辰之私行。曷爲以臧孫辰之私行？君子之爲國，必有三年之委。一年不熟，告糴，譏也。」以酅入於齊者，實紀侯爲之，而春秋詭其辭，以與紀季。所以詭之不同，其實一也。告糴之辱，由於自取。入齊之事，出於勢窮。一譏一賢，故曰所以詭之不同，爲尊者諱一也。難者曰：有國家者，人欲立之，固盡不聽，盧云：「盡，當作辭。」輿案：此謂紀侯如早知不足存紀，當不踐君位。國滅君死之，正也，見襄六年傳。何賢乎紀侯？曰：齊將復讎，紀侯自知力不加而志距之，不加，猶云不敵。距、拒同。故謂其弟曰：「我宗廟之主，不可以不死也。○官本云：「他本作『不以死也』。」汝以酅往，服罪於齊，請以立五廟，使我先君歲時有所依歸。」此稱紀侯辭，較傳引魯子語詳。蓋得之師說，知傳義兼傳事矣。說苑諸書所紀春秋事，亦有出三傳外者，足證師說流傳，至漢未泯。率一國之衆，以衛九世之主。齊襄復九世之仇，是紀侯之距，所以衛其九世之主。○天啟本注云：「世，一作代。」襄公逐之不去，求之弗予，上下同心而俱死之。官本云：「他本無『之』字。」故謂之大去。莊四年：「紀侯大去其國。」傳：「大去者何？滅也。孰滅之？齊滅之。曷爲不言齊滅之？爲襄公諱也。春秋爲賢者諱。何賢乎襄公？復仇也。何仇爾？遠祖也。哀公亨乎周，紀侯譖之。以襄公之爲於此焉者，事祖禰之心盡矣。盡者何？襄公將復仇乎，紀卜之曰：『師喪分焉，寡人死之，不爲不吉也。』遠祖者幾世乎？九世矣。九世猶可以復仇乎？雖百世可也。」案：傳以爲賢齊襄，董以爲賢紀侯，此補正傳文處。齊襄與內爲仇讐，傳節取復讐義耳。春秋賢死義，且得衆心也，故爲諱滅。以爲之諱，見其賢之也。以其賢之也，見其中仁義也。存宗廟爲仁，死國爲義。所謂前枉後義。

精華第五

春秋慎辭，謹於名倫等物者也。因倫之貴賤而名之，因物之大小而等之，故曰名倫等物。又見盟會要篇。是故小夷言伐而不得言戰，大夷言戰而不得言獲，中國言獲而不得言執，各有辭也。盧云：「小夷言伐，如狄伐邢伐鄭之類是也。大夷言戰，如戰泓、戰柏莒之類。中國言獲，如戰於韓獲晉侯之類。僖二十八年，晉侯執曹伯執衛侯，蓋伯討也。」有小夷避大夷而不得言戰，有，與又同。大夷避中國而不得言獲，莊十年：「荆敗蔡師于莘，以蔡侯獻舞歸。」傳：「曷爲不言其獲，不與夷狄之獲中國也。」中國避天子而不得言執，名倫弗予，嫌於相臣之辭也。說文：「臣，象屈服之形。」是故大小不踰等，貴賤如其倫，義之正也。漢朱博傳：「春秋之義用貴治賤，不以卑臨尊。」輿案：春秋之治，始於義而終於仁義，以等差爲亟。故言外則小夷大夷不同辭，言內則京師諸夏不同辭。仁以覆育爲量，故小國之君可以録詳，遠夷之君可以内而不外。

大雩者何？旱祭也。見桓五年傳。案：古者孟夏之雩爲常雩。遇旱而禱則爲大雩。難者曰：大旱雩祭而請雨，○玉海云：禮儀志注、郎顗傳注竝引此語。大水鳴鼓而攻社，莊二十五年：「秋，大水，鼓用牲于社于門。」周禮：「大祝掌六祈，一曰攻。」凌云：「説苑『攻』作劫。」**天地之所爲，陰陽之所起也。**○通典四十三引無「也」字。**或請焉，或怒焉者何？**莊二十〔一〕五年傳：「日食則曷爲鼓用牲于社？求乎陰之道也。」何注：「求，責求也。」故知大水鳴鼓是怒之也。俞云：「怒，當作攻，上下文皆云攻，不云怒。」○御覽五百二十五「者何」作何也。通典作何如也。**曰：大旱者，陽滅陰也。陽滅陰者，尊厭卑也，固其義也，**○天啟本「厭」作壓，凌本同。**雖大甚，**大、泰同。**拜請之而已，敢有加也。**白虎通災變篇：「日食、大水則鼓用牲于社，大旱則雩祭求雨。非苟虚也，助陽責下求陰之道也。」周禮女巫疏：董仲舒曰：「雩，求雨之術，呼嗟之，歌國風周南、小雅鹿鳴、燕禮、鄉飲酒、大射之歌焉。」桓五年何注：「君親之南郊，以六事謝過自責。曰：『政不一與？民失職與？宫室崇與？婦謁盛與？苞苴行與？讒夫昌與？』使童男女各八人舞而呼雩，故謂之雩。」春秋漢含孳雩祭禱辭曰：「萬國今大旱，野無生稼。寡人當死，百姓何謗？不敢煩民請命，願撫百姓，以身塞無狀。」皇朝通典乾隆二十四年，舉大雩之禮。御製祝文云：「上天仁愛，生物爲心，下民有罪，定宥林林。百辟卿士，供職惟欽。此罪不在官，不在民，實臣罪日深。然上天豈以臣一身之故，而令萬民受災害之侵？嗚呼！其惠雨乎！謹以臣身代民請命，昭昭在上，言敢虚佞。」正合古者拜請之義。○盧云：「舊本作『無敢有加也』。劉昭注續漢志及文獻通考引此皆無『無』字，今從之。」　輿案：御覽五百二十五有無字。**大水者，陰滅陽也。陰滅陽者，卑勝尊也，**董子推春秋災異，凡大水，皆以爲陰盛之應。後漢五行志引董仲舒曰：「夫水者，陰氣盛也。」論衡明雩篇：「夫雩，古而有之。故禮曰：『雩祭，祭水旱也。』故有雩禮，故孔子不譏，而仲舒申之。夫如是，雩祭，祀禮也。雩祭得禮，則大水，鼓用牲於社，亦古

〔一〕「二十」，據公羊傳補。

禮也。」又云：「推春秋之義，求雩祭之説，實孔子之心，考仲舒之意，孔子既殁，仲舒已死，世之論者，孰當復問？惟若孔子之徒、仲舒之黨爲能説之。」**日食亦然**，周禮太祝注：「董仲舒救日食，祝曰：炤炤大明，瀸滅無光。奈何以陰侵陽，以卑侵尊。」鄭特牲疏引王肅難鄭云：「春秋説伐鼓于社，責上公，不云責地祇明社是上公也。」爲鄭學者通之云：「伐鼓責上公者，以日食臣侵君之象，故以責上公言之。」通典四十五杜佑云：「日蝕伐鼓于社，責陰助陽之義也。夫陽爲君，陰爲臣，日蝕者，陰蝕陽也。君弱臣强，是以伐鼓于社，云責上公耳。」**皆下犯上**，「皆」下疑脱以字。**以賤傷貴者**，○通典「傷」作凌。官本云：「他本無『者』字。」**逆節也，故鳴鼓而攻之，朱絲而脅之，爲其不義也。**莊二十五年：「日有食之，鼓用牲于社。」傳：「以朱絲營社，或曰脅之，或曰爲闇，恐人犯之，故營之。」何注：「朱絲爲社，助陽抑陰也。或曰脅之，與責求同義。」白虎通災變篇：「日食必救之何？陰侵陽也。鼓用牲于社。社者衆陰之主，以朱絲縈之，鳴鼓攻之，以陽責陰也。」凌云：「説苑作『鳴鼓而懾之，朱絲縈而劫之』。」**此亦春秋之不畏强禦也。**莊十二年傳「仇牧可謂不畏强禦矣」，何注：「禦，禁也。言力强不可禁也。」○盧云：「不畏，二字舊本作爲字，今亦依劉昭注改正。」**故變天地之位，正陰陽之序，直行其道而不忘其難，義之至也。**忘，疑忌之誤，猶不畏其難也。通典「正」作貞。「行其道而不忌其難」，説苑作「不避」，義同。正陰陽，春秋之大義也。易曰：「天尊地卑，乾坤定矣。」今以正陰陽之序，則日食之麗於天者，亦攻而脅之。故曰變天地之位也。然日爲陽而攻其侵陽者，仍是尊天。亦猶天王雖貴，父母雖親，而絀其不順父母，不若於天者，仍是尊親。故曰義之至也。**是故脅嚴社而不爲不敬靈**，莊二十五年何注：「先言鼓，後言用牲者，明先以尊命責之，後以臣子禮接之，所以爲順也。」**出天王而不爲不尊上**，僖二十四年「天王出居于鄭」，注：「不能事母，故絶之言出。」**辭父之命而不爲不承親**，哀三年〔一〕傳：「以王父命辭父命，是父之行乎子也。」漢儁不疑傳「昔蒯聵違命出奔，輒拒而不納，春秋是之。」**絶母之屬而不爲不孝慈，義矣夫。** 莊元年「夫人孫于齊」，傳：「不與念母也。」何注：「念母則忘父，背本之道也。」孝經云：「父母生之，續莫大焉。」　案：禮內則云：「慈以旨甘。」孟子言孝子慈孫，是子之於親，亦可稱慈也。　莊元年注：「故絶文姜不爲不孝，距蒯聵不爲不順，脅靈社不爲不敬，蓋重本尊統，使尊行于卑，上行于下。」正用董義。　又定四年注論子胥復讐事云：「孝經曰：『資於事父以事君而敬同。』本取事父之敬以事君，而父以無罪爲君所殺。　諸侯之君與王者異，於義得去。　君臣已絶，故可也。　孝經云：『資於事父以事母。』莊公不得報讐文姜者。　母所生，雖輕於父，重於君也。　易曰：『天地之大德曰生。』故得絶，不得殺。」說苑辨物篇：「夫水旱俱天地陰陽所爲也，大旱則雩祭而請雨，大水則鳴鼓而劫社。　何也？　曰：陽者陰之長也，其在鳥則雄爲陽，雌爲陰；其在獸則牡爲陽，牝爲陰；其在民則夫爲陽，而婦爲陰；其在家則父爲陽，而子爲陰；其在國則君爲陽，而臣爲陰。　故陽貴而陰賤，陽尊而陰卑，天之道也。今大旱者陽氣太盛，以厭於陰。　陰厭陽，固陽其填也。　惟填厭之太甚，使陰不能起也。　亦雩祭拜請而已，無敢加也。　至於大水及日蝕者，皆陰氣太甚，而上減陽精。　以賤乘貴，以卑陵尊，大逆不義。　故鳴鼓而懾之，朱絲縈而劫之。　由此觀之，春秋乃正天下之位，徵陰陽之失，直責逆者，不避其難，是亦春秋之不畏强禦也。　故劫嚴社而不爲驚靈，出天王而不爲不尊上，辭蒯聵之命不爲不聽其父，絶文姜之屬而不爲不愛其母。　其義之盡耶？　其義之盡耶？」　又案：王充頗駮仲舒攻社之議，見順鼓篇。　又云：「雨不霽，祭女媧，于禮何見？　伏羲女媧，俱聖者也，舍伏羲而祭女媧，春秋不言。董仲舒之議，其故何哉？」然則仲舒有旱祭女媧之議，而今未見。　○官本云：「他本無『慈』字『矣』字。」　案：天啟

〔一〕「三年」，原誤「三十年」，據公羊傳哀公三年删改。

本有，注云：「矣，一作乎。」

難者曰：春秋之法，大夫無遂事。莊十九年傳。又曰：出境有可以安社稷、利國家者，則專之可也。莊十九年傳。又僖三十年傳。又曰：大夫以君命出，進退在大夫也。襄十九年「晉士匄侵齊，至穀，聞齊侯卒，乃還」傳。白虎通三軍篇：「大夫將兵出，不從中御者，欲盛其威，使士卒一意繫心也。故但聞軍令，不聞君命，明進退在大夫也。」何注：「禮，兵〔一〕不從中御外，臨事制宜，當敵爲師，唯義所在。士匄聞齊侯卒，引師而去，恩動孝子之心，義服諸侯之君。」案：何義亦本蕭望之傳。諸葛亮云：「將在軍，君命有所不受。」雖古軍禮，實亦春秋法也。又曰：聞喪徐行而不反也。宣八年「公子遂如齊，至黄乃復」傳何注：「聞喪者，聞父母之喪。徐行者，不忍疾行，又爲君當使人追代之。」○官本云：「他本脱『曰』字。」夫既曰無遂事矣，又曰專之可也。既曰進退在大夫矣，又曰徐行而不反也。若相悖然，是何謂也？曰：四者各有所處。得其處則皆是也，失其處則皆非也。審處亦精義之學。是故施諸事則有常變之殊，施諸人我則有仁義之異。春秋固有常義，又有應變。常義如易之不易，應變如易之變動。無遂事者，謂平生安寧也。○盧云：「説苑『安寧』作常經。」專之可也者，謂救危除患也。進退在大夫者，謂將率用兵也。白虎通王者不臣篇：「不臣將率用兵者，重士衆，爲敵國，國不可從外治，兵不可從内御。欲成其威，一其令。春秋之義，兵不稱使，明不可臣也。」案：進退在大夫，是有不臣之義。○官本云：「他本無『救』字，又脱『謂將』二字。」徐

〔一〕「兵」字，據公羊傳襄公十九年何注補。

行不反者，謂不以親害尊，不以私妨公也。白虎通喪服篇：「大夫使受命而出，聞父母之喪，非君命不反者，蓋重君也。故春秋傳曰：大夫以君命出，聞喪徐行不反。」此之謂將得其私，將，字疑誤。知其指。故公子結受命往媵陳人之婦，於鄄。道生事，○官本云：「他本誤作遂其事。」從齊桓盟，春秋弗非，以爲救莊公之危。莊十九年何注：「先是鄄幽之會，公皆不至。公子結出竟，遭齊宋欲深謀伐魯，故專矯君命而與之盟。除國家之難，全百姓之命，故善而詳録之。」公子遂受命使京師，道生事之晉，之，往也。○官本云：「他本脱『受』字，道，誤作遂。」春秋非之，以爲是時僖公安寧無危。僖三十年：「公子遂如京師，遂如晉。」傳：「大夫無遂事，此其言遂何？公不得爲政爾。」何注：「矯君命以聘，政下移可知。」○盧云：「舊本多而救二字。」故有危而不專救，謂之不忠；無危而擅生事，是卑君也。漢書馮奉世傳：「議者以奉世奉使有指，春秋之義亡遂事，漢家之法有矯制，故不得侯。」又云：「其違命而擅生事同，延壽割地封，而奉世獨不録。」終軍傳：「徐偃矯制，使膠東、魯國鼓鑄鹽鐵。張湯劾偃矯制，大害法。偃以爲春秋之義，大夫出疆，有可以安社稷，存萬民，顓之可也。湯以致其法，不能詘其義。有詔下軍問狀。軍詰偃曰：『古者諸侯國異俗分，百里不通，時有聘會之事，安危之勢，呼吸成變，故有不受辭造命顓己之宜。今天下爲一，萬里同風，故春秋「王者無外」。偃巡封域之中，稱以出疆何也？且鹽鐵，郡有餘臧，正二國廢，國家不足以爲利害，而以安社稷、存萬民爲詞，何也？』偃窮詘服罪。」案：兩傳用春秋義，魏鄧艾及晉王濬上書自理，竝引春秋之義：「大夫出疆，由有專輒。」故此二臣俱生事，春秋有是有非，其義然也。義俱歸本於忠君。說苑奉使篇：「春秋之辭，有相反者四：既曰大夫無遂事，不得擅生事矣，又曰出境可以安社稷、利國家者，則專之可也。既曰大夫以君命出，進退在大夫矣，又曰以君命出，聞喪徐行而不反者何也？

曰：此四者各止其科，不轉移也。不得擅生事者，謂平生常經也。專之可者，謂救危除患也。進退在大夫者，謂將帥用兵也。徐行而不反者，謂出使道聞君親之喪也。公子結擅生事，春秋不非，以爲救莊公危也。公子遂擅生事，春秋譏之，以爲僖公無危事也。故君有危而不專救，是不忠也；君無危而擅生事，是不臣也。傳曰：『詩無通故，易無通吉，春秋無通義。』此之謂也。」

齊桓挾賢相之能，賢相，謂管仲。○盧云：「挾，本或作仗，非。仗乃杖之俗字。」官本作仗，云：「他本作挾。」用大國之資，即位五年，不能致一諸侯。於柯之盟，見其大信，一年而近國之君畢至，鄄幽之會是也。莊九年，齊桓立，十三年盟柯，十四五年會鄄，十六年同盟於幽。其後二十年之間亦久矣，尚未能大合諸侯也。至於救邢衛之事，見存亡繼絶之義，而明年遠國之君畢至，貫澤、陽穀之會是也。閔元年、僖元年救邢，僖二年城楚丘，是救衛也。貫澤之盟，江人黄人皆至，亦在二年。三年會陽穀，江黄亦至。貫澤，左傳無「澤」字。新序亦作貫澤。故曰親近者不以言，召遠者不以使，此其效也。管子形勢篇：「召遠者使無爲焉，親近者言無事焉，惟夜行者獨有也。」其後矜功，振而自足，而不修德，僖九年葵丘之會傳：「桓公震而矜之，叛者九國。」振，與震同。故楚人滅弦而志弗憂，江黄伐陳而不往救，滅弦，在僖五年。伐陳，在四年。損人之國而執其大夫，不救陳之患而責陳不納，僖四年，齊人執陳轅濤塗。因陳人不欲其師反由己國故也。○盧云：「不納，本或作不離，訛。」案：官本作離，云：「他本作納。」原本及黄氏日鈔所引俱作離。天啟本作納。俞云：「周易否，九家注：離，附也。」不復安鄭，而必欲迫之以兵，伐鄭在僖六年。功未良成而志已滿矣。良，語辭。左昭十八年傳「弗良及也」，五行志「中國其良絶矣」，竝同。故

曰：「管仲之器小哉！」此之謂也。新序雜事篇：「桓公用管仲則小也，故至於霸而不能以王。故孔子曰：『小哉管仲之器。』蓋善其遇桓公，惜其不能以王也。」案：本書王道篇以齊欲王天下爲譏，與劉義異。孔子未嘗以王齊期管仲，董義釋論語爲優。**自是日衰，九國叛矣。**

春秋之聽獄也，必本其事而原其志。事之委曲未悉，則志不可得而見。故春秋貴志，必先本事。漢書薛宣傳：「春秋之義，意惡功遂，不免於誅。」又云：「春秋之義，原心定罪。」○玉海四十引此二語。**志邪者不待成，首惡者罪特重，**此即後世分首從之律。僖二年「虞師晉師滅夏陽」，傳：「虞，微國也，曷爲序乎大國之上？使虞首惡也。」鹽鐵論疾貪篇：「春秋刺譏不及庶人，責其率也。」又周秦篇：「聞惡惡止其人，疾始而誅首惡，未聞什伍之相坐。」漢書孫寶傳：「春秋之義，誅首惡而已。」後漢梁商傳：「商上疏曰：春秋之義，功在元帥，罪止首惡。」潛夫論斷訟篇：「春秋之義，責知誅率。」率，猶首也。**本直者其論輕。**隱元年何注：「舉及暨者，明當隨意善惡而原之，欲之者善重惡深，不得已者善輕惡淺，所以原心定罪。」鹽鐵論刑德篇：「法者緣人情而制，非設罪以陷人也。故春秋之治獄，論心定罪。志善而違於法者免，志惡而合於法者誅。」**是故逄丑父當斮，而轅濤塗不宜執，**丑父以賤道待其君，而桓公師不正。○官本云：「執，他本誤作直。」**魯季子追慶父，**盧云：「閔二年：『公子慶父出奔莒。』公羊于公薨傳云：『緩追逸賊，親親之道也。』後慶父欲求入，魯季子不許，於是抗輈經而死。」案：漢鄒陽傳：「公子慶父使僕人殺子般，獄有所歸。季子不探其情而誅焉。慶父親殺閔公，季子緩追免賊，春秋以爲親親之道也。」鹽鐵論周秦篇：「自首匿相坐之法立，骨肉之恩廢而刑罪多。聞父母之於子，雖有罪猶匿之，豈不欲服罪爾。（當作「若不欲服罪然」。）子爲父隱，父爲子隱，未聞父子之相坐也。聞兄弟緩追以免賊，未聞兄弟之相坐。」竝用公羊義。據下文「或誅或不誅」，是董即以追爲誅。**而吴季子釋闔廬。**襄二十九年：「吴子使札來聘」，傳：「闔廬曰：『先君之所以不與子國而與弟者，凡爲季子故也。將從先君之命與？則國宜之季子者也。如不從先君之命與？則我宜立者也。僚焉得爲君乎？』於是使專諸刺僚，而致國乎季子。季子曰：『爾殺吾君，吾受爾國，是吾與爾爲篡也。爾殺吾兄，吾又殺爾，是父子兄弟相殺無已也。』去之延陵，終身不入吴國。」**此四者罪同異論，其本殊也。俱欺三軍，或死或不死；俱弑君，或誅或不誅。聽訟折獄，可無審耶！**漢世多引春秋斷事，亦以治獄。于定國爲廷尉，迎師以學春秋，其風尚可知也。漢書食貨志：「自公孫弘以春秋之義繩臣下，取漢相，張湯以峻文決理爲廷尉，於是見知之法生，而廢格沮誹窮治之獄用矣。」似偏主於峻深者。董素不滿平津，故此特加致審之詞。漢藝文志有公羊董仲舒治獄十六卷。後漢書應劭傳：「故膠西相董仲舒，老病致仕，朝廷每有政議，數遣廷尉張湯親至陋巷問得失。於是作春秋決獄二百三十二事。（隋志有春秋決事十卷，唐志有春秋決獄十卷）。動以經對，言之詳矣。」通典六十九載：養兄弟子爲後，後自生子，議云：「東晉成帝咸和五年，散騎侍郎賀嶠妻于氏上表云：董仲舒一代純儒，漢朝每有疑議，未嘗不遣使者訪問，以片言而折衷焉。時有疑獄，曰甲無子，拾道旁棄兒乙，養之以爲子。及乙長，有罪殺人，以狀語甲，甲藏匿乙。甲當何論？仲舒斷曰：甲無子，振活養乙，雖非所生，誰與易之？詩云：螟蛉有子，蜾蠃負之。春秋之義，父爲子隱，甲宜匿乙，詔不當坐。又一事曰：甲有子乙，以乞丙。乙後長大，而丙所成育，甲因酒色謂乙曰：汝是吾子。乙怒，杖甲二十。甲以乙本是其子，不勝其忿，自告縣官。仲舒斷之曰：甲能生乙，不能長育，以乞丙，於義已絕矣。雖杖甲，不應坐。」御覽六百四十：「董仲舒斷獄曰：甲父乙與丙爭言相鬭，丙以佩刀刺乙，甲即以杖擊丙，誤傷乙，甲當何論？或曰：毆父也，當梟首。論曰：臣愚以父子至親也，聞其鬭，莫不有怵惕之心。挾杖而救之，非所以欲毆父也。春秋之義，許止父病，進藥於其父而卒。君子原心，赦而不誅。甲非律所謂毆父，不當坐。又曰：甲夫乙，將船。會海風盛，船没溺，流死（與尸同。）亡不得葬。四月，甲母丙即嫁甲。欲皆何論？或曰：甲夫死未葬，法無許嫁，以私爲人妻，當棄市。議曰：臣愚以爲春秋之義，言夫人歸於齊。言夫死無男，有更嫁之道也。婦人無專制擅恣之行，聽從爲順，嫁之者歸也。甲又尊者所嫁，無淫衍之心，非私爲人妻也。明於決事，皆無罪名，不當坐。」又白孔六帖引決獄二事：其一甲爲武庫卒，盜强弩絃，一時與弩異處，當何罪？論曰：兵所居比司馬，闌入者髡。重武備，責精兵也。弩蘗機，郭絃軸異處，盜之不至盜武庫兵。陳論曰：大車無輗，小車無軏，何以行之？甲盜武庫兵，當棄市乎？以上二論皆或説，此下仲舒所斷，雖與弩異處，不得絃不可謂弩。矢射不中，與無矢同，不入與無簇同。律曰：此邊鄙兵所臧直百錢者，當坐棄市。其一君獵得麑，使大夫持以歸。道見其母隨而鳴，感而縱之。君慍，議罪未定，君病，恐死，欲託孤幼，乃覺之。曰：大夫其仁乎？遇麑以仁，况人乎？乃釋之以爲子傅。於議何如？仲舒曰：君子不麛不卵，大夫不諫，使持歸，非也。義而中感母恩，雖廢君命，縱之可也。治獄書可見者如此。全書已亡矣。○凌云：「王本『可無』二字倒。」故折獄而是也，理益明，教益行。折獄而非也，○盧云：「此句本或無『而』字。」闇理迷衆，與教相妨。折獄是非，關於政教，故治國者慎言改律。教，政之本也。獄，政之末也。其事異域，其用一也，不可不以相順，故君子重之也。獄與教相輔爲用。教號崇禮而獄務容姦，是相反矣。管子樞言篇云：「法出於禮，禮出於治。」司馬遷引董生云：「禮禁未然之前，法施已然之後。法之所爲用者易見，而禮之所爲禁者難知。君子以其易見也，故尤重之。」

難晉事者曰：春秋之法，未踰年之君稱子，蓋人心之正也。孝子心不忍當，故曰正。至里克殺奚齊，避此正辭而稱君之子，何也？見僖十年。白虎通封公侯篇：「春秋之弑太子，罪與弑君同。春秋曰：『弑其君之子奚齊。』與弑君同也。」曰：所聞詩無達詁，易無達占，春秋無達辭，春秋，即辭以見例。無達辭，猶云無達例也。程子云：「春秋以何爲準？無如中庸。欲知中庸，無如權。何物爲權？義也，時也。春秋已前，既已立例，到近後來，書得全別，一般事便書得别有意思。若依前例觀之，殊失也。春秋大率所書事同則辭同，後人因謂之例。然有事同辭異者，蓋各有義，非可例拘也。」　案：程子説春秋例，與從變從義之旨合。數語並相傳師説。漢世著述，有統稱所聞者，亦有舉先師名者，如眭弘傳稱「先師董仲舒」，潛夫論考績篇稱「先師京君」，鄭志稱「先師棘下生」之類是也。所聞，又見楚莊王篇。○盧云：「占本亦作吉。」官本云：「占，他本誤作言。」　輿案：天啟本作言，玉海四十引作吉。凌云：「詩汎厤樞作『詩無達詁，易無達言，春秋無達辭』。説苑奉使篇引傳曰作『詩無通故，易無通吉，春秋無通義』。困學紀聞引作『易無達吉，詩無達詁，春秋無達例』。」**從變從義，而一以奉人。**盧云：「疑當作奉天。」　輿案：凌本無「人」字，連下「仁人」爲一句，非。本書言奉天者，屢矣，楚莊王篇云「奉天而法古」，竹林篇云「上奉天施」，皆是。蓋事若可貫，以義一其歸；例所難拘，以變通其滯。兩者兼從，而一以奉天爲主。春秋所以爲體道盡性之書也。胡安國云：「正例非聖人莫能立，變例非聖人莫能裁。正例天地之常經，變例古今之通誼。惟窮理精義，于例中見法，例外通類者，斯得之矣。」**仁人録其同姓之禍，固宜異操。**王道通三篇云：「仁之美者在于天，天仁也。故奉天者謂之仁人。」盧云：「本或作易操。」　輿案：異操，猶異科，所謂無達辭也。○天啟本無「人」字。**晉，春秋之同姓也。驪姬一謀而三君死之，天下之所共痛也。**三君，申生、奚齊、卓子。申生雖未即位，有爲君之資，故亦稱君。○凌本「所」上無「之」字。**本其所爲爲之者，蔽於所欲得位而不見其難也。春秋疾其所蔽，故去其正辭，徒言君之子而已。**○官本「正」作位，云：「位，他本作正，誤。」　輿案：從上文作「正辭」是。**若謂奚齊曰：**代春秋責奚齊。**嘻嘻！爲大國君之子，富貴足矣，何必〔一〕以兄之位爲欲居之，以至此乎云爾。**傳云：「其言弒其君之子何？殺未踰年君之號也。」

〔一〕「必」字，凌本、盧本、叢刊本無。

何注：「引先君冠子之上，則弒未踰年之號定，而坐之輕重見矣。」董義探其本，與何畧異。**録所痛之辭也。故痛之中有痛，無罪而受其死者，申生、奚齊、卓子是也。惡之中有惡者，**者，字疑衍。**己立之，己殺之，不得如他臣之弒君者，齊公子商人是也。**文十四年「齊公子商人弒其君舍」，傳曰：「未踰年之君也。其言弒其君何？己立之，己殺之，成死者而賤生者也。」**故晉禍痛而齊禍重。春秋傷痛而敦重，是以奪晉子繼位之辭與齊子成君之號，詳見之也。**

古之人有言曰：○天啟本不提行。**不知來，視諸往。**管子形勢篇：「疑今者察之古，不知來者視諸今〔一〕。萬事之生也，異趣而同歸，古今一也。」**今春秋之爲學也，道往而明來者也。**道往事以告來者，揚雄解難。孔子作春秋，幾君子之前睹也。**然而其辭體天之微，故難知也。**天不言而四時行，聖人體天立言，而不能盡其意。所謂心之精微，口不能言，言之微眇，書不能文也。讀春秋者，窺其微以驗其著，庶幾得彷彿耳。故曰：春秋重贊。○官本云：「他本無『故』字，『知』作之。」**弗能察，寂若無；**○盧云：「寂，本或作宋，與寂同。俗本云『一作蒙』，非也。」**能察之，無物不在。**司馬遷傳引董生云：「春秋文成數萬，其旨數千，萬物之聚散皆在於是。」董子廟殿火災對云：「春秋之道，舉往以明來，是故天下有物，視春秋所舉與同比者，精微妙以存其意，通倫類以貫其理，天地之變，國家之事，粲然皆見，無所疑矣。」案：物，猶事也，下舉用賢一端，最其要者。**是故爲春秋者，得一端而多連之，見一空而博貫之，則天下盡矣。**盧云：「空，與孔同。」莊云：「春秋書天人內外之事，

〔一〕「諸今」，今管子形勢篇作「之往」。

有主書以立教也。然後多連而博貫之，則王道備矣。」魯僖公以亂即位，而知親任季子。季子無恙之時，秦漢時稱生存爲「無恙」。史記李斯傳：「公子高上書云，先帝無恙時。」漢萬石君傳：「建老白首，萬石君尚無恙。」內無臣下之亂，外無諸侯之患，行之二十年，國家安寧。漢傅喜傳「何武等上言：忠臣社稷之衛，魯以季友治亂」，本此。○説苑作「二十一年」。季子卒之後，魯不支鄰國之患，直乞師楚耳。僖二十六年：「公子遂如楚乞師」。僖公之情非輒不肖而國衰益危者，何也？○凌本作「國益衰危」。以無季子也。以魯人之若是也，亦知他國之皆若是也。以他國之皆若是，亦知天下之皆若是也。此之謂連而貫之。由一人推之他國，由他國推之天下，由天下推之萬世，是之謂連貫。故觀於春秋，而成敗之迹粲然矣。故天下雖大，古今雖久，以是定矣。以所任賢，謂之主尊國安。所任非其人，謂之主卑國危。萬世必然，無所疑也。其在易曰：「鼎折足，覆公餗。」夫鼎折足者，任非其人也。覆公餗者，國家傾也。秋官司烜疏引鄭釋鼎九四義云：「鼎三足，三公象。若三公傾覆王之美德。」義與董同。是故任非其人而國家不傾者，自古至今未嘗聞也。故吾按春秋而觀成敗，乃切悁悁於前世之興亡也。不敢斥言今世，故引前事以儆惕之。詩「中心悁悁」，傳：「悁悁，猶悒悒也。」呂覽慎行論：「身定國安天下治，必賢人。古之有天下也者，七十一聖，觀於春秋，自魯隱公以至哀公，十有二世，其所以得之，所以失之，其術一也。」任賢臣者，國家之興也。夫知不足以知賢，無可奈何矣。知之不能任，大者以死亡，小者以亂危，其若是何邪？以莊公不知季子賢邪？安知病將死，召而授以國

政。見莊三十二年傳。**以殤公爲不知孔父賢邪？安知孔父死，己必死，趨而救之。**見桓二年傳。**二主知皆足以知賢，而不決，不能任。**呂覽有始篇：「主賢世治，則賢者在上。主不肖世亂，則賢者在下。」案：賢者無左右援助，又不能曲承主歡，是以知而不獲見任。至於危亡之際，小人乘機取利，無所不至，而賢者獨當其厄。古今一轍，可爲嘅嘆。**故魯莊以危，宋殤以弑。**桓二年傳何注：「設使殤公不知孔父賢，焉知孔父死己必死，設使魯莊公不知季子賢，焉知以病召之，皆患安存之時，則輕廢之，急然後思之，故常用不免。」鹽鐵論殊略篇，文學曰：「宋殤公知孔父之賢，而不早任，故身死。魯莊知季友之賢，授之政晚而國亂。」**使莊公早用季子，而宋殤素任孔父，尚將興鄰國，豈直免弑哉。**楚莊王篇：「人之言曰：國家治則四鄰賀。」○盧云：「舊本作『豈直弑哉』，誤。」**此吾所悁悁而悲者也。**說苑尊賢篇：「國家之任賢而吉，任不肖而凶。案往世而視己事其必然也如合符。此爲人君者，不可以不慎也。國家惛亂而良臣見，魯國大亂，季友之賢見。僖公即位而任季子，魯國安寧，內外無患，行政二十一年。季子之卒後，邾擊其南，齊伐其北，魯不勝其患，將乞師於楚，以取全耳。故傳曰：『患之起，必自此始也。』公子買不可使戍衛，公子遂不聽君命而擅之晉。內侵於臣下，外困於兵亂，弱之患也。僖公之性，非前二十一年常賢，而後乃漸變爲不肖也，此季子存之所益、亡之所損也。夫得賢失賢，其損益之驗如此。而人主忽於所用，甚可疾痛也。夫智不足以見賢，無可奈何矣，若智能見之，而强不能決，猶豫不用，而大者死亡，小者亂傾，此甚可悲哀也。以宋殤公不知孔父之賢乎，安知孔父死己必死，趨而救之。趨而救之者，是知其賢也。以魯莊公不知季子之賢乎，安知疾將死，召季子而授之國政？授之國政者，是知其賢也。此二君知能見賢，而皆不能用，故宋殤公以殺死，魯莊公以賊嗣。（疑誤。）使宋殤早任孔父，魯莊素用季子，乃將靖鄰國，而況自存乎？」

春秋繁露義證卷第四

王道第六

凌云：史公自序：「春秋善善惡惡，賢賢賤不肖，存亡國，繼絶世，補敝起廢，王道之大者也。」

春秋何貴乎元而言之？元者，始也，言本正也。說苑建本篇：「孔子曰：『君子務本，本立而道生。』天本不立者末必倚，始不盛者終必衰。詩云：『原隰既平，泉流既清。』本立而道生，春秋之義。有正春者無亂秋，有正君者無危國。易曰：『建其本而萬物理，失之毫釐，差以千里。』是以君子貴建本而重立始。」又云：「魏武〔一〕侯問元年於吴子，吴子對曰：『言國君必慎始也。』『慎始奈何？』曰：『正之。』『正之奈何？』曰：『明智。』智不明何以見正，多聞而擇焉，所以明智也。是故古者君始聽治，大夫而一言，士而一見，庶人有謁必達，公族請問必語，四方至〔二〕者勿距，可謂不壅蔽矣。分禄必及，用刑必中，君心必仁，思君之利，除民之害，可謂不失民衆矣。君身必正，近臣必選，

〔一〕「武」字，原誤「文」，據凌本及說苑改。
〔二〕「至」字，原誤「治」，據凌本及說苑改。

大夫不兼官〔一〕，執民柄者不在一族，可謂不權勢矣。此皆〔二〕春秋之意，而元年之本也。」晉書郭璞傳：璞上疏曰：「臣聞春秋之義，貴元重始。」**道，王道也。**上「道」字疑當作正，承本正而言。對册云：「春秋之文，求王道之端，得之於正。正次王，王次春。春者天之所爲也，正者王之所爲也。其意曰，上承天之所爲，而下以正其所爲，正王道之端云耳。」程子云：「聖人以王道作經，故書王。」**王者，人之始也。**隱元年傳：「王者孰謂？謂文王也。」何注：「不言謚者，法其生不法其死，與後王共之，人道之始也。」**王正則元氣和順、風雨時、景星見、黄龍下。**白虎通封禪篇：「天下太平，符瑞所以來至者，以爲王者承天統理〔三〕，調和陰陽，陰陽和，萬物序，休氣充塞，故符瑞並臻，皆應德而至。德至文〔四〕表則景星見，德至淵泉則黄龍見。」**王不正則上變天，賊氣并見。**管子四時篇：「是故春凋秋榮，冬雷夏有霜雪，此皆氣之賊也。刑德易節失次，則賊氣遬至。賊氣遬至，則國多菑殃。是故聖王務時而寄政焉。」○官本云：「他本無『氣』字。」**五帝三王之治天下，不敢有君民之心。**王者撫有天下，不敢自謂君民，敬畏之至也。説苑政理篇：「子貢問治民於孔子，孔子曰：『懔懔焉如以腐索御奔馬。』子貢曰：『何其畏也？』孔子曰：『夫通達之國皆人也，以道導之，則吾畜也。不以道導之，則吾仇也。若何而毋畏？』」案：畏者，不敢之所由生。伊川程子在講筵説論語云：「人主所以有崇高之位者，蓋得之於天，與天下之人共戴也，必思所以報民。古之人

〔一〕「官」字，據説苑補。
〔二〕「皆」字，據凌本及説苑補。
〔三〕「統理」，原作「理統」，據白虎通乙正。
〔四〕「文」字，原作「八」，據凌本及白虎通改。

君，視民如傷，若保赤子，皆是報民也。」與此意相發明。表記云：「下之事上也，雖有庇民之大德，不敢有君民之心，仁之厚也。」鄭注云：「無君民之心，是思不出其位。」詞同而義微異。然臣不敢有以歸之君，君復不敢有以歸之天，其重視民之旨則一。故曰民貴，古人之立訓也。與民則曰君尊，與君則曰民貴，各致其道，交成其治。若與君言尊，與民言貴，則其義荒矣。○三王，天啟本作「三皇」，凌本同。御覽八百七十一「治」作理。**什一而税。**宣十五年傳：「古者什一而藉。」何注：「夫飢寒並至，雖堯舜躬化，不能使野無寇盜；貧富兼并，雖皋陶制法，不能使强不凌弱。是故聖人治井田之法而口分之，一夫一婦受田百畝，以養父母妻子。五口爲一家，公田十畝。即所謂什一而税也。」**教以愛，使以忠，**以博愛教之，以忠誠使之。左桓六年傳：「上思利民，忠也。」忠愛並屬上言。表記：「子言虞舜子民如父母，有憯怛之愛，有忠利之教。」**敬長老，親親而尊尊，**禮祭義：「敬老爲其近于親也，敬長爲其近于兄也。」**不奪民時，使民不過歲三日。**王制：「用民之力，歲不過三日。」**民家給人足，無怨望忿怒之患，强弱之難，**强不凌弱。**無讒賊妬疾之人。**○官本云：「他本『讒』作强。」**民修德而美好，被髮銜哺而游，**哺，口中所含食。**不慕富貴，恥惡不犯。父不哭子，兄不哭弟。**韓詩外傳：「太平之時，無瘖聾、跛眇、尪蹇、侏儒、折短，父不哭子，兄不哭弟。」公孫弘傳：「形和則無疾，無疾則不夭，故父不哭子，兄不哭弟。」淮南原道訓：「父無喪子之憂，兄無喪弟之哀，含德之所致也。」**毒蟲不螫，猛獸不搏，抵蟲不觸。**凌本「抵」作鷙。案：儒行鄭注：『鷙蟲，猛鳥獸也。』抵，與鷙義同。**故天爲之下甘露，**白虎通：「德至天則斗極明，日月光，甘露降。」曹植七啟：「故甘靈紛而晨降。」甘靈即甘露。○御覽八百七十二引無「之」字。**朱草生，**白虎通：「德至草木〔一〕則朱草生，木連理。朱草者，赤草也，可以染絳，別尊卑也。」語又見公孫弘傳制語。**醴泉出，**白虎通：「醴泉者，美泉也，狀若醴酒，可以養老也。」**風雨時，嘉禾興，**白虎通：「嘉禾者，大禾也。成王之時，有三苗異畝而生，同爲一穟，大幾盈車，長幾充箱。民有得而上之者，成王召周公而問之，周公曰：『三苗爲一穗，天下當和爲一乎？』後果有越裳氏重九譯而來矣。」**鳳凰麒麟遊於郊。**禮運：「鳳凰麒麟，皆在郊棷。」白虎通：「鳳凰者，禽之長也。上有明王，太平乃來，居廣都之野。」**囹圄空虛，**白虎通五刑篇：「夏曰夏台，殷曰牖里，周曰囹圄。」鄭志：「囹圄，秦獄名。」又鄭注月令：「囹圄所以禁守繫者，若今別獄矣。」意林風俗通：「周曰囹圄。囹，令；圄，舉也。言令人幽閉思愆，改惡爲善，因原之也。今縣官録囚皆舉也。」案：說文：「囹，獄也？」又云：「囹圉所以拘罪人。」是「圄」字亦作圉。又與敔同。說文：「敔，禁也。」囹圉蓋獄名，取禁繫之義耳，似無分於周秦。**畫衣裳而民不犯。**虞書：「象以典刑。」御覽刑法部引慎子：「斷其肢體，鑿其肌膚謂之刑。畫衣冠，異章服謂之戮。上世用戮而民不犯，中世用刑而民不從。」周禮司圜疏引孝經緯云：「三皇無文，五帝畫象，三王肉刑。」所謂畫象，即畫衣裳也。文選注引墨子：「畫衣冠，異章服，而民不犯。」初學記引尚書大傳「唐虞象刑，而民不敢犯。」公孫弘傳：「制曰：上古至治，畫衣裳，異章服，而民不犯。」**四夷傳譯而朝。**周禮象胥疏：「譯即易，謂換易言語，使相解也。」**民情至樸而不文。郊天祀地，秩山川，以時至，封於泰山，禪於梁父。**古者封禪有二用。白虎通封禪篇：「王者易姓而起，必升封泰山何？報告之義

〔一〕「木」字，原誤「本」，據白虎通封禪篇改。

也。始受命之日，改制應天，天下太平功成，封禪以告太平也。所以必於泰山何？萬物之始，交代之處也。必於其上何？因高告高，順其類也。故升封者，增高也。下禪梁甫之基，廣厚也。梁甫者，泰山旁山〔一〕名。三王禪於梁甫之山。梁者信也，甫者輔也，信輔天地之道而行之也。」史記正義引五經通義云：「易姓而王，致太平，必封泰山，禪梁父。告太平於天，報羣神之功，此報告受命之禮也。」梁書許懋傳引孝經鉤命決云：「封于泰山，考績柴燎；禪于梁父，刻石紀功。」鄭康成注書云：「柴者，考績燎也。」堯典：「歲二月，東巡守，至于岱宗，柴，肆覲東后。」（我朝康熙中詞臣曹禾疏請封禪。大學士張玉書等奏駁，以爲舜燔柴岱宗，非封禪。似失攷。）又曰：「五載一巡守，羣后四朝，數奏以言，明試以功，車服以庸。」是其事也。此巡守考績之禮也。周衰禮廢，桓公欲封禪，而管仲難之。蓋受命非其時，考績不敢僭也。徒以不敢質言，故神其説，于是秦漢不學之士遂以爲頌德紀功之名。其尤者，乃以爲祈年求僊之事，而云：「封禪者，古不死之名。」違古誼矣。董子敍述封禪，列之典禮。三代改制篇又言其尚位、下位、左位、右位之異。蓋知其禮，兼明其儀，而獨不侈陳神異以阿時主，賢於司馬相如倪寬遠矣。史公從董生游，其作封禪書，首引巡狩事。又引夷吾「受命然後得封禪」之語，又曰：「巫咸之興自此始。」蓋猶畧知其意，而以巫寓諷焉。

立明堂，宗祀先帝，春秋家宗文王，是先帝即文王也。以明堂爲文王廟，與許君所引古周禮、孝經説同。詩正義引盧植注禮記云：「明堂即太廟也。」藝文類聚引蔡邕月令論云：「明堂者，天子太廟也。所以宗祀而配上帝，明天地統萬物也。」高誘注淮南云：「廟之中謂之明堂也。」竝與董合。

案：孟荀皆言明堂，是明堂亦今文説所有。或見王莽用劉歆説起明堂、辟雍、靈臺，遂謂今文家不言明堂，謬矣。五經異義引講學大夫淳于登説明堂制度，亦言周公祀文王於明堂，以配上帝。鄭以登言取義於援神契，尤出今文説之明證。

以祖配天，天下諸侯各以其職來祭。白虎通辟雍篇：「天子立明堂者，所以通

〔一〕「山」字，原誤「石」，據凌本及白虎通改。

神靈，感天地，正四時，出教化，宗有德，重有道，顯有能，褒有行者也。」孝經：「昔者周公郊祀后稷以配天，宗祀文王於明堂以配上帝。是以四海之内，各以其職來祭。」**貢土地所有，先以入宗廟，端冕盛服而後見先。**入廟告祖。文選司馬遷報任少卿書注：「先，謂祖也。」**德恩之報，奉先之應也。**以天治君，言災異不能廢瑞應。武帝册亦及之。漢藝文志易家「神輸五篇，圖一」，顔注：「劉向别録云：『神輸者，王道失則災害生，得則四海輸之祥瑞。』」是符瑞與災異同爲一家學也。論衡是應篇：「儒者論太平瑞應，皆言氣物卓異，朱草、醴泉、翔鳳、甘露、景星、嘉禾、萐脯、蓂莢、屈軼之屬。」知董子此篇蓋有所本。尚書大傳：孔子曰：「吾於高宗肜日，見德之，有報之疾也。」亦聖人言瑞異之證。然而春秋不貴者，程子所謂因災異而修德則無損，因祥瑞而自恃則有害也。北魏宋齊因之述符瑞志，背經旨矣。○先，凌本作元。

桀紂皆聖王之後，驕溢妄行。侈宫室，廣苑囿，窮五采之變，極飭材之工，○盧云：「飭，舊本作飾。」　輿案：飾、飭古多通作。釋名：「飭，拭也。」物穢者拭其上使明，由他物而後明，猶加文於質上也。**困野獸之足，竭山澤之利，食類惡之獸。**盧云：「類，戾也。」孔晁注周書史記解：『昔穀平之君，愎類無親。』如此訓。」**奪民財食，高雕文刻鏤之觀，盡金玉骨象之工，**○盧云：「盡，本或作晝。」**盛羽旄之飾，**○旄，天啟本作族。　**窮白黑之變。**○盧云：「窮，本或作穀。」　輿案：天啟本注云：「窮，亦作穀。」**深刑妄殺以陵下，聽鄭衛之音，充傾宫之志，**尚書大傳：「歸傾宫之女。」文選劉淵林注吴都賦：「汲郡地中古文册書：『桀作傾宫，飾瑶臺。』」高誘云：「傾宫，築作宫牆，滿一傾田中，言博大也。」李賢後漢書注引帝王世紀云：「紂時傾宫婦人衣綾紈者三百餘人。」晏子諫下：「殷之衰也，其王紂作爲傾宫靈臺。」是桀紂竝作傾宫。○天啟本注云：「宫，亦作害。」**靈虎兕文采之獸。**盧云：「靈，疑即左氏傳蒐靈之靈，俗間本空此字，蓋疑其誤也。」孫詒讓云：「靈當爲戲之壞字。戲，漢隸或作戲。（見隸釋孫叔敖碑。）俗書靈或作霊。（見唐内侍李輔光墓誌。）戲字挩落，傳寫僅存左半，與靈相似，因而致誤。」輿案：謂以虎兕文采爲靈奇之物，畜之苑囿耳。史記殷本紀：「益收狗馬奇物，充仞宮室。益廣沙丘苑臺，多取野獸蜚鳥置其中。」○官本云：「他本無『靈』字。」**以希見之意，賞佞賜讒。**殷本紀：「費中善諛好利，殷人弗親。紂又用惡來，惡來善毁讒，諸侯以此益疏。」案：希見，猶言罕見。意，字疑誤。**以糟爲丘，以酒爲池。**殷本紀：「以酒爲池，縣肉爲林。」正義：括地志云：「酒池在衛州衛縣西二十三里。太公六韜云：紂爲酒池，迴船糟丘而牛飲者三千餘人爲輩。」**孤貧不養，殺聖賢而剖其心，**殷本紀：「比干諫紂，紂怒曰：『吾聞聖人心有七竅。』剖比干，觀其心。」**生燔人聞其臭，**殷本紀：「於是紂乃重辟刑，有炮烙之法。」集解：列女傳曰：「膏銅柱，下加之炭，令有罪者行焉，輒墮炭中。妲己笑，名曰炮烙之刑。」**剔孕婦見其化，**帝王世紀：「紂剖比干妻，以視其胎。」高誘注：「化，育也。視其胎裹。」亦見淮南本經訓注。俞云：「見，當作觀。呂氏春秋過理篇作剖孕婦而觀其化。」○天啟本作「婦孕」。**斮朝涉之足察其拇，**斮朝涉脛，見僞泰誓。淮南主術訓：「紂斮朝涉之脛，而萬民叛。」俶真訓：「剖賢人之心，折才士之脛。」水經注：「老人晨將渡水，而沈吟難濟。紂問其故，左右曰：『老者髓不實，故晨寒也。』紂乃斮脛而視髓。」○盧云：「拇，本或作胕，亦作脛。」輿案：天啟本注云：「一作胕，一作脛。」案易咸虞注：「拇，足大指也。」作拇自通。但斮其足而察其拇，於理未詳。作「腑」或作「胕」之誤文。**殺梅伯以爲醢，**殷本紀：「醢九侯，脯鄂侯。」無梅伯名。屈原天問「梅伯受醢」，王逸云：「梅伯，紂諸侯。」**刑鬼侯之女取其環。**殷本紀「鬼侯」作九侯，云：「九侯女不憙淫，紂怒殺之。」呂氏春秋「刑鬼侯之女而取其環」，注：「聽妲己之譖，殺鬼侯之女，以爲脯，而取其所服之環也。」淮南俶真訓：「醢鬼侯之女，葅梅伯之骸。」高注：「梅伯悦鬼侯之女美好，令紂妻之。至，紂以爲不好，故醢鬼侯之女，葅梅伯之骸也。」誅求無已。天下空虚，殷本紀：「厚賦税，以實鹿臺之錢，而盈鉅橋之粟。」羣臣畏恐，莫敢盡忠，紂愈自賢。殷本紀：「紂知足以距諫，言足以飾非，矜人臣以能，高天下以聲，以爲皆出己之下。」周發兵，不期會於孟津〔一〕者八百諸侯，共誅紂，大亡天下。春秋以爲戒，曰：「蒲社災。」哀四年傳：「蒲社者何？亡國之社也。」注云：「殷都於亳。武王克紂，而列其社於諸侯，爲有國者戒。災亳社，所以示諸侯縱恣不自警之象，故謹之。」○盧云：「蒲，本或作亳，或作薄，今依公羊哀四年經，後同。」輿案：天啟本作「亳」。周衰，天子微弱，諸侯力政，力政，猶力征。大夫專國，士專邑，不能行度制法文之禮。謂文王。文九年傳：「繼文王之體，守文王之法。」諸侯背叛，莫修貢聘，奉獻天子。臣弒其君，子弒其父，孽殺其宗，尚書大傳：「有臣弒其君，孽代其宗者。」注：「孽，支子；宗，適子。」不能統理，更相伐銼以廣地。盧云：「銼，與剉通。」以强相脅，不能制屬。上不能制其屬。强奄弱，衆暴寡，富使貧，并兼無已。漢食貨志：「仲舒言古者税民不過什一，其求易共。使民不過三日，其力易足。民財内足以養老盡孝，外足以事上共税，下足以畜妻子極愛，故民説從上。至秦則不然，用商鞅之法，改帝王之制，除井田，民得賣買，富者田連阡陌，貧者無立錐之地。又顓川澤之利，管山林之饒。荒淫越制，踰侈以相高。邑有人君之尊，里有公侯之富，小民安得不困？又加月爲更卒，已復爲正，一歲屯戍，一歲力役，三十倍于古。田租口賦，鹽鐵之利，二十倍於古。或耕豪民之田，見税什五。故貧民常衣牛馬之衣，而食犬彘之食。重以貪暴之吏，刑戮妄加，民愁

〔一〕凌本、盧本、叢刊本「孟津」下有「之上」二字。

亡聊，亡逃山林，轉爲盜賊，赭衣半道，斷獄歲以千萬數。漢興，循而未改。古井田法雖難卒行，宜少近古，限民名田，以贍不足，塞并兼之路。鹽鐵皆歸於民。去奴婢，除專殺之威。薄賦斂，省繇役，以寬民力。然後可以善治也。」**臣下上僭，不能禁止。日爲之食，星賁如雨，雨螽，沙鹿崩。**僖十四年。**夏大雨水，冬大雨雪，**盧云：「隱九年三月癸酉，大雨震電。庚辰，大雨雪。此一事在今之正月。若大水，唯桓公十三年在夏，餘皆在秋。然亦非雨水也。冬大雨雪，公羊昭四年經有之，在周正月。然疏云：『正本皆作雹字。』左氏僖十年經『冬大雨雪』，公羊作雹。疑此正文當作『冬大雨雹』。昭三年冬亦有此事。」輿案：此處疑是誤文。隱九年三月癸酉，「大雨震電」。庚辰，「大雨雪」。此春秋時大異也，不應闕之。疑本作「大雨震電。又大雨雪」。宋高宗紹興三十一年，風雷大雨雪。侍御史汪澈言：「春秋魯隱時，大雨震電，繼以雨雪。孔子以八日之間，再有大變，謹而書之。今一夕之間，二異交至，此陰盛之證，殆爲金人。」正用此事。**賁石于宋五，六鷁退飛。**僖十六年。**賁霜不殺草，李梅實。**僖三十三年。**正月不雨，至於秋七月。**文十年、十三年同。又二年「自十有二月不雨，至於秋七月」。**地震，**文九年、襄十六年、昭十九年、二十三年、哀三年皆同。**梁山崩，壅河，三日不流。**成五年。**晝晦。**成十六年六月甲午晦。**彗星見于東方，孛于大辰。**盧云：「文十四年，有星孛入于北斗。昭十七年，有星孛于大辰。哀十三年，有星孛于東方。此所舉尚未全。」○天啟本「孛於」下注云：「一作升。」**鸛鵒來巢，**昭二十五年何注：「鸛鵒猶權欲。」○盧云：「舊本從左氏作鸛鵒，非。」**春秋異之。以此見悖亂之徵。**文亦見二端篇。漢劉向傳：「周室卑微，二百四十二年之間，日食三十六，地震五，山林崩陁二，彗星三見，夜恆星不見，夜中星賁如雨一，火災十四。長狄入三〔一〕國，五石隕墜，六鷁退飛，多麋，有蜮、蜚，鸜鵒來巢者，皆一見。晝暝晦，雨木冰，李梅冬實，七月霜降，草木不死，八月殺菽，大雨雹，雨雪雷〔二〕霆，失序相乘。水、旱、飢、蝝、螽〔三〕、螟、蠭午竝起。當是時，禍亂輒應，弑君三十六，亡國五十二。諸侯奔走，不得〔四〕保其社稷者，不可勝數也。」孔子明得失，差貴賤，反王道之本。亦見重政篇。譏天王以致太平。譏天王如求車、求金、錫命之類。刺惡譏微，不遺小大，○凌本作大小〔五〕。善無細而不舉，惡無細而不去，漢書司馬遷傳：「余聞之先人曰：『春秋采善貶惡，推三代之德，褒周室，非獨刺譏而已也。』」進善誅惡，絶諸本而已矣。善惡之著者，進之誅之。其或嫌於惡而有善心，嫌於善而有惡心，亦爲表而出之。故有事同而論異，或事異而論同。一人之身，前後不相掩；一人之事，功過不妨殊。春秋好微而貴志，絶諸本所以杜其漸。

天王使宰咺來歸惠公仲子之賵，刺不及事也。隱元年傳：「其言來何？不及事也。」鹽鐵論刺義篇：「春秋士不載文，而書咺，以爲宰士也。」天王伐鄭，譏親也，桓五年何注：「稱人者，刺王者也。天下之君，海内之主，當秉綱撮要。而親自用兵，故見其微弱。僅能從微者，不能從諸侯，猶莒之稱人，則從不疑也。」會王世子，

〔一〕「三」字，原誤「中」，據凌本及漢書改。
〔二〕「雷」字，原作「電」，據凌本及漢書改。
〔三〕「螽」字，原誤「蠭」，據漢書改。
〔四〕「得」字，據漢書補。
〔五〕「大小」，原作「小大」，據凌本乙正。

譏微也。僖五年。案穀梁傳謂「天子微，諸侯不享覲，而使世子受諸侯之尊己」。此義蓋與之同。**祭公來逆王后，譏失禮也。**桓八年：「祭公來，遂逆王后於紀。」傳：「大夫無遂事，此其言遂何？使我爲媒可，則因用是往逆矣。」何注：「疾王者不重妃匹，逆天下之母若逆婢妾，將謂海内何哉？故譏之。」**刺家父求車，**桓十五年。**武氏毛伯求賻金。**隱三年求賻，文九年求金。**王人救衛。**莊六年。**王師敗於貿**[一]**戎。**成元年。**天王不養，出居於鄭，**僖二十四年：「王者無外，此其言出何？不能乎母也。」曲禮「天子不言出」，注：「天子之言出，諸侯之生名，皆有大惡，君子所遠，出名以絶之。春秋傳曰：天王出居於鄭，衛侯朔入于衛是也。」疏：「君子謂孔子書經，若見天子大惡，書出以絶之。」鹽鐵論孝養篇：文學曰：「周襄王之母，非無酒肉也，衣食非不如曾皙也，以其不能事其父母也。」漢書嚴助傳：「上賜書曰：『間者闊焉久不聞問，具以春秋對，毋以蘇秦縱横。』助恐，上書謝，稱春秋天王出居於鄭，不能事母，故絶之。臣事君猶子事父母也，臣助當伏誅。」霍光傳：奏曰：「周襄王不能事母，春秋曰天王出居於鄭。繇不孝出之，絶之於天下也。」（又見後漢書謝弼傳。）〇凌本無「不養」二字。**殺母弟，**襄三十年。**王室亂，不能及外，**昭三十二年傳：「何言乎王室亂？言不及外也。」**分爲東西周，**昭二十二年「王子猛入於王城」，傳曰：「西周也。」二十六年「天王入於成周」，傳曰：「東周也。」凌云：「國策注大事記：平王東遷之後，所謂西周者，豐鎬也。東周者，東都也。威烈王以後，所謂西周者，河南也。東周者，洛陽也。」**無以先天下，召衛侯不能致，**桓

〔一〕「貿」字，原作「貫」，據凌本及公羊傳改。

十六年「衛侯朔出奔齊〔一〕」，傳云：「其得罪於天子奈何？見使守衛朔，而不能使衛小衆，越在岱陰齊。屬負茲舍，不即罪爾。」不即罪所謂召不能致。遣子突征衛不能絶，盧云：「衛侯朔得罪於天子、天子立公子留，五國伐衛納朔。莊六年，王人子突救衛，而朔仍入於衛，故云不能絶。」輿案：何注云：「刺王者，朔在岱陰齊，時一使可致，一夫可誅。而緩令交連五國之兵，伐天子所立，還以自納，王遣貴子突，卒不能救，遂爲天下笑。」伐鄭不能從，盧云：「桓五年，蔡人、衛人、陳人伐鄭。何注：僅能從微者，不能從諸侯。」無駭滅極不能誅〔二〕。隱二年。諸侯得以大亂，篡弑無已。臣下上逼，僭擬天子。諸侯强者行威，小國破滅。晉至三侵周，與天王戰于貿戎而大敗之。宣元年侵柳，昭二十三年〔三〕圍郊，并貿戎爲三。戎執凡伯於楚丘以歸。隱七年。諸侯本怨隨惡，因其所怨，惡怒隨之。發兵相破，夷人宗廟社稷，夷，猶滅也。不能統理。王者不能統理諸侯，諸侯亦不能統理臣下，紀綱蕩然。臣子强，至弑其君父。法度廢而不復用，威武絶而不復行。有法而不能用，有威而不能行，治天下之具失。○凌本「不復行」作「不得復」。故鄭魯易地，桓元年。晉文再致天子。僖二十八年。齊桓會王世子，擅封邢、衛、杞，僖元年城邢，二年城衛，十四年城杞。橫行中國，意欲王天下。魯舞八佾，隱五年「初獻六羽」，傳：「天子八佾，諸公六，諸侯四。僭諸公，猶可言

〔一〕「齊」字，據公羊傳補。

〔二〕「誅」字，原誤「從」，據凌本、盧本、叢刊本改。

〔三〕「二十三年」，原誤「三十三年」，據公羊傳改。

也；僭天子，不可言也。」何注：「前僭八佾于惠公廟，大惡不可言也。」昭二十五年傳，子家駒云：「朱干玉戚，以舞大夏，八佾以舞大武，此皆言天子之禮也。」本篇下云：「獻八佾。」諱八言六，是公羊家直以魯舞八佾爲僭，雖文王周公廟亦不得用。（左傳杜注：「魯唯文王周公廟得用八。」）似不主成王賜魯天子禮樂之説。季氏舞於庭，而孔子譏之，謂僭君而上同天子也。何言前於僭惠公廟，不知所據。殆亦參用文王周公廟可用八之説，故分別言之。程子春秋傳亦云：「書初獻六羽，見前此用八之僭也。」**北祭泰山，**禮記王制正義：「論語：『季氏旅於泰山。』明魯君祭泰山，季氏僭之。」　案：春秋三望，謂祭泰山、河、海。王制云：「諸侯祭名山大川之在其地者。」魯居東國，宜親祭泰山，而上僭天子望祭之儀。（參用戴岷隱説。）北，疑「望」之剥文。**郊天祀地，如天子之爲。**魯之郊禘，明堂位以爲成王賜，祭統以爲成王康王賜，蓋皆古文家説。此篇以郊祀爲僭，似不主周賜之説。禮運云：「魯之郊禘，非禮也。周公其衰矣。」呂覽言魯使宰讓如周，請郊禘禮，王使史角諭止之。竝合。黄震云：「呂覽作於秦，明堂位作於漢，是成王賜天子禮樂之説，未必有之。故自伯禽至莊公十七世，未聞有郊天者。僖三十一年，始卜郊，而卜不從。繼此若宣若成若定，欲郊則牛輒傷，禮之不可僭，神之不歆其祀如此。」（日鈔五。）　輿案：本書郊事對亦言成王令魯郊用騂。僖三十一年傳何注：「昔武王既没，成王幼少，周公居攝，行天子事，制禮作樂，致太平，有王功。周公薨，成王以王禮葬之。命魯使郊，以彰周公之德。」白虎通喪服篇：「原天之意，子愛周公與文武無異，故以王禮葬，使得郊祭。」史記魯世家同，是今文家亦有賜郊之説。或初賜時，禮有差等，至其末，遂一切同天子耶？**以此之故，弑君三十二，**盧云：「劉向云春秋弑君三十六，而此云三十二。東觀記及後漢丁鴻傳亦皆同。然當以三十六爲合。」凌云：「下文滅國、盟會要篇皆誤作三十一。」　輿案：三十六，合經傳通數之，見漢劉向傳顔注。司馬遷傳引董生説，正作「三十六」。**亡國五十二。**詳見劉向傳顔注。○凌本誤作「五十一」。**細惡不絶之所致也。**

春秋立義：春秋爲立義之書，非改制之書，故曰「其義竊取」。鄭玄釋廢疾云：「孔子雖有聖德，不敢顯然改先王之法。蓋制宜從周，義以救敝。制非王者不議，義則儒生可立。故有舍周從殷者，有因東遷後之失禮而矯之者，有參用四代者，存其義以俟王者之取法剏制。傳所云制春秋之義，以俟後聖者也。孔子志在春秋，但志之而已。」此篇所舉，確爲春秋特立之義，餘以此慎推之可也。淮南氾論訓：「夫絃歌鼓舞以爲樂，盤旋揖讓以修禮，厚葬久喪以送死，孔子之所立也。而墨子非之。」立，亦謂立義也。何氏注傳，輒云春秋之制，其實皆義而已。定八年注：「定公從季氏假馬，孔子曰：『君之於臣，有取無假。』而君臣之義立。」易緯引孔子語，美帝乙之嫁妹：「順天地之道，以立嫁娶之義。義立則妃匹正，妃匹正則王化全。」太史公自序云：「周家既衰，諸侯恣行。仲尼悼禮廢樂崩，進修經術，以達王道，匡亂世，反之於正。見其文辭，爲天下制義法。」又十二諸侯年表云：「孔子明王道，上記隱，下至哀之獲麟。約其文辭，去其煩重，以制義法。」竝得聖人之旨。而杜預說左氏，以春秋多因周公舊例，立義之旨不明，孔子之道不章矣。論衡超奇篇：「孔子得史記以作春秋。及其立義剏意，褒貶誅賞，不復因史記者，眇思自出於胸中也。」程子春秋傳，「立義」二字屢見，蓋本於此。又程子云：「上古之時，自伏羲、堯、舜，歷夏商，以至於周，或文或質，因襲損益，其變既極，其法既詳，於是孔子參酌其宜，以爲百王法度之中制，斷之以義。此其所以春秋作也。」所云「參酌」「中制」，亦衹是立義耳。語又見盟會要、正貫等篇。

天子祭天地，諸侯祭社稷，諸山川不在封內不祭。僖三十一年傳：「天子祭天，諸侯祭土。天子有方望之事，無所不通。諸侯山川〔一〕有不在其〔二〕封內者〔三〕，則不祭也。」何注：「諸侯祭境內山川，

〔一〕「山川」二字，據凌本及公羊傳補。

〔二〕「其」字，據凌本及公羊傳補。

〔三〕「者」字，據凌本及公羊傳補。

故魯郊非禮。」　案：此與王制合。傳言祭土，此言祭社稷，是釋土爲社稷。土爲本名，社稷其神耳。**有天子在，諸侯不得專地，**桓九年傳。漢書匡衡傳：「春秋之義，諸侯不得專地，所以壹統尊法制也。」**不得專封，**僖元年傳。○天啟本無「得」字，凌本同。**不得專執天子之大夫，**隱七年「戎伐凡伯於楚丘以歸」，傳：「凡伯者何？天子之大夫也。此聘也，其言伐之何？執之也。執之則其言伐之何？大之也。」據此則董亦以戎爲衛。何注：「中國者，禮義之國也。執者，治文也。君子不使無禮義制治有禮義。」**不得舞天子之樂，**隱五年傳。**不得致天子之賦，不得適天子之貴？**翟方進傳：「春秋之義，王人微者，序乎諸侯之上，尊王命也。」盧云：「適，與敵同。」**君親無將，將而誅。**莊三十二年傳。**大夫不得世，**昭三十一年。五經異義引公羊、穀梁説：「卿大夫世，則權并一姓，妨塞賢路，專政犯君，故經譏周、尹氏、齊崔氏也。」隱二年何注大同。白虎通封公侯篇：「大夫不世位何？股肱之臣任事者也。爲其專權擅勢，傾覆國家。」左氏説亦以爲卿大夫得世禄，不得世位。孟子告滕文公，亦只言世禄。世禄者文王之制。按隱元年何注：「春秋時廢選舉之務，置不肖於位。」然則譏世卿所以重選舉也。漢魏相論宜損奪霍氏事奏，言春秋譏世卿。**大夫不得廢置君命。**命，字疑衍。文十四年傳：「大夫之義，不得專廢置君也。」**立適，以長不以賢，立子以貴不以長。**隱元年傳。白虎通封公侯篇：「曾子問曰：立適以長不以賢何？以言爲賢不肖不可知也。」尚書：「惟帝其難之。」立子以貴不以長，防愛憎也。光武建武十九年，立東海王爲皇太子，詔云：「春秋之義，立子以貴。」○凌本無「立子」二字。**立夫人以適不以妾。**僖八年「用致夫人」，傳：「夫人何以不稱姜氏，譏以妾爲妻也。」僖二十年「西宮災」，何注：「僖公以齊媵爲適，楚女廢在西宮，而不見恤，悲愁怨曠之所生也。」漢書五行志：「仲舒以爲釐娶於楚，而齊媵之，脅公使立以爲夫人。西宮者小寢，夫人之居也。若曰：妾何爲此宮？誅去之意也。」劉向説略同。案白虎通嫁娶篇云：「適夫人死，更立夫人者，不敢以卑賤承宗廟。自立其娣者，尊大國也。春秋傳曰：『叔姬歸於紀。』叔姬者，伯姬之娣也。伯姬卒，叔姬升於嫡，經不譏也。或曰：嫡死不復更立，明嫡無二，防篡殺也。祭宗廟，攝而已。以禮不聘爲妾，明不升。」隱七年「叔姬歸於紀」，何注：「叔姬者，伯姬之媵也。媵賤書者，後爲嫡，終有賢行。紀侯爲齊所滅，紀季以酅入於齊。叔姬歸之，能處隱約，全竟婦道，故重録之。」又宣十六年「郯伯姬來歸」，注：「嫁不書者，爲媵也。來歸書者，後爲嫡也。」與白虎通前説合。案：録之所以廣人類之恩，譏之所以示人倫之正，義可兩存。范寧譏公羊以妾母稱夫人爲合，不知其譏以妾爲妻也。齊桓陽穀之會，固曰「無以妾爲妻。」則知春秋時蓋已患此。考吕覽當務篇，紂母之生微子啟與仲衍也，尚爲妾，已而爲妻而生紂。是又不始於春秋。殷以此亡，尤可爲鑒。其後魯哀立荆母，既致有陘之孫，霍光尊婢顯，亦取滅族之誅。爲人君臣者，所以宜知春秋也。漢孔鄉侯傅晏元壽二年坐亂妻妾位免，徙合浦。（見外戚恩澤侯表。）唐律户婚亦有以妾爲妻條，並與春秋義合。**天子不臣母后之黨。**桓二年〔一〕「紀侯來朝」，何注：「紀稱侯者，天子將娶於紀，與之奉祖廟，傳之無窮，重莫大焉，故封之百里。月者，明當尊而不臣，所以廣孝敬也。」白虎通王者不臣篇：「不臣妻父母何？妻者，與己一體，恭承宗廟，欲得其歡心，上承先祖，下繼萬世，傳之無窮，故不臣也。春秋曰：『紀季歸於京師。』父母之於子，雖爲王后，尊不加於父母，知王者不臣也。」又譏宋三世内娶於國中，謂無臣也。義又見嫁娶篇。漢書外戚恩澤侯表序云：「后母據春秋褒杞之義，帝舅緣大雅申伯之意，寖廣博矣。」王莽傳：「有司皆白古者天子封后父百里，尊而不臣，以重宗廟，孝之至也。」後漢李固傳：「今梁氏戚爲椒房，禮所不臣。」獻帝皇后父伏完朝賀，公庭議禮，鄭玄言：「天子所不臣三，其一后之父母也。天

〔一〕「二年」，原誤「六年」，據公羊傳桓公二年改。

子尚有不臣者，況於后乎？」並用此義。又魏廢帝景元元年，燕王表賀冬至〔一〕，稱臣。詔曰：「古之王者，或有不臣，今王宜依此義〔二〕，表不稱臣乎。」案：廢帝爲燕王宇之子，故以稱臣爲疑。以古無明文，引此推例耳。**親近以來遠，**○天啟本「近」作迎，無「遠」字。**未有不先近而致遠者也。**管子版法解：「愛施之德，雖行而無私，內行不修，則不能朝遠方之君。是故正君臣上下之義，飾父子兄弟夫婦之義，飾男女之別，別疏數之差，使君德臣忠，父慈子孝，兄愛弟敬，禮義章明。如此則近者親之，遠者歸之，故曰召遠在修近。」○天啟本無「也」字。官本「未有」上有故字，云：「他本脱遠、故二字。」**故內其國而外諸夏，內諸夏而外夷狄，言自近者始也。**成十五年傳：「曷爲殊會吴？外吴也。春秋內其國而外諸夏，內諸夏而外夷狄。王者欲一乎天下，曷爲以內外之辭言之，言自近者始也。」何注：「明當先正京師，乃正諸夏，諸夏正，乃正夷狄，以漸治之。」

諸侯來朝者得褒，○官本云：「他本『侯』誤作夏。」**邾婁儀父稱字，**後漢李固傳：「春秋褒儀父以開義路，貶無駭以閉利門。」**滕薛稱侯，**隱十一年。**荆得人，**莊二十三年傳：「荆何以稱人？始能聘也。」**介葛盧得名。**僖二十九年。**內出言如，諸侯來曰朝，大夫來曰聘，**隱十一年「滕侯薛侯來朝」，傳：「諸侯來曰朝，大夫來曰聘。」何注：「春秋王魯。王者無朝諸侯之義也。故內適外言如，外適內言朝聘，所以別外尊內也。」**王道之意也。**董子以尊內得王道之意，何休遂以爲王魯。○天啟本無「也」字。**誅惡而不得遺細大，**盧云：「但當云不

〔一〕「至」字，據三國志魏書陳留王奂傳補。
〔二〕「義」字，據陳留王奂傳補。

得遺細。而此及上文皆兼大言之者，文便耳。猶言急兼言緩急，言無兼言有無是也。」諸侯不得爲匹夫興師，定四年傳：「伍子胥復曰：『諸侯不爲匹夫興師〔一〕。』」不得執天子之大夫，執天子之大夫與伐國同罪，執凡伯言伐。獻八佾，諱八言六。鄭魯易地，諱易言假。桓元年「鄭伯以璧假許田」，傳：「其言以璧假之何？易之也。易之則其言假之何？爲恭也。」晉文再致天子，諱致言狩。僖二十八年「天王狩于河陽」，傳：「狩不書，此何以書？不與再致天子也。」桓公存邢、衛、杞，不見春秋，内心予之，行法絶而不予，僖元年傳所謂「實與而文不與也」。以聖心言之，當與。以王法言，則不當予。故不見於經。止亂之道也，非諸侯所當爲也。防臣下逼上專恣之漸也。誅細惡以止亂，春秋之義，即制禮之意。是故敬君者不蹙馬芻，厚别者勿同椸枷。齊女高節，不轉於同庖；箕子知微，先唏於象箸。此義不明，而治尚簡率，天下之亂，釀於無形者多矣。故曰：「百變之源，皆出嫌疑纖微，以漸浸稍長至於大。」又曰：「微邪者，大邪之所生也。」（管子權修。）夫寢處者一畝之宫，而必欲厚藩垣以資禁衛。厠足者數寸之土，而不容塹廣大而致黄泉。知此而聖人止亂之意幾可諭矣。春秋之義，臣不討賊，非臣也。子不復讐，非子也。故誅趙盾賊不討者，不書葬，臣子之誅也。誅猶責。許世子止不嘗藥，而誅爲弑父，楚公子比脅而立，而不免於死。俞云：「此本作『楚公子比脅而立，而不免於誅絶』。今誅絶二字，傳寫誤入下文，淺人遂臆補『死』字耳。下文云：『齊桓晉文擅封，致天子，誅絶、繼絶、存亡，侵伐、會同，常爲本主。』按擅封是一事，致天子是一事，繼絶、存亡是一事，其間不得有誅絶二字。明是

〔一〕「興師」，原作「復仇」，據凌本及公羊傳改。

上文奪去，誤著於彼。」輿案：死，即誅也。玉杯篇「今視其比，皆不當死」，與此文正一律，下文誅亂又是一事，俞據誤文移之耳。齊桓晉文擅封，致天子，誅亂、〇天啟本作「誅絶」，凌本同。繼絶、存亡，〇官本云：「一作繼世。」侵伐會同，常爲本主。此間疑有脱文。曰：桓公救中國，攘夷狄，卒服楚，至爲王者事。〇僖四年傳：「楚有王者則後服，無王者則先叛，夷狄也，而亟病中國。南夷與北狄交，中國不絶若綫。桓公救中國而攘夷狄，卒服荆，以此爲王者之事也。」晉文再致天子，皆止不誅，不與之而已，未嘗誅也。善其牧諸侯，〇盧云：「牧，本亦作救。」奉獻天子而服〔一〕周室，春秋予之爲伯，誅意不誅辭之謂也。防其逼上之漸，故誅意。録其尊主之功，故不誅辭。予伯者，春秋不得已之苦衷〔二〕也。後世有功王室之臣，或遂終於篡竊，知春秋慮患深矣。

魯隱之代桓立，隱元年傳：「故凡隱之立，爲桓立也。」祭仲之出忽立突，仇牧、孔父、荀息之死節，公子目夷不與楚國，此皆執權存國，以存國爲主，故許其權。義亦見玉英篇。行正世之義，守惓惓之心，春秋嘉氣義焉，氣，疑其之誤。凌本作義氣，亦非。故皆見之，春秋見其名，傳見其事。復正之謂也。復正猶言反之正。亦見正貫篇。夷狄邾婁人、牟人、葛人，爲其天王崩而相朝聘也，此其誅也。桓十五年：「天王崩。邾婁人、牟人、葛人來朝。」傳：「皆何以稱人？夷狄之也。」何注：「桓公行惡，而三人俱

〔一〕「服」字，凌本、盧本、叢刊本作「復」。
〔二〕「衷」字原重，據文義刪。

朝事之。三人爲衆，衆足責，故夷狄之。」與董説異。孔廣森云：「襄元年，簡王崩。於時邾婁來朝，甇剽交聘而不復狄者，亦貶重從同之例。」**殺世子母弟直稱君，明失親親也。**僖五年「晉侯殺其世子申生」，傳：「曷爲直稱晉侯以殺？殺世子母弟直稱君者，甚之也。」何注：「甚之者，惡殺親親也。春秋公子貫於先君，唯世子母弟以今君録，親親也。今捨國體直稱君，知以親親責之。」襄二十六年「宋公殺其世子痤」，何注：「痤有罪，故平公書葬。」襄三十年「天王殺其弟年夫」，何注：「王者得專殺，書者，惡失親親也。未三年不去王者，方惡不思慕而殺弟，不與子行也。不從直稱君者，舉重也。莒殺意恢，以失子行録。設但殺弟，不能書是也。不爲諱者，年夫有罪。」輿案：世子痤、年夫事不詳傳。以直稱君之例推之，則痤與年夫同爲無惡。莒殺意恢不稱君，則知罪在意恢。春秋之義，貴人道，防亂端，二者並重。義在防亂，則雖季子殺母兄，亦爲之諱；義在重人，則雖天王殺弟，同直稱爵。白虎通誅伐篇：「父殺其子當誅何？以爲天地之性人爲貴，人皆天所生也，託父母氣而生耳。王者以養長而教之，故父不得專也。春秋傳曰：『晉侯殺其世子申生。』直稱君者，甚之也。」白虎通舉申生爲例，以子無罪者言也。康誥稱「于父不能字厥子，乃疾厥子，刑茲無赦」。則知文王之法，殺子有刑。後漢楊終傳：「春秋殺太子母弟，直稱君，甚惡之，坐失教也。」終治公羊學，補出失教義，是知子弟無罪，父兄不得殺子弟。雖有罪，父兄抑不忍辭其咎，所以明親親也。聖人仁天下之義，至此而盡矣。唐律：「子孫違犯教令，而祖父母父母毆殺者，徒一年半，以刃殺者，徒二年。故殺者，各加一等。嫡繼慈養殺者，又加一等。」（明律改一年半爲滿杖，二年爲一年。嫡繼慈養殺致失嗣者絞，較唐爲重。）違教與故殺，律分輕重，得春秋意。宋律：「父殺子，徒一年。」程子云：「以理考之，當徒二年。雖是子，亦天子之民也。不當殺而專殺之，是違制也。違制徒二年。今律祖父母父母故殺子孫，杖六十，徒一年。其有刑一也。」僖元年「夫人氏之喪至自齊」，何注：「貶置氏者，殺子差輕於殺夫，别順逆也。」是又可得尊卑等差之義矣。**魯季子之免罪，吴季子之讓國，明親親之恩也。**免罪，謂緩追慶父。見精華篇。**閽殺吴子餘祭，見刑人之不可近。**襄二十九年傳：「君子不近刑人，

近刑人，輕死之道也。」白虎通五刑篇：「古者刑殘之人，公家不出，大夫不養，士與遇路不與語，放諸境埆不毛之地，與禽獸伍。」○凌云：「殺，當作弒。」鄭伯髡原卒於會，諱弒，痛强臣專君，君不得爲善也。襄七年傳：「曷爲不言其大夫弒之？爲中國諱也。曷爲爲中國諱？鄭伯將會諸侯於鄬，其大夫諫曰：『中國不足歸也，則不若與楚。』鄭伯曰：『不可。』其大夫曰：『以中國爲義，則伐我喪。以中國爲强，則不若楚。』於是弒之。」○盧云：「他本從左氏作髡頑，非。今從程本。」衛人殺州吁，隱四年傳：「其稱人何，討賊之義也。」齊人殺無知，莊九年。明君臣之義，守國之正也。衛人立晉，美得衆也。君將不言率師，重君之義也。隱五年「衛師入盛」，傳：「君將不言率師，舉其重者也。」正月，公在楚，臣子思君，無一日無君之意也。襄二十九年「公在楚」，傳：「何言乎公在楚？正月以存君也。」○凌本「意」作義。誅受令，疑當作「誅不受令」。恩衛葆，以正囹圄之平也。盧云：「文疑有誤脱。」俞云：「莊六年經『齊人來歸衛寶』，惟左氏經作『衛俘』，而傳亦作『衛寶』。杜注云：『公羊、穀梁經傳皆言寶，此傳亦言寶，惟此經言俘，疑經誤。』然公羊傳文曰：『此衛寶也，則齊人曷爲來歸之？衛人歸之也。』其文雖是寶，其義則皆可通。何注：『寶者，玉物之凡名。』於是始定爲寶玉字矣。董子固傳公羊之學者，而此有『恩衛葆』之文，『葆』之與『寶』，固得通用。然『葆』從保聲，保從呆省，呆即古文『孚』字也。則『葆』之與『俘』，亦得通用。若是衛葆，不得言恩，其下又言『以正囹圄之平也』，則其爲俘囚明矣。竊謂字當作葆，義當從俘，何注未得斯旨。」輿案：金縢：「無隊天之降寶命。」魯世家「寶」作葆。易繫辭：「聖人之大寶曰位。」釋文引孟喜本作保。留侯世家集解引徐廣曰：「史記珍寶字皆作葆。」竝葆、寶字同之證。漢五行志載桓公六年秋螟，仲舒以爲先是齊侯會諸侯納朔，許諸侯賂，齊人歸衛葆，魯受之，貪利應也。俞以葆義爲俘囚，不合董義。胡安國春秋説，援俘厥寶玉爲説，以合經文。黄震謂以俘獲爲賂。然與「正囹圄」句仍未合，當如盧説闕疑。言圍成，甲午祠兵，以別迫脅之罪，誅意之法也。莊八年：「甲午祠兵。夏，師及齊師圍成，成降於齊師。」傳：「何言乎祠兵？爲久也。曷爲爲久？吾將以甲午之日，然後祠兵於是。」何注：「諱如久留，使若無欲滅同姓之意。」又云：「言及者，起魯實欲滅之。」　案：此所謂不誅辭而誅意也。作南門。僖二十年。刻桷，丹楹，莊二十二年、二十四年。作雉門及兩觀。定二年。築三臺，莊三十一年：「築臺于郎，于薛，于秦。」新延廄，莊二十九年。譏驕溢不恤下也。後漢書楊終傳：「魯文公毁泉臺，春秋譏之曰：『先祖爲之，而已毁之，不如勿居而已。』以其無妨害於民也。襄公作三軍，昭公舍之，君子大其復古，以爲不舍則有害於民也。」王應麟云：「春秋重民力，謹土功，新一廄，築一臺，必書之示人君不可縱欲以病民也。」（玉海百六十。）故臧孫辰請糴於齊，孔子曰：「君子爲國，必有三年之積。一年不熟乃請糴，失君之職也。」莊二十八年傳。誅犯始者，省刑，絶惡疾始也。疾始，如疾始滅，譏始不親迎之類。官本云：「他本無『疾』字。」　案：亦通。言誅犯始者，所以免人罪戾，絶惡於未萌。故曰省刑，絶惡始也。大夫盟於澶淵，刺大夫之專政也。襄三十年傳：「卿則其稱人何？卿不得憂諸侯也。」諸侯會同，賢爲主，賢賢也。如齊桓晉文是。春秋紀纖芥之失，反之王道。説苑至公篇：「退而修春秋，采毫毛之善，貶纖芥之惡。人事浹，王道備。」追古貴信，結言而已，追古，即反古意。不至用牲盟而後成約。故曰：齊侯衛侯胥命於蒲。傳曰：「古者不盟，結言而退。」桓三年。荀子大略篇云：「故春秋善胥命，而詩非屢盟，其心一也。」宋伯姬曰：「婦人夜出，傅母不在，不下堂。」襄三十年傳。列女宋恭伯姬傳：「君子曰：禮，婦人不得傅母，夜不下堂，行必以燭。伯姬之謂也。詩云：淑慎爾止，不愆於儀。伯姬可謂不失儀矣。」漢書張敞傳，奏諫皇太后遊獵云：「禮，君母出門則乘輜軿，下堂則從傅母。」藝文類聚二十三引魏荀爽女誡云：「聖人制禮以隔陰陽，七歲之男，王母不抱，七歲之女，王父不持。親非父母，不與同車，親非兄弟，不與同筵。是故宋伯姬遭火不下堂，知必爲災，傅母不來，遂成於灰。春秋書之，以爲高也。」唐獨孤及議盧奕謚云：「伯姬待母而火死，先禮後身也。」曰：古者周公東征，則西國怨。盧云：「見僖四年傳。亦當并引『西征則東國怨』一句，文脱耳。」凌云：「『曰』上當有傳字。」　輿案：荀子王制篇：「故周公南征而北國怨，曰：『何獨不來也。』東征而西國怨，曰：『何獨後我也？』」又見吕覽古樂篇。桓公曰：「無貯粟，無鄣谷，無易樹子，無以妾爲妻。」僖三年傳。宋襄公曰：「不鼓不成列，不阨人。」僖二十二年傳。莊王曰：「莊王」上當有楚字。「古者杅不穿，皮不蠹，則不出。」宣十二〔一〕年何注：「杅，飲水器。穿，敗也。皮，裘也。蠹，壞也。言杅穿皮蠹，乃出四方。古者出四方朝聘征伐，皆當多少圖有所喪費，然後乃行爾。喻已出征伐，士卒死喪固其宜也，不當以是故滅鄭。」姚鼐云：「杅，蓋杆之誤，即干楯也。言甲循不必堅强，欲以德禮勝人。」孔廣森云：「杅，盂也。皮所以爲幣。杅積而穿，器有餘也。皮藏而蠹，幣有餘也。此與漢書粟陳腐不可食，錢貫朽不可校，其喻相類。言師出則費財，故國必餘富，然後敢從四方之事。」王闓運云：「杅，牟也。禮記所謂教桙，夏日所用。皮，冬日之服。言出必經時也。」　案：孔説爲長，姚説迂甚。君子篤於禮，薄於利，要其人不要其土，告從不赦，不祥。盧云：「見宣十二年傳。不祥，作不詳。何注云：『善用心曰詳。』然詳古亦與祥通用，或此書自作祥字。」凌云：「祥、詳通作。淮南説林訓『六畜生多耳目者不詳』，高注：『詳，善也。』爾雅：『祥，善也。』」强不陵弱。齊頃公弔死視疾，成八年傳。孔父正色而立於朝，人莫過而致難乎其君，桓二年傳。齊國佐不辱君命而尊

〔一〕「十二」，原誤「十三」，據公羊傳宣公十二年改。

齊侯，見成二年傳。此春秋之救文以質也。義見玉杯篇。太史公高祖贊曰：「夏之政忠，忠之敝，小人以野，故殷人承之以敬。敬之敝，小人以鬼，故周人承之以文。文之敝，小人以僿，故救僿莫如以忠。三王之道若循環，終而復始。周秦之間，可爲文敝矣。秦政不改，反酷刑法〔一〕，豈不謬乎？」後漢張敏傳：「臣聞師言，救文莫如質。」竝用春秋說。案：文質有以禮言者，有以政言者。孔子筮賁而不樂，林放問本而深贊，以禮言也。史公酷刑之說，此篇亡亂之鑒，以政言也。强暴之過謂之文敝，則知寬柔之過謂之質敝，可以得其相救之用矣。救文以質，見天下諸侯所以失其國者亦有焉。以下言不從質之失。潞子欲合中國之禮義，離乎夷狄，未合乎中國，所以亡也。宣十五年傳。吳王夫差行强於越，臣人之主，妾人之妻，史記越王勾踐世家：「勾踐令大夫種行成于吳。曰：『君王亡臣勾踐，使陪臣種敢告下執事：勾踐請爲臣，妻爲妾。』」○主，天啟本作王。卒以自亡，宗廟夷，社稷滅。其可痛也。孫詒讓云：「其，當爲甚。」○官本云：「夷，他本作失。」長王投死，於戲，豈不哀哉！事竝見史記吳世家。晉靈行無禮，處臺上彈羣臣，枝解宰人而棄之，宣六年傳。○天啟本〔二〕無「之」字，凌本同。漏陽處父之謀〔三〕，使陽處父死。文六年傳。及患趙盾〔四〕之諫，

〔一〕「反酷刑法」，原誤「反用酷刑」，據史記高祖本紀改。
〔二〕「本」字原重，據文義刪。
〔三〕「謀」字，凌本作「諫」。
〔四〕「趙盾」，凌本、叢刊本作「趙穿」，同官本。下同。

欲殺之，卒爲趙盾所弒[一]。盧云：「弒靈公者趙穿，此蓋從春秋所書。」○官本作趙穿，弒，作殺，云：「穿，他本誤作盾。殺當作弒。」晉獻公行逆理，殺世子申生，張斐律表云：「逆節絶理，謂之不道。」案：申生雖爲自殺，然因獻公而死，故以殺歸之。事見左、穀及說苑節士篇，畧有異同。以驪姬立奚齊、卓子，「立」下疑有故字。皆殺死，國大亂，四世乃定，奚齊、卓子、惠公，至重耳乃定。淮南精神訓：「獻公豔驪姬之美，而亂四世。」幾爲秦所滅，事在僖十五年。○天啟本無「滅」字，注云：「此下疑少一字。」從驪姬起也。○天啟本注云：「從，一作徒，非。」楚平王行無度，○天啟本作「昭王」，非。凌本同。殺伍子胥父兄。蔡昭公朝之，因請其裘，昭公不與。定四年傳。吴王非之。白虎通號篇：「蔡侯無罪，而拘於楚。吴有憂中國心，興師伐楚，諸侯莫敢不至。」舉兵加楚，大敗之。君舍乎君室，大夫舍乎大夫室，妻楚王之母，定四年傳。天啟本「王」作君，凌本同。貪暴之所致也。晉厲公行暴道，殺無罪人，一朝而殺大臣三人。明年，臣下畏恐，晉國殺之。成十七年：「晉殺其大夫郤錡、郤州、郤至。」十八年：「晉殺其大夫胥童。庚申，晉弒其君州蒲。」何注：「厲公猥殺四大夫，臣下人人恐見及，以致此禍。」陳侯佗淫乎蔡，蔡人殺之。桓六年傳。古者諸侯出疆必具左右，備一師，以備不虞。後漢光武十王臨淮懷公衡傳：顯宗報曰：「凡諸侯出境，必備左右。」○官本云：「一，他本作二。」今陳侯恣以身出入民間，至死閭里之庸，甚非人君之行也。

[一]「弒」字，凌本、叢刊本作「殺」，同官本。

閭里之庸，謂閭里傭作之人。庸，與傭同，或稱市傭，或稱里傭，以地別耳。史記田〔一〕敬仲完世家：「厲公既立，娶蔡女，蔡女淫於蔡人，數歸。厲公亦數如蔡。桓公之少子林，怨厲公殺其父與兄，乃令蔡人誘厲公而殺之。林自立，是爲莊公。厲公之殺，以淫出國。故春秋曰：『蔡人殺陳佗。』罪之也。」又見陳世家。桓十一年何注：「蔡侯，稱叔者，不能防正其姑姊妹，使淫於陳佗。」○陳侯，各本竝誤作蔡侯，今正。官本云：「他本無『民間』二字。」宋閔公矜婦人而心妬，與大夫萬博。萬譽魯莊公曰：「天下諸侯宜爲君者，唯魯侯爾。」閔公妬其言，曰：「此虜也，爾虜焉故。魯侯之美惡乎至？」○盧云：「此依公羊莊十二年傳文。韓詩外傳八〔二〕作『爾虜焉知魯侯之美惡乎』，爲一句，無『至』字。此書舊本至作致，餘與外傳同。惡，當音烏落切。今大典本有至字。自當從公羊以故字、至字句絕。惡，音烏。」俞云：「按莊十二年公羊傳作：『爾虜焉故，魯侯之美惡乎至？』傳文『故』字蓋知字之誤。此文致字當從傳作至，古字通也。爾虜焉知，四字爲句，魯侯之美惡乎至，七字爲句。惡，音烏。至，猶甚也。」　輿案：故，作知，至，作致，是。致，屬下讀。於義爲長。萬怒，搏〔三〕閔公絕脰。此以與臣博之過也。說文：「博，局戲也，六箸十二棊也。」事見莊十二年傳。何注：「傳本道此者，極其禍生於博戲，相慢易也。」古者人君立於陰，大夫立於陽，所以別位，明貴賤。如君南面，臣北面，君西面則臣東面，不同嚮而立。禮郊特牲：「君之南鄉，答陽之義也。臣之北面，答君也。」白虎通天地篇：「所以左旋右周者，猶君臣相對之義也。」又云：

〔一〕「田」字，據史記補。
〔二〕「八」字，原誤「文」，據盧本及韓詩外傳改。
〔三〕「搏」字，原作摶，據公羊傳莊公十二年改。

「日月五星，比天爲陰。故左行右行者，猶臣對君也。」　案：此知古者正朝，君臣皆立，今所傳周公輔成王圖可證。坐朝見荀子，殆起於戰國人君之佚志與？　今與臣相對而博，置婦人在側，此君臣無別也。故使萬稱他國卑閔公之意，「他國」下疑有「君」字，「卑」上疑有「有」字。閔公藉萬而身與之博，下君自置。謂失其君之尊。有辱之婦人之房，有、又同。俱而矜婦人，俱，謂與同處。獨得殺死之道也。春秋傳曰：「大夫不適君。」遠此逼也。宣十二年傳：「大夫不敵君。」敵、適同。○官本云：「他本『逼』作過。」梁内役民無已。○役，天啟本注云：「一作取。」其民不能堪，使民比地爲伍，一家亡，五家殺刑。僖十九年傳：「其自亡奈何？魚爛而亡也。」何注：「梁君隆刑峻法，一家犯罪，四家坐之。一國之中，無不被刑者。」　案：史記高祖紀集解，張晏云：「秦法一人犯罪，舉家及鄰伍坐之，蓋本梁法。」周禮地官：「令五家爲比，使之相保。」先鄭注：「保，猶任也。」疏云：「使五家爲一比，則有下士爲比長主之，使五家相保，不爲罪過。蓋有勸善之意，而無坐惡之條。今逃亡連坐，違周法矣。」五家，當從何注作四家，其一家亡者，不能追坐，故下文云「先亡者封」。其民曰：先亡者封，後亡者刑。君者將使民以孝於父母，順於長老，守丘墓，承宗廟，世世祀其先。今求財不足，行罰如將不勝，殺戮如屠，○天啟本注云：「屠，一作從。」仇讎其民，魚爛而亡，○盧云：「本作則亡，大典作而止。」　輿案：大典本止爲「亡」之誤。則，作「而」是。今從官本改。國中盡空。春秋曰：「梁亡。」亡者自亡也，非人亡之也。上敍陳、宋、梁三事，文體一律，疑與下爲別一篇文。

虞公貪財，不顧其難，快耳悦目，受晉之璧、屈産之乘，假晉師道，還以自滅。僖二年傳：「虞公終假之道以取虢，還四年反取虞。」宗廟破毁，社稷不祀，身死不葬，僖五年：「晉人執虞公。」貪財之

所致也。故春秋以此見物不空來，寶不虛出，自內出者，無匹不行，自外至者，無主不止，盧云：「此二句見宣三年傳，是論祭天地宗廟之事耳。以證虞事，殊不倫，必有舛誤。」輿案：二句又見白虎通郊祀篇，自是古語，不必專論祭祀，蓋亦內感外應之旨。傳引以見配祖之意。祖者，誠之所及，天則藉祖以達其誠耳。此文亦謂功效之相因，先有欲利之緣，然後有取敗之道。故上云「物不空來，寶不虛出」，下云「此其應也」。莊子天運篇：「中無主而不止，外無止（當爲匹。）而不行。由中出者不受於外，聖人不出。由外入者無主於中，聖人不隱。名，公器也，不可多取。」又則陽篇云：「是以自外入者，有主而不執。由中出者，有匹而不距。」淮南原道訓：「故從外入者，無主於中不止。從中出者，無應於外不行。」與此處文義正合，不必定屬祭祀言。**此其應也。楚靈王行强乎陳蔡，**昭八年，楚滅陳。十一年，滅蔡。**意廣以武，不顧其行，**句。**慮所美，內罷其衆。**所美即物女。罷，讀爲疲。慮，字疑誤。**乾谿有物女，**俞云：「漢書郊祀志：『有物曰蛇。』注：『物謂鬼神。』東平思王宇傳：『或明鬼神，信物怪。』注：『物亦鬼。』然則物女殆亦鬼神之類。」輿案：張良傳贊：太史公曰：「學者多言無鬼神，然言有物。」物怪與鬼神對舉，不得即以爲鬼神。**水盡則女見，水滿則不見。靈王舉發其國而役，三年不罷，**昭十三年：「靈王爲無道，作乾谿之臺，三年不成。」**楚國大怨。**○官本云：「他本『怨』作怒。」**有行暴意，**有，又同。**殺無罪臣成然，**據左昭十三年傳：「靈王奪成然邑，而使爲郊尹。」四族入楚，蔓成然其一也。」昭十四年，平王殺之〔一〕。今云靈王殺，與左異。史記楚世家：「鄖公之弟懷曰：平王殺吾父。」集解：服虔曰：「父，蔓成

〔一〕「平王殺之」，左傳昭公十四作「楚子殺鬬成然」。

然。」是古文説以爲平王殺也。楚國大懣。懣，憤也。公子棄疾卒令靈王父子自殺而取其國。左昭十三年傳：「王聞羣公子之死也，自投於車下。」○凌本無「父子」二字。虞不離津澤，農不去疇土，而民相愛也。言取之易。凌本無「而民相愛也」五字。此非盈意之過耶？盈意，猶言縱欲滿志。魯莊公好宮室，一年三起臺。夫人内淫兩弟，凌云：「謂牙與慶父。」興案：見莊二十七年傳。漢書五行志：「嚴公十八年日食，仲舒以爲宿在東壁，魯象也。後公子慶父叔牙果通于夫人，以弑公。」又：「嚴公二十六年日食，劉向以爲時戎侵曹，魯夫人淫于慶父叔牙，將以殺君。故比年再蝕以見戒。」又云：「公子慶父叔牙果通于夫人以劫公。」弟兄子父相殺。莊公殺公子牙，是兄弟相殺。慶父殺子般閔公，是子父相殺。古者從父與兄弟之子通稱父子。故蕭同姪子，左氏傳直稱叔子。漢疏廣傳「父子竝爲師傅」，蔡邕傳「欲陷臣父子」，是也。國絶莫繼，爲齊所存，閔二年：「齊高子來盟」，傳：「莊公死，子般弑，閔公弑，比三君死，曠年無君。設以齊取魯，曾不興師，徒以言而已矣。桓公使高子將南陽之甲，立僖公而城魯。」管子小匡篇：「魯有夫人、慶父之亂，而二君弑死，國絶無後。桓公聞之，使高子存之。男女不淫，馬牛選具，執五以見，請爲關内之侯，而桓公不使也。」夫人淫之過也。妃匹貴妾，可不慎邪？此皆内自强從心之敗己，謂私心自用，不稽古，不從賢。見自强之敗，尚有正諫而不用，卒皆取亡。曹羈諫其君曰：「戎衆以無義，君無自適。」莊二十四年經〔一〕：「戎侵曹」，傳：「曹羈諫曰：『戎衆以無義，君請勿自敵也。』曹伯曰：『不可。』」適，與敵同。○適，天啟本注云：「一作敵。」君不聽，果死戎寇。伍子

〔一〕「經」字，原誤「傳」，據凌本及春秋改。

胥諫吳王，以爲越不可不取。吳王不聽，至死伍子胥。致子胥於死。還九年，越果大滅吳國。據史記吳世家，夫差十一年子胥死，二十三〔二〕年越滅吳，則去子胥死十二年矣。秦穆公將襲鄭，百里、蹇叔諫曰：「千里而襲人者，未有不亡者也。」穆公不聽。師果大敗殽中，匹馬隻輪無反者。○俞云：「僖三十三年公羊傳『匹馬隻輪無反者』，釋文：『一本作易輪。』董仲舒云：『車皆不還，故不得易輪轍。』然則董子原文必作易輪。今作隻者，後人所改也。惟不易輪轍之義，殊爲迂曲，而董子所見傳文如此，必當有說。今按易者析之叚字，析、易疊韻，故蝘蜓名蜥蜴，而詩節南山『胡爲虺蜴』，說文蟲部引作『胡爲虺蜥』。然則易之通作析，猶蜴之通作蜥矣。說文木部：『析，破木也。』其字亦或作枂。張遷碑『陽氣厥枂』是也。又或作斦，魯峻碑『斦薪弗荷』是也。枂、斦竝從片，則析輪猶片輪也，與馬之稱匹，正同一律，較隻輪之文爲優矣。」輿案：釋文所引，不似今董子文。晉假道虞，○盧云：「本或重『道』字。」凌云：「下道字讀導。」虞公許之。宮之奇諫曰：「脣亡齒寒，虞虢之相救，非相賜也。虢，當從傳作郭。君請勿許。」虞公不聽，後虞果亡於晉。僖二年傳。案：此事一篇兩見。○「於」下各本脱「晉」字，今補。春秋明此，存亡道可觀也。春秋之文，非徒爲譏刺而已，將使後之王者觀其效以審其原，察其文而修其實，有以得存亡之樞要也。○凌云：「『道』上當有之字。」觀乎蒲社，○蒲，天啟本作薄。知驕溢之罰。觀乎許田，知諸侯不得專封。觀乎齊桓、晉文、宋襄、楚莊，知任賢奉上之功。觀乎魯隱、祭仲、叔武、孔父、荀息、仇牧、吳季子、公子目夷，知忠臣

〔二〕「二十三年」，原誤「三十二年」，據史記改。

之效。僖二十八年傳：「何賢乎叔武？讓國也。」觀乎楚公子比，知臣子之道，效死之義。觀乎潞子，知無輔自詛之敗。盧云：「『詛』字或是沮字。」凌云：「釋名：詛，阻也。」俞云：「詛，當讀爲作，言無無輔而自作也。詩蕩篇『侯作侯祝』，釋文：『作本作詛。』蓋作、詛雙聲，古得通用耳。」觀乎公在楚，知臣子之恩。觀乎漏言，知忠道之絶。臣效忠而君漏言以喪其身，則敢言者少，故曰忠道絶。觀乎獻六羽，○天啟本無「獻」字。知上下之差。觀乎宋伯姬，知貞婦之信。觀乎吴王夫差，知强陵弱。下有脱文。觀乎晉獻公，知逆理近色之過。觀乎楚昭王之伐蔡，知無義之反。觀乎晉厲之妄殺無罪，知行暴之報。觀乎陳佗宋閔，知妬淫之禍〔一〕。○天啟本「妬」作嫉，凌本同。觀乎虞公、梁亡，知貪財枉法之窮。觀乎楚靈，知苦民之壞。盧云：「壞，猶傷也。隱三年『日有食之』，穀梁傳曰：『吐者外壞，食者内壞。闕然不見其壞，有食之者也。』一曰壞與傷通。」觀乎魯莊之起臺，知驕奢淫泆之失。觀乎衛侯朔，知不即召之罪。觀乎執凡伯，知犯上之法。觀乎晉郤缺之伐邾婁，知臣下作福之誅。文十四年：「晉人納接菑于邾婁，弗克納。」傳：「此晉郤缺也。其稱人何？貶。曷爲貶？不與大夫專廢置君也。」觀乎公子翬，知臣窺君之意。隱四年傳：「公子翬諂乎隱公，謂隱公曰：『百姓安子，諸侯説子，盍終爲君矣。』隱公曰：『否。吾使修塗裘，吾將老焉。』公子翬恐若其言聞乎桓，於是謂桓公曰：『吾爲子口隱矣，隱曰：「吾

〔一〕「禍」字，凌本、叢刊本作「過」。

不反也。」』桓曰：『然則奈何？』曰：『請作難，弑隱公。』於鍾巫之祭焉，弑隱公也。」○天啟本注云：「窺，一作規。」**觀乎世卿，知移權之敗。** 隱三年〔一〕：「尹氏卒。」傳：「譏世卿。世卿〔二〕，非禮也。」注：「爲其秉政久，恩德廣大，小人居之，必奪君之威權。故尹氏立王子朝，齊崔氏弑其君光〔三〕，君子疾其末則正其本。」**故明王視於冥冥，聽於無聲，天覆地載，天下萬國，莫敢不悉靖其職受命者，** 其，天啟本作共，是。凌本同。案：鹽鐵論孝養篇：春秋曰：「士守一不移，循理不外援，共其職而已。」「悉靖」二字，疑有一誤。**不示臣下以知之至也。** 朝廷宣示風旨，一秉於正而已。縱一己之欲，與千百姓之譽，其敝皆足啟民臣輕侮之漸，褻主尊而長亂萌。明王不示人知，非徒爲不可測也，以抑天下之囂凌而圖治安也。莊子天地篇論王德云：「視乎冥冥，聽乎無聲。冥冥之中，獨見曉焉；無聲之中，獨聞和焉。故深之又深，而能物焉；神之又神，而能精焉。」淮南俶真訓：「是故聖人託其神於靈府，而歸於萬物之初。視於冥冥，聽於無聲。冥冥之中，獨見曉焉；寂寞之中，獨有照焉。其用之也，不以用。其不用也，而後能用之。其知也乃不知，其不知也而後能知之也。」與此文意大同。**故道同則不能相先，情同則不能相使，此其教也。** 養其威而不褻，順於理而勿肆，嚴上下之差，定是非之正，道自高，情自善矣。若以智術相勝，使天下有輕量朝廷之思，雖故示不測，而人終得而測之。貌相爲使而情不屬，罔以馭羣倫，保至尊，非古明王之教也。管子明法解：「主行臣道則亂，臣行主道則危。故上下無分，君臣共道，亂之本也。故明法曰：『君臣共道則亂。』」莊子

〔一〕「三年」，原誤「元年」，據公羊傳隱公三年改。

〔二〕「世卿」，據凌本及公羊傳補。

〔三〕「光」字，原誤「也」，據凌本及公羊傳何休注改。

天道篇：「上无爲也，下亦无爲也，是下與上同德，下與上同德則不臣。下有爲也，上亦有爲也，是上與下同道，上與下同道則不主。上必無爲而用天下，下必有爲爲天下用，此不易之道也。」淮南主術訓：「君臣異道則治，同道則亂，各得其宜，處其當，則上下有以相使也。」竝與此義相發。**由此觀之，未有去人君之權，能制其勢者也；**移權於臣，則有僭竊之患；移權於民，亦啟争奪之禍。天下有重臣，亦有權臣。天下有賢民，亦有莠民，大權下移，必爲强者所持，良懦無以自立，相忌相殘，而内難以作，民受其殃矣。迨釀亂已深，朝廷即欲制之，勢已去而威令不行，蓋無倖者。故曰：爲人君者，固守其德，以附其民；固執其權，以正其臣。（本書保位權。）管子亦云：「威下繫於民，而求上之無危，不可得也。」（重令。）又云：「人君失勢，則臣制之矣。」（法法。）是以衛侯之結寗氏，祭則寡人；唐世之立節使，遣問軍中。君若贅旒，亂亡相屬，可以鑒矣。**未有貴賤無差，能全其位者也。故君子慎之。**貴賤平等，大亂之由。○盧云：「此篇逐便即言，錯雜無次，疑出後人所采輯。」輿案：自「故明王」以下，疑是立元神篇文。

春秋繁露義證卷第五

滅國上第七

錢云：「此本一篇，不當分。」

王者，民之所往。白虎通號篇：「王者，往也，天下所歸往。」韓詩外傳：「王者，往也，天下往之謂之王。」春秋元命苞：「王者，往也，神之所輸向，人之所樂歸。」　案：王、往雙聲，未有民不嚮往而能爲王者。**君者，不失其羣者也。**周書謚法篇：「從之成羣曰君。」荀子王制篇：「能以使下謂之君，君者，善羣也。」君道篇：「君者何也？能羣也。」韓詩外傳：「君者，羣也。」白虎通三綱篇：「君，羣也，羣下之所歸心也。」呂覽長利篇：「羣之可聚也，相與利之也。利之出於羣也，君道立也。故君道立則利出於羣。」　案：君、羣疊韻。古者君以羣爲義。故爾雅以林烝訓君字，而自稱曰孤、寡、不穀。又曰余一人。見不敢君民之心，又不敢必天下之羣己，故孫言之。○天啟本無「也」字。**故能使萬民往之，而得天下之羣者，無敵於天下。弒君三十六，亡國五十二。**○盧云：「舊本作失國之君三十一，亡國之君五十二，誤。」　輿案：「弒君」上疑奪「春秋」二字。**小國德薄，不朝聘大國，不與諸侯會聚，孤特不相守，獨居不同羣，遭難莫之救，所以亡也。**管子云：「國之存亡，鄰國有焉。」○盧云：「同羣，本或作成羣。」非獨公侯大人如此，生天地之間，根本微者，不可遭大風疾雨，立鑠消耗。韓詩外傳：「草木根荄淺，未必撅也。飄風興暴雨墜，則撅必先矣。」說苑建本篇：「樹本淺根垓不深，未必撅也。飄風起，暴雨至，拔必先矣。」衞侯朔固事齊襄，而天下患之，致王人不能救衞。虞虢并力，晉獻難之。僖二十年傳：「晉獻揖荀息入而謀曰：『吾欲攻郭則虞救之，攻虞則郭救之，如之何？』」虢，當作「郭」。晉趙盾，一夫之士也，無尺寸之土，一介之衆也。○天啟本「一介」上有無字。凌本同。而靈公據霸主之餘尊，而欲誅之，○天啟本「主」作王。窮變極詐，詐盡力竭，禍大及身。謂終被弒，見宣六年傳。推盾之心，載小國之位，孰能亡之哉？推盾之心，猶云推赤心置人腹中意。下文云：「所託者誠也。」言嚮使靈公知盾賢而誠用盾，雖載小國之位，孰能亡之？况於據霸主之尊哉。荀子仲尼篇：「文王載百里地而天下一。」義與此同。彼文楊注不誤，而顧千里以「載」下爲脫之字，誤矣。○官本云：「他本『載』作戴。」故伍子胥，一夫之士也，去楚干闔廬，遂得意於吳〔一〕。見定四年傳。所託者誠是，何可禦邪？楚王髡託其國於子玉得臣，而天下畏之。僖二十八年何注：「子玉得臣，楚之驕蹇臣，數道其君侵中國。」虞公託其國於宮之奇，晉獻患之。見僖二年傳。及髡殺得臣，天下輕之，○凌本「天下」上有而字。虞公不用宮之奇，晉獻亡之。存亡之端，不可不知也。善用人爲羣之本。諸侯見加以兵，逃遁奔走，至於

〔一〕「遂得意於吳」，凌本、盧本、叢刊本作「遂得意於楚」。

滅亡而莫之救，平生之素行可見也。不能用賢，由於不能正身，故又咎其素行。孔子告哀公曰：「取人以身。」○盧云：「舊本作『逃莫之救』，少八字，今從大典本。」隱代桓立，所謂僅存耳，使無駭帥師滅極，内無諫臣，外無諸侯之救；載亦由是也，宋、蔡、衛國伐之，鄭因其力而取之。隱十年：「宋人、蔡人、衛人伐載，鄭人伐取之。」傳：「其言伐取之何？易也。其易奈何？因其力也。因誰之力？因宋人、蔡人、衛人之力也。」此無以異於遺重寶於道而莫之守，見者掇之也。鄧、穀失地而朝魯桓，鄧、穀失地，不亦宜乎？鄧、穀朝魯，在桓七年。何注：「不月者，失地君朝惡人，輕也。」案：魯桓弒立，得罪明王，鄧、穀往朝，無賢可知。此篇首言王往、君羣之義，下乃諄諄於用賢，可見君之得民，惟在任賢以輔政，不在徇衆以干譽。賢者，民之標準也。

滅國下第八

紀侯之所以滅者，乃九世之讐也。一旦之言，紀侯譖哀公，致烹乎周。危百世之嗣，故曰大去。莊四年。衛人侵成，隱五年。案：成，當作盛，下同。鄭入成，隱十年。及齊師圍成，莊八年。三被大兵，終滅，降於齊師。莫之救，所恃者安在？齊桓公欲行霸道，譚遂違命，故滅而奔莒。莊十年。不事大而事小，曹伯之所以戰死於位。莊二十四年。諸侯莫助憂者。幽之會，齊桓數合諸侯，曹小，未嘗來也。魯大國，幽之會，莊公不往。莊十六年公羊經：「公會齊侯、宋公、陳侯、衛侯、鄭伯、許男、曹伯、滑伯、滕子同盟于幽。」穀梁無「公」字，有曹伯。左無公字，無曹伯。據此則董所見公羊經實與左同，今本蓋誤衍。齊桓凡兩會幽，其一在二十七年，莊公嘗往，見下文。十六年之會，公不往，知遺微者。戎人乃窺兵於濟西，莊十八年。由見魯孤獨而莫之救也。此時大夫廢君命，專救危者。此閒似有奪誤。魯莊公二十七年，齊桓爲幽之會，衛人不來。會者宋、陳、鄭。凌本無「之」字。其明年，桓公怒而大敗之。及伐山戎，張旗陳獲以驕諸侯。莊三十一年「齊侯來獻戎捷」，傳：「旗獲而過我也。」於是魯一年三築臺，亂臣比三起於内，公子牙、成弒械。子般、閔公見弒。夷狄之兵仍滅於外，閔二年「狄入衛」，僖二年「城楚丘」，傳：「蓋狄滅之。」案：此處魯衛參錯，疑有誤文。衛滅之端，以失幽之會。○官本云：「他本無『失』字。」亂之本，存親内蔽。「亂」上，當有魯字。蔽，疑作敝。亂起家庭，是自敝也。邢未嘗會齊桓也，附晉又微，晉侯獲於韓而背之，淮之會是也。僖十八年。齊桓卒，豎刁易牙之亂作。○凌本「齊桓」作桓公。邢與狄伐其同姓，取之。僖十八年：「邢人、狄人伐衛。」其行如此，雖爾親，庸能親爾乎？是君也，其滅於同姓，衛侯燬滅邢是也。僖二十五年。案：以下文義，似不相屬。○官本云：「衛，他本誤作魏。」齊桓爲幽之會，衛不至，桓怒而伐之。三語已見上。狄滅之，桓憂而立之。魯莊爲柯之盟，劫汶陽，莊十三年。魯絶，桓立之。閔二年。○官本云：「絶，他本作滅。」凌本「桓」作威，云：「避宋諱改。」邢杞未嘗朝聘，齊桓見其滅，率諸侯而立之，用心如此，豈不霸哉？故以憂天下與之。管子大匡篇：「五年，宋伐杞，桓公築緣陵以封之，予車百乘，甲一千。明年，狄人伐邢，邢君出致於齊，桓公築夷儀以封之，予車百乘，卒千人。明年，狄人伐衛，衛君出致於虛，桓公築楚丘以封之，予車三百乘，甲五千。」又小匡篇云：「桓公憂天下諸侯，天下諸侯稱仁焉。」　案：自「齊桓爲幽之會」以下，當是別一節文。

隨本消息第九

文似與篇名不應。凌云：「文選幽通賦曹〔一〕大家注：『人之行各隨其命。命者神先定之，故爲徵兆於前。雖然，亦在人消息而行焉。天命祐善災惡，非有爽也。』」曆書：「黄帝建立五行，起消息。」正義：「陽生爲息，陰死爲消。」

顔淵死，子曰：「天喪予。」子路死，子曰：「天祝予。」西狩獲麟，曰：「吾道窮，吾道窮。」三年，身隨而卒。哀十四年傳：「顔淵死，子曰：『噫！天喪予。』子路死，子曰：『噫！天祝予。』西狩獲麟，孔子曰：『吾道窮矣。』」注：「祝，斷也。天生顔淵子路，爲夫子輔佐，皆死者，天將亡夫子之徵。麟者，太平之符，聖人之類，時得麟而死，此亦天告夫子將没之徵。故云爾。」階此而觀，階，猶由也，因也。又見奉本篇。天命成敗，聖人知之，有所不能救，命矣夫。

先〔二〕晉獻之卒，○各本不提行，今以與上不屬，别爲一節。文似與滅國相類。天啟本「獻」下有公字，凌本

〔一〕「曹」字，據凌本及文選補。
〔二〕「先」字上，凌本、盧本、叢刊本有「夫」字。

同。齊桓爲葵丘之會，再致其集。僖九年。先齊孝未卒一年，魯僖乞師取穀。僖二十六年。○官本云：「他本無『卒』字。」晉文之威，天子再致。先卒一年，魯僖公之心，分而事齊。晉文公卒在僖三十二年。文公不事晉。先齊侯潘卒一年，文公如晉，衛侯鄭伯皆不期來。齊侯已卒，諸侯果會晉大夫於新城。文十三年：「公如晉，衛侯會於沓，公及晉侯盟。還自晉，鄭伯會公於斐。」十四年：「齊侯潘卒。六月，公會宋公、陳侯、衛侯、鄭伯、許男、曹伯、晉趙盾。癸酉，同盟於新城。」魯昭公以事楚之故，晉人不入。○官本云：「楚，他本作齊。」楚國强而得意，一年再會諸侯，伐强吴，爲齊誅亂臣，遂滅厲。魯得其威以滅鄫。昭四年：「楚子伐吴，執齊慶封殺之，遂滅厲。九月，取鄫。」○官本云：「他本『威』誤作滅。」其明年，如晉，無河上之難。昭公五年：「公如晉。」○凌本「難」作患。先晉昭之卒一年，無難。昭十六年，晉昭卒。十五年：「公如晉。」楚國内亂，臣弒君。諸侯會於平丘，謀誅楚亂臣，昭十三年。昭公不得與盟，大夫見執。季孫隱如見執於晉，竝在昭十三年。蓋先晉昭卒三年，已有難矣。此間敘次似與經違。吴大敗楚之黨六國於雞父。昭二十三年：「吴敗頓、胡、沈、蔡、陳、許之師於雞父。」公如晉而大辱，春秋爲之諱而言有疾。見昭二十三年：「公如晉，至河，有疾乃復。」傳：「自昭公二年、十二年、十三年、二十一年如晉，皆至河乃復，至此而五矣。」以上皆以魯爲主文。由此觀之，所行從不足恃，所事者不可不慎。此亦存亡榮辱之要也。己不自立而事人，鮮足恃者。先楚莊王卒之三年，盧云：「楚莊王亦當作楚子旅。」○天啟本「卒之」作之卒。晉滅赤狄潞氏及甲氏留吁。宣十六年：「晉滅赤狄甲氏及留吁。」十八年：

「楚子旅卒。」先楚子審卒之三年，鄭服蕭魚。襄十一年：「伐鄭，會於蕭魚。」十三年：「九月，楚子審卒。」晉侯周卒一年，襄十五年：「晉侯周卒。」盧云：「此六字上下疑有訛脱。」先楚子昭卒之二年，○盧云：「舊本作之卒年，訛。」與陳蔡伐鄭而大克。襄二十六年：「楚子、蔡侯、陳侯伐鄭。」二十八年：「楚子昭卒。」其明年，楚屈建會諸侯而張中國。襄二十七年。卒之三年，凌云：「三，當作明。」諸夏之君朝於楚。襄二十九年。公在楚。楚子卷繼之，四年而卒。昭九年。其國不爲侵奪，而顧隆盛强大，中國不出年餘，下當有脱文。楚子卷卒之三年，楚靈王會諸侯於申，伐吴滅厲，當指其事。何也？楚子昭蓋諸侯可者也，天下之疾其君者，皆赴愬而乘之。孟子：「天下之欲疾其君者，皆欲赴愬於王。」兵四五出，常以衆擊少，以專擊散，義之盡也。先卒四五年，○凌本「四」下衍「十」字。中國内乖，齊、晉、魯、衛之兵分守，大國襲小。○官本云：「他本無『小』字。」諸夏再會陳儀，齊不肯往。襄二十四年，會於陳儀，次年再會，齊皆不與。吴在其南，而二君殺，襄二十五年，吴子謁見殺於巢門。二十九年，閽殺餘祭。凌云：「殺，當作弑。」下同。中國在其北，而齊衛殺其君，襄二十五年：「齊崔杼弑其君光。」二十六年：「衛寗喜弑其君剽。」慶封劫君亂國，石惡之徒聚而成羣，襄二十七年傳：「曷爲殆諸侯？爲衛石惡在是也。曰惡人之徒在是矣。」衛衎據陳儀而爲諼。襄二十五年傳：「陳儀者何？衛之邑也。曷爲不言入於衛？諼君以弑也。」林父據戚而以畔，襄二十六年。○天啟本「以」作已。宋公殺其世子，襄二十六年。魯大饑。襄二十四年。中國之行，亡國之迹也。「先楚莊王卒」至此，以楚爲主文。譬如於文宣之際，○官本云：「他本無『於』字。」**中國之君，五年之中五君殺。**文十四年，齊商人弒舍。十六年，宋弒杵臼。十八年，齊弒商人。子卒，莒弒庶其。**以晉靈之行，使一大夫立於斐林，**見宣元年。○盧云：「春秋本或作斐林，文十三年釋文云：斐，本又作棐。是公羊本亦有作棐林者，一本作蜚林，誤。」輿案：天啟本作棐林，凌本同。**拱揖指撝，諸侯莫敢不出，此猶隰之有泮也。**以晉譬楚，言皆乘中國喪亂，得諸侯歸附。當是時，諸侯之視晉楚，猶隰之有泮，若泛水得涯也。詩「隰則有泮」，鄭箋云：「泮，讀爲畔。畔，涯也。言淇與隰皆有厓岸以自拱持。今君子放恣心意，曾無所拘制。」案董引此語，不必定符本義，然鄭箋「拱持」二字，似取於此。荀子富國篇：「拱揖指揮，而强暴之國莫不趨使。譬之是猶烏獲與焦僥搏〔一〕也。」語意與此同。議兵篇作「拱揖指麾」。淮南覽冥訓：「拱揖指麾，而海內賓服。」○天啟本「泮」作拔。注云：「一作『濕之有泮』。」

盟會要第十

凌云：「總目作會盟要。隱元年注：凡書盟者，惡之也，爲其約誓太甚，朋黨深，背之生患禍重，胥命於蒲，善近正是也。凡書會者，惡其虛內務，恃外好也。古者諸侯非朝時不得踰境。」

至意雖難喻，蓋聖人者貴除天下之患。世日積而天下之患多，聖人先除其患，患除而利生矣。荀子

〔一〕「搏」字，原誤「摶」，據荀子改。

不苟篇：「國亂而治之者，非案亂而治之之謂也，去亂而被之以治。人汙而修之者，非案汙而修之之謂也，去汙而易之以修。故去亂而非治亂也，去汙而非修汙也。」又大畧篇云：「天子即位，上卿進曰：如之何憂之長也？能除患則爲福，不能除患則爲禍。」**貴除天下之患，故春秋重，而書天下之患徧矣。**言書天下之患詳也。○盧本「徧」作偏。今從淩本。**以爲本於見天下之所以致患，其意欲以除天下之患，何謂哉？**見天下之所以致患，示鑒而已，欲以除患，則撥亂反正之義。○官本云：「他本無『之』字。」**天下者無患，然後性可善；**性本有善端，先滌其奇衺，然後養育之道正，可以永葆其善。淩云：「『者』字當在『何謂』上。」**性可善，然後清廉之化流；清廉之化流，然後王道舉。禮樂興，其心在此矣。傳曰：諸侯相聚而盟。**○官本云：「他本『盟』作明。」**君子修國曰：此將率爲也哉。**俞云：「『修國』二字，當在『也哉』之上。君子曰此將率爲修國也哉，言將相率而修治其國也。上文曰：『以爲本於見天下之所以致患，其意欲以除天下之患。』夫諸侯相聚而盟，固欲相率而修治其國，其意本以除天下之患，而天下所以致患，即在於此。此春秋所以善胥命也。『修國』二字誤倒在上，則文不可通。」輿案：修國，疑當作修之。君子修之者，聖人之意也。語見莊七年傳。率，疑「奚」之誤，言世衰道喪，而後有聚盟之事。桓三年傳：「古者不盟，結言而退。」穀梁隱八年傳：「誥誓不及五帝，盟詛不及三王，交質子不及二伯。」此云將奚爲者，亦春秋譏參盟意也。僖三年何注：「桓公功德隆盛，諸侯咸曰：無言不從，曷爲用盟哉？」重政篇云：「君子之所甚惡也，奚以爲哉？」語意正同。或云，君子修國，亦通。言君子治國不用此也。**是以君子以天下爲憂也，患乃至於弒君三十六，**○天啟本「六」作一，淩本同。**亡國五十二，細惡不絕之所致也。**相聚而盟，不與弒君亡國相期也。自君子觀之，患乃伏於彼，微矣哉。語亦見王道篇。**辭已喻矣，**

除患之辭已喻，乃進而正天下。**故曰：立義以明尊卑之分，强幹弱枝以明大小之職；**尚書大傳：「諸侯之義，非天子之命，不得動衆起兵殺不義者，所以强幹弱枝，尊天子，卑諸侯也。」白虎通誅伐篇同。春秋漢含孳：「强幹弱流天之道。」宋注：「流，猶枝也。」賈誼陳政事疏：「令海内之勢，如身之使臂，臂之使指，莫不制從。諸侯之君，不敢有異心，輻輳而歸命天子。」太史公漢興以來諸侯王〔一〕年表序云：「漢郡八九十，形錯諸侯間，犬牙相臨，秉其阸塞地形，彊本幹，弱枝葉之道也，尊卑明而萬事各得其所矣。」竝本春秋義。**别嫌疑之行，以明正世之義；**正世之義，亦見王道篇。**采摭託意，以矯失禮。**采摭古人之行事，貶之褒之，於受者之身無與也。託意微眇，矯來者之失禮耳。**善無小而不舉，惡無小而不去，以純其美。**舉小善使之擴充，去小惡絶其萌芽。新語術事篇：「春秋上不及五帝，下不及三王，述齊桓晉文之小善，魯之十二公，至今之爲政，足以知成敗之效，何必於三王。」**别賢不肖以明其尊。親近以來遠，**語亦見王道及十指篇。**因其國而容天下，**雖有内外之分，而無相殘之見。語亦見俞序篇。○天啟本注云：「因，亦作自。」**名倫等物不失其理。**見精華篇。**公心以是非，賞善誅惡而王澤洽，始於除患，正一而萬物備。**始於除患，終於反正。荀子不苟篇：「千人萬人之情，一人之情是也。」又云：「推禮義之統，分是非之分，總天下之要，治天下之衆，若使一人。故操彌約而事彌大。五寸之矩，盡天下之方也。故君子不下室堂，而海内之情舉積此者，則操術然也。」**故曰大矣哉其號，**大矣哉春秋之名號。○天啟本「號」作别。**兩言而管天下。此之謂也。**兩言，謂褒貶管鍵也。荀子儒效篇：「聖人者，道之管也，天下之道

〔一〕「王」字，據史記補。

管是也，百王之道一是矣。」

正貫第十一

凌云：「荀子：百王之無變，足以爲道貫。一廢一起，應之以貫，理貫不亂。不知貫，不知應變，貫之大體未嘗亡也。亂生其差，治盡其詳，故道之所善，中則可從，畸則不可爲。」

春秋，大義之所本耶？治天下之大義，出於春秋。六者之科，六者之指之謂也。然後援天端，隱元年疏：「天端，即春也。」布流物，而貫通其理，則事變散其辭矣。本之天，布諸萬物，以貫其理，因而散著其辭於事變。故志得失之所從生，而後差貴賤之所始矣。貴賤之差明則得，否則失，故因得失之所從生，而知天地尊卑之義。論罪源深淺，定法誅，然後絕屬之分別矣。論罪本之深淺，定法誅之輕重，宜絕宜續，因而別之。立義定尊卑之序，而後君臣之職明矣。春秋立義甚多，尤以辨上下爲亟。語又見上篇。載天下之賢方，表謙義之所在，方，法也。賢方，猶賢法。謙義，即讓德。春秋首隱公，貴讓是也。○盧云：「天下，舊本作定下。謙義，本亦作兼義。」則見復正焉耳。復正，亦見王道篇。幽隱不相踰，而近之則密矣。踰，疑作諭，言幽隱之與顯明不相諭也，而聖人智究天人，亦可引而近之，以致其密。句中疑尚有誤字。而後萬變之應無窮者，○盧云：「變，大典本作物。」故可施其用於人，而不悖其倫矣。幽贊神明，彌綸萬變，故施諸人而不悖。**是以必明其統於施之宜，故知其氣矣，然後能食其志也；**志生於氣。食，猶養也。**知其聲矣，而後能扶其精也；**精不可見，於聲驗之。**知其行矣，而後能遂其形也；**審其履行之所安，而後能暢遂其形質。○盧云：「形，舊本作刑。」**知其物矣，然後能別其情也。**物，事也。本其事因別其情。**故倡而民和之，動而民隨之，是知引其天性所好，而壓其情之所憎者也。**引其天性所好，謂引之於善。淮南泰族訓：「先王之制法也，因民之所好而爲之節文者也。因其好色而制昏姻之禮，故男女有別。因其喜音而制雅頌之聲，故俗不流。因其寧家室，樂妻子，教之以順，故父子有親。因其喜朋友，而教之以悌，故長幼有序。然後修朝聘以明貴賤，饗飲習射，以明長幼，時搜振旅，以習用兵也。入學庠序，以修人倫。此皆人之所有於性，而聖人之所匠成也。」**如是則言雖約，說必布矣；**○天啟本注云：「說，一作德。」**事雖小，功必大矣。聲響盛化運於物，散入於理，**有一物即有一理，聖人因其散著而聚之，握其本統以施諸治，則萬物靡不得其理矣。禮樂記：「萬物之理，各以類相動也。」**德在天地，神明休集，並行而不竭，盈於四海而訟詠**〔一〕。○盧云：「訟，與頌同。大典本作頌聲詠。周本同。」輿案：天啟本同大典本。官本云：「頌，他本誤作訟，無聲字。」**書曰：「八音克諧，**說文「龤」下引虞書作龤。**無相奪倫，神人以和。」乃是謂也。故明於情性乃可與論爲政，**○天啟本無「情」字。**不然，雖勞無功。夙夜是寤，**○凌本「是」作無。**思慮惓心，猶不能**

〔一〕「訟詠」，凌本、叢刊本亦作「頌聲詠」。

睹，故天下有非[一]者。此知本之論，言不明情性，爲政雖勞，天下猶有非之者。符瑞篇云：「極理以盡情性之宜。」○天啟本作「天不有罪者」。三示當中孔子之所謂非，尚安知通哉！盧云：「文訛難曉。」

十指第十二

此篇六科十指。何休則用三科九旨，殆胡毋生條例別與？

春秋二百四十二年之文，天下之大，事變之博，無不有也。雖然，大略之要有十指。○官本云：「他本無『之』字。」十指者，事之所繫也，○官本云：「他本無『所』字。」王化之所由得流也。舉事變見有重焉，一指也。春秋重民。竹林篇云：「戰攻侵伐，必一二書，傷其害所重也。」見事變之所至者，一指也。事發於此，而變見於彼，君子不可不察。因其所以至者而治之，一指也。强榦弱枝，大本小末，一指也。別嫌疑，異同類，一指也。桓[二]十八年「葬我先君桓公」，傳：「讎在外也。」何注：「春秋別嫌原情，弊罪於齊，歸恨於莊，不深責婦人。」又閔二年何注：「春秋謹於別尊卑，理嫌疑，（義又見前。）異同類，蓋謂嚴夷夏之防，自天視之，則人族皆同類也。春秋以禮野之故，別而異之，如吴魯同姓，而鍾離殊會以外之，是其例也。」論賢才之義，別所長之能，一指也。俞云：「義者，宜也。言賢才各有宜。」輿案：此即春秋譏世卿

[一]「非」字，凌本亦作「罪」。

[二]「桓」原作「莊」，據春秋改。

之旨，以見公、卿、大夫、士當論材而官，選賢而用。**親近來遠，同民所欲，一指也。**近遠雖殊，民情則一。**承周文而反之質，一指也。**承文反質，所以救敝。時若質敝，又合反文。**木生火，火爲夏，天之端，一指也。**火由木而生，百物皆本於春。春秋首書春，所以正天端也。**切刺譏〔一〕之所罰，考變異之所加，天之端，一指也。**對策云：「春秋之所譏，災害之所加也。春秋之所惡，怪異之所施也。書邦家之過，兼災異之變，以此見人之所爲，其美惡之極，乃與天地流通而往來相應。」**舉事變見有重焉，則百姓安矣。見事變之所至者，則得失審矣。**○官本云：「則得，他本作得則。」**因其所以至而治之，則事之本正矣。**疾滅國則先貶宋衛之入鄭，治貪鄙則上譏天子之求車，皆正本之意也。隱元年「尹氏卒」，傳：「世卿，非禮也。」僖二十五年「宋殺其大夫」，傳：「何以不名？宋三世內娶也。」何注竝云：「君子疾其末，故正其本。」**强榦弱枝，大本小末，則君臣之分明矣。**白虎通誅伐篇：「誅不避親戚何？所以尊君卑臣，强榦弱枝，明善善惡惡之義也。」春秋傳曰：「季子殺其母兄。何善爾？誅不避母兄，君臣之義也。」後漢宋〔二〕意傳諫寵二王云：「春秋之義，諸父昆弟，無所不臣，所以尊尊卑卑，强榦弱枝者也。陛下德業隆盛，當爲萬世典法，不宜以私恩〔三〕損上下之序，失君臣之正。」輿案：春秋作於封建之世，而兢兢天澤之辨，蓋聖人已燭其敝矣。傳開章言大一統，不主封建自明。李斯以制諸侯爲不便，實原春秋說。漢初懲秦孤立之敝，而欲復古。至文帝終采賈晁諸人說，漸削諸王。蓋强榦弱枝之旨，固人主所樂聞。尾大

〔一〕「刺譏」，凌本作「譏刺」。

〔二〕「宋」字，原誤「宗」，據凌本及後漢書宋意傳改。

〔三〕「恩」字，原誤「意」，據凌本及後漢書改。

不掉之敝，亦趨勢所必至。是以兩漢封建，卒不復行。唐與明偶一行之，有利焉而不勝其害。故曰春秋幾君子之前覩也。左桓二年傳引師服亦云：「本大而末小，是以能固。」其他篇亦屢及此旨。賈逵條奏左氏事云：「凡所以存先王之道者，要在安上理民也〔一〕。今左氏崇君父，卑臣子，强榦弱〔二〕枝，勸善戒惡，至明至切，至直至順。」所謂同公羊者十有七八也。別嫌疑，異同類，則是非著矣。論賢才之義，別所長之能，則百官序矣。承周文而反之質，則化所務立矣。政化所施，得其歸要。親近來遠，同民所欲，則仁恩達矣。木生火，火爲夏，則陰陽四時之理相受而次矣。董子數五行始木，木主春，故云四時相受而次。切刺譏〔三〕之所罰，考變異之所加，則天所欲爲行矣。天之所欲，順民而已。惕災修行，民受其福，是天意得行。統此而舉之，○官本云：「他本『行矣』下有『切譏次之』四字，無『統此』二字。」仁往而義來。仁義法篇：「仁謂往，義謂來。」德澤廣大，衍溢於四海，陰陽和調，萬物靡不得其理矣。説春秋者〔四〕凡用是矣，此其法也。

〔一〕「也」字，原作「而已」，據後漢書賈逵傳改。
〔二〕「弱」字，原誤「强」，據賈逵傳改。
〔三〕「刺譏」，凌本作「譏刺」。
〔四〕「者」字，據凌本、叢刊本補。

重政第十三

第一節似與篇名不相應。

惟聖人能屬萬物於一而繫之元也，終不及本所從來而承之，不能遂其功。是以春秋變一謂之元，元猶原也，其義以隨天地終始也。故人惟有終始也而生，不必應四時之變，故元者爲萬物之本，而人之元在焉。安在乎？乃在乎天地之前。故人雖生天氣及奉天氣者，不得與天元本、天元命而共違其所爲也。故春正月者，承天地之所爲也，繼天之所爲而終之也，其道相與共功持業，安容言乃天地之元。天地之元奚爲於此，惡施於人，大其貫承意之理矣。義見玉英篇。

能說鳥獸之類者，○各本不提行，今以與上文不類，別爲一節。非聖人所欲說也。博物之學，聖人雖知之，而不欲說。孔叢雜訓篇：「子思曰：夫子之教，必始於詩書，而終於禮義，雜說不與焉。」案：孔子學詩，亦云「多識」，蓋視爲餘事，不侈浩博。觀古今注所載芍藥蟬蟻之答，論衡所紀識重常之鳥，知董未嘗以博物爲非。程子以記誦博識爲玩物喪志，亦畏其得小而遺大也。○官本云：「他本無『欲』字。」聖人所欲說，在於說仁義而理之，知其分科條別，貫所附，理，猶分也。以仁安人，以義正我，其分別之大要也。若爲仁，若爲義，施之各有其處，是分科條別也。仁與義亦有相濟之用，故又必貫其所附。「貫」上疑有脱字。或云「科條即條例」，似非。明其義之所審，勿使嫌疑，別是非於微眇。是乃聖人之所貴而已矣。不然，傳於衆辭，〇盧云：「傳，疑當作傳。」觀於衆物，說不急之言而以惑後進者，君子之所甚惡也。奚以爲哉？此教人治經之法。掇拾煩碎，所謂能說鳥獸之類，不急之言耳。以此爲教，尚惑後進，況於附合經術，造詞荒誕，以淆亂觀聽者哉？荀子天論篇：「無用之辨，不急之察，棄而不治。若夫君臣之義，父子之親，夫婦之別，則日切磋而不舍也。」韓詩外傳大同。孔叢嘉言篇：「宰我問：君子尚辭乎？孔子曰：君子以禮爲尚，博而不要，非所察也。繁辭富說，非所聽也。惟智者不失理。」徐幹中論治學篇：「六籍者，羣聖相因之書也。其人雖亡，其道猶存。今之學者，勤心以求之，亦足以到昭明而成博達矣。故凡學者，大義爲先，物名爲後，大義舉而物名從之。然鄙儒之博學也，務於物名，詳於器械，矜於訓詁，摘其章句，而不能統其大義之所極，以獲先王之心。此無異於女史誦詩，内豎傳令也。故使學者勞思慮而不知通，費日月而無成功。」並與此旨相發。至董子非不尚訓詁，如仁人、義我、君羣、王往、性生、心栣，皆以形聲說之。質文、執贄、深察名號等篇，亦未嘗非名物，實皆以明義理爲歸，異於後人之徒以章句訓詁爲事者。聖人思慮不厭，晝日繼之以夜，然後萬物察者，仁義矣。此似用孟子義。由此言之，尚自爲得之哉。故曰：於乎！爲人師者，可無慎邪！夫義出於經，經傳，大本也。博物志：「聖人制作曰經，賢人著述曰傳。」此經謂春秋，傳爲門弟子所傳述之義，公羊其一也。後人多列經名，則有以傳爲經者矣。互見玉杯篇。定元年傳「主人習其讀而問其傳」，何注：「讀，爲經傳，謂訓詁。」〇公羊序疏引繁露云：「能通一經曰儒生，博覽羣書號曰鴻儒。」疑是此篇中脫文。論衡超奇篇亦云：「能說一經者爲儒生，博覽古今者爲通人。」棄營勞心也，「也」字，疑衍。句中尚疑有誤字。苦志盡情，頭白齒落，尚不合自録也哉？自録，言自省録。意漢時經師已有以不急之言說春秋，失聖人意者，故諷之如此。

人始生有大命，是其體也。所謂正命，與下隨、遭爲三命。○各本不提行，今以與上文不類，別爲一節。有變命存其間者，其政也。盟會要篇「天下無患，然後性可善」，即此旨。○官本云：「政，他本誤作致。」政不齊則人有忿怒之志，若將施危難之中，而時有隨、遭者，神明之所接，絶屬之符也。遭世不辰，哀時懼變，人不能自遂其生。説苑政理篇：「無事則遠罪，遠罪則民壽。」公孫弘對策云：「形和則無疾，無疾則不夭。」故古之歌詠盛治者，必曰物極其性，人永其壽。莊子列禦寇篇：「達大命者隨，達小命者遭。」白虎通壽命篇：「命有三科以記驗，有壽命以保度，（祭法疏引援神契作「有受命以保度」。）有遭命以遇暴，（何氏膏肓作「摘暴」。祭法疏作「謫」。）有隨命以應行。（膏肓作「督行」。）壽命者，上命也。隨命者，隨行爲命。若言怠棄三正，天用勦絶其命矣。又欲使民務仁立義，無滔天，滔天則司命舉過言，則用以弊之。遭命者，逢世殘賊，若上逢亂君，下必災變暴至。天絶人命，沙鹿崩，水襲邑是也。冉伯牛危行正言，而遭惡疾。」論衡命義篇引傳言三命爲正命、隨命、遭命，説畧異。潛夫論論榮篇：「故論士苟定於志行，勿以遭命。」卜列篇：「行有招召，命有遭、隨。」後漢來歙中刺，光武賜策曰：「遭命遇害。」此所云「隨、遭」，即所云隨命、遭命，言政不齊則得其正命少也。盧云：「絶屬，猶言絶續。」亦有變其間，使之不齊如此，「亦」字疑誤。不可不省之，省之則重政之本矣。○以下文不相類。隨本消息篇「顔淵死」至「命矣夫」一段，疑是此類文。

撮以爲一，○各本不提行。今別爲一節，上下當有脱文。進義誅惡絶之本，見王道篇。義，疑作善。之，與其同。而以其施，謂以春秋之教施之。以，字疑有誤。此與湯武同而有異。○官本云：「他本無『同』字。」湯武用之治往故。湯武治其人之身，追其既往。春秋則明王法，治來者，絶惡以復性。○官本「往」作仁，云：「他本作往。」凌本同。以仁字絕句似非。春秋明得失，差貴賤，本之天。王之所失天下者，「失」上疑有以字。使諸侯得以大亂之，説而後引而反之。故曰博而明，深而切矣。知其失天下而使諸侯大亂之故，然後能因其失而矯之。哀十四年傳：「撥亂世，反之正，莫近諸春秋。」

春秋繁露義證卷第六

服制像第十四

○御覽三百五十六、黄氏日鈔引，「像」竝作象。

天地之生萬物也以養人，故其可適者以養身體，其可威者以爲容服，禮之所爲興也。荀子禮論篇：「禮者，養也。芻豢稻粱，五味調盉，所以養口也；椒蘭芬苾，所以養鼻也；雕琢刻鏤，黼黻文章，所以養目也；鐘鼓管磬，琴瑟竽笙，所以養耳也；疏房檖貌，越席牀笫几筵，所以養體也。故禮者，養也。」史記禮書同。程子云：「古人有聲音以養其耳，文章物采以養其目，威儀以養其四體，舞蹈以養其血脈。今之人只有義理以養心，又不知求。」○適，官本作食，云：「作『適』誤。」案：食，義較隘，今改從天啟本。**劍之在左，青龍之象也。**玉海云：「輿服志注、通志竝引此語。」**刀之在右，白虎之象也。**古者士夫必佩刀劍，唯庶人則否。見賈子。周禮攷工記：「桃氏爲劍，身長五其莖長，謂之上制，上士服之。」宋李公麟畫孔子弟子象，多攜長劍。韓非子問辨篇：「儒服帶劍者衆，而耕戰之士寡。」漢世猶存其制。吴志孫權傳：建安二十五年，下令諸將曰：「夫存不忘亡，安必思危，古之善教。昔雋不疑漢之名臣，於安平之世而刀劍不離於身。蓋君子之於武備，不可以已。」**韍之在前，赤鳥之象也。**說文：「市，韠也。上古衣蔽前而已，市以象之。天子朱市，諸侯赤市，卿大夫赤市、（二字據段補。）蔥衡。」篆文

「市」作韍。又「韠」下云：「韍也，所以蔽前者，以韋下廣二尺，上廣一尺，其頸五寸。一命緼韠，再命赤韠。」鄭注禮云：「古者佃漁而食之，衣其皮。先知蔽前，後知蔽後。後王易之以布帛，而獨存其蔽前者，不忘本也。」〇韍，盧本作軷，云「軷即韍。韍，蔽膝也。舊本訛作鉤，今以黄氏日鈔校改。」凌本作鉤，云「盧改非」。詩汎歷樞：「古者劍在左，刀在右，鉤在前。」　輿案：凌説非，盧據日鈔亦誤。字當爲「韍」。今據續漢輿服志注、玉海百五十一引改正。**冠之在首，玄武之象也。**東方木色青，故曰青龍。西方金色白，故曰白虎。赤鳥玄武，皆依方位而名。赤鳥即朱雀。月令章句：「天官五獸之於五事也，左有蒼龍大辰之貌，右有白虎大梁之文，前有朱雀鶉火之體，後有玄武龜蛇之質，中有大角軒轅麒麟之信。」**四者，人之盛飾也。夫能通古今，別然不然，乃能服此也。**盧云：「然不，即然否。下『然』字，疑衍。」玉篇：「博通古今，辨然不，謂之士。」俞云：「下然字，後人誤加。荀子哀公篇：性情者，所以理然不取舍也。大戴記哀公問五義篇亦衍然字，失與此同。」　輿案：白虎通爵篇：「傳曰：通古今，辨然否，謂之士。」古者服以學別。莊子田子方篇：「周聞之，儒者冠圜冠者知天時，履句屨者知地形，緩佩玦者事至而斷。」説苑修文篇：「知天道者冠鉥，知地道者履蹻，能治煩決亂者佩觿，能射御者佩韘，能正三軍者搢笏。」竝與此可參證。竊又疑古者士服本無定制，故林既衣韋衣而朝齊景，（説苑善説。）宋鈃尹文作華山之冠以自表，魯哀公見孔子鄉服，即詫以爲儒服。而大戴禮哀公問載孔子曰：「生乎今之世，志古之道，居今之俗，服古之服，舍此而爲非者，不亦鮮乎？」哀公曰：「然則今夫章甫、句屨、紳帶而搢笏者，此皆賢乎？」孔子曰：「否，不必然。今夫端衣玄裳，冕而乘路者，志不在於食葷；斬衰菅屨，杖而歠粥者，志不在於飲食。故生乎今之世，志古之道，居今之俗，服古之服，舍此而爲非者，雖有，不亦鮮乎？」荀子哀公問意大同。此儒服異于常服之證。子路雞冠豭佩，而孔子道之儒服，以消其勇鄙，（史記仲尼弟子列傳。）遂爲大賢。鹽鐵論殊路篇：「大夫謂孔子外變二三子之服，而不能革其心，不知被服其外，亦所以制其中也。」莊子言墨者以裘褐爲衣，以跂蹻爲服，譏爲大觳。而説劍篇又以短後之衣爲劍服，與儒服別。許行被褐織席而談竝耕，孟子辭而距之。吴子首篇云：「吴起儒服，以兵機見魏文侯。」服之有取如此。漢高辱儒，叔孫通乃變儒服而服短衣楚製。（本傳。）諸客之冠儒冠者，高祖至解冠溲溺，蓋輕儒則竝惡其服。武帝時董生諸人出，儒術始尊矣。于是士夫褒衣博帶，被服儒雅。而文學與大夫以儒衣儒冠互相刺譏，（見鹽鐵論刺議、利議等篇。大夫譏文學竊周公之服，是以儒服本周公也。）壽王以八百石服儒衣而作祅言見劾矣。（見漢書律曆志。）漢書匡張孔馬傳贊亦云：「蔡義等以儒宗居宰相位，服儒衣冠，傳先王語。」然則漢世儒服仍有異矣。（程伊川愛衣皁，或博褐細襖，又嘗自製紗巾，其後詆伊川學徒者，謂其大袖方頂，可見其服亦有異處。）○天啟本注云：「一作：通古作今然後能服此也。」**蓋玄武者，貌之最嚴有威者也，**禮記曲禮「後玄武」，疏云：「軍後須殿捍，故用玄武。玄武，龜也。龜有甲，能禦侮用也。」○御覽六百八十四引無「有」字、「也」字。初學記二十六同。**其像在後，**○天啟本「後」作右，注云：「一作後。」凌云：「作後是。」　輿案：初學記二十六，御覽六百八十四引竝作「後」。**其服反居首，**○御覽六百八十四作「反居首者」，無「其服」二字。初學記二十六無「其」字。**武之至而不用矣。**用，宜作害。甲以禦侮，是即用矣。不害，謂不害物也。執贄篇云：「義而不害。」哀十四年〔一〕何注説麟云：「設武備而不害，所以爲仁也。」正此義。古書「害」、「用」多互誤。○御覽六百八十四「矣」上有者字。**聖人之所以超然，**○官本云：「他本無『之』字。」**雖欲從之，末由也已。**盧云：「三句後人妄竄入〔二〕，删之文義乃得通貫。」**夫執介胄而後能拒敵者，故非聖人之所貴也。**○御覽三百五十六「拒」作距，「故」作固，無「聖」字。**君子顯之於服，而勇武者消其志於貌也矣。**

〔一〕「十四年」，原誤「十五年」，據公羊傳哀公十四年改。
〔二〕「入」字，據盧本補。

言徒有勇武者，見君子之服，消其悍志。○凌本作「武勇」。故文德爲貴，而威武爲下，此天下之所以永全也。於春秋何以言之？孔父義形於色，而姦臣不敢容邪；桓二年傳。虞有宫之奇，而獻公爲之不寐；僖二年傳。晉厲之强，中國以寢尸流血不已。成十七年：「晉殺其大夫郤錡、郤州、郤至。」十八年：「晉殺其大夫胥童。」盧云：「中國，國中也。」凌云：「寢，卧也。」輿案：「於春秋」下數語，疑是後人羼入，此篇自説服制，不關春秋。故武王克殷，裨冕而搢笏。虎賁之士説劍，凌云：「原注：『搢，一作晉，説，一作税。』樂記鄭注：『裨冕，衣裨衣而冠冕也。裨衣，袞之屬也。搢，猶插也。』釋名：『笏，勿也。君有教命，所啟白，則書其上，備忽忘也。』禮記鄭注：『賁，憤怒也。』孔安國曰：『若虎賁獸，言其甚猛。』」○天啟本「搢」作晉。安在勇猛必任〔一〕武殺然後威。是以君子所服爲上矣，故望之儼然者，亦已至矣，豈可不察乎！子夏曰：「君子有三變，望之儼然。」○官本「矣」作哉，云：「他本作矣。」

二端第十五

春秋至意有二端，不本二端之所從起，亦未可與論裁異也，○凌本「本」作分。小大微著之分也。夫覽求微細於無端之處，誠知小之將爲大也，微之將爲著也。吉凶未形，聖人所

〔一〕「任」字，原作「在」，據凌本、盧本、叢刊本改。

獨立也，雖欲從之，末由也已，此之謂也。盧云：「『聖人所獨立也』數句，與上不相承接。又引論語語，其爲妄竄益〔一〕顯然。」輿案：「雖欲」三句，妄竄無疑。「獨立」二字，疑文誤耳。故王者受命，改正朔，不順數而往，必迎來而受之者，授受之義也。白虎通三正篇：「三正之相承，若順連環也。孔子承周之弊，行夏之時，知繼十一月正者，當用十三月也。」檀弓疏推鄭君義云：「伏羲以下，女媧以十二月爲正，神農以十一月，黃帝以十三月，少昊以十二月，高陽以十一月，高辛以十三月，堯以十二月，舜以十一月，夏以十三月，殷以十二月，周以十一月。是三王之相承，若循環也。」所謂「迎來而受」。漢初，承秦繼周十一月，而以十月爲歲首，失其序矣。文選典引注：「漢承周後，當就夏正，以十三月爲歲首〔二〕。」是也。（三，今本誤作二。）故聖人能繫心於微而致之著也。白虎通：「正朔有三何？本天有三統，謂三微之月也，三微者何？陽氣始施，黃泉動微，而未著也。此推之正朔，以明微著之義。」漢書律曆志：「三微而成著，三著而成象。」易乾鑿度云：「三微而成一著，三著而成一體。」是故春秋之道，以元之深正天之端，以天之端正王之政，以王之政正諸侯之即〔三〕位，以諸侯之即位正竟內之治，五者俱正而化大行。○錢云：「自『是故春秋之道』以下，似玉英篇論元年脫文。」說見前。故〔四〕書日蝕、○天啟本「故」作然。星隕、有蜮、山崩、地震、夏大雨水、冬大雨雹、○雹，天啟

〔一〕「益」字，原作「竝」，據盧本改。
〔二〕「歲首」，文選卷五十八作「年首」。
〔三〕「即」字，凌本、叢刊本無。下句「即」字同。
〔四〕「故」字，凌本、叢刊本亦作「然」。

本、凌本作雪。案：此疑是誤文。説在王道篇。隕霜不殺草、自正月不雨至於秋七月、有鸜鵒〔一〕來巢，春秋異之，以此見悖亂之徵。亦見王道篇。是小者不得大，微者不得著，因其小者、微者謹之，不使大且著。雖甚末，亦一端。慎之則爲末，不慎則有人事之變，尋至著大，故孔子以此爲驗，謹而志之。○天啟本注云：「『雖甚末』一作其本末。」官本云：「他本無『一』字。」孔子以此效之，吾所以貴微重始是也。貴微重始，春秋之大義也。以，疑作謂。○官本云：「他本脱『微』字。」因惡夫推災異之象於前，然後圖安危禍亂於後者，非春秋之所甚貴也。此最得聖人志裁異深意。程子云：「大抵春秋所書災異，皆天人響應，有致之之道。如石隕於宋而言隕石，夷伯之廟震而言震夷伯之廟，此天應之也。但漢儒言災異皆牽合不足信，儒者因盡廢之。」輿案：觀此數語，則可無疑于漢儒矣。○官本云：「他本脱『貴』字。」然而春秋舉之以爲一端者，亦欲其省天譴而畏天威，内動於心志，外見於事情，修身審己，明善心以反道者也，豈非貴微重始、慎終推效者哉！白虎通災變篇：「天所以有災變何？所以譴告人君，覺悟其行，令悔過修德，深思慮也。」説苑敬慎篇：「妖孽者，天所以警天子諸侯也。」輿案：必仁且智篇其大畧之類一段，與此篇文相類。説詳彼篇。

〔一〕「鸜鵒」，原作「鸛鵒」，據凌本、叢刊本改。

符瑞第十六 此篇文似未全。

有非力之所能致而自至者，西狩獲麟，受命之符是也。對册云：「天之所大奉使之王者，必有非人力所能致而自至者，此受命之符也。」　案：左傳正義引孔舒元公羊「西狩獲麟」傳，本云：「然則孰爲而至？爲孔子之作春秋。」今本無此文。五經異義引公羊說，哀十四年獲麟，此受命之瑞，周亡失天下之異。左氏說則以孔子爲春秋者，禮修以致其子，故麟爲孔子瑞。陳欽說以爲孔子立言之應，從左氏說。尹更始劉向等說以爲吉凶不竝，災瑞不兼，麟爲周亡天下之異，則不得復爲漢瑞，知應孔子而至。（哀十四年左傳正義。）說苑至公篇：「孔子退而修春秋，人事浹，王道備，精和聖制，上通於天，而麟至。」論衡指瑞篇：「春秋曰：西狩獲麟。儒者說之，以爲天以麟命孔子，孔子不王之聖也。」蓋漢初學者以春秋當一代之治，故謂獲麟爲受命作春秋之符。其後因端獻媚，緯書傅會，乃云獲麟爲庶姓劉季受命之符。如何注言獲者以兵戈文也。言漢姓卯金刀，以兵得天下之類是也。鄭玄六藝論云：「孔子既西狩獲麟，自號素王，爲後世受命之君制明王之法。」又駮異義云：「賤者獲之，則知有庶人受命而得之。受命之徵已見，則於周將亡，事勢然也。」鄭參用古今文說，亦不免有篤時之惑矣。程子云：「始隱，周之衰也；終麟，感之始也。麟不出，春秋亦須作，但因麟而發耳。」案說文：「麟，大牝鹿也。」王莽傳：「冠麟韋之弁。」李奇注：「謂鹿皮冠。」禮注所謂「麟皮鼓郊天」，亦爲鹿皮鼓耳。西狩所獲，當作「麐」，四靈之一。○天啟本「至」作致。**然後託乎春秋正不正之間，而明改制之義。**明王者改制，不易道義。詳楚莊王篇。聖人不見用於時，乃以治世之道託乎春秋，即其正不正之間以見義。劭公乃謂「託王于魯而黜周」，不知董固明云「一統乎天子」矣。沿其流者，甚且謂「三代之制，亦皆託也」，不已傎乎？**一統乎天子，而加憂於天下之憂也，**孟子曰：「春秋，天子之事也。」崔述謂「春秋所關者，天下之治亂。所正者，天下之名分。不可仍以諸侯之史目之，故曰天子之事」。其説最確。蓋當是時，上無明王，下無方伯，而春秋爲之褒譏貶絶，明得失貴賤，反之乎王道，即行事以治來世，是故春秋亦憂患之書也。文中子：「魏徵問：聖人有憂乎？曰：天下皆憂，吾獨得無憂？」**務除天下所患。而欲以上通五帝，下極三王，以通百王之道，而隨天之終始，**春秋法古而奉天，始於除患，終於反正。義亦見盟會要篇。百王之道，謂五帝三王以前，九皇六十四民之類。或云：「百王謂後世之王。」亦通。○官本云：「務除，他本作除務，脱『患』字。」**博得失之效，而攷命象之爲，**命，謂天命。象，謂天象吉凶。○官本云：「攷，他本誤作攻。」**極理以盡情性之宜，**極理，猶言窮理。**則天容遂矣。**體天心，故天容遂。天容，又見人副天數篇。**百官同望異路，一之者在主，率之者在相。**錢云：「三句不知何篇之文脱在此。」

俞序第十七

淩云：「俞，答也。」輿案：此篇説春秋大旨，蓋亦自序之類。董子原書散亡，藉此窺見著書次第，得其用心，讀者當寶貴之。○天啟本作俞子。

仲尼之作春秋也，上探正天端王公之位，萬民之所欲，天啟本注云：「探，一作深，欲，一作始。『萬』下衍物字。」輿案：探，疑援之誤。「援天端」，又見正貫篇。「正」字當在「王公」上。正王公之位，先言王正月，而後公即位是也。欲，當從一本作始。隱元年何注：「文王，周始受命之王，天之所命，故上繫天端，方陳受命。制正月，故假以爲王法。」又云：「王者始受命改制，布政施教於天下，自公侯至於庶人，莫不一一繫於正月，故云政教之始。」**下明得失，起賢才，以待後聖。**得失之義定，後人有所則象，而賢才出焉。哀十四年傳：「制春秋之義，以俟後聖。」**故引史記，**所謂不修春秋也。隱元年疏閔因序云：「使子夏等十四人求周史記，得百二十國寶書。」**理往事，正是非，見王公。**王公，疑緣上而誤，當作「見王心」。隱元年何注：「春秋上刺王公，下譏卿大夫而逮士庶人。」見，或刺之誤耶？○凌本見作序，云：「王本誤作也。」**史記十二公之間，皆衰世之事，故門人惑。孔子曰：「吾因其行事而加乎王心焉。」**對冊云：「然而功不加於百姓者，殆王心未加焉。」案行事，猶往事，後人多誤解。（詳見王念孫讀書雜志漢書陳湯傳。）王應麟云：「請討陳恆之年，春秋終焉。夫子之請討也，將見之行事。請討不從，然後託之空言。」（困學紀聞六。）案：王以行事爲實行其事，未得漢詁。此言聖人因衰世往事，加以明王致治之深心，是故世衰而文自治。○天啟本注云：「一無『曰吾』字。」盧云：「『乎』字當如後文作吾。」**以爲見之空言，不如行事博深切明。**空陳古聖明王之道，不如因事而著其是非得失，知所勸戒。太史公自序：「子曰：『我欲載之空言，不如見之于行事之深切著明也。』」趙岐孟子題詞云：「仲尼有云：『我欲託之空言，不如載之行事之深切著明也。』」程子春秋傳云：「詩書載道之文，春秋聖人之用。詩書如藥方，春秋如用藥治病。聖人之用，全在此書。所謂不如載之行事深切著明者也。」又云：「他經論其義，春秋因其行事是非較著，故窮理爲要。」胡安國云：「孟子目春秋爲天子之事者，周道衰微，乾綱解紐，亂臣賊子接跡當世，人欲肆而天理滅矣。仲尼以爲天理之所在，不以爲己任而誰可？五典弗惇，己所當敘；五禮弗庸，己所當秩；五服弗章，己所當命；五刑弗用，己所當討。故曰：『我欲載之空言，不如見之行事之深切著明也。』空言獨能載其理，行事然後見其用。（此解行事，亦誤以爲實行其事。）是故假魯史以寓王法，撥亂世，反之正。」孔廣森云：「理不窮其變則不深，事不當其勢則不切。高論堯舜之道，而無成敗之效，則不著不明。故近取諸春秋，因亂世之事，季俗之情，漸裁以正道，庶賢者易勉，不肖者易曉，亦致治太平之所由基也。」○官本云：「他本脱『明』字。」故子貢、閔子、公肩子，言其切而爲國家資也。史記仲尼弟子列傳：「公堅定字子中」，索隱引家語，通典引史記，竝作公肩。蓋復姓，當即此人。唐贈新田伯，宋大觀中補贈梁父侯。説苑建本篇「公扈子曰：『有國家者不可以不學春秋。生而尊者驕，生而富者傲，生而富貴又無鑑而自得者，鮮矣。春秋，國之鑑也。春秋之中，弑君三十六，亡國五十二，諸侯奔走不保其社稷者甚衆，未有不先見而後從之者也。』」公扈，疑亦公肩之誤。又昭三十年傳：「公扈子者，邾婁之父兄也，習乎邾婁之故。」此當别是一人也。切，謂切於人事。○盧云：「資，本或作賢。」　輿案：官本作賢〔一〕。其爲切而至於殺君亡國，奔走不得保社稷，凌云：「殺，當作弑。」下同。其所以然，是皆不明於道，不覽於春秋也。故衛子夏言，有國家者不可不學春秋，不學春秋，則無以見前後旁側之危，太史公引董生云：「故有國者不可以不知春秋。前有讒而勿見，後有賊而不知。」蓋述子夏語。則不知國之大柄，君之重任也。○官本云：「之，他本作子。」故或脅窮失國，揜殺於位，一朝至爾。○凌本「揜」作擒。苟能述春秋之法，致行其道，豈徒除禍哉，乃堯舜之德也。説苑君道篇：「春秋作而後知周道亡也。故上下相虧也，猶水火之相滅也，人君不可不察。而大盛其臣下，此私門盛而公家毁也。人君不察焉，則國家危殆矣。」筦子曰：「權不兩錯，政不二門。故曰：脛大於股者難以步，指大於臂者難以把。本大末小，不能相使也。」故世子曰：「功及子孫，光輝百世，聖人之德，莫美

〔一〕「資」，凌本、叢刊本亦作「賢」。

於恕。」盧云：「漢藝文志有世子二十一篇。名碩，七十子之弟子，此所引即其人也。」凌云：「王充論衡：周人世碩，以爲人性有善有惡，在所養焉，作養書一篇。宓子賤、漆雕開、公孫尼子之徒，亦論性情，與世子相出入，皆言性有善有惡。據此，則世子周人，而藝文志注作陳人。」○凌本作「聖王之道」。**故予先言春秋詳己而畧人，**俞云：「下文有故子夏言，子池言，則此文『予』字必子字之誤。子先未知何人，殆亦七十子之弟子歟？此篇所稱引，皆七十子之微言，惜多奪誤，難以盡通。」孫詒讓云：「此篇文多難通，似是董子著書之序，若淮南子要畧及法言自序之類。後云故次以天心，又云故次以言怨人不可邇云云，又云故言楚靈王、晉厲公云云，又云故善宋襄公云云，又云故次以春秋緣人情，赦小過，又云故始言大惡殺君亡國，終言赦小過，皆述其文先後序次之意，惜今篇第缺互，無可推校耳。」輿案：孫說是。**因其國而容天下。**語又見盟會要篇。略人容天下，所謂恕也。詳己而先治其國，自厚之謂也。己不自治，則無以治人，何容之有？**春秋之道，大得之則以王，小得之則以霸。故曾子、子石**仲尼弟子列傳：「公孫龍字子石，少孔子五十三歲。」未知即此人否？集解：「鄭玄曰：楚人。」家語云衛人，孟子注云趙人。案：唐宋封爵從鄭作楚人。趙公孫龍談堅白者別一人。**盛美齊侯安諸侯，尊天子。**上無王則姑取霸而美其安尊，亦以見尊王之恉。**霸王之道，皆本於仁。仁，天心，故次以天心。**春秋之旨，以仁爲歸。仁者，天之心也。呂覽不二篇：「孔子貴仁。」本書王道通三篇：「仁之美者在於天，天，仁也。」**愛人之大者，莫大於思患而豫防之，**思患豫防，仁之至也。又見仁義法篇。**故蔡得意於吳，魯得意於齊，而春秋皆不告，**鹽鐵論刑德篇：「魯以楚師伐齊，而春秋惡之。」**故次以言怨人不可邇，**○官本云：「他本『邇』作通。」**敵國不可狎，攘竊之國不可使久親，皆防患爲民除患之意也。**親攘竊之國，使吾民潛移外化，或且據以爲利，而患莫大於此。**不愛**

民之漸乃至於死亡，故言楚靈王晉厲公生弒於位，不仁之所致也。故善宋襄公不厄人，不由其道而勝，不如由其道而敗，春秋貴之，將以變習俗而成王化也。司馬法曰：「逐奔不過百步，從綏不過三舍，明其禮也。不窮不能，而哀憐傷病，明其仁也。成列而鼓，明其信也。爭義不爭利，明其義也。仁禮信義，所謂王化者與？春秋撥亂反正，去詐歸仁。王者不可見，苟足見王心者，已貴之矣。故持其極端，以爲雖敗而不可改此道，傳以爲雖文王之戰不過此，不以成敗論也。故曰：矯枉不過其正弗能直。知此而義畢矣。」時嚴安輩習春秋，類以五伯功利爲賢，惟董子勤勤於王化，劉向稱爲王佐者以此。淮南泰族訓：「弘之戰，軍敗君獲，而春秋大之，取其不鼓不成列也。」太史公宋微子世家贊云：「襄公既敗於泓，而君子或以爲多，傷中國缺禮義，襃之也。」宋襄之有禮讓也，竝用董義。此蓋仁之至盡，聖人之極思也。然非其時而用之，則梅福所謂猶以鄉飲酒之禮理軍市耳，其究足以亡國。若宋徐禧之敗于西夏，又其失之顯者耳。傳二十二年何注云：「有帝王之君，宜有帝王之臣。有帝王之臣，宜有帝王之民。未能醇粹，而守其禮，所以敗也。」輿謂能足以自治，智足以防患，而後可以言宥物之仁。此春秋言治次第也。貴宋襄者，蓋節取之。故子夏言春秋重人，○官本云：「他本脫『子』字。」諸譏皆本此。春秋之譏多矣，本在重民。或奢侈使人憤怨，或暴虐賊害人，終皆禍及身。故子池言魯莊築臺，丹楹刻桷，晉厲之刑刻意者，皆不得以壽終。上奢侈，刑又急，皆不內恕，求備於人，故次以春秋緣人情，赦小過，隱元年何注：「所傳聞之世，外小惡不書。」莊七年傳「一災不書」，何注：「明君子不以一過責人。」陳湯傳劉向疏曰：「昔齊桓公前有尊周之功，後有滅項之罪，君子以功覆過，而爲之諱行事。」韋玄成傳：「春秋棄桓之過，而録其功。」而傳明之曰：「君子辭也。」宣十二年「葬陳靈公」，傳：「討此賊者非臣子也，何以書葬，君子辭也。」孔子明得失，見成敗，疾時世之不仁，○天啟本注云：「一無『時』字。」失王道之體，○天啟本無「道之體」

三字。**故緣人情，赦小過，傳又明之曰：「君子辭也。」**○「故緣人情」，天啟本作「孔子曰故因行事」。官本作「故因行事」，云：「他本脱『道之』下七字，誤衍『孔子曰吾緣人情』七字，今校正。」輿案：盧本作「故緣人情」，今從之。竊疑「故緣」下十六字竝衍文。**孔子曰：「吾因行事，加吾王心焉。」假其位號以正人倫，**隱元年何注：「因儀父先與隱公盟，可假見褒賞之法。」莊十年注：「春秋假行事以見王法。聖人爲文辭孫順，善善惡惡，不可正言其罪。因周本有奪爵稱國氏人名字之例，故加州文備七等以進退之。若自記事者，書人姓名，主人習其讀而問其傳，則未知己之有罪焉爾，猶此類也。」程子云：「平王之時王道絶矣，春秋假周以正王法。」**因其成敗以明順逆，**因成知順，桓文是；因敗知逆，魯莊、晉厲是；亦有因敗而得其順者，宋襄是也。假位號，因成敗，此聖人作春秋之意。因故事以明王義，事不虚而義則博貫。凡以維綱紀，定是非，始于止亂，終于致治。**故其所善，則桓文行之而遂，**句。**其所惡，則亂國行之終以敗，故始言大惡殺君亡國，終言赦小過，是亦始於麤粗，終於精微，**由大惡進於小過，則惡絶矣，乃可言赦。有大惡則小過不暇責。○盧云：「別本作麤糲，非也。今從周本。粗，音才古切。論衡正説篇云：『畧正題目麤粗之説，以照篇中微妙之文。』莊子則陽篇釋文引司馬云：『鹵莽猶麤粗也，亦作麤觕，與粗音義同。』漢藝文志敘數術云：『庶得麤觕。』何休公羊隱元年注：『用心尚麤觕。』文四年亦同。何休之説，即根據於此。」輿案：天啟本作粗糲。莊十年傳：「觕者曰侵，精者曰伐。」何注：「觕，麤也。精，猶精密也。」**教化流行，德澤大洽，天下之人，人有士君子之行而少過矣，**成十五年「會吴鍾離」傳，何注：「至于所聞世，可得殊，又卓然有君子之行。」潛夫論德化篇：「民蒙善化，則人有士君子之心。」**亦譏二名之意也。**定六年傳：「曷爲謂之仲孫忌？譏二名。二名，非禮也。」何注：「春秋定哀之間，文致太平，欲見王者治定無所復爲譏。唯有二名，故譏之。此春秋之制也。」隱元年注：「于所傳聞之世，見治起于衰亂之中，用心麤觕，故内其國而外諸夏，先詳内而後治外，録大畧小，内小惡書，外小惡不書，大國有大夫，小國畧稱人，内離會書，外離會不書是也。於所聞之世，見治升平，内諸夏而外夷狄，書外離會，小國有大夫。宣十一年秋，晉侯會狄于攢函，襄二十三年，邾婁鼻我來奔是也。至所见之世，著治太平，夷狄進至于爵，天下遠近大小若一，用心尤深而詳，故崇仁義，譏二名，晉魏曼多仲孫何忌是也。」案：王莽用公羊説，禁人二名，東漢時猶循之。

離合根第十八

篇目似與文義不應。互見天地之行篇。

天高其位而下其施，易：「雲行雨施。」藏其形而見其光。高其位，所以爲尊也；下其施，所以爲仁也；藏其形，所以爲神；見其光，所以爲明。故位尊而施仁，藏神而見光者，天之行也。荀子天論篇：「不見其事而見其功，夫是之謂神。皆知其所以成，莫知其無形，夫是之謂天功。」故爲人主者，法天之行，是故内深藏，所以爲神；外博觀，所以爲明也；任羣賢，所以爲受成；盧云：「疑衍『所』、『爲』二字。」乃不自勞於事，所以爲尊也；韓詩外傳：「夫霜雪雨露，殺生萬物者也。天無事焉，猶之貴天也。執法厭文，治官治民者，有司也。君無事焉，猶之尊君也。」汎愛羣生，不以喜怒賞罰，不以一己喜怒爲賞罰。所以爲仁也。故爲人主者，以無爲爲道，以不私爲竇。立無爲之位而乘備具之官，乘，因也。百官備具，因以爲治。足不自動而相者導進，口不自言而擯者贊辭，淮南主術訓：

「是故心知規而師傅諭導，口能言而行人稱辭，足能行而相者先導，耳能聽而執正進諫。」御覽七十六引慎子云：「昔者天子手能衣而宰夫設服，足能行而相者導進，口能言而行人稱辭，故無失言失禮也。」凌云：「禮器：『故禮有擯詔，樂有相步。』注：『擯詔，告道賓主者也。相步，扶工也。』」心不自慮而羣臣效當，晉語注：「當，猶任也。」淮南説林訓高注：「當，（丁浪反。）猶實也。」二義竝通。故莫見其爲之而功成矣。此人主所以法天之行也。爲人臣者法地之道，以臣道比地道，原易文言。暴其形，出其情以示人，高下、險易、堅耎、剛柔、肥臞、美惡，累可就財也。盧云：「財，與裁同。」○天啟本注云：「一無『累』字。」官本云：「他本『耎』誤作要。」故其形宜不宜，可得而財也。爲人臣者比地貴信而悉見其情于主，主亦得而財之，故王道威而不失。爲人臣常竭情悉力而見其短長，管子乘馬篇：「君舉事，臣不敢誣其所不能。君知臣，臣亦知君知己也，故臣莫敢不竭力。」又君臣篇云：「明主之舉其下，盡知其短長。」又云：「有道之君執本，相執要，大夫執法，以牧其羣臣。羣臣盡智竭力，以役其上。」李斯告二世云：「臣主之分定，上下之義明，則天下賢不肖莫敢不盡力竭任，以徇其君矣。是以主獨制于天下，而無所制也。」○盧云：「本一作所〔一〕長。」天啟本注云：「『短』一作所。」使主上得而器使之，而猶地之竭竟其情也，故其形宜可得而財也。天啟本注云：「一無『形』字。」案：一本是。「宜」下當依上文有「不宜」二字。臣之短長可得而財，猶地之宜不宜可得而財也。荀子天論篇：「所志于地者，已見其宜之可以息者矣。」宜，謂土宜也。

〔一〕「所」字，據盧本補。

立元神第十九 與離合根大旨同。

君人者，國之元，元，與本同。**發言動作，萬物之樞機。樞機之發，榮辱之端也。**天下人心向背，即人君發言之榮辱。易繫詞：「言行，君子之樞機，樞機之發，榮辱之主也。」**失之豪釐，駟不及追。**太史公自序：「故易曰：『差以豪釐，謬以千里』」〇天啟本「豪」作毫。**故爲人君者，謹本詳始，敬小慎微，志如死灰，**莊子：「何居乎，形固可使爲槁木，而心可使爲〔一〕死灰乎？」淮南道應訓：「形如槁骸，心如死灰。」**形如委衣，**呂覽開春論：「故曰堯之容若委衣裘，以言少事也。」淮南原道訓：「其縱之也若委衣，其用之也若發機。」案：委衣，但陳衣而已。言其無爲。文選任彥昇爲蕭揚州薦士表注引列仙傳：「晏子曰：治天下若委裘。」用賢，委裘之實。「委裘」，與「委衣」義同。**安精養神，寂莫無爲。**〇凌本「莫」作寞。**休形無見影，揜聲無出響，**數語當出古道家。〇盧云：「響，周本作嚮，古通用。」輿案：天啟本作「響」。**虛心下士，觀來察往。謀於衆賢，考求衆人，**謀賢，所謂謀及卿士。考衆，所謂謀及庶民。管子君臣篇：「夫民別而聽之則愚，合而聽之則聖。雖有湯武之德，復合於市人之言。是以明君順人心，安情性，而發于衆心之所聚。是以令出而不稽，刑設而不用。先王善與民爲一體，則是以國守國，以民守民也。然則民不便爲非矣。雖有明君，百步之外，聽而不聞；間之堵墻，窺

〔一〕上二「爲」字，莊子齊物論作「如」，又「心」下莊子有「固」字。

而不見也。而名爲明君者，君善用其臣，臣善納其忠也。」**得其心偏見其情，**○官本云：「偏，他本作徧。」**察其好惡，以參忠佞，考其往行，驗之於今，**大戴禮文王官人篇：「以其前占其後。」潛夫論考績篇：「百郡千縣，今因其前，以謀其後。」**計其蓄積，受於先賢。**考其所積，證其受於先賢之道爲淺爲深，或合或否。**釋其讎怨，視其所争，**文王官人篇：「小讓而好大争，隱于仁質也。」**差其黨族，所依爲臬，**盧云：「臬，本一作宗，宗與争協韻，疑是。」輿案：天啟本注云：「一作宗。」論語：「因不失其親，亦可宗也。」**據位治人，用何爲名，**疑有誤字。何，或當爲言，謂因所言以爲名，而責其實也。考功名篇云：「擥名責實，不得虚言。」管子心術篇：「督言正名，故曰聖人。」韓非二柄篇：「君以其言授之事，專以其事責其功，功當其事、事當其言則賞；功不當其事、事不當其言則罰。故羣臣其言大而功小者則罰，非罰小功也，罰功不當名也。羣臣其言小而功大者亦罰，非不悦於大功也，以爲不當名也，害甚於有大功，故罰。」羣書治要引申子大體篇云：「名自正也，事自定也，是以有道者自名而正之，隨事而定之也。」又云：「聖人貴名之正也，主處其大，臣處其細，以其名聽之，以其名視之，以其名命之。」○天啟本注云：「何，一作荷。名，一作明。」**累日積久，何功不成。**對冊云：「且古所謂功者，以任官稱職爲差，非所謂積日累久也。」故小材雖累日，不離於小官；賢材雖未久，不害爲輔佐。」與此義異。説見考功名篇。**可以内參外，可以小占大，**内外，猶表裏。大戴禮文王官人篇：「以其見占其隱，以其小占其大。」**必知其實，是謂開闔。**此開闔之術也。淮南主術訓：「上操其名以責其實，臣守其業以效其功。」以上言察士官人之法，疑皆古語。

君人者，國之本也。○後漢書酷吏傳注引無「人」字。**夫爲國，其化莫大於崇本，崇本則君化若神，不崇本則君無以兼人。**○後漢書酷吏傳注引「則」下無「君」字。**無以兼人，雖峻刑重誅，而民不從，是所謂驅國而棄之**

者也，患孰甚焉？何謂本？曰：天地人，萬物之本也。天生之，地養之，人成之。天生之以孝悌，地養之以衣食，人成之以禮樂，三者相爲手足，合以成體，不可一無也。無孝悌則亡其所以生，無衣食則亡其所以養，古人之於民，非不爲之謀生計也。地官言教民，而兢兢于山林陵麓之事。朱子所謂「也須是教他有飯喫，有衣著」是也。無禮樂，則亡其所以成也。三者皆亡，則民如麋鹿，各從其欲，説苑修文篇：「傳曰：觸情縱欲，謂之禽獸。」家自爲俗。父不能使子，君不能使臣，民生而有欲，聖人範之以禮，爲之立父子兄弟之等以致其嚴，爲之冠昏以厚其別，爲之喪祭以致其哀，所以防其縱而暢其情也。苟從欲之所極，則食色視爲性成，檢閑苦爲多事，違禽獸焉不遠。家無良子弟，君亦安得有良民臣哉？故政教之本，必在家庭；庠序之義，首申孝悌。雖有城郭，名曰虚邑。如此〔一〕，其君枕塊而僵，凌云：「國語：『野人枕塊以與之。』注：『塊，墣也。』國策注：『僵，僨也。』」莫之危而自危，莫之喪而自亡，是謂自然之罰。自然之罰至，裹襲石室，分障險阻，猶不能逃之也。治在重本，故孝悌禮樂，視之與衣食同。如越句踐商君輩專重衣食，淪於無教，雖號稱驟强，究不可終日矣。淮南子覽冥篇：「上天之誅也，雖在曠虚幽閒，遼遠隱匿，重襲石室，界障險阻，無所逃之亦明矣。」語意與此同。此「分」字疑「界」之誤。介、界同，隸書介、分相似，傳寫易混，故書傳多分、界互譌。説見王氏雜志淮南繆稱篇。○天啟本「裹」作裏。明主賢君必於其信，信，實也。是故肅慎三本。郊祀致敬，共事祖禰，共，讀曰恭。舉顯孝悌，表異孝行，所以奉天本也。漢初孝悌與

〔一〕「此」字下，凌本、盧本、叢刊本有「者」字。

三老力田竝置鄉官，而孝與悌賞賚有别。文帝賜孝者帛人五匹，悌一匹；武帝賜孝者帛人五匹，悌三匹。是其表異之處。**秉耒躬耕，採桑親蠶，墾草殖穀，開闢以足衣食，所以奉地本也。**開闢，謂墾治荒曠。**立辟雍庠序，修孝悌敬讓，明以教化，**○盧云：「明以，他本倒。」**感以禮樂，**禮樂，非强人之具，所以作其善心，起其佚志，故云感。**所以奉人本也。**凌云：「大戴禮：禮有三本，天地者性之本也，先祖者類之本也，君師者治之本也。無天地焉生？無先祖焉出？無君師焉治？三者偏亡，無安之人。故禮上事天，下事地，宗祀先祖而寵君師，是禮之三本也。」**三者皆奉，則民如子弟，不敢自專，邦如父母，不待恩而愛，不須嚴而使，**邦，疑君。**雖野居露宿，厚於宫室。如是者，其君安枕而卧，莫之助而自强，莫之綏而自安，是謂自然之賞。**以天治君，賞罰君者，天也。民視聽即天視聽。**自然之賞至，雖退讓委國而去，百姓襁負其子隨而君之，君亦不得離也。故以德爲國者，甘於飴蜜，固於膠漆，是以聖賢勉而崇本而不敢失也。君人者，國之證也，**君采衆謀於下，而決機要於上，若爲國之證驗而已。盧云：「證，疑本是徵字，宋人避諱改。」**不可先倡，感而後應。故居倡之位而不〔一〕行倡之勢，不居和之職而以和爲德，常盡其下，**常使下竭竟其情。**故能爲之上也。**淮南主術訓：「主道員者運轉而無端，化育如神，虚無因循，常後而不先也。臣道員者運轉而無方，論是而處當，爲事先倡，守職分明，以立成功也。是故君臣異道則治，同道則亂。」慎子云：「君逸樂而臣任勞，臣盡智力以善其事，而君無與焉，仰成而已。」

〔一〕「不」字下，凌本有「得」字。

體國之道，○天啟本不提行。凌本同。在於尊神。尊者所以奉其政也，神者所以就其化也，故不尊不畏，不神不化。夫欲爲尊者在於任賢，欲爲神者在於同心。賢者備股肱則君尊嚴而國安，同心相承則變化若神，莫見其所爲而功德成，是謂尊神也。君不能自尊自神，任賢同心，則百事舉。

天積衆精以自剛，凌云：「淮南子：天地之襲精爲陰陽，陰陽之專精爲四時，四時之散精爲萬物。積陽之熱氣生火，火氣之精者爲日，積陰之寒氣爲水，水氣之精者爲月，日月之淫爲精者爲星辰。」聖人積衆賢以自强。呂覽季夏紀：「凡生非一氣之化也，長非一物之任也，成非一形之功也。故衆正之所積，其福無不及也。衆邪之所積，其禍無不逮也。」天序日月星辰以自光，聖人序爵禄以自明。白虎通封公侯篇：「天雖至神，必因日月之光。地雖至靈，必有山川之化。聖人雖有萬人之德，必須俊賢。」鹽鐵論相刺篇：「天設三光以照記，天子立公卿以明治。」天所以剛者，非一精之力；聖人所以强者，非一賢之德也。鶡冠子道端篇：「夫寒温之變，非一精之所化也。天下之事，非一人之所能獨知也。是以明主之治世也，急於求人，不獨爲也。」故天道務盛其精，聖人務衆其賢。盛其精而壹其陽，衆其賢而同其心。壹其陽然後可以致其神，同其心然後可以致其功。是以建治之術，貴得賢而同心。「南有嘉魚」，鄭箋云：「君子下其臣，故賢者歸往。」趙岐孟子公孫丑章句云：「大聖之君，由采善於人，故計及天下者無遺策，舉及衆者無廢功。」隱元年何注：「君敬臣則臣自重，君愛臣則臣自盡。」○凌本「治」作制。爲人君者，其要貴神。神者，不可得而視也，不可得而聽也，管子心術篇：「是故有道之君，其處也若無之，其應物也若偶之，静因之道也。」韓非子難三云：「術者，藏之於胸中，以偶衆端，而潛御羣臣者也。」是故視而不見其形，聽而不聞其聲。聲之不聞，故莫得其響；不見其形，故莫得其影。非無聲形也，以臣言爲聲，臣事爲形，故人君若神耳。案：聲之不聞，疑當作「不聞其聲」。莫得其影則無以曲直也，莫得其響則無以清濁也。無以曲直則其功不可得而敗，無以清濁則其名不可得而度也。所謂不見其形者，非不見其進止之形也，言其所以進止不可得而見也。所謂不聞其聲者，非不聞其號令之聲也，言其所以號令不可得而聞也。不見不聞，是謂冥昏。能冥則明，能昏則彰。能冥能昏，是謂神人。君貴居冥而明其位，處陰而向陽。王道篇：「古者人君立於陰，大夫立於陽。」管子心術篇：「人主者立於陰，陰者靜，故曰動則失位，陰則能制陽矣，靜則能制動矣。」惡人見其情而欲知人之心，是故爲人君者執無源之慮，行無端之事，管子九守篇：「人主不周則羣臣下亂，寂乎其無端也。外内不通，安知所怨？關閈不開，善否無原。」以不求奪，以不問問。○凌云：「原注：一作聞。」吾以不求奪則我利矣，彼以不出出則彼費矣。○官本云：「他本上『出』誤作見。」吾以不問問則我神矣，彼以不對對則彼情矣。情，猶實也。黄震疑此數語非儒者之言。故終日問之，彼不知其所對；終日奪之，彼不知其所出。吾則以明而彼不知其所亡。亡，疑作芒，言彼不知吾意之所萌也。白虎通五行篇：「芒之爲言萌也。」韓非子主道篇：「亟掩其跡，匿其端，下不能原。去其智，絕其能，下不能意。」南面篇：「人主欲爲事，不通其端末，而以明其欲。」案：不通端末，即彼不知其所芒。以明其欲，即吾則以明。故人臣居陽而爲陰，人君居陰而爲陽。陰道尚形而露情，陽道無端而貴神。荀子正論篇論主道利周一段，與此微異。司馬談論六家要指云：「儒者則不然。以爲人主天下之儀表也，主倡而臣和，主先而臣隨。如此則主勞而臣逸。」此篇頗參道家之旨，然歸之用賢，故是正論。説苑君道篇師曠曰：「人君之道，清淨無爲，務在博愛，趨在任賢。」即此旨。漢初老學盛行，此二篇疑是蓋公諸人之緒論，而時師有述之者。或董子初亦兼習道家，如賈生本儒術，而所著書時稱引黄老家言。太史公受道學其父談，終乃歸本於儒者，亦風會使然邪？

保位權第二十 此篇頗參韓非之旨。

民無所好，君無以權也。權，當作勸，下同。管子權脩篇：「民輕其禄賞，則上無以勸民。」民無所惡，君無以畏也。無以權，無以畏，則君無以禁制也。無以禁制，則比肩齊勢而無以爲貴矣。君民齊勢，亂之端也。管子明法解：「明主之治也，縣爵禄以勸其民，民有利於上，故主有以使之。立刑法以威其下，下有畏於上，故主有以牧之。故無爵禄則主無以勸民，無刑罰則主無以威衆。」故聖人之治國也，因天地之性情，孔竅之所利，以立尊卑之制，以等貴賤之差。天地有自然之尊卑，聖人因而制禮。「孔竅所利」，謂順民欲。鼂錯傳：「情之所惡，不以彊人。情之所欲，不以禁民。」蕭望之議，以爲民函陰陽之氣，有仁義欲利之心。「孔竅」二字，亦見韓非解老篇。○等，天啟本注云：「一作異。」設官府爵禄，利五味，盛五色，調五聲，以誘其耳目，禮樂之所由作。○天啟本「聲」作音。自令清濁昭然殊體，榮辱踔然相駁，以感動其心，盧云：「踔，疑當作焯。」輿案：踔，古灼字。見漢書揚雄傳注。説苑君道篇：「廓然遠見，踔然獨立。」字亦作「踔」。此云「踔然相駁」，即灼然別異之意。清濁榮辱，以人品等差言之。務致民令有所好。有所好然後可得而勸也，〇天啟本「有」上有必字。故設賞以勸之。有所好必有所惡，有所惡然後可得而畏也，故設罰以畏之。〇凌本「罰」作法，下同。既有所勸，又有所畏，然後可得而制。制之者，制其所好，是以勸賞而不得多也。制其所惡，是以畏罰而不可過也。人情好爵賞而惡刑戮，賞不可僭，僭則人賤名器，而激勸之道窮。罰不可濫，濫則人輕刑辱，而是非不出于朝廷矣。左襄二十六年傳：「賞僭則懼及淫人，刑濫則懼及善人。」〇盧云：「大典本『可』作得〔一〕。」所好多則作福，所惡多則作威。韓非子喻老篇：「君見賞，臣則損之以爲德；君見罰，臣則益之以爲威。人君見賞，而人臣用其勢；人君見罰，而人臣乘其威。」作威則君亡權，天下相怨；管子版法解〔二〕篇：「君若使威利之權不專在君，而有所分散，則君日益輕，而威利日衰，侵暴之道也。」説苑君道篇：「宋君行賞賜，而與子罕刑罰。國人知刑罰之威專在子罕也，大臣親之，百姓附之。居期年，子罕逐其君而專其政。」作福則君亡德，天下相賊。爵賞多則必有援附之私，所謂拜爵公廷，感恩私室。且援附者苟得人人皆有攫取富貴之思，相傾相軋，以成乎隳廉喪恥之風。故曰「天下相賊」。書洪範曰：「臣之有作福作威玉食，人用側頗僻，民用僭忒。」　案：此文先威後福，與書異。據劉向傳向上封事，王商傳張匡對，後漢第五倫傳倫上疏，楊震傳震上疏，李固傳馬融誣奏固，襄楷傳楷上疏，張衡傳衡上疏，魏志蔣濟傳，戰國策高注，隋梁毘論楊素封事，竝先威後福，是今文尚書本如此。此正用書意。故聖人之制民，使之有欲，不得過節；使之敦朴，不

〔一〕「可」字，凌本、叢刊本亦作「得」。

〔二〕「解」字，據管子第六十六版法解篇補。下「權」字，管子作「操」。

得無欲。此「欲」字與嗜欲之欲微別。說文：「欲，貪也，貪，欲也。」樂記鄭注：「欲，邪淫也。」易「君子以懲忿窒欲」，禮「飲食男女，人之大欲存焉」，此嗜欲之謂也。說文：「款，意有所欲也。」此欲望之義，與此「欲」字合。韓非外儲說：「太公望誅居士狂矞、華士曰：『無求於人者，是望不得以賞罰勸禁也。』」荀子正論篇：「古之人以人之情爲欲多而不欲寡，故賞以富厚而罰以殺損也。是百王之所同也。今子宋子以是之情爲欲寡而不欲多也，然則先王以人之所不欲者賞，而以人之所欲者罰耶？亂莫大焉。」輿案：欲者，聖人所不能無，但有節以制之。由是推己所欲以達人立人，推己所不欲以毋加於人。本書此數語最精。戴氏震遂以欲爲本然中正，動静胥得，則似失之。（楊龜山言，飢食渴飲，手持足行，便是道。朱子已譏其認欲爲理。陸象山亦言，天理人欲，不是至論。若天是理，人是欲，則是天人不同。此戴氏所本。）○官本云：「民使，他本作使民。」無欲有欲，各得以足，而君道得矣。國之所以爲國者德也，君之所以爲君者威也，故德不可共，威不可分。德共則失恩，威分則失權。失權則君賤，失恩則民散。○凌本「賤」下、「散」下並有矣字。民散則國亂，君賤則臣叛。是故爲人君者，固守其德，以附其民；固執其權，以正其臣。聲有順逆，必有清濁，形有善惡，必有曲直。故聖人聞其聲則別其清濁，見其形則異其曲直。管子宙合篇：「景不爲曲物直，響不爲惡物美。」於濁之中，必知其清；於清之中，必知其濁；○官本「知」作見，云：「他本作知。」於曲之中，必見其直；於直之中，必見其曲。不獨別其清濁曲直，又從清濁曲直中析其微眇。○官本「見」作知，凌本同。於聲無小而不取，○天啟本作「於聲之中而不取」。於形無小而不舉。不以著蔽微，不以衆揜寡，各應其事以致其報。黑白分明，然後民知所去就，民知所去就，然後可以致治，是爲象則。

襄三十一年傳：「其臣畏而愛之，則而象之，故能有其國家。」○天啟本注云：「則，一作副。」**爲人君者居無爲之位，行不言之教，**道德〔一〕經：「是以聖人處無爲之事，行不言之教。」又見淮南主術訓。**寂而無聲，靜而無形，執一無端，爲國源泉。因國以爲身，因臣以爲心。以臣言爲聲，以臣事爲形。**韓非主道篇：「有言者自爲名，有事者自爲形，形名參同，君乃無事焉。故曰：君無見其所欲，君見其所欲，臣自將雕琢。君無見其意，君見其意，臣自將表異。」**有聲必有響，有形必有影。**凌云：「列子黄帝書曰：形動不生形而生影，聲動不生聲而生響。」**聲出於内，響報於外；形立於上，影應於下。**○天啟本「應」作報。**響有清濁，影有曲直，響所報非一聲也，影所應非一形也。故爲君虛心靜處，聰聽其響，明視其影，以行賞罰之象。**自處於虛靜，而以聰明察其臣。○官本云：「影，他本作形。」盧云：「以行，趙疑以爲。」**其行賞罰也，響清則生清者榮，響濁則生濁者辱，影正則生正者進，影枉則生枉者絀。**寄影響於臣下，清濁正枉，又在任人當否。凌云：「東漢劉愷議：「濁其源而望流清，曲其形而欲影直，不可得也。」」**擥名考質，以參其實。**○官本云：「他本『擥』作責。」**賞不空施，罰不虛出。**人君之所以馭其臣者，賞罰而已。周太保等所以勉新陟王者無他，惟曰「畢協賞罰」。說苑政理篇：「夫誅賞者，所以別賢不肖，而列有功與無功也。故誅賞不可以謬。誅賞謬，則美惡亂矣。夫有功而不賞則善不勸，有過而不誅則惡不懼。善不勸，惡不懼，而能以行化乎天下者，未得聞也。」管子立政篇：「國有德義未明於朝而處尊位者，則良臣不進；有功力未見於國而有重祿者，則勞臣不勸。」又七法

〔一〕「德」字，據凌本及老子補。

篇云：「有功必賞，有罪必誅。」傅子云：「治國有二端：一曰賞，二曰罰。人所以畏天地者，以其能生而殺之也。爲治審持二柄，能使生殺不妄，則威德與天地並矣。」韓非子云：「賞有功，罰有罪，而不失其當，乃能生功止過也。」凌本「施」作行。是以羣臣分職而治，各敬而事，凌云：「而，猶乃也。」争進其功，顯廣其名，而人君得載其中，此自然致力之術也。聖人由之，故功出於臣，名歸於君也。董論陰陽五行，亦多此旨。

春秋繁露義證卷第七

考功名第二十一

隱五年何注：「禮，司馬主兵，司徒主教，司空主土。春秋撥亂世，以黜陟爲本。」仲舒集有詣丞相公孫弘記室書云：「謹奉春秋罯置術。」殆即此類。

考績之法，考其所積也。尚書大傳：「積不善至于幽，六極以類降，故黜之。積善至于明，五福以類相生，故陟之。」對册云：「長史多出于郎中、中郎，吏二千石子弟選郎吏，又以富貲，未必賢也。且古所謂功者，以任官稱職爲差，非所謂積日纍久也。故小材雖纍日，不離於小官；賢才雖未久，不害爲輔佐。是以有司竭力盡知，務治其業而以赴功。今則不然，纍日以取貴，積久以致官，是以廉耻貿亂，賢不肖渾殽，未得其真。」案：此篇所陳，仍不廢積纍之法。大氐法立敝生，人情百變，舍此別無澄清之方，古今一也。不以時日，則賕請奔競，滋損風化。賢材不次之拔擢，繫於朝廷知人之明，可偶舉而不可爲常典。仲舒言此，蓋酌其行之可久者，不必疑其與對册違也。後漢郡國貢舉，多非功次，守職懈而吏事疏。潛夫著考績及貢實篇，亦此意矣。天道積聚衆精以爲光，聖人積聚衆善以爲功。荀子儒效篇：「積善而全盡，謂之聖人。故聖人者，人之所積也。」故日月之明，非一精之光也；聖人致太平，非一善之功也。語意與立元神篇大同。明所從生，不可爲源，善所從出，不可爲端，善不積不成，猶明不積不光，故無端源可言。量勢立權，因事制義。言積善之法。故聖人之爲天下興利也，其猶春氣之生草也，各因其生小大而量其多少，生大則受春氣多，生小則受春氣少。事小則利小，事大則利大，其于功一也。其爲天下除害也，若川瀆之寫於海也，○盧云：「寫，舊本作瀉，今據黄氏日鈔改。」各順其勢，傾側○黄氏日鈔「勢」下有之字。上「其生」下，同。而制於南北。故異孔而同歸，孔，道也。殊施而鈞德，其趣於興利除害一也。是以興利之要在於致之，不在於多少；除害之要在於去之，不在於南北。以興利除害爲考善之法。置官吏者，所以安民氓也。去害在因時地，不能一術，故云不在於南北。白虎通攷黜篇：「諸侯所以攷黜何？王者所以勉賢抑惡，重民之意也。」考績絀陟，計事除廢，除廢猶用舍。○廢，天啟本注云：「一作費。」有益者謂之公，凌云：「韓非五蠹篇：『蒼頡之作書也，自環者謂之私，背私謂之公。』」無益者謂之煩。無益之事擾民，故曰煩。擥名責實，○官本云：「他本『擥』作挐。」不得虚言，有功者賞，有罪者罰，功盛者賞顯，罪多者罰重。不能致功，雖有賢名，不予之賞；官職不廢，雖有愚名，不加之罰。管子明法解：「國之所以亂者，廢事情而任非譽也。」谷永奏云：「聖主不以名譽加於實效。昔劉毅疏論九品中正云：抑功實而隆虚名，長浮華而廢考績。魏盧毓奏：古者敷奏以言，明試以功。今考績之法廢，而以毁譽相進退，故真僞渾雜，虚實相蒙。因作考課法。」○凌本「加」作予。賞罰用於實，不用於名，賢愚在於質，不在於文。故是非不能混，○天啟本注云：「一作詐奇不能枉。」喜怒不能傾，姦軌不能弄，潛夫論考績篇：「官長不考功，則吏怠而姦宄興。」○弄，天啟本注云：「一作算。」萬物各得其冥，○盧云：「本一作真。」　輿案：天啟本注云：「一作貴，非。」**則百官勸職，争進其功。**潛夫論考績篇：「羣僚司尹咸有典司，各居其職，以責其效。」

考試之法，大者緩，小者急，貴者舒而賤者促。鄧立誠云：「大緩小急，貴舒賤促。以漢法況之，縣課丞尉，郡課縣，州課郡，公卿課羣吏。縣之課丞尉也，令長於秋冬歲盡，各計縣户口墾田，錢穀入出，盗賊多少，上其集簿。丞尉以下，歲詣郡課校，其功多尤爲最者，於廷尉勞勉之，以勸其後。負多尤爲殿者，於後曹別責，以糾怠慢。諸對詞窮尤困，收主者掾史，關白太守，使取法丞尉縛責，以明下轉相督敕，爲民除害。其郡守課縣，秋冬遣無害吏按訊諸囚，平其罪法。論課殿最。歲盡，遣吏上計。州刺史課郡國，以六條問事，常以八月巡行所部郡國，録囚徒，考殿最。御史中丞總領州郡奏事，課第諸刺史。丞相典天下誅討賜奪，天子受相國之安。其有日食、星變、諸陰陽不和，丞相不勝任，使者奉敕書，駕驖駱馬，即時布衣出府，免爲庶人。又按：試若丞相設四科之辟，以博選異德名士，稱才量能，皆試以能信，然後官之之試。此即對策所謂使諸〔一〕列侯、郡守二千石各責其吏民之賢者，歲貢各二人以給宿衛，毋以日月爲功實，試賢能爲上者也。」**諸侯月試其國，州伯時試其部，四試而一考。**凌云：「諸侯一歲三考，州伯一歲一考。」**天子歲試天下，三試而一考，前後三考而絀陟，**路史注引書大傳曰：「三歲小攷，正職而行事。九歲大攷，黜無職，賞有功也。一之三以至九年，天數窮矣。陽德終矣。」史記五帝紀：「三載攷一功，三攷黜陟。」文元年「天王使毛伯來錫公命」，何注：「古者三載考績，三考黜陟幽明。文公新即位，功未足施而錫之，非禮也。」竝與董同。白虎通攷黜篇：「所以三歲一攷績何？三年有成，故於是賞有功，黜不肖。尚書曰：『三載攷績，三攷黜陟。』何

〔一〕「諸」字，原誤「者」，據凌本改。

以知始攷輒黜之？尚書曰：『三年一攷，少黜以地。』書所謂三考黜陟者，謂爵土異也。」潛夫論三式篇：「是故三公在三載之後，宜明考績黜陟。」竝以爲一考即黜陟，殆今文異説。晉傅玄傳：「虞書曰：『三載考績，三考黜陟幽明。』是謂九年之後，君有遷敍也。」後魏孝文太和中詔曰：「三載考績，自古通經。三考黜陟，已彰能否。今若待三考然後黜陟，可黜者不足爲遲，可進者大成賒緩。是以朕今三載一考，考即黜陟。欲令愚滯無妨於賢者，才能不壅於下位。」用白虎通説。**命之曰計。**周禮太宰：「八曰官計，以弊邦治。」鄭司農云：「謂三年則大計羣吏之治，而誅賞之。」鄭玄云：「官計謂小宰之六計。」輿案：周時小宰宰夫之命羣吏，有月終旬終小計，歲終大計，以備考成，可想見其考察之密。蓋考羣吏詳而考天下略，亦舒促之義也。元初令官吏計日月，考殿最。明制有考滿、考察二法，考察通天下内外官計之。其目八，曰貪、曰酷、曰浮躁、曰不及、曰老、曰疾、曰罷、曰不謹。分致仕、降調、閒住爲民有差。考滿論一身歷俸，分稱職、平常、不稱職三等。三年初考，六年再考，九年通考。其分年三考之典，沿古法也。我朝考績之法，在内曰京察，在外曰大計，各以三年爲期。武職曰軍政。（康熙初年曾停京察，用考滿法，未幾而復。）名雖畧殊，計典一也。内外通限三年，軍政不過五年。較漢法寬而視古密矣。

考試之法，○天啟本不提行。**合其爵禄，并其秩，積其日，陳其實，**史記：「積日曰閲，實謂功狀也。」案：爵以位言，秩以食言，日以資言，實以勞言。禄與秩分者，禄有定而秩無定，禄麗於爵，秩敍於職也。此即後世年勞之法，雖考功罪，兼計資格。及其敝也，則有資格而無賢否之分。**計功量罪，以多除少，**罪多則除功，功多則除罪。漢書陳湯傳：劉向上疏言：「昔齊桓公前有尊周之功，後有滅項之罪，君子以功覆過，而爲之諱行事。」東漢朱勃上書訟馬援：「臣聞春秋之義，罪以功除。」詩氓鄭箋云：「士有百行，可以功過相除。」桓十一年何注：「祭仲知國重君輕，君子以存國除逐君之罪。雖不能防其難，罪不足而功有餘，故得爲賢。」又莊三年注：「紀季稱字言之者，以存先祖之功，則除出奔之罪。」莊四年注：「賢襄公爲諱，以復讎之義，除滅人之惡。」莊六年注：「齊當以讓除惡，故善起其事。」昭二十年注：「以喜時之讓。除會之叛，猶〔一〕叔術功惡相除，裁足通濫爾。」僖十年注：「桓公功大，善惡相除，足封有餘。文公功少，嫌未足除身篡，而有討功，故爲之諱。」此亦春秋多少相除之例。以名定實，先内弟之。盧云：「弟，古第字，下同。」輿案：内第謂先就一人之功罪定其等次，然後外集合計天下而殿最之。内第當如明世考滿法，外集如明世考察法。○天啟本「弟」作定。凌本「以」下有爲字。其先比二三分以爲上中下，俞云：「比二皆衍文。」以考進退，然後外集。○官本云：「以，他本誤移在『後』字下。」通名曰進退，增減多少，有率爲弟。句。九分三三列之，亦有上中下，以一爲最，五爲中，九爲殿。凌云：「漢書宣帝紀『丞相御史課殿最以聞』，顔注：『凡言殿最者，殿，後也。最，凡要之首也。課，居先也。』唐六典：『四善爲上上，一最；三善爲上中，一最；二善爲上下，無最；有二善爲中上，無最；有一善爲中中；職事粗理，善惡不聞，爲中下；愛憎任情，處斷乖理，爲下上；背公向私，職務廢缺，爲下中；居官諂詐，貪濁有狀，爲下下。』」有餘歸之於中，中而上者有得，中而下者有負。凌云：「漢書注：晉灼曰：『令丞尉治一縣，崇教化，亡犯法者，輒遷。有盜賊，滿三日不覺者，則尉事也。令覺之，自除二，尉負其二，率相準如此法。』」得少者以一益之，至於四，負多者以四減之，至於一，皆逆行。計取算法乘除爲名，此爲得負乘除法，未詳其式。三四十二而成於計，得滿計者絀陟之。次次每計，各遂其弟，以通來數。○官本云：「他本『逐』作遂。」初次再計，次次四計，各不失故弟，而亦滿計絀陟之。

〔一〕「猶」字，春秋公羊傳何注作「明」。

初次再計，謂上弟二也。次次四計，謂上弟三也。九年爲一弟，二得九，并去其六，爲置三弟，六六得等，爲置二，并中者得三盡去之，并三三計得六，并得一計得六，此爲四計也。絀者亦然。盧云：「未詳。」輿案：此法漢時似未通行，故人但知京房考功課吏法。今史文不詳，無由訂董京異同得失矣。

通國身第二十二

謂通治國於治身。呂覽審分篇：「夫治身與治國，一理之術也。」

氣之清者爲精，○後漢李固傳「精」作神。人之清者爲賢。治身者以積精爲寶，○御覽四百二作「治身以鍊神爲寶」。固傳「治」作養，「積精」作練神。治國者以積賢爲道。○御覽無「者」字。身以心爲本，國以君爲主。精積於其本，則血氣相承受；賢積於其主，則上下相制使。血氣相承受，則形體無所苦；上下相制使，則百官各得其所。形體無所苦，然後身可得而安也；百官各得其所，然後國可得而守也。夫欲致精者，必虛靜其形；欲致賢者，必卑謙其身。形靜志虛者，精氣之所趣也；謙尊自卑者，仁賢之所事也。易繫辭：「謙尊而光。」故治身者務執虛靜以致精，治國者務盡卑謙以致賢。能致精則合明而壽，○盧云：「本或有仁字，疑衍。」輿案：天啟本無仁字。能致賢則德澤洽而國太平。潛夫論思賢篇：「是故養壽之士，先病服藥，養世之君，先亂任賢，是以身常安而國脉〔一〕永也。上醫醫國，其次醫身。夫人治國，固治身之象，疾者身之病，亂者國之病也。身之病待醫而愈〔二〕，國之亂〔三〕待賢而治。治身有黄帝之術，治世有孔子之經。」輿案：待病求醫，待亂求賢，晚矣。所謂醫與賢者，又未必果其人也。惟董子之言，爲得其本。

三代改制質文第二十三

禮器：「三代之禮一也，民共由之，或素或青。」蓋言禮同而文質之相變也。史記孔子世家：「觀殷夏所損益，曰：『後雖百世可知也，以一文一質。周監二代，郁郁乎文哉！吾從周。』故書傳、禮記自孔氏。」論語「子張問十世可知也」，集解引孔曰：「文質禮變。」漢書兒寬傳：寬上壽曰：「臣聞三代改制，屬象相因。間者聖統廢絶，陛下發憤。合指天地，祖立明堂辟雍，宗祀泰一。六律五聲，幽贊聖意，神樂四合，各有方象，以丞嘉祀，爲萬世則，天下幸甚。」後漢魯恭傳：「王者質文不同，四時之政，行之若一。」輿案：三代殊制，見於禮記明堂位、檀弓、禮器、祭法、祭義諸篇者甚多。如子服

〔一〕「脉」字，原作「永」，據凌本及潛夫論校記改。
〔二〕「愈」字，原誤「治」，據凌本及潛夫論改。
〔三〕「亂」字，原誤「病」，據潛夫論改。

景伯子游争立孫立弟，檀弓争葬之別合，曾子子夏争殯之東西，子游子夏之裼襲不同，孟子公羊爵之三等五等，禄之三品二品，以及小斂之奠，或云東方，或云西方，同母異父昆弟，或云爲之齊衰，或云大功，皆師説所傳異制。學者質文隨習，不必盡合。（儀禮士冠禮鄭注云：「凡醴，事質者用糟，文者用清。」亦以文質説禮。）故白虎通問曰：「異説並行，則弟子疑焉。」孔子有言：吾聞擇其善者而從之，多見而志之，知之次也。文武之道，未墜於地，天之將喪斯文也，樂亦在其中矣。聖人之道，猶有文質，所以擬其説、述所聞者，亦各傳其所受而已。本篇所紀，但述師説。至以春秋當新王諸義，不見於傳，蓋爲改正而設，與春秋義不必相屬。自何休取以注傳，轉令經義支離，爲世詬病矣。黄震疑黄帝之先謚，四帝之後謚，舜法商，禹法夏，湯法質，文法文諸語，不當於理。其實商夏亦文質之代名，先謚後謚尤不必疑也。（見本篇注。）惟四法一節，乃緯家説，疑爲羼入。○玉海四十列目作「三代改制」，與前篇目同，云「一作文質」。疑此篇名一作「三代改制」，一作「三代文質」，而後人誤合之也。

春秋曰「王正月」，傳曰：「王者孰謂？謂文王也。周自文王受命而王，故孔子從周，必宗文王。論語：「文王既没，文不在兹乎？」固以身任紹文之文矣。中庸：「仲尼祖述堯舜，憲章文武。」鄭云：「此以春秋之義説孔子之德。孔子所述，堯舜之道，而制春秋，則斷以文王武王之法度。」鄭蓋用公羊家説。王愆期遂以文王爲孔子，謬說流貤，滋誤後學。（公羊成十年疏：「孔子爲後王。」蓋沿用愆期說。）且立義可託王，正朔服色不可託王也。文九年何注：「引文王者，文王始受命制法度。」孫星衍以爲魯隱公元年與文王改元之歲同在己未，故稱文王，舉周魯通符之歲，以紀年託始。（見平津館文稿公羊以春王爲文王解。）恐非春秋義。○官本云：「下『謂』字他本誤移在『文王也』之下，今改正。」**曷爲先言王而後言正月？王正月也。」**以上引傳文。**何以謂之王正月？曰：王者必受命而後王。王者必改正朔，易服色，制禮樂，一統於天下，所以明易姓，非繼人，**○人，各本作仁，今改。**通以己受之於天也。王者受命而王，制此月以應變，**應天革命。**故作科以奉天地，**○故，字疑衍。**故謂之王正月也。**隱元年何注：「以上繫於王，知王者受命，布政施教，所制月也。王者受命，必徙居處，改正朔，易服色，殊徽號，變犧牲，異器械，明受之於天，不受之於人。」**王者改制作科奈何？曰：當十二色，**年十二月，故云十二色。每月物色各不同。**歷各法而正色，**而，疑當作其。於十二色中，取三微之月，各法其一，以爲正色。而改曆也。通典七十四注云：「三正者，天地人也。三正之道，由三微之月。受命之正，各法其一。」後漢書章帝紀：「元和二年詔曰：『春秋于春〔一〕每月書王者，重三正，慎三微也。』」注引斗威儀〔二〕云：「三微者，三正之始，萬物皆微，物色不同，故王者取法焉。」又陳寵傳：奏曰：「三微成著，以通三統。」注引三禮義宗云：「三微，三正也。王者奉而成之，各法其一，以改正朔。」通典百六十九引同。白虎通三正篇：「不以二月後爲正者，萬物不齊，莫適所統，故必以三微之月也。」**逆數三而復。**錢云：「復上脫相字。」輿案：白虎通三正篇引

〔一〕「春」字，原誤「正」，據後漢書改。

〔二〕「斗威儀」，後漢書注作「禮緯」。

禮三正記曰：「正朔三而改，文質再而復。」案逆數者，如夏以十三月孟春爲正，殷以十二月季冬爲正，周以十一月仲冬爲正，推之以前皆然。繼周者則當復以孟春月爲正，乃合逆數也。互見二端篇。白虎通又云：「天質地文，質者據質，文者據文。周反統天正何也？質文再而復，正朔三而改。三微質文，數不相配，故正不隨文質也。」絀三之前曰五帝，白虎通號篇：「五帝者，何謂也？禮曰：黄帝、顓頊、帝嚳、帝堯、帝舜，五帝也。」與董合，見下文。董以三代定三統，故以前云絀。凌云：「古今注：程雅問董仲舒：自古何謂稱三皇五帝？對曰：三皇，三才也。五帝，五常也。」帝迭首一色，順數五而相復，此五行更王之義。如黄帝土德，以黄爲首色是也。後世因之，有歷代所尚之色，大抵取五行生剋爲義。至元明服御專用黄色，國朝因而不改，始闢五德舊説矣。禮樂各以其法象其宜。凌云：「史記趙世家：及至三王，隨時制法，因事制禮，法度制令，各順其宜，衣服器械，各便其用，故禮也不必一道，而變國不必古。聖人之興也，不相襲而王，夏殷之衰也，不易禮而滅。」順數四而相復。俞云：「此言五帝，不得言四而相復，其上當有脱文。」　輿案：疑即本篇之所謂一商一夏，一質一文，故云四而復。咸作國號，遷宫邑，易官名，制禮作樂。以上推明古王者改制，有三復、五復、四復之不同。董所主則以三統爲説。故湯受命而王，○盧云：「王，舊作正，誤。」應天變夏作殷號，時正白統。親夏故虞，絀唐謂之帝堯，○盧云：「舊本作故親夏虞。今以下文親周故宋之例改轉。」以神農爲赤帝。錢云：「董子法以三代定三統，追前五代爲五帝，又追前三代爲九皇。凡九代三統移於下，則九皇五帝遷於上。商爲白統，并夏虞爲三代。絀唐爲帝，唐爲五帝之末，則神農爲五帝之首，而庖羲爲九皇。此當有推庖羲以爲九皇句，文脱耳。」作宫邑於下洛之陽，名相官曰尹。伊尹是也。説文「伊」下云：「殷聖人阿衡，尹治天下者，从人从尹。」○天啟本注云：「一作『名相曰宫尹。』」作濩樂，制質禮以奉天。文王受命而王，應天變殷作周號，時正赤統。班書高帝紀贊云：「漢承堯運，德祚已盛，斷蛇著符，旗幟尚赤，協于〔一〕火德，應天統矣。」班彪王命論云：「劉氏承堯之祚，氏族之世，著于春秋。」劉向頌高祖，謂爲出自唐帝。昭帝元鳳三年，符節令眭弘上書，亦言漢承堯後，故或援左傳士會之帑處爲劉氏文，及士匃蔡墨劉氏系出陶唐之語，以傅會之。賈逵至以此請光武崇左氏。在董子時，尚無此説，故取赤統不始唐堯。眭弘自稱董爲先師，而用古文傅會之説，斯爲舛矣。親殷故夏，○「作濩」下三十字原脱，參用盧文弨張惠言説補。絀虞謂之帝舜，絀虞，原作爵字。盧云：「爵字訛，當作『絀虞』二字，今改。」以軒轅爲黄帝，○天啟本無「以」字，「爲」作曰。推神農以爲九皇。玉海四十云：「通鑑外紀引此語。」作宫邑於豐。名相官曰宰。作武樂，制文禮以奉天。文王作武，又見楚莊王篇。武王受命，作宫邑於鄗，鄗，與鎬同。周本紀注：「鎬在上林，昆明北有鎬池，去豐二十五里，皆在長安南。」制爵五等，作象樂，繼文以奉天。墨子三辨篇：「武王勝殷殺紂，環天下自立。因先王之樂，又自作樂，命曰象。」文王世子鄭注：「象，周武王伐紂之樂。」周公輔成王受命，作宫邑於洛陽，○天啟本無「邑」字。成文武之制，作汋樂以奉天。汋，内則及漢書禮樂志作勺。殷湯之後稱邑，禮樂記：「投殷之後於宋。」示天之變反命。對册云：「治亂廢興在於己，非天降命，不可得反。」故天子命無常。子，疑作之。唯命是德慶。疑作「唯德是慶」。故春秋應天作新王之事，時正黑統。王魯，尚黑，作新王事，即春秋爲漢制作之説所由昉。魯爲侯國，漢承帝統，以侯擬帝，嫌于不恭，故有託王之説。云黑統則託秦尤

〔一〕「于」字，原誤「子」，據漢書改。

顯。蓋漢承秦統，學者恥言，故奪黑統歸春秋。（朱一新已有是説。）以爲繼春秋，非繼秦也。易通卦驗云：「秦爲赤驅，非命王。」漢書王莽傳贊：「昔秦燔詩書，以立私議。莽誦六藝，以文奸言。皆亢龍絶氣，非命之運，聖王之驅除云爾。」此亦漢世不以秦爲受命王之證。不以秦爲受命王，斯不得不歸之春秋以當一代。尊春秋即所以尊漢也。晉尊二王之後，只及周漢，不數秦，正用漢儒義。文帝十四年，魯人公孫臣上書，陳終始傳五德事，言方今土德應，黄龍見，當改正朔，易服色制度。丞相議推以爲今水德，始明正十月尚黑事，罷其言。（見史記文帝紀。）太史公于張丞相傳贊，咎其絀賈誼公孫臣等言正朔服色事而不遵，明用秦顓頊厤，蓋不以漢尚黑統爲然也。然則推董生之説當何從？曰：董主三統迭用，既以春秋當一代正黑統，漢當親黑統正白統矣。吕覽應同篇云：「代火者必將水。天且先見水氣，水氣勝，故其色尚黑，其事則水。水氣至而不知數備，將徙于土。」吕意蓋以周火德王，七百有餘歲，其中間已見水氣。後當以土德王也。其後始皇仍用水德，已失吕意。此云春秋正黑統，亦與先見水氣畧合。殆周秦間有此學説耶。（五德終始之説，鄒衍已言之。）惟一主五行生尅，一主三統遞用，太初改制，仍用五行相勝，與董氏春秋説不同。故兒寬司馬遷諸人采用臣誼之言，未嘗條引董説也。問者曰：春秋有周改月而不改夏時之説，信乎？曰：朱子辨之矣。其言曰：「胡文定春秋説，夫子以夏時冠周月，以周正紀事。謂如公即位依舊是十一月，只是孔子改正作春正月，某便不敢信。據今周禮有正月，有正歲，則周實是元改作春正月，夫子所謂『行夏之時』，只是爲他不順，欲改從建寅。如孟子説『七八月之間旱』，遂斷然是五六月。『十一月徒杠成，十二月輿梁成』，遂分明是九月十月。」又王應麟玉海云：「三代雖不改時與月，而春秋紀春無冰爲異，則固以周正紀事也。左傳記鄭祭足取麥穀，鄧來朝三事，經傳所記，有例差兩月者，是經用周正，傳取國史。有自用夏正者，失於更改也。詩多用夏正。書金縢『秋，大熟』，亦是夏時。此不改時月之驗。但孟子謂七、八月乃五、六月，謂十一、十二月乃九、十月，此當闕之。又六經天文编引易氏曰：『夏正建寅謂之正歲，周正建子謂之正月。建子爲時王之正月，示萬民以更新之意。故太宰縣治象于月吉，而復斂于挾日。建寅爲民時之正歲，吏治于是乎始。故小宰帥治官之屬，觀治象于已斂之後。』又引張氏曰：『周官于布治言正月之吉，此周正也。而以夏正爲正歲。所謂正歲十有二月，令斬冰。此其明證。又七月言月，皆夏時，而以周之正爲一之日。觀此可見兼存之法。』」輿案：春秋用周正，改時月無疑，而王者間用夏時便民。逸周書周月篇所云：「敬授民時，巡狩祭享，猶自夏焉。」是也。列國之史，亦間有存夏商正者，不關孔子春秋之旨。此云改統，自是一時師說，與春秋不相蒙也。○盧云：「舊本『正』字、『王』字互易，今改從上文之例。」**絀夏，親周，故宋。**盧云：「親周，何休注公羊作新周。然以春秋當新王，不當更云新周。且上文云，親夏、故虞，下文又云，親赤統，親黑統，可證親字之是。」　輿案：隱元年疏，何氏作文謚例云：「三科九旨者，新周，故宋，以春秋當新王，此一科三旨也。」莊二十七年「杞伯來朝」，注：「杞，夏後，不稱公者，春秋黜杞，新周而故宋，以春秋當新王。」僖二十三年「杞子卒」，注：「始見稱伯，卒獨稱子者，微弱爲徐莒脅，不能死位。春秋伯、子、男一也。辭無所貶，貶稱子者，春秋黜杞不明，故以其一等貶之，明本非伯，乃公也。」宣十六年「成周宣謝災」，傳云：「新周也。」注：「孔子以春秋當新王，上黜杞，下新周而故宋。」何用董義，並作「新周」。樂動聲儀云：「先魯後殷，新周故宋。」亦作新。史記孔子世家云：「乃因史記作春秋，上自隱公，下訖哀公十四年，十二公，據魯親周故殷，運之三代，約其文辭而指博。」新周，作「親周」不誤。此文以春秋當新王。乃說春秋者假設之詞。有絀、有親、有故，新王之典禮宜然。史公學於董生，故其説頗與之合。蓋差世遠近以爲親疏，推制禮以明作經之旨，理自可通。由一代言之，則有所聞、所見、傳聞之不同，由異代言之，則有本代、前代之不同，其歸一也。春秋紀魯元以繫事，故史公云：「據魯于周則親，于宋則故。」詞義明顯。索隱云：「時周雖微，而親周者，以見天下之有宗主也。」解「親」字卻不盡關董意。劭公昧於董，兼盲於史，既動引此文以釋經傳，（杞伯義本此篇，新周則何妄推。）又因王魯造爲黜周之說。晉王接傳已言何休訓釋甚詳，而黜周王魯，大體乖賅，且志通公羊，往往還爲公羊疾病。而後人並以譏吾董子，則誣矣。至傳言新周，與此言親周，截然二義，孔廣森以新絳新鄭例傳是也，惡足以溷此文？陳澧乃謂公羊「新周」二字，自董生以來，將二千年，至巽軒乃得其解。此爲何注所誤，讀董子未明也。（見東塾讀書記十。）劉申受諸人所釋，則尤近詭誕矣。（如王使來聘書使，內詞耳，而以爲與諸侯同文者爲新周。又或以傳王者謂文王爲新周之類。文多不具引。）「故宋」二字，不出公羊，見穀梁桓二年傳。范注：「孔子舊是宋人。」然與此義別。史記之故殷，乃此故宋義。詩商頌，三家詩以爲正考父美宋襄。禮樂記鄭注：「商，宋詩也。」左傳哀九年杜注：「子商，宋也。」國語韋注：「商，宋也。」逸周書王會解有商公夏公。莊子天運篇及韓非子均有商太宰。商，即宋也。殷商同爲宋，故名。故史公云「故殷」。漢成帝紀：「綏和元年詔曰：『蓋聞王者必存二王之後，所以通三統也。昔成湯受命，列爲三代，而祭祀廢絶。考求其後，莫正孔吉。其封吉爲殷紹嘉侯。』三月，進爵爲公，及周承休侯皆爲公。」漢自爲一代，上封殷、周，不及夏后，正用此絀夏、故宋、親周之説。（晉成帝咸康二年求周漢之後繼承其祀，亦沿用漢制，不數秦。）其以孔子孫奉湯祀，則兼采梅福、匡衡議。雖推迹古文，以左氏、穀梁、世本、禮記相明，然公羊家説實亦如此。繼宋之與繼殷，固無大別也。成帝時古文學興，又梅福治穀梁，穀梁言孔子殷後，故推本之耳。平帝元始元年，封孔子後孔均爲褒成侯，四年，改殷紹嘉公曰宋公。光武建武五年，封殷後孔安爲殷紹嘉公，建武十三年，又以殷紹嘉公孔安爲宋公。采用董説也。我朝康熙三十八年，聖祖致奠明陵，諭曰：「古者夏殷之後，周封之於杞宋，即今本朝四十八旗蒙古，亦皆元之子孫，朕仍沛恩施，依然撫育，明之後世，應酌授一官，俾司陵寢。」全祖望三后聖德詩置恪篇云：「三統之禮，發自遺經，以存三微，其義最精。」輿謂絀夏、親周，故宋，猶今云絀宋、親明、故元。古者易代則改正，故有存三統三微之説，後世師春秋遺意，不忍先代之遽從絀滅，忠厚之至也。知此文之紀典禮，則諸傳會之説可廓然矣。

樂宜親招武，故以虞録親，此論語「樂則韶舞」之旨。宜者，商畧之詞，非謂實如是也。招武，即韶舞，招、韶字通。武，爲舞之訛。上「親」字疑用之誤。以虞録親，猶商帝神農、周帝軒轅之例。録，義如下文「録五帝以小國」之録。然尚疑有誤文。

樂制宜商，合伯子男爲一等。盧云：「樂制，疑當作制爵。」輿案：春秋伯子男一也。見桓十一年傳。白虎通爵篇：「所以合子男從伯者，王者受命，改文從質，無虛退人之義，故上就伯也。」荀子正名篇：「刑名從商，爵名從周，文名從禮。」與此異。**然則其略説奈何？曰：三正以黑統初。**俞云：「三正以黑統初，謂三正以黑爲始也。『初』下有闕文，當據下文補『正黑統奈何，曰正黑統者麻』十一字。」**正日月朔於營室，斗建寅。**禮月令：「孟春之月，日在營室。」注：「孟春者，日月會於娵訾，而斗建寅之辰也。」春秋感精符：「人統十三月建寅，火生之瑞，謂之人統，夏以爲正。」**天統氣始通化物，物見萌達，其色黑。**白虎通三正篇〔一〕引三正記云：「十三月之時，萬物始達，孚甲而出，皆黑，人得加功。故夏爲人正，色尚黑。」**故朝正服黑，首服藻黑，正路輿質黑，馬黑，**明堂位：「夏后氏駱馬黑鬣。」**大節綬幘尚黑，**劉逢禄云：「綬，他本誤作緌。」節，符節。董巴輿服志曰：「古者君佩玉，尊卑有序。及秦以采組連結于襚，謂之綬。漢承秦制，因而勿改。」續漢輿服志下：「千石、六百石黑綬三采，又自黑綬以下，襚皆長三尺，與綬同采，而首半之。」應劭漢官曰：「綬長一丈二尺，法十二月，廣三尺，法天地人也。」後漢〔二〕輿服志：「幘者，賾也。頭首嚴賾也。」注：「獨斷曰：『幘，古者卑賤執事不冠者之所服也。』董仲舒止雨書曰『執事者皆赤幘』，知不冠者之所服也。」方言曰：「覆髻謂之幘。」**旗黑，大寶玉黑，**禮稽命徵：「天命以黑，故夏有玄珪。」**郊牲黑，**明堂位：「夏后牲尚黑。」**犧牲角卵。**卵者，角始萌達如卵，言其小也。大戴禮夏小正云：「納卵蒜。卵蒜也者，本如卵者也。」卵蒜即小蒜，知夏時有此稱。**冠于阼，**冠義：「故冠于阼，以著代也。」據此則所稱蓋夏禮。士冠禮：「適子冠于阼，庶子冠于

〔一〕「三正篇」，原誤「三篇」，據白虎通改。
〔二〕「後漢」，原作「續漢」，據後漢書及凌本改。

房外。」疑亦雜説三代禮。匡衡疏：「適子冠乎阼，禮之用醴。衆子不得與列，所以貴正體而明嫌疑也。非虚加其禮文而已，乃中心與之殊異，故禮探其情而見之於外也。」**昏禮逆于庭，**隱二年注：「夏后氏逆于庭。」徐疏引尚書大傳云：「夏后氏逆于廟庭。」據此，知親迎之禮，其來已久。文王親迎于渭，沿夏禮而又加隆與？**喪禮殯於東階之上。**檀弓：「夏后氏殯于東階之上。」**祭牲黑牡，**檀弓：「夏后氏尚黑，大事斂用昏，戎事乘驪，牲用玄。」**薦尚肝。**明堂位「夏后氏祭心，殷祭肝，周祭肺」，與此不同。案：明堂位以相勝爲義，如夏尚黑勝赤，故祭心。殷尚白勝青，故祭肝。周尚赤勝白，故祭肺。此則各祭其所尚之色。**樂器黑質。法不刑有懷任新産，**後漢章帝元和二年正月詔曰：「令云『人有産子者復，勿算三歲』。令諸懷妊者，賜胎養穀，人三斛。復其夫，勿算一歲，著以爲令。」加恩懷任新産，義本于此。今産婦有罪，猶以百日後行刑。以下文例之，「有」下脱身字。○盧云：「此下一本有者字。」案：凌本有。**是月不殺。**盧云：「是月，疑提月，即閏月也。下同。」凌云：「王者養微，故懷任新産之月，雖有罪，法所不刑。」俞云：「上云法不刑有懷任新産者，其義已足，無取申説。下云法不刑有身懷任，又云法不刑有身，重懷藏以養微。夫既以養微説之，則是不殺不連上事明矣。今按是月不殺，與下文聽朔廢刑發德相次，是月謂晦日也。僖十六年經曰：『是月，六鷁退飛過宋都。』公羊傳以爲晦日，其明證矣。」輿案：是月，經傳有兩訓，讀如字者謂此月，讀如提者謂月盡。檀弓「是月禫」，亦讀爲提，不獨公羊爲然。此仍當讀如字，是月謂建正之月也。易冬至卦氣爲中孚，其象曰：「君子以議獄緩死。」是周以建子之月緩獄也，推之歷代當同。後漢章帝詔曰：「春秋於春每月書王者，重三正，慎三微也。律十二月立春，不以報囚。月令冬至之後有順陽助生之交，而無鞫獄斷刑之政。其定律無以十一月十二月報囚。」正用此義。諸説皆非。**聽朔廢刑發德，具存二王之後也。**二王，謂唐虞。禮郊特牲：「存二王之後，尊賢不過二代。」○官本云：「發，他本誤作法。下同。」**親赤統，故日分平明，平明朝正。**尚書大傳：「夏以平旦爲朔。」樂稽耀嘉：「夏以寅爲朔。」隱元年何注：「夏以斗建寅之月爲正，平旦爲朔，法物見，色尚黑。」正白統奈何？曰：正白統者，歷正日月朔于虚，斗建丑。月令：「季冬之月，日在婺女。」注：「季冬者，日月會於元枵，而斗建丑之辰也。」春秋感精符：「地統十二月建丑，地助生之端，謂之地統，商以爲正。」逸周書周月篇：「夏數得天，百王所同。其在商湯，用師於夏，順天革命，改正朔，變服殊號，一文一質，示不相沿。以建丑之月爲正，亦越我周，政伐于商，改正異械，以垂三統。至於敬授民時，巡狩祭享，猶自夏焉。」天統氣始蜕化物，物始芽，尚書大傳：「周以至動，殷以萌，夏以芽。」隱元年何注：「夏法物見，殷法物芽，周法物萌。」并與此異。其色白，白虎通：「十二月之時，萬物始芽而白。白者陰氣，故殷爲地正，色尚白也。」故朝正服白，首服藻白，正路輿質白，殷本紀：「孔子曰：『殷路車爲善，而色尚白。』」馬白，明堂位：「殷人白馬黑首。」大節綬幘尚白，旗白，明堂位：「殷之大白。」大寶玉白，郊牲白，明堂位：「牲，白牡。」犧牲角繭。王制：「祭天地之牛角繭栗。」冠于堂，昏禮逆于堂，隱二年注：「殷人逆于堂。」疏引尚書大傳同。喪事殯于楹柱之間。盧云：「似當作喪禮殯于兩楹之間。」禮弓：「殷人殯于兩楹之間。」祭牲白牡，檀弓：「殷人尚白，大事斂用日中，戎事乘翰，牲用白。」薦尚肺。樂器白質。法不刑有身懷任，身，與娠同。是月不殺。聽朔廢刑發德，具存二王之後也。二王，謂虞夏。親黑統，故日分鳴晨，鳴晨朝正。尚書大傳：「殷以雞鳴爲朔。」隱元年何注：「殷以斗建丑之月爲正，雞鳴爲朔。法物芽，色尚白。」○盧云：「下『鳴晨』，舊本倒。」正赤統奈何？曰：正赤統者，歷正日月朔于牽牛，斗建子。天統氣始施化物，物始動，其色赤，故朝正服赤，首服藻赤，正路輿質赤，馬赤，月令：「仲冬之月，日在斗。」注：「仲冬者，日月會于星紀，而斗建子之辰也。」春秋感精符：

「天統十一月建子，天始施之端也。謂之天統者，周以爲正。」白虎通：「十一月之時，陽氣始養根株。黃泉之下，萬物皆赤，赤者之氣也。故周爲天正，色尚赤也。」尚書大傳「周以至動」，注：「至動，冬日至，物始動也。」○「歷正」下四十字原脱，依盧文弨説補。大節綏，幘尚赤，旗赤，明堂位：「周之大赤。」大寶玉赤，郊牲騂，檀弓：「周人尚赤，大事斂用日出，戎事乘騵，牲用騂。」犧牲角栗。較繭微大。冠于房，士冠禮：「庶子冠于房外。」然則嫡子冠于房與？昏禮逆于户，隱二年注：「周人逆于户。」疏引尚書大傳同。通典五十八：「周制親迎于户。」注引何休云：「後代漸文，而迎于户，示其親。」喪禮殯于西階之上。檀弓：「周人殯于西階之上。」祭牲騂牡，薦尚心。樂器赤質。法不刑有身，重懷藏以養微，孫詒讓云：「重，即有身也。素問奇病篇云：『人有重身，九月而瘖。』王注：『重身，謂身中有身，則懷妊也。』此前後文並複贅，未詳厥指。」輿案：「身」字當絶句，「重懷藏以養微」，總釋其義也。此似以有身、懷任、新産分爲三事，故詳畧不同。桓四年「公狩于郎」，何注：「月者，譏不時也。周之正月，夏之十一月，陽氣始施，鳥獸懷任，草木萌芽，非所以養微。」養微，二字本此。是月不殺。聽朔廢刑發德，具存二王之後也。二王，謂夏殷。親白統，故日分夜半，夜半朝正。尚書大傳：「周以夜半爲朔。」白虎通同。隱元年何注：「周以斗建子之月爲正，夜半爲朔。法物萌，色尚赤。」改正之義，奉元而起。奉元，疑作奉天。古之王者受命而王，改制稱號正月，各正其月，謂之正朔。服色定，然後郊告天地及羣神，○官本云：「神，他本作臣。」遠追祖禰，祭告先尊而後親。○盧云：「遠追，舊作近遠，錢據大典本改。」然後布天下。諸侯廟受，受天子之正朔于廟。以告社稷宗廟山川，桓二年何注：「質家右宗廟，上親親，文家右社稷，上尊尊。」然後感應一其司。天下同稟正朔，然後授時有定序，氣候有常推。三統之變，近夷遐方無有，生煞者獨中國。天以中爲主。煞，同殺。猶生剋。然而三代改正，必以三統天下。漢書律曆志：「三統者，天施、地化、人事之紀也。其於三正也，黄鐘子，爲天正，林鐘丑，爲地正，太簇寅，爲人正，三正之始。」詩緯推度災云：「軒轅、高辛、夏后氏、漢皆以十三月爲正。少昊、有唐、有殷皆以十二月爲正。高陽、有虞、有周皆以十一月爲正。」通典引尚書中候同。是夏商以前有三正矣。通典五十五引孫盛晉陽秋論云：「孔子修春秋，列三統，爲後王法。今仍舊，非也。晉爲金行，服色尚赤，考之古道，乖違甚矣。」伊川程子云：「三王不足四，無四三王之理。如忠質文之所尚，子、丑、寅之所建，歲三月爲一時之理。秦强以亥爲正，畢竟不能行。」　案：此言三統，亦是闢秦，則漢之不宜繼秦益顯矣。「天下」上疑有奪字，或當重「統」字。曰：三統五端，五端，即五始。化四方之本也。天始廢始施，廢舊施新。地必待中，是故三代必居中國。法天奉本，執端要以統天下，朝諸侯也。是以朝正之義，天子純統色衣，沈欽韓云：「士昏禮：『女從者畢袗玄。』左傳僖五年：『均服振振。』續漢書輿服志：『郊祀之服，皆以袀玄。』鄭所謂上下皆玄，杜所謂上下同服，此云朝正之義。」又云：「明乎天統以漢人言漢制，則爲袀玄明矣。此統字不可解。蓋天色玄，循天統之義，則衣之色用天統，尚玄也。統字非誤，其文質爾。」　輿案：于文疑當作「統衣純色」。統衣者，謂循天統以爲衣色。下句作統衣，是其證。純色者，如尚玄則上服純玄，玄衣而玄緣也。尚書大傳云：「山龍純青，華蟲純黄，作會宗彝純黑，藻純白，火純赤。」即此「純」字之義。後漢書明帝紀永平二年注引：「董巴輿服志曰：『顯宗初服冕衣裳以祀天地。衣裳以玄上纁下。』徐廣車服注曰：『漢明帝案古禮備其服章，天子郊廟衣皂上絳下，衣畫而裳繡。』」是漢時諸儒所考古制，皆以上衣純用一色。隋書禮儀志：五經博士陸瑋等云：「六冕之服，皆玄上纁下，今宜以玄繒爲之。其制式如裘，其裳以纁，皆無文繡。」證以此文，似猶不失禮意。董通言古制，不專於漢，沈説過泥。諸侯統衣纏緣紐，纏、緣聲義並同，疑衍一「纏」字。玉藻注：「緣，飾邊也。深衣，純袂緣純邊廣各寸半。」鄭注：「純，謂緣之也。緣，錫也。緣邊衣裳之側廣各寸半。」廣雅釋詁：「紐，束也。」輿意天子純玄，諸侯則各以玄色緣邊而紐系之，所以明降殺也。存此說以俟攷。孫詒讓云：「纓，當作纁，諸侯玄衣而纁緣，又以纁爲帶紐，降于天子，不得純玄也。」大夫士以冠，大夫士則但以冠別之而已。禮，天子與其臣玄冕以視朔，諸侯與其臣皮弁以視朔。又大夫冕而祭于公，士弁祭于公，知非服別。參近夷以綏，劉逢禄云：「綏，他本作緌。按玉藻：『緇布冠繢緌，諸侯之冠也。』鄭注：『諸侯緇布冠有緌，尊者飾也。』對上大夫言，故云尊者。」孫詒讓云：「參，疑衍文。綏，緌之借字，謂以玄爲冠緌。」輿案：參，有朝見義，唐世朝參之義本此。近夷略沾王化，其來朝見，但以綏別，示不純臣，如後世藩屬之比。遐方各衣其服而朝，白虎通王者不臣篇：「夷狄者，與中國絕域異俗，非中和氣所生，非禮義所能化，故不臣也。」尚書大傳曰：「正朔所不加，即君子所不臣也。」漢書韓安國傳：「自三代之盛，夷狄不與正朔服色，非盛不能制，彊弗能服也，以爲遠方絕地不牧之民，不足煩中國也。」案：正朔所不加，故使之各服其色，不必合于統衣。孫詒讓云：「此董子所定三統服制之差，與三禮冕弁冠諸服不相應。」所以明乎天統之義也。其謂統三正者，曰：正者，正也，統致其氣，萬物皆應，而正統正，其餘皆正，凡歲之要，在正月也。白虎通三正篇：「正朔有三何？本天有三統，謂三微之月也。明王者當奉順而成之，故受命各統一正也，敬始重本也。」法正之道，正本而末應，正内而外應，説苑指武篇：「内治未得，不可以正外。本惠未襲，不可以制末。是以春秋先京師而後諸夏，先諸華而後夷狄。」動作舉錯，靡不變化隨從，可謂法正也。正統既更，則文質隨異，故云變化隨從。故君子曰：「武王其似正月矣。」周受命雖自文王，而大其業使天下應而正者，武王也。故曰「武王似正月」。説苑君道篇：「孔子曰：『文王似元年，武王似春王，周公似正月。』」與此異。説苑又云：「武王正其身以正其國，正其國以正天下。伐無道，刑有罪，一動天下正，其事正矣。春致其時，萬物皆及生；君致其道，萬人皆及治。周公戴己而天下順之，其誠至矣。」義與此文正合。家語觀思篇「孔子曰王者有似乎春秋」云云，即竊用説苑文。○天啟本「似」作以。**春秋曰：「杞伯來朝。」王者之後稱公，杞何以稱伯？春秋上絀夏，下存周，以春秋當新王。**新王與殷周合爲三代，故絀夏爲帝。**春秋當新王者奈何？曰：王者之法，必正號，**句。**絀王謂之帝，**句。**封其後以小國，使奉祀之。**二代前不追尊，使小國奉祀而已。**下存二王之後以大國，使服其服，行其禮樂，稱客而朝。**郊特牲云：「王者存二代之後，猶尊賢也。」隱三年：「宋公和卒。」何注：「王者封二王後，地方百里，爵稱公，客待之，而不臣也。詩云：『有客宿宿，有客信信。』是也。」案：史記五帝本紀：「禹踐天子位，堯子丹朱、舜子商均，皆有疆土，以奉先祀。服其服，禮樂如之，以客見天子，天子弗臣，示不敢專也。」此王禮所本。五經異義：「公羊説，存二王之後，所以通天三統之義。」毛詩正義引鄭云：「所存二王之後者，命使郊天，以天子之禮祭其始祖受命之王，自行其正朔服色，此之謂通天三統。」鄭亦用今文義。白虎通三正篇：「王者所以存二王之後何也？所以尊先王，通天下之三統也。明天下非一家之有，謹敬謙讓之至也。故封之百里，使得服其正色，行其禮樂，永事先祖。」鉤命決云：「不臣二王之後，謂觀其法度，故尊其子孫也。」劉向疏云：「王者通三統，明天命所授者博，非獨一姓也。」顏注：「言王者象天地人之三統，故存三代也。」（三代，當作二代。）左傳隱三年「春王三月」，疏引服注云：「孔子作春秋，于每月書王，以統三王之正。」蓋服氏猶知此義。**故同時稱帝者五，稱王者三，**凡二王以前皆稱帝，合新王爲三。尚書大傳：「王者存二代之後，與己爲三，所以通三統，立三正。」**所以昭五端，通三統也。**隱三年經「春王二月」，何注：「二月、三月皆有王者，二月殷之正月，三月夏之正月也。王者存二王之後，使統其正朔，服其服色，行其禮樂。所以尊先王，通三統。師法之義，恭讓之禮，于是可得而觀之。」白虎通王者不臣篇：「不臣二王之後者，尊先王，通天下之三統也。」○盧云：「五端，見上文，本或作五瑞，非。」**是故周人之王，尚推神農爲九皇，而改號軒轅謂之黄帝，**史記封禪書：「蓬萊士高世比德于九皇。」又見周禮小宗伯及都宗人注賈疏。　案：史記伏羲以前九皇六十四民，並是上古無名號之君，則九皇之説，於古已有。但董不用三皇之説，以周推神農爲九皇，説有異耳。蓋世遠而號愈尊，故由王而帝而皇，過此以往則民之矣。又據此知黄帝爲周人追謚，非本號。或造爲黄神（河圖握矩。）黄雲（春秋演孔圖。）黄星（拾遺記。）等語，以傅會者，妄也。黄帝以前尚有九皇，則以爲中國族類肇于黄帝者又妄也。○盧云：「舊本缺『周』字，錢補。尚、上通。黄帝，舊作皇帝，古亦通。」**因存帝顓頊、帝嚳、帝堯之帝號，絀虞而號舜曰帝舜，**此篇絀堯舜，自是三統通義，其道則春秋所隆也。公羊末篇云：「其諸君子樂道堯舜之道與？」何注：「春秋以王次春。敬授民時，崇德致麟，乃得稱太平。道同者相稱，德合者相友，故曰樂道堯舜之道。」妄者遂謂春秋始文王，終堯舜，爲改制微言。夫孔子之所以亟稱堯舜，爲其道德巍巍，足以立君道之極，示人倫之至耳。故鹽鐵論大論篇曰：「孔子生於亂世，思堯舜之道，東西南北，灼頭濡足，庶幾世主之悟。」本書仁義法、俞序、身之養篇竝言堯舜，意亦如此。**録五帝以小國。**以小國奉祀。**下存禹之後于杞，**杞號東樓公。見史記正義。**存湯之後于宋，以方百里**以，疑地。**爵號公。**隱三年何注：「宋稱公者，殷後也。」**皆使服其服，行其禮樂，稱先王客而朝。春秋作新王之事，變周之制，當正黑統。**「當正黑統」者，亦設爲是説，與前「宜」字例同，非謂孔子已如是也。**而殷周爲王者之後，**此亦春秋爲漢制作之意，時尚未封殷周後也。漢眭弘傳云：「先師董仲舒有言，雖有繼體守文之君，不害聖人之受命。漢家堯後，有傳國之運。漢帝宜誰差〔一〕天下，求索賢人，而退自封百里，如殷周二王後，以承順天命。」弘以此書伏誅。　案：董未嘗以漢爲堯後，蓋自弘刱，而向歆因之耳。且殷周二王皆易代，若如弘説，則欲漢禪位易世，安得不害受命，與董説悖矣。弘蓋借其受命之語，造爲異説。自是以後，圖讖煩興，經學雜矣。**絀夏改號禹謂之帝，**盧云：「『帝』下當又有一禹字。」**録其後以小國，故曰絀夏存周，以春秋當新王。不以杞侯，弗同王者之後也。**夏黜爲帝，故其後不得與王者同。○盧云：「舊脱『杞』字，錢補。」　案：天啟本「侯」作俟，注云：「恐是侯。」**稱子又稱伯何？見殊之小國也。**以小國奉祀，不以大國，故云殊之小國。子伯雖同，以漸而黜。何注引竝見前。**黄帝之先謚，四帝之後謚，何也？**白虎通號篇：「黄帝先黄後帝者何？古者質，生死同稱，各持行合而言之，美者在上。黄帝始制法度，得道之中，萬世不易，後世雖聖，莫能與同也。後世德與天同，亦得稱帝，不能制作，故不得復稱黄帝。」通典引通義云：「帝堯帝舜，先號後謚也。帝者德盛與天同，號謚雖美，終不過天也。」凌云：「謚在帝上，故曰先謚。謚在帝下，故曰後謚。」**曰：帝號必存五，**句。**帝代首天之色，**○官本云：「他本『帝代』作代帝。」　案：帝，疑作黄，黄者首天之色，帝者首天之號。**號至五而反。周人之王，**句。**軒轅直首天黄號，**○官本云：「他本『黄』作皇。」　案：黄，疑作之。直，疑作宜。**故曰黄帝云。**黄帝同天，天不可屈，故首黄號。**帝號尊而謚卑，故四帝後謚也。**謚，别善惡而已，不妨絀帝號下，非若黄代天色，必當首稱。**帝，尊號也，録以小何？**言以小國奉其後。**曰：遠者號尊而地小，近者號卑而**

〔一〕「誰差」，原誤「差求」，據漢書改。

地大，親疏之義也。故王者有不易者，不改道。有再而復者，文質 案：白虎通三教篇言：「忠法人，敬法天，文法地。」此篇言文質天地，不用三教之説。宋志引堆度云：「三而復者正朔也，二而復者文質也。」文選答賓戲李善注引元命苞云：「一質一文，據天地之道，天質而地文。曰正朔三而改，文質再而復。」有三而復者，正朔。有四而復者，一商一夏，一質一文。有五而復者，五帝。有九而復者，九皇。明此通天地、陰陽、四時、日月、星辰、山川、人倫，德侔天地者稱皇帝，言明于不易與九復之道，智究天人，德侔天地，則可以稱皇稱帝。古帝王皆以學著，故號彌尊者德彌高。白虎通號篇：「德合天地者稱帝，仁義合者稱王，別優劣也。禮記謚法曰：『德象天地稱帝，仁義所生稱王。帝者天號，王者五行之稱也。皇者何謂也？亦號也。皇，君也，美也，大也，天人〔一〕之總，美大之〔二〕稱也。時質故總稱之也。號之爲皇者，煌煌人莫違也。煩一夫，擾一士，以勞天下，不爲皇也。不擾匹夫匹婦，故爲皇。』」風俗通：「皇者天，天不言，四時行，百物生焉。三皇垂拱無爲，設言而民不違。道德玄泊，有似皇天，故稱曰皇。」藝文類聚十一引帝王世紀云：「孔子稱天子之德感天地，洞八方，是以化合神者稱皇，德合天地者稱帝，仁義合者稱王。」 案：秦稱皇帝，據此則皇帝連稱，自古所無，美其德故爲追尊，秦誤用耳。呂刑兩言皇帝，趙岐注孟子引並無皇字，見困學紀聞引及曲阜孔氏所刻孟子本。墨子引呂刑有皇字。趙訓帝爲天，僞孔訓皇帝爲帝堯，與此合。自周溯唐，故名之爲帝耳。○初學記引繁露無「帝」字，藝文類聚十一引有。天佑而子之，號稱天子。成八年何注：「王者號也。德合元者稱皇，孔子曰：『黃象元。』逍遥術，無文字，德明謚。德合天者稱帝，河洛受瑞可

〔一〕「人」字，凌本無，四部叢刊本、白虎通亦無。

〔二〕「之」字，白虎通無。

放。仁義合者稱王，符瑞應，天下歸往。天子者，爵稱也。聖人受命，皆天所生，故謂之天子。」白虎通：「爵所以稱天子何？王者父天母地，爲天之子也。故援神契曰：『天覆地載，謂之天子。』」御覽七十六引孝經鉤命決云：「按上稱天子，明以爵事天。接下稱帝王，明以號令臣下。」帝王世紀云：「天子，至尊之定名也。應神受命，爲天所子，故謂之天子。」○天啟本「佑」作祐。**故聖王生則稱天子，**白虎通爵篇：「帝王之德，有優有劣，所以俱稱天子者何？以其俱命於天而王，治五十里内也。」**崩遷則存爲三王，**合本代爲三。**絀滅則爲五帝，**逾三代者謂之絀滅。據此則知虞書稱堯舜爲帝，爲周世追録之詞。蒼頡製字，王居門中爲閏。大傳：「惟十有三祀，帝乃稱王而入唐。」注：「謂舜也。」是黄帝、堯、舜當時並稱王矣。自秦以後，古義泯絶，遂自尊爲帝。史公生漢代，于殷周紀表稱帝，而周稱王，正用董説。左僖二十五年傳：「周禮未改，今之王，古之帝也。」尚知此義。曲禮：「措之廟，立之主，曰帝。」鄭注：「同之天神然。」則生而稱帝者，違古義矣。獨斷云：「上古天子，庖犧氏神農氏稱皇，堯舜稱帝，殷周稱王。稱謂不同，明德有優劣也。」亦誤以爲生稱。**下至附庸，絀爲九皇，**自五帝已上則絀爲九皇，録五帝以小國，則録九皇合附庸矣。**下極其爲民。**推九皇而上之，則殺爲民。周禮小宗伯鄭司農注：「四類三皇、（當作王。）五帝、九皇、六十四民咸祀之。」疏云：「案史記云，九皇氏没，六十四民興。六十四民没，三皇興。」都宗人鄭注：「都或有山川，及因國無主，九皇六十四民之祀。」輿案：此所謂民，即六十四民也。董以九皇前爲民，與疏引史記不合。漢舊儀：「祭三王、五帝、九皇、六十四民，皆古帝王，凡八十一姓。」與董説同。是所謂民者，漢時固列祀典也。禮坊記「先民有言」，鄭注：「先民，上古之君也。」用此義。羅泌路史前紀改「六十四民」之「民」爲氏，大誤。**有一謂之三代，**三，疑先之誤。有，與又同。一，猶同也。言極其爲民，又同謂之先代耳。**故雖絶地，**由大國而小國而附庸，至于民則地絶。**廟位祝牲猶列于郊號，**荀子禮論：「郊者，并百王于上天而祭祀之。」據此則董以郊爲祭天，亦兼百王矣。**宗于代**

宗。周禮都宗人：「掌都祭祀之禮，凡都祭祀，致福于國。」鄭注：「所謂國無主之祀是也。」司馬相如封禪文：「繼韶夏，崇號謚，畧可道者七十有二君。」代宗即岱宗，宗于岱宗，猶云尊之于岱宗，謂封禪也。後漢張純傳請封禪奏，引書「至于岱宗」語。風俗通正失篇：「謹案尚書天子巡狩，歲二月，至于岱宗。孔子稱封泰山，禪梁父，可得而數者，七十有二。」又山澤篇云：「岱者，胎也。宗者，長也。萬物之始，陰陽交代。王者受命易姓，改制應天，功成封禪，以告天地。」白虎通封禪篇：「于岱宗何？明知易姓也。刻石紀號，知自紀于百王也。」又論五嶽篇：「東方爲岱宗者何？言萬物更相代于東方也。」故曰：聲名魂魄施於虛，極壽無疆。禮郊特牲：「魂氣歸于天，形魄歸于地，故祭，求諸陰陽之義也。」白虎通性情篇：「魂猶紜紜也，行不休也，少陽之氣，故動不息，于人爲外，主于情也。魄者猶迫然著人也，此少陰之氣，象金石著人不移，主於性也。」輿案：魂魄附于人，及其死也，則施于虛。施于虛猶言復歸于天地。朱子語類云：「魂氣歸于天，是消散了。正如火煙騰上，去處何歸，只是消散了。」又云：「聖人安于死即消散。」亦與此施虛義合。極壽無疆者，謂德盛則聲名永久，如精靈常在耳。何謂再而復，四而復？春秋鄭忽何以名？春秋曰：伯子男一也，辭無所貶。曰，字疑衍。桓十一年何注：「春秋改周之文，從殷之質，合伯子男爲一，辭無所貶，皆從子。夷狄進爵稱子是也。合三從子者，制由中也。」白虎通爵篇：「殷爵三等，謂公侯伯也。所以合子男從伯者何？王者受命，改文從質，無虛退人之義，故上就伯也。尚書曰：『侯甸任衛作國伯。』謂殷也。春秋傳曰：『合伯子男爲一爵。』或曰：合從子，貴中也。以春秋名鄭忽，忽者，鄭伯也。此未踰年之君，當稱子，嫌爲改伯從子，故名之也。」案：或說與何注大同。武帝紀：「元鼎四年，封姬嘉爲周子南君。」南，與男同，正用春秋子男同等之義。元帝始進爲承休侯，平帝時又進鄭公，以三等遞進也。何以爲一？曰：周爵五等，春秋三等。史記三王世家：「昔五帝異制，周爵五等，春秋三等，皆因時而序尊卑。」王莽傳：「莽奏言今制禮作樂，實考周爵五等，地四等，有明文。殷爵三等，有其說，無其文。請諸將帥當受爵邑者，爵五等，地四等。」莽用劉歆說，故不從今文家言，且以爲無其文也。王制疏引鄭志云：「張逸問：殷爵三等，公侯伯，尚書有微子箕子何？答曰：微子箕子，實是圻内采地之爵，非圻外治民之君，故云子也。」春秋何三等？凌云：「『何』下當有以字。」曰：王者以制，以，疑作之。一商一夏，一質一文。説苑修文篇：「文德之至也，德不至則不能文。商者，常也，常者質，質主天。夏者，大也，大者文也，文主地。故王者一商一夏，再而復者也，正朔三而復者也。味尚旨，聲尚宮，一而復者。故三王術如循環。故夏后氏教以忠，而君子忠矣，小人之失野，救野莫如敬。故殷人教以敬，而君子敬矣，小人之失鬼，救鬼莫如文。故周人教以文，而君子文矣，小人之失薄，救薄莫如忠。故聖人之聖也，如矩之三雜，規之三雜，周則又始，窮則反本也。詩曰：『雕琢其章，金玉其相。』文質美也。」白虎通三正篇：「尚書大傳曰：王者一質一文，據天地之道。禮三正曰：質法天，文法地也。」又云：「王者必一質一文者何？所以承天地，順陰陽。陽之道極則陰道受，陰之道極則陽道受，明二陰二陽，不能相繼也。」商質者主天，夏文者主地，春秋者主人，故三等也。桓十一年何注：「質家爵三等者，法天之有三光也。文家爵五等者，法地之有五行也。」白虎通：「爵有五等，以法五行也。或三等者，法三光也。或法三光，或法五行何？質家者據天，故法三光。文家者據地，故法五行。」含文嘉曰：「殷爵三等，周爵五等，各有宜也。」大戴禮注引含文嘉又曰：「質以天德，文以地德。殷據天而王，周據地而王。」王制疏引含文嘉又云：「殷爵三等，殷正尚白，白者兼中正，故三等。夏尚黑，亦從三等。」是今文家又以夏文亦三等，與董義殊。而董不以春秋爲主地，而云主人，又異説也。主天法商而王，其道佚陽，佚陽，猶溢陽，謂盛陽也。親親而多仁樸。桓十一年注：「故王者始先本天道以治天下，質而親親而不尊。故後王起，法地道以治天下，文而尊尊。及其衰也敝，其失也尊尊而不親，故反之于質。」白虎通三正篇：「帝王始起，先質後文者，順天地之道，本末之義，先後之序也。」多猶尚也。○官本云：「他本作仁多樸。」**故立嗣予子，篤母弟，**隱七年「齊侯使其母弟年來聘」，傳：「其稱弟何？母弟稱弟，母兄稱兄。」何注：「分別同母者，春秋變周之文，從殷之質。質家親親，明當親厚異于羣公子也。」孔叢雜訓篇：「穆公問于子思曰：『立太子有常乎？』答曰：『有之，在周公之典。』公曰：『昔文王舍適而立其弟，是何法？』子思曰：『殷人質而尊其尊，故立弟。周人文而親其親，故立子。亦各其禮也。文質不同，其禮則異。文王舍適立次，權也。』公曰：『苟得行權，豈唯聖人，唯賢與愛立也。』子思曰：『聖人不以權教，故立制垂法，順之爲貴。若必欲犯，何有於異？』公曰：『舍賢立聖何如？』子思曰：『唯聖立聖，其文王乎？不及文王者，則各賢其所愛。不殊於適，何以限之？必不能審賢愚之分，請父兄羣臣卜於祖廟，亦權之可也。』」左襄三十一年傳：「穆叔曰：太子死，有母弟則立之。」蓋亦參用商法。史記梁孝王世家：「上廢栗太子，竇太后心欲以孝王爲後嗣。大臣及袁盎等有所關説於景帝，竇太后議格。褚先生曰：蓋聞梁王西入朝，謁竇太后，燕見，與景帝俱侍坐于太后前，語言私説。太后謂帝曰：『吾聞殷道親親，周道尊尊，其義一也。』罷酒出，帝召袁盎諸大臣通經術者曰：『太后言如是，何謂也？』皆對曰：『太后意欲立梁王爲帝太子。』帝問其狀，袁盎等曰：『殷道親親者立弟，周道尊尊者立子。殷道質，質者法天，親其所親，故立弟。周道文，文者法地，尊者敬也，敬其本始，故立長子。周道太子死立適孫，殷道太子死立其弟。』帝曰：『於公何如？』皆對曰：『方今漢家法周，周道不得立弟，當立子。故春秋所以非宋宣公。宋宣公死，不立子而與弟。弟受國死，復反之與兄之子。弟之子争之，以爲我當代父後，即刺殺兄子。以故國亂，禍不絶。故春秋曰：「君子大居正，宋之禍宣公爲之。」』」案：宋爲商後，宋宣讓弟，正是法商。**妾以子貴。**隱元年傳「母以子貴」，何注：「禮，妾子立則母得爲夫人，夫人成風是也。」

輿案：隱母稱夫人子氏，而仲子以貴妾告於天子而來賵，亦是妾以子貴，並用商法。春秋譏以妾爲妻，而取妾母之可貴。蓋以妾爲妻，在商法已不行。呂覽當務篇：「紂之同母三人，其長曰微子啟，其次曰中衍，其次曰受德，受德乃紂也，甚少矣。紂母之生微子啟與中衍也，尚爲妾，已而爲妻而生紂。紂之父，紂之母欲置微子啟以爲太子，太史據法而争之曰：『有妻之子，而不可置妾之子。』紂故爲後。用法若此，不如無法。」是其證也。（義亦見王道篇。）**昏冠之禮，字子以父。別眇**凌云：「郊特牲：冠而字之，敬其名也。」　輿案：郊特牲：「諸侯之有冠禮，夏之末造也。」「別眇」，二字無義，疑屬下讀。眇，微也。別眇猶別微。夫婦有別，始昏之時，由媵御道接而坐。儀禮士昏禮鄭注所云「夫婦始接，情有廉恥，媵御交道其志」者是已。郊特牲：「執贄以相見，敬章別也。」**夫婦，對坐而食，**儀禮士昏禮：「婦至，主人揖婦以入。及寢門，揖入。升自西階，媵布席于奥。夫入于室，即席，婦尊西南面，媵御沃盥交。御布對席，贊啟會卻于敦南，對敦于北。贊告具，揖婦即對筵，皆坐皆祭。贊爾黍授肺脊皆食，以湆醬，皆祭舉食舉也。」疏云：「壻東面，以南爲右。婦西面，以北爲右。」是儀禮所云，亦夫婦對坐，合商禮也。**喪禮別葬，**檀弓：季武子曰：「合葬非古也，自周公以來，未之有改也。」是周初仍別葬，自周公時復有合葬者。故曰周公蓋祔。又云：「衛人之祔也離之，魯人之祔也合之。」衛尚沿商法與？**祭禮先臊，**周禮內饔「夏行腒鱐膳膏臊」，注：「鄭司農云：膏臊，豕膏也。」　案：禮器「夏立尸而卒祭，殷坐尸。」此亦祭禮文質之可考者。**夫妻昭穆別位。**據此則古者婦人于廟有主。漢儀載「天子主一尺二寸，后主七寸，在皇帝主右」。則漢主猶夫婦各爲昭穆也。文二年穀梁疏載麋信引衛次仲云：「宗廟主皆用栗，右主八寸，左主八寸，（八疑七。）廣厚三寸。右主謂父，左主謂母也。」亦別位之證。詩斯干「似續妣祖」，載芟「烝畀祖妣」，是周制相沿，夫妻同廟而祭。朱子語類：「祫祭考妣之位如何？曰：太祖東向，則昭穆之南向北向者，當以西方爲上，則昭之位次高祖西而妣東，祖西而妣東，是祖母與孫並列，于體爲順。」　案：所言可推別位法。**制爵三等，禄士二品。制郊宫**祭法：「殷人禘嚳而郊冥。」漢書終軍傳：「神明之敬，奉燔瘞于郊宫。」顔注：「謂泰畤及后土。」**明堂員，**明堂度數見蔡邕明堂儀。**其屋高嚴侈員，**周禮典同鄭注「侈謂中央約也」，疏云：「謂鍾口揔寬。」此「侈」字義同。**惟祭器員。**盧云：「惟，字衍。」孫詒讓云：「疑當作楕，屬上讀。後文云，其屋如倚靡員橢。」玉厚九分，白藻五絲，九、五，並從奇數，法陽道也。禮玉藻鄭云：「雜采曰藻。」孔疏：「藻謂雜采之絲繩，以貫于玉。」衣制大上，首服嚴員。冠尚高員形。鸞輿尊蓋，法天列象，垂四鸞。凌云：「通考『有虞氏因彤車而制鸞車』，注：『鸞有和鸞也。』大戴禮：『古之爲路車也，蓋員以象天，二十八橑以象列星，軫方以象地，三十輻以象月。故仰則觀天文，俯則察地理，前視則睹鸞和之聲，側聽則觀四時之運，此巾車教之道也。』」樂載鼓，凌云：「書鈔：『鼓所以檢樂，爲羣音之長也。』按商頌：『猗與那與，置我鞉鼓。』傳：『夏后氏足鼓，殷人置鼓，周人縣鼓。』箋：『多其改夏之制，乃始置我殷家之樂鞉與鼓也。』今董云載鼓、設鼓、縣鼓、楹鼓，見王者受命，必改樂器而異其制也。」用錫儛，凌云：「錫舞，蓋干舞也。通考：『朱干，白金以飾其背，記曰：朱干設錫是也。』」儛溢員。凌云：「溢與佾同。漢書禮樂志郊祀歌曰：『羅舞成八溢。』」輿案：白虎通：「佾者，列也。以八人爲行列，八八六十四人也。諸公六六爲行，諸侯四四爲行。」隱五年何注同。蓋以人數如佾數，董意當同。服虔左氏説則以八人爲列，六佾爲四十八人，四佾爲三十二人也。○官本云：「他本脱『儛』字。」先毛血而後用聲。凌云：「詩：『執其鸞刀，以啟其毛，取其血膋。』箋：『毛以告純也，血以告殺。』郊特牲：『毛血告幽全之物，貴純之道也。』祭統：『夫祭有三重焉，獻之屬莫重于祼，聲莫重于升歌，武莫重于武宿夜，此周道也。』」正刑多隱，親戚多諱。文王世子：「公族之罪，雖親不以犯有司，正術也，所以體百姓也。刑于隱者，不與國人慮兄弟也。」所謂隱諱者耶？文十五年傳：「父母之于子，雖有罪，猶若其不欲服罪然。」○盧云：「戚，舊本作慼，或作儎，蓋古戚字有相近者。隸釋載漢夏承碑云：『君之羣慼。』又郭仲奇碑云：『貴慼肅承。』是其證。非文王世子所謂纖剸也。今定爲戚字，下同。」封禪于尚位。尚、上同。主地法夏而王，其道進陰，陽過矣，則進于陰。尊尊而多義節。以義斷恩。○王本、天啟本竝作節義。**故立嗣與孫，篤世子，**隱元年何注：「嫡子有孫而死，質家親親，先立弟，文家尊尊，先立孫。」檀弓：「仲子舍其孫而立其子。檀弓曰：『何居？我未之前聞也。』伯子曰：『仲子亦猶行古之道也。昔者文王舍伯邑考而立武王，微子舍其孫腯而立衍也。』子游問諸孔子，孔子曰：『否，立孫。』」（家語子夏問篇「立孫」上加「周制」二字。）是孔子問主夏法。然如周桓王繼平王，太子洩未立而死，是亦周祖孫相繼之故事也。檀弓注：「周禮：適子死，立適爲後。」五經異義：公羊説云：「質家立世子弟，文家立世子子，而春秋從質，故得立其弟。」此云「與孫」，文家法也。**妾不以子稱貴號。**五經異義引公羊説：「妾子立爲君，母得稱夫人。故上堂稱妾，屈于嫡，下堂稱夫人，尊行國家。父母者，子之天也。子不得爵命父母，則士庶起爲人君，母亦不得稱夫人。」鄭駁之云：「魯僖公妾母爲夫人者，乃緣莊公夫人哀姜有殺子般閔公之罪，應貶故也。近漢吕后殺戚夫人及庶子趙王，不仁，廢不得配食。文帝更尊其母薄后，非其比耶？妾子立者得尊其母，禮未之有也。」案：鄭所據文家法。**昏冠之禮，字子以母。**儀禮冠禮：「見母畢，冠者立于西階，東面。賓字之。」此云「字子以母」，或以母命之與？○以，各本作而，今從天啟本改。**別眇夫婦，同坐而食，**禮昏義「共牢而食」，疏云：「壻東面，婦西面，共一牲牢而同食，不異牲。」案：東西仍是對坐，然則夏禮並東面與？**喪禮合葬，**白虎通崩薨篇：「合葬者何？所以同夫婦之道也。故詩曰：『穀則異室，死則同穴。』」檀弓：「孔子少孤，不知其墓，殯于五父之衢，問于郰曼父之母，然後得合葬于防。」晏子外篇：「孔子門人盆成括母死，家貧身老子孺，恐力不能合祔，是以悲。」是孔子用夏法合葬也。**祭禮先亨，**盧云：「古烹字。」○官本云：「他本無『禮』字。」**婦從夫爲昭穆。**以陰爲上，故母可以字子。夫婦不別位。程子云：「程氏家祭，只是男女異位。及大有害義者，稍變得一二，佗所未遑也。」蓋主別位。**制爵五等，禄士三品。制郊宫明堂方，其屋卑汙方，**汙，同窪，下也。**祭器方。玉厚八分，白藻四絲，衣制大下，首服卑退。**後漢書注引三禮圖：「冕前圓後方，前下後高，有俯仰之形，欲人之位彌高而志彌下。」案：卑退當取此義。鸞輿卑，法地周象載，垂二鸞。樂設鼓，用纖施儛，凌云：「未詳。」俞云：「此即所爲旄舞也。」周官樂師有旄舞。鄭司農注：「旄舞者，氂牛之尾。」又春官序旄人鄭注：「旄，旄牛尾，舞者所持以指麾。」此稱爲纖施者，據周書王會篇「樓煩以星施」，孔晁注：「施所以爲麾羽珥。」然則纖施舞之即旄舞明矣。魯公子尾字施父，亦可爲證。儛溢方。先亨而後用聲。正刑天法，執法稱天而行，不避親戚。孟子所謂瞽瞍殺人，執之而已。夫有所受之也。左氏傳云「大義滅親」，皆是也。封壇於下位。盧云：「壇，當作禫，與禪通，下同。」輿案：史記正義：「泰山上築土爲壇以祭天，報天之功，故曰封。泰山下小山上除地，服地之功，故曰禪。言禪者，神之也。」後漢志注：「項威曰：除地爲墠，後改墠曰禪，神之矣。」此作「壇」，疑尚是本字。壇、墠同。主天法質而王，其道佚陽，親親而多質愛。至親無文。故立嗣予子，篤母弟，妾以子貴。昏冠之禮，字子以父。別眇夫婦，對坐而食，喪禮別葬，祭禮先嘉疏，曲禮：「稻曰嘉蔬。」○官本云：「他本脱『別葬祭禮』四字。又誤於『嘉蔬』下衍夫別葬祭禮五字。」夫婦昭穆別位。制爵三等，禄士二品。制郊宮明堂内員外橢，○天啟本注云：「橢，音妥，圓長曰橢，一作橢。」盧云：「案鄭康成儀禮注：『隋方曰篋。』賈氏疏云：『狹而長也。』又算家有橢圓之術，非正方正圓，通謂之橢。」其屋如倚靡員橢，漢書司馬相如傳「離靡廣衍」，顏注：「離靡，謂相連不絶也。」倚靡，猶離靡矣。祭器橢。玉厚七分，○天啟本注云：「一無『玉』字。」白藻三絲，衣長前衽，首服員轉。全圓形。鸞輿尊蓋，備天列象，備，疑作法。垂四鸞。樂桯鼓，方言：「榻前几謂之桯。趙魏之間謂之椸。其高者謂之虡。虡之言舉也，所以舉物也。」義與筍虡近。郭注以爲即筍虡，非也。說文：「桯，牀前几也。」廣韻：「牀，長几也。」

此云桯鼓，言鼓有器以舉之，狀若長几，置而不縣也。孫詒讓云：「桯，與楹字通。」考工記：「輪人爲蓋。」鄭司農注：「桯蓋杠也。讀如丹桓宮楹之楹。桯鼓即明堂位云『殷楹鼓』，鄭注：『楹謂之柱，貫中上出也。』蓋植楹以建鼓，故謂之桯矣。」此云主天法質，故鼓亦用殷制。○桯，各本作程，今正。**用羽籥儛，**凌云：「通考：『籥師，祭祀鼓羽籥之舞。』詩曰：『左手執籥，右手秉翟。』蓋籥所以爲聲，翟所以爲容也。按：翟羽可以爲儀。」**儛溢牖。先用玉聲而後烹，**凌云：「詩『依我磬聲』，箋『磬，玉磬也。』郊特牲：『殷人尚聲，臭味未成，滌蕩其聲。樂三闋然後出迎牲，聲音之號，所以詔告于天地之間也。』」○烹，天啟本注云：「一作亨。」**正刑多隱，親戚多赦。**文王世子：「公族有罪，有司讞于公。公曰：『宥之。』及三宥，不對走出。公又使人赦之，以不及反命。公素服不舉，而爲之變。」穀梁隱元年傳：「緩追逸賊，親親之道也。」**封壇於左位。主地法文而王，其道進陰，尊尊而多禮文。故立嗣予孫，篤世子，妾不以子稱貴號。昏冠之禮，字子以母。別眇夫妻〔一〕，同坐而食，喪禮合葬，祭禮先秬鬯，**郊特牲：「周人尚臭，灌用鬯臭，既灌然後迎牲，致陰氣也。」**婦從夫爲昭穆。制爵五等，禄士三品。制郊宮明堂內方外衡，**衡，同横。**其屋習而衡，**易「習坎」，釋文：「習，重也。」攷工記匠人「四阿重屋」，鄭注：「重屋，複笮也。」○官本云：「他本『而』作其。」**祭器衡同，作秩機。**○盧云：「秩，疑作旋。」官本云：「他本作佚。」**玉厚六分，白藻三絲，衣長後衽，首服習而垂流。**流，與旒同。白虎通紼冕篇：「禮器云『天子麻冕，朱綠藻，垂十有二旒』者，法四時十二月也。諸侯九旒，大夫七旒，士爵弁

〔一〕「夫妻」，凌本作「夫婦」。

無旒。」○天啟本作「服首」。注云：「一無首字。」鸞輿卑，備地周象載，備，疑作法。垂二鸞。樂縣鼓，明堂位：「周縣鼓。」用萬舞，宣八年傳：「萬者何？干舞也。」何注：「干謂楯也。萬者其篇名。」儛溢衡。員方楯衡，隨其所尚，知綴兆不必正方矣。先烹而後用樂，正刑天法，○天啟本「天法」作文公。注云：「未詳。」凌云：「據上文當作天法。然天法亦誤，似缺多隱親戚云云六字。」封壇於左位。左，當作右。帝王有作，天之正朔，人之典禮，物之聲色臭味形質，皆有自然之變遷，以懲其敝而易其用。然而所以範圍此法制與倫紀者，則百王同道，不可易矣。否則無以繫天下之人心，而弭其畔亂。强欲治之，而不可終日。故曰「王者有改制之文，無變道之實」。伊川程子云：「三王之法，各是一王之法。故三代損益文質，隨時之宜。孔子所立之法，乃通萬世不易之法。孔子於他處亦不見說，獨答顏回云：『行夏之時，乘殷之輅，服周之冕，樂則韶舞。』此是於四代中舉這一箇法式，使後人就上脩之。」輿謂不易者止是道。

四法修於所故，祖於先帝，錢云：「四法，即夫子所以答顏淵者，王魯故也。其前當有脱文。」俞云：「四法，即上文所謂主天法商而王，主地法夏而王，主天法質而王，主地法文而王也。錢説殊失其旨。」○官本云：「他本『修』作條。」故四法如四時然，終而復始，窮則反本。四法之天施符授聖人，之，疑則誤。王法則性命形乎先祖，大昭乎王君。故天將授舜，主天法商而王，祖錫姓爲姚氏。至舜形體大上而員首，而明有二童子，童，同瞳。性長于天文，純於孝慈。天將授禹，主地法夏而王，祖錫姓爲姒氏，至禹生發於背，楚世家注：「脩己背坼而生禹，簡狄破胸而生契。」形體長，長足肵，疾行先左，隨以右，凌云：「尚書大傳畧説：『禹其跳。其跳者，踦也。』注：『其，發聲也。踦，步足不能相過也。』」○官本云：「先，各本誤作光。」勞左佚右也。性長於行，習地明水。凌云：「尚書刑德考：『禹長於地理，水泉九州，得括象圖，故堯以爲司空。』」天將授湯，主天法質而王，祖錫姓爲子氏。謂契母吞玄鳥卵生契，契先發於胷。先，當爲生。性長於人倫。至湯，體長專小，盧云：「專，讀曰團。」足左扁而右便，凌云：「尚書大傳畧説『湯扁。扁，枯也。』」勞右佚左也。性長於天光，質易純仁。光，字疑衍。天將授文王，主地法文而王，祖錫姓姬氏。謂后稷母姜原履天之跡而生后稷。后稷長於郃土，語疑有誤。播田五穀。至文王，形體博長，孫詒讓云：「博，當爲摶。考工記梓人鄭注：『摶，圜也。』上云『湯體長專小』，周禮大司徒『其民專而長』，注云：『專，圜也。』專、摶字亦通。」有四乳而大足，凌云：「帝王世紀『文王龍頭虎眉，身長十尺，有四乳。』」性長於地文勢。語疑有誤。故帝使禹、皋論姓，知殷之德陽德也，故以子爲姓；知周之德陰德也，故以姬爲姓。凌云：「周〔一〕之德至，以姬爲姓，見樂稽耀嘉。」故殷王改文，以男書子，〇天啟本作「書始以男」，注云：「一作『以男書子』。」今從注本改。凌本亦從原注，云：「他本作書始以男。」周王以女書姬。故天道各以其類動，非聖人孰能明之？此篇即感生之説所本。説文「姓」字下云：「古者神聖母感天而生子，故曰天子。」又時見于緯書，並今文家説。然疑非董子原文。

〔一〕「周」字，原誤「殷」，據凌本改。

官制象天第二十四

後漢書劉玄傳〔一〕：李淑上書曰：「夫三公上應台宿，九卿下括河海，故天工人其代之。」論衡紀妖篇：「天官百二十，與地之王者無以異也。地之王者，官屬備具，法象天官，稟取制度。春秋説云：立三台以爲三公，北斗九星是爲九卿，二十七大夫，内宿部衛之列八十一紀以爲元士，凡百二十官焉。」案：建官法天，今古文説同。董明陰陽大義，故不用星紀而用四時。

王者制官，三公、九卿、二十七大夫、八十一元士，此與王制合，鄭氏康成以爲夏制，不知所據。大傳云：「古者天子三公，每一公三卿佐之，每一卿三大夫佐之，每一大夫三元士佐之，故有三公、九卿、二〔二〕十七大夫、八十一元士。所與爲天下者，若此而已。」鄭注亦云：「自三公至元士，凡百二十，此夏時之官也。」説苑君道篇：「湯問伊尹曰：三公、九卿、二十七大夫、八十一元士，知之有道乎？」似商制亦如此。白虎通封公侯篇：「三公、九卿、二十七大夫、八十一元士，凡百二十官，下應十二子。」桓八〔三〕年何注同。又見禮記昏義篇及異義引今文尚書夏侯歐陽説。淮南泰族訓云：「故舉天下之高以爲三公，一國之高以爲九卿，一縣之高以爲二十七大夫，一鄉之高以爲八十一元士。」

〔一〕「劉玄」，原作「李元」，據後漢書改。

〔二〕「二」字，原誤「三」，據文義改。

〔三〕「八」原作「九」，今正。案九年無此文。

○盧云：「周本作員士，下同。」輿案：天啟本亦作員。凡百二十人，而列臣備矣。吾聞聖王所取儀，金天之大經，盧云：「『金』字訛，疑是於字。」俞云：「金字無義。下文云：『何謂天之大經？』又云：『三而一成，天之大經也。』不言金天。此金字乃法字之誤，言聖人所取者，無不儀法乎天之大經也。法，古文作佱，因誤作金矣。」輿案：黄帝誨顓頊云：「有大圜在上，大矩在下，汝能法之，爲民父母。」蓋古聖初起，無所師法，觀陰陽而知性情，驗春夏而施刑政，配五行而立仁義禮智信。至于設官制器，莫不取象于天，亦其勢然也。故曰：「天因人，聖因天，後聖因前聖。」三起而成，四轉而終，時以三月而成，年以四時而終。官制亦然者，此其儀與？三人而爲一選，文選謝玄暉和伏武昌登孫權故城詩「帷帟盡謀選」，注引鄭玄毛詩箋曰：「選者，謂于倫等之中最上也。」管子小匡篇：「登以爲上卿之佐，名之曰三選。」與此「選」字義同。儀於三月而爲一時也。四選而止，儀于四時而終也。五經異義：「古者聖賢言事，亦有效三者，取象天地人。四者取象四時，五者配象五行。」三公者，王之所以自持也。三公、太師、太傅、太保。天以三成之，王以三自持。說文王部云：「三，天地人之道也。」立成數以爲植而四重之，其可以無失矣。位尊者主要，位卑者主詳，相扶以爲治。備天數以參事，治謹於道之意也。此百二十臣者，皆先王之所與直道而行也。說苑臣術篇：「三公之事常在于道，九卿之事常在于德，大夫之事常在于仁，列士之事常在于義。」案：諸臣以道德相輔，愆謬相糾，故云直道而行。○凌本「直道」作正直。是故天子自參以三公，三公自參以九卿，九卿自參以三大夫，三大夫自參以三士。白虎通封公侯篇：「一公置三卿，故九卿也。天道莫不成於三，天有三光，日月星；地有三形，高下平；人有三尊〔一〕，君父師。故一公三卿佐之，一卿三大夫佐之，一大夫三元士佐之。天有三光，然後能徧照。各自有三法，物成于三，有始、有中、有終，明天道而終之也。」説苑臣術篇：「伊尹曰：三公者，所以參五事也。九卿者，所以參三公也。大夫者，所以參九卿也。列士者，所以參大夫也。故參而有參，是謂事宗。事宗不失，外内若一。」案：參，猶輔也。○官本云：「他本無『是』字。」三人爲選者四重，自三之道以治天下，若天之四重，自三之時以終始歲也。一陽而三春，非自三之時與？俞云：「王道焜本作『一陽而三者』，當從之。陽即春也。董子原文本作一春而三者，非自三之時與？晉人避諱，改春爲陽，若春秋之稱陽秋矣。校正者不知一陽之即一春，而反疑三者之爲三春，易其文曰一陽而三春，不可通矣。」輿案：三春不誤。言陽氣一也，而散爲三月。文選琴賦注引纂要云：「一時三月，謂之三春。」又詠懷詩注引春秋元命苞云：「陽氣數成於三，故時別三月。陽數極于九，故三月一時九十日。」而天四重之，其數同矣。天有四時，時三月；王有四選，選三臣。○官本云：「他本有作者。」是故有孟、有仲、有季，一時之情也；○官本云：「他本『情』作精，下同。」有上、有下、有中，一選之情也。三臣而爲一選，四選而止，人情盡矣。人之材固有四選，如天之時固有四變也。聖人爲一選，君子爲一選，善人爲一選，正人爲一選，依下文「正人」當作正直。荀子哀公篇：「孔子曰：『人有五儀，有庸人、有士、有君子、有賢人、有大聖。』」由此而下者，不足選也。四選之中，各有節也。是故天選四堤十二而人變盡矣。句疑有誤。堤，天啟本注云：「一作堪。」輿案：

〔一〕「尊」字，原誤「等」，據淩本及白虎通改。

疑當云「天選四時，終十二而天變盡矣。」盡人之變合之天，唯聖人者能之，所以立王事也。何謂天之大經？三起而成日，三日而成規，三旬而成月，三月而成時，白虎通日月篇：「援神契曰：『月三日而成魄，三月而成時。』」三時而成功。寒暑與和，三而成物；日月與星，三而成光；天地與人，三而成德。由此觀之，三而一成，天之大經也，以此爲天制。是故禮三讓而成一節，淮南天文訓「天地三月而爲一時，祭祀三飯以爲禮，喪紀三踊以爲節，兵重三罕以爲制。」官三人而成一選。三公爲一選，三卿爲一選，三大夫爲一選，三士爲一選，凡四選。三臣應天之制，凡四時之三月也。是故其以三爲選，取諸天之經；其以四爲制，取諸天之時；周以天地四時命六卿，亦取諸天。○官本云：「原本作四時爲制。據文義，時是衍字，今删。」其以十二臣爲一條，取諸歲之度；其至十條而止，取之天端。錢云：「當作取諸天之端。」何謂天之端？○凌本「之」字在「天」上。曰：天有十端，十端而止已。○官本云：「他本作止而已。」天爲一端，地爲一端，陰爲一端，陽爲一端，火爲一端，金爲一端，木爲一端，水爲一端，土爲一端，人爲一端，凡十端而畢，天之數也。天數畢於十，王者受十端於天，而一條之率。○官本云：「他本衍一條字。『率』作畢。」每條一端以十二時，時，疑當作臣。如天之每終一歲以十二月也。十者天之數也，十二者歲之度也。用歲之度，條天之數，十二而天數畢。是故終十歲而用百二十月，○官本云：「他本作是終故。『而』誤作百。」條十端亦用百二十臣，以率被之，○官本云：「他本『被』作彼。」皆合於天。其率三臣而成一慎，御覽六百二十一治道部引韋昭釋名：「臣，慎也。慎于其事，以奉上也。」故八十一元士爲二十七慎，以持二十七大夫；二十七大夫爲九慎，以持九卿；九卿爲三慎，以持三公；三公爲一慎，以持天子。天子積四十慎以爲四選，○官本云：「他本『四十』下脱『慎』字。」選一慎三臣，皆天數也。○凌本「一」誤作十。是故以四選率之，率，計也。則選三十人，三四十二，百二十人，亦天數也。○官本云：「他本作人百二十。」以十端四選，俞云：「上文『是故以四選率之』，此當云以十端率之。『四選』二字，涉上而誤。」十端積四十慎，慎三臣，三四十二，百二十人，亦天數也。以三公之勞率之，俞云：「勞，當讀爲僚。僚從尞聲，與勞聲相近。膫亦從尞聲，而或體作膋，從勞省聲，即其例也。昭七年左傳『隸臣僚』，服注：『僚，勞也。』是僚之與勞，聲近而義通。」則公四十人，三四十二，百二十人，亦天數也。故散而名之爲百二十臣，選而賓之爲十二長，賓，敬也。三公九卿，是爲十二長。所以名之雖多，莫若謂之四選十二長，然而分別率之，皆有所合，無不中天數者也。求天數之微，莫若於人。人之身有四肢，每肢有三節，三四十二，十二節相持而形體立矣。天有四時，每一時有三月，三四十二，十二月相受而歲數終矣。淮南天文訓：「蚑行喙息，莫貴於人，孔竅肢體，皆通于天。天有九重，人亦有九竅。天有四時，以制十二月，人亦有四肢，以使十二節。天有十二月，以制三百六十日，人亦有十二肢，以使三百六十節。故舉事而不順天者，逆其生者也。」官有四選，每一選有三人，三四十二，十二臣相參而事治行矣。以此見天之數，人之形，官之制，相參相得也。人之與天，多此類者，而皆微忽，不可不察也。古者制度始刱，率取法象于天，故無虛設之數。然天之四時三月，亦由人定。疑聖人考因人之四肢三節，然後推之于天，考之以度。所謂人生于天，而體天之節也。説文「尺」下云：「周制，寸、尺、咫、尋、常、仞〔一〕諸度量，皆以人之體爲法。」大戴禮天圓篇：「曾子曰：『天之所生上首，地之所生下首，上首之謂圓，下首之謂方。』」盧注：「人首圓足方，因繫之天地，因謂天地爲方圓也。」此亦先人後天之説。後世制作日繁，近師前代，隨時適變，所謂天之數者，亦不能密合矣。○官本云：「他本『皆』下無『而』字。」天地之理，分一歲之變以爲四時，四時亦天之四選已。○凌本「已」作也。是故春者少陽之選也，夏者太陽之選也，秋者少陰之選也，冬者太陰之選也。白虎通五行篇：「木者少陽，金者少陰。」四選之中各有孟、仲、季，是選之中有選，故一歲之中有四時，一時之中有三長，天之節也。人生於天而體天之節，故亦有大小厚薄之變，人之氣也。○官本云：「他本『變』作節。」先王因人之氣，而分其變以爲四選，是故三公之位，聖人之選也；三卿之位，君子之選也；三大夫之位，善人之選也；三士之位，正直之選也。分人之變以爲四選，選立三臣，如天之分歲之變以爲四時，時有三節也。天以四時之選十二節相和而成歲，○凌云：「『成』下舊有就字，衍。」王以四位之選與十二臣相砥礪而致極，○盧云：「『臣』字舊脱，今校補。」凌本「位」誤時。道必極於其所至，然後能得天地之美也。

〔一〕「仞」字下，原有「度」字，據説文删。

堯舜不擅移、湯武不專殺第二十五此篇非董子文。

堯舜何緣而得擅移天下哉？孝經之語曰：「事父孝，故事天明。」事天與父，同禮也。今父有以重予子，子不敢擅予他人，重，謂承宗爲後也。莊二十五年「大夫宗婦覿」，何注：「繼重者爲大宗，旁統者爲小宗。」管子幼官篇「十年重適入正禮義」，注：「重適，謂承重也。適，諸侯之世子也。」後漢書桓帝紀：「永惟大宗之重，深思嗣續之福。」今世稱嫡孫攝父，猶爲承重，蓋通上下並得稱之。人心皆然。則王者亦天之子也，天以天下予堯舜，堯舜受命於天而王天下，猶子安敢擅以所重受於天者予他人也。俞云：「此有缺文。當云子猶不敢擅以所重受於父者與他人，堯舜安敢擅以所重受於天者與他人也。」輿案：「受於天」疑當作受於父。○天啟本「猶子」倒，「於天」作天子。天有不以予堯舜漸奪之，故漸，官本云：「他本作斬。」　案：作「斬」是。堯舜均不傳子，故云「斬奪之」。言天所以斬奪之，必有其故。孟子言非人之所能爲也，天也。或云：「故，當下屬。有，讀爲又。」亦通。明爲子道，則堯舜之不私傳天下而擅移位也，無所疑也。儒者以湯武爲至聖大賢[一]也，○官本云：「他本『至』作大。」以爲全道究義盡美者，故列之堯舜，謂之聖王，如法則之。荀子正論篇：「聖人備道全美者也。」○盧云：「舊本『謂之』倒，今改正。」如，與

[一]「至聖大賢」，凌本、盧本、叢刊本作「至賢大聖」。

而同。」今足下以湯武爲不義，然則足下之所謂義者，何世之王也？曰：弗知。弗知者，以天下王爲無義者耶？其有義者而足下不知耶？則答之以神農。應之曰：神農之爲天子，與天地俱起乎？將有所伐乎？盧云：「自此已下，『伐』字俱疑當作代。」輿案：作「代」，是。史記儒林傳：「代立踐南面，非弒而何。」又云：「高帝代秦。」即此義。神農氏有所伐可，湯武有所伐獨不可，何也？且天之生民，非爲王也，而天立王以爲民也。故其德足以安樂民者，天予之；其惡足以賊害民者，天奪之。詩云：「殷士膚敏，祼〔一〕將于京，侯服于周，天命靡常。」言天之無常予，無常奪也。故封泰山之上，禪梁父之下，易姓而王，德如堯舜者七十二人。王者，天之所予也，其所伐皆天之所奪也。今唯以湯武之伐桀紂爲不義，則七十二王亦有伐也。推足下之說，將以七十二王爲皆不義也！也、耶同。故夏無道而殷伐之，殷無道而周伐之，周無道而秦伐之，秦無道而漢伐之。有道伐無道，此天理也，所從來久矣，寧能至湯武而然耶？盧云：「『能』字疑衍。」夫非湯武之伐桀紂者，亦將非秦之伐周，漢之伐秦，○盧云：「本脱此四字，今案當有。」非徒不知天理，又不明人禮。禮，子爲父隱惡。今使伐人者而信不義，當爲國諱之，豈宜如誹謗者，此所謂一言而再過者也。君也者，掌令者也，令行而禁

〔一〕「祼」字，原誤「裸」，據詩大雅文王改。

止也。今桀紂令天下而不行，禁天下而不止，安在其能臣天下也？果不能臣天下，何謂湯武弑？此篇非董子文。董惡秦特甚，而此云「周無〔一〕道，而秦伐〔二〕之」，與湯武相提並論，黄東發已譏之，不合一也。春秋家推征伐之事，往往舉文王伐崇，以配伐桀，兹乃湯武並舉，不合二也。史記儒林傳：「孝景時，轅固生爲博士，與黄生争論湯武受命事于景帝前。景帝曰：『食肉不食馬肝，不爲不知味。』言學者無言湯武受命不爲愚，遂罷。是後學者，莫敢明受命放殺者。」董生篤學，豈容忽先帝遺言，爲此雷同之論，不合三也。史公與董生習，使有此論，不當云「是後學者莫敢明受命放殺者」矣，不合四也。末云桀紂不能臣天下，與孟子及荀子正論篇合。而其前又云，伐人不義，宜爲國諱，是矛盾之詞，不合五也。疑此即轅固生與黄生争論語，後人誤采入繁露。如轅固生難黄生云：「必若所云，是帝代秦即天子之位非耶？」與此「誹謗」云云正合，又其證也。

服制第二十六

「度爵而制禄」以下，全用管子立政篇服制章文。

率得十六萬國三分之，錢云：「上有脱文。此首二句，亦與服制無涉。」則各度爵而制服，量禄而用財。管子權修篇：「朝廷不肅，貴賤不明，長幼不分，度量不審，衣服無等，上下凌節，而求百姓之尊主政令，不可得也。」又云：「爵服加於不義，則民賤其爵服；民賤其爵，則人主不尊；人主不尊，則令不行矣。」荀子富國篇：「禮者，

〔一〕「無」字上，原有「爲」字，據原文删。

〔二〕「伐」字，原作「代」，據原文改。

貴賤有等，長幼有差，貧富輕重皆有稱者也。故天子袾裷衣冕，諸侯玄裷衣冕，大夫裨冕，士皮弁服。德必稱位，位必稱禄，禄必稱用。由士以上，則必以禮樂節之；衆庶百姓，則必以法數制之。量地而立國，計利而畜民，度人力而授事，使民必勝事，事必出利。利足以生民，皆使衣食百用出入相揜。必時藏餘，謂之稱數。故自天子通於庶人，事無大小多少，由是推之。故曰朝無幸位，民無幸生，此之謂也。」**飲食有量，衣服有制，**王制八政：「飲食衣服，事爲異別，度量數制。」尚書大傳：「天子衣服，其文華蟲、作繢、宗彝、藻火、山龍，諸侯作繢、宗彝、藻火、山龍，子男宗彝、藻火、山龍，大夫藻火、山龍，士山龍。故書曰：『天命有德，五服五章哉。』」又云：「天子服五，諸侯服四，次國服三，大夫服二，士服一。」説苑修文篇：「士服黻，大夫黼，諸侯火，天子山龍。德彌盛者文彌縟，中彌理者文彌章也。」　案：衣服之制，又散見於禮玉藻諸篇。**宮室有度，**自天子以至士，有九雉至三雉之分。見尚書大傳。又禮器鄭注：「宮室之飾，士首本，大夫達棱，諸侯斲而礱之，天子加密石焉。」**畜産人徒有數，**管子「畜産」作六畜。荀子王制篇：「衣服有制，宮室有度，人徒有數，喪祭械用皆有等宜。」楊注：「人徒，謂士卒胥徒也。」**舟車甲器有禁。**爾雅：「天子造舟，諸侯維舟，大夫方舟，士特舟，庶人乘泭〔一〕。」尚書大傳：「古之帝王，必有命民，命于其君，然後得乘飾車駢馬，衣文錦。未有命者，不得衣，不得乘，乘車者有罰。」韓詩外傳、（引見下。）説苑修文篇並同。潛夫論浮侈篇：「古者必有命民，然後乃得衣繒綵而乘車馬。」攷工記輿人疏引殷傳：「未命爲士者，不得乘飾車。」外紀卷二：「成湯令未命之爲士者，車不得朱軒及有飛軨，不得乘飾車駢馬，衣文繡。命然後得，以順有德。」通志器服畧説同。是此制至殷猶然矣。俞云：「『甲』乃申字之誤。申與陳通。詩大雅文王篇『陳錫哉周』，商頌烈祖篇『申錫無疆』，陳錫、申錫，一也。申器，

〔一〕「泭」字，原誤「舟」，據淩本及爾雅釋水改。

即陳器。定四年穀梁傳『徙陳器』，范注：『陳器，樂縣也。』是也。管子立政篇正作『舟車陳器』。」輿案：甲器，當作用器，王制所謂用器不中度，不粥于市也。管子作「陳器」亦不誤。彼「禁」下修字，當據此删之。**生有軒冕、之服位、貴禄、田宅之分，**上「之」字，衍。貴禄，管子作穀禄。○凌本脱「服」字。**死有棺槨、絞衾、壙襲之度。**壙襲，當從管子作壙壟。喪服雖有襲制，然不得云「壙襲」，形近誤也。禮喪大記：「君松槨，大夫柏槨，士雜木。」白虎通崩薨篇引王制曰：「天子棺槨九重，衣衾百二十稱。公侯五重，衣衾九十稱。大夫有大棺三重，衣衾五十稱。士再重，無大棺，衣衾三十稱。單袷備爲一稱。」又引含文嘉云：「天子墳高三仞，樹以松。諸侯半之，樹以柏。大夫八尺，樹以欒。士四尺，樹以槐。庶人無墳，樹以楊柳。」周禮冢人注引漢律云：「列侯墳高四丈，關内侯以下至庶人各有差。」潛夫論浮侈篇：「景帝時，武原侯欒不害坐葬過律奪國。明帝時，桑民摐陽侯〔一〕坐冢過制髡削。」**雖有賢才美體，**管子作賢身貴體。**無其爵不敢服其服；雖有富家多貲，**管子作資。**無其禄不敢用其財。**

晉語：叔向云：「絳之富商韋藩木楗以過於朝，唯其功庸少也。」韋注：「言無功庸，雖富不得服尊服過于朝。」説苑修文篇：「其民雖有餘財侈物，而無仁義功德，則無所用其餘財侈物。故其民皆興仁義而賤財利。」御覽六百三十七引韓詩傳云：「古者必有命民。有能敬長憐孤、取舍好讓者，命于其君，然後敢飾車駢馬。未得命者不能乘車，乘車皆有罰。是故其民雖有錢財侈物，而無禮義功德，即無所用其錢財。故其民皆興仁義，而賤不争貴，强不凌弱，衆不暴寡。是唐虞之所以象典刑而民莫敢犯也。」漢書貨殖傳：「昔先王之制，自天子公侯、卿大夫士，至于皁隸抱關擊柝者，其爵禄奉養、宫室車服、棺槨祭祀、死生之制，各有差品。小不得僭大，賤不得踰貴。夫然，故上下序而民志定。」漢書成帝紀：

〔一〕「摐陽侯」，原作「摐湯侯」，據潛夫論改。

「永始四年詔曰：聖王明禮制以序尊卑，異車服以章有德。雖有其財而無其尊，不得踰制。故民興行，上義而下利。」**天子服有文章，不得以燕公以朝；將軍大夫不得以燕；將軍大夫以朝官吏；命士止於帶緣。** 盧云：「舊本作『天子服有文章，夫人不得以燕饗公以廟，將軍大夫不得以燕饗以廟，將軍大夫以明，官吏以命，士止于帶緣』，殊爲訛錯，今依文義正之。」 輿案：天啟本與舊本同，惟「饗以廟」作「卿以廟」。管子作「天子服文有章，而夫人不敢以燕以饗廟，將軍大夫以朝，官吏以命，士止于帶緣」。今以兩文參互正之，則舊本亦不盡謬，但「燕饗」下衍「公」字，「明官吏」上「將軍大夫」四字當衍。「明官吏」當作「朝官吏」，「以命士」衍「以」字耳。其文當云：「天子服有文章，夫人不得以燕饗，以廟。將軍大夫不得以燕饗，以廟，朝官吏。命士止於帶緣。」管子「以燕，以饗廟」，亦當作「以燕饗，以廟」。「以命士」，「以」字當衍。賈誼傳云：「古者天子后服，所以廟而不宴者也。」言天子與夫人禮服不用之以燕饗，但以廟耳。將軍大夫朝服，亦只用之於祭祀與朝官吏。命士止於帶緣者，玉藻「士練帶率下辟」，注：「辟，讀如裨冕之裨，裨謂以繒采飾其側，人君充之，大夫裨其紐及末，士裨其末而已。」**散民不敢服雜采，** 玉藻：「庶人無文飾。」漢成帝永始四年詔：「青緑民所常服，且勿止。」顏注：「然則禁紅紫之屬。」**百工商賈不敢服狐貉，** 狐貉，大夫服，其他惟服犬羊。管子「狐貉」作長鬈貂。漢書高帝紀八年詔：「賈人毋得衣錦繡綺縠絺紵罽，操兵，乘騎馬。」闇合古制。**刑餘戮民不敢服絲玄纁乘馬，** 管子「絲」作絻。注云：「一本作絲。」「玄纁乘馬」，作不敢畜連乘車。 案：古者父老里正皆受倍田，得乘馬。（見宣十五年傳何注。）是古以乘馬爲榮也。**謂之服制。** 服制，二字用管子。荀子王制篇云：「夫是之謂復古，是王者之制也。」 案：李悝著法經，雜律中有淫侈踰制律。（見晉書刑法志。）漢世當承用之。然觀鹽鐵論散不足篇及潛夫論浮侈篇，則兩漢風俗侈靡，可知此在于上位之倡導，禮教之漸摩，非獨律令之所能禁止也。是以賈誼、董生、劉向之言治，先于此兢兢焉。

春秋繁露義證卷第八

度制第二十七

易曰：「節以制度，不傷財，不害民。」度制，猶制度。對册云：「人欲之謂情，情非度制不節。」賈誼疏云：「今世以侈靡相競，而上亡制度，棄禮誼，捐廉恥，可謂月異而歲不同矣。逐利不耳，慮非顧行也。」又新書瑰瑋篇云：「世淫恥矣，飾知巧以相詐利者爲知士，取犯法禁、昧大姦者爲識理。故邪人務而日起，姦詐繁而不可止。罪人積下衆多，而無時已。君臣相冒，上下無辨，此生于無制度也。」後漢書荀爽傳：爽對策云：「今臣僭君服，下食上珍。宜畧依古禮尊卑之差，及董仲舒制度之别，嚴督有司，必行其命，此則禁亂善俗足用之要〔一〕。」注引前書董仲舒曰：「王者正法度之宜，别上下之序，以防欲也。」王應麟云：「制度之别，必有其書。非但正法度、别上下之對也。今春秋繁露有度制篇。」（困學紀聞十二。）輿案：此篇不過大畧。荀謂制度之别，則董

〔一〕「要」字，原作「道」，據荀爽傳改。

當日尚有詳條，今殆亡之。然禮經所散見者，畧可推知也。○盧云：「舊注：一名調均篇。」輿案：黄氏日鈔作調均。

孔子曰：「不患貧而患不均。」故有所積重，則有所空虛矣。大富則驕，大貧則憂。大，同泰。憂則爲盜，驕則爲暴，此衆人之情也。董子說武帝，言秦用商鞅之法，改帝王之制，除井田，民得賣買，富者田連阡陌，（朱子云：「謂富者兼有千夫百夫之田。」）貧者無立錐之地。漢興，循而未改。古井田法雖難猝行，宜少近古，限民名田，以贍不足，塞并兼之路，然後可善治也。哀帝時師丹亦言之。王莽傳：莽定受田制度曰：「古者，設廬井八家，一夫一婦田百畝，什一而税，則國給民富而頌聲作。秦爲無道，厚賦税以自供奉，罷民力以極欲，壞聖制，廢井田，是以兼并起，貪鄙生，强者規田以千數，弱者曾無立錐之居。漢氏減輕田租，三十而税一，而豪民侵陵，分田劫假。厥名三十税一，實什税伍也。父子夫婦終年耕芸，所得不足以自存。故富者犬馬餘菽粟，驕而爲邪；貧者不厭糟糠，窮而爲奸。」語意正與此同。荀悦論限田云：「昔文帝十三年六月詔除人田租，且古者什一而税以爲天下之中正。今漢人田或百一而税，可謂鮮矣。然豪富强人占田逾多，其賦大半官收百一之賦，而人輸豪强大半之賦。官家之惠，優於三代；豪强之暴，酷於亡秦。是以惠不下通，而威福分於豪人也。今不正其本而務除租税，適足以資富强也。孝武皇帝時，董仲舒嘗直言限人占田。至哀帝時，乃限人占田不得過三十頃。雖有其制，卒難施行。然三十頃又不平矣。且夫井田之制，不宜於人衆之時，田廣人寡，苟爲可也。然欲廢之于寡，立之于衆，土田布列在豪强，卒而革之並有怨心，則生紛亂，制度難行。由是觀之，若高祖初定天下，光武中興之後，人衆稀少，立之易矣。既未悉備井田之制，宜以口數占田，爲之立限，人得耕種，不得賣買，以贍貧弱，以防兼并，且爲制度張本，不亦宜乎。（案禁民賣買之說，王莽曾行之，然不久而罷。）雖古今異制，損益隨時，然紀綱大畧，其致一也。」輿案：井田既廢，均財之説，勢所難行，即限田亦不易，王莽及宋賈似道公田之制可鑒也。董子時去古未遠，以均貧富爲急，因欲復古田制，以抑奢淫，厚風俗，卒不能行。（魏禧以三年成限田論三篇，審其難行，卒燬其稿。）意唯有示儉示禮之説，足以貫古今而無弊耳。故此篇調均之法，專以禮官。**聖者則於衆人之情，見亂之所從生。故其制人道而差上下也，使富者足以示貴而不至於驕，**古者制井田采邑，以贍身家；制爵禄服用，以限等差。苟無其禄，不敢用其財。富者，謂曾貴而受禄之人，下云「大人」即此。**貧者足以養生而不至於憂。**○天啟本兩「至」字並作致。**以此爲度而調均之，是以財不匱而上下相安，故易治也。**坊記：「子云：小人貧斯約，富斯驕；約斯盜，驕斯亂。禮者，因人之情而爲之節文，以爲民坊者也。故聖人之置富貴也，使民富不足以驕，貧不至於約，貴不慊于上，故亂益亡。」管子八觀篇：「國侈則用費，用費則民貧，民貧則姦智生，姦智生則邪巧作。故奸邪之所生，生於匱不足，匱不足之所生，生於侈，侈之所生，生於無度。故曰：審度量，節衣食，儉財用，禁侈泰，爲國之急也。」白虎通禮樂篇：「禮者盛不足，節有餘，使豐年不奢，凶年不儉，貧富不相懸也。」**今世棄其度制，而各從其欲。欲無所窮，而俗得自恣，其勢無極。**説苑雜言篇：「孔子曰：中人之情，有餘則侈，不足則儉，無禁則淫，無度則失，縱欲則敗。飲食有量，衣服有節，宮室有度，畜聚有數，車器有限，以防亂之源也。故夫度量不可不明也，善欲不可不聽也。」漢書王吉傳：「古者衣服車馬，貴賤有章，以褒有德而別尊卑。今上下僭差，人人自制，是以貪財誅利，不畏死亡。」程明道論十事劄子有云：「古者冠婚喪祭，車服器用，等差分別，莫敢踰僭。故財用易給，而民有恆心。今禮制未修，奢靡相尚。卿大夫之家，莫能中禮，而商販之類，或踰王公。禮制不足以檢飭人情，名數不足以旌別貴賤。既無定分，則詐奸攘奪，人人求厭其欲而後已，豈有止息者哉？此争亂之道也。」竝與此合。**大人病不足於上，**孟子曰：「説大人則藐之。」墨子貴義篇：「今農夫入其税於大人，大人爲酒醴粢盛以祭上帝鬼神。」又見公孟篇。後漢明帝紀注引韓詩薛君章句云：「今時大人内傾於色，賢人見其萌，故詠關雎。」大人並謂貴者。而小民羸瘠於下，則富者愈貪利而不肯爲義，貧者日犯禁而不可得止，是世之所以難治也。荀子正論篇：「王公則病不足於上，庶人則凍餒羸瘠于下。於是焉桀紂羣居，而盜賊擊奪，以危其上矣。」鹽鐵論錯幣篇：「禮義弛崩，風俗滅息。故自食禄之君子，違於義而競於財，大小相吞，激轉相傾。此所以或儲百年之餘，或無以充虚蔽形也。」

孔子曰：「君子不盡利以遺民。」以餘利遺民。詩云「彼有遺秉，此有不斂穧，伊寡婦之利。」盧云：「此錯引，不依詩之本文。」輿案：此與坊記同。鹽鐵論錯幣篇：「古之仕者不穡，田者不漁，抱關擊柝，皆有常秩，不得兼利盡物。如此則愚智同功，不相傾也。詩云：『彼有遺秉，此有滯穗，伊寡婦之利。』言不盡物也。」鹽鐵論引詩，與今毛傳同，知坊記錯引，不關今古文。故君子仕則不稼，田則不漁，食時不力珍，坊記鄭注：「食時，謂食四時之膳也。力，猶務也。天子諸侯有秩膳。」大夫不坐羊，士不坐犬。鄭云：「古者殺牲，食其肉，坐其皮。不坐犬羊，是不無故殺之。」詩曰：「采葑采菲，無以下體。德音莫違，及爾同死。」本書竹林篇引此詩，以爲取其一美，與詩意合。此用坊記文，蓋借取爲不盡利之證，所謂詩無達詁也。鄭注禮記云：「采葑菲之菜者，采其葉而可食，無以其根美則并取之，苦則棄之。并取之是盡利也。」又云「此詩故親今疏者，言人之交當如采葑采菲，取一善而已」云云，是亦不以此爲詩本義。以此防民，防，當爲坊。民猶忘義而爭利，以亡其身。以上引坊記文。天不重與，有角不得有上齒。故已有大者，不得有小者，天數也。大戴禮易本命：「四足者無羽翼，戴角者無上齒。」呂覽博志篇：「有角者無上齒。」淮南墬形訓：「四足者無羽翼，戴角者無上齒。無角者膏而無前，有角者趾而無後。」對册云：「夫天亦有所分予，予之（當爲「上」。）齒者去其角，傅其翼者兩其足。是所受大者不得取小也。」**夫已有大者又兼小者，天不能足之，况人乎？**○官本云：「足，他本作是。」**故明聖者象天所爲，爲制度，使諸有大奉禄亦皆不得兼小利，與民争利業，乃天理也。**

對册云：「古之所予禄者，不食於力，不動於末，是亦受大者不得取小，與天同意者也。夫已受大，又取小，天不能足，况人乎？此民之所以囂囂苦〔一〕不足也。身寵而載高位，家温而食厚禄，因乘富貴之資力，以與民争利於下，民安能如之哉？是故衆其奴婢，多其牛羊，廣其田宅，博其産業，蓄其積委，務此而亡已，以迫蹵〔二〕民，民日削月朘，寖以大窮。富者奢侈羡溢，貧者窮極愁苦。窮極愁苦而上不救，則民不樂生，民不樂生，尚不避死，安能避罪？此刑罰之所以蕃而姦邪不可勝者也。故受禄之家，食禄而已，不與民争業，然後利可均布，而民可家足。此上天之理，而亦太古之道，天子之所宜法以爲制，大夫之所當循以爲行也。故公儀子相魯，之其家見織帛，怒而出其妻，食於舍而茹葵，愠而拔其葵，曰：『吾已食禄，又奪園夫、紅女利虖？』古之賢人君子在列位者皆如是，是故下高其行而從其教，民化其廉而不貪鄙。及至周室之衰，其卿大夫緩於誼而急於利，亡推讓之風，而有争田之訟。故詩人疾而刺之曰：『節彼南山，惟石巖巖。赫赫師尹，民具爾瞻。』爾好誼，則民鄉仁而俗善；爾好利，則民好邪而俗敗。由是觀之，天子大夫者，下民之所視效，遠方之所四面而内望〔三〕也。近者視而放之，遠者望而效之，豈可以居賢人之位而爲庶人行哉？夫皇皇求財利常恐乏匱者，庶人之意也；皇皇求仁義常恐不能化民者，大夫之意也。易曰：『負且乘，致寇至。』乘車者君子之位也，負擔者

〔一〕「苦」字，據漢書董仲舒傳補。
〔二〕「蹵」字，原誤「蹷」，據漢書改。
〔三〕「望」字，原作「顧」，據漢書改。

小人之事也，此言居君子之位而爲庶人之行者，其患禍必至也。若居君子之位，當君子之行，則舍公儀休之相魯，亡可爲者矣。」晉書食貨志：朱暉議云：「王制，天子不言有無，諸侯不言多少，食禄者不得與百姓争利。」江統傳云：「樊遲匹夫，請學爲圃，仲尼不答。魯大夫臧文仲使妾織蒲，又譏其不仁。公儀子相魯，則拔其園葵，言食禄者不與貧賤之人争利也。秦漢以來風俗轉薄，公侯之尊，莫不殖園圃之田，而收市井之利，漸冉相放，莫以爲恥，乘以古道，誠可媿也。」

凡百亂之源，○天啟本不提行。皆出嫌疑纖微，以漸寖稍長至於大。聖人章其疑者，别其微者，絶其纖者，不得嫌不使有幾微之嫌。以蚤防之。聖人之道，衆隄防之類也。禮經解：「夫禮禁亂之所由生，猶坊止水之所自來。」對册云：「萬民之從利也，如水之走下，不以教化隄防之，不能止也。是故教化立而姦邪皆止者，其隄防完也。教化廢而姦邪並出，刑罰不能勝者，其隄防壞也。」謂之度制，謂之禮節。謂與爲同。故貴賤有等，衣服有制，○凌本「制」作别。朝廷有位，鄉黨有序，則民有所讓而不敢争，所以一之也。聖人不禁民之争，而教之以讓，則民俗自美。○盧云：「舊本『而』下有名字，衍。」書曰：「轝服有庸，誰敢弗讓，敢不敬應。」此之謂也。尚書古文作「車服以庸」，弗，作不。後漢左雄傳、鹽鐵論通有篇、漢樊安碑並作「輿服」，與此同，潛夫論考績篇仍作車，知今文兩作也。此借推賢讓能之義，證民之有禮讓。

凡衣裳之生也，爲蓋形煖身也。然而染五采，飾文章者，非以爲益肌膚血氣之情也，墨子七患篇：「故聖人爲衣服，適身體，和肌膚而足矣，非榮耳目而觀愚民也。」吕覽孟春紀：「其爲輿馬衣裘也，足以逸身煖骸而已矣。」淮南齊俗訓：「明王制禮義而爲衣，分節行而爲帶。衣足以覆形，從典墳，虚循撓，便身體，適行步，不務于奇麗之容，隅眥之削。帶足以結紐收衽，束牢連固，不亟于爲文句疏短之鞻。」○黄氏日鈔引末句作「非以爲有益於肌膚血氣也」。將以貴貴尊賢，而明别上下之倫，使教亟行，使化易成，爲治爲之也。爲治民而設。晏子春秋諫下篇：「三代作服，爲益敬也。」管子法法篇：「先王制軒冕，足以著貴賤，不求其美；設爵禄，所以守其服，不求其觀也。」荀子富國篇：「古者先王分割而等異之也，故使或美或惡，或厚或薄，或佚或樂，或劬或勞，非特以爲淫泰夸麗之聲，將以明仁之文，通仁之順也。故爲之雕琢刻鏤，黼黻文章，使足以辨貴賤而已，不求其觀。爲之鍾鼓管磬，琴瑟竽笙，使足以辨吉凶，合歡定和而已，不求其餘。爲之宮室臺榭，使足以避燥溼，養德辨輕重而已，不求其外。詩曰：『雕琢其章，金玉其相。亹亹我王，綱紀四方。』此之謂也。」賈子服疑篇：「制服之道，取至適至和以予民，至美至神進之帝。奇服文章，以等上下而差貴賤。」白虎通衣裳篇：「聖人所以制衣服何？以絺綌蔽形，表德勸善別尊卑也。」**若去其度制，使人人從其欲，快其意，以逐無窮，是大亂人倫，而靡斯財用也，**賈生道術篇：「費弗過適謂節，反節爲靡。」**失文采所遂生之意矣。**遂，猶由也。**上下之倫不別，其勢不能相治，故苦亂也。嗜欲之物無限，其勢**〔一〕**不能相足，故苦貧也。今欲以亂爲治，以貧爲富，非反之制度不可。**知要之論。均田不易行，制度則可行也。後漢書和帝紀：永元十一年詔曰：「吏民踰僭，厚死傷生，是以舊令節之制度。」安帝紀：元初五年詔曰：「舊令制度，各有科品，欲令百姓務崇節約。」我朝康熙中左都御史陳廷敬疏言：「官員士庶，冠服衣裘，飾用之制，婚喪之禮，有宜更定者，斟酌損益，務合於中。其淺近易行，如貂猞猁猻，昔有官品之分，今則庶人服之矣。如緞綢，昔有官民之別，今則雜然無辨矣。並宜釐正，使永遠遵行。」正合制度之意。**古者天子衣文，諸侯不以燕，**孫星衍云：「諸侯亦有文，但爲祭服，不用之燕居耳。可證禮器之諸侯大夫士黼黻玄衣爲讓尊者降等之差，其祭服各自有山龍矣。」**大夫衣褖，**○盧云：衣褖，舊本訛作禄，今改正。」與

〔一〕「勢」字，凌本、盧本、叢刊本作「數」。

案：說文無「椽」字，字當作緣。說文：「衣，純也。」凌本作緣，云：「疑作纖。」詩箋：「大夫以上衣纖。」**士不以燕，**○天啟本「士」作亦。**庶人衣縵，**說文：「縵，繒無文，從糸，曼聲。」漢律曰：「賜衣者縵表白裏。」　案：引申之，凡無文者皆謂之縵。**此其大略也。**

爵國第二十八

周禮太宰注：「爵，謂公、侯、伯、子、男、卿、大夫、士也。」故此言地列官制，謂之爵國。白虎通爵篇：「公卿大夫者何？內爵也。」又謚篇：「附庸所以無謚何？卑小無爵也。」王制曰：「古者之制祿，爵凡五等，附庸不在其中，明附庸無爵也。」攷黜篇謂「附庸以德封。」（引見下。）又云：「爵主有德，封主有功，爵與封別。」據董此篇，附庸亦不在爵中。

春秋曰：「會宰周公。」僖九年。**又曰：「公會齊侯、宋公、鄭伯、許男、滕子。」又曰：「初獻六羽。」**盧云：「六字疑〔一〕衍。」凌云：「『天子三公云云，在『初獻六羽』傳內，非衍文。」**傳曰：「天子三公稱公，王者之後稱公，其餘大國稱侯，小國稱伯、子、男。」**隱五年傳。**凡五等。故周爵五**

〔一〕「疑」字，原誤「宜」，據盧本改。

等，士三品，上士、中士、下士。○官本云：「士，他本作上。」文多而實少。春秋三等，合伯、子、男爲一爵，注見前。案左昭十三年傳：「鄭伯，男也，而使從公侯之貢。」國語周語：「鄭伯，南也，王而卑之，是不尊貴也。」（南與男通。）似時王之制，即已合爲一爵。左氏説與公羊合。士二品，上士、下士。文少而實多。○官本云：「他本作上二等，文多而實少。」春秋曰：「荆。」句。傳曰：「氏不若人，人不若名，名不若字。」凡四等，盧云：「莊十年傳云：『荆者何？州名也。州不若國，國不若氏，氏不若人，人不若名，名不若字，字不若子，凡七等。』此但以人、氏、名、字分得地之多寡，故所引不全。」命曰附庸，白虎通爵篇：「小者不滿爲附庸。附庸者，附大國以名通也。」案：庸，與墉同，城也。王莽傳：「當賜爵關内侯者，更名曰附城。」王制鄭注：「小城曰附庸。附庸者，以國事附于大國。」正義：「庸，城也。」三代共之。然則其地列奈何？曰：天子邦圻千里，圻，與畿同。公侯百里，伯七十里，子男五十里，與孟子、王制同。白虎通爵篇：「百里兩爵，公侯共之。七十里一爵，五十里復兩爵何？公者加尊二王之後，侯者百里之正爵。上可有次，下可有第，中央故無二。五十里有兩爵者，所以加勉進人也。小國下爵猶有尊卑，亦以勸人也。」又云：「殷家所以令公居百里，侯居七十里，何也？封賢極于百里，其改也不可空退人，示優賢之意，欲褒尊而上之。」此所言與殷制異。附庸字者方三十里，名者方二十里，人氏者方十五里。字、名、人、氏，傳以夷狄言。據此知傳以附庸例之也。附庸有二説，尚書大傳云：「古者諸侯始受封則有采地，百里諸侯以三十里，七十里諸侯以二十里，五十里諸侯以十五里。其後子孫雖有罪黜，其采地不黜，使其子孫賢者守之，世世以祠其始受封之人。此之謂興滅國，繼絶世。」韓詩外傳同，惟云「五十里諸侯以十里」，蓋脱「五」字。此以附庸爲采地也。白虎通攷黜篇：「盛德之士亦封之，所以尊有德也。以德封者，必試之爲附庸，三年有功，因而封之五十里。元士有功者，亦爲附庸，世其位。大夫有功成封五十里，卿功成封七十里，公功成封百里。」潛夫論班禄篇：「天子三公，采視公侯，蓋方百里。卿采視伯，方七十里。大夫視子男，方五十里。元士視附庸，方三十里。功成者封。」此言附庸以德封也。董此篇以爵國名，當是謂以德封者。順命篇言其無德於天地之間者，州國人氏，則謂諸侯黜滅者。蓋開國之初，天子有餘地以廣封，自後諸侯并兼，其制漸廢，但有采地之附庸耳。莊三年「紀季以酅入于齊」，傳曰：「請後五廟以存姑姊妹。」知國滅而附庸猶有地，得立廟以祠其受封之人矣。○十五，各本作五十，今從天啟本改。**春秋曰：「宰周公。」傳曰：「天子三公。」**隱五年傳：「天子三公者何？天子之相也。天子之相，則何以三？自陝而東者，周公主之，自陝而西者，召公主之，一相處乎内。」僖九年傳〔一〕：「宰周公者何？天子之爲政者也。」　案：爲政，謂以三公領大宰者。**「祭伯來」，傳曰：「天子大夫。」**隱元年傳。孔廣森云：「蓋天子之中大夫。」　輿案：據董例，疑是上大夫，蓋即天子之卿。周禮有卿而無上大夫。王制言天子、三公、卿大夫、元士。似亦以卿爲上大夫，與此合。**「宰渠伯糾」，傳曰：「下大夫。」**桓四年。莊云：「春秋志天子之大夫，上下列其等，戚疏異其分。父子之恩，長幼之序，靡不畢見。以三公兼官，惟志冢宰耳。諸侯之臣，雖内大夫不稱其官，官之志，惟宋耳。」**「石尚」，傳曰：「天子之士也。」**定十四年何注：「天子上士，以名氏通。」**「王人」，傳曰：「微者，謂下士也。」**僖八年傳：「王人者何？微者也。」**凡五等。**隱元年何注：「天子上士以名氏通，中士以官録，下士畧稱人。」孔廣森云：「春秋凡王之下士爲王人，中士録名，宰咺是也。上士加氏，石尚是也。下大夫書字，家父、叔服、渠伯糾是也。中大夫以伯仲書，祭仲、南季、仍叔等是也。上大夫以子書，尹子、單子、劉子是也。

〔一〕「傳」字，據公羊傳補。

三公稱公，周公、祭公、虞公是也。」竝主上、中、下爲説。按董用五等，無中大夫及中士，與周禮異。何注與董異。**春秋曰：「作三軍。」傳曰：「何以書？譏。何譏爾？古者上卿、下卿、上士、下士。」凡四等。**襄十一年傳。何注：「古者諸侯有司徒、司空，上卿各一，下卿各二。司馬事省，上下卿各一。上士相上卿，下士相下卿，足以爲治。」　案：王制諸侯五等，上大夫卿、下大夫、上士、中士、下士，凡五等，與此異。**小國之大夫與次國下卿同，次國大夫與大國下卿同，大國下大夫與天子下士同。**此四等例與他書並異。大夫即上卿，下大夫即下卿。故下文云：「次國上卿位比大國下卿，小國上卿位比大國下卿。」又云：「大國上卿位比天子元士。」則下卿當比下士矣。左成三年傳：臧宣叔曰：「次國之上卿，當大國之中，中當其下，下當其上大夫。」杜注云：「降一等。」又云：「小國之上卿，當大國之下卿，中當其上大夫，下當其下大夫。」杜注云：「降二等。」　案：左傳與王制合。此文則小國視次國，次國視大國降一等，大國視天子降二等。**二十四等，**天子卿、大夫、上士、下士，凡四等。通佐上卿、下卿、上士、下士，凡四等。諸侯大國上卿、下卿、上士、下士，凡四等。次國上卿、下卿、上士、下士，凡四等。小國上卿、下卿、上士、下士，凡四等。附庸宰、丞、士、秩士，凡四等。是謂二十四等。蓋天子三公最尊，諸侯通佐附屬，故不入等。附庸雖不得達于天子，其官固視諸侯爲差矣。**禄八差。**○盧云：「『禄』下舊本有等字。」　案：凌本連下「有」字上屬。劉逢禄云：「疑作『禄入有差。』」**有大功德者受大爵士，功德小者受小爵士，**疑當作「小功德者爵與士別」。士謂封也。**大材者執大官位，**執，疑作受。**小材者受小官位，如其能，宣治之至也。**墨子尚賢篇：「以德就列，以官服事，以勞殿賞，量功而分禄。故官無常貴，而民無終賤，有能則舉之，無能則下之。」韓非子八姦篇：「賢材者處厚禄，任大官；功大者有尊爵，受重賞。官賢者量其能，職禄者稱其功。是以賢者不誣能以事其主，有功者樂進其業，故事成功立。」傅子：「夫爵者位之級，而官者祿之實也。級有等而稱其位，實足利而周其官，此立爵祿之分也。爵祿之分已定，必明選其人而重用之。德貴功多者受重爵大位，厚祿尊官；德淺功寡者受輕爵小位，薄祿卑官。」○錢云：「大典本『至』作主。」輿案：「如」上疑有脱字。或當作「官如其能，治之至也」。宜，爲官誤，又倒在下耳。

故萬人者曰英，千人者曰俊，百人者曰傑，十人者曰豪。淮南泰族訓：「故智過萬人者謂之英，千人者謂之俊，百人者謂之豪，十人者謂之傑。英、俊、豪、傑各以大小之材處其位，得其宜。由本流末，以重制輕，上唱而民和，上動而下隨。四海之内，一心同歸，背貪鄙而向義理。其於化民也，若風之摇草木，無之而不靡。」白虎通聖人篇引禮别名記曰：「百人曰俊，千人曰英，倍英曰賢，萬人曰傑，萬傑曰聖。」説文：「俊，才過千人也。傑，才過萬人也。」書皋陶「俊乂在官」，鄭注云：「才德過千人爲俊，百人爲乂。」吕覽高注：「千人爲傑，萬人爲俊。」鶡冠子博選篇：「德萬人者謂之雋，德千人者謂之豪，德百人者謂之英。」與此小異。案：俊，字不當作雋。雋，肥肉也。凹乃弓横體，引弓射隹，故曰得雋。

豪傑俊英不相陵，故治天下如視諸掌上。白虎通封禪篇：「王者使賢不肖位不相踰，則平路主於庭。」輿案：尊卑如其能，大小當其分，則人絶徼幸之思，士弭奔競之習，事無不舉，才無不成。否則積時累月，以資爲績，亦尚可以澄官方，效職守。若不量能而授，不考績而舉，賄成勢競，廉恥道亡。其始足以壞人才，隳庶事，其究足以亡天下矣。

其數何法以然？曰：天子分左右五等，三百六十三人，法天一歲之數。俞云：「下文天子、三公、九卿、二十七大夫、八十一元士、二百四十三下士，合之適得三百六十三人。」**五時色之象也。**春夏秋冬中央，故云五時色。

通佐十上卿與下卿而二百二十人，○官本云：「下『二』，他本作六。」俞云：「上『十』乃七字之誤。據下文云『有七上卿』，有通作又。三公九卿外，又有七上卿，即所謂通佐也。故知『十上卿』當爲七上卿矣。『二百二十人』當作二百八十人。六與八形似而誤。今本二十，則後人依既誤之下文改之也。說詳後。」輿案：官本作「二」，據下文通佐之數。盧本作「四」，據下文倍諸侯之數。以三三相復推之，俞說是。天庭之象也，凌云：「春秋元命苞：太微爲天庭，五帝以合時。紫微宮爲大帝，中有五帝佐五帝合明。」倍諸侯之數也。諸侯之外佐四等，百二十人，三卿、九大夫（亦名下卿。）二十七上士、八十一下士，凡四等，百二十人。法四時六甲之數也。通佐五，與下文不全。或當作「上士與下士」，脱去三字。而六十人，五通大夫當有十五上士、四十五下士，凡六十人。法日辰之數也。佐之必三三而相復，何？曰：時三月而成大，辰三而成象。諸侯之爵或五何？法天地之數也。五官亦然。五官謂天子左右五等。然則立置有司，分指數柰何？指數即人數，猶後人稱百人爲千指矣。○官本云：「他本無『然』字。」曰：諸侯大國四軍，古之制也。其一軍以奉公家也。凌云：「諸經皆言大國三軍。春秋之制方伯二師，從無四軍者。攷小司徒注：『百里之國凡四都，一都之田，稅入於王。』古者計夫出稅，有稅則有夫，以其奉公家也。故不言四軍而言三軍，其實暗中有一軍也。」俞云：「諸經皆言大國三軍，無言四軍者。凌注雖似合下文一軍以奉公家之說，然奉公家非奉王家也。則與小司徒注所稱稅入于王者，本非一事，未可援以爲說。今以本文考之，四軍實當爲三軍。下文曰：『大國十六萬口，而立口軍三。』又曰：『定率得十六萬口，三分之，則各五萬三千三百三十口，爲大（缺，一字）口軍三，此公侯也。』然則以十六萬口三分之而爲三軍，不得更立一軍矣。其下又曰：『天子地方千里，爲方百里者百。亦三分除其一，定得田方百里者六十六，與方十里者六十六，定率得千六百萬口。九分之，各得百七十七萬七千七百七十七口，爲京口軍九。三京口軍以奉王家。』然則天子九軍，以三軍奉王家，大國三軍，以一軍奉公家，皆與數適合。奉王家之三軍，即在九軍之中，則奉公家之一軍，亦即在三軍之中，不得有四軍也。古三、四字皆積畫，往往致誤。儀禮覲禮『四享』，鄭注：『四當爲三。古書作三、四或皆積畫，字相似，由此誤也。』周官內宰疏引鄭

注：『純四胑，四當爲三。古三、四積畫，是以三誤爲四。』並其證。」輿案：本篇軍字不必依萬二千五百人定數，疑即周禮分都之意。故於小國及附庸亦云立口軍口師三也。以一軍奉公家，盛時之制，至春秋時非其舊矣。○官本云：「他本無上『也』字。」凡口軍三者何？計口立軍，謂之口軍，猶計口而爲井田，謂之口井。口井見王莽傳。○盧云：「舊本『三』下又有口字，當是衍文。」曰：大國十六萬口而立口軍三。何以言之？曰：以井田准數之。盧云：「准之正字爲準。而周書、文子、管子、莊子、呂覽、淮南皆有准字，則相沿省文已久矣。」方里而一井，一井而九百畝而立口。凌云：「王制『方一里者爲田九百畝』，注：『一里方三百步。』疏：『案論語云步百爲畝』，是長一百步，闊一步。畝百爲夫，是一頃也，長闊一百步。夫三爲屋，是三頃也，闊三百步，長一百步。屋三爲井，是九百畝也，長闊一里。」方里八家，一家百畝，以食五口。宣十五年注：「是故聖人制井田之法而口分之，一夫一婦受田百畝，以養父母妻子。五口爲一家。」○凌本無「一家」二字。上農夫耕百畝，食九口，次八人，次七人，次六人，次五人。多寡相補，率百畝而三口，周禮小〔一〕司徒：「上地家七人，中地家六人，下地家五人。」鄭注：「以七人、六人、五人爲率者，有夫有婦，然後爲家。」是併男女計之。此云食九口、八人、七人、六人、五人者，併男女言之。百畝三口，則專計男。蓋立軍以男爲限，食養則無分男女合計。男口而區爲軍，則正羨皆在其内，所謂人人皆兵也。據周禮及司馬法，率百畝而取一人爲正軍。方里而二十四口。方里者十，得二百四十口。方十里爲方里者百，得二千四百口。○凌本「方里」衍作方百里。方百里爲方里者

〔一〕「小」字，原誤「大」，據周禮小司徒改。

萬，得二十四萬口。○盧云：「『方百里』下舊本有『爲方里者千，得二萬四千口，方千里』計十四字，係衍文。錢校删。」法三分而除其一。城池、郭邑、屋室、閭巷、街路市、官府、園圃、萎圈、臺沼、椽采，盧云：「萎圈，與委巷同。椽采，疑有誤。或當是林麓汙萊〔一〕之類，皆在所除也。」輿案：王制：「山陵林麓，川澤溝瀆，城郭宫室途巷，三分去一。」與此法同。「街路市」，疑衍一字。○官本云：「他本『萎』誤作姜。」案：凌本「官」作宫。得良田方十里者六十六，與方里六十六，方百里，應得良田方十里者百。除其一分，得方十里者六十六。外餘方十里者一，復除其一，得方里者六十六。外餘一方里，不計奇零，故畧之。○官本「與」上有十字，云：「十字當在『方』字之下，『里』下當有者字。」輿案：「十」字，衍文。定率得十六萬口。依上田數得十五萬九千九百八十四口，并餘數核之，應得十六萬又八口。餘數除其一，適得今數。三分之，則各五萬三千三百三十三口，餘一口不計，舉大畧。○「各」下疑脱得字。官本云：「他本脱『五』字。」爲大口軍三。大下缺一國字。此公侯也。天子地方千里，爲方百里者百。亦三分除其一，定得田方百里者六十六，與方十里者六十六，定率得千六百萬口。九分之，各得百七十七萬七千七百七十七口，三分除一，得方百里者六十六。外餘方百里者一，再除其一，得方十里者六十六。外餘方十里者一，應得方里者六十六。不言方里，文畧也。下並同。爲京口軍九。句。三京口軍以奉王家。留三京口軍以自衛，餘以禦侮綏邊。凌云：「内官畧見如此。」故天子立一后，一世夫人，中左右夫人，凌云：「漢書外戚傳：妾皆稱夫人。又有

〔一〕「萊」字，原誤「菜」，據盧本改。

美人、良人、八子、七子、長使、少使之號焉。獨斷：『天子一娶十二女，象十二月，三夫人，九嬪。』」**四姬，**漢書文帝紀臣瓚注：「漢秩祿令及茂陵書姬並內官也。秩比二千石，位次婕妤下，在八子上。」顏注：「姬本周姓，貴於衆國之女，所以婦人美號皆稱姬。後因總謂衆妾爲姬。史記『高祖居山東時好美姬』是也。若姬是官號，不應云幸姬戚夫人。且外戚傳〔一〕備列后妃諸〔二〕官，無姬職也。」輿案：據此則姬在周已爲官號，不始於漢。瓚引漢秩祿令及茂陵書不誤也。但不知何時始以妾爲姬。史記始皇本紀言見呂不韋姬，是秦時已然。詩陳風「彼美淑姬」，孔疏云：「姬姜二姓之後，子孫昌盛，其家之女美者尤多。」左傳引逸詩云：「雖有姬姜，無棄憔悴。」是以姬姜爲婦人美稱也。蓋其始以姬爲婦人通稱，因以爲官名，又因以爲妾稱。輾轉沿譌，而姬之名賤矣。（宋徽宗改稱公主爲帝姬，則用詩王姬而誤。）**三良人。**凌云：「漢書外戚傳：『良人視八百石，比左〔三〕庶長。』顏注：『良人，謂妾也。』檀弓注：『帝嚳立四妃，帝堯因焉。至舜不告而娶，不立正妃，但〔四〕三妃而已，謂之三夫人。夏后氏增以三，三而九，合十二人。』春秋說云：『天子娶十二，即夏制也。』按合一后、一世夫人、中左右夫人、四姬、三良人，符十二人之數，蓋用夏制也。」輿案：此是周制。王莽傳：「請考五經，定取禮正十二女之義，以廣繼嗣。」**立一世子，三公，九卿，二十七大夫，八十一元士，二百四十三下士。有七上卿，二十一下卿，六十三元士，百二十九下士。**張惠言云：「有七

〔一〕「傳」字，據漢書注補。
〔二〕「諸」字，原誤「職」，據漢書注改。
〔三〕「左」原作「右」，誤，據外戚傳改。
〔四〕「但」字，原作「餘」，據凌本改。

上卿以下二百二十人，所謂通佐也。通佐之官，他書不見。」俞云：「三七二十一，二十一而三之，得六十三，爲元士之數。六十三而三之，得一百八十九，爲下士之數。今乃云百二十九下士，文之誤也。於是上文言通佐二百八十人，亦改爲二百二十人矣。」**王后置一太傅、太母，**盧云：「似當作置一太傅母，次『大』字衍。」輿案：襄三十年傳：「傅至矣，母未至也。」何注：「禮，后夫人必有傅、母，所以輔正其行，衛其身也。選老大夫爲傅，選老大夫妻爲母。」是傅與母爲二。傅，傅母；母，保母。「大」字非衍。**三伯，三丞。世夫人，四姬，三良人，各有師傅。**○各本「世」作二十。凌云：「世字之誤。」今據改，下同。**世子一人，太傅，三傅，三率，三少。**凌云：「漢舊儀：太傅一人，真二千石，禮如師。亡新更爲太子師。三公、三少，見賈誼治安策。」輿案：「人」字衍。以下文例之，當云「世子一太傅，少傅，三率，三下率。」或以「少士」爲句，謂即「下率」，似非。**士入仕宿衛天子者比下士，下士者如上士之下數。**張惠言云：「士入宿衛者，如周官次舍之人民。」凌云：「三輔黃圖：『漢有長水、中壘、屯騎、虎賁、越騎、步兵、射聲、胡騎，宿衛王宮，周廬值宿。』元紀初元五年，顔注：『衛尉有八屯，衛候司馬主衛士徼巡宿衛。』本傳：『臣愚以爲宜使諸列侯、郡守二千石，各擇其吏民之賢者，歲貢各二人，以給宿衛。』」俞云：「案下文言大國次國，並云士宿衛公者，比上卿者有三人，下卿六人，比上下士者如上下之數。則此文亦當云：士入仕宿衛天子者，比上卿者有三人，下卿六人，比上下士者如上下之數。傳寫脱誤。」輿案：「仕」字，疑衍。**王后御衛者，上下御各五人。**凌云：「周禮女御注，昏義所謂御妻。御，猶進也，侍也。疏：凡后下御，皆是后宮進在王寢，侍息宴。」輿案：此上下御，疑是后宮宿衛，如漢時長樂宮屯衛、建章衛尉之比，非御妻也。**世夫人、中左右夫人、四姬，上下御各五人。三良人，各五人。世子妃姬及士衛者，如公侯之制。王后傅，上下**

史五人；三伯，上下史各五人；少伯，史各五人。據上文，少伯即丞。世子太傅，上下史各五人；少傅，亦各五人；三率、三下率，亦各五人。○官本云：「他本無『亦』字。」三公，上下史各五人；卿，上下史各五人；大夫，上下史各五人；元士，上下史各五人；此處疑脱「下士，上下史各五人」句。大國下士止有史。以通佐例之，則天子下士當有上下史五人也。上下卿、上下士之史，上下亦各五人。此謂通佐之史。卿大夫、元士，臣各三人。下士無臣，大國以下則唯卿有之。故公侯方百里，三分除其一，○凌本「除」下無「其」字。定得田方十里者六十六，與方里六十六，定率得十六萬口。三分之，爲大國口軍三，而立大國。一夫人，一世婦，凌云：「獨斷：公侯有夫人，有世婦。」左右婦，三姬，二良人。立一世子，三卿，九大夫，二十七上士，八十一下士，亦有五通大夫，立上下士。張惠言云：「通大夫、上下士，所謂通佐也。此不言人數。下文次國、小國，云五上士、十五下士，計共二十五人，與前言六十人不相應。天子通佐二百二十人，諸侯不應若是之少，且非三三相復之率，疑當云『五通大夫、十五上士、四十五下士，凡六十五人。』六十者，舉大數也。或前文脱『五』字。」上卿位比天子之元士，今八百石。凌云：「今八百石者，以漢制況之。國策云：『自三百石吏而効之子之。』注：『大事記以石計禄，始見于此。』」下卿六百石，上士四百石，下士三百石。夫人一傅母，謂一傅一母。三伯，三丞。世婦，左右婦，三姬，二良人，各有師保。世子一上傅、丞。謂一上傅一丞。士宿衛公者，比公者，三字衍。比上卿者有三人，下卿六人，比上下士者如上下之數。夫人衛御者，凌云：「上王后作御衛。」上下御各五人；世婦、左右婦，上下御各五人；二卿，御各五人；世子上傳，上下史各五人；丞，史各五人；三卿、九大夫，上士史各五人，下士史各五人；通大夫、士，上下史各五人；卿，臣二人。此公侯之制也。公侯賢者爲州方伯，凌云：「王制：『二百一十國以爲州，州有伯。』注：『凡長皆因賢侯爲之。殷之州長曰伯。』」錫斧鉞，置虎賁百人。凌云：「莊元年注：『禮有九錫：一曰車馬，二曰衣服，三曰樂則，四曰朱户，五曰納陛，六曰虎賁，七曰弓矢，八曰鈇鉞，九曰秬鬯。皆所以勸善扶不能。言命不言服者，重命不重其財物。禮，百里不過九命，七十里不過七命，五十里不過五命。』」故伯七十里，七七四十九，四千九百方里。案此等蓋俗語。算數三七二十一，蘇秦説齊王語。漢書律曆志劉歆典領鍾律奏亦云八八六十四，又淮南書亦有之，知其來已久。三分除其一，定得田方十里者二十八，與方十里者六十六，定率得十萬九千二百一十二口，爲次國口軍三，而立次國。以前文例之，當云「得方十里者三十二，與方里者六十六」。此文有誤。統計得田方里者三千二百六十六，定率得七萬八千三百八十四口，三分之得二萬六千一百二十八口。一夫人，世婦，左右婦，三良人，二孺子。左哀三年「南孺子」，杜注云：「季桓子妻。」據此則孺子疑是妾稱。韓非子外儲説右：「齊威王夫人死，有十孺子皆貴于王。」列女傳貞順篇：「夫人謂傅妾曰：『孺子養我甚謹。』」是周末尚稱妾爲孺子也。立一世子，三卿，九〔一〕大夫，二十七上士，八十一下士，與五通大夫，五上士，十五下士。其上卿，位比大國之下卿，今六百石；下卿四百石，上士三百石，

〔一〕「九」字，原作「三」，據凌本、盧本、叢刊本改。

下士二百石。夫人一傅母，傅一，母一。三伯，三丞。世婦，左右婦，三良人，二御人，漢書王莽傳：「和人三，位視公；嬪人九，視卿；美人二十七，視大夫；御人八十一，視元士；凡百二十人。」御人之稱本此。○官本云：「御，各本誤作卿。」各有師保。世子一上下傅。士盧云：「上下與後文同，本或作下士，非。」輿案：下，字疑衍。上傅即丞。末「士」字當下屬爲句。宿衛公者，比上卿者三人，下卿六人，比上下士如上下之數。○官本云：「他本『之』上衍士字。」夫人御衛者，上下御各五人。○天啟本「御」上有士字，凌本同。世婦、左右婦，上下御各五人；二御，各五人；世子上傅，上下史各五人，丞、史各五人；三卿、九大夫，上下史各五人，下士史各五人；○天啟本無「各」字，凌本同。通大夫，上下史各五人；據此，則次國以下通大夫之上下士皆無史。卿，臣二人。故子男方五十里，五五二十五，爲方十里者六十六，定率得四萬口，凌云：「疑有誤。」輿案：六十六，衍上「六」字。五五二十五，爲二千五百方里。三分除一，得方十里者十六。外餘方十里者一，再除得方里者六十六，統計得田方里者一千六百六十六，定率得四萬口。三分之爲一萬三千三百三十三口。爲小國口軍三，而立小國。夫人，世婦，左右婦，凌云：「『夫人』上當有一字。」三良人，二孺子。立一世子，三卿，九大夫，二十七上士，八十一下士，與五通大夫，五上士，十五下士。其上卿比次國之下卿，今四百石。下卿三百石，上士二百石，下士百石。夫人一傅母，傅一，母一。○官本云：「他本『母』誤作氏。」三伯，三丞。世婦，左右婦，三良人，一御人，一，當爲二。○官本云：「一御，他本作二卿，誤。」各有師保。世子一上下傅。「下」字疑衍。士宿衛公者，比上卿者三人，下卿六人。夫人御衛者，上下御各五人；○盧云：

「舊本缺『夫人』二字。趙校增。」世婦，左右婦，上下御各五人；二御人，各五人；世子上傅，上下史各五人；三卿、九大夫，上下史各五人；士，各五人；通大夫，上下史亦各五人；○天啟本注云：「通，一作五。」卿，臣二人。此周制也。此篇所説與他書所載周制互有異同。蓋一代法制，因革不常，故紀載参差，不能合一。此確爲井田未湮時舊制，非春秋所有。而通佐之名，無徵於古。姬、良人之號，下同于漢，八百石、六百石之類，竝取況今制，當是采述舊聞，證以漢法。禮書散亡，此殆師説僅存者，可寶也。○二，凌本作三。春秋合伯子男爲一等，故附庸字者地方三十里，三三而九，九百方里。凌云：「而，如通。」三分而除其一，定得田方十里者六，六百方里。○天啟本作「六十」，衍「十」字，凌本同。定率得一萬四千四百口，爲口師三，三分之爲四千八百口。而立一宗婦、二妾、一世子，宰丕、盧云：「丕疑一。」丞一，○官本云：「丞，他本作承。」士一，秩士五人。宰視子男下卿，今三百石。宗婦有師保，師一保一。御者三人，妾各二人，世子一傅。士宿衛君者，比上卿，下卿一人，此疑有誤。附庸之宰視子男下卿而已，宿衛安有比上下卿者？上下各如其數。此語亦疑有誤。世子傅，上下史各五人。下良五盧云：「三字非誤即衍。」稱名善者，地方半字君之地。俞云：「善，衍字，蓋即者字之誤而衍也。上云『附庸字者方三十里，名者方二十里』，而此云『稱名者地方半字君之地』，則正方十五里，與上文不符。九半之文亦不可曉。據云四分除一，定得田方十里者三。則適是方二十里之地。蓋方二十里之地爲方十里者四，四分除一，則是方十里者三矣。然則此云『半字君之地』者必誤也。」九半句有誤。三分除其一，○天啟本「三分」作四分，凌本同。案：據本篇例當作「三分」，然以二十里計之，則四分適與下田數口數合，疑有誤文。定得田方十里者三，定率得七千二百口。方二十里實得四百方里。四分除一，得方十里者三。三分除一，定得田方十里者二，方里者六十六。一世子宰，今二百石。下有脱文。當有丞，有士，有秩士。下四半三半二十五。盧云：「此八字疑誤，并疑下有脱文。」輿案：此下當云「稱人氏者方十五里。」三分除其一，定得田方十里者一，與方里者五，天啟本作「方里者五十」，凌本同。案：有「十」字是。地方十五里，應得田二百二十五方里。三分除一，定得田百五十方里。俞云：「文譌難讀。據云『三分除其一，定得田方十里者一，與方里者五十』，則是方十五里之地爲方五里者九，三分除一，則爲方五里者六。并四箇方五里之地，作爲方十里者一，則餘兩箇方五里之地，各爲方里者二十五，并之爲五十矣。上云『附庸字者方三十里，名者方二十里，人氏者方十五里』，則此所説者必是附庸稱人氏之制。上文所謂『半字君之地』者，宜移之於此矣。」定率得三千六百口。○盧云：「定下脱率字，今補。」一世子宰，今百石，史五人，宗婦仕衛世子臣。盧云：「下有脱文。」輿案：以類推之，當爲宗婦一人，妾二人，世子一人。「仕衛」爲「士宿衛君者」之殘文，「世子臣」，則「世子官屬」之殘文也。○天啟本「仕」上有士字。

仁義法第二十九

莊子天道〔一〕篇：「孔子往見老聃，繙十二經以説。（釋文「一云春秋十二公經也。」）老聃曰：『願聞其要。』孔子曰：『要在仁義。』」按禮表記引子言：「仁者，天下之表也。義者，天下之制也。」又云：「仁有數，義有短長小

〔一〕「道」原誤作「地」，今正。

大。」易繫辭云：「立人之道，曰仁與義。」韓非子外儲說右：「子路曰：『所學於夫子者，仁義也。』」而論語中無仁義兼言者，孟子言仁，始多以義配。賈子道術篇：「心兼愛人謂之仁，反仁爲戾，行充其宜謂之義，反義爲懜。」亦以仁義分晰，爲韓愈原道所祖。此篇所云本厚躬薄責之恉，且三引論語以證，明實孔子法也。他篇言春秋要旨在仁，此恐施政者偏於治人而不知自治，故著其法。○凌本「法」作發，誤。

春秋之所治，人與我也。所以治人與我者，仁與義也。以仁安人，以義正我，漢杜欽對策云：「王者法天地，非仁無以廣施，非義無以正身。克己就義，恕以及人，六經之所上也。」宋蘇軾云：「春秋之義，立法貴嚴，而責人貴寬」竝與此合。**故仁之爲言人也，義之爲言我也，言名以別矣。**以，與已同。名，猶字也。仁從人，義從我，是字形別也。禮中庸：「仁者，人也。」（表記同。）注：「人也讀如相人偶之人，（「人耦」二字，又見儀禮注及詩鄭箋。耦、偶同。）以人意相存問之言。」國語魯語：「季文子曰：『人之父兄食麤衣惡，而我美妾與馬，無乃非相人乎？』」猶言不相仁也。孟子曰：「仁也者，人也。合而言之，道也。」禮祭義：「仁者，仁此者也。」（下「仁」疑作人。）春秋元命苞：「仁者，情志好生愛人。故其爲人以仁，其立字二人爲仁。」注：「二人，言不專於己，念施與也。」釋名：「人，仁也。仁生物也。」説文：「仁，親也，从人、二。又𡰥，古文仁，或从尸。」尸即篆體人字。東方之國好仁，故古夷字亦作𡰥。蓋仁者有對待之稱，無二人則仁無所見，故从二人，以別於我。（莊子大宗師：「彼方且與造物者爲人。」淮南齊俗訓：「上與神明爲友，下與造物爲人。」以人與友對，尤爲明顯。）曾子云：「人非人不濟。」左襄七年傳：韓穆子贊韓起之賢云：「與田蘇游，而曰好仁。」又云：「參和爲仁。」參和者，與人相親之謂。國語周語言「仁必及人」。又云：「愛人能仁。」詩鄭風、齊風之譽人也，竝云「美且仁」。亦謂其與人相親愛之貌。孟子曰：「愛人不親反其仁。」韓詩外傳引古訓：「愛由情出謂之仁。」是古釋仁爲愛人，無異説也。惟義訓我，則董刱説。董好以字形説義，如性之名爲生，三畫連中爲王，二中爲患之類。（王安石字説仿董而不如其精。）其他篇言禮義、義理及單言義者，固不盡如此訓。然呂覽言「責人以仁，自責以義」，（見下。）則董此義亦有所本。樂記：「仁以愛之，義以正之。」緇衣：「身不正，言不信，則義不壹，行無類也。」以義訓正，亦與此近。説文：「誼，人所宜也。」「義，己之威儀也。从我从羊。」漢人多以仁義作誼，威儀作義。細繹許説，則義字實參董訓。己之威儀，即正我意。下文云：「爲禮不敬。」知威儀包括在内。又云「宜在我」，則兼誼訓。是董於義、誼不分，許兼采之耳。本傳：「正其誼不謀其利。」誼，原當作義，今本蓋班氏所改。墨子皆在兼愛無我，其書「義」俱作羛，（見説文。今本多改从我。）而本旨湮矣。王應麟引劉原父云：「仁字從人，義字從我，豈造文之意耶？愚謂告子仁内義外之説，孟子非之。若以人我分仁義，是仁外義内，其流爲兼愛、爲我矣。」（困學紀聞八。）　輿案：兼愛與泛愛，正我與爲我，截然不同。兼愛者無等，泛愛者能容；正我者自克，爲我者自私，不可混淆。且孔子告樊遲之問仁也，曰：「愛人。」何嫌於仁外乎？（謝上蔡不欲以愛爲仁，蓋溺佛氏割愛之弊。故云儒之仁，佛之覺。）又曰：「義以爲質。」何嫌於義内乎？劉王所慮，似爲未達。

仁之於人，義之與我者，不可不察也。衆人不察，乃反以仁自裕，而以義設人。桓十一年傳何注：「設，施也。」莊子山木篇「子何術之設」，與此「設」字義同。詭其處而逆其理，鮮不亂矣。孔子曰：「躬自厚而薄責於人。」易以乾自强，以坤容物，竝古聖賢處己治世之方。○天啟本句末注云：「一作必亂。」是故人莫欲亂，而大抵常亂。凡以闇於人我之分，而不省仁義之所在也。是故春秋爲仁義法。仁之法在愛人，不在愛我。○天啟本作我愛。**義之法在正我，不在正人。**襄九年「宋災」，傳：「内不言火者，甚之也。」何注：「春秋以内爲天下法，動作當先自克責，故小有火如大有災。」哀十三年傳〔一〕「譏二名」，何注〔二〕：「復就晉見者，明先自正而後正人，正人將先正大以帥小。」昭二十五年注：「子家駒先説正法，下引時事以諫者，欲使昭公先自正以正季氏。」　案：莊子則陽篇：「柏矩曰：古之君人者，以得爲在民，以失爲在己；以正爲在民，以枉爲在己。」亦此義。**我不自正，雖能正人，弗予爲義。人不被其愛，雖厚自愛，不予爲仁。**○官本云：「愛，他本作澤。」**昔者晉靈公殺膳宰以淑飲食，彈大夫以娛其意，非不厚自愛也，然而不得爲淑人者，不愛人也。質於愛民，以下至於鳥獸昆蟲莫不愛。不愛，奚足謂仁？**質，實也。言實心愛民，不遺庶物，蓋聖人之仁博矣。始於自愛，推於愛人，極於愛物，此春秋之志也。程子云：「至仁則天地爲一身，而天地之間，品物萬形，爲四肢百體，夫人豈有視四肢百體而不愛者哉？聖人仁之至者也，獨能體是心而已，曷嘗支離多端，求之自外乎？醫書有以手足風頑謂之四體不仁，爲其疾痛不以累其心故也。夫手足在我，而疾痛不與知焉，非不仁而何？」聖祖庭訓格言曰：「仁者無不愛，凡愛人愛物皆愛也。故其所愛甚深，所及甚廣。」與董義相發。○官本云：「他本闕『不愛』二字。奚，作其。謂，作爲。」　案：「不愛奚足謂仁」，天啟本作「方足謂仁」。**仁者，愛人之名也。巂，傳無大之之辭。自爲追，**盧云：「當有也字。」僖二十六年：「齊人侵我西鄙，公追齊師至巂，弗及。」傳曰：「侈也。」莊十八年：『公追戎於濟西。』傳曰：『大其爲中國追也。』又曰：『大其未至而豫禦之也。』今案：此亦當有『公追戎於濟西』六字，

〔一〕「傳」字，原誤「注」，據公羊傳改。
〔二〕「何注」，據公羊傳何注補。

方可接下文。又『巂』舊本作鄺，與左氏同。今從公羊去邑。」輿案：自爲追，指濟西言，盧説是。但當合「則善」爲句，不當有也字，不加六字似亦可通。○凌云：「原注：追，亦作近。」官本云：「傳，他本誤作得。」則善其所恤遠也。兵已加焉，乃往救之，則弗美。謂巂之役。未至豫備之，則美之，謂濟西之役。盧云：「兩『美』字俱當作大。」○天啟本「備」下注云：「一作衛。」善其救害之先也。夫救蚤而先之，蚤，疑作害。則害無由起，而天下無害矣。然則觀物之動，而先覺其萌，絶亂塞害於將然而未形之時，春秋之志也。易惕履霜，詩歌未雨，皆斯志矣。荀子大略篇：「天子即位，中卿進曰：『配天而有下土者，先事慮事謂之接，接則事優成。先患慮患謂之豫，豫則禍不生。事至而後慮者謂之後，後則事不舉。患至而後慮者謂之困，困則禍不可禦。』授天子二策。」白虎通諫諍篇：「諷諫者，智也。知禍患之萌，深睹其事未彰而諷告焉，此智之性也。」○各本「春秋之志也」上衍「春秋之時」四字。今從天啟本、凌本删。形，凌本作行。其明至矣。○官本云：「他本『至』作智。」非堯舜之智，知禮之本，孰能當此？禮之本起於別嫌疑，謹纖微。故妨患未形，智之至也。故救害而先知之，明也。公之所恤遠，而春秋美之。○盧本「而」作如，字同。今從官本。詳其美恤遠之意，則天地之間然後快其仁矣。智精於妨微，而仁快於及遠，所以體天地覆幬之德也。非三王之德，選賢之精，孰能如此？言仁而推極於豫除患害，深微之論。是以知明先，句。以仁厚遠。○官本下「以」字作而。遠而愈賢，近而愈不肖者，愛也。愛之爲道，愈及遠則愈賢，愈近則愈不肖，言廣狹之異。故王者愛及四夷，隱二年何注：「王者不治夷狄。」桓二年注：「後治夷狄。」白虎通禮樂篇：「聖人不治外國，王者制夷狄樂，不制夷狄禮。」雖然以天地之仁推暨之，固在愛育中矣。霸者愛及諸侯，安者愛及封内，危者愛及旁側，謂左右密邇之人。亡者愛及獨身。獨身者，雖立天子諸侯之位，一夫之人耳，無臣民之用矣。○民，天啟本注云：「一作人。」輿案：依本書例當作民臣。如此者，莫之亡而自亡也。春秋不言伐梁者，而言梁亡，蓋愛獨及其身者也。虐民自裕，故曰愛獨身。故曰仁者愛人，不在愛我，此其法也。義云者，非謂正人，謂正我。雖有亂世枉上，猶枉君。莫不欲正人。奚謂義？昔者楚靈王討陳蔡之賊，齊桓公執袁濤塗之罪，非不能正人也，然而春秋弗予，不得爲義者，我不正也。僖四年傳：「陳人不欲其反由己者，師不正故也。」五行志：「僖五年日食，仲舒以爲齊桓不內自正，而外執陳大夫。」闔廬能正楚蔡之難矣，而春秋奪之義辭，不以義辭予之。○官本云：「楚，他本作陳。」以其身不正也。潞子之於諸侯，無所能正，春秋予之有義，其身正也，宣十五〔一〕年傳：「潞子之爲善也，躬足以亡爾。雖然，君子不可不記也。離乎夷狄，而未能合乎中國。」趨而利也。盧云：「本或無此四字。」輿案：天啟本作「趨利而也」。疑本作「趨利而已」，語當在「以其身不正也」下，言楚靈、齊桓、吳闔廬皆有所利而爲之耳。故曰義在正我，不在正人，此其法也。夫我無之求諸人，○黃氏日鈔「求」上有而字。我有之而誹諸人，晏子問上論佞人之行云：「有之己不難非之人，無之己不難求之人。」潛夫論交際篇：「凡品則不然，論人不恕己，動作不思心，無之己而責之人，有之我〔二〕而譏之彼。」○盧云「誹，本亦作非，下同。」輿案：黃

〔一〕「十五」，原誤「十六」，據公羊傳宣公十五年改。

〔二〕「我」字，原作「己」，據潛夫論改。

氏日鈔作非。天啟本注云：「誹，一作非，字並通。」人之所不能受也。其理逆矣，何可謂義？義者，謂宜在我者。○官本云：「他本『謂』誤作得。」宜在我者，而後可以稱義。中庸：「義者，宜也。」祭義：「義者，宜此者也。」案：義有制事之宜，有治身之宜。孟子以仁爲親親，義爲敬長、急君、從兄。（董則並歸於仁。）又云：「非其有而取之，非義。」此制事之宜也。其以羞惡之端爲義，則治心之宜所以治身也。書傳所説，多主制事，宋儒本之。然朱子注孟子云：「義者，心之制，事之宜。」似兼用二義。其實治心得宜，而後可以制事，理未嘗不通也。董專言其本。故言義者，合我與宜，以爲一言。以此操之，義之爲言我也。○官本云：「他本無『之』字。」故曰有爲而得義者，謂之自得；有爲而失義者，謂之自失。人好義者，謂之自好；人不好義者，謂之不自好。以此參之，義，我也，明矣。是義與仁殊。仁謂往，義謂來，施諸外故曰往，責諸己故曰來。仁往義來，又見十指篇。管子小稱篇：「明王往喜，民來懼身。桀紂往怒，民來驕身。」正與此「來」「往」義同。仁大遠，義大近。愛在人謂之仁，義在我謂之義。上「義」字疑作宜。仁主人，義主我也。故曰仁者人也，義者我也，此之謂也。君子求仁義之別，以紀人我之間，淮南高注：「紀，節也。」然後辨乎内外之分，而著於順逆之處也。是故内治反理以正身，反之義理，以正其身。據禮以勸福。廣雅釋詁：「勸，助也。」○天啟本「禮」作祉，注云：「一作禮。」「福」下注云：「一作贍。」外治推恩以廣施，寬制以容衆。孔子謂冉子曰：○天啟本無「曰」字。「治民者先富之，而後加教。」語樊遲曰：「治身者，先難後獲。」以此之謂治身之與治民，所先後者不同焉矣。詩曰：「飲之食之，教之誨之。」先飲食而後教誨，謂治人也。荀子大略篇：「不富無以養民情，不教無以理民性。故家五畝宅，百畝田，勿奪其時，所以富之也。立大學，設庠序，修六禮，明十教，所以道之也。詩云：『飲之食之，教之誨之。』王事具矣。」此引詩以證先富後教，義與荀同。又曰：「坎坎伐輻，彼君子兮，不素餐兮。」先其事，後其食，謂治身也。餐，疑當作食。此引詩第二章。○天啟本「謂」下有之字，凌本同。春秋刺上之過，而矜下之苦，小惡在外弗舉，在我書而誹之。隱十年傳：「春秋録內而略外，於外大惡書，小惡不書。於內大惡諱，小惡書。」何注：「於內大惡諱，於外大惡書者，明王者起，當先自正，內無大惡，然後乃可治諸夏大惡。內小惡書，外小惡不書者，內有小惡，適可治諸夏大惡，未可治諸夏小惡。明當先自正然後正人。」中論修本篇：「孔子之制春秋也，詳內而略外，急己而寬人。故於魯也，小惡必書，於衆國也，大惡始筆。夫見人而不自見者謂之矇，聞人而不自聞者謂之瞶，慮人而不自慮者謂之瞀。故明莫大乎自見，聰莫大乎自聞，睿莫大乎自慮。」○天啟本注云：「誹，一作非。」凡此六者，俞云：「六，字衍。」以仁治人。義治我，躬自厚而薄責於外，此之謂也。隱二年注：「所傳聞之世，外離會不書，書內離會者，春秋王魯，明當先自持正，躬自厚而薄責於人，故略外也。」又云：「內逆女常書，外逆女但疾始不常書者，明當先自正，躬自厚而薄責於人，故略外也。」僖二十七年「公子遂帥師入杞」，注：「日者，杞屬修禮朝魯，雖無禮，君子躬自厚而薄責於人，不當乃入之，故録責之。」且論已見之，而人不察，論謂論語。張禹合考魯論、齊論，號張侯論。（見隋志。）何晏序論語集解，稱古論、新論。是論語但稱論也。論衡正說篇：「孔子孫孔安國以教魯人扶卿，始曰論語。」又見必仁且智篇。曰君子攻其惡，不攻人之惡。今論語

「不」作無。**不攻人之惡**〔一〕**，非仁之寬與？自攻其惡，非義之全與？此謂之仁造人，義造我，何以異乎？故自稱其惡謂之情，**情，猶實也。宣十五年傳：「是何子之情也？」墨子非攻篇：「情不知其不義也，故書其言以遺後世，謂實不知其不義也。」荀子法行篇：「瑕適竝見，情也。」竝與此義同。**稱人之惡謂之賊；求諸己謂之厚，求諸人謂之薄；自責以備謂之明。責人以備謂之惑。**學者知此，可以自淑，可以涉世。呂覽舉難篇：「故君子責人則以人，（當作仁。）自責則以義。責人以人（當作仁。）則易足，易足則得人，自責以義則難爲非，難爲非則行飾，故任天地而有餘。不肖者則不然，責人則以義，自責則以人。（當作仁。）責人以義則難贍，難贍則失親，自責以人（當作仁。）則易爲，易爲則行苟，故天下之大而不容也。身取危，國取亡焉。此桀、紂、幽、厲之行也。」**是故以自治之節治人，是居上不寬也；以治人之度自治，是爲禮不敬也。**釋論語極精，正我而歸本於禮，可見董所得絶高。國語周語：「行禮不疚，義也。」**爲禮不敬，則傷行而民弗尊；**○天啟本「弗」作不，凌本同。**居上不寬，則傷厚而民弗親。弗親則弗信，弗尊則弗敬。二端之政詭於上，而僻行之則誹於下，**盧云：「『而僻行』以下八字，趙疑當作『則非僻之行口於下』。」輿案：或是「而非僻之行則於下」。胡思敬云：「上有僻行，民則而法之，所以爲世論所誹。」不倒字亦通。○官本「政詭」作正佹，云：「他本作政詭。」**仁義之處可無論乎？**言處己處人，不可誤施，宜究圖也。**夫目不視弗見，心弗論不得。**○孫詒讓云：「論，黃氏日鈔引作慮，義較長。」輿

〔一〕凌本無此句。

案：日鈔引下文仍作論。雖有天下之至味，弗嚼弗知其旨也；雖有聖人之至道，弗論不知其義也。韓詩外傳：「雖有旨酒嘉殽，不嘗不知其旨。雖有善道，不學不達其功。故學然後知不足，教然後知不究。」又見禮學記篇。

必仁且智第三十

前篇以仁配義，以體言。此篇以仁配智，以用言。

莫近於仁，莫急於智。凌云：「淮南子：『凡人之性，莫貴於仁，莫急於智。仁以爲質，智以行之。』」不仁而有勇力材能，則狂而操利兵也；○天啟本「材」作財，注云：「一作材。」不智而辯慧獧給，則迷而乘良馬也。呂覽仲冬紀：「辯而不當論，信而不當理，勇而不當義，法而不當務，惑而乘驥也，狂而操吳干將也。大亂天下者，必此四者也。」淮南主術訓：「故不仁而有勇力果敢，則狂而操利劍；不智而辨慧獧給，則棄驥而不式。」故不仁不智而有材能，將以其材能以輔其邪狂之心，而贊其僻違之行，盧云：「次『以』字衍。」邪狂，疑當作邪枉。」適足以大其非而甚其惡耳。荀子儒效篇：「故人無師無法而知，則必爲盜，勇則必爲賊，云能則必爲亂，察則必爲怪，辨則必爲誕。」與此可參證。其强足以覆過，其禦足以犯詐，詩云「不畏强禦」，據此則强與禦別。禦，與「禦人以口給」之「禦」同。孔疏「强梁禦善」，亦以二字分疏。家語始誅篇：「其談説足以飾褒瑩衆，其强禦足以返是獨立，此乃人之姦雄者也。」其慧足以惑愚，其辨足以飾非，其堅足以斷辟，辟，法也。斷辟，謂破壞法紀。其嚴足以拒諫。此非無材能也，其施之不當而處之不義也。有否心者，不可藉便埶，其質愚者不與利器。淮南主術訓：「故有野心者，不可借便勢，有愚質者，不可與利器。」論之所謂不知人也者，恐不知別此等也。論語：「不知言，無以知人也。」仁而不智，則愛而不別也；智而不仁，則知而不爲也。知其善而無怛惻之意以行之，故云「知而不爲」。故仁者所以愛人類也，淮南主術訓：「偏愛羣生而不愛人類，不可謂仁。」案：類所以爲界限也。就內外言之，則有族類之異；就天地言之，惟有物類人類之異。智者所以除其害也。以仁愛類，以智除害。除害亦所以愛人也。

何謂仁？仁者憯怛愛人，禮表記：「中心憯怛，愛人之仁也。」白虎通性情篇：「仁者不忍也，施生愛人也。」中庸「肫肫其仁」，鄭注：「肫肫，懇誠貌。」案：憯怛，即懇誠之意。論語：「樊遲問仁，子曰：『愛人。』」朱子云：「仁者，愛之理，心之德。」朱訓專以體言。韓非解老篇云：「仁者謂其中心欣然愛人也。」此誼前於董，極爲精粹。莊子天道〔一〕篇：「孔子曰：『中心物愷，兼愛無私〔二〕，此仁義之情也。』」莊所引亦「仁」字真際，而仁義不分晰。在宥篇引夫子語：「愛人利物謂之仁。」卻與董合。義又見前。○天啟本「憯怛」作惻怛。謹翕不爭，翕，合也。言與物以和。好惡敦倫，仁者不能有好而無惡，但各得其正，無所偏僻，斯厚於倫類矣。無傷惡之心，無隱忌之志，無嫉妬之氣，無感愁之欲，無險詖之事，無辟違之行。故其心舒，○舒，天啟本注云：「一作倫。」其志平，其氣和，其欲節，其事易，其行道，依道而行。故能平易和理而無爭也。如此者

〔一〕「道」原作「地」。案，此引文見天道篇。

〔二〕「私」原作「施」，據天道篇改。

謂之仁。說「仁」字義最博，後儒所釋，不能外此。

何謂之智？先言而後當。凡人欲舍行爲，皆以其智先規而後爲之。先知後行。故程子曰：「未能知，說甚行？」雖然，所知有是有非，故又必先有辨別之功。其規是者，其所爲得，其所事當，其行遂，其名榮，其身故利而無患，福及子孫，德加萬民，湯武是也。其規非者，其所爲不得[一]，其所[二]事不當，其行不遂，其名辱，害及其身，絕世無復，俞云：「疑作後。」殘類滅宗亡國是也。俞云：「『是也』上當有桀紂二字。」故曰莫急於智。智者見禍福遠，其知利害蚤，物動而知其化，事興而知其歸，見始而知其終，言之而無敢譁，立之而不可廢，取之而不可舍，前後不相悖，終始有類，思之而有復，左昭五年傳：「叔向云：『敬始思終，終無不復。』」及之而不可厭。其言寡而足，約而喻，簡而達，省而具，少而不可益，多而不可損。其動中倫，○倫，天啟本注云：「一作禮。」其言當務。如是者謂之智。

其大略之類，○天啟本不提行，凌本同。天地之物有不常之變者，謂之異，不常，猶非常。釋名釋天：「異者，異於常也。」小者謂之災。災常先至而異乃隨之。災者，天之譴也；異者，天之威也。譴之而不知，乃畏之以威。詩云：「畏天之威。」殆此謂也。韓詩外傳三兩引此詩，外傳八一

[一]「不得」下，凌本、叢刊本有「其事」二字。

[二]「所」字，凌本、叢刊本無。

引此詩，凡三見。一、文王因地動而謹飾，二、殷湯見共穀而齊戒，三、晉君因梁山崩，素服率羣臣而哭。並以畏威爲畏災異。**凡災異之本，盡生於國家之失。國家之失乃始萌芽，而天出災害以譴告之，**胡思敬云：「乃始，疑作方始。」○官本云：「他本闕下『國家之失』四字。」**譴告之而不知變，乃見怪異以驚駭之，驚駭之尚不知畏恐，其殃咎乃至。以此見天意之仁而不欲陷〔一〕人也。**對册云：「國家將有失道之敗〔二〕，而天〔三〕乃先出災害以譴告之，不知自省，又出怪異以警懼之，尚不知變，傷敗乃至〔四〕。以此見天心之仁愛人君而欲止其亂也。」孔光傳疏云：「臣聞師曰：天右與王者，故災異數見，以譴告之，欲其改更。若不畏懼，有以塞除，而輕忽簡誣，則凶罰加焉，其至可必。詩曰：『敬之敬之，天惟顯思，命不易哉！』又曰：『畏天之威，於時保之。』皆謂不懼者凶懼之則吉也。」谷永傳：「臣聞災異，皇天所以譴告人君過失，猶嚴父之明誡。畏懼敬戒，則禍銷福降；忽然簡易，則咎罰不除。」後漢皇甫規傳：「天之於王者，如君之於臣，父之於子也。誡以災妖，使從福祥。」與此文義大同。白虎通災變篇：「災異者何謂也？春秋潛潭巴曰：『災之言傷也，隨事而誅；異之言怪也，先發感動之也。』」又云：「天所以有災變何？所以譴告人君，覺悟其行，欲令悔過修德，深思慮也。」○天啟本無「之仁」下十六字。凌本「殃」作殆。**謹案災異以見天意。天意有欲也，有不欲也。所欲所不欲者，人內以自省，宜有**

〔一〕「陷」字，凌本作「害」。

〔二〕「敗」字，原作「變」，據漢書董仲舒傳改。

〔三〕「天」字，據董仲舒傳補。

〔四〕「傷敗乃至」，原作「乃傷敗至」，據董仲舒傳乙正。

懲於心；外以觀其事，宜有驗於國。故見天意者之於災異也，畏之而不惡也，以爲天欲振吾過，救吾失，故以此報我也。國語注：「振，救也。」史記蒙恬傳：「過可振而諫可覺。」荀子堯問篇：「天使夫子振寡人之過也。」○盧云：「報，舊本作救，訛。」春秋之法，上變古易常，應是而有天災者，謂幸國。宣十五年傳：「蝝生不書，此何以書？幸之也。上變古易常，應是而有天災，其諸則宜於此焉變矣。」何注：「言宣公於此天災饑後，能受過變寤，明年復古行中，冬大有年，其功美，過於無災。故君子深爲喜而僥倖之。」孔子曰：「天之所幸，有爲不善而屢極。」盧云：「文似不了。」輿案：疑奪「其罪」二字，下當更有奪文。楚莊王以天不見災，地不見孽，○盧云：「『楚莊王以』四字，舊本作『且莊王曰』，訛，今改正。」則禱之於山川，曰：「天其將亡予邪？○說苑君道篇作「天其將忘予與」。不說吾過，極吾罪也。」以此觀之，天災之應過而至也，異之顯明可畏也。此乃天之所欲救也，春秋之所獨幸也，莊王所以禱而請也。聖主賢君尚樂受忠臣之諫，而況受天譴也？也，與邪同。春秋感精符云：「魯哀政亂，絶無日食，天不譴告也。」陳蕃疏云：「昔春秋之末，周室衰微，數十年間，無復災眚者，天所棄也。」後漢明帝永平三年詔曰：「昔楚莊無災，以致戒懼。魯哀禍大，天不譴告。今之動變，倘尚可救。」並用此義。董生高廟園災對云：「季氏亡道久矣。前是天不見災者，魯未有聖賢臣，雖欲去季氏，其力不能，昭公是也。至定哀乃見之，其時可也。不時不見，天之道也。」立詞微異。其有政善而災異見者，本書煖燠孰多篇所謂「禹水湯旱，爲適遭之變」是也。論衡明雩篇：「德豐政得，災猶至者，無妄也。德衰政失，變應至者，政治也。」亦有政亂而禎祥見者，竇武疏云：「間者有嘉禾、芝草、黄龍之見，夫瑞生必於嘉士，福至則由善人。在德爲瑞，無德爲災。陛下所行，不合天意，不宜稱慶。」漢儒好言災異，必兼此數義乃通。

夫災異之説，委曲傅會如此，在先哲非不知其然也，然而尊君之義已定，以民臣折之，則嫌於不順，以天臨之，則不嫌於逆，要在儆戒人主而已。張禹説成帝無信災異之説，於是惕懼意弛，而王氏遂張。王安石毁春秋，倡天變不足畏之説，而熙寧新政爲世詬病。（熙寧八年，交趾入寇，彗星見，安石自作勑榜有云：「天示助順，已兆布新之象。」亦未始不言天。至南渡以後，汪澈以雷雨疏請備金，洪适以霖雨乞罷。孝宗隆興二年且以郊祀而雷，用漢制罷葉顒魏杞相，蓋已不用安石説。）有明徵矣。荀子天論篇云：「夫日月之有蝕，風雨之不時〔一〕，怪星之黨見，是無世而不常有之。上明而政平，則是雖並〔二〕世起，無傷也。上闇而政險，則是雖無一至者，無益也。物之已至者，人祅則可畏也。」荀歸重人祅，與漢儒説可相輔。韓詩外傳與荀同。錢云：「後一段疑本在三端篇，脱在此。」

〔一〕「時」字，原作「明」，據荀子改。

〔二〕「並」字原脱，據荀子補。

春秋繁露義證卷第九

身之養重於義第三十一

貢禹疏言：「武帝時亡義而有財者顯于世，欺謾而善書者尊于朝，俗皆曰：『何以孝弟爲？多財而光榮。何以禮義爲？史書而仕宦。』謂居官而置富者爲雄桀，處奸而得利者爲壯士。兄勸其弟，父勉其子，俗之壞敗，迺至于是。」故董子痛切言之。胡思敬云：「此篇與孟子『養其小體爲小人，養其大體爲大人』相發明。」○黄氏日鈔「重」上有莫字。

天之生人也，使人生義與利。○盧云：「使人，本或作使之。」利以養其體，義以養其心。宋程子言「義理養心」，本此。孟子曰：「義理之説我心，猶芻豢之説我口。」心不得義不能樂，體不得利不能安。君子爲道，非徒自苦，固有利用安身之術。正義不謀利，士夫之所自飭。富貴利達，營求同於妾婦，君子恥之，以其擾擾而不安也。義者心之養也，利者體之養也。體莫貴於心，故養莫重於義，義之養生人大於利。○天啟本有矣字，凌本同。奚以知之？○天啟本「奚」作何，凌本同。今人大有義而甚無利，○凌本，「大有」倒。**雖貧與賤，尚榮其行，以自好而樂生，原憲、曾、閔之屬是也。**新語本行篇：「賤而好德者尊，貧而有義者榮。」列女傳：齊相御妻曰：「吾聞寧榮於義而賤，不虛驕以貴。」潛夫論論榮篇：「幽厲之貴，天子也，而又富有四海。顔原之賤，匹庶也，而又凍餒屢空。論若必以位，則是兩王爲世士，而二處爲愚陋也。故曰仁重而勢輕，位蔑而義榮。」○盧云：「榮，俗本多作容，錢據計臺本校正。」**人甚有利而大無義，雖甚富，**盧云：「疑當有且貴二字。」**則羞辱大惡。惡深，禍患重，**胡思敬云：「上惡字疑怨之誤。」**非立死其罪者，即旋傷殃憂爾，**盧云：「數語疑有賸字。」**莫能以樂生而終其身，刑戮夭折之民是也。**○天啟本作折夭。**夫人有義者，雖貧能自樂也。**○天啟本「能」在「雖」上。注云：「人，一作民。」**而大無義者，雖富莫能自存。**○官本云：「他本作無大。」**吾以此實義之養生人，大於利而厚於財也。**實，猶驗也。揚子脩身篇：「公儀子、董仲舒之才之劭也，使見善不明，用心不剛，儔克爾？」司馬光注云：「仲舒云：『皇皇求財利，常恐乏匱者，庶人之意也。皇皇求仁義，常恐不能化民者，大夫之意也。』此所以爲高。『儔克爾』，誰能如此舍利而取義也。」朱子語類亦云：「仲舒所立甚高，後世之所以不如古人者，以道義功利關不透耳。」輿案：此「利」字與功利微別。宋玉九辨云：「獨耿介而不隨兮，願慕先生之遺教。處濁世而顯榮兮，非予心之所樂。與其無義而有名兮，寧窮處而守高。食不媮而爲飽兮，衣不苟而爲温。竊慕詩人之遺風兮，願託志而素餐。」于董子之旨，庶乎近之。**忘義而殉利，去理而走邪，以賊其身而禍其家。**○黄氏日鈔「賊」作賤。**民不能知而常反之，皆則其知之所不能明也。今握棗與錯金，以示嬰兒，嬰兒必取棗而不取金也。此非其自爲計不忠也，**凌云：「以金銀飾物曰錯。食貨志有錯刀，直一千。契刀無鏤，而錯刀用金鏤之，故名錯也。」○各本不疊「嬰兒」字，據黄氏日鈔引補。

握一斤金與千萬之珠，以示野人，野人必取金而不取珠也。盧云：「千萬之珠，謂其價值千萬也。本或無『之』字者非。」故物之於人，小者易知也，其於〔一〕大者難見也。呂覽孟冬紀：「今以百金與搏黍〔二〕以示兒子，兒子必取搏黍矣。以和氏之璧與百金以示鄙人，鄙人必取百金矣。以和氏之璧、道德之至言以示賢者，賢者必取至言矣。其知彌精，其所取彌精；其知彌觕，其所取彌觕。」○黄氏日鈔「見」作知。今利之於人小而義之於人大者，者，字疑衍。日鈔無。無怪民之皆趨利而不趨義也，固其所闇也。孔子曰：「君子喻于義，小人喻于利。」以其所見之大小異也。君子謂士夫，小人謂民。士夫而民行則小矣。潛夫論遏利篇：「知利之可娛己也，不知其積而必有禍也。前人以病，後人以競，庶民之愚，而衰闇之至也。」聖人事明義，以照燿其所闇，故民不陷。詩云：「示我顯德行。」此之謂也。韓詩外傳載魯有父子訟，孔子止康子殺，亦引此詩。云：「昔之君子，道其百姓不使迷，是以威厲而刑措不用也。故形其仁義，謹其教道，使民目晰焉而見之，使民耳晰焉而聞之，使民心晰焉而知之，則道不迷而民志不惑矣。詩曰：『示我顯德行。』」輿案：南山詩云：「四方是維，天子是庳，俾民不迷。」亦此義。○説郛載詩緯氾厤樞「聖人事明義」云云，與此文同。先王顯德以示民，民樂而歌之以爲詩，詩敬之鄭箋云：「示道我以顯明之德行。」是詩以爲成王望羣臣示之以顯德行。此云「顯德行以示民，民歌之爲詩」，蓋今文説。説而化之以爲俗。故不令而自行，不禁而自止，從上之意，不待使之，若

〔一〕「於」字，凌本無。

〔二〕「搏黍」，原誤「摶黍」，據呂氏春秋孟冬紀異寶篇改。

自然矣。故曰：聖人天地動、四時化者，非有他也，其見義大故能動，○天啟本作大義，凌本同。動故能化，化故能大行，化大行故法不犯，法不犯故刑不用，刑不用則堯舜之功德。此大治之道也，功德慕堯舜，法度守文王，春秋志也。論衡儒增篇：「儒書稱堯舜之德至優至大，天下太平。」先聖傳授而復也。所謂先聖後聖同揆。故孔子曰：「誰能出不由户，何莫由斯道也。」凌云：「出，謂出室也。凡宫室之制，外爲堂，内爲室。室之南壁，東爲户，西爲牖。凡所以通出入者，堂前則有門，堂後則有闈，入者以向室爲至，故或不由門。出者以室爲始，故不能不由户。」今不示顯德行，民闇於義，不能炤；迷於道不能解，因欲大嚴憯以必正之，謂齊以刑法。老子云：「古之善爲道者，非以明民，將以愚之。」其流遂爲商韓慘刻矣。直殘賊天民而薄主德耳，其勢不行。仲尼曰：「國有道，雖加刑，無刑也。無可刑之人。○官本云：「他本『也』字在『無』字上。」國無道，雖殺之，不可勝也。」其所謂有道無道者，示之以顯德行與不示爾。

對膠西王越大夫不得爲仁第三十二

盧云：「本傳作江都王。」

命令相曰：盧云：「命令疑是令問。」輿案：本傳，天子以仲舒爲江都相，事易王。「大夫蠡、大夫種、范蠡見越世家注。吴越春秋引高誘注：「大夫文種字會楚，鄹人。」今吕覽高注誤作鄞人。王應麟黄震皆沿其誤，全祖望有辨。大夫庸、即本傳及吳越春秋之泄庸，國語吳語之舌庸，漢紀及人表之后庸。大夫睪、大夫車成，盧云：「睪，即皋字。謂皋如也。車成即苦成。」輿案：皋如苦成，竝見吳語。潛夫論志氏姓篇云：「苦成，城名也，在鹽城東北。後人書之或爲枯，齊人聞其音，則書之曰庫成。燉煌見其字，呼之曰車成。其在漢陽者，不喜枯、苦〔一〕之字，則更書之曰古成氏。」然則車、苦古音本近。越王與此五大夫謀伐吳，遂滅之，雪會稽之恥，卒爲霸主。范蠡去之，越世家：「當是時，越兵横行于江淮東，諸侯畢賀，號稱霸主。范蠡遂去。」種死之。越世家：「或讒種且作亂，越王乃賜種劍曰：『子教寡人伐吳七術，寡人用其三而敗吳。其四在子，子爲我從先王試之。』種遂自殺。」寡人以此二大夫者爲皆賢。孔子曰：『殷有三仁。』今以越王之賢，與蠡種之能，○天啟本「以」作有，凌本同。此三人者，寡人亦以爲越有三仁。其於君何如？盧云：「本傳以泄庸與種蠡同爲三仁。」輿案：此以一去一死，與越王雪恥爲三仁。本傳雖引泄庸、種、蠡三人，未必即以三仁屬之。當據此訂正顔注之失，否則睪與車成皆五大夫，何獨遺耶？桓公決疑於管仲，寡人決疑於君。」仲舒伏地再拜對曰：「仲舒智褊而學淺，不足以決之。雖然，王有問於臣，臣不敢不悉以對，禮也。○盧云：「王，舊本訛作主。案春秋時大夫稱主，仲舒必不對王稱主。」臣仲舒聞，昔者魯君問於柳下惠曰：『我欲攻齊，何如〔二〕？』柳下惠對曰：『不可。』退而有憂色，曰：『吾聞之也，謀伐國

〔一〕「苦」字，原誤「古」，據潛夫論改。
〔二〕「何如」，凌本作「如何」。

者，不問於仁人也。此何爲至於我？』「此」下當有言字。本傳作：「吾聞伐國不問仁人，此言何爲至於我哉？」但見問而尚羞之，而況乃與爲詐以伐吴乎？其不宜明矣。爲詐，猶設詐。○官本云：「他本『爲詐』作詐僞。」以此觀之，越本無一仁，而安得三仁？仁人者正其道不謀其利，修其理不急其功，本傳作「正其誼不謀其利，明其道不計其功」。黄氏日鈔引此同本傳。朱子易本義釋復之六四引此二語。又語類問正其義者：「凡處此一事，但當處置使合宜，而不可謀利，有占便宜之心。明其道，則處此事便合義，是乃所以爲明其道，而不可有計後日功效之心。正義不謀利，在處事之先。明道不計功，在處事之後。如此看可否？」曰：「恁地說也得。他本是合掌說，看來也須微有先後之序。」輿案：據此文正其道是體，修其理是用，先後之序顯然。修與循同謂行事循理之所當然，不急急見功也。致無爲而習俗大化，可謂仁聖矣。三王是也。春秋之義，貴信而賤詐。詐人而勝之，雖有功，君子弗爲也。○黄氏日鈔引「人」上有其字。是以仲尼之門，五尺〔一〕童子，言羞稱五伯。大戴禮主言篇〔二〕：「布指知寸，布手知尺，舒肘知尋。」古者側手鋪指，一指廣寸，五指則五寸，非以指節豎量也。五尺當今之二尺五寸耳。故成人曰丈夫，童子曰五尺。白虎通號篇：「五霸有三說：一爲昆吾、大彭、豕韋、齊桓、晉文；一爲齊桓、晉文、秦穆、楚莊、吴闔廬；（又見漢諸侯王表注。）一爲齊桓、晉文、秦穆、宋襄、楚莊。」案董用公羊，當是主第三説，蓋皆見褒於傳者。荀子言五伯，則以爲齊桓、晉文、楚莊、吴闔廬、越句踐。此雖因越事言之，然句踐在仲尼後，知董意不然也。爲其詐以成功，苟爲而已也，本傳作「爲其先詐力而後仁義

〔一〕「尺」字下，凌本、盧本、叢刊本有「之」字。

〔二〕「主言篇」，原誤「王言篇」，據大戴禮記改。

也」。○凌本「也」作矣。**故不足稱於大君子之門。**本傳注：「張晏曰：『仲尼之門，故稱大也。』」劉向校上荀子敘云：「孟子、孫卿、董先生皆小五伯，以爲仲尼之門，五尺童子，皆羞稱五伯。」**五伯者，比於他諸侯爲賢者，**者，字疑衍。**比於仁賢，何賢之有？**○盧云：「仁賢，本或作聖賢。」輿案：天啟本作聖賢，凌本同。本傳作「其比三王」。據上文當是仁聖。**譬猶珷玞比於美玉也。**盧云：「珷玞，漢書作武夫。」凌云：「山海經：會稽之上多玞石。郭注：武砆，石似玉。今長沙臨湖縣出之，青地白文，色葱籠不分了也。」**臣仲舒伏地再拜以聞。」**

觀德第三十三

天地者，萬物之本，先祖之所出也。荀子禮論篇：「天地者，生之本也；先祖者，類之本也。」對册云：「天者羣物之祖也。故徧覆包函，而無所殊。」案：大傳：「王者禘其祖之所自出。」鄭云：「大祭其先祖所由生，謂郊祀天也。」又馬融注書「文祖」云：「文祖，天也，天爲文萬物之祖。」蓋本此義。古者享帝與享親竝重。享帝則知天地萬物皆吾一體，春秋所以治人物而推及山川草木昆蟲也。享親則知吾形體所自來，聖人所以敬祖親親，由一身而推及九族、百姓、萬國也。孔子曰：「志在春秋，行在孝經。」孝經所以立天下之大本，春秋所以經天下之大經。（本鄭注。）孝經原於親，春秋原於天，皆所以廣治也。墨子知天而不知祖，故愛無差等，而衆生平等之說，蔓延於今，且以家族之義爲私矣。董子兩明其義，所爲得聖人之純也。又見順命及爲人者天篇。**廣大無極，其德昭明，**○天啟本

「昭」作炤，凌本同。歷年衆多，永永無疆。天出至明，○天啟本注云：「一作炤。」衆知類也，○盧云：「知，本或作之。」輿案：作「知」是。天之明所以辨別衆類。其伏無不炤也。地出至晦，星日爲明，不敢闇。君臣、父子、夫婦之道取之此。臣道、子道、婦道，皆地道也。爲人君、父、夫所器使，雖居陰闇之地，而不敢不竭情悉力，使用我者得而裁察之，如星日之照臨下上也。義互見本書離合根、立元神諸篇。又基義篇云：「君臣、父子、夫婦之義，皆取諸陰陽之道。」大禮之終也，臣子三年不敢當。見文九年傳。大禮之終，謂君喪也。舊讀皆上屬，失之。○官本云：「年，他本誤作子。」雖當之，必稱先君，必稱先人，不敢貪至尊也。莊四年傳：「古者諸侯必有會聚之事，相朝聘之道，號辭必稱先君以相接。」百禮之貴，皆編於月。春秋者禮義之宗，凡所紀皆關於禮。故云「百禮之貴」。○官本云：「他本『於』作之。」月編於時，時編於君，君編於天。此即屈君伸天之旨。白虎通三軍篇：「王法天誅者，天子自出者，以爲王者乃天之所立，而欲謀危社稷，故自出，重天命也。」天之所棄，天下弗祐，桀紂是也。○下，各本誤子。今從凌本。天子之所誅絶，臣子弗得立，蔡世子逢丑父是也。盧云：「襄三十年，蔡世子般弑其君固。至昭十一年夏，楚子虔誘般殺之。至冬滅蔡，執蔡世子有以歸，用之。傳曰：『此未踰年之君也，其稱世子何？不君靈公，不成其子也。』靈公即般也。逢丑父事在成二年，詳第二卷中。」輿案：此疑是謂齊頃公已受虜辱，不宜立爲君。王父父所絶，子孫不得屬，屬，猶續也。○官本云：「他本無下『父』字。」魯莊公之不得念母，衛輒之辭父命是也。盧云：「莊元年『三月，夫人孫於齊』，傳曰：『不與念母也。』哀三年『齊國夏、衛石曼姑帥師圍戚』，傳曰：『不以父命辭王父命。』」故受命而海内順之，猶衆星之共北辰，流水之宗滄海也。況生天地之間，法太祖先人之容貌，則其至德取象，衆名尊貴，○盧云：「尊貴，本一作尊賢。」輿案：二句疑有誤字。是以聖人爲貴也。泰伯至德之侔天地也，上帝爲之廢適易姓而子之。讓其至德，海内懷歸之。俞云：「讓，字衍文。『上帝爲之廢適易姓而子之』，謂天與之也。『其至德海内懷歸之』，謂人歸之也。中間不得有讓字。」泰伯三讓而不敢就位。三讓，猶云固讓。古人數多用三。伯邑考知羣心貳，自引而激，順神明也。激，疑退之誤。泰伯伯邑考二事，漢世多類引之。霍光傳：「郎有上書言周太王廢泰伯立王季，文王舍伯邑考立武王，唯在所宜，廢長立少可也。」○盧云：「自『泰伯至德』以下至此，文參錯難曉。」至德以受命，豪英高明之人輻輳歸之。高者列爲公侯，下至卿大夫，濟濟乎哉，皆以德序。所謂「豪、傑、英、俊不相陵」。孟子曰：「小德役大德。」是故吳魯同姓也，○盧云：「『故』字各本無，大典有。文勢似亦難貫。」鍾離之會不得序而稱君，殊魯而會之，爲〔一〕其夷狄之行也。盧云：「成十五年『叔孫僑如會晉士燮以下會吳於鍾離』，傳曰：『曷爲殊會吳？外吳也。』」雞父之戰，吳不得與中國爲禮。盧云：「昭二十三年：『七月戊辰，吳敗頓胡、沈、蔡、陳、許之師于雞父。』傳曰：『曷爲以詐戰之辭言之？不與夷狄之主中國也。』然則此『爲禮』當作爲主。」輿案：爲禮，不誤。宣十二年傳「不與晉而與楚子爲禮」，義同。又見下文。至於伯莒黃池之行，變而反道，乃爵而不殊。盧云：「定四年『蔡侯以吳子及楚人戰於伯莒』，傳曰：『吳何以稱子，夷狄也，而憂中國。』又哀十三年『公會晉侯及吳子于黃池』，傳曰：『吳何以稱子？吳主會也。』」召陵之會，魯君在是而不得爲主，避齊桓也。盧

〔一〕「爲」字，凌本作「謂」。

云：「僖四年『楚屈完來盟于師，盟於召陵』。傳曰：『其言來何？與桓爲主也。』」魯桓即位十三年，齊、宋、衛、燕舉師而東，紀、鄭與魯勠力而報之。後其日，以魯不得徧，避紀侯與鄭厲公也。盧云：「經于『公會紀侯鄭伯』之下，書己巳之戰。傳曰：『曷爲後日？恃外也。』舊本訛作『後其己』，今改正。」俞云：「徧乃偏之誤，偏者，偏戰也。春秋之例，詐戰月，偏戰日。桓十年傳注：『偏，一面也。結日定地，各居一面。』然則魯不言偏者，言不得獨當一面也。是時齊、宋、衛、燕伐我，魯不能獨當，與紀、鄭勠力，然後結日定地，各居一面，與之偏戰。偏戰然後得書日，故傳曰：『得紀侯鄭伯，然後能爲日也。』是可知魯不得紀、鄭之助，不能爲日。不能爲日者，但能詐戰，不能偏戰之謂也。故曰『魯不得偏』。」春秋常辭，夷狄不得與中國爲禮。至邲之戰，夷狄反道，中國不得與夷狄爲禮，避楚莊也。在宣十二年。詳見竹林篇。○反道，各本作反背。盧云：「疑當作反道。」今從凌本改。邢衛，魯之同姓也，狄人滅之，春秋爲諱，避齊桓也。盧云：「僖元年：『齊師、宋師、曹師次於聶北，救邢。』傳曰：『不及事也。邢已亡矣。孰亡之？蓋狄滅之。曷爲不言狄滅之？爲桓公諱也。』又二年『城楚丘』，傳曰：『城衛也。曷爲不言城衛？滅也。』文大略與上同。」○官本云：「他本『爲』作得。」盧云：「舊本作『春秋不爲諱』，衍不字，今刪。」當其如此也，惟德是親，中國、夷狄，以德爲準，春秋非漫然進夷狄。其皆先其親。「皆」上「其」字疑有誤。是故周之子孫，其親等也，而文王最先。史記三王世家：「制曰：『康叔親屬有十，而獨尊者，褒有德也。周公祭天命郊，故魯有白牡、騂剛之牲，羣公不毛，賢不肖差也。』」四時等也，而春最先。十二月等也，而正月最先。德等也，則先親親。隱十一年何注：「春秋質家親親，先封同姓。」荀子富國篇：「賢齊則其親者先貴，能齊則其故者先官。」魯十二公等也，而定哀最尊。哀定時近，孔子所身事，猶之遠祖雖尊，而事祖父禮尤隆，以其近接於身也。故云「最尊」。下文所謂「宗定哀以爲考妣」，宗亦尊也。**衛俱諸夏也，善稻之會，獨先内之，爲其與我同姓也。**盧云：「襄五年『仲孫蔑、衛孫林父會吴於善稻』，無傳。蓋不殊林父，所謂内之也。而何氏以爲見使於晉卑，故不殊，失之矣。」○天啟本「先」作見，凌本同。**吴俱夷狄也，相之會，獨先外之，爲其與我同姓也。**襄十年「公會晉侯以下會吴于柤」，無傳。案殊會吴，所以外之，與成十五年鍾離之會同。○外，各本作内。今從凌本改。**滅國十五有餘，獨先諸夏，**隱二年「無駭帥師入極」，傳：「疾始滅也。」是先記諸夏之滅人。**魯晉俱諸夏也，譏二名，獨先及之。**盧云：「定六年『季孫斯仲孫忌帥師圍運』，傳曰：『此仲孫何忌也，曷爲謂之仲孫忌？譏二名，二名非禮也。』又哀十三年『晉魏多帥師侵衛』，傳曰：『此晉魏曼多也，曷爲謂之晉魏多？譏二名。』」○舊本「魯」作曹，誤。**盛伯郜子俱當絶，而獨不名，爲其與我同姓兄弟也。**盧云：「莊八年：『師及齊師圍成，成降於齊師。』傳曰：『盛也。盛則曷爲謂之成？諱滅同姓也。』文十二年『盛伯來奔』，傳曰：『盛伯者何？失地之君也。何以不名？兄弟辭也。』又僖二十年『郜子來朝』，傳亦與上同。」**外出者衆，以母弟出，獨大惡之，爲其亡母背骨肉也。**盧云：「昭元年『秦伯之弟鍼出奔晉』，傳曰：『仕諸晉也。有千乘之國，而不能容其母弟，故君子謂之出奔。』又定十年『宋公之弟辰暨宋仲佗、石彄出奔陳』，無傳。」**滅人者莫絶，衛侯燬滅同姓獨絶，賤其本祖而忘先也。**本祖猶言同祖。盧云：「僖二十五年『衛侯燬滅邢』，傳曰：『何以名？滅同姓也。』」○天啟本「莫」作不。**親等從近者始，**春秋内魯，即此旨。**立適以長，母以子貴先。**盧云：「下有脱文。」輿案：天啟本注云：「或有母字。」案有「母」字是。先，謂秩序在前也。立適以長，禮經之常，然或有無適立庶者，則母隨子之貴而先之。隱元年何注：「禮，妾子立則母得升爲夫人，夫人成風是也。」東晉太元十九年詔，追崇鄭太后。太常臣允等議以春秋之義，母以子貴，故仲子成風咸稱夫人。又宋庾蔚之謂公羊明母以子貴者，明妾貴賤，若無嫡子，則妾之子爲先立。又子既得立，則母隨貴，豈謂可得與嫡同耶？成風稱夫人，非禮之正。甲戌、己丑，陳侯鮑卒，書所見也，而不言其闇者。事在桓五年，以二日卒，事在曖昧，言其卒而已，闕其所以卒之由。隕石於宋五，六鷁退飛，耳聞而記，目見而書，或徐或察，皆以其先接於我者序之。僖十六年傳：「曷爲先言隕而後言石？霣石記聞。聞其磌然，視之則石，察之則五。曷爲先言六而後言鷁？六鷁退飛，記見也。視之則六，察之則鷁，徐而察之則退飛。」輿案：此喻詞，起下會盟先接於我者。其於會朝聘之禮亦猶是。凌云：「『會』下當有盟字。」諸侯與盟者衆矣，而儀父獨漸進。盧云：「隱元年『公及邾婁儀父盟於昧』，傳曰：『儀父者字也，褒之也，爲其與公盟也。』」鄭僖公方來會我而道殺，春秋致其意，謂之如會。盧云：「襄七年：『公會晉侯以下于鄬。鄭伯髡原如會，未見諸侯，丙戌卒於操。』傳曰：『未見諸侯，言如會，致其意也。』」潞子離狄而歸，黨以得亡，春秋謂之子，以領其意。歸，義如孟子「歸墨歸楊」之歸。黨，猶所也，或云：「黨，親也，上奪無字。」亦通。宣十五年：「晉師滅赤狄潞氏，以潞子嬰兒歸。」傳曰：「離於夷狄，而未能合於中國。晉師伐之，中國不救，狄人不有，是以亡也。」漢書功臣表：「春秋列潞子之爵，許其慕諸夏也。」○李兆洛云：「王本亡誤作上。」包來、首戴、洮、踐土與操之會，陳鄭去我，謂之逃歸；盧云：「操之會，即襄七年會鄬之事。時陳侯逃歸，陳哀公溺也。又僖五年，公及齊侯以下會王世子于首戴，鄭伯逃歸不盟。傳曰：『不可使盟也。』何氏云：『安居會上，不肯從桓公盟。』此鄭伯乃文公捷也。」○天啟本無「鄭」字，凌本同。鄭處而不來，謂之乞盟；盧云：「僖八年，公會王人、齊侯，以下盟於洮。鄭伯乞盟。傳曰：

『處其所而請與也。』」○官本云：「他本『處』作去。」陳侯後至，謂之如會，盧云：「僖二十八年：『公會晉侯以下盟于踐土。陳侯如會。』傳曰：『後會也。』」莒人疑我，貶而稱人。盧云：「隱八年『公及莒人盟于包來』，傳曰：『公曷爲與微者盟？稱人則從，不疑也。』」諸侯朝魯者衆矣，而滕薛獨稱侯。隱十一年注：「春秋王魯，王者無朝諸侯之義，故内適外言如，外適内言朝聘，所以別外尊内也。」州公化我，奪爵而無號。盧云：「在桓六年。詳見玉杯篇。」吴楚國先聘我者見賢，「國」上疑有奪字。襄二十九年「吴子使札來聘」，傳：「吴何以有君有大夫？賢季子也。」又莊二十三年「荆人來聘」，傳：「荆何以稱人？始能聘也。」曲棘與鞌之戰，先憂我者見尊。盧云：「昭二十五年『宋公佐卒于曲棘』，傳曰：『諸侯卒其封内不地，此何以地？憂内也。憂魯昭公見逐而欲納之也。』又成二年鞌之戰，有曹公子手，傳曰：『曹無大夫，公子手何以書？憂内也。』」○官本「尊」作賢，云：「他本作尊。」

奉本第三十四

禮者，繼天地，體陰陽，而慎主客，人者，天之繼也。人非禮無以立，故曰「繼天地」。君臣父子夫婦之道，取之陰陽，故曰「體陰陽」。施之人我，各有其處，昧之則逆於理，故曰「慎主客」。○盧云：「主客〔一〕，舊本作至

〔一〕「客」字，據盧本補。

容〔一〕，誤。」**序尊卑、貴賤、大小之位，而差外内、遠近、新故之級者也，以德多爲象。**禮之制不專尚德，然古者官以德序，位不相凌。故云「以德多爲象」。○凌本「外内」作内外，「新故」作新舊。**萬物以廣博衆多，歷年久者爲象。其在天而象天者，莫大日月，繼天地之光明，莫不照也。星莫大於大辰，**昭十七年「有星孛于大辰」，傳：「其言于大辰何？在大辰也。大辰者何？大火也。大火爲大辰，伐爲大辰，北辰亦爲大辰。」何注：「大火，謂心。伐，謂參伐也。大火與伐，天所以示民時早晚，天下所取正，故謂之大辰。辰，時也。北辰，北極，天〔二〕之中也，常居其所。迷惑不知東西者，須視北辰以別心、伐所在。」**北斗常星。**○官本此下衍「北斗常星」四字，凌本同。**部星三百，衛星三千。大火二十六星，伐十三星，**孫詒讓云：「史記天官書：『故紫宫，房、心，權、衡，咸池，虚、危列宿部星，此天之五官坐位也。』張守節正義：『五官部内之星也。』史記部星，蓋通指五官恒星，此部星別於衛星，則當專指中官之星。（古用蓋天説，凡蓋以部爲中，與張守節説異。）衛星謂東南西北外四官之星也。」晉書天文志載太史令陳卓總甘、石、巫咸三家所著星圖，大凡二百八十三官，一千四百六十四星。則三百三千，蓋約舉之，非實測也。大火二十六星者，爾雅釋天云：「大辰，房、心、尾也。」今考房四星，心三星，尾九星，共十有六星，此衍「二」字。伐十三星者，史記天官書：「參爲白虎。三星直者，是爲衡石。下有三星，兑，曰罰，爲斬艾事。其外四星，左右肩股也。小三星隅置，曰觜觿，爲虎首，主葆旅事。」（正義云：「罰亦作伐。」）此云十三星者，蓋通參三星、外四星、罰三星及觜觿三星計之。猶考工記説伐六星。（此并數參三星，而不計外四星、觜觿三

〔一〕「容」字，據盧本補。

〔二〕「天」字下，原有「下」字，據凌本及公羊傳删。

星。）晉天文志李播天文大象賦説參七星。（此并數外四星，而不計伐及觜觿。今天官家説竝同。）古今分合不同也。〇官本云：「他本『十三』作十六。」**北斗七星，**史記天官書「北斗七星」，索隱引徐整長曆：「北斗七星，星間相去九千里。其二陰星不見者，相去八千里也。」春秋運斗樞云：「斗，第一天樞，第二璇，第三璣，第四權，第五衡，第六開陽，第七摇光。第一至第四爲魁，第五至第七爲杓，合而爲斗。」文耀鉤云：「斗者，天之喉舌。」**常星九辭，**盧云：「九辭不可曉，并疑下有脱文衍文。」孫詒讓云：「常星九，疑當作常星五，即謂五緯也。韓非子解老篇云：『五常得之以常其位，列星得之以端其行。』五常亦指五星言之。此下文别有部星、衛星，明常星與他書言恆星者異也。惟辭字無義，當是衍文。」輿案：「九辭」二字，疑並衍文。五行志：仲舒云：「常星二十八宿者，人君之象也。」**二十八宿。**周禮馮相氏「掌二十有八星之位」，賈疏云：「若指星體而言謂之星，日月會於其星即名宿。」淮南天文訓：「星分度，角十二，亢九，氐十五，房五，心五，尾十八，箕十一四分一，斗二十六，牽牛八，須女十二，虚十，危十七，營室十六，東壁九，奎十六，婁十二，胃十四，昴十一，畢十六，觜巂二，參九，東井三十三，輿鬼四，柳十五，星七，張、翼各十八，軫十七，凡二十八宿也。」**多者宿二十八九。**句疑有誤。**其猶蓍百莖而共一本，**大傳：「蓍之爲言蓍也。百年一本生百莖，此草木之壽，亦知吉凶者。聖人以問鬼神。」藝文類聚八十二引逸禮云：「蓍千歲三百莖者先知也。」又引史記云：「天下和平，蓍莖長一丈，其聚生百莖共根。」**龜千歲而人寶。**盧云：「『而』下當有爲字。」輿案：初學記引書傳云：「龜之爲言久也，千歲而靈，禽獸而知吉凶者也。」〇凌本「歲」作載。**是以三代傳決疑焉。**白虎通蓍龜篇：「聖人獨見先覩，必問蓍龜何？示不自專也。或曰：清微無端緒，非聖人所及，聖人亦疑之。」**其得地體者，莫如山阜。人之得天得衆者，莫如受命之天子。下至公、侯、伯、子、男，海内之心懸於天子，疆内之民統於諸侯。日月食，竝告凶，不以其行。**此當是用十月詩文。荀悦漢紀六引詩「日月告凶，不用其行」。今毛詩「以」亦作用。以、用同義，非關今古異文。鄭箋：「告凶，告天下以凶亡之徵，行道度也。不用之者，謂相干犯也。」○天啟本、凌本「告」作吉，誤。**有星茀于東方，**哀十三年。**于大辰，**昭十七年。○天啟本作泰辰，無「于」字。**入北斗，**文十四年。○天啟本「入」在「北斗」下。**常星不見，**莊七年。**地震，**昭十九年。**梁山沙鹿崩，**僖十四年。**宋、衛、陳、鄭災，**昭十八年。**王公大夫簒弑者，春秋皆書以爲大異；不言衆星之茀入、霣雨，**莊七年：「恆星不見，夜中星霣如雨。」傳：「恆星者何？列星也。」徐疏：「天子常宿，故謂之恆星。恆星與衆星別也，故特書之。」**原隰之襲崩，一國之小民死亡，不決疑於衆草木也。唯田邑之稱，多著主名。**盧云：「昭元年傳：『此大鹵也。曷爲謂之太原？地物從中國，邑人名從主人。』」輿案：桓元年，諱周田稱許田，是田著主名之例。**君將不言臣，臣不言師，**盧云：「隱五年傳：『將尊師衆稱某率師，將尊師少稱將，將卑師衆稱師，將卑師少稱人。君將不言率師，書其重者也。』」**王夷、君獲，不言師敗。**盧云：「成十六年：『晉侯及楚子鄭伯戰于鄢陵。楚子鄭師敗績。』傳曰：『楚何以不稱師？王痍也。』末言爾。」言無取于師敗績也。又僖十五年『獲晉侯』，傳曰：『君獲不言師敗績也。』」**孔子曰：「唯天爲大，唯堯則之。」則之者，大也。**大，疑作天。**「巍巍乎其有成功也」，言其尊大以成功也。**尊大，疑作尊天。**齊桓晉文不尊周室，不能霸；三代聖人不則天地，不能至王。階此而觀之，可以知天地之貴矣。**○盧云：「大典本『階』作自。」輿案：天啟本作自〔一〕，注云：「一作階，義竝同。」**夫流深者其水不測，尊至者其敬無**

〔一〕「階」凌本、叢刊本亦作「自」。

窮。是故天之所加，雖爲災害，猶承而大之，其欽無窮，震夷伯之廟是也。僖十五年「震夷伯之廟」，傳：「季氏之孚則微者，其稱夷伯何？大之也。曷爲大之？天戒之，故大之也。」天無錯舛之災，無，疑作有。地有震動之異。天子所誅絶，所敗師，雖不中道，而春秋者不敢闕，謹之也。例如莊六年衛侯朔爲天子所絶，而書「公至自伐衛」，傳以爲「不敢勝天子」是也。故師出者衆矣，莫言還。至師及齊師圍成，成降于齊師，○天啟本「成」作郕〔一〕。獨言還。其君劫外，不得已，故可直言也。莊八年傳：「還者何？善辭也。此滅同姓，何善爾？病之也。曰師病矣。曷爲病之？非師之罪也。」何注：「明君之使重在君，非師自汲汲。」至於他師，皆其君之過也，言他師未嘗非君之過，而師固皆爲之受罪。若夫圍成非師罪者，以其久於外，上已有師次于郎及祠兵之文，君意顯然著明，故直言之。○天啟本「過」作適。案：適與謫同，猶過也。而曰非師之罪。是臣子之不爲君父受罪，罪不臣子莫大焉。臣子不肯爲君父受罪，是即不臣子之罪大。○上「子」字官本作下，云：「他本誤作莫。」夫至明者其照無疆，至晦者其闇無疆。今春秋緣魯以言王義，盧云：「説公羊者相承有此言。何氏隱元年注云：『春秋託新王受命于魯。』」輿案：此類語何注屢見。如云「春秋王魯，託隱公以爲始受命王」，（隱元年。）「春秋託王於魯，因假以見王法」，（成二年。）「春秋託王者始起所當誅也」，（隱二年。）「春秋王魯，以魯爲天下化首」，（隱元年。）「春秋王魯，故言莅以見王義」。又云「因魯都以見王義」，（僖三年。）「春秋王魯，因見王義」，（莊三十一年。）「内其國者，假魯以爲京師」，（成十五年。）皆是。論衡正説

〔一〕「成」，凌本、叢刊本亦作「郕」。

篇：「實孔子紀十二公者，以爲十二公事適足以見王義耶？」「王義」二字本此。緣魯言王義者，正不敢自居創作之意。孔子曰：「其義竊取。」謂竊王者之義以爲義也。託魯明義，猶之論史者借往事以立義耳。聖人以明王之治，期于撥反，故義曰王義，心曰王心，化曰王化，言曰王言，（大戴禮。）意曰王意，（論衡超奇。）道曰王道，事曰王事，制曰王制，法曰王法。賈逵長義乃云：「隱公人臣，而虚稱以王；周天子見在上，而黜公侯。是非名正而言順也。」案：如董所云，則春秋託魯言王義，未嘗尊魯爲王、黜周爲公侯也。何氏直云「王魯」，遂啟争疑。**殺隱桓以爲遠祖，宗定哀以爲考妣，**義見首篇。隱元年何注：「所以三世者，禮爲父母三年，爲祖父母期，爲曾祖父母齊衰三月。立愛自親始，故春秋據隱録哀，上治祖禰。」**至尊且高，**君父諱過多微詞，不敢犯至尊。○官本云：「他本『且』誤作尚。」**至顯且明。**臣子爲君父所伏制。惟其尊高，是以顯明。觀德篇云「地出至晦，星日爲明不敢闇」，即此義。**其基壤之所加，潤澤之所被，條條無疆，**條條，鬯達之意。本書如天之爲篇：「陰陽之氣，其在人者，亦宜行而無留，若四時之條條然也。」此言治化四達，澤被無疆，王道洽于遐遠。**前是常數，十年鄰之，幽人近其墓而高明。**盧云：「文訛不可曉。」劉逢禄云：「語當有脱誤。」**大國齊宋，離不言會。**盧云：「桓五年『齊侯鄭伯如紀』，傳曰：『外相如不書。此何以書？離不言會也。』案此在所傳聞之世，而下文即言所見之世，文不相蒙，疑有脱文。此齊宋當作齊鄭。」興案：隱元年、桓五年注並云：「于所傳聞之世，内離會書，外離會不書。于所聞之世，書外離會。」宣十一年「晉侯會狄于攢函」，注：「離不言會，言會者見所聞世。治近升平，内諸夏而詳録之，殊夷狄也。」然則所見聞世，遠近大小若一，當書「外離會」審矣。此文蓋衍「不」字。天啟本注云：「一無不字。」一本是也。定十四年經書「齊侯宋公會于洮」，蓋即其例。盧據誤本改字合之，非也。桓二年注：「二國會曰離。」孔廣森云：「離，儷也。儷，兩也。記曰：『離坐離立，毋往參焉。』二謂之離，三謂之參。漢律有『離載下帷』，言二人共載也。禮用兩鹿皮、古文冠禮云：

『離皮，射以二人爲耦。』三朝記謂之『置離』。楚公子圍使二人執戈，謂之『離衛』。諸云離者，其義如此。」**微國之君，卒葬之禮，録而辭繁。**哀三年：「冬十月癸卯，秦伯卒。」注：「哀公著治太平之終。小國卒葬極于哀公者，皆卒日葬月。」**遠夷之君，内而不外。**昭十五年注：「戎曼稱子者，入昭公，見王道太平，百蠻貢職，夷狄皆進至其爵。」又哀十三年黄池之會，吴亦進稱子。漢書匈奴傳贊載董子論匈奴主和親，班固反之，以爲春秋内諸夏而外夷狄。又曰：「外而不内，親而不疏。」太史公天官書云：「及至五家、三代，紹而明之，内冠帶，外夷狄，分中國爲十二州。」應劭駁開募鮮卑事云：「鮮卑隔在漢北，朝家外而不内。」所謂外之者，擯之不得與於和會，猶周語所謂「狄無列於王室」也。並用春秋前義。輿謂以治理言，則主漸進，故春秋外夷狄。至其終也，内而不外，雖政交于中國，亦暨訖之道有然。顧自秦漢以來，變日亟矣，然而倫彝攸敘，禮教相沿，有不隨國而俱亡者存焉。故春秋立其極于禮義，以爲華夷進退之機。杞越聖裔，習于用夷而夷矣。潞子赤狄，離于夷而許其慕夏矣。循是以往，六合之外，有進於中國而胥爲大同者，亦天地之仁所許也。苟先自棄禮義，以蹈傳所謂新夷狄之譏，則將爲進於禮義者所治，而君子之憂愈切矣。**當此之時，魯無鄙彊，諸侯之伐哀者皆言我。**盧云：「哀八年書『吴伐我』，十一年書『齊國書帥師伐我』，正以莊十九年書『齊人等伐我西鄙』，而此不言鄙故也。『鄙』字句，『彊』字屬下讀。本或作疆，非。」淩云：「無鄙疆，言王化所及者遠。盧讀大謬。」朱一新云：「魯無鄙疆，即王道浹，人事備，廣魯於天下之意，非謂魯之鄙疆果遠也。盧校疆爲彊，誤。果如其説，上文之條條無疆，又當作何解。」輿案：所傳聞之世，來接内者書其小惡，其不來者不治。明化自近始，有界域，至於近則内外漸進而從同矣。故云「無鄙疆」，此所謂王義也。○天啟本「彊」作疆。**邾婁庶其、鼻我，邾婁大夫。其於我無以親，以近之故，乃得顯明。**盧云：「襄二十一年，邾婁庶其以漆、閭丘來奔。二十三年，邾婁鼻我來奔。昭二十七年，邾婁快來奔。其漆、閭丘，傳曰：『重地也。』下兩傳乃云：『以近書。』疑庶其衍文，『鼻我』下當有快字，『無以親』疑當作無親。」　輿案：董以哀、定、昭爲所見世，顔安樂斷自孔子生後，以襄二十三年鼻我與昭二十七年同傳爲證。此文引鼻我，蓋參用顔説。庶其又在孔子未生以前，盧以爲有衍有脱是也。襄二十三年注：「所傳聞世，見治始起〔一〕，外諸夏，録大略小，大國有大夫，小國略稱人。所聞之世，内諸夏治小如大。廩廩近升平，故小國有大夫，治之漸也。見於邾婁者，自近始也。」**隱桓，親春秋之先人也，**以親言之，則春秋之先人。**益師卒而不日。**隱元年。**于稷之會，言其成宋亂，以遠外也。**〇遠，各本作通。盧云：「稷會在桓二年，書『以成宋亂』。舊本於『稷之會』下有『不日』二字，因上而誤衍也。又脱『成宋』二字，今訂補。益師不日，見臣恩之厚薄。此斥言成亂，見君恩之薄厚，故二事相比也。傳曰：『遠也。』通外疑當作遠外。」　輿案：盧説是。今從淩本改作「遠」。**黄池之會，以兩伯之辭，言不以爲外，以近内也。**哀十三年「公會晉侯及吴子于黄池」，傳曰：「會兩伯之辭也。重吴也。吴在是，則天下諸侯莫敢不至也。」案：董意以吴進稱子，爲遠近大小若一之微〔二〕。〇一本有「春秋公羊二十一年，邾庶其以漆、閭邱來奔。左氏曰：庶其，非卿也。公羊曰：邾庶其者何？邾婁大夫也。二十三年，邾婁鼻我來奔。杜注：卑我是庶其之黨，同有竊邑叛君之罪。公羊作鼻我，邾婁大夫也。穀梁作『畀』七十九字。官本云：「據文義乃舊時繁露注文，原本、他本俱作正字，今校正。」　輿案：天啟本無此文，尚不誤。

〔一〕「起」原作「見」，據公羊傳改。
〔二〕「微」字，疑爲「徵」字。

春秋繁露義證卷第十

深察名號第三十五

本書郊語篇：「聖人正名，名不虛生。」天地陰陽篇：「名號之由人事起也。」儀禮喪服傳：「名者，人治之大者也。」左氏傳：「名以制義。」釋名：「名，明也，名實使分明。」尹文大道篇：「形以定名，名以定事，事以檢名。察其所以然，則形名之與事物無所隱其理矣。名有三科：一曰命物之名，方圓白黑是也；二曰毀譽之名，善惡貴賤是也；三曰況謂之名，賢愚愛憎是也。」　案：名家之學，以綜微覈實爲功，以正名析詞爲本，此即名學也。荀子亦有正名篇。春秋治人必先正名，穀梁于五石、六鷁之詞發其微，公羊學蓋與之同。

治天下之端，在審辨大。辨，别也。審事物之所以别異與其大綱，故曰「辨大」。下云「目者偏辨其事，凡者獨舉其大」，正釋二字之義。事能辨則治，故辨亦可訓治。書曰：「辨章百姓。」史記禮書：「治辨之極也。」荀子禮論「君者，治辨之主也」，楊注：「謂能治人，使有辨别也。」又見王霸、榮辱等篇。蓋辨者治之條理，大者治之要綱。禮樂記：「其功大者其樂備，其治辨者其禮具。」亦以「辨」「大」對文。或以辨大爲辨其大者，失之矣。辨大之端，在深察名號。荀子正名篇：「今聖王沒，名守慢，奇辭起，名實亂，則雖守法之吏，誦數之儒，亦皆亂也。若有王者起，必將有循於舊名，有作於新名。然則所爲有名，與所緣以同異，與制名之樞要，不可不察也。異形離心交喻，異物名實玄紐，貴賤不明，同異不別，如是則志必有不喻之患，而事必有困廢之禍。故智者爲之分別，制名以指實。上以明貴賤，下以辨同異。貴賤明，同異別，如是則志無不喻之患，事無困廢之禍，此所爲有名也。」名者，大理之首章也。理者，分也。（見樂記鄭注。又白虎通云：「禮義者有分理。」）分者，必有以括之。首章所以括其大分也。古人著書，當有綱領，列之首章，故此言事物有名，猶大理之首章也。後人議事，亦以首章爲綱要。録其首章之意，以窺其中之事，則是非可知，逆順自著，其幾通於天地矣。是非之正，取之逆順，逆順之正，取之名號，名號之正，取之天地，天地爲名號之大義也。釋名：「天，顯也，在上高顯也。地，底也，其體底下，載萬物也。」案：崇效天，卑法地，君臣、父子、夫婦之義，皆本於此。聞其名則喻其實。逆夫人心之所受，則禮法可以爲禁。故分曰名分，教曰名教，分與教皆生於名，俾天下懔然而不敢犯，此治世之要樞也。略視名號，而世變亟矣。古之聖人，謞而效天地謂之號，○盧云：「謞，舊音火角切。案集韻：『許教切，大嗥也。』莊子齊物論『激者謞者』，釋文云：『謞音孝。』李軌虚交反。此與效、號聲相諧，則當從釋文、集韻所音爲得之。」鳴而施命謂之名。○中論貴驗篇引子思曰：「事自名也，聲自呼也。」○盧云：「施命，舊本倒作命施，非。」名之爲言，鳴與命也，號之爲言，謞而效也。此以聲爲訓。謞而效天地者爲號，鳴而命者爲名。名號異聲而同本，皆鳴號而達天意者也。○盧云：「鳴號之號平聲，亦疑本是謞字。」天不言，使人發其意；弗爲，使人行其

中。名則聖人所發天意，不可不深觀也。名起於字，積字爲名，故名亦訓字。字所以別事物，明上下，其造作本於天意。故造書者謂之聖人。**受命之君，天意之所予也。故號爲天子者，宜視天如父，事天以孝道也。**敬天、法祖、愛民，是謂天子之孝。○視，凌本作事。**號爲諸侯者，宜謹視所候奉之天子也。**白虎通爵篇：「侯者，候也，候逆順也。」公羊疏引元命苞云：「侯之言候，候逆順，兼伺候王命。」**號爲大夫者，宜厚其忠信，敦其禮義，使善大於匹夫之義，足以化也。**白虎通爵篇：「大夫之爲言大扶，扶進人者也。故傳曰：『進賢達能，謂之卿大夫。』」案：此別一義。**士者，事也；**白虎通爵篇：「士者，事也，任事之稱也。」說文：「士，事也，數始於一，終於十，从一从十〔一〕。孔子曰：『推十合一爲士。』」**民者，瞑也。士不及化，可使守事從上而已。**士者，民之秀者也。民亦具有士之材質，但未及盡化於道，不能達事理，廑可使靜守法制，從上令而已。合天下之衆百姓，固宜有此賢愚差等，子曰：「民可使由之，不可使知之。」正此義也。論語鄭注：「民，冥也。其見人道遠。由，從也。言王者設教，務使人從之。若皆知其本末，則愚者或輕而不行。」案：鄭注所言近於術，不如董義之純，程子已陰闢之。朱子釋論語云：「民可使之由於事理之當然，而不能使之知其所以然。」正用董義。賈子大政篇：「夫民之爲言也，瞑也。萌之爲言也，盲也。故惟上之所扶而以之，民無不化也。故曰民萌民萌哉，直言其意而爲之名也。夫民者，賢不肖之材也，賢不肖皆具焉。」史記禮書：「人域是域，（此域字，衍文。）士君子也。外是，民也。」知士、民以德與學分。○官本云：「他本下衍丑字。」**五號自讚，各有分。**自天子至於民，各有分義。**分中**

〔一〕「从一从十」，原誤「从十一」，據說文改正。

委曲，曲有名。分中各有應盡之職事，得其委曲，然後可以各稱其名矣。下「曲」字疑各之誤。**名衆於號，號其大全。**猶大凡。**名也者，名其別離分散也。**萬物總總，藉名以散殊之。○上「名」字，天啟本作瞑，凌本同。今從盧本。俞云：「此本作『號其大全，名其別離分散也』。故下文曰『號凡而略，名詳而目』，正承此而言。『瞑也者』三字，當在上文。」案：上文云：「士者，事也。民者，瞑也。士不及化，可使守事從上而已。」此下當有「瞑也者」云云，乃釋「民者瞑也」之義，傳寫奪之，又誤著在後耳。**號凡而略，名詳而目。**疑作「名目而詳」。僖五年傳：「一事而再見者，前目而後凡也。」亦以凡、目對舉。案傳無號名之分，惟穀梁桓二年「郜大鼎」，傳引孔子曰「名從主人，物從中國」，而襄五年「善稻」傳，昭元年「大原」傳，竝作「號從中國，名從主人」。此以名、號分釋，亦春秋家說。**目者，徧辨其事也；凡者，獨舉其大也。**○天啟本「事」作大。凌本「徧」作偏。官本「大」下有事字，云：「他本無大字。」**享鬼神者號，**者，與之同。○官本云：「他本無『者』字。」**一曰祭。祭之散名，春曰祠，夏曰礿，秋曰嘗，冬曰烝。**桓七年傳。**獵禽獸者號，一曰田。田之散名，春苗，秋蒐，冬狩，夏獮。**「祭」與「田」，所謂凡也，號也。祠、礿、嘗、烝、苗、蒐、狩、獮，所謂目也，名也。舉此爲例爾。盧云：「此從公羊說，故與周禮、左氏傳、爾雅異。然公羊桓四年傳，並無夏獮之文。何休云：『不以夏田者，春秋制也。以謂飛鳥未去於巢，走獸未離於穴，恐傷害〔一〕於幼穉，故於苑囿中取之。』則此夏獮二字，當是後人妄加，以爲衍文可也。」輿案：說苑修文篇：「春秋曰：『正月，公狩於郎。』傳曰：『春曰蒐，夏曰苗，秋曰獮，冬曰狩。』苗者奈何？曰：苗者毛也。取之不圍澤，不掩羣，取禽不麛卵，不殺孕重者。春蒐者不殺小麛及孕重者，冬狩皆取之。百姓皆出，不失其馳，不抵

〔一〕「害」字，據盧本及公羊傳補。

禽，不詭遇，逐不出防。此苗、獮、蒐、狩之義也。故苗、獮、蒐、狩之禮，簡其戎事也。故苗者毛取之，蒐者搜索之，狩者守留之。夏不田何也？曰：天地陰陽盛長之時，猛獸不攫，鷙鳥不搏，蝮蠆不螫。鳥獸蟲蛇，且知應天，而況人乎哉？是以古者必有豢牢。其謂之畋何？聖人舉事必反本。五穀者以奉宗廟，養萬民也。去禽獸害稼穡者，故以田言之。聖人作名號而事義可知也。」案向用穀梁，當爲春田、夏苗、秋蒐、冬狩。今雖不釋獮義，而列獮名，必有所本。孔廣森以爲周禮四時皆田，傳舉三時者，諸侯之制，闕一以下于王。據繁露證公羊師説亦有四時田。然則「夏獮」，非衍文也。又大傳云：「鮮者何也？秋取嘗也。秋取嘗何以也？習鬥也。」鮮、獮字同。御覽八百三十一引韓詩内傳：「春曰畋，夏曰獀，秋曰獮，冬曰狩。」是亦今文説有獮號之證。

無有不皆中天意者。物莫不有凡號，號莫不有散名，如是。荀子正名篇：「散名之加於萬物者，則從諸夏之成俗曲期。遠方異俗之鄉，則因之而爲通。散名之在人者，生之所以然者謂之性。性之和所生，精合感應，不事而自然謂之性。性之好惡喜怒哀樂謂之情。情然而心爲之擇謂之慮。心慮而能爲之動謂之僞。慮積焉、能習焉而後成謂之僞。正利而爲謂之事。正義而爲謂之行。所以知之在人者謂之知。知有所合謂之智。智所以能之在人者謂之能。能有所合謂之能。性傷謂之病。節遇謂之命。是散名之在人者也，是後王之成名也。故王者之制名，名定而實辨，道行而志通，則慎率民而一焉。」

是故事各順於名，名各順於天。天人之際，合而爲一。聖人因天以制名，後王循名以責實。實治所以事天。**同而通理，動而相益，順而相受，謂之德道。**德道，猶道德。**詩曰：「維號斯言，有倫有迹。」此之謂也。**盧云：「今詩作有倫有脊。」輿案：迹、脊字通義同。毛傳：「倫，道；脊，理也。」玉篇：「迹，跡也、理也。」鄭箋：「維民呼號而發此言，皆有道理。所以至然者，非徒苟妄爲誣辭。」案董以號爲名號，與鄭異。然以之解詩，義尤婉曲。言古之君子順名號而發言，皆有倫理，不相誣妄。哀今之人，胡爲如虺蜥然，詭言誣陷，變亂是非，使人局蹐天地之間也。故下文云：「欲審是非，莫如引名。」○天地陰陽篇「名者，所以別物也。至復而不厭者，道也」一段，疑是此處文。

深察王號之大意，其中有五科：凌云：「後漢桓譚傳：『校定科比。』注：『科，謂事條。』」輿案：號其凡也，科其目也。君王各科，並依聲起，可以識文字聲義相生之旨。皇科、方科、匡科、黄科、往科。合此五科，以一言謂之王。積五義而成一字。王者皇也，王者方也，王者匡也，王者黄也，王者往也。是故王意不普大而皇，○天啟本無「而」字，凌本同。則道不能正直而方；白虎通號篇：「皇者何謂也？亦號也。皇，君也，美也，大也，天人之總，美大之稱也。時質，故總言之也。號之爲皇者，煌煌人莫違也，煩一夫，擾一士，以勞天下，不爲皇也。不擾匹夫匹婦，故爲皇。」道不能正直而方，則德不能匡運周徧；廣雅釋詁：「匡，滿也。」德不能匡運周徧，則美不能黄；白虎通：「黄者，中和之色，自然之性，萬世不易。」又云：「美者在上，黄帝始制法度，得道之中，萬世不易。後世雖聖，莫能與同也。」通典注云：「黄者，中和美色。黄承天德，最盛淳美。」易文言：「君子黄中通理，正位居體，美在其中，而暢於四肢，發於事業，美之至也。」所云「美在其中」，正謂黄中。董此言蓋本易義。美不能黄，則四方不能往；四方不能往，則不全於王。言於王道有缺。○官本云：「他本『則』下衍可字。」故曰：天覆無外，地載兼愛，盧云：「本亦作兼受。謂地能持載，又能容納，義亦可通。」風行令而一其威，雨布施而均其德。王術之謂也。

深察君號之大意，其中亦有五科：元科、原科、權科、温科、羣科。合此五科，以一言謂之君。君者元也，君者原也，○官本云：「他本缺此四字。」君者權也，君者温也，君者羣也。是故君意不比於元，則動而失本；對册云：「春秋謂一爲元者，視大始而欲正本也。」動而失本，則所爲不立；所爲不立，則不效於原，本書玉英篇：「元猶原也，其義以隨天地終始也。」　案：原、元一義，而分別言之者，元是正本之義，原是不息之義，故下云「自委舍」。　不效於原，則自委舍；　盧云：「委舍即委卸也。」　自委舍，則化不行。　用權於變，則失中適之宜；　經所不及，則以權平之，是權亦中也。若以行權爲濟變，則必至于失中。盧云：「用權於變上有脱文。」　失中適之宜，則道不平，德不温；　道不平，德不温，則衆不親安；　衆不親安，則離散不羣；　離散不羣，則不全於君。　○以上文例之，此處文未完。玉英篇「是故治國之端在正名，名之正興五世，五傳之外，美惡乃形，可謂得其真矣。非子路之所能見」三十六字，當爲本篇錯簡，或即是此處文。

名生於真，○天啟本不提行，凌本同。　非其真，弗以爲名。　名者，聖人之所以真物也。　管子心術篇：「名者，聖人之所以紀萬物也。」荀子正名篇：「名者，所以期累實也。」　名之爲言真也。　先有物而後有名。象形而爲字，辨聲以紀物。及其繁也，多所假借，原其始，皆以其真。　故凡百譏有黮黮者，各反其真，則黮黮者還昭昭耳。　説文：「黮，桑葚之黑者。」廣雅：「黮，黑也。」因桑葚黑引申爲凡黑之稱。」説文口部：「名，自命。从口从夕。夕者冥也，冥不相見，故以口〔一〕自名。」　案：冥亦取黮義。凌云：「文選注：『聲類曰：黮，深黑色。』」　欲審曲直，莫如引繩；　禮經解：「繩墨誠陳，不可欺以曲直。」荀子勸學篇：「木受繩則直。」　欲審是非，莫如引名。　名之審於是非也，猶繩之審於曲直也。　詰其名實，觀其離合，則是非之情不可以相讕已。　名與實相麗，故詰名實，而義之爲離爲合可見。盧云：「玉篇：讕，落干、力但二切。誣言相加被也。」

〔一〕「口」字，據説文補。

興案：天啟本「讕」下注云：「力但切，誣言相加。」案説文：「讕，詆讕也。」類篇引「詆」作抵。又云：「詆讕，誣言也。」漢書文三王傳「王陽被詆讕」，顏注：「誣諱也。」谷永傳：「欲末殺災異，滿讕誣天。」此云「相讕」，猶言「相誣」。情，猶實也。○俞云：「此下當接『春秋辨物之理』，至『五石、六鷁之辭是也』六十三字。下有脱簡，在玉英篇，其文曰『是故治之端在正名』，至『非子路之所能見』三十六字。深察名號篇至此已畢。篇首云『治天下之端，在審辨大，辨大之端，在深察名號』，末云『是故治國之端在正名』，首末正相應也。今定其文當云：『詰其名實，觀其離合，則是非之情不可以相讕已。春秋辨物之理，以正其名。名物如其真，不失秋毫之末。故名霣石則後其五，言退鷁則先其六。聖人之謹於正名如此。君子之於其言，毋所苟而已。五石、六鷁之辭是也。是故治國之端在正名，名之正興五世，五傳之外，美惡乃形，可謂得其真矣。非子路之所能見。』」

今世闇於性，言之者不同，胡不試反性之名。性之名非生與？

此以字形言之，以「性」从「生」也。論語公治長皇疏：「性，生也。」樂記鄭注：「性之言生也。」古亦通用。周禮大司徒「辨五土之物生」，杜子春讀「生」爲性。大戴記「君子之性非異也」，荀子勸學篇「性」作生。秦策「生命壽長」，史記范睢傳「生」作性。莊子達生篇「達生之情者，不務生之所無以爲」，淮南「生」作性。又莊子德充符「幸能正生以正衆生」，正生謂正性也，大宗師篇「相遺乎道者，無事而生定」，生定謂性定也。晏子春秋問上「地不同生」，謂不同性也。皆借字，此類甚多。

如其生之自然之資謂之性。

莊子庚桑楚及孝經緯皆以性爲生之質。而莊子則陽篇以生而美者喻聖人愛人之性，尤與此旨適合。蓋莊亦主性善也。告子云：「生之謂性。」荀子正名篇云：「生之所以然者謂之性。性之和所生，精合感應，不事而自然謂之性。」白虎通性情篇：「性者生也。」韓愈云：「性者與生俱生。」竝與此同。朱子云：「性者人之所得於天之理，生者人之所得於天之氣。」伊川亦云：「性即理。」因分理與氣爲二，始分生與性爲二。故又云：「言人性善，性之本也。生之謂性，論其所稟也。孔子言『性相近』，若論其本，豈可相近，只論其所稟也。」又云：「生之謂性，止訓所稟受也。天命之謂性，此言性之理也。」明道則云：「生之謂性，性即氣，氣即性，生之謂也。」所言與此合。性者質也。此以字義言，宋儒所謂氣質之性本此。禮樂記：「民有血氣心知之性。」血氣心知，其質也。孝經鉤命決：「性者，生之質。（此語鄭君取以注中庸「天命之謂性」。）若木性則仁，金性則義，火性則禮，土性則信，水性則智也。」荀子云：「情者，性之質也。」國語齊語韋注：「質，性也」。案：董謂性情爲一瞑，荀以性爲惡，故以情爲性質，不知性亦質也。孝經云：「毁不滅性。」詰性之質於善之名，能中之與？中，猶合也。既不能中矣，而尚謂之質善，何哉？性之名不得離質。離質如毛，則非性已，不可不察也。如毛，言其微。言略離質則非性。董所謂性，專就氣質言。○俞云：「此下當接『栣衆惡於内』云云。自此以下，即爲實性上篇。董子論性，必反求諸性之名，故曰：『性之名非生與？』論心必反求諸心之名，故曰：『心之爲名，栣也。』蓋古人言義理，不離聲音訓詁，即孔子正名之義。實性篇與深察名號篇所以相次也。後人因兩篇之文有相近者，遂將篇首『今世闇於性』云云，誤羼入深察名號篇『春秋辨物之理』一節之上，而兩篇遂不可分矣。今定此爲實性上篇，而『孔子曰名不正則言不順』以下，則爲實性下篇。庶不失董子之舊乎？」輿案：荀子正名篇亦言性情，則此在深察名號中不誤，但文有錯簡耳。實性篇中語多與此複，疑出後人綴輯。俞分爲上下篇，似未當也。春秋辨物之理，以正其名。名物如其真，不失秋毫之末。故名霣石，則後其五，言退鷁，則先其六。聖人之謹於正名如此。君子於其言，無所苟而已，莊十年〔一〕「譚子奔莒」，傳：「國已滅矣，無所出也。」何注：「別於有國出奔者。」孔子曰：『君子於其言，無所苟而已矣。』」五石、六鷁之辭是也。僖十六年

〔一〕「十年」，原誤「十一年」，據公羊傳改。

穀梁傳：「君子之於物，無所苟而已。石鶂且猶盡其辭，而況於人乎？故五石、六鶂之辭不設，則王道不亢矣。」此義與之合，蓋師説同也。孔叢子：「平原君曰：『至精之説，可得聞乎？』答曰：『其説皆取之經傳，不敢以意。春秋記六鷁退飛，覩之則六，察之則鷁。』」栣衆惡於内，弗使得發於外者，心也。盧云：「栣，説文作栠，如甚切，弱皃。蓋惡强則〔二〕肆見於外，故欲馴之使無暴。即下云『損其欲、輟其情』者是也。」俞云：「王本注云：『栣，疑袵，如甚切，榒也。』然袵不訓榒。説文木部『栠，弱貌』，則榒仍栠字之訓耳，非其旨也。今案：袵者，衣襟也。襟有禁禦之義，釋名釋衣服：『襟，禁也。交於前，所以禁禦風寒也。』袵亦有任制之義，釋名釋喪制：『小要又謂之袵。袵，任也。任制際會使不解也。』任制與禁禦，其義相通。『栣衆惡於内，弗使得發於外』，正取任制之義。下文曰『天有陰陽禁，人有情慾栣』，栣、禁對文，然則栣即禁也，亦猶袵即襟也。原注所訓，未達其旨。」輿案：天啟本注云：「栣，疑袵，如甚切，㒟也。」案㒟，當爲弱。淮南詮言訓注：「栣，柔弱也。」故心之爲名栣也。人之受氣苟無惡者，心何栣哉？此以聲言之。心，息林切；栣，如甚切，古音同在七部。白虎通性情篇：「心之爲言任也，任于思也。」廣雅釋親：「心，任也。」任、栣亦同聲字，言性固有善質，而受氣未嘗無惡。其卒能袵之者，則仍善質爲之。子曰：「苟志於仁矣，無惡也。」惡非聖人所諱。但荀偏以性爲惡，則失之耳。吾以心之名，得人之誠。誠，猶實也。言因名以得其實。人之誠，有貪有仁。仁貪之氣，兩在於身。氣，即質也。仁善貪、惡，此言善惡皆具於身，非謂有惡無善也。論衡本性篇云：「周人世碩以爲人性有善有惡，舉人之善性養而致之則善長，性惡養而致之則惡長。如此，則情性各有陰陽，善惡在所養焉。作養書一篇。宓子賤、漆雕開、公孫尼子之徒，亦論情性，與世子相出入，皆言性有善有惡。」董旨蓋

〔二〕「則」字，據盧本補。

與之近。孔子言性近習遠，相近者亦以性兩有仁貪之氣，所禀不齊，但相近而已。故朱子以爲兼氣質言，是董説與孔子合也。程子則謂「孔子非言性之本，豈有聖人之言獨遺其本者哉」？（黄震云：「言性之説，至本朝而精，以善者爲天地之性，以不能盡善者爲氣質之性。此説既出，始足完孟子性善之説。世之學者，乃因此陰陋吾夫子之説，而不敢明言其非，則日性相近是指氣質而言，若曲爲之回護者。則孟子之言性何其精，而夫子之言性何其粗耶。竊意天命之謂性，所謂天地之性，是推天命流行之初而言也，推性之所從來也。所謂氣質之性是指既屬諸人而言也。斯其謂之性者也。夫子之言性，亦指此而已。本朝之言性，特因孟子性善之説，揆之人而不能盡合，故推測其已上者，以完其義耳。言性豈有加于夫子之一語哉？」案黄氏亦調停之説。）荀子偏言性惡，與董殊科，而後人同稱董荀，非其實矣。司馬光性辨云：「孟子以仁、義、禮、智，皆出乎性者也，不知暴、慢、貪、惑，亦出乎性。」又揚子修身篇云：「人之性也善惡混。修其善則爲善人，修其惡則爲惡人。」司馬光注亦云：「孟以爲性善，其不善者外物誘之也；荀以人性惡，其善者聖人教之也。是皆得其一偏，而忘其本實。性者，人之所受於天以生，善與惡必兼有之，猶陰之與陽也。是故雖聖人不能無惡，雖愚人不能無善，其所受多少之間則殊矣。必曰聖人無惡，則安用學，必曰愚人無善，則安用教？譬之於田，稻粱藜秀，相與並生。善治田者媷其藜秀，而養其稻粱，不善治田者反之。揚子以人之性善惡混。混者，善惡雜處於心之謂也，顧人所擇而修之何如耳。」正用董説。程子宗孟子言性善，而云：「性無不善，而有不善者才也。性即是理，理則自堯舜至于塗人一也。才禀於氣，氣有清濁，禀其清者爲賢，禀其濁者爲愚。學而知之，則氣無清濁，皆可至於善，而復性之本。湯武身之是也。孔子所言下愚不移者，則自暴自棄之人也。」又曰：「人生氣禀，理有善惡，然不是性中元有此兩物，相對而生也。有自幼而善、有自幼而惡，是氣禀有然也。善固性也，然惡亦不可不謂之性也。」又云：「天下善惡皆天理。謂之惡者，非本惡，但或過不及便如此。」

輿案：程云「氣有清濁」，即此所云「仁貪之氣，兩在於身」，而所云「惡亦不可不謂之性」，尤與本篇脗合。但添出「理」字，以性之本詮性善，而言理又反而求之有生以前。故程子又云：

「人生而静以上不容説。才説性時，便已不是性。」所以救其説之窮也。然不如言理善而性有善惡之爲直捷矣。張子亦云：「形而後有氣質之性，善反則天地之性存焉。氣質之性，君子有勿性者焉。夫善反是也。有性有勿性，分别爲二，理似難通。若善是天地之性，一成人形即有氣質之善惡雜，又何必言人性善乎？」程子駁王介甫「因物之性而生之，直内之敬也」云：「是物先有性，然後坤因而生之可乎？案：如張子言，是性先有性也，其可乎？」朱子云：「氣質所禀雖有不善，不害性之本善。」正所謂仁貪兩備，但亦離氣質與性而二之。又云：「性雖本善，不可無省察矯揉之功。」「矯揉」二字，取荀之「檃括烝矯」，云矯揉則知性未全善，仍與董説合矣。夫性具於生初，有形斯有質，有質斯有氣，離氣質與性而二之，説之所以日紛也。（王陽明以爲無善無惡性之體，有善有惡性之用。亦因宋儒二性之説而小變之。）鄭注禮運「故人者其天地之德」數語云：「言人兼此氣性純也。」又注「故人者天地之心也」數語云：「此言兼氣性之效。」可見漢儒論性，皆兼言氣。

身之名，取諸天。天兩有陰陽之施，身亦兩有貪仁之性。天有陰陽禁，身有情欲栣，與天道一也。天道好陽而惡陰。此云「陰陽禁」，蓋謂禁陰不使干陽，文便耳。栣情欲之惡，不使傷善，斯善勝矣。治己之所以貴克也。阮元性命古訓引西伯戡黎「不虞天性」鄭注云：「不度天性。」又引召誥云：「節性惟日其邁。」解之云：「度性與節性同意，言節度之也。」又云：「性中有味、色、聲、臭、安佚之欲，是以必當節之。」與謂虞之節之，正合此性有仁貪之説。栣其情欲，正節度之實功也。易言「成性盡性」，詩言「彌性」，孟子言「忍性」，皆此誼。

是以陰之行不得干春夏，而月之魄常厭於日光。乍全乍傷，凌云：「月令疏：月爲陰精，日爲陽精。故周含云：日猶火，月猶水。火則外光，水則髀景，故月光生於日所照，魄生於日所蔽。當日則光盈，就日則光盡。」○黄氏日鈔作「乍傷乍全」。

天之禁陰如此，安得不損其欲而輟其情以應天。天所禁而身禁之，故曰身猶天也。語亦見人副天數篇。

禁天所禁，非禁天也。天禁陰而身禁貪，是禁天之所當禁，非自禁其身，使之束縛也。故曰「非禁天」。○官本云：「他本『非』下無『禁』字。」必知天性不乘於教，終不能栣。今荀子云：「枸木必將待檃括烝矯然後直，鈍金必將待礱厲然後利。今人之性惡，必將待師法然後正，得禮義然後治。今人無師法則偏險而不正，無禮義則悖亂而不治。古者聖王以人之性惡，以爲偏險而不正，悖亂而不治，是以爲之起義理，制法度，以矯世人之情性而正之，以擾化人而導之也。始皆出於治，合於道者也。」董荀言性不盡同，而歸重政教則一也。「天性」二字，疑「情欲」之誤。天性不當言栣。察實以爲名，無教之時，性何遽若是。○盧云：「舊本『性』字下有禁天所禁非天也七字，係因上文而衍，本無者是。何遽，舊本作何據，下篇又作何處，皆訛，今改正。」故性比於禾，善比於米。米出禾中，而禾未可全爲米也。善出性中，而性未可全爲善也。此言善出性中，但未全耳，非謂性本惡，而別取善以矯之。所由與荀子異也。本書言性善者多矣，實性篇云：「性有善質，而未能爲善也。」玉英篇云：「凡人之性，莫不善義。」又云：「爲而安性平心者，經禮也。」竹林篇云：「天之爲人性命，使行仁義而羞可恥。」又云：「今善善惡惡，好榮憎辱，非人能自生，此天施之在人者也。」盟會要篇云：「天下者無患然後性可善。」正貫篇云：「是知引其天性所好，而壓其情之所憎也。」立元神云：「無孝弟則忘其所以生。」皆以性爲善之徵。惟性有善端，故教易成；惟善而不全，故非教不可。善與米，人之所繼天而成於外，非在天所爲之内也。此所謂善，成德之謂。乃若其端，則固在天之内，故可繼而成。易曰：「繼之者善也，成之者性也。」正合此義。○官本云：「他本『在天』倒。」天之所爲，有所至而止。有善之端而已。止之内謂之天性，○天啟本作「天之性」。案實性篇無性字。止之外謂之人事。謂政教。事在性外，而性不得不成德。人事雖在性外，而有性中之善端，故易以成德。民之號，取之瞑也。使性而已善，則何故以瞑爲號？以賓者言，官本云：「他本作以霣言者」。興案：當作「以瞑言者」。胡思敬云：「霣，作瞑。言，屬下讀。」亦通。弗扶將，則顛陷猖狂，安能善？○天啟本無「則」字，凌本同。性有似目，目卧幽而瞑，凌云：「文選李善注：瞑，古眠字。」待覺而後見。當其未覺，可謂有見質，而不可謂見。今萬民之性，○盧云：「『今萬民之』字下，俗閒本誤以下文『言無驗之説』至『故謹於正名，名非』四百六字隔性字之上。今从官本移正。」有其質而未能覺，譬如瞑者待覺，教之然後善。當其未覺，可謂有善質，而不可謂善，○天啟本「質」上無「善」字，凌本同。與目之瞑而覺，一概之比也。説文：「斆，覺悟也。从教、冂。冂，尚矇也。」釋名：「瞑，泯也。無知泯泯也。」按矇、瞑一義。程子云：「人之知識，未嘗不全，其蒙者猶寐也。呼而覺之，斯不蒙矣。」又朱子論語注：「人性皆善，而覺有先後，後覺者必效先覺之所爲，乃可以明善而復其初也。」蓋本於此賈子先醒篇：「懷王問賈君曰：人謂知道者先生，何也？曰：爲先醒也。世主未學，忳忳然猶醉也。學問不倦，昭然先寤，故曰先醒。」韓詩外傳六：「問者曰：古之知道者曰先生，何也？猶言先醒也。」静心徐察之，其言可見矣。性而瞑之未覺，盧云：「而，與如通。」天所爲也。效天所爲，爲之起號，故謂之民。民之爲言，固猶瞑也，○官本云：「他本『猶』誤作有。」隨其名號以入其理，則得之矣。是正名號者於天地，天地之所生，謂之性情。爲人者天篇：「人之性情，有由天者矣。」性情相與爲一瞑。情亦性也。謂性已善，奈其情何？白虎通性情篇：「六情者何謂也？喜、怒、哀、樂、愛、惡謂六情，所以扶成五性。」禮記疏引賀瑒云：「性之於情，猶波之於水。静時是水，動則是波。静時是性，動則是情。」韓愈云：「情者接於物而生也。」程子云：「或問性善而情不善乎？曰：情者，性之動也，要歸之正而已，亦何得以不善名之。」孟子「乃若其情，則可以爲善矣」，朱子注云：

「情者，性之動也。人之情本但可以爲善，而不可以爲惡，則性之本善可知。」輿案：孟子意言雖惡人而有可以爲善之情，是亦善也，非謂不可以爲惡。其云「人無有不善」者，謂雖有不善，而仍皆有善端也。若性情皆不可爲惡，惡於何起乎？此云性情一瞑，是謂性與情皆中含善質，而情欲所發，不全於善，非有教以繼之，則善不可葆。謂性已善，則情亦已善，必不然矣。已，與未對文，知情有未善，則知性亦未善，亦非謂性情皆惡也。荀子云：「堯問舜曰：『人情何如？』舜對曰：『人情甚不美，又何問焉？妻子具而孝衰於親，嗜欲得而性衰於友，爵祿盈而忠衰於君。人之情乎甚不美，又何問焉？』」荀專以情爲惡，不如董說周備。程子又云：「纔有生識便有性，有性便有情，無性安得情？」又云：「人性中只有四端，又豈有許多不善底事。然無水安得波浪？無性安得情？」與董合。**故聖人莫謂性善，累其名也。**聖人，謂孔子。性善之說始孟子。**身之有性情也，若天之有陰陽也。言人之質而無其情，猶言天之陽而無其陰也。**白虎通性情篇：「性者陽之施，情者陰之化也。故鈎命決曰：情生於陰欲，以時念也。性生於陽，以就理也。陽氣者仁，陰氣者貪。故情有利欲，性有仁也。」說文云：「情，人〔一〕之陰氣有欲者。性，人之陽氣性善者也。」論衡本性篇：「仲舒覽孫孟之書，作情性之說曰：『天之大經，一陰一陽。人之大經，一情一性。性生於陽，情生於陰。陰氣鄙，陽氣仁。曰性善者，是見其陽也。謂惡者，是見其陰者也。』若仲舒之言，謂孟子見其陽，孫卿見其陰也。處二家各有見，可也；不處人情性，情性有善有惡，未也。夫人情性同生於陰陽，其生於陰陽者，有渥有泊。玉生于石，有純有駁，性情于陰陽，安能純善！（語疑有誤。）仲舒之言，未能得實。」所引董說，與今書異。究意以爲性情有善有惡，非性純善而情純惡也。案陽尊陰卑篇云：「善之屬盡爲陽，惡之屬盡爲陰。」固以陰陽分善惡矣。此

〔一〕「人」字，原誤「天」，據說文改。

篇以天禁陰，與人衽情欲對舉，是亦以陰喻情。然又云：「身亦兩有仁貪之性。」又云：「性情一瞑，情亦性也。」則是謂性與情同出于質，情有貪欲，即性有仁不能無貪之證。猶天之有陽即有陰，似非以情截然屬陰屬惡，性截然屬陽屬善，充之所云，未足爲難。然董説性情兩有貪仁，而以陰喻情者，情欲之貪易見，性中之仁難顯耳。本性篇又引劉子政云：「性，生而然者也，在于身而不發。情，接于物而然者也，出形于外。形外則謂之陽，不發者則謂之陰。」案：劉以性爲陰，情爲陽，與董不同，而以陰陽言情性，則本於董。**窮論者，無時受也。**以此窮論者，不能受駁詰。**名性，不以上，不以下，以其中名之。**盧云：「絶句。本或作『中民之性』，連下讀。下篇如此，然此處非也。」輿案：天啟本不誤。此適合孔子之旨，所謂「上智與下愚不移」也。劉原父公是先生弟子記云：「永叔問曰：『人之性必善，然則孔子所謂上智與下愚可乎？』劉子曰：『可。智愚非善惡也。』」輿謂原父説是矣。然上智得天厚而清，則不墮於惡；下愚得天薄而昏，則終自絶于善。故不可名性。上者不待教，下者不可教。賈子連語篇所謂「材性上主不足憂，材性下主不可勝，憂可憂者惟中主也」。禮中庸孔疏云：「得其清氣備者則爲聖人，得其濁氣簡者則爲愚人。降聖以下，愚人以上，所禀或多，不可言一，故分爲九等。孔子云：『唯上智與下愚不移。』二者之外，逐物移矣。故論語云『性相近，習相遠』也。」亦據中人七等也。論衡本性篇云：「孟軻言人性善者，中人以上者也。孫卿言人性惡者，中人以下者也。揚雄言人性善惡混者，中人也。」韓愈原性云：「性之品有上中下三，上焉者善焉而已矣，中焉者可導而上下也。下焉者惡焉而已矣。」蓋即本此爲説。下篇云：「聖人之性，不可以名性。斗筲之性，又不可以名性。名性者，中民之性。」詞義尤顯。後漢書楊終傳云：「上智下愚，謂之不移，中庸之民，要在教化。」申鑒政體篇云：「教化之廢，推中人而墜於小人之域。教化之行，引中人而納於君子之塗。」亦是此義。**性如繭如卵。卵待覆而成**〔一〕**雛，**○天啟本「覆」作復，凌本同。**繭待繅而爲絲，性待教而爲善。此之謂真天。**迨其全善則合乎天矣，故云「真天」。朱一新云：「董子長於言陰陽五行，而短於言性。知性禾善米，亦知禾之中固有米，而無稂莠乎？知性如繭如卵，亦知絲在繭中，苟無絲，何有繭？雛在卵中，苟無卵，何有雛乎？卵之不能爲雛，繭之不能爲絲，理也。惟性之不能爲惡，亦理也。謂性與善各有主名，不容以性爲善。然則性與惡亦各有主名，獨可以性爲惡乎？有物必有則，猶之有繭必有絲，有卵必有雛也。繼之者善，成之者性。人性之善，猶水之就下。聖賢所斤斤致辨者，曷嘗混性與善而爲一？如欲深察名號，則水自就下，不可即以水爲下，容得謂水之不就下乎？性自皆善，不可即以性爲善，容得謂性之非本善乎？譬諸繭自出絲，卵自出雛，不可即以繭爲絲，以卵爲雛，容得謂繭非始於絲？卵非始於雛？有雛種而後成卵，有絲種而後成繭，有繼善而後成性。是董子之言，反若與孔孟相發明，而又何疑焉？且董子明陰陽五行，既知身有性情，猶天之有陰陽，盍亦思陰助陽以生物，陽之德固主生而不主殺乎？謂性不皆善，是必天地不以生物爲心而後可也。天道無不善，則稟乎天以爲性者，安有不善？董子但知善出於性，而不知性實出於善，已顯與繫辭相悖，乃漫援善人有恒爲喻。善人者成德之稱，豈性善之謂乎？」輿案：朱說辨矣，但董未嘗以性爲惡，未嘗以性爲非本善，亦未嘗以爲性不皆善。但以爲性未全善，而有善之端，待於教而後成。如卵不能自爲雛，繭不能自爲絲耳。與荀所謂性惡絕異。朱以董荀同詆，蓋誤讀劉向荀子序。向序云：「孟子者亦大儒，以人之性善。孫卿後孟子百餘年，孫卿以爲人之性惡，故作性惡一篇，以非孟子。」云云。下又云：「至漢興，江都相董仲舒亦大儒，作書美孫卿。」向意謂董先生言王

〔一〕「成」字，凌本、盧本、叢刊本作「爲」。

道，羞五伯，與荀卿同，非關性惡旨也。至性之不能爲惡，此朱子之説，孟子所不言。輿竊有疑焉。無卵則無雛，無絲則無繭，性無善則不能成善，理也。然苟性不能爲惡，又何以有惡乎？孟子以人之可使爲不善，比之激水。又曰：「誦桀言，行桀行，是桀而已。」又曰：「人之所以異於禽獸者，幾希！」又曰：「操之則存，舍之則亡。」其危如此。今曰「性不能爲惡」，是怠人修省而使之自放，曰任吾性自然，固不能爲惡也。彼有治世長民之責者，亦且曰民性固不能爲惡，無待吾之教化政令也。又安取矯揉之説乎？且董云「性未全善」，未嘗云「性可以爲不善」，則更無所用其疑辨。蓋其與孟異者，在善之分量，不在性之善惡。孟子言「惻隱羞惡、恭敬、是非之心，人皆有之」。又云：「凡有四端于我者，知皆擴而充之。」所謂「人皆有之」，即謂人皆有善端。「擴而充之」，是即不全於善，有待於己之擴充。與董云待教而爲善何異？至繫辭「繼善」之語，董前引原不相悖。善人成德之稱，則董所自詮如此，尤不足以相難。韓詩外傳云：「繭之性爲絲，弗得女工，燔以沸湯，抽其統理，不成爲絲。卵之性爲雛，不得良雞覆伏孚育，積日累久，則不成爲雛。夫人性善，非得明王聖主扶攜，内之以道，則不成爲君子。」又淮南泰族訓載此數語，亦大同。是董子此喻，本古説也。**天生民性有善質，而未能善，**此語最晰。未能者，勉人之詞。**於是爲之立王以善之，此天意也。**此董子勸時主以敦化厚俗之意。自春秋以來，王教廢墜，在下之君子，起而明之，而其力常微。董生歸教化之責于王，欲政教合一，而其化易行也。管子云：「君道立然後下從，下從然後教可立而化可成也。」亦此意。**民受未能善之性於天，而退受成性之教於王。王承天意，以成民之性爲任者也。**對册云：「天令之謂命，命非聖人不行。質樸之謂性，性非教化不成。人欲之謂情，情非制度不節。是故王者上謹於承天意，以順命也。下務明教化民，以成性也。正法度之宜，別上下之序，以防欲也。脩此三者，而大本舉矣。」〇盧云：「本或作『以成民之善性爲任也』。今從大典本。」**今案其真質，而謂民性已善者，是失天意而去王任也。萬民之性苟已善，則王者受**

命尚何任也？盧云：「此『也』讀若耶。本亦作矣。」輿案：孟子重學，故謂人性本善，皆可爲堯舜，所以歆動學者也。董子重政，故謂人性未能善，待王者而後成，所以歆動爲君師者也。」孟子生當戰代，值人心陷溺已深，上無所冀於明王，故立詞不同，而扶世之心不異。其設名不正，故棄重任而違大命，非法言也。大，疑作天。春秋之辭，內事之待外者，從外言之。如夷伯之廟，內事也，待雷而後震，則先書震以起外詞。宋之有蠓，內事也，待雨而後墜，則先書雨以起外詞。皆其例也。今萬民之性，待外教然後能善，善當與教，不當與性。性之不關人事者，不必辨也。以善與教，則教者奮而無教者知危。與性，則多累而不精，謂設名多累。自成功而無賢聖，此世長者之所誤出也，非春秋爲辭之術也。凌云：「韓子曰：『厚重日尊，謂之長者。』」○官本云：「者他本作古。」不法之言、無驗之説，君子之所外，何以爲哉？荀子正名篇：「無稽之言，不見之行，不聞之謀，君子慎之。」○官本云：「他本誤接末行『所始如之何』十一字於『不法』之下。」或曰：性有善端，心有善質，尚安非善？應之曰：非也。繭有絲而繭非絲也，卵有雛而卵非雛也。比類率然，有何疑焉。有，同又。天生民有六經，疑有誤字。或云：「六，爲大。」言性者不當異。然其或曰性也善，也，蓋已之誤。董意不在性善性惡，而在已善未善之判。若與性善對舉，則下當云「性不善矣」。或曰性未善，則所謂善者，各異意也。性有善端，動之愛父母，動，疑作童。孟子：「孩提之童，無不知愛其親也。」動，或書作勭，因下文有「動其端」之語，遂誤爲「動」矣。善於禽獸，則謂之善。此孟子之善。○天啟本作言，凌本同。循三綱五紀，白虎通號篇：「古之時，未有三綱六紀。」又綱紀篇：「三綱者何？謂君臣、父子、夫婦也。六紀者，謂諸父、兄弟、族人、諸舅、師長、朋友也。故含文嘉曰：『君爲臣綱，父爲子綱，夫爲妻綱。』又曰：『敬諸父兄。諸父有善，諸舅有義，族人有序，昆弟有親，師長有尊，朋友有舊。』何謂綱紀？綱者張也，紀者理也。大者爲綱，小者爲紀，所以張理上下，整齊人道也。人皆懷五常之性，有親愛之心，是以綱紀爲化，若羅網之有紀綱而萬目張也。詩云：『亹亹文王，綱紀四方。』」又云：「六紀爲三綱之紀者也。」案：三綱又見本書基義篇。太玄云「三綱得於中極」，漢谷永云「動三綱之嚴」，蓋本於此。五紀，據白虎通本作六紀，然莊子盜跖篇云：「子張曰：『子不爲行，即將疏戚無倫，貴賤無義，長幼無序，五紀六位將何以利乎？』」則古人亦自有五紀之稱。周語「五義紀宜」，韋注：「五義，謂父義、母慈、兄友、弟恭、子孝。」未知即此「五紀」否。通八端之理，孟子四端：仁、義、禮、智。此云「八端」，未詳。忠信而博愛，敦厚而好禮，乃可謂善。此聖人之善也。是故孔子曰：「善人吾不得而見之，得見有常者斯可矣。」○天啟本「常」作恒，凌本同。由是觀之，聖人之所謂善，未易當也，○盧云：「本或作『亦未易當也』。」非善於禽獸則謂之善也。使動其端善於禽獸則可謂之善，善奚爲弗見也？「奚」上疑有人字。夫善於禽獸之未得爲善也，猶知於草木而不得名知。上「知」讀智。○官本下有於字，云：「知於，他本作之有。」萬民之性善於禽獸而不得名善，十三字，疑衍。知之名乃取之聖。「知」，疑作「善」。○官本云：「他本『知之』倒。」聖人之所命，天下以爲正。正朝夕者視北辰，正嫌疑者視聖人。聖人以爲無王之世，不教之民，莫能當善。○盧云：「『民』上舊本有名字，係衍文。」善之難當如此，而謂萬民之性皆能當之，過矣。質於禽獸之性，則萬民之性善矣；質於人道之善，則民性弗及也。萬民之性善於禽獸者許之，此許孟子之所謂善也。

聖人之所謂善者弗許。吾質之命性者異孟子。孟子下質於禽獸之所爲，故曰性已善；吾上質於聖人之所爲〔一〕，故謂性未善。凌云：「謂性善，則民思盡性矣；謂性未善，則民思化性爲善矣。上質下質雖不同，其待上明善則一也。」興案：「化性」出荀子，性惡故宜化，性有善則擴充之而已。凌亦誤混荀董爲一。荀子惟不知辨別及此，以孟子所云性善爲正理平治之善，故務與之相反。然云「塗之人可以爲禹，皆有可以知仁義法正之質，皆有可以能仁義法正之具」，固知性有善端矣。董子此數語，足使孟義豁如。黄震反據此譏其未明本然之性，是習于程張分天地氣質爲二性者也。善過性，聖人過善。以名言之。善過於性，聖過於善。春秋大元，故謹於正名。名非所始，如之何謂未善已善也。張惠言云：「救世之論，與孟子並行不悖。」興案：未善，二字當衍。本篇固云：「性未可全爲善。」又云：「性有善質而未能善矣。」至與孟子並行不悖者，荀卿性惡之說是已。董與孟異者，在解釋善名，不在論性之異。孟以性端善于禽獸，即謂之善，董以善當極於聖賢，不當名性爲善。其實一也。善於禽獸而已，故須擴充至於聖賢。故曰「人皆可以爲堯舜」。可以者其質也，有待於擴充也，非謂人生而堯舜也。董所謂待教而成者此也。性有善端，心有善質，是萬民之性異於禽獸無疑，孟子之言性是也。特董孟解「善」字有輕重之差耳。董習春秋，因春秋正名，論及「性」字「善」字主名之別，謂性未善，非謂性不善也。至於孟主擴充，荀主矯抑，董主教化，其進人於善，豈有異哉？孫星衍原性云：「古之言性者多異。孔子言性相近，周人世碩、宓子賤、漆雕開、公孫尼子之徒，言性有善惡，孟子言性善，告子言人性無分於善不善，荀子言性惡，董仲舒言性有善質而未能盡善。何以核其實也？古者性與天道通，不明於陰陽五行，不可以言性。民受天地之中以生，在天曰命，在人曰性。

〔一〕「爲」字，凌本、盧本、叢刊本作「善」。

故神農經言養命以應天，養性以應人。天爲陽主性，地爲陰主情，天先成而地後定，故情欲後於性命。五、六天地之中合，性有五常，情有六欲。五常者，仁義禮智信；六欲者，喜怒哀樂好惡也。陽者善，故性善；陰者欲，故情有不善。陽極生陰，故性之動爲情；陰極勝陽，故情之動爲欲。性動而之情，變而之欲。變者情也。情動而有欲，變而之不善，化而復還於善。善者性也。性對情則性爲陽，情爲陰。單言性則性有陰陽，猶以天地言之，天爲陽，地爲陰。以天地分言之，天地各有陰陽。鬼區臾言天有陰陽，地亦有陰陽是也。以四時言之，春夏爲陽，秋冬爲陰。以孟仲季言之，一時又各有陰陽。鬼區臾言陽中有陰，陰中有陽也。以五行言之，木火爲陽，土金水爲陰。以八卦言之，陽木震，陰木巽，陽土艮，陰土坤，陽金乾，陰金兑，離火陽含陰，坎水陰含陽也。故言性兼陰陽者，性中五常皆屬陽，五常分仁禮爲陽，義智爲陰，信爲陽。情亦有陰陽者，情中六欲皆屬陰，六欲又分喜、好、樂爲陽，怒、惡、哀爲陰也。孔子言性兼陰陽，又言性善，又言性待教而爲善。易曰：『一陰一陽之謂道，成之者性也，繼之者善也。』又曰：『成性存存，道義之門。』又曰：『和順於道德而理於義，窮理盡性，以至於命。』又曰：『將以順性命之理，立人之道曰仁與義。』夫言性中有道德，有仁有義，則是謂其本善，言成、言盡、言順，則待教而爲善。然財孔子他日言性相近、習相遠。後漢書釋云：言嗜欲之本同，而遷染之途異。其云上智與下愚者，上智謂生而知之，下愚謂困而不學，言不移者中，黄子所云人有五位，智人與愚人不同位。或者以智愚爲美惡，誤矣。賈誼引孔子曰：『少成若天性，習慣如自然。』又云：『習與智長，故切而不愧，況與心成，故中道若性。』夫言習慣如自然，則非本然之性。又云中道若性，則非天命之性。故祖伊言王不虞天性者，不度其善性也。惟僞尚書伊尹曰：『習與性成。』則似性中有惡。魏晉人之言，不足深辨矣。孔子以陰陽言性者，不對情而言，實則性質爲陽。世子之徒言性有善有惡者，兼性之動而言，實則情之惡。荀子言性惡，直誤以情爲性。告子言人性無分於善不善，則不分陰陽。孟子言性善，而良知良能亦不教之性。蓋名不正則言不順。善乎許叔重之言性曰：『人之陽氣，性善者也。』其言情曰：『人之陰氣，有欲者。』其言酒曰：『所以就人性之善惡』，夫言性陽曰善，論其質也。言情不曰有惡，而曰有欲者，欲有善有惡也。言酒則言性有善惡者，酒屬欲，欲有善惡，麥陰黍陽，相得動而爲酒，人之性得酒而動。許君以酒觀人性，據其動而言，則性兼情，故有善惡，其善者性也。惡者情之欲也，謂欲有惡，而不可謂情有惡。謂情有惡，尤不可謂性有惡。譬如夏至陰生，而夏不得謂之冬。冬至陽生，而冬不得謂之夏也。許君説本孝經鉤命決，曰：『情生於陰，性生於陽，陽氣者仁，陰氣者貪，故情有利欲，性有仁也。』緯書出於漢末，多本孔子之言。文子書曰：『人生而静，天之性也；感物而動，性之欲也。』管子曰：『凡民之生也，必以正平，所以失之也，必以喜怒哀樂。』漢詔曰：『夫人之性，皆有五常，及其少長，耳目牽於嗜欲，故五常銷而邪心作。情亂其性，利亂其義。』張晏曰：『性者所受而生也，情者見物而動者也。』董仲舒曰：『命者天之令也，性者生之質也，情者人之欲也。』又曰：『謂性已善，奈其情何？』此言性與情皆得之矣。何以言情亦有善也？禮記之言喜怒哀樂，曰：『未發謂之中，發而皆中節謂之和。』管子曰：『好不迫於惡，惡不失其理，欲不過其情。』是情未嘗不善。故易曰：『利貞者，性情也。』孟子曰：『乃若其情，則可以爲善矣。』情有善，將欲與貪利亦善乎？欲與貪利，即情之有喜有樂，發而中節，則無不善也。孔子曰：『我欲仁。』又曰：『己欲立、達而立、達人。』夫己欲立達，貪利也，能立達人，則貪利亦善。故公劉太王之好，百姓同之。孔子曰：「飲食男女，人之大欲存焉。』欲未嘗不善也，欲勝則能亂性，故曰：『欲，焉得剛？』又曰：『欲不行爲仁，欲可以至於不善。』而欲之名則無不善也。（張祥雲云：「欲與貪利亦善，語未安。夫就性之善推到情之善，又就情之善推到欲之善，方足破浮屠斷欲去愛之説，自是快論。但『欲』字有二義，我欲仁與己『欲』立達之『欲』字，猶之欲爲君盡君道之『欲』字，只作虚字解之，不得與人之大欲並觀。欲原在情之中，未嘗不善，孟子曰：『養心莫善于寡欲。』又曰：『無欲其所不欲。』夫不欲者既非善，則所欲者善矣，特當寡之以養心，即所謂欲勝則能亂性也。至欲之外又添出貪利二字，則欲竟是私欲，不得爲善，貪利尤不得爲善。所云公劉太王之好，以爲貪利亦善之證，究與上下文隔斷，且未明確。即己欲立達，貪利也之句，亦覺未安。」 輿案：本書保位權篇云：「聖人之制民，使之有欲，不得過節；使之敦樸，不得無欲。」是董亦未嘗以欲爲不善之名。）人不能有性而無情，天不能有陽而無陰，天之時若，即人之中節也。（案此即董所云：「身有性情，猶天有陰陽。」）浮屠之言曰：『斷欲去愛。』又曰：『愛欲交錯，心中興濁，清淨無垢，即自見性。』夫不斷不善而斷愛欲，則獨陽不生，亢而有悔，反可以至於不善。故彼教離五常，所謂不教之性，剛健而失中正也。何以言性待教而爲善？易言天道陰陽，地道柔剛，人道仁義。后以裁成輔相左右民。禮記言盡人物之性，與天地參。書云剛克柔克正直。剛屬性，柔屬情，平康之者教也。禮記言天命謂性，率性謂道，修道謂教。教者何？性有善而教之以止於至善。故禮記之言明德也，曰新民，曰止於善。止者，如文王止於仁、敬、孝、慈、信，即性中之五常，必教而能之，學而知之也。孟子以孩提之童愛其親，敬其長是也。然童而愛其親，非能愛親，慈母乳之而愛移。敬其長，非能敬長，嚴師朴之而敬移。然則良知良能不足恃，必教學成而後真知愛親敬長也。故董仲舒之言性待教而爲善是也。又曰：『善如米，性如禾，禾雖出米，而禾未可謂米也。性雖出善，而性未可謂善也。』又曰：『今按聖人言中本無性善名，而有善人吾不得而見之矣。使萬民之性皆已善，善人者何爲不見也？』又曰：『聖人之性，不可以名性；斗筲之性，又不可以名性。名性者，中民之性。』又曰：『善出於性，而性不可謂善。』按此諸説，董欲正名，而名愈不正也。夫人生皆中民也，已教則性勝情，謂之聖人；失教則情勝性，謂之斗筲。非性有三等。（按董語本於孔子「上智下愚」之説，若皆中民，何以有生知？）孔子言善人者，謂已教之性，猶稱道盛德至善，故難得見也。禾雖出米，而未可謂米固也，然亦不可謂之中無米也。此亦董之疏也。（按董言禾未可全爲米，以喻性未可全爲善，未嘗云中無米，此駁亦疏。）至告子以食色爲性，食色者情也。荀子以爲好利而欲得者，人之情性。又云：『人之性生而好利疾惡，有耳目之欲，有好聲色。』周書謂喜、怒、欲、懼、憂爲五氣。大戴改五氣爲五性，是皆以情爲性。然則後儒之不通陰陽，不能正名情性甚矣。或曰：『商臣越椒，生而惡形，梟鳥食母，蒼鷹搏擊，此皆性惡也。』答曰：此形惡，非性惡也。爲其情將成於惡，故形先見。人之爲不善也，必以長而貪欲，其貪欲者情也。其少而不知貪欲，未至於爲不善者性也。梟鷹之惡也，以求食而動，亦欲也。是情之惡，不可謂性也。聖人之治性情也，以禮樂。禮節性，樂防情。其用性情也，以忠恕。忠率性，恕推情。其善性情也，以道德。道其情之中和謂之道，得其性之至善謂之德。道德忠恕，皆本五常之教，舍五常則虛位也。五常以格物而能止於善。格者，蒼頡篇曰『量，度也』。物者，事也。格物猶言量事，量其事之至善，即五常之事也。或言格，正也。格物言正名其事，而後能擇善，知其事之至善，故曰致知。若魏顆用先人治命，晏子謂君爲社稷死則死之，孔子謂要盟神勿信之類，此謂執中之權。大學篇之致知，即中庸篇稱舜之大知。其格物即用中，中庸，猶言用中。解者以庸爲常，失之也。何以言道德爲虛位，道德離五常，易稱小人道長，禮稱左道，書稱凶德，傳稱昏德是也。忠恕非五常亦爲虛位，非其親暱，誰敢任之？則忠者非忠。以小人之腹爲君子之心，則恕者非恕也。故聖人貴實而惡虛，言有不言無，貴剛而賤柔，則儒者之異於道家，三代之學之異於宋學也。」　輿案：以陰陽言性，始于董子，孫氏此論，頗多闡發，然踳駁處亦多。究而論之，則性者內事，善者外事，內事在天，外事在人。在天者一成不變，在人者吾可以致力焉。下以學相勸，上以教自任，春秋之極治，使人人有士君子之行，躬親職此于上，而萬民生善於下，亦在乎勉行之而已矣。

實性第三十六

孔子曰：「名不正則言不順。」論語注馬云：「正百事之名。」鄭云：「正名謂正書字也。」古者曰名，今世曰字。禮記曰：「百名以上，則書之載於策。」孔子見時教不行，故欲正其文字之誤。昭二十年「盜殺衛侯之兄輒」，何注：「公子不言之，兄弟言之者，敵體詞。嫌於尊卑不明，故加之以絶之，所以正名也。」定八年〔一〕盜竊寶玉大弓」，何注：「不言取而言竊者，正名也。定公從季孫假馬，孔子曰：『君之於臣，有取無假。』而君臣之義立。」（事亦見韓詩外傳、新序雜事篇。）白虎通姓名篇論人名、漢薛宣傳定刑律、王莽傳立臨爲統義陽王，並引孔子正名語。蓋名所包者廣，文字特一端。有一名必有一字，假、取皆字義，此篇釋「性」字「善」字，特引此語，固包括文字在內。穀梁僖十九年傳亦云：「梁亡，鄭棄其師，我無加損焉，正名而已。」正名固春秋學之公例也。晉書隱逸傳載魯勝注墨辨敍云：「名者所以別同異，明是非，道義之門，教化之準繩也。孔子曰：『必也正名乎？名不正則事不成。』」又云：「同異生是非，是非生吉凶，取辯於一物，而原極天下之汙隆，名之至也。」說名字亦精。若公孫龍尹文子之徒，雖亦據吾夫子正名爲說，然區區物質形色之辨，其學小矣。**今謂性已善，不幾於無教而如其自然！**謂任之而不加教。**又不順於爲政之道矣。且名者性之實，實者性之質。**以名言之，則性爲生；以實言之，則性爲質。而質原於生，是名亦實也。**質無教之時，何遽能善？**○盧云：「『質』字舊誤作之，大典本作也，何本作質之二字。今案：止當作質字爲是。」**善如米，性如禾。禾雖出米，而禾未可謂米也。性雖出善，而性未可謂善也。米與善，人之繼天而成於外也，非在天所爲之内也。天所爲，有所至而止。止之内謂之天，止之外謂之王教。王教在性外，而性不得不遂。**上篇作「成德」。**故曰性有善質，而未能爲善也。豈敢美辭，其實然也。**盧云：「美辭，疑是異辭。」**天之所爲，止於繭麻與禾。**○凌本

〔一〕「八年」，原誤「九年」，據公羊傳定公八年改。

「麻」作蔴。下同。以麻爲布，以繭爲絲，以米爲飯，當作「以禾爲米」。以性爲善，此皆聖人所繼天而進也，非情性質樸之能至也，故不可謂性。正朝夕者視北辰，正嫌疑者視聖人。聖人之所名，天下以爲正。今按聖人言中，本無性善名，○凌本「言」下有之字。而有善人吾不得見之矣。盧云：「矣，疑當作歎。」輿案：有，疑曰之誤。使萬民之性皆已能善，○官本云：「他本『已』作以。」善人者何爲不見也？觀孔子言此之意，以爲善甚難當。○天啟本「甚」在「當」下，凌本同。而孟子以爲萬民性皆能當之，過矣。聖人之性不可以名性，斗筲之性又不可以名性，斗筲之性，蓋孔子所謂下愚。論語子路篇：「斗筲之人，何足算也。」朱子云：「言鄙細也。案人之品量不同，有天地之量者，聖人也。下此有江海之量，鐘鼎之量，釜斛之量，極于爲斗筲。子貢問士，遞三下等。而子以爲斗筲之人，蓋容善不多，自安於鄙細者，其歸則愚也。」程子謂商辛才力過人，聖人以其自絕於善，謂之下愚，亦此意。名性者，中民之性。中民，猶庸民。見莊子則陽及徐无鬼篇。亦爲中庸，賈誼過秦論「材能不及中庸」，史記作「中人」，中人即中民。荀子王制篇「中庸民不待政而化」，潛夫論德化篇云「上智與下愚之民少，而中庸之民多。中民之生世也，猶鑠金之在鑪也，從笵變化，惟冶所爲，方圓厚薄，隨鎔制爾。是故世之善否，俗之厚薄，皆在於君」，義本于此。中民之性如繭如卵。卵待覆二十日而後能爲雛，凌云：「埤雅：今雞鶩乎卵，雞二十日而化。」繭待繰以涫湯而後能爲絲，繰，當爲繅。說文「繅，繹繭爲絲也」。涫湯，即沸湯，史記龜莢傳「腸如涫湯」，音官。○涫，天啟本作綰。性待漸於教訓而後能爲善。善，教訓之所然也，○天啟本「訓」作誨，凌本同。非質樸之所能至也，故不謂性。性者宜知名矣，「性者」上疑有脫字。無所待而起，生而所自有也。善所自有，則教訓已非性也。如善生而自有，則由教訓而後善者，已非性也。是以米出於粟，而粟不可謂米；凌云：「春秋說題辭：『粟之爲言續也。粟五變：一變而以陽生爲苗，再變而秀爲禾，三變而祭，然後謂之粟，四變入臼米出甲，五變而蒸飯可食。』」玉出於璞，而璞不可謂玉；善出於性，而性不可謂善。其比多在物者爲然，在性者以爲不然，何不通於類也？卵之性未能作雛也，繭之性未能作絲也，麻之性未能爲縷也，粟之性未能爲米也。春秋別物之理以正其名，名物必各因其真。真其義也，○盧云：「『其義』上本或無『真』字，何本有。錢疑當作名。」輿案：作真亦通，以事言則爲義，以物言則爲情，必得其真而後可以爲名。真其情也，乃以爲名。聖人正名而後循之，是故物曰名物，義曰名義，象曰名象。有浸假而失其真者，故名家別自有學。名霣石則後其五，退飛則先其六，此皆其真也。聖人於言無所苟而已矣。性者，天質之樸也；善者，王教之化也。中庸：「率性之謂道，修道之謂教。」荀子禮論云：「性者，本始質樸也，僞者，文理隆盛也。無性則僞之無所加，無僞則性不能自美。」亦此數語意。僞者，爲也，王教之謂也。易曰「后以裁成輔相左右民」，洪範曰「剛克柔克」，皆教之效也。是故古者無不教之民。教于何始？則所云三綱、五紀、八端之理，其大端已。無其質，則王教不能化；無其王教，則質樸不能善。張惠言云：「『無其質』二句，與孟子、荀子義俱大同。固知三子言性，其歸一也。」輿案：白虎通三教篇：「民有質樸者，不教不成。故尚書曰：『以教祇德。』」鄭箋詩角弓「毋教猱升木」云：「以喻人之心皆有仁義，教之則進也。」並與此義同。質而不以善性，盧云：「句疑有訛。」輿案：疑作「質不能而以善性」。其名不正，故不受也。此篇與深察名號詞多複，知出後人掇拾。

諸侯第三十七

生育養長，成而更生，終而復始，其事所以利活民者無已。○官本云：「他本『者』下有而字。」天雖不言，其欲贍足之意可見也。古之聖人，見天意之厚於人也，故南面而君天下，必以兼利之。爲其遠者目不能見，其隱者耳不能聞，於是千里之外，割地分民，而建國立君，使爲天子視所不見，聽所不聞，白虎通封公侯篇：「王者立三公、九卿、二十七大夫，足以教道昭幽隱。必復封諸侯何？重民之至也。」朝者召而問之也。○凌本「者」作夕。諸侯之爲言，猶諸候也。周禮職方氏「侯服」注：「侯，爲王者斥候也。」○凌本無「之」字。

五行對第三十八

玉海五：「春秋繁露有陰陽五篇，五行八篇，天地陰陽一篇。」今按其目，則此篇及五行之義、五行相生、五行相勝、五行逆順、治水五行、治亂五行、五行變救、五行五事，凡九，或不數此篇也。陰陽五篇，則爲陽尊陰卑、陰陽位、陰陽終始、陰陽義、陰陽出入，是也。天地陰陽今在第十七卷中。

河閒獻王問温城董君曰：凌云：「漢書：河閒獻王德，以孝景二年立。修學好古，實事求是。」沈欽韓云：「漢志：信都國有昌城縣。續志：安平國阜城，故昌城。元和志：阜城，漢屬信都國。所云温城董君，疑是昌城之誤。蓋廣川爲國，而昌城其縣也。」輿案：本傳：「仲舒，廣川人。」漢志：「廣川屬信都國，又有脩縣。」顔注：「音條。」續志：「後漢改屬渤海。」水經河水注：「王莽河故瀆自平原鬲來，北逕脩縣故城，東下入平原安張甲河。左瀆自廣川來，東北至脩縣東會清河。」又濁漳水注云：「桑社溝水自信都觀津來，東逕董仲舒廟南，又東逕脩市縣故城北，俗謂之温城，非也。」應劭云：「脩縣西北二十里有脩市城，桑社溝下入信都脩。」輿案：漢志：「勃海郡有脩市侯國，莽曰居寧。」據此，仲舒爲廣川脩縣之脩市城人，温城其俗稱也。一統志：「脩故城在今景州南，脩市故城在今景州西北。」魏地形志：「冀州勃海郡脩縣有董仲舒祠。」沈以漢志昌城（志作昌成。）當之，誤矣。〇天啟本「城」作成。**「孝經曰：『夫孝，天之經，地之義。』何謂也？」對曰：「天有五行，木火土金水是也。木生火，火生土，土生金，金生水。**白虎通五行篇：「金生水，水滅火，報其理。火生土，土則害水，莫能而禦。」**水爲冬，**白虎通：「水位在北方。北方者，陰氣在黄泉之下，任養萬物。水之爲言準也，養物平均，有準則也。」南齊五行志引洪範五行傳曰：「水，北方，冬藏萬物，氣至陰也。」**金爲秋，**白虎通：「金在西方。西方者，陰始起，萬物禁止。金之爲言禁也。」**土爲季夏，**白虎通：「土在中央。中央者，主吐〔一〕含萬物。土之爲言吐也。」**火爲夏，**白虎通：「火在南方。南方者，陽在上，萬物垂〔二〕枝。火之爲言委隨也，言萬物布施。」**木爲春。**白虎通：「木在東方。東方

〔一〕「吐」，原誤「上」，據白虎通五行篇改。
〔二〕「垂」字，原作「委」，據五行篇改。

者，陽氣〔一〕始動，萬物始生。木之爲言觸也。陽氣動躍，觸地而出也。」春主生，夏主長，季夏主養，秋主收，冬主藏。藏，冬之所成也。是故父之所生，其子長之；父之所長，其子養之；父之所養，其子成之。諸父所爲，諸，猶凡也。其子皆奉承而續行之，鹽鐵論論菑篇：「文學曰：始江都相董生推言陰陽四時相繼，父生之，子養之，母成之，子藏之。故春生仁，夏長德，秋成義，冬藏禮。此四時之序，聖人之所則也。」白虎通論人事，取法五行，亦多以父子爲説。不敢不致如父之意，盡爲人之道也。故五行者，五行也。語亦見五行之義篇。盧云：「上『行』，如字。下『行』，下孟反。」由此觀之，父授之，子受之，乃天之道也。故曰：夫孝者，天之經也。此之謂也。」王曰：「善哉。天經既得聞之矣，願聞地之義。」對曰：「地出雲爲雨，起氣爲風。凌云：「春秋元命苞：『陰陽聚而爲雲，和而爲雨，陰陽怒而爲風。』按御覽引繁露：『陰陽二氣之初蒸也，若有若無，若實若虛，團攢聚合，其體稍重，乘虛而墜。風多則合速，故雨大而疏，風少則合遲，故雨細而密。』爲今繁露所無。」風雨者，地之所爲。地不敢有其功名，必上之於天。〇黄氏日鈔作「地不敢有其功，一歸于天」。命若從天氣者，上「命」字，疑在下句「曰」字上。氣，疑作下。陽尊陰卑篇云：「出雲起雨，必令從之下，命之曰天雨。」〇凌本「天氣」作天命。故曰天風天雨也，莫曰地風地雨也。勤勞在地，名一歸於天，此即易坤卦「含章可貞」，「無成有終」之義。御覽引春秋元命苞：「土無位而道在，故太乙不興化，人主不任職。地出雲起雨，以合從天下，勤勞歸于地，功名歸於天。」注云：「上以謙自正，以卑自斂，

〔一〕「者，陽氣」三字，據五行篇補。

終不自伐生養之苦，乃興雲雨以爲功，一歸於天。」元命苞首三語，又引見白虎通。**非至有義，其孰能行此？故下事上，如地事天也，可謂大忠矣。**莊二十五年何注：「大水與日食同禮者，水亦土地所爲，雲實出於地而施於上，乃雨歸功於天，猶臣歸功於君。」**土者，火之子也。五行莫貴於土。土之於四時無所命者，不與火分功名。**白虎通：「土所以王四季何？木非土不能生，火非土不榮，金非土不成，水非土不高。土扶危助衰，歷成其道，故五行更王，亦須土也。土四季居中央，不名時。」又云：「土所以不名時者，地王之別名也。比於五行最尊，故不自居部職也。」**木名春，火名夏，金名秋，水名冬。忠臣之義，孝子之行，取之土。**漢書藝文志陰陽家有「于長天下忠臣」，殆即此義。白虎通：「主幼臣攝政，何法？法土用事於季孟之閒也。子順父，妻順夫，臣順君，何法？法地順天也。」**土者，五行最貴者也，其義不可以加矣。五聲莫貴於宮，五味莫美於甘，五色莫盛於黃，**周語：「宮，音之主也。」淮南墬形訓：「音有五聲，宮其主也；色有五章，黃其主也；味有五變，甘其主也；位有五材，土其主也。」○凌本「盛」作貴。**此謂孝者地之義也。」王曰：「善哉！」**俞云：「河閒獻王以『夫孝，天之經，地之義』爲問，董子以『天有五行』對『天之經』矣。又對『地之義』曰：『地出雲爲雨，起氣爲風。風雨者，地之所爲。地不敢有其功名，必上之於天。命若從天氣者，故曰天風天雨也，莫曰地風地雨也。勤勞在地，名一歸於天，非至有義，其孰能行此？故下事上，如地事天也，可謂大忠矣。』以下當云：『此謂孝者地之義也。』乃又有此『土者，火之子也』八十二字。夫上文既以五行爲天之經矣，此豈又以五行爲地之義乎？反覆推求，此八十二字乃五行之義篇脱簡，誤羼於此耳。今訂正，當云：『五行之主，土氣也，猶五味之有甘肥也，不得不成。土者，火之子也，五行莫貴於土。土之於四時無所命者，不與火分功名。木名春，火名夏，金名秋，水名冬，忠臣之義，孝子之行，取之土。土者，五行最貴者也，其義不可以加矣。五聲莫貴於宮，五味莫美於甘，五色莫貴於黃，是故聖人之行莫貴於忠，土德之爲也。人官之大者，不名所職，相其是矣。天官之大者，不名所生，土是矣。』」輿案：俞説非。若以此入五行之義篇，于文爲複。此自取五行之土説地耳。

闕文第三十九

闕文第四十

春秋繁露義證卷第十一

爲人者天第四十一

○官本云：「他本『天』下有地字。」

爲生不能爲人，爲生者，父母。爲人者天也。人之人本於天，盧云：「人之人，疑當作人之爲人。」天亦人之曾祖父也。本書順命篇：「天者萬物之祖。」觀德篇：「天地者，先祖之所自出。」莊子達生篇：「天地者，萬物之父母也。」語意正同。張子「乾父坤母」之説，亦本於此。此人之所以乃上類天也。即此可悟天地與吾同體，萬物與吾同氣之理。○凌本無「乃」字。人之形體，化天數而成；官制象天篇：「求天數之微，莫若於人。人之身有四肢，每肢有三節。天有四時，每一時有三月。」漢翼奉傳云：「陽用其精，陰用其形，猶人之有五藏六體。五藏象天，六體象地，故藏病則氣色發於面，體病則欠伸動於貌。」又由形體推於五藏。人之血氣，化天志而仁；天地陰陽篇：「天志仁，其道也義。」案血氣流通，猶天心周溥，故病麻木者謂之不仁。○官本云：「他本『仁』作行。」人之德行，化天理而義。理，猶分也，義，以剖析精眇爲功，故化天之文理。基義篇：「是故仁義制度之數，盡取之天。」人之好惡，化天之暖清；人之喜怒，化天之寒暑；人之受命，化天之四時。人生有喜怒哀樂之答，春秋冬夏之類也。喜怒哀樂出於天，聖人但正其發而已，故可節而不可止。墨子貴義篇乃云：「必去喜、去怒、去樂、去悲、去愛，而用仁義。手足口鼻耳，從事於義，必爲聖人。」莊子刻意篇亦云：「悲樂者德之邪，喜怒者道之失，好惡者德之失。」又庚桑楚篇云：「惡、欲、喜、怒、哀、樂六者，累德也。」何晏本之，遂以爲聖人無喜怒哀樂，斯失之矣。喜，春之答也；怒，秋之答也；樂，夏之答也；哀，冬之答也。天之副在乎人。人之情性有由天者矣。故曰受，由天之號也。受，句絶。即五行對所云：「父授子受，乃天之道也。」號，猶謂也。爲人主也，也，疑者。道莫明省身之天，如天出之也。○官本云：「他本『如』下無『天』字。」使其出也，答天之出四時而必忠其受也，聖人之情，順萬物而應之，所以體天也。○盧云：「『受』，從大典本，他本多作愛。」則堯舜之治無以加。是可生可殺，而不可使爲亂。「可生」上疑有脱字。禮表記：「子曰『事君可貴可賤，可富可貧，可生可殺，而不可使爲亂。』」故曰：「非道不行，非法不言。」語見孝經。此之謂也。

傳曰：唯天子受命於天，天下受命於天子，一國則受命於君。君命順，則民有順命；君命逆，則民有逆命。故曰：「一人有慶，兆民賴之。」此之謂也。文與表記畧同。疑是順命篇錯簡。

傳曰：○天啟本不提行。政有三端：父子不親，則致其愛慈；大臣不和，則敬順其禮；百姓不安，則力其孝弟。孝弟者，所以安百姓也。力者，勉行之身以化之。「力」字，爲董子言學之旨。故曰：「無王教則質樸不能善。」又曰：「事在勉强。」天地之數，不能獨以寒暑成歲，必有春夏秋冬。所以調和寒暑者和也。聖人之道，不能獨以威勢成政，必有教化。故曰：先之以博愛，教以仁也；賈子道術篇：「心兼愛人謂之仁。」韓愈原道：「博愛之謂仁。」○凌本「教」下有之字。難得者，君子不貴，不貴難得之利。胡思敬云：「難得包索隱行怪在內。」教以義也。雖天子必有尊也，教以孝也；必有先也，教以弟也。孝經「故雖天子，必有尊也，言有父也；必有先也，言有兄也。」此威勢之不足獨恃，○官本云：「他本無『之』字。」而教化之功不大乎？

傳曰：天生之，地載之，聖人教之。君者，民之心也；民者，君之體也。心之所好，體必安之；君之所好，民必從之。○官本云：「他本『好』作命。」故君民者，貴孝弟而好禮義，重仁廉而輕財利，躬親職此於上，而萬民聽，生善於下矣。胡思敬云：「『聽』字，句絕。」故曰：「先王見教之可以化民也。」語見孝經。此之謂也。衣服容貌者，所以説目也；○韓詩外傳一句首有「傳曰」二字。聲音應對者，所以説耳也；○天啟本「聲音」作聲言，外傳作言語。説苑修文篇與此同。好惡去就者，所以説心也。○「好惡去就」，説苑作嗜欲好惡。故君子衣服中而容貌恭，則目説矣；○外傳、説苑「恭」竝作得。「則」下有民之二字，下竝同。言理應對遜，則耳説矣；○外傳作「言語遜應對給」，説苑作「言語順應對給」。好仁厚而惡淺薄，就善人而遠僻鄙，○二句外傳、説苑作「就仁去不仁」。則心説矣。故曰：「行思可樂，容止可觀。」二句見孝經。○凌本「思」作意。此之謂也。○各本在五行對篇末，張惠言云：「與此篇一類。」茲依凌本從張説移。

五行之義第四十二

天有五行：一曰木，二曰火，三曰土，四曰金，五曰水。此與洪範五行之次不同。洪範一水，二火，三木，四金，五土。鄭康成以爲本陰陽所生之次是也。此以四時更迭休王爲序，所謂播五行於四時也。素問、淮南原道訓、白虎通竝用洪範。木，五行之始也；水，五行之終也；土，五行之中也。此其天次之序也。木生火，火生土，土生金，金生水，水生木，此其父子也。白虎通五行篇：「所以更王何？以其轉相生，故有終始也。木生火，火生土，土生金，金生水，水生木。是以木王、火相、土死、金因、水休。王所勝者死，因所王者休。」又五行大義引白虎通云：「木生火者，木性温暖伏其中，鑽灼而出，故生火。火生土者，火熱故能焚木，木焚而成灰，灰即土也，故火生土。土生金者，金居石依山，津潤而生，聚土成山，山必生石，故土生金。金生水者，少陰之氣，温潤流澤，銷金亦爲水，所以山雲而從潤，故金生水。水生木者，因水潤而能生，故水生木。」木居左，金居右，火居前，水居後，土居中央，此其父子之序，相受而布。是故木受水，而火受木，土受火，金受土，水受金也。諸授之者，皆其父也；受之者，皆其子也。白虎通五行篇：「父死子繼，何法？法木終火王也。」國語周語：「顓頊之所建也，帝嚳受之。」韋注：「顓頊水德之王，立於北方。帝嚳木德，故受之於水。」即此授受之義。常因其父以使其子，天之道也。五行家命所生者或爲父，或爲母，取義一也。而緯家推衍，遂益其誕，如以金不畏土而畏火爲不以父命辭王父命之類。見御覽引帝命驗及白虎通五行篇，今不取。是故木已生而火養之，金已死而水藏之，○凌本「水」作木。火樂木而養以陽，水剋金而喪以陰，土之事火竭其忠。故五行者，乃孝子忠臣之行也。五行之爲言也，猶五行歟？白虎通：「言行者，言爲天行氣之義。」永樂大典鑒字部引鄭云：「順天行氣。」釋名釋天：「五行者，五氣也，於其方各施行也。」與此義微別。是故以得辭也，得辭，猶得名。聖人知之，故多其愛而少嚴，句。厚養生而謹送終，就天之制也。以子而迎成養，如火之樂木也。白虎通五行篇：「子養父母何法？法夏養長木，此火養母也。」又云：「父爲子隱何法？法木之藏火也。」又諫諍篇論誅不避親云：「子諫父，父不從，不得去者，父子一體而分，無相離之法，猶火去木而滅也。」又論子諫父云：「子之諫父，法火以揉木也。」後漢書荀爽傳：「臣聞之師曰：『漢爲火德，火生于木，木盛于火，故其德爲孝，其象在周易之離。』夫在地爲火，在天爲日。在天者用其精，在地者用其形。夏則火王，其精在天，温暖之氣，養生百木，是其孝也。冬時則廢，其形在地，酷烈之氣，焚燒山林，是其不孝也。故漢制使天下誦孝經，選吏舉孝廉。」爽所引蓋春秋説。喪父，如水之剋金也。白虎通五行篇：「子喪父母，何法？法木不見水則憔悴也。」與此取象異。案義，白虎通爲長。事君，若土之敬天也。可謂有行人矣。五行之隨，各如其序，五行之官，各致其能。是故木居東方而主春氣，火居南方而主夏氣，金居西方而主秋氣，水居北方而主冬氣。是故木主生而金主殺，火主暑而水主寒，使人必以其序，官人必以其能，天之數也。數，猶道也。土居中央，爲之天潤。爲、謂同。土者，天之股肱也。其德茂美，不可名以一時之事，故五行而四時者。土兼之也。白虎通五行篇：「行有五，時有四何？四時爲時，五行爲節。故木王即謂之春，金王即謂之秋，土尊不任職，君不居部，故時有四也。」金木水火雖各職，各，疑作名。五行對云：「木名春，火名夏，金名秋，水名冬。」不因土，方不立，若酸鹹辛苦之不因甘肥不能成味也。甘者，五味之本也；土者，五行之主也。月令正義「土雖處於夏末，而實爲四行之主」，用董説。白虎通：「土味所以甘何？中央者，中和也，故甘，猶五味以甘爲主也。」五行之主土氣也，猶五味之有甘肥也，不得不成。不得土則四行不成，不得甘則四味不和。是故聖人之行，莫貴於忠，土德之謂也。人官之大者，不名所職，相其是矣。漢沿秦置丞相，若古三公。翟方進奏言：「春秋之義，尊上公謂之宰，海内無不統焉。」漢書百官公卿表序云：「六卿各有徒屬，職分用於百事。太師、太傅、太保，是爲三公。蓋參天子坐而議政，無不總統，故不以一職爲官名。」天官之大者，不名所生，土是矣。生，疑主之誤。

陽尊陰卑第四十三

凌云：「五行志：『周道敝，孔子述春秋，則乾坤之陰陽，效洪範之咎徵，天人之道粲然著矣。漢興，承秦滅學之後，景武之世，董仲舒治公羊春秋始推陰陽，爲儒者宗。』乾鑿度：『陽得正於上，陰得正於下。』尊卑之象，定禮之序也。』」

天之大數，畢於十旬。李兆洛云：「下兩『旬』字屬下。旬者，均也。」俞云：「上『旬』字衍文。天地陰陽篇云：『天、地、陰、陽、木、火、土、金、水九，與人而十者，天之數畢也。』是天之數非以旬計，安得言十旬乎？下兩『旬』字乃㫺字之誤。㫺者，周匝之本字也。基義篇同，而『畢於十』又誤作畢有十。」旬天地之間，十而畢舉；易「天一地二，天三地四，天五地六，天七地八，天九地十。」旬生長之功，十而畢成。十者，天數之所止也。○

官本云：「他本作之數。」古之聖人，因天數之所止，以爲數紀。十如更始，盧云：「如，與而同。」民世世傳之，而不知省其所起。人生而十指，上古簡樸，紀數以手，故止於十，天數實原於人。知省其所起，則見天數之所始；見天數之所始，則知貴賤逆順所在；天數始於一。天上地下，貴賤判矣。地代天終，順逆見矣。文選西征賦注：「列子曰：『夫易者，未見氣也，易變而爲一。』」又曰：「一者，形變之始也，輕清者上爲天，重濁者下爲地，中和之氣者爲人。」又遊天台賦注引老子曰：「道生一。」王弼曰：「一，數之始而物之極也。」知貴賤逆順所在，則天地之情著，聖人之寶出矣。寶，疑作實，情亦實也。聖人治天下，莫大於使人懔名分而安秩序。易一畫而始乾，春秋開章變一而書元，胥此意也。而禮由是立矣。○盧云：「舊本『則』下有知字，衍。」是故陽氣以正月始出於地，生育長養於上。至其功必成也，而積十月。盧云：「必，與畢通。」輿案：歲十二月，而云十月功成者，十一月十二月皆陽氣萌芽之時，助陽非成物也。○官本云：「他本『也』作矣。」人亦十月而生，合於天數也。凌云「大戴禮易本命『天一，地二，人三。三三而九，九九八十一。一主日，日數十，故人十月而生。』」是故天道十月而成，○盧云：「『天道』二字，舊本脱，今補。」人亦十月而成，合於天道也。故陽氣出於東北，入於西北，發於孟春，畢於孟冬，而物莫不應是。句。陽始出，物亦始出；陽方盛，物亦方盛；陽初衰，物亦初衰。物隨陽而出入，數隨陽而終始，三王之正隨陽而更起。白虎通五行篇：「九月謂之無射。射者，終也。言萬物隨陽而終，當復隨陰而起，無有終已也。」三正篇：「三微者何謂也？陽氣始施黃泉，動微而未著。」以此見之，陰陽終始篇亦有此語，猶言由此觀之。貴陽而賤陰也。故數日者，據晝而不據夜；數歲者，據陽而不據陰。陰不得達之義。對冊云：「終陽以成歲爲名。」是故春秋之於昏禮也，達宋公而不達紀侯之母。紀侯之母宜稱而不達，宋公不宜稱而達，見隱二年〔一〕傳。○盧云：「舊本作『達未宋公而不達，宋公不宜稱而達』，誤。今案傳增正。」達陽而不達陰，以天道制之也。丈夫雖賤皆爲陽，○丈夫，天啟本作丈人。婦人雖貴皆爲陰。漢書杜鄴傳：「元壽元年日食對：「臣聞陽尊陰卑，卑者隨尊，尊者兼卑，天之道也。是以男雖賤，各爲其家陽；女雖貴，猶爲其國陰。故禮明三從之義，雖有文母之德，必繫於子。春秋不書紀侯之母，陰義殺也。」正用董義。王吉傳：上疏言：「漢家列侯尚公主，諸侯則國人承翁主，使男事女，夫詘於婦，逆陰陽之位，故多女亂。」京房易傳載湯嫁妹之詞曰：「陰從陽，女順夫，天地之義也。」後漢荀爽傳：「王姬嫁齊，使魯主之，不以天子之尊加於諸侯也。」陰之中亦相爲陰，陽之中亦相爲陽。諸在上者皆爲其下陽，諸在下者皆爲其上陰。如父兄在上，子弟在下，然子弟復自爲父兄，是在上者爲其下陽。后夫人居中爲陰，然爲媵妾之長，是爲其上陰。陰猶沈也。文選江文通詣建平王上書云：「天光沈陰，左右無色。」注引月令章句：「陰者，密雲也；沈者，雲之重也。」何名何有，皆并一於陽，昌力而辭功。即坤道代終無成之義。董發此義至晰。故出雲起雨，必令從之下，之，當爲天。命之曰天雨。又見五行對篇。不敢有其所出，上善而下惡。惡者受之，善者不受。○各本此下接下篇「夫喜怒哀樂之發」至「而人資諸天」。張惠言云：「當接『土若地』至『此見天之近陽而遠陰』。」今從凌本移。土若地，

〔一〕「二年」，原誤「三年」，據凌本及公羊傳改。

義之至也。○官本云：「他本『至』作主。」是故春秋君不名惡，臣不名善，善皆歸於君，惡皆歸於臣。白虎通五行篇：「善稱君，過稱己，何法？法陰陽共叙共生，陽名生，陰名煞。臣有功，歸功於君，何法？法歸明於日也。」墨子尚賢篇：「賢人唯毋得明君而事之，竭四肢之力，以任君之事，終身不倦。若有美善，則歸之上。是以美善在上，而所怨謗在下。寧樂在君，憂慼在臣。」臣之義比於地，故爲人臣者，視地之事天也。凌云：「文選注：『墨守曰：君者，臣之天也。』」爲人子者，視土之事火也。雖居中央，亦歲七十二日之王，凌云：「家語『天有五行水火金木土，分時化育，以成萬物』，注：『一歲三百六十日，五行每行各主七十二日，化生長育，一歲之功，萬物莫敢不成。』」輿案：此七十二日專以土言。晉書禮志：「高堂隆以爲黃於五行，中央土也。王四季各十八日，土生於火，故用事之末服黃，三季則否。」月令正義：「土每時寄王十八日。」是一歲合計得七十二日。傅於火以調和養長，然而弗名者，皆并功於火，火得以盛，不敢與父分功美，孝之至也。義見五行之義篇。○官本云：「他本無『功』字。」案：凌本「父」作天。是故孝子之行，忠臣之義，皆法於地也。地事天也，猶下之事上也。白虎通五行篇：「地之承天，猶妻之事夫、臣之事君也。其位卑，卑者親視事，故自同於一行，尊於天也。」又云：「子順父，妻順夫，臣順君，何法？法地順天也。」地，天之合也，物無合會之義。地雖爲天之合，而不敢不事天，故曰「物無合會」。句例與「陰不得達」之義同。是故推天地之精，○盧云：「本或無『地』字。」運陰陽之類，以別順逆之理。安所加以不在？俞云：「以，猶而也。」在上下，○各本脱「在」字。錢云「當有」。今從凌本補。在大小，在强弱，在賢不肖，在善惡。惡之屬盡爲陰，善之屬盡爲陽。陽爲德，陰爲刑。後漢朱穆傳云：「夫善道屬陽，惡道屬陰。」凌云：「淮南子：『日冬至則斗北，中繩，陰氣極，陽氣萌，故曰冬至爲德。日夏至則斗南，中繩，陽氣極，陰氣萌，故曰夏至爲刑。』大戴禮：『子曰：有天德，有地德，有人德，此謂三德。三德率行，乃有陰陽。陽爲德，陰爲刑。』」刑反德而順於德，亦權之類也。凌云：「猶權之反於經，然後有善者也。」輿案：董言治以德爲主，然其對高園便殿火云：「視親戚貴屬在諸侯遠正最甚者，忍而誅之。視近臣在國中處旁側及貴而不正者，忍而誅之。此天意也。」亦未嘗偏廢刑。所謂「反德而順於德」，吕步舒以爲大愚，蓋誤以爲與師説悖耳。雖曰權，皆在權成。盧云：「句未詳。皆在，本亦作在皆。」輿案：疑當作「雖曰權（句），皆以經成」。是故陽行於順，陰行於逆。逆行而順，疑有「者陽」二字。順行而逆者，陰也。是故天以陰爲權，以陽爲經。陽出而南，陰出而北。經用於盛，權用於末。以此見天之顯經隱權，前德而後刑也。行權出於禮窮，後人當用其顯而慎其隱。故曰：陽天之德，陰天之刑也。陽氣暖而陰氣寒，陽氣予而陰氣奪，陽氣仁而陰氣戾，陽氣寬而陰氣急，陽氣愛而陰氣惡，陽氣生而陰氣殺。是故陽常居實位而行於盛，陰常居空位而行於末。○凌本「空位」作空虚。天之好仁而近，惡戾之變而遠，「仁」下，疑有奪字。大德而小刑之意也。先經而後權，貴陽而賤陰也。故陰，夏入居下，不得任歲事，冬出居上，置之空處也。俞云：「處，乃虚字之誤。上文曰『陰常居空虚』是也。漢書董仲舒傳『陰常居大冬，而積於空虚不用之處』，亦作空虚可證。」養長之時伏於下，遠去之，弗使得爲陽也。無事之時起之空處，使之備次陳，守閉塞也。○官本云：「他本『使』誤作備。」此皆天之近陽而遠陰，○官本「皆」作見〔一〕，云：「他本作有。」自「土若地」至此，各本在王道通三篇。大德而小刑也。是故人主近天之所近，遠天之所遠；大天之所大，小天之所小。是故天數右陽而不右陰，務德而不務刑。刑之不可任以成世也，猶陰之不可任以成歲也。爲政而任刑，謂之逆天，非王道也。對册云：「天道之大者在陰陽。陽爲德，陰爲刑。刑主殺而德主生。是故陽常居大夏，而以生育養長爲事；陰常居大冬，而積於空虛不用之處。以此見天之任德不任刑也。天使陽出布施於上而主歲功，使陰入伏於下而時出佐陽。陽不得陰之助，亦不能獨成歲。終陽以成歲爲名，此天意也。王者承天意以從事，故任德教而不任刑。刑者不可任以治世，猶陰之不可任以成歲也。爲政而任刑，不順於天，故先王莫之肯爲也。」語又載樂志。此董言陰陽大義所在。鹽鐵論論菑篇：「文學曰：『天道好生惡殺，好賞惡罰。故使陽居于實而宜德施，陰藏于虛而爲陽佐輔。陽剛陰柔，季不能加孟，此天賤冬而貴春，申陽屈陰。故王者南面而聽天下，背陰向陽，前德而後刑也。』」蓋用董義。

王道通三第四十四

凌云：「說文通論：『王者則天之明，因地之義，通人之情，一以貫之，故于文貫三爲王。王者，居中也，皇極之道也。三者，天地人也。』」

古之造文者，凌云：「孝經援神契：『倉頡文字者，總而爲言，包意以名事也。分而爲義，則文者祖父〔二〕，字

〔一〕「皆」，凌本亦作「見」。
〔二〕「父」字，原誤「文」，據凌本改。

者子孫。得之自然，備其文理，象形之屬，則謂之文。』法苑珠林：『造書凡有三人：長名曰梵，其書右行；次名曰佉盧，其書左行；少者倉頡，其書下行。』」○初學記、藝文類聚十一引竝作「古之人造文字者」。三畫而連其中，謂之王。三畫者，天地與人也，而連其中者，通其道也。○藝文類聚十一引作「連中者，通其道也」。取天地與人之中以爲貫而參通之，非王者孰能當是？尚書大傳：「天地人道備，而三五之運興矣。」尸子：「堯問于舜曰：『何事？』曰：『事天。』問：『何任？』曰：『任地。』問：『何務？』曰：『務人。』」此亦王者參通天地人之義。蓋上世帝王初起，皆以道德學術過人，故造文如此。秦漢以後，而其局一變矣。○説文「王」下引董仲舒曰：「古之造文者，三畫而連其中謂之王。三者，天地人也，而參通之者王也。孔子曰：『一貫三爲王。』」初學記九作「取其天地與人之才而三通之，非王者其孰能若是乎」。藝文類聚十一引董子，作「取天地與人之才而參之，非王者其孰能當是乎」。是故王者唯天之施，○天啟本無「是」字，凌本同。施其時而成之，疑脱二字。施，疑作法。法其命而循之諸人，○盧云：「此句『而』字舊作如，亦本通。」法其數而以起事，治其道而以出法，疑當「法其道而以出治」。治其志而歸之於仁。治，疑作法。天地陰陽篇：「天志仁。」仁之美者在於天。天，仁也。本書俞序：「仁，天心。」○盧云：「舊本作大仁也，又一本作夫仁也，皆誤。」天覆育萬物，既化而生之，有養而成之，有、又同。○藝文類聚十一作「故王者必法天，以大仁覆育萬物，既化而生之，又養而成之」。事功無已，終而復始，凡舉歸之以奉人。聖人奉天，天奉人，相參相互，以成事功，凡一本於仁而已。察於天之意，無窮極之仁也。人之受命於天也，取仁於天而仁也。取天之仁以爲仁，故知善由於性生。

是故人之受命天之尊，盧云：「七字疑衍。下〔一〕『父兄』上當有有字。」父兄子弟之親，有忠信慈惠之心，有禮義廉讓之行，有是非逆順之治，文理燦然而厚，句。知廣大有而博，○盧云：「本或『有而』倒。」官本云：「他本『知』作之。」　輿案：此句尚疑有誤字。　唯人道爲可以參天。天常以愛利爲意，○官本云：「他本『意』作義。」以養長爲事，春秋冬夏皆其用也。王者亦常以愛利天下爲意，以安樂一世爲事，○盧云：「本或脫『一』字。」好惡喜怒而備用也。而備，疑當作皆其。然而主之好惡喜怒，乃天之春夏秋冬也，○而，疑作則。「主」下各本脫「之」字，今據下文補。其俱暖清寒暑而以變化成功也。盧云：「其俱，疑當作其諸。」○凌本「俱」作居。天出此物者，時則歲美，不時則歲惡。物，疑作四。人主出此四者，義則世治，不義則世亂。是故治世與美歲同數，亂世與惡歲同數，以此見人理之副天道也。天有寒有暑。○各本此下接上篇「土若地，義之至也」至「此皆天之近陽而遠陰」。張惠言云：「當接上篇〔二〕『夫喜怒』至『而人資諸天』爲一篇。」今從凌本移正，然此間疑尚有脫文。夫喜怒哀樂之發，與清暖寒暑，其實一貫也。○盧云：「一本『貫』作類。」喜氣爲暖而當春，怒氣爲清而當秋，樂氣爲太陽而當夏，哀氣爲太陰而當冬。四氣者，天與人所同有也，亦見陰陽義篇。非人所能蓄也，○官本云：「他本『能』作當。」故可節而不可止也。節之而順，止之而亂。人生於

〔一〕「下」字，據文義補。

〔二〕「上篇」二字，據凌本補。

天，而取化於天。喜氣取諸春，樂氣取諸夏，怒氣取諸秋，哀氣取諸冬，四氣之心也。四肢之答各有處，如四時；○官本云：「他本無『答』字。」輿案：無「答」字是，因「各」字形近誤衍。寒暑不可移，若肢體。肢體移易其處，謂之壬人；壬，疑夭之誤，與妖同。五行志：「妖猶夭胎。」續志引洪範傳曰：「妖，敗胎也。」此云夭人，與敗歲對正合。壬人，爲佞邪，與此無涉。五行志：「貌之不恭，時則有下體生上之痾。」所謂肢體移易也。寒暑移易其處，謂之敗歲；喜怒移易其處，謂之亂世。明王正喜以當春，正怒以當秋，正樂以當夏，正哀以當冬。上下法此，以取天之道。春氣愛，秋氣嚴，夏氣樂，冬氣哀。愛氣以生物，嚴氣以成功，樂氣以養生，哀氣以喪終，天之志也。王者喜怒哀樂之發，即禮樂刑政之用。中庸、中和之效，極之於天地位，萬物育，得此可證其理。是故春氣暖者，天之所以愛而生之；秋氣清者，天之所以嚴而成之；夏氣温者，天之所以樂而養之；冬氣寒者，天之所以哀而藏之。春主生，夏主養，秋主收，冬主藏。○天啟本「冬主藏」句在「秋主收」上，凌本同。生溉其樂以養，死溉其哀以藏，俞云：「溉，讀爲既，盡也。」輿案：溉，謂沾濡其氣，即沆瀣義。史記司馬相如傳「澎濞沆溉」，索隱「溉，一作瀣」，是也。爲人子者也。文有奪誤。故四時之行，父子之道也；天地之志，君臣之義也；陰陽之理，聖人之法也。○各本「行」誤比，「道」下無「也」字，「理」上無「之」字，「人」上無「聖」字，誤不可讀，今從御覽十七引補正。陰，刑氣也；陽，德氣也。陰始於秋，陽始於春。春之爲言，猶偆偆也；白虎通五行篇：「春之爲言，偆偆動也。」偆、蠢通。御覽十九引此文注云：「音蠢。又癡準反。」四百六十七引直作「蠢」。禮鄉飲酒：「春之爲言蠢也。」風俗通祀典篇：「春者蠢也。蠢蠢搖動。」秋之爲言，猶湫湫也。偆偆者喜樂之貌也，湫湫者憂悲之狀也。禮鄉飲酒「秋之爲言愁也」，鄭注：「愁讀爲揫，揫斂也。」據此則憂悲正愁義，不必改字。御覽引書傳云：「秋者悲也，萬物愁而入也。」○文選西京賦注引此四語，作「春之爲言猶偆也，偆者喜樂之貌也。秋之爲言猶湫也，湫者悲憂之狀也。」又云：「偆，充尹切。湫，子由切。」是故春喜夏樂，秋憂冬悲，悲死而樂生。以夏養春，以冬藏〔一〕秋，大人之志也。是故先愛而後嚴，樂生而哀終，天之當也。盧云：「當，即下篇所謂當於時也。或疑是常字。」而人資諸天。○自「夫喜怒哀樂之發」至此，各本在陽尊陰卑篇。天固有〔二〕此，然而無所之如其身而已矣。「無所之」三字，疑有誤。「如其身」者，言天道一同於人身。人主立於生殺之位，與天共持變化之勢，物莫不應天化。文選宋玉九辨云：「秋既先戒以白露兮，冬又申之以嚴霜。收恢炱於孟夏兮，然坎傺而沈藏。」王逸注：「刑罰刻峻，上無仁恩以養民。夫天制四時，春生夏長，人君則之，以養萬物。秋殺冬藏，亦順其宜而行刑罰。故君賢臣忠，政合大中，則品庶安寧，萬物豐茂。上闇下僞，用法〔三〕殘虐，則貞良被害，草木枯落。」案宋意亦以天化比治化。又魏丁儀刑禮論曰：「天垂象，聖人則之。天之爲歲也，先春而後秋；君之爲治也，先禮而後刑。春以生長爲德，秋以殺戮爲功；禮以教訓爲美，刑以威嚴爲用。故先生而後殺，天之爲歲；先教而後罰，君之爲治也。天不以久遠更其春冬，而人也得以古

〔一〕「藏」字，凌本作「長」。

〔二〕「有」字，凌本作「如」。

〔三〕「法」原作「德」，據王逸注改。

今改其禮刑哉？」天地之化如四時。所好之風出，則爲暖氣而有生於俗；所惡之風出，則爲清氣而有殺於俗。喜則爲暑氣而有養長也，○凌本「長」作成。怒則爲寒氣而有閉塞也。人主以好惡喜怒變習俗，○官本云：「他本作俗習。」而天以暖清寒暑化草木。喜怒時而當則歲美，不時而妄則歲惡。天地人主一也。然則人主之好惡喜怒，乃天之暖清寒暑也，不可不審其處而出也。當暑而寒，當寒而暑，必爲惡歲矣。○官本云：「他本『矣』作也。」人主當喜而怒，當怒而喜，必爲亂世矣。是故人主之大守，在於謹藏而禁內，內，與納同。謹藏，謂不輕發。禁內，謂不逆受。使好惡喜怒必當義乃出，若暖清寒暑之必當其時乃發也。人主掌此而無失，使乃好惡喜怒未嘗差也，乃，疑衍字。○官本云：「他本『使』上有而字。」如春秋冬夏之未嘗過也，可謂參天矣。深藏此四者而勿使妄發，可謂天矣。○凌本「天」作大。

天容第四十五

凌云：「淮南子：『天道玄默，無容無則。』」輿案：天容，亦見本書符瑞及人副天數篇。

天之道，有序而時，有度而節，變而有常，反而有相奉，春生與冬藏反，然相資以成歲功。○天啟本「反」作及。微而至遠，踔而致精，踔，與逴同，說文「遠也」。天道雖若超妙，而精理咸寓。一而少積蓄，一，謂陰陽不兩起。「少」字疑有誤。廣而實，虛而盈。聖人視天而行。○黄氏日鈔「視」作祖。是故其禁而審好惡喜怒之處也，禁，即上篇謹藏禁内之義。欲合諸天之非其時，不出暖清寒暑也；○官本云：「他本無『之』字。」其告之以政令而化風之清微也，欲合諸天之顛倒其一而以成歲也；兩句竝疑有誤字。其羞淺末華虛而貴敦厚忠信也，○天啟本「淺末」作滿末。案：末，疑本作薄。欲合諸天之默然不言而功德積成也；其不阿黨偏私而美汎愛兼利也，欲合諸天之所以成物者少霜而多露也。其内自省以是而外顯，下有脱文。不可以不時，人主有喜怒，不可以不時。可亦爲時，時亦爲義，數語疑有誤文。喜怒以類〔一〕合，其理一也。故義不義者，時之合類也，「不義」二字，疑有誤。而喜怒乃寒暑之别氣也。

天辨在人第四十六

難者曰：陰陽之會，凌云：「占夢疏：按堪輿黄帝〔二〕問天老事云：『四月陽建于巳，破于亥，陰建于未，破于癸，是爲陽破陰，陰破陽，故四月有癸亥，爲陰陽交會。言未破亥者，即是未與丑對而近亥也。交會惟有四月、十月

〔一〕「類」字，凌本作「内」。
〔二〕「黄帝」，原作「皇帝」，據凌本改。

也。』」一歲再遇○天啟本不重下「遇」字，凌本同。遇於南方者以中夏，遇於北方者以中冬。冬喪物之氣也，則其會於是何？以下答難者之詞。如金木水火，各奉其所主以從陰陽，相與一力而并功。其實非獨陰陽也，然而陰陽因之以起，助其所主。故少陽因木而起，助春之生也；太陽因火而起，助夏之養也；少陰因金而起，助秋之成也；太陰因水而起，助冬之藏也。凌云：「索隱：物理論：『北極天之中，陽氣之北極也。極南爲太陽，極北爲太陰。太陰則無光，太陽則能照，故爲昏明寒暑之極也。』月令章句：『天之道，陰陽各有少、太，是生四時。少陽爲春，太陽爲夏，少陰爲秋，太陰爲冬也。』」陰雖與水并氣而合冬，其實不同，陰陽與五行各自爲功。故水獨有喪而陰不與焉。是以陰陽〔一〕會於中冬者，非其喪也。春愛志也，夏樂志也，秋嚴志也，冬哀志也。故愛而有嚴，樂而有哀，四時之則也。喜怒之禍，哀樂之義，禍，字疑誤。不獨在人，亦在於天，而春夏之陽，秋冬之陰，不獨在天，亦在於人。人無春氣，何以博愛而容衆？人無秋氣，何以立嚴而成功？人無夏氣，何以盛養而樂生？人無冬氣，何以哀死而恤喪？天無喜氣，亦何以暖而春生育？天無怒氣，亦何以清而秋〔二〕殺就？俞云：「就，當讀爲酋。史記魯世家『考公酋』，索隱引系本作『就』是也。太玄玄文『直酋相敕』，范望注：『酋，殺。』是酋與殺同義。」輿案：爾雅釋詁及方言並云：「就，終

〔一〕「陰陽」，凌本、盧本及叢刊本作「陽陰」。

〔二〕「秋」字，原作「冬」，據凌本、盧本及叢刊本改。

也。」故殺者爲就命，死者爲就世，本與殺同義，不煩改讀。淮南天文訓：「夏日至則陰乘陽，是以萬物就而死；冬日至則陽乘陰，是以萬物仰而生。」凌本作「就殺」，非。天無樂氣，亦何以疏陽而夏養長？○盧云：「疏，俗作疎。本或作踈者，誤。」天無哀氣，亦何以激陰而冬閉藏？故曰：天乃有喜怒哀樂之行，人亦有春秋冬夏之氣者，合類之謂也。管子四時篇：「刑德者，四時之合也。刑德合于時則生福，詭則生禍。」案：宋明學者多以四時論喜怒哀樂，皆本於此。程子云：「仁便是一箇木氣象。惻隱之心便是一箇生物春底氣象，羞惡之心便是一箇秋底氣象。只有一箇去就斷制底氣象，便是義也。」推之四端皆然，亦取合類之義。四時之副篇：「王者四政，若四時，通類也。」通類猶合類。匹夫雖賤，而可以見德刑之用矣。喜怒哀樂，人人所同，不分貴賤。○凌本無「而」字。是故陰陽之行，終各六月，「終」下疑脱歲字。下云：「陰陽終歲各一出。」遠近同度，而所在異處。陰之行，春居東方，秋居西方，夏居空右，冬居空左，夏居空下，冬居空上，此陰之常處也。陽之行，春居上，冬居下，此陽之常處也。陰終歲四移，而陽常居實，非親陽而疏陰，任德而遠刑與？音餘。天之志，常置陰空處，處，當作虚。○盧云：「置，舊本作直。」稍取之以爲助。故刑者德之輔，陰者陽之助也，陽者歲之主也。天下之昆蟲隨陽而出入，凌云：「乾鑿度：『萬物隨陽而出，故上六欲九五拘繫之，維持之，明被陽化而陰隨從之也。』禮記『昆蟲未蟄』，鄭玄曰：『昆，明也。明蟲者，陽而生，陰而藏。』」天下之草木隨陽而生落，天下之三王隨陽而改正，三王，言王者繼世，正朔三而改，即所謂三統。亦見陽尊陰卑篇。天下之尊卑隨陽而序位。曲禮：「請席何鄉？請衽何趾？席東鄉北鄉，以西方爲上；東鄉西鄉，以南方爲上。」鄭注：「坐問鄉，卧問趾，因於陰陽。坐在陽則上左，坐在陰則上右。」幼者居陽之所少，老者居陽之所老，貴者居陽之所盛，賤者居陽之所衰。藏者，言其不得當陽。不當陽者臣子是也，當陽者君父是也。故人主南面，以陽爲位也。凌云：「乾鑿度：『不易也者，其位也。天在上，地在下，君南面，臣北面，父坐子伏，此其不易也。』」陽貴而陰賤，天之制也。○盧云：「舊本『制』作刑，誤。」禮之尚右，非尚陰也，敬老陽而尊成功也。尚右，據殷法言之，伊尹右相，先仲虺之左相。禮祭義：「建國之神位，右社稷而左宗廟。」鄭注：「周尚左。」周禮冢人「以昭穆爲左右」，注云：「昭居左，穆居右。」禮「乘君之乘車不敢曠左」。成二年傳「逢丑父代頃公當左」，何注：「升車象陽，陽道尚左，故人君居左，臣居右。」是知周人以左爲上，春秋時尚然也。魏公子從車騎虚左，自迎侯生，則戰國仍有時尚左，公羊桓二年注：「質家右宗廟，尚親親。文家右社稷，尚尊尊。」據尚右爲説也。漢亦尚右，故董云爾。朱子云：「漢初右丞相居左丞相上，是右爲尊也。後又卻以左爲尊。」　輿案：漢書諸侯王表「作左官律」，顔注：「漢依上古法，朝廷之列，以右爲尊，故謂仕諸侯爲左官。」漢高帝紀：「賢趙臣田叔、孟舒等十人，召見與語。漢廷臣無能出其右者。」顔注：「古者以右爲尊。」王尊奏劾匡衡爲浩賞布東鄉席，以爲亂朝廷爵秩之位。惟尚右，故東鄉爲上，西鄉爲下也。匈奴傳「其坐長左而北向」，顔注：「古者以左爲尊，先王之禮也。中國尚右而夷狄尚左，所謂禮失求諸野者。」顔泥於周制爲説，前後矛盾。唐時尚右，又沿漢制。明改元制尚左，今猶循之，合周制矣。

陰陽位第四十七

陽氣始出東北而南行，就其位也；西轉而北入，藏其休也。陰氣始出東南而北行，亦就其位也；西轉而南入，屏其伏也。○天啟本「伏」作服。是故陽以南方爲位，以北方爲休；陰以北方爲位，以南方爲伏。○黄氏日鈔及天啟本「伏」竝作休，凌本同。陽至其位而大暑熱。陰至其位而大寒凍。白虎通誅伐篇：「夏至陰始起，反大熱何？陰氣始起，陽氣推而上，故大熱也。冬至陽始起，反大寒何？陰氣推而上，故大寒也。」通典引魏台訪議大同。陽至其休而入化於地，陰至其伏而避德於下。是故夏出長於上、冬入化於下者，陽也；夏入守虚地於下，冬出守虚位於上者，陰也。陽出實入實，陰出空入空，天之任陽不任陰，好德不好刑，如是也。故陰陽終歲各一出。

春秋繁露義證卷第十二

陰陽終始第四十八

天之道，終而復始。淮南天文訓：「晝者陽之分，夜者陰之分，是以陽氣勝則日修而夜短，陰氣勝則日短而夜修。帝張四維〔一〕，運之以斗。日徙一辰，復反其所。正月指寅，十二月指丑。一歲爲帀，終而復始。」故北方者，天之所終始也，陰陽之所合別也。陰陽以中冬相遇於北方，旋復別行，故云「合別」。漢書郊祀志：「樂有別有合。」○天啟本作別合。冬至之後，陰俛而西入，陽仰而東出，出入之處常相反也。多少調和之適，常相順也。淮南詮言訓：「陽氣起於東北，盡於西南。陰氣起於西南，盡於東北。陰陽之始，皆調適相似。」有多而無溢，有少而無絕。春夏陽多而陰少，秋冬陽少而陰多，多少無常，未嘗不分而相散也。以出入相損益，以多少相溉濟也。俞云：「溉濟，即既濟。損、益、既濟，皆易卦名。」輿案：溉

〔一〕「張四維」，原作「維四張」，據凌本及淮南子改。

亦沾溉之義。多勝少者倍入。○官本云：「他本『倍』誤作借。」入者損一，而出者益二。○官本云：「他本『出者』下闕六字。」輿案：孫鑛云：「宋本諸本皆闕。」天所起一，動而再倍，凡天之所起，一動而再倍其氣，以助發生。故入損一而出益二。常乘反衡再登之勢，○官本云：「他本缺下五字。」輿案：句疑有誤字。以就同類，與之相報，故其氣相俠，而以變化相輸也。俠，猶挾也。天地之運行，自其理言之，不變者也。消息盈虛，春盡必夏，秋盡必冬，歷劫不改。自其氣言之，則多少損益，陰陽迭進，相反相順，而以神其變化。○官本云：「他本缺『輸也』下六字。」春秋之中，陰陽之氣俱相併也。中春以生，○官本云：「他本『春』以下缺六字。」中秋以殺。由此見之，天之所起其氣積，天之所廢其氣隨。言委隨而不振。○官本云：「他本缺『隨』字。」故至春少陽東出就木，與之俱生；至夏太陽南出就火，與之俱煖。此非各就其類而與之相起與？少陽就木，太陽就火，火木相稱，○官本云：「他本『木』作不。」各就其正。此非正其倫與？至於秋時，少陰興而不得以秋從金，從金而傷火功，雖不得以從金，亦以秋出於東方，俛其處而適其事，以成歲功。此非權與？陰之行，固常居虛而不得居實。至於冬而止空虛，太陽乃得北就其類，而與水起寒。太陽，當爲太陰。白虎通五行篇：「火者盛陽，水者盛陰。」又云：「水，太陰也。」是故天之道有倫、有經、有權。○盧云：「此篇舊本闕二十四字。今依聚珍本補全。」

陰陽義第四十九

天地之常，一陰一陽。陽者天之德也，陰者天之刑也。迹陰陽終歲之行，以觀天之所親而任。基義篇：「有親而任也。」成天之功，猶謂之空，空者之實也。陰處空虛，佐陽成歲，是其實也，而名猶爲空。故清溧之於歲也，若酸鹹之於味也，僅有而已矣。俞云：「清、溧同義，不得以酸鹹爲比。據煖燠孰多篇云：『非薰也，不能有育；非溧也，不能有熟。』又云：『薰與溧其日孰多？』皆以薰、溧相對爲義。疑此亦當云：『故薰溧之於歲也，若酸鹹之於味也。』淺人罕見薰溧，故誤改耳。」輿案：俞說誤。此言天之用陰氣少也。薰與溧對文，猶陰陽也。不能云僅有酸鹹，亦是於五味偏舉之。暖燠孰多篇云：「故案其跡，數其實，清溧之日少少耳。」正此義。○官本云：「溧，他本誤作漂。」聖人之治，亦從而然。天之少陰用於功，秋以熟物，故曰功。上篇所謂「秋成歲功」。太陰用於空。人之少陰用於嚴，而太陰用於喪。喪亦空，空亦喪也。「空」者虛也。天文虛宿在北宫。虛從丘，爲哭泣之事，故此以空、喪互釋。釋名：「霜，喪也，其氣慘毒，物皆喪也。」又云：「凶，空也，就空亡也。」是故天之道以三時成生，以一時喪死。死之者，謂百物枯落也；喪之者，謂陰氣悲哀也。天亦有喜怒之氣、哀樂之心，與人相副。以類合之，天人一也。春，喜氣也，故生；秋，怒氣也，故殺；夏，樂氣也，故養；冬，哀氣也，故藏。○御覽一引無四「也」字。四者天人同有之。語亦見王道通三篇。○「天亦有喜怒之氣」以下至此，竝見御覽一引。其上文則云「天有十端」云云，至「凡十端」。法苑珠林地動篇引同。藝文類聚一亦引「天有十端」，至「天人一也」止，似所見相合。今「天有十端」數語，在官制象天篇。疑與唐宋本不同。有其理而一用之。與天同者大治，與天異者大亂。故爲人主之道，莫明於在身之與天同者而用之，使喜怒必當義而〔一〕出，如寒暑之必當其時乃發也。使德之厚於刑也，如陽之多於陰也。是故天之行陰氣也，少取以成秋，其餘以歸之冬。聖人之行陰氣也，少取以立嚴，其餘以歸之喪。○凌本無「以」字。喪亦人之冬氣，故人之太陰，不用於刑而用於喪，刑嚴而已，無取過慘，故法秋不法冬。天之太陰，不用於物而用於空。空亦爲喪，喪亦爲空，其實一也，皆喪死亡之心也。

陰陽出入上下第五十

天道大數，相反之物也，道，疑作之。數，即道也。下篇云「天之常道」，可證。不得俱出，陰陽是也。春出陽而入陰，秋出陰而入陽，夏右陽而左陰，冬右陰而左陽。陰出則陽入，陽出則陰入；○凌本作「陽入則陰出」。陰右則陽左，陰左則陽右。是故春俱南，秋俱北，而不同道；

〔一〕「而」字，凌本、盧本、叢刊作「乃」。

夏交於前，冬交於後，而不同理。竝行而不相亂，澆滑而各持分，乾鑿度：「竝治而交錯行，間時而治六辰。」荀子解蔽篇：「案直將治怪説，玩奇辭以相撓滑也。」楊注：「滑，亂也，音骨。」此言陰陽雖有交道之時，然各持其分，旋合旋別，不相淩厲。禮喪服四制云：「夫禮，吉凶異道，不得相干，取之陰陽也。」此之謂天之意。而何以從事？體天之意者，可不知所從事耶？天之道，初薄大冬，陰陽各從一方來，而移於後。陰由東方來西，陽由西方來東，至於中冬之月，相遇北方，合而爲一，謂之曰至。別而相去，陰適右，陽適左。○官本云：「他本脱下『適左』二字。」適左者其道順，適右者其道逆。逆氣左上，順氣右下，故下暖而上寒。以此見天之冬右陰而左陽也，上所右而下所左也。冬月盡，而陰陽俱南還，陽南還出於寅，陰南還入於戌，淩云：「尚書攷靈曜：『仲夏，日出於寅，入於戌。』」此陰陽所始出地入地之見處也。至於仲〔一〕春之月，淩云：「月令注：『仲，中也。仲春者，日月會於降婁，而斗建卯之辰也。』」陽在正東，陰在正西，謂之春分。春分者，陰陽相半也，故晝夜均而寒暑平。淩云：「詩疏：按乾象曆及諸曆法與今太史所候，皆云冬至則晝四十五，夜五十五；夏至則晝六十五，夜三十五。春秋分則晝五十五半，夜四十四半。從春分至於夏至，晝漸長，增九刻半。從夏至至於秋分，所減亦如之。從秋分至於冬至，晝漸短，減十刻半。從冬至至於春分，所加亦如之。歷言晝夜者，以昏明爲限。馬融王肅注尚書，以爲日永則晝漏六十刻，夜漏四十刻，日短則晝漏四十刻，夜漏六十刻，日中宵中則晝夜各五十刻者，以尚書有日出日入之語，遂以日見

〔一〕「仲」字，原作「中」，據淩本改。

爲限。尚書緯謂刻爲商。鄭作士昏禮目録云：「日入三商爲昏，舉全數言耳。其實日見之前，日入之後，距昏明各有二刻半。晝盡五刻以裨夜，故于曆法皆多校五刻也。」**陰日損而隨陽，**陰陽異道，不得相隨。陽尊陰卑及天辨在人篇雖有「隨陽」二字，非謂陰陽相隨也。此「陽」字疑緣下衍。隨，謂委隨。陰陽終始篇云：「天之所廢，其氣隨。」即此義。隨、鴻對文，猶言消息。下文「隨陰」，亦疑衍「陰」字。董子雨雹對云：「自十月已後，陽氣始生於地下，漸冉流散，故言息也。陰氣轉收，故言消也。自四月以後，陰氣始生於天上，漸冉流散，故云息也。陽氣轉收，故言消也。」**陽日益而鴻，**鴻，猶大也，長也。**故爲暖熱。**○官本云：「他本『暖』誤燒。」**初得大夏之月，相遇南方，合而爲一，謂之日至。別而相去，陽適右，陰適左。適左由下，適右由上，上暑而下寒，以此見天之夏右陽而左陰也。上其所右，下其所左。夏月盡，而陰陽俱北還。陽北還而入於申，陰北還而出〔一〕於辰，**凌云：「尚書攷靈曜：『仲冬，日出於辰，入於申。』」**此陰陽之所始出地入地之見處也。至於中秋之月，**凌云：「月令注：『仲秋者，日月會於壽星，而斗建西之辰也。』」**陽在正西，陰在正東，謂之秋分。**凌云：「河圖曰：『地有四遊。冬至，地上行北而西三萬里；夏至，地下行南而東三萬里。春秋二分，是其中矣。』月令疏：鄭注考靈曜云：『地蓋厚三萬里。春分之時，地正當中。自此地漸漸而下，至夏至之時，地下遊萬五千里，地之上畔與天中平。夏至之後，地漸漸向上，至秋分，地正當天之中央。自此地漸漸而上，至冬至，上遊萬五千里，地之下畔與天中平。自冬至後，地漸漸而下。此是地之升降於三萬里之中。但渾天之體雖繞於地，地則中央正平，

〔一〕「出」字，凌本、叢刊本作「入」。

天則北高南下。北極高於地三十六度，南極下於地三十六度。然則北極之下，常見不没，南極之上三十六度，常没不見。南極去北極一百二十一度餘，若逐曲計之，則一百八十一度餘。若以南極中半言之，謂之赤道。去南極九十一度餘，去北極九十一度餘。此是春秋分之日道也。』」秋分者，陰陽相半也，故晝夜均而寒暑平。陽日損而隨陰，陰日益而鴻，故至於季秋而始霜，至於孟冬而始寒，凌云：「月令注：『季秋者，日月會於大火，而斗建戌之辰也。孟冬者，日月會於析木之津，而斗建亥之辰也。』」○盧云：「舊本『寒』上衍大字。」小雪而物咸成，大寒而物畢藏，天地之功終矣。凌云：「御覽：『三禮義宗：十月立冬爲節者，冬，終也，立冬之時，萬物終成，因爲節名。小雪爲中者，氣敘轉寒，雨變成雪，故以小雪爲中。十二月小寒爲節者，亦形於大寒，故謂之小，言時寒氣亦未是極也。大寒爲中者，上形於小，故謂之大。十一月一陽交初起，至此始徹，陰氣出地，方寒氣併在上。寒氣之逆極，故謂大寒也。』」○盧云：「舊本『小雪』誤作下雪。」

天道無二第五十一

天之常道，相反之物也，不得兩起，故謂之一。一而不二者，天之行也。陰與陽，相反之物也，故或出或入，或右或左。○凌本作「或左或右」。春俱南，秋俱北，夏交於前，冬交於後，竝行而不同路，交會而各代理，此其文與？語與上篇略同。天之道，有一出一入，一休一伏，其度一也，然而不同意。基義篇云：「遠近同度，而不同意。」陽之出，常縣於前而任歲事；陰之出，常縣於後而守空虛。陽之休也，功已成於上而伏於下；陰之伏也，不得近義而遠其處也。義，字疑誤。天之任陽不任陰，好德不好刑如是。故陽出而前，陰出而後，尊德而卑刑之心見矣。陽出而積於夏，任德以歲事也；「歲」上疑有成字，或「歲」爲成之誤。陰出而積於冬，錯刑於空處也。○凌本「刑」作行。必以此察之。○天啟本「必」作小。天無常於物，而一於時。時之所宜，而一爲之。陽陰不兩盛，故曰「一爲之」。故開一塞一，起一廢一，至畢時而止，終有復始於一。即貞下起元之理。○盧云：「舊本『至』字上有而字，衍。有，與又同。於一，舊本作其一，誤。」一者，一也。此同字相訓。易彖詞：「剥，剥也。」本書五行相生篇：「行者，行也。」釋名釋天：「宿，宿也。」竝此例。是於天凡在陰位者皆惡亂善，陽尊陰卑篇：「惡之屬盡爲陰。」「亂善」二字疑有誤。○是於，凌本作是故。不得主名，天之道也。故常一而不滅，滅，疑作二。天之道。「天」上疑脱法字。事無大小，物無難易。反天之道，無成者。是以目不能二視，耳不能二聽，荀子勸學篇：「目不能兩視而明，耳不能兩聽而聰。」手不能二事。○凌本「手」上有一字。一手畫方，一手畫圓，莫能成。韓非子功名篇：「人臣之憂，在不得一。故曰右手畫圓，左手畫方，莫能兩成。」又外儲説左下：「子綽曰：『人莫能左畫方而右畫圓也。』」新論：「使左手畫方，右手畫圓，令一時俱成，雖執規矩之心，迴剟劂之手，而不能者，心不能兩用，則手不併運也。」論衡書解篇：「彈雀則失鷃，射鵠則失雁，方圓畫不俱成，左右視不並見，人材有兩爲，不能成一。」人爲小易之物，而終不能成，反天之不可行如是。賢良策云「絶其道，勿使並進」，即一之説。是故古之人物而書文，心止於一中者，謂之忠；持二中者，謂之患。患，人之中不一者也。説文：「患，憂也，從心上貫吅，吅亦聲。」段玉裁云：「當作從心毌聲。古形横直無定，如目字偏旁皆作吅。患字上从毌，或横之作申，而又析爲二中之形，蓋恐類於申也。董氏所説，非字之本形。古毌多作串。廣韻：『串，穿也。』親串即親毌。貫，習也。大雅『串夷載路』，傳曰：『串，習也。』蓋其字本作毌，爲慣、摜字之叚借也。」輿案：董以字形説義，如釋仁爲人，義爲我，性爲生，竝其例。段以串爲毌，則形義離矣。晏子春秋、列女傳母儀篇、説苑説叢篇竝云：「一心可以事百君。」荀子勸學篇：「事兩君者不容。」淮南兵略訓：「二心不可事君。」與此義合。六書精藴「一中爲忠，二忠爲患」，用董説。○盧云：「物而書文，疑物當作象。趙敬夫云：『物當是物物而不物於物之義。』『心止於一中者』，舊本脱『心』字『中』字，今增。又下兩『中』字，舊竝訛忠，今改正。」輿案：「物而書文」，謂因物而書其文。義自可通。不一者，故患之所由生也。是故君子賤二而貴一。春秋大一統，即貴一之義。荀子勸學篇引詩云：「淑人君子，其儀一兮。其儀一兮，心如結兮。故君子結於一也。」又致士篇：「君者國之隆也，父者家之隆也。隆一而治，二而亂。」禮坊記：「子云：『天無二日，土無二王，家無二主，尊無二上，示民有君臣之别也。』」喪服四制云：「天無二日，土無二王，國無二君，家無二尊，以一治之也。」人孰無善？善不一，故不足以立身。治孰無常？常不一，故不足以致功。詩云：「上帝臨汝，無二爾心。」知天道者之言也。○盧云：「爾，本亦作汝。」

暖燠常多第五十二

案文宜作「煖清孰多」。「暖清」二字又見爲人者天等篇。

天之道，出陽爲暖以生之，出陰爲清以成之。是故非薰也不能有育，非溧也不能有熟，歲之精也。知心而不省薰與溧孰多者，知心，疑作治心。用之必與天戾。與天戾，雖勞不成。○下「與」字各本作也。今從天啟本、凌本改。是自正月至於十月，而天之功畢。盧云：「是，疑衍。」計其間，陰與陽各居幾何，○官本「其」作是，「間」下有者字〔一〕，云：「他本無。陰與，倒。」薰與溧其日孰多。○官本云：「他本其下衍者字。」距物之初生，至其畢成，露與霜其下孰倍。故從中春至於秋，氣溫柔和調。及季秋九月，陰乃始多於陽，○凌本「及」作乃。天於是時出溧下霜。○凌本「天」下有乃字。出溧下霜，而天降物固已皆成矣。○盧云：「『天降物』，亦作大降物。」輿案：天啟本作天。故九月者，天之功大究於是月也，十月而悉畢。九究十畢，竝同聲。此以字聲爲訓。故案其跡，數其實，清溧之日少少耳。功已畢成之後，陰乃大出。天之成功也，少陰與而太陰不與，少陰在內而太陰在外。故霜加於物，而雪加於空，凌云：「徐整長曆曰：『北斗，當崑崙，氣運注天下，春夏爲雨露，秋冬爲霜雪。』」○官本云：「他本無『於』字。」空者亶地而已，不逮物也。盧云：「亶，與但同。」功已畢成之後，物未復生之前，太陰之所當出也。○天啟本「當」作常，凌本同。雖曰陰，句。亦以太陽資化其位，而不知所受之。陰受陽之資化而不知。故聖王在上位，天覆地載，風令雨施。雨施者，布德均也。凌云：「帝通紀云：『雨者，天地之施也。』」風令者，言令直也。凌云：「後漢張奐〔二〕傳：『臣聞風爲號令，動物通氣。』注：『翼氏風角曰：凡風者，天之號令，所以譴告人君者也。』」詩云：

〔一〕凌本同。叢刊本「間」下亦有「者」字。

〔二〕「奐」原作「魯」，誤，今正。下文「天之號令」，「天」下原有「地」字，據張奐傳删。

「不識不知，順帝之則。」言弗能知識，而效天之所爲云爾。凌云：「大雅皇矣箋：『其爲人不識古，不知今，順天之法而行之。』」禹水湯旱，非常經也，適遭世氣之變，而陰陽失平。白虎通災變篇：「堯遭洪水，湯遭大旱，亦有譴告乎？堯遭洪水，湯遭大旱，命運時然。」御覽引文子云：「臣聞爲不善而災報，得其應也。爲善而災至，遭時運之會耳，非政所致也。」堯視民如子，民視堯如父母。尚書曰：「二十有八載，放勳乃殂落，今孔傳本作「帝乃殂落」。據此知今文尚書作「放勳」，五經異義、説文引虞書竝同。勳，或作勛，則字異耳。殂，或作徂。釋名：「徂落，徂祚也，福祚殞落也。徂亦往也，言往去落也。」爾雅釋詁正義引李巡云：「殂落，堯死之稱。」説文歺部引虞書無「落」字，蓋古文。百姓如喪考妣。四海之内，閼密八音三年。」此當亦今文尚書如此。白虎通四時篇引尚書曰：「三載遏密八音。」殆今文異本。盧云：「閼，與遏同。」凌云：「釋文：『八音，謂金鐘也，石磬也，絲琴瑟也，竹箎笛也，匏笙也，土塤也，革鼓也，木柷敔也。』」三年陽氣厭於陰，陰氣大興，此禹所以有水名也。董説春秋災異，凡大水皆爲陰。桀，天下之殘賊也；湯，天下之盛德也。天下除殘賊而得盛德大善者再，是重陽也，故湯有旱之名。禹湯以聖君受水旱之名，故以厭陰重陽之説爲解。凌云：「帝王世紀曰：『湯伐桀後，大旱七年，川洛以竭。使人持三足鼎，祝於山川曰：政不節耶？使人急耶？讒夫昌耶？宮室榮耶？女謁行耶？何不雨之疾耶？』何注同此。」皆適遭之變，非禹湯之過。毋以適遭之變疑平生之常，則所守不失，則正道益明。下「則」字，疑衍。

基義第五十三

凡物必有合。合，即偶也。楚莊王篇：「百物必有合偶。」易繫辭：「五位相得而各有合。」左疏引鄭注云：「二五陰陽各有合，然後氣相得施化行也。」**合，必有上，必有下，必有左，必有右，必有前，必有後，必有表，必有裏。有美必有惡，有順必有逆，有喜必有怒，有寒必有暑，有晝必有夜，此皆其合也。**程子云：「質必有文，自然之理也。理必有對，生生之本也。有上則有下，有此則有彼，有質則有文。一不獨立，二必爲文，非知道者，孰能識之？」與此義合。**陰者陽之合，妻者夫之合，子者父之合，臣者君之合。物莫無合，而合各有陰陽。**物皆有所合，以爲陰陽。就一物言之，亦各有其陰陽。身以背面爲陰陽，背面又以帶上帶下爲陰陽，山以前後爲陰陽，氣以清濁爲陰陽，質以流凝爲陰陽。鬼區臾言「陽中有陰，陰中有陽」，是也。宋周子謂陰陽互根，與此云「各有陰陽」，其理一也。**陽兼於陰，陰兼於陽，夫兼於妻，妻兼於夫，父兼於子，子兼於父，君兼於臣，臣兼於君。君臣、父子、夫婦之義，皆取諸陰陽之道。**白虎通綱紀篇：「君臣、父子、夫婦，六人也，所以稱三綱何？一陰一陽謂之道，陽得陰而成，陰得陽而序，剛柔相配，故六人爲三綱。」○凌本「取」作與。**君爲陽，臣爲陰；父爲陽，子爲陰；夫爲陽，妻爲陰。**説苑辨物篇：「其在民則夫爲陽而婦爲陰，其在家則父爲陽而子爲陰，其在國則君爲陽而臣爲陰。故陽貴而陰賤，陽尊而陰卑，天之道也。」漢書杜欽傳：「臣者君之陰也，子者父之陰也，妻者夫之陰也，夷狄者中國之陰也。」（宋徽宗時，任伯雨亦言中國爲陽，戎狄爲陰，本欽説。）輿案：陰陽不易者也，君臣、父子、夫婦之倫，亦不易者也。夷狄與中國，春秋之義則有因禮義爲進退者焉。故董不以爲言。韓非子忠孝篇：「臣之所聞曰：『臣事君，子事父，妻事夫，三者順則天下治，三者逆則天下亂，此天下之常道也。』」亦以三者竝舉，故知三綱之説其來已久，而其理則易已具之。

陰道〔一〕無所獨行。其始也不得專起，其終也不得分功，有所兼之義。是故臣兼功於君，子兼功於父，妻兼功於夫，陰兼功於陽，地兼功於天。舉而上者，抑而下也；有屏而左也，○盧云：「『屏』下舊衍迸字，轉訛『而』爲送，今删去。」有引而右也；有親而任也，有疏而遠也；有欲日益也，有欲日損也。益其用而損其妨。○「益其用」，各本作益而用。盧云：「疑是益其用。」今改。有時損少而益多，有時損多而益少。少而不至絶，多而不至溢。語亦見陰陽終始篇。陰陽二物，終歲各壹出。壹其出，遠近同度而不同意。義亦見天道無二篇。盧云：「次『壹』字疑衍。」陽之出也，常縣於前而任事；陰之出也，常縣於後而守空處。當作空虚。此見天之親陽而疏陰，任德而不任刑也。義亦見天道無二篇。○各本「此見」作而見。盧云：「當是此見。」今從凌本改。亦見人副天數篇。是故仁義制度之數，盡取之天。天爲君而覆露之，晉語：「則是先主〔二〕覆露子」，韋注：「露，潤也。」淮南子時則訓高注同。漢書晁錯傳「覆露萬民」，如淳云：「露，膏澤也。」又嚴助傳「陛下垂德惠以覆露之」，顔注：「謂使之潤澤也。」釋名釋天：「露，

〔一〕「道」字，原作「陽」，據凌本、盧本、叢刊本改。
〔二〕「主」字，原作「君」，據國語晉語六改。

慮也，覆慮物也。」地爲臣而持載之；陽爲夫而生之，陰爲婦而助之；春爲父而生之，夏爲子而養之；秋爲死而棺之，冬爲痛而喪之。二語疑衍。下云「三綱可求於天」，不當有此。後人因春夏二語妄加。王道之三綱，可求於天。三綱，又見深察名號篇。天出陽，爲暖以生之；地出陰，爲清以成之。不暖不生，不清不成。然而計其多少之分，則暖暑居百而清寒居一。暖燠常多篇〔一〕大同。德教之與刑罰猶此也。○天啟本「之」作其。故聖人多其愛而少其嚴，厚其德而簡其刑，以此配天。天之大數必有十旬。○凌本「必」作畢。旬，天地之數，十而畢舉；旬，生長之功，十而畢成。見陽尊陰卑篇。天之氣徐，乍寒乍暑。盧云：「句上當有不字。」故寒不凍，暑不暍，暍，傷暑也。以其有餘徐來，不暴卒也。俞云：「『有餘』二字衍。」易曰「履霜堅冰」，蓋言遜也。今本易「遜」作順。説文：「愻，順也。」愻、遜字同。案易言「馴致其道」，遜字正釋馴義。然則上堅不踰等，冰由霜而馴致其堅，故云「不踰等」。易所謂由來者漸。果是天之所爲，弗作而成也。人之所爲，亦當弗作而極也。盧云：「兩『作』字，俱疑乍。」凡有興者，稍稍上之以遜順往，一法之興，當有次第，不可過驟，故曰事有漸則民不驚。使人心説而安之，無使人心恐。○盧云：「本一作而不使怨。」輿案：天啟本作「無使人之恐」，下空一字，又有「作而不使」句。凌本作「無使人心恐而不安」。故曰：君子以人治人，懂能愿。盧云：「懂，

〔一〕「暖燠常多篇」，原作「暖燠孰多篇」，據本書五十二篇題目改。

當與僅同。〔大典作謹，疑非。〕〔輿案：凌本作「懂而愿」，疑是中庸「改而止」異文。〕此之謂也。聖人之道，同諸天地，蕩諸四海，變易習俗。〔盧云：「此下似文脱。」〕

闕文第五十四

春秋繁露義證卷第十三

四時之副第五十五

○盧云：「各本皆闕，聚珍本有。」

天之道，春暖以生，夏暑以養，秋清以殺，冬寒以藏。○盧云：「秋清，本作秋涼，今據下文改。」暖暑清寒，異氣而同功，皆天之所以成歲也。聖人副天之所行以爲政，故以慶副暖而當春，以賞副暑而當夏，以罰副清而當秋，以刑副寒而當冬。慶賞罰刑，異事而同功，皆王者之所以成德也。慶賞罰刑與春夏秋冬，以類相應也，如合符。故曰王者配天，謂其道。天有四時，王有四政，四政[一]若四時，通類也，天人所同有也。王道通三篇：「四氣者，天與人所同有也。」又見陰陽義篇。慶爲春，賞爲夏，罰爲秋，刑爲冬。凌云：「陸宣公奏議：『臣聞聖人作則，皆以天地爲本，陰陽爲端。慶賞者，順陽之功，故行於春夏；刑罰者，法陰之氣，故用之秋冬。事或愆，民人必罹咎。』」慶賞罰刑

[一]「四政」據凌本、盧本、叢刊本補。

之不可不具也，如春夏秋冬不可不備也。慶賞罰刑，當其處不可不發，若暖暑清寒，當其時不可不出也。慶賞罰刑各有正處，如春夏秋冬各有時也。四政者，不可以相干也，猶四時不可相干也。四政者，不可以易處也，猶四時不可易處也。故慶賞罰刑有不行於其正處者，春秋譏也。互見威德所生諸篇。

人副天數第五十六

凌云：「春秋元命苞：『陰陽之性以一起，人副天道，故生一子。』」○盧云：「各本闕篇首三百九十六字，聚珍本補足。」

天德施，地德化，人德義。語又見天道施篇。德，作道。○黄氏日鈔引「化」作生。天氣上，地氣下，人氣在其間。春生夏長，百物以興；秋殺冬收，百物以藏。故莫精於氣，氣者，元也，胚胎於天地之先。莫富於地，莫神於天。天地之精所以生物者，莫貴於人。人受命乎天也，故超然有以倚。盧云：「倚，疑當從下文作高物二字。」物疢疾莫能爲仁義，唯人獨能爲仁義；麟之不害，關雎之有別，未嘗非仁義之端也，而無以擴充之，故曰「莫能爲」。釋名釋形體云：「人，仁也。仁生物也。故易曰：立人之道，曰仁與義。」物疢疾莫能偶天地，唯人獨能偶天地。人有三百六十節，偶天之數也；御覽三百六十三引文子云：「天有四時五行九解，三百六十日。人亦復有四肢五藏九竅，三百六十節。」淮南精神訓同，但作「六十六節」。案下文亦云「六十六節」，此舉成數。呂覽達鬱篇：「凡人三百六十節、九竅、五藏、六府。」凌云：「子華子：『倮蟲三百六十，盈宇宙之間，人爲之長。一人之身，爲骨凡三百有六十。精液之所朝夕也。氣息之所吐吸也，心意知慮之所識也，手足之所運動，而指股之所信屈也，皆與天地之大數通體而爲一，故曰天地之間人爲貴。』」形體骨肉，偶地之厚也。上有耳目聰明，日月之象也；淮南子精神訓：「是故耳目者，日月也。」體有空竅理脈，川谷之象也；空竅，猶孔竅。御覽三百六十引公孫尼子云：「人有三百六十節，當天之數也。形體有骨肉，當地之厚也。有九竅脈理，當川谷也。血氣者，風雨也。」心有哀樂喜怒，神氣之類也。禮孔子閒居：「地載神氣，神氣風霆，風霆流行，庶物露生，無非教也。」孔疏云：「神氣謂神妙之氣。」觀人之體一，何高物之甚，而類於天也。物旁折取天之陰陽以生活耳，而人乃爛然有其文理。是故凡物之形，莫不伏從旁折天地而行，天地，二字疑衍。人獨題直立端尚，盧云：「疑作『人獨頭立端向』。」爾雅：『頭，直也。』」正正當之。是故所取天地少者，旁折之；所取天地多者，正當之。此見人之絶於物而參天地。絶，過也。是故人之身，首妢而員，盧云：「妢，原注音分，無而字。」今案：妢當作坌，紆粉切，墳起之意也。當有而字。」俞云：「妢讀爲頒。說文頁部：『頒，大頭也。』詩魚藻篇『有頒其首』，毛傳曰：『頒，大首貌。』並合妢員之義。」象天容也；淮南精神訓：「頭之圓也象天。」凌云：「春秋元命苞：『頭者，人所居，上員象天，氣之府也。歲必十二，故人頭長一尺二寸。』」髮，象星辰也；耳目戾戾，象日月也；論衡祀義篇：「日月猶人之有目，星辰猶人之有髮。」凌云：「孝經援神契：『髮法星辰，目法日月。』」鼻口呼吸，象風氣也；凌云：「樂動聲儀：『鼻爲之候何？鼻出入氣，高而有竅。山亦有金石累積，亦有孔穴出雲布雨，以潤天下，雨則雲消，鼻能出納氣也。』説文：『呼，外〔一〕息也。吸，内〔二〕息也。』大傳：『故曰：呼吸也者，陰陽之交接，萬物之終始。』鄭注：『吁，荼氣出而温；呼，吸氣入則寒。』」胸中達知，象神明也，腹胞實虚，象百物也。百物者最近地，故要以下，地也。天地之象，以要爲帶。頸以上者，精神尊嚴，明天類之狀也；明，字疑衍。頸而下者，而，與以同。豐厚卑辱，土壤之比也。凌云：「春秋元命苞：『腰而上者爲天，尊高，陽之狀。腰而下者爲地，豐厚，陰之象。數合於四，故腰周四尺。』」○凌本「厚」作薄。足布而方，地形之象也。凌云：「孝經援神契：『足方象地。』」○凌本「布」作步。是故禮，帶置紳必直其頸，以别心也。孫詒讓云：「以上下文義推之，人象天地，上下以要爲分，而要又與帶正相直。要以上爲天，以下爲地，故帶以上爲陽，以下爲陰。所謂天地之象，以要爲帶也，不當更以頸上下爲分。且禮，紳、帶皆繫於要，亦不當云必直其頸。此節三『頸』字，皆當爲要之譌。」帶而上者盡爲陽，帶而下者盡爲陰，凌云：「物理論言：『天者擬之人，故自臍以下，人之陰也。』」各其分。「各」下疑脱「一」字。孫詒讓云：「其，疑作有。深察名號篇云：『五號自讚各有分。』是其證也。」陽，天氣也；陰，地氣也。金張從正儒門事親云：「身半以上其氣三，天之分也。身半以下其氣三，地之分也。」説本此。○官本云：「他本以上皆闕。」故陰陽之動，使○天啟本下闕五行。似有脱文。人足病，喉痺起，凌云：「春秋考異郵曰：『痺在喉，壽命凶。』」則地氣上爲雲雨，而象亦應之也。天地之符，陰陽之副，常設於身，

〔一〕「外」字，原作「出」，據凌本及説文改。
〔二〕「内」字，原作「入」，據凌本及説文改。

身猶天也，語又見深察名號篇。數與之相參，故命與之相連也。淮南精神訓：「天有風雨寒暑，人亦有取與喜怒。故膽爲雲，肺爲氣，肝爲風，腎爲雨，脾爲雷，以與天地相參也。而心爲之主。」天以終歲之數，成人之身，故小節三百六十六，副日數也；大節十二分，副月數也；內有五藏，副五行數也；白虎通五行篇：「人有五藏六府何法？法五行六合也。」又性情篇：「人本含六律五行之氣，故內有五藏六府，此性情之所由出入也。五藏者何也？謂肝、心、肺、腎、脾也。」五行大義三云：「藏府者，由五行六氣而成也。藏則有五，禀自五行，是爲五性。府則有六，因乎六氣，是爲六情。」外有四肢，副四時數也；官制象天篇：「人之身有四肢，每肢有三節，三四十二，十二節相持而形體立矣。」孝經援神契：「四肢法四時。」乍視乍瞑，副晝夜也；瞑，與眠同。白虎通五行篇：「人目何法？法日月明也。日照晝，月照夜。人目所不更照何法？法日亦更用事也。」乍剛乍柔，副冬夏也；○御覽三百六十引作「乍柔乍剛」。乍哀乍樂，副陰陽也；心有計慮，副度數也；行有倫理，副天地也。天尊地卑，倫理以明尊卑爲急。此皆暗膚著身，暗，字疑誤。○盧云：「膚，他本作慮。」與人俱生，比而偶之弇合。盧云：「句。」輿案：「弇合」二字上疑有脱文。於其可數也，副數；不可數者，副類。小節、大節、五藏、四肢之屬，副數也。視、瞑、剛、柔、哀、樂、計、慮之屬，副類也。皆當同而副天，一也。陰陽義云：「天亦有喜怒之氣，哀樂之心，與人相副，以類合之，天人一也。」「皆當同」三字，疑有脱誤。是故陳其有形以著其無形者，拘其可數以著其不可數者。拘，猶限也。○盧云：「舊本脱『以著其不可數』六字，今訂補。」以此言道之亦宜以類相應，猶其形也，以數相中也。中，猶合也。按文疑當作「以此言之，道亦宜以類相應也，猶其形以數相中也」。

同類相動第五十七

莊子漁父篇：「同類相從，同聲相應，固天之理也。」淮南覽冥訓：「夫物類之相應，玄妙深微，知不能論，辨不能解。」又云：「以掌握之中，引類于太極之上，而水火可立致者，陰陽同氣相動也。」凌云：「春秋元命苞曰：『猛虎嘯，谷風起，類相動也。』」

今平地注水，去燥就溼，均薪施火，去溼就燥。荀子大略篇：「均薪施火，火就燥；平地注水，水流溼。夫類之相從也，如此之著也。」呂覽有始篇：「類固相召，氣同則合，聲比則應。鼓宮而宮動，鼓角而角動。平地注水，水流溼，均薪施火，火就燥。」新論類感篇：「抱薪投火，燥者先燃；平地注水，溼者先濡。」百物去其所與異，而從其所與同，○其去，各本作去其，凌本不誤。今正。故氣同則會，聲比則應，其驗皦然也。試調琴瑟而錯之，凌云：「風俗通：『按世本神農作琴。今琴長四尺五寸，法四時五行也；七絃者，法七星也。宓羲作瑟，八尺一寸，四十五絃。黃帝書：泰帝使素女鼓瑟而悲，故破其瑟爲二十五絃。』」鼓其宮則他宮應之，鼓其商而他商應之，五音比而自鳴，非有神，其數然也。莊子徐无鬼篇：「於是爲之調瑟，廢一於堂，廢一於室，鼓宮宮動，鼓角角動，音律同矣。夫或改調一絃，於五音無當也，鼓之二十五絃皆動，未始異於聲而音之君也。」淮南覽冥訓：「叩宮宮應，彈角角動，此同聲相和者也。」美事召美類，惡事召惡類，類之相應而起也。如馬鳴則馬應之，牛鳴則牛應之。盧云：「下句各本皆脱，今案文義有此乃完。」韓時外傳一：『馬鳴而馬應之，牛鳴而牛應之，非知也，其勢然也。』正與此處相應。」興案：藝文類聚六十九引亦無下句，是唐本已脱。**帝王之將興也，其美祥亦先見；其將亡也，妖孽亦先見。**凌云：「禮記中庸：『國家將興，必有禎祥；國家將亡，必有妖孽。』疏：『妖，於驕反。説文作䄏，云『衣服、歌謡、草木之怪謂之䄏』。孽，魚列反。説文作蠥，云『禽獸、蟲蝗之怪謂之蠥』』。」〇亡，各本作已。今從天啟本、凌本改。**物故以類相召也，**故，當作固。**故以龍致雨，以扇逐暑，**御覽七百二引此二語。吕覽有始篇：（下同。）「以龍致雨，以形逐影。」又見召類篇。論衡寒温篇：「虎嘯而谷風至，龍興而景雲起，同氣共類，動相召致。故曰以形逐影，以龍致雨。雨應龍而來，影應形而去，天地之性，自然之道也。」又感虚篇云：「凡變復之道，所以能相感動者，以物類也。有寒則復之以温，温復解之以寒。故以龍致雨，以刑（當作「扇」。）逐暑，皆縁五行之氣，用相感勝之。」**軍之所處以棘楚。**「以」上脱生字。老子：「師之所處，荆棘生焉。」吕覽應同篇：「師之所處，必生荆楚。」高注：「軍師訓衆，以殺伐爲首，棘楚以戮人，喜生戰地，故生其處也。」淮南人間訓：「師之所處，生以棘楚。」高注：「楚，大荆也。」藝文類聚六十九、八十九引此文，「以」上竝有生字，是唐本不誤。**美惡皆有從來，以爲命，莫知其處所。**吕氏春秋應同篇：「禍福之所自來，衆人以爲命，安知其所。」召類篇作「不知其所由」，衍由字。案：言美惡固皆有以自召，而及其發也，不知所自來，則歸之命而已。**天將陰雨，人之病故爲之先動，是陰相應而起也。天將欲陰雨，又使人欲睡卧者，陰氣也。有憂亦使人卧者，是陰相求也；有喜者，使人不欲卧者，是陽相索也。**孟子云：「喜而不寐。」**水得夜益長數分，東風而酒湛溢，**「東風」下當有至字。淮南覽冥訓「故東風至而酒湛溢」，注：「東風，木風也。酒湛，清酒也，米物下湛，故曰湛。木味酸，酸風入酒，故酒酢而湛者沸溢，物類相感也。」王念孫云：「湛，與淫同。淫溢，猶衍溢也。酒性温，故東風至而酒爲之加長。高注非。」輿案：新論感類篇云：「東風至而酒盈溢。」論衡亂龍篇云：「東風至，酒湛溢。」御覽八百四十五引論衡注云：「按酒味酸，從東方木也。味酸，故酒湛溢也。」文選七發注引春秋説題辭云「黍爲酒，陽援陰乃能動，故以麥黍爲酒。」宋衷云：「麥，陰也。先漬麴，黍後入，故曰陽援陰。相得而沸，是其動也。」病者至夜而疾益甚，鷄至幾明，皆鳴而相薄。論衡變動篇：「夜及半而鶴唳，晨將旦而鷄鳴，物應天〔一〕氣之驗也。」凌云「春秋説題辭：『雞爲積陽，南方之象火，陽精炎上，故陽出鷄鳴，以類感也。』」其氣益精，故陽益陽而陰益陰，莊子徐无鬼篇：「魯遽曰：『是直以陽召陽，以陰召陰。』」陽陰之氣，因可以類相益損也。因，當是固。天有陰陽，人亦有陰陽。天地之陰氣起，而人之陰氣應之而起，人之陰氣起，而天地之陰氣亦宜應之而起，其道一也。明於此者，欲致雨則動陰以起陰，欲止雨則動陽以起陽，故致雨非神也。○官本云：「神，他本誤作初。」而疑於神者，其理微妙也。列子黄帝篇：「用志不紛，乃疑於神。」荀子議兵篇楊注：「微妙，精盡也。」非獨陰陽之氣可以類進退也，雖不祥禍福所從生，亦由是也。無非己先起之，而物以類應之而動者也。故聰明聖神，内視反聽，凌云：「商鞅列傳：『反聽之謂聰，内視之謂明。』」言爲明聖，内視反聽，八字疑有誤。故獨明聖者知其本心皆在此耳。明聖心通天地，故知無不燭。故琴瑟報彈其宮，他宮自鳴而應之，此物之以類動者也。陰陽類動，窮致其理，可以前知。是故術數小道，足以致神，況聖人之聰明哉。其動以聲而無形，人

〔一〕「天」字，原誤「夫」，據論衡改。

不見其動之形，則謂之自鳴也。又相動無形，則謂之自然，其實非自然也，有使之然者矣。○官本云：「他本『使』下有人字。」物固有實使之，其使之無形。尚書大[一]傳言：「周將興之時，有大赤烏銜穀之種，而集王屋之上者，○天啟本「烏」作鳥，凌本同。武王喜，諸大夫皆喜。周公曰：『茂哉！茂哉！天之見此以勸之也。』」凌云：「尚書大傳文止此。釋文：『茂，勉也。』」恐恃之。文疑有誤奪。盧云：「赤烏事，漢時泰誓有之。『武王喜』以下，又見大傳。」凌云：「尚書中候曰：『有火自天，止於王屋，流爲赤烏，五至以穀俱來。』玉符瑞圖：『赤烏，武王時啣穀至屋上，兵不血刃而服殷。』」

五行相生第五十八

漢書五行志：「景武之世，董仲舒治公羊春秋，始推陰陽，爲儒者宗。宣元之後，劉向治穀梁春秋，數其禍福，傳以洪範，與仲舒錯。至向子歆治左氏傳，其春秋意亦已乖矣；言五行傳又頗不同。」案推陰陽，謂以五行推陰陽，此亦春秋家學。故班志五行自謂傳于春秋，然其源則出於洪範。董爲齊學，伏生尚書五行，齊詩五際，皆重天人，其歸一也。又漢藝文志諸子：陰陽家者流，班氏以爲「出於羲和之官，敬順昊天，曆象日月星辰，敬授民時。」管子幼官篇、四時篇、輕重己篇，及月令所載，皆陰陽家之所自出。本書所言陰陽五

[一]「大」字，據凌本補。

行，亦其類矣。凌云：「白虎通：『五行所以更王何？以其轉相生，故有終始也。』博物志：『自古帝王五運之次有二説，鄒衍以五行相勝爲義，劉向則以相生爲義。漢魏共尊劉説。』」○盧云：「舊本在五行相勝之後，作第五十九。案文義當在前，今互易之。」輿案：黄氏日鈔引天啟本、凌本，並與盧説舊本同。

天地之氣，合而爲一，分爲陰陽，判爲四時，列爲五行。禮運：「夫禮必本於太一，分而爲天地，轉而爲陰陽，變而爲四時，列而爲鬼神。」行者行也，其行不同，故謂之五行。義亦見五行之義篇。五行者，五官也，比相生而間相勝也。凌云：「春秋運斗樞：『四時王者休，王所勝者死，相所勝者囚。假令春之三月，木王。水生木，水休。木勝土，土死。木王，火相。王所生者相，相所勝者囚。火勝金，春三月，金囚。』」俞云：「比相生若春木生夏火，間相勝若秋金勝春水是也。」故爲治，逆之則亂，順之則治。○天啟本「爲」作謂，字同。則治，作則法。

東方者木，農之本。司農尚仁，漢魏相傳：宣帝時，相言：「願陛下選明經通知陰陽者四人，各主一時，時至明言所職，以和陰陽。天下幸甚。」蓋本此意。進經術之士，董子以經術道其主，故以此爲言。又見五行順逆篇。白虎通貢士篇：「治國之道，本在得賢。得賢則治，失賢則亂。故月令季春二月開府庫，出幣帛，周天下，勉諸侯，聘名士，禮賢者。」道之以帝王之路，將順其美，匡捄其惡。説苑臣術篇：「二日虚心白意，進善通道，勉主以禮義，喻王以長策，將順其美，匡捄其惡。功成事立，歸善於君，不敢獨伐其勞。如此者，良臣也。」執規而生，凌云：「詩箋：『規者，正圓之器也。規主仁，恩也。以恩親正君曰規。』春秋傳曰：『近臣盡規。』孝經援神契云：『春執規，夏持衡，秋執矩，冬持權。』律曆志以春智爲權，夏禮爲衡，秋義爲矩，冬仁爲規，中央土信爲繩。淮南天文訓：『執規而治春。』張晏曰：『春爲仁，仁者生，生者圜，故爲規。』」　輿案：魏相傳：「東方之神太昊，乘震執規司春；南方之神炎帝，乘離執衡司夏；西方之神少昊，乘兌執矩司秋；北方之神顓頊，乘坎執權司冬；中央之神黃帝，乘坤、艮執繩司下土。茲五帝所司，各有時也。」至温潤下，知地形肥磽美惡，立事生則，句。因地之宜，召公是也。親入南畝之中，凌云：「國語注：賈侍中云：『一耦之發廣尺深尺爲畎，百步爲畝。』昭謂下曰畎，高曰畝。畝，壠也。大田解曰：『田事喜〔一〕陽而惡陰，東南向陽則茂盛，西北傍陰則不實。故信南山詩云「南東其畝也」。』按詩屢言南畝，鄭注：『遂人云以南畝圖之是也。』」觀民墾草發淄，盧云：「淄，與菑同。」　輿案：淮南泰族訓：「后稷墾草發菑，糞土樹穀，使五種各得其宜。」耕種五穀，積蓄有餘，家給人足，倉庫充實。凌云「天文集：『廩星主倉』蔡邕月令章句：『穀藏曰倉。』釋名：『庫，舍也，物所在之舍也。』後漢百官志：『大司農，卿一人，中二千石。』本注：『掌諸錢穀金帛諸貨幣。郡國四時上月旦見錢穀簿，其逋未畢，各具別之。邊郡諸官請調度者，皆爲報給，損多益寡，取相給足。』」司馬實穀。○盧本「實」誤食。司馬，本朝也。本朝者火也，故曰木生火。本朝，猶言朝中。

南方者火也，本朝。「也」字，疑當在「本朝」下。司馬尚智，進賢聖之士，凌云：「大戴禮：『賢能失官爵，功勞失賞禄。爵禄失則士卒疾怨，兵弱不用，曰不平也。不平則飭司馬。』」上知天文，其形兆未見，其

〔一〕「喜」字，據凌本補。

萌芽未生，昭然獨見存亡之機，得失之要，治亂之源，豫禁未然之前，說苑臣術篇：「六正者，一曰萌芽未動，形兆未見，昭然獨見存亡之幾，得失之要，預禁乎不然之前，使主超然立乎顯榮之處，天下稱孝焉。如此者，聖臣也。」○凌本「獨」作動。執矩而長，凌云：「淮南子：『執衡而治夏。』此矩字誤。張晏云：『火爲禮，禮者齊，齊者平，故爲衡。』」至忠厚仁，輔翼其君，周公是也。成王幼弱，周公相，誅管叔蔡叔，以定天下。凌云：「史記：『管叔蔡叔羣弟疑周公，與武庚作亂，畔周。周公奉成王命伐，誅武庚管叔，放蔡叔。』」天下既寧以安君。官者，司營也。○天啟本無「也」字。司營者土也，故曰火生土。

中央者土，君官也。司營尚信，卑身賤體，夙興夜寐，稱述往古，以厲主意。明見成敗，微諫納善，防滅其惡，絕源塞隟，說苑：「三曰卑身賤體，夙興夜寐，進賢不解，數稱于往古之德，行事以厲主意，庶幾有益，以安國家、社稷、宗廟。如此者，忠臣也。四曰明察幽，見成敗，早防而救之，引而復之，塞其間，絕其源，轉禍而爲福，使君終以無憂。如此者，智臣也。」凌云：「隟，音乞，裂也。」執繩而制四方，淮南天文訓：「規生矩殺，衡長權藏，繩居中央，爲四時根。」凌云：「淮南子『執繩而制四方』，張晏曰：『土爲信，信者誠，誠者直，故爲繩。』」至忠厚信，以事其君，○官本云：「他本『信以』倒，脱『事』字。」據義割恩，太公是也。應天因時之化，威武强禦以成。此下疑有奪文。史記齊世家言：「太公佐文王傾商，勸武王伐紂，修周政，與天下更始。」所謂「據義割恩」，「應天因時」者耶？大理者，司徒也。司徒者金也，故曰土生金。凌云：周禮司寇疏：「按上代以來，獄官之名則異，是以月令乃命大理。』鄭注云：『有虞曰士，夏曰大理，周曰大司寇。』」

西方者金，大理司徒也。司徒尚義，臣死君而衆人死父。親有尊卑，位有上下，各死其事，事不踰矩，執權而伐。凌云：「淮南子『執矩而治秋』，此權字誤。張晏云：『金爲義者成，成者方，故爲矩。』」兵不苟克，取不苟得，義而後行，至廉而威，質直剛毅，子肙是也。○盧云：「肙，即胥字。舊作咠，訛。」官本云：「咠，本當作肙，即胥字。」興案：天啟本作「咠」，注云：「疑是胥字。」伐有罪，討不義，是以百姓附親，邊境安寧，寇賊不發，邑無獄訟，則親安。○凌本「獄訟」作訟獄。執法者，司寇也。司寇者，水也。故曰金生水。

北方者水，執法司寇也。淮南天文訓：「北方爲司空。」司寇尚禮，君臣有位，長幼有序，朝廷有爵，鄉黨以齒，有爵，疑當作以爵。升降揖讓，般伏拜謁，折旋中矩，立而罄折，拱則抱鼓，凌云：「攷工一『柯有半謂之罄折』，注：『人帶以下四尺五寸，罄折立則上俛。』新書：『顧頤正視，正肩正背，臂如抱鼓，足間二寸，端面攝纓，端股整足，體不搖肘曰經立，因以微罄曰共立，因以罄折曰肅立，因以垂佩曰卑立。立容也。』」執衡而藏，文選五十二、五十五竝引鄭云：「稱上曰衡。」鄒陽傳「懸衡天下」，如淳注：「衡，稱之衡，懸法度於其上是也。」凌云：「淮南子『執權而治冬』，此衡字誤。張晏曰：『水爲智，智者謀，謀者重，故爲權。』」至清廉平，賂遺不受，請謁不聽，凌云：「管子：『人君惟毋聽。請謁任舉，則羣臣皆相爲請。然則請謁得於上，黨與成於鄉，如是則貨財行於國，法制設於官，羣臣務佼而求用。然則無爵而貴，無祿而富，故曰請謁任舉之說勝，則繩墨不正。』」據法聽訟，無有所阿，孔子是也。爲魯司寇，斷獄屯屯，與衆共之，不敢自專。盧云：「屯屯，疑是肫肫。」　輿案：僖二十八年傳：「其言畀宋人何？與使聽之也。」何注：「宋稱人者，明聽訟必師斷，與其師衆共之。」史記孔子世家云：「孔子在位聽訟，文辭有可與人共者，勿獨有也。」說苑至公篇：「孔子爲魯司寇，聽獄必司斷，敦敦然皆立。然後君子進曰：某子以爲若何，某子以爲云云。又曰：某子以爲何若，某子曰云云，辯矣。然後君子幾當從某子云云乎？以君子之知，豈必待某子之云云然後知所以斷獄哉？君子之敬讓也。文辭有可與人共之者，君子不獨有也。」按師斷，即衆斷；屯屯，即敦敦。潛夫論班禄篇：「是故先王將發號施令，諄諄如也，上下共之，無有私。」曲禮、中庸「肫肫其仁」，鄭注：「肫肫讀爲誨爾忳忳之忳。」詩忳忳，一作純純、一作諄諄。屯屯，與諄諄、肫肫、忳忳、純純、諄諄義並同。**是死者不恨，生者不怨，百工維時，以成器械。**凌云：「何注：『攻守之器曰械。』大傳注：『器械，禮樂之器及兵甲也。』釋文：『三倉云：械，器之總名。』說文云：『有〔一〕盛爲〔二〕械。』」**器械既成，以給司農。司農者，田官也。**凌云：「廣韻：『農，田農也。』說文：『農，耕也。亦官名。』漢書曰：『治粟内史，秦官也，景帝更名大司農。』」**田官者木，故曰水生木。**

五行相勝第五十九

凌云：「漢書藝文志：『陰陽者，順時而發，推刑德，隨斗擊，因五勝，假鬼神而爲助者。』顔注：『五勝，五行相勝也。』沈約宋書：『五德更王，惟有二家之説，鄒衍以相勝立體，劉向以相生爲義。然相勝之説，於事爲

〔一〕「有」字，原作「無所」，據説文改。
〔二〕「爲」字，原作「曰」，據説文改。

長，若曰張倉黜秦，則漢水、魏土、晉木、宋金。若曰賈誼取秦，則漢土、魏木、晉金、宋火也。』」

木者，司農也。管子五行篇「春者土師也，夏者司徒也，秋者司馬也，冬者李也」，與此略異。司農爲姦，朋黨比周，以蔽主明，管子立政九敗解：「人君唯毋聽羣徒比周，則羣臣朋黨，蔽美揚惡。然則國之情僞不見於上。如是，則朋黨者處前，寡黨者處後。夫朋黨者處前，賢不肖不分，則爭奪之亂起，而君在危殆之中矣。故曰羣徒比周之説勝，則賢不肖不分。」説苑臣術篇：「六曰：諂言以邪，墜主不義，朋黨比周，以蔽主明，入則辨言好辭，出則更復異其言語，使白黑無別，是非無間，伺候可推而因附。然使主惡布於境内，聞於四鄰。如此者，亡國之臣也。」退匿賢士，絶滅公卿，教民奢侈，賓客交通，不勸田事，博戲鬭鷄，凌云：「荆州歲時記：鬭鷄，鏤鷄子，鬭鷄子。左傳有季郈，鬭鷄，其來遠矣，其鬭卵則莫知所出。董仲舒書云：心如宿卵，爲體内藏，以據其剛，髣髴鬭理也。」走狗弄馬，長幼無禮，大小相虜，竝爲寇賊，横恣絶理。司徒誅之，齊桓是也。○天啟本作齊相。凌云：「齊相謂管仲。」行霸任兵，侵蔡，蔡潰，凌云：「僖四年傳：『潰者何？下叛上也。國曰潰，邑曰叛。』」遂伐楚，楚人降伏，以安中國。木者，君之官也。俞云：「下文云：『土者，君之官也。』蓋土居中央，於五行最尊，故爲君之官。此乃云『木者，君之官也』，義不可通，當爲衍文。」夫木者農也，農者民也，不順如叛，如，同而。則命司徒誅其率正矣。故曰金勝木。誅其率，謂誅其首惡也。潛夫論斷訟篇：「春秋之義，責知誅率正矣。」上或有脱字。火者，司馬也。凌云：「白虎通：『司馬主兵。』言馬者，馬陽物，乾之所爲，行兵用焉，不以傷害爲度，故言馬也。』」司馬爲讒，反言易辭以譖愬人，凌云：「劉兆公羊注：『旁言曰譖。』莊元年注：『如其事曰訴，加誣曰譖。』」內離骨肉之親，外疎忠臣，賢聖旋亡，讒邪日昌，說苑臣術篇：「四曰：智足以飾非，辨足以行說，反言易辭，而成文章，內離骨肉之親，外亂朝廷。如此者，讒臣也。」魯上大夫季孫是也。上大夫即上卿。見爵國篇。專權擅政〔一〕，薄國威德，自張其威德，以牢籠民心，是薄國之威德。反以怠惡，譖愬其賢臣，怠，字疑誤。○盧云：「賢，舊本作羣。」劫惑其君。凌云：「說文：『人欲去，以力脅止，曰劫。』」孔子爲魯司寇，史記世家：「孔子由〔二〕大司寇，攝行相事。」定十四年「城莒父及霄」，何注：「是歲蓋孔子由大司寇攝相事，政化大行，粥羔豚者不飾，男女異路，道無拾遺。」是董當以司寇爲大司寇。史、何蓋有所本。家語始誅篇亦云：「孔子爲魯大司徒。」崔靈恩言孔子但當以小司寇仕魯者，非。見全祖望經史問答六。據義行法，季孫自消，墮費郈城，兵甲有差。定十二年「季孫斯仲孫何忌帥師墮費」，傳：「曷爲帥師墮郈、帥師墮費？孔子行乎季孫，三月不違，曰：『家不藏甲，邑無百雉之城。』於是帥師墮郈。」莊二十四年何注：「諫有五，一曰諷諫。孔子曰：『家不藏甲，邑無百雉之城。』季氏自墮之是也。」夫火者，大朝，盧云：「疑當作本朝。」有邪讒熒惑其君，淮南原道訓：「營其精神，亂其氣志。」高注：「營，惑也。」說文：「瞀，惑也。」熒、營、瞀音同字通。執法誅之。執法者水也，故曰水勝火。凌云：「白虎通：『天地之性，衆勝寡，故水勝火也。』」○官本云：「各本脫『曰水

〔一〕「政」字，凌本、盧本、叢刊本作「勢」。
〔二〕「由」字，原誤「自大司空爲」五字，據孔子世家刪改。

勝火』四字。」

土者，君之官也。○凌云：「土，王本誤作士，上有故字，係上篇故曰水勝火之故字，因脱曰水勝火四字，故字遂誤連土字，與上篇接寫。今據官本改。」其相司營。司營爲神，俞云：「宣三年左傳『使神知民姦』，是神與姦同類。上云『司農爲姦』，此云『司營爲神』，則神亦不美之名。故與司馬爲讒，司徒爲賊，司寇爲亂一律。」○官本云：「他本不重『司營』字。」主所爲皆曰可，主所言皆曰善，讇順主指，凌云：「讇，古諂字。説文通論：『諂者，陷也，陷君於惡也。』管子：『人君唯毋聽，諂諛飾過之言則敗。』奚以知其然也？夫諂臣者，常使其主不悔其過，不更其失者也，故主惑而不自知也。如是則謀臣死而諂臣尊矣，故曰諂讒飾過之説勝，則巧佞者用。』」聽從爲比。凌云：「國語注：『比，阿黨也。』」進主所善，以快主意，導主以邪，陷主不義。善，疑作喜。説苑臣術篇：「二曰：主所言皆曰善，主所爲皆曰可，隱而求主之所好，即進之以快主耳目，偷合苟容，與主爲樂，不顧其後害。如此者，諛臣也。」大爲宮室，多爲臺榭，凌云：「鄭注月令：『闍謂之臺，有木者謂之榭。』正義：『按釋宮云：闍謂之臺。李巡云：積土爲之，所以觀望。郭景純云：積土四方。又云：無室曰榭。李巡云：但有大殿無室名曰榭。郭景純云：榭，今之堂堭。』」雕文刻鏤，五色成光。凌云：「淮南子：『夫雕琢刻鏤，傷農事者也。』爾雅：『玉謂之雕，金謂之鏤，木謂之刻。』吳越春秋：『分以丹青，錯畫文章，嬰以白璧，鏤以黄金。狀類龍蛇，文彩生光。』」賦斂無度，以奪民財；多發繇役，以奪民時；凌云：「食貨志：『董仲舒曰：秦法，月爲更卒，已復爲正。一歲屯戍，一歲力役，三十倍於古。漢興，循而未改。』」作事無極，以奪民力。百姓愁苦，叛去其國，楚靈王是也。作乾谿之臺，三年不成，百姓罷弊而叛，凌云：「罷，讀曰疲。」及其身弑。○天啟本「及」作反，凌本同。

夫土者，君之官也，君大奢侈，過度失禮，民叛矣。其民叛，其君窮矣。故曰木勝土。凌云：「白虎通：『專勝散，故木勝土。』」

金者，司徒也。凌云：「白虎通：『司徒主人不言。徒者，徒衆也，重民。』」司徒爲賊，内得於君，外驕軍士，專權擅勢，誅殺無罪，侵伐暴虐，攻戰妄取，令不行，禁不止，將率不親，士卒不使，凌云：「高誘曰：『在軍曰士，步曰卒。』」俞云：「爾雅釋詁：『使，從也。』不使，謂不從。」輿案：大戴禮曾子制言篇：「人徒之衆，則得而使之。」即此「使」字義。兵弱地削，令君有恥，則司馬誅之，楚殺其司徒得臣是也。文八年何注：「諸侯有司徒、司馬、司空，皆卿官也。」但楚無司徒，子玉時爲令尹。司徒，疑大夫之誤。得臣數戰破敵，内得於君，驕蹇不卹其下，卒不爲使，○凌本「使」作死。當敵而弱，以危楚國，僖二十八年「楚殺其大夫得臣」，何注：「子玉得臣，楚之驕蹇臣，數道其君侵中國，故貶。」司馬誅之。金者，司徒，司徒弱，不能使士衆，則司馬誅之，故曰火勝金。凌云：「白虎通：『精勝堅，故火勝金。』」

水者，司寇也。司寇爲亂，足恭小謹，巧言令色，説苑臣術篇：「三曰：中實頗險，外容貌小謹，巧言令色。又心嫉賢，所欲進則明其美而隱其惡，所欲退則明其過而匿其美，使主妄行過任，賞罰不當，號令不行。如此者，姦臣也。」聽謁受賂，凌云：「一切經音義：『賂，遺也。謂以物相請謁也。』玉篇：『金玉曰貨，布帛曰賂。』」阿黨不平，慢令急誅，誅殺無罪，則司營誅之，營蕩是也。爲齊司寇。太公封於齊，問焉以治國之要，○官本云：「焉，一作爲。」營蕩對曰：「任仁義而已。」太公曰：「任仁義奈何？」營蕩對曰：「仁者愛人，義者尊老。」太公曰：「愛人尊老奈何？」營蕩對曰：「愛人者，有子不食其力，父母不食子之力，俾嫥於自贍，所以恤之。然其弊也，子不孝養父母，父母亦不字厥子。乃至教令無所施，而悖嫚習長，父子相視若途人，反仁爲戾，而大亂亟矣。尊老者，妻長而夫拜之。」夫婦之綱壞，則父子君臣隨之，所以防微也。太公曰：「寡人欲以仁義治齊，今子以仁義亂齊，寡人立而誅之，以定齊國。」韓非子外儲説右上載：齊東海上有居士，曰狂矞、華仕，昆弟二人，建議不臣天子，不友諸侯云云。太公至營丘，使執而殺之，以爲首誅。營蕩事他無所見。假美名而陰佐其邪説者，固聖人所必誅也。孔子之誅少正卯，亦以其佞道行，亂國政，（事見白虎通誅伐篇引韓詩内傳及説苑指武篇，不始家語。）殆法太公者與？盧云：「次『寡人』字疑衍。」夫水者，執法司寇也。執法附黨不平，盧云：「附，疑阿字，與上文同。」依法刑人，依，字疑有誤。則司營誅之，故曰土勝水。凌云：「白虎通：『實勝虚，故土勝水。』」

五行順逆第六十

○御覽八百八十三引作「董仲舒五行逆順」。天啟本亦作「逆順」。

木者春，生之性，農之本也。勸農事，○御覽八百七十三「勸」上有君字。無奪民時，使民，歲不過三日，○御覽八百七十三「使民」作使之。行什一之税，進經術之士。挺羣禁，○盧云：「挺，舊本作誕。今案月令云『挺重囚』，淮南子亦作挺。後漢臧宮傳『宜小挺緩』，挺皆訓寬。今改正，下同。」出輕繫，凌云：「高誘曰：『輕繫，不及于刑者，解出之。』」去稽留，除桎梏，凌云：「鄭志蒙初六注云：『在足曰桎，在手曰梏。』博雅：『桴謂之梏，械謂之桎。』」開門闔，淮南天文訓作「開闔扇」。凌云：「爾雅，『闔謂之扉』。」○天啟本「門」作閉。通障塞。凌云：「高誘曰：『障，壅也。塞，絶也。』」恩及草木，則樹木華美，而朱草生；恩及鱗蟲，則魚大爲，盧云：「爲，成也。淮南天文訓有『介蟲不爲』，『魚不爲』。續漢書律曆志引易緯亦有此語。」輿案：爲，與譌同，化也。毛詩魚麗傳云：「太平而後微物衆多。」鱣鯨不見，凌云：「顔氏家訓云：『鱣魚，純灰色，無文。』臣瓚曰：『鱣魚，無鱗，口在腹下。』中華古今注：『鯨魚者，海魚也。大者長千里，小者數十丈，一生數萬子。常以五月六月就岸邊生子，至七八月導從其子還大海中。鼓浪〔一〕成雷，噴沫爲雨，水族驚畏，皆逃匿，莫敢當者。』」羣龍下。凌云：「埤雅：『龍八十一鱗，具九九之數。九，陽也。龍亦卵生，思抱。有鱗曰蛟龍，有翼曰應龍，有角曰虯龍。蓋蟲莫智于龍，龍之德不爲妄者。能與巨巨，能與細細，能與高高，能與下下。』大戴禮：『鱗蟲之精者曰龍。』」如人君出入不時，走狗試馬，馳騁不反宫室，據五行志「馳騁」上疑脱田獵二字。好淫樂，飲酒沈湎，凌云：「韓詩：『齊顔色、均衆寡謂之沈，閉門不出者謂之湎。』」縱恣，不顧政治，事多發役，以奪民時，作謀增税，以奪民財，以下文例之，下當有則字。民病疥搔，温體，足胻痛。盧云：「胻，音杭，脛耑也。」凌云：「史記龜筴傳『壯士斬其胻』，索隱：『劤〔二〕，音衡，即脚脛。』」○天啟本注云：「胻，去聲。」凌本脱「民」字。咎及於木，則茂木枯槁，凌云：「老子：『人生也柔弱，其死也堅强。萬物草木生也柔脆，其死也枯槁。』」工匠之輪多傷

〔一〕「浪」字，原誤「以」，據凌本改。

〔二〕「劤」字，原誤「邵」，據凌本及史記索隱改。

敗。五行志：傳曰：「田獵不宿，飲食不享，出入不節，奪民農時，及有姦謀，則木不曲直。」又云：「若迺田獵馳〔一〕騁，不反宮室，飲食沈湎，不顧法度，妄興〔二〕繇役，以奪民時，作爲奸詐，以傷民財，則木失其性矣。蓋工匠之爲輪矢者多傷敗，及木爲變怪，是爲木不曲直。」毒水滰羣，漉陂如漁，盧云：「如，與而同。」凌云：「風俗通：『謹案：陂者，繁也，言因下鍾水以繁利萬物也。』」咎及鱗蟲，則魚不爲，羣龍深藏，鯨出見。據上文，「鯨」上亦當有鱣字。

火者夏，成長，下疑尚有脱字。本朝也。舉賢良，進茂才，官得其能，凌云：「周禮鄉大夫注：『能者，謂若今舉茂才。』疏：『茂才即秀才也。』應劭云：『舊言秀才，避光武諱，改茂才。』史記正義：『能者，獸。形色似熊，足似鹿，爲物堅中而强力。人之有賢才者，皆謂之能也。』」任得其力，賞有功，封有德，出貨財，振困乏，凌云：「管子所謂振困者，歲凶，庸人訾厲，多死喪，弛〔三〕刑罰，赦有罪，散倉粟以食之，此之謂振困。」正封疆，凌云：「史記正義曰：『封，聚土也。疆，界也。謂界上〔四〕封記也。』古今注：『封疆畫界者，封土爲臺，以表識疆境也。畫界者，於二封之間又爲堰埒，以畫分界域也。』」使四方。恩及於火，則火順人而甘露降；○御覽十二引「火」作物，「順」下有於字。恩及羽蟲，則飛鳥大爲，黄鵠出見，鳳凰翔。哀十四年何注引援神契曰：

〔一〕「迺」原作「通」，「馳」原作「驅」，據五行志改。

〔二〕「興」原作「行」，據五行志改。

〔三〕「弛」字，原誤「地」，據凌本改。

〔四〕「上」原作「土」，據史記商君列傳正義改。

「德至鳥獸，則鳳凰翔，麒麟臻。」**如人君惑於讒邪，内離骨肉，外疏忠臣，至殺世子，誅殺不辜，逐忠臣，以妾爲妻，棄法令，**逐忠臣，與上「疏忠臣」複。忠，蓋功之誤。五行志：傳曰：「棄法律，逐功臣，殺太子，以妾爲妻，則火不炎上。」又曰：「若乃信道不篤，或燿虚僞，讒夫昌，邪勝正，則火失其性矣。」大傳「逐功臣」，注：「功臣，制法律者也。」**婦妾爲政，賜予不當，**漢尺一，唐斜封之類。管子權修篇：「婦人言事，則賞罰不信。」**則民病血壅腫，目不明。咎及於火，則大旱，必有火烖；**據五行志，董推災異，不必與此五行順逆相應。如董推御廩災，由于百姓怨咎，君臣俱惰；劉歆則以爲棄法度亡禮之應。董推齊大災，以爲君淫；劉向則以爲由齊桓以妾爲妻。董推新宫災，以爲成居喪不哀；劉向則以爲成公聽讒逐歸父。董推宋災，以爲伯姬憂傷所致；劉向則以爲宋公聽讒殺太子痤。二劉竝合此五行之應，而董反不合，此類甚多。至于高園便殿火災，董以爲天欲誅貴屬及近臣之意，遂以得罪。蓋災異者，臣下借以警時之資，本無定象。五行順遂，不過天人相應之理如此，無取拘牽。何氏注傳，喜言災異，雖本家法，而傅會可議者多。然管子五行篇即有「甲子木行御，天子不賦不賜賞，而君危太子危」，「壬子水行御，天子決塞動大水，而王后夫人薨」諸應。則知此等師説，遠出周秦之間矣。（趙翼廿二〔一〕史劄記言仲舒繁露初無推演五行之處，以夏侯勝所引洪範五行傳爲夏侯始昌作。案五行傳非董作，而謂董無推演五行之處，則誤。）**摘巢探㲉，**凌云：「國語注：『生哺曰㲉，未孚曰卵。』」○盧云：「探，舊作採，非。」**咎及羽蟲，則飛鳥不爲，冬應不來，梟鴟羣鳴，**凌云：「埤雅『梟，食母』；説文『不孝鳥也。故曰至捕梟磔之。其字從鳥頭在木上』。埤雅『鴞鳴，其民

〔一〕「廿二」原作「十七」，誤。引文見廿二史劄記卷二。

有禍』」，證俗云：「『禍鳥也。』」鳳凰高翔。高翔，當作不翔。孔子世家：「覆巢毀卵，則鳳凰不翔。」淮南本經注及宣元年注同。

土者夏中，土寄王四時，而月令繫于夏末，故云「夏中」。本書五行對：「土爲季夏。」成熟百種，君之官。凌云：「聖證論：『孔晁云：能吐生百穀謂之土。』物理論云：『粱者，黍稷之總名。稻者，溉種之總名。菽者，衆豆之總名。三穀各二十種，爲六十種。蔬果之實助穀，各二十種，爲百穀。』」循宮室之制，謹夫婦之別，加親戚之恩。恩及於土，則五穀成，而嘉禾興。恩及倮蟲，則百姓親附，城郭充實，賢聖皆遷，言遷擢在位。仙人降。時武帝好仙，故以此歆動之與？如人君好淫佚，妻妾過度，犯親戚，侮父兄，欺罔百姓，大爲臺榭，五色成光，雕文刻鏤，則民病心腹宛黃，舌爛痛。盧云：「宛，與鬱同。」孫詒讓云：「說文黑部云：『黦，黑有文也。』讀若飴豋之豋。玉篇云：『黦，或作黦。』廣韻八物云：『黦，黃黑色也。』淮南子時則訓『天子衣苑黃』，高注：『苑，讀豋飴之豋。』此豋黃即淮南書之苑黃。宛、苑竝黦之借字。盧說未塙。」咎及於土，則五穀不成；五行志：傳曰：「治宮室，飾臺榭，內淫亂，犯親戚，侮父兄，則稼穡不成。」又云：「若迺奢淫驕慢，則土失其性，亡水旱之災而草木百穀不孰，是爲稼穡不成。」暴虐妄誅，咎及倮蟲，倮蟲不爲，百姓叛去，賢聖[一]放亡。凌云：「大戴禮：『倮蟲三百六十，而聖人爲之長。』」

金者秋，殺氣之始也。建立旗鼓，杖把旄鉞，凌云：「釋名：『熊虎爲旗。旗，期也，將軍所建，象其

[一]「賢聖」，凌本作「聖賢」。

猛如熊虎，與衆期其下也。鼓，郭也，張皮以冒之，其中空也。」尚書：「武王右秉白旄。」釋名：「鉞，豁也，所司莫敢當前，豁然破散也。」字林云：「鉞，王斧也。」」**以誅賊殘，禁暴虐，安集，**盧云：「下疑脱二字。」**故動衆興師，必應義理，出則祠兵，入則振旅，以閑習之。**凌云：「莊八年經『甲午祠兵』，傳：『祠兵者何？出曰祠兵，入曰振旅，其禮一也，皆習戰也。』注：『禮，兵不徒使。故將出兵必祠於近郊，陳兵習戰，殺牲饗士卒。五百人曰旅。言與祠兵禮如一，將出，不嫌不習，故以祠兵言之；將入，嫌於廢之，故以振〔一〕訊士衆言之。互相見也。祠兵，壯者在前，難在前。振旅，壯者在後，難在後。復長幼，且衛後也。』按五經異義曰：『公羊説，甲午祠兵。祠者，祠五兵，矛、戟、劍、楯、弓，鼓及蚩尤之造兵者。』」**因於搜〔二〕狩，存不忘亡，安不忘危。**凌云：「白虎通：『國有三軍何？所以戒非常，伐無道，尊宗廟，重社稷，安不忘危也。』」**修城郭，繕牆垣，**凌云：「世本『鯀作城郭』，釋名：『城，成也，成受國都也。郭，廓也，廓落在城外也。牆，障也，所以自障蔽也。垣，援也，人所依阻，以爲援衛也。』」**審羣禁，**「審」與「挺」相對爲文。挺，寛也。審，嚴也，察也。荀子彊國篇：「其禁暴也察，其誅不服也審。」**飭兵甲，**凌云：「飭，與敕同。敕，整也。匡謬正俗音與敕同，字從食從力。」**警百官，誅不法。恩及於金石，則涼風出；恩及於毛蟲，則走獸大爲，麒麟至。**凌云：「大戴禮：『毛蟲之精者曰麟。』」**如人君好戰，侵陵諸侯，貪城邑之賂，輕百姓之命，**五行志：傳曰：「好戰攻，輕百姓，飾城郭，侵邊境，則金不從革。」**則民病喉咳**

〔一〕「振」字，原誤「旅」，據凌本及公羊傳注改。
〔二〕「搜」字，凌本、叢刊本作「彼」。

嗽，凌云：「釋名：『咳，刻也，氣奔至，出入不平調，若刻〔一〕物也。嗽，促也，用力急促也。』易説曰：『立春，氣未當至而至，則少陽脈勝，人病咳之疾也。』」○御覽七百四十三引無「喉」字。**筋攣，**凌云：「後漢成武孝侯順傳注：『東觀記曰：病筋攣卒。』」**鼻鼽塞。**凌云：「月令『民多鼽嚏』，疏：『鼽，音求。』説文云：『病寒〔二〕鼻窒。』」○盧云：「舊本作仇塞。」**咎及於金，則鑄化凝滯，凍堅不成；**五行志：「若迺貪欲恣睢，務立威勝，不重民命，則金失其性。蓋工冶鑄金鐵，金鐵〔三〕冰滯涸堅，不成者衆，及爲變怪，是爲金不從革。」案：冰與「凝」同。漢書郊祀志，「秋涸凍」，集韻：「涸，凝也。」是凍、涸義近。**四面張罔，**凌云：「釋文：『黄帝作网罟。取獸曰网，取魚曰罟。』」**焚林而獵，咎及毛蟲，則走獸不爲，白虎妄搏，麒麟遠去。**淮南本經訓：「刳胎殺夭，麒麟不游。」○藝文類聚九十八引作「恩及羽蟲，則麒麟至；張網焚林，則麒麟去」。

水者冬，藏至陰也。宗廟祭祀之始，敬四時之祭，禘祫昭穆之序。宗廟祭祀之始者，謂冬至爲宗廟祭祀之始也。四時之祭，謂祠礿嘗蒸。見四祭篇。禘祫之説，最爲紛歧，今依董意及公羊家説釋之。董以禘祫與四時之祭分言，知不以禘祫爲四時常祀矣。禘祫並舉，知不以禘祫爲一祭矣。案禘祫有二，有喪畢特祭之禘祫，有五年殷祭之禘祫。閔二年：「夏，吉禘于莊公。」傳：「言吉者，未可以吉也。曷爲未可以吉？未三年也。」何注：「禮，禘祫從先君數，朝聘從今君數。遭祫則祫，遭禘則禘。」此吉禘爲除喪之祭，各于其廟，與太廟之禘別也。左襄十九年傳

〔一〕「若刻」原作「老剋」，上「刻也」的「刻」原作「嗽」，據釋名改。
〔二〕「寒」原作「塞」，據説文改。
〔三〕「金鐵」，據凌本及漢書補。

「晉人曰『寡君之未禘祀』」，杜云：「禘祀，三年喪畢之吉祭。」是也。文二年：「八月，大事于太廟，躋僖公。」傳：「大事者何？大祫也。大祫者何？合祭也。其合祭奈何？毀廟之主，陳于太祖，未毀廟之主皆升，合食于太祖。（通典引韓詩内傳：「禘取毀廟之主皆升，合食于太祖。」禘，疑是祫。）五年而再殷祭。」何注：「殷，盛也。謂三年祫，五年禘。禘所以異於祫者，功臣皆祭也。祫猶合也，禘猶諦也，審諦無所遺失。禮，天子時禘特祫，諸侯禘則不礿，祫則不嘗。大夫有賜于君，然後祫其高祖。」此喪畢吉禘後之吉祫也。（「吉祫」二字本何注。）僖八年：「秋七月，禘于太廟，用致夫人。」傳：「禘用致夫人，非禮也。」何注：「夫人始見廟當特祭，而因禘諸公廟見，欲以省煩勞，不敬謹，故譏之。」宣八年：「夏，有事于太廟。」昭十五年：「八月，有事于武宮。」此五年殷祭之禘也。定九年從祀先公，此五年殷祭之祫也。鄭君玄鳥箋云：「古者君喪三年，既畢，禘於其廟，而後祫祭于太祖。明年春，禘於羣廟。自此之後，五年而再殷祭。一禘一祫，春秋謂之大事。」大宗伯及王制注言魯禮同。　案：鄭用春秋今文説，酌定此制，最爲明晰。惟云一祫兩禘，未詳所本。（釋文本作「古者喪三年既畢，祫于太祖。明年禘于羣廟」。）御覽五百二十八引禮記外傳曰：「春秋之經，有禘而無祫。毀廟無時祭，但五年有二殷祭耳。神主入廟，先爲一禘，明年春禘而又祫。」與鄭略同。與謂新王除喪，奉神主入廟，宜有一禘。入廟之後，祇見先祖，祔食新主，宜有一祫。鄭樵通志云：「古者天子諸侯三年喪畢，皆合先祖之神而享之。以生有慶集之懽，死亦備合食之禮。因天道之成，而設禘祫之享，皆合先祖之神而享之。」是也。但鄭志以爲周制先祫後禘，則似不然。所以知爲先禘後祫者，以文二年兩傳先親後祖，先禰後祖徵之，親謂親廟，禰謂禰廟，言已成爲親廟禰廟之主也。（義互見下。）劭公不知禘祫有二，乃謂遭禘則禘，遭祫則祫，豈有新主入廟，如斯簡略，諒不然矣。白虎通宗廟篇：「謂之禘祫何？禘之爲言諦也，序昭穆，諦父子也。祫者合也，毀廟之主，皆合食于太祖也。三年一禘，禘祫及遷廟何？以其能世世繼君之體，持其統而不絶，由親及遠，不忘先祖也。」案白虎通所説，亦殷祭之禘祫也。禘及遷廟，傳注雖無明文，以鄭君説禮推之，蓋祫則並祀于太祖，禘則先公之主祭于后稷廟，昭之遷主祭于武廟，穆之遷主祭于文廟，爲異。祭昭穆各于其廟，故謂之禘昭穆。而吉禘謂之禘者，有所奉則有所毁，謂審諦毁主之昭穆也。何注所云禘及功臣，蓋據夏官司勳「凡有功者，祭于大烝」，及盤庚「大享先王，爾祖與享」言之。後魏太和三年詔引鄭玄亦云：「三年一祫，五年一禘。祫則毁廟羣廟之主于太祖合而祭之，禘則兼及百官配食者，審諦而祭之，以昭穆各繫于其廟。故配享之功臣得以與享。祫祭並陳於太祖，故不能兼及功臣矣。」漢張純傳：「建武二十五年，純奏：禮，三年一祫，五年一禘。漢舊制，三年一祫，毁廟主合食高廟，存廟主未嘗合祭。元始五年，諸王公列侯廟會始爲禘祭。」蓋用春秋說，而祫不及存廟，似違傳意。至諸家說或舉歲祫終禘，或主禘祫爲一，或謂禘及毁廟，祫爲存廟，或謂禘祫同三年，禘在夏，祫在秋，或謂禘配天，異於祫，皆與傳説不符，兹不具引。昭穆之序者，就禘祫言之。文二年何注云：「太祖東鄉，昭南鄉，穆北向，其餘孫從王父。父曰昭，子曰穆，昭取其鄉明，穆取其北面尚敬。」續漢書禮儀志：「張純奏云：父爲昭，南嚮；子爲穆，北嚮。父子不並坐，而孫從王父。」章懷注引決疑要注云：「凡昭穆，父南面，故曰昭，昭，明也。子北面，故曰穆，穆，順也。始祖特于北，其後以次夾始祖而南，昭在西，穆在東，相對。是昭穆取相對爲義，無分東西南北也。古者天子諸侯立四親廟，新陟王喪畢，則升奉神主於親廟，而故主所奉之高祖當遷。其在四親廟者，以纘統之序爲主，雖兄弟祖孫相繼，皆無移易，不分世次之昭穆也。至於遷則昭從昭廟，穆從穆廟，（本鄭義，見上。）所謂祧也。遇祫祭則存毁皆論昭穆，以太祖爲主也。」小宗伯云：「辨廟祧之昭穆。」明廟與祧之昭穆有别也。中庸：「宗廟之禮，所以序昭穆也。」執事之子孫且然，則神主尤當序矣。蓋宗廟以祖爲重，故遷毁合食，皆依世次，親廟隆新王之敬，故承其統者，雖非子，而當以禰事。且四代異廟，無並坐之嫌，此制禮之精意也。文二年：「大事於太廟，躋僖公。」傳：「躋者何？升也。何言乎升僖公？譏逆祀也。其逆祀奈何？先禰而後祖也。」何注：「升謂西上。禮，昭穆指父子，近取法春秋，惠公與僖公當同南面西上，隱桓與閔僖亦當北面西上，繼閔者在下。文公緣僖公于閔公爲庶兄，置僖公于閔公上，失先後之序，故譏之。傳曰後祖者，僖公以臣繼閔公，猶子繼父，故閔公于文公亦猶祖也。自先君言之，隱桓及閔僖各當爲兄弟，顧有貴賤耳。自繼代言之，有父子君臣之道，此恩義順逆各有所施也。」案傳明云祫祭，則躋僖公但是合食時升僖於閔上，易先後之序；故云先禰後祖。董以逆祀爲小惡，（見異義。）知非易昭穆也。穀梁以大事爲祫祭，與公羊同。又云：「躋，升也，先親而後祖也，逆祀也。」此釋經「躋僖公也」。又云：「逆祀，則是無昭穆也。無昭穆則是無祖也，無祖則無天也，故曰文無天。」此極言逆祀之失也。蓋僖之于閔，有君臣之道，以四親廟之序言之，僖禰而閔祖。今乃于合食時逆其廟序，推其極則亦與無昭穆同。若即以躋僖爲無昭穆，則傳當直譏之，而不必申論矣。定九年從祀先公，蓋至是祫祭始正閔僖之序也。近人讀兩傳不明，又不知但是合食時先後之差，而非廟祀之序，故說多轇葛，而今文家說亂矣，謹辨正之如此。（服虔韋昭以爲自僖公以來，昭穆皆亂，蓋古文說。）問者曰：「四親不別立廟，又無遷毀之典，兄弟相繼，當以何法？」曰：穀梁言之矣，無昭穆則是無祖無天也。禮當同於合食，不宜異昭穆以干並坐之嫌，此禮之可以義起者也。**天子祭天，諸侯祭土。閉門閭，大搜索，**淮南天文訓作「大搜客」，高注：「禁舊客，出新客。」時則訓注：「傳曰：禁舊客，爲露情也。有新客搜出之，爲觀釁也。門，城門也。閭，里門也。嚴閉之，守備也。」**斷刑罰，執當罪，**淮南天文訓、時則訓「執」作殺。**飭關梁，**淮南天文訓「飭」作息。**禁外徙。恩及於水，則醴泉出；恩及介蟲，**凌云：「月令章句：『介者甲也，謂龜蟹之屬也。』」**則黿鼉大爲，**凌云：「埤雅：『黿，大鼈也。』淮南子曰：『燒黿致鼈，此其以類求之。』博物志曰：『鼉長一丈，一名土龍，鱗甲黑色，能横飛，不能上騰。』晉安海物記：『鼉宵鳴，如桴鼓。』」**靈龜出。**凌云：「雒書靈准聽：『靈龜者，玄文，五色，神靈之精也。上隆法天，下平象地，能見存亡，明於吉凶。王者不偏黨，事耆老，則出。』譙周異物志：『涪陵多大龜，其甲可以卜，其緣中又似玳瑁，俗名曰靈。』大戴禮：『介蟲之精者曰龜。』」**如人君簡宗不廟，不禱祀，**○御覽八百八十三引董仲舒五行逆順云：「人君簡宗廟，不禱，則鬼神夜哭。」**廢祭祀，執法不順，逆天時，**五行志：「傳曰：簡宗廟，不禱祀，廢祭祀，逆天時，則水不潤下。」**則民病流**

腫，凌云：「春秋潛潭巴曰：『枉矢黑，軍士不勇，疾流腫。』釋名曰：『腫，寒熱〔一〕氣所鍾聚也。』」水張，○盧云：「中亮切。」凌本作脹。痿痺，凌云：「廣韻：『痿，溼病。一曰兩足不能相及。』師古曰：『痿，風痺病也。痺，風溼之病。』」孔竅不通。咎及於水，霧氣冥冥，凌云：「五經通義：『陰陽〔二〕亂則爲霧，從地升也。』五行志：『若乃不敬鬼神，政令逆時，則水失其性。霧水暴出，百川逆溢，壞鄉邑，溺人民。及淫雨傷稼穡，是爲水不潤下。』」必有大水，水爲民害；咎及介蟲，則龜深藏，黿鼉呴。凌云：「莊子：『泉涸，魚相與處于陸，相呴以溼，相濡以沫。』」

治水五行第六十一

黃震云：「以上四篇，竝言隨時施政。」凌云：「尚書注：『治水失道，亂陳其五行。』疏：『水是五行之一，水性下流，鯀反塞之，失水之性。水失其道，則五行皆失矣。』」○黃氏日鈔作「水治五行」。

日冬至，七十二日木用事，其氣燥濁而青。○天啟本「青」作清，凌本同。七十二日火用事，其氣慘陽而赤。七十二日土用事，其氣溼濁而黃。○溼，天啟本作「温」。七十二日金用事，其氣慘淡而白。七十二日水用事，其氣清寒而黑。七十二日復得木。凌云：「淮南子云：『壬午冬

〔一〕「熱」字，凌本無。

〔二〕「陽」字原脱，據北堂書鈔卷一五一引五經通義補。

至，甲子受制，木用事，火煙青，七十二日。丙子受制，火用事，火煙赤，七十二日。戊子受制，土用事，火煙黃，七十二日。庚子受制，金用事，火煙白，七十二日。壬子受制，水用事，火煙黑，七十二日而歲終。庚子受制，歲還六日，以數推之，七十歲而復至甲子。』」木用事，則行柔惠，挺羣禁。至於立春，出輕繫，去稽留，除桎梏，開門闔，○天啟本「門」作閉，凌本同。通障塞，凌云：「淮南子：『甲子受制，則行柔惠，挺羣禁，開闔扇，通障塞，毋伐木。』」存幼孤，矜寡獨，無伐木。凌云：「淮南子注：『甲，木也。木王東方，故施柔惠，蟄伏之類出由户，故開闔扇，通障塞。春木王，故毋伐木也。』」火用事，則正封疆，循田疇。凌云：「國語注：『穀地曰田，麻地曰疇。』」至於立夏，舉賢良，封有德，賞有功，出使四方，無縱火。凌云：「淮南子：『丙子受制，則舉賢良，賞有功，立封侯，出財貨。』注：『火用事，象陽明，識功勞，故封建侯，出財貨。』」土用事，則養長老，存幼孤，矜寡獨，賜孝弟，施恩澤，無興土功。凌云：「淮南子：『戊子受制，則養老鰥寡，行粰鬻，施恩澤。』注：『土用事，象土養長，故施恩澤也。』」金用事，則修城郭，繕牆垣，審羣禁，飭甲兵，警百官，誅不法，存長老，無焚金石。凌云：「淮南子：『庚子受制，則繕牆垣，修城郭，審羣禁，飭兵甲，儆百官，誅不法。』注：『金用事，象金斷割，故誅不法。』」水用事，則閉門閭，凌云：「月令章句：『門，謂城門。閭，謂二十五家爲閭。』」大搜索，斷刑罰，執當罪，飭關梁，禁外徙，無決隄[一]。凌云：「淮南子：『壬子受制，則閉門閭，大搜客，斷刑罰，殺當罪，息關梁，禁外徙。』注：『水用事，象冬閉固，故禁外徙。』國語注：『隄，防也。』」

[一]「隄」上，凌本、盧本、叢刊本有「池」字。

春秋繁露義證卷第十四

治亂五行第六十二

黃震云：「言相干則災。」

火干木，蟄蟲蚤出，淮南子天文訓：「丙子干甲子，蟄蟲早出，故雷早行。」注：「木〔一〕氣溫，故早出。」蚿雷蚤行。盧云：「蚿，疑當作眩，謂電光也。西京雜記：董仲舒曰：『太平之世，電不眩目，宣示光耀而已。』」○官本無「蚿」字，云：「他本有。」盧云：「大典本無。」土干木，胎夭卵毈，鳥蟲多傷。淮南子：「戊子干甲子，胎夭卵毈，鳥蟲多傷。」○盧云：「毈，丁亂反。」凌云：「王本毈誤分爲兩字。鄭注：『卵，鳥卵。』毈，玉篇：『大亂切，不成子曰毈。』」金干木，有兵。淮南子：「庚子干甲子，有兵。」水干木，春下霜。淮南子：「壬子干甲子，春有霜。」土干火，則多雷。雷，疑霆之誤。淮南子：「戊子干丙子，霆。」金干火，草木夷。淮南子：「庚子干丙

〔一〕「木」字，原作「水」，據淮南子天文訓注改。

子，夷。」注：「夷，傷也。」夷或爲雹。　案：淮南脱「草木」二字，當據此補正。水干火，夏雹。淮南子：「壬子干丙子，雹。」漢魏相傳：「春興兑治則飢，秋興震治則華，冬興離治則泄，夏興坎治則雹。」木干火，則地動。淮南子：「甲子干丙子，地動。」○凌本「火」作金。

金干土，○天啟本作「干木」。則五穀傷，有殃。傷，字疑衍。淮南子「庚子干戊子，五穀有殃。」水干土，夏寒雨霜。淮南子：「壬子干戊子，夏寒雨霜。」木干土，倮蟲不爲。凌云：「原注：『人者，倮蟲之長。』淮南子作『甲子干戊子，介蟲不爲。』注：『不成爲介蟲也。』」興案：天啟本無原注。火干土，則大旱。淮南子：「丙子干戊子，大旱，苽封熯。」○御覽八百七十九引「火」作水。

水干金，則魚不爲。淮南子：「壬子干庚子，大剛，魚不爲。」注：「不成爲魚。」木干金，則草木再生。淮南子：「甲子干庚子，草木再死再生。」火干金，則草木秋榮。淮南子：「丙子干庚子，草木復榮。」注：「今八月九月時，李柰復榮生實是也。」土干金，五穀不成。淮南子：「戊子干庚子，歲或存或亡。」

木干水，冬蟄不藏。淮南子：「甲子干壬子，冬乃不藏。」注：「地氣發也。」土干水，則蟄蟲冬出。淮南子：「戊子干壬子，蟄蟲冬出其鄉。」火干水，則星墜。淮南子：「丙子干壬子，星隊。」注：「隊，隕。」金干水，則冬大寒。淮南子：「庚子干壬子，冬雷其鄉。」

五行變救第六十三

黃震云：「言木冰、春多雨之類，皆以人事救之。」凌云：「大傳注：『君失五事，則五行相沴。違其位復立之者，當明其變異，則知此爲貌邪，言輒改過以共禦之。至司之日月，又必齋肅祭祀，以撫其神，則凶咎除矣。』」

五行變至，當救之以德，施之天下，則咎除。不救以德，不出三年，天當雨石。凌云：「尚書中候：『紂末年，雨石，皆大如甕。』」○官本云：「他本『當』作雷。」木有變，春凋秋榮。○官本云：「一本作多營。」輿案：御覽九百五十二引作「冬榮」，下有「真剛精銳，無以治之」二語，與本書不類，疑誤文。秋木冰，木冰，見成十六年。五行志：或曰：「今之長老，名木冰爲木介。」凌云：「唐書：『凝霜封樹，謂之木冰，一名樹介。寧王憲有疾，見而歎曰：此俗所謂樹稼者也，吾其死矣。諺曰：樹稼達官怕。』」○天啟本「木」上注云：「一無秋字，冰作水。」春多雨。此繇役衆，凌云：「繇，讀曰徭。說文『戍邊也』」。賦斂重，○御覽十引下有「故也」二字。八百七十七引同。百姓貧窮叛去，凌云：「月令疏：『蔡氏云：無財曰貧，無親曰窮。皇氏云：長無謂之貧窮。』」道多饑人。救之者，省繇役，薄賦斂，出倉穀，振困窮矣。凌云：「漢書顏注：『振，起也。爲給貸之，令其存立也。諸振救、振贍，其意皆同。今流俗作字從貝者，非也。』」火有變，冬溫夏寒。此王者不明，善者不賞，惡者不絀，不肖在位，賢者伏匿，則寒暑失序，而民疾疫。凌云：「易通卦驗：『春晷長一丈一尺二分，未當至而至，多病熛，疾疫。』疫〔一〕，説文云『民皆疾〔二〕也』。」**救之者，舉賢良，賞有功，封有德。土有變，大風至，五穀傷。此不信仁賢，不敬父兄，淫泆無度，宮室榮**〔三〕。盧云：「荀子大略篇、説苑君道篇、何注桓五年傳，皆作宮室榮，與此同。或改崇及『營』，非。」輿案：後漢鍾離意傳亦作「榮」。○天啟本「榮」上有多字，凌本同。**救之者，省宮室，去雕文，舉孝悌，恤黎元。**凌云：「漢書文紀注：『姚察云：古者謂人元，善人也。因善爲元，故云黎元。』」**金有變，畢昴爲回，三覆有武，多兵，**凌云：「春秋佐助期：『昴、畢爲天街。』史記天官書：『昴曰髦頭，畢曰罕車，主弋獵。』正義曰：『昴七星爲髦頭。畢八星，其大星曰天高，一曰邊將，四夷之尉也。星明大，天下安，遠夷入貢。失色，邊亂。畢動，主兵。』法苑珠林：『初置星宿，昴爲先首，形似剃刀。次置畢，形如立叉〔四〕。』雲笈七籤：『昴星神姓張，名弩小，衣綠青單衣。畢星神姓柔，名公孫，帶劍，衣白毛單衣。』」**多盜寇。此棄義貪財，輕民命，重貨賂，百姓趣利，多姦軌。**國語魯語：「竊寶者爲宄，用宄之財者爲姦。」**救之者，舉廉潔，立正直，隱武行文，**俞云：「隱，讀爲偃。漢書古今人表『徐隱王』，顏注：『即偃王也。』是隱、偃古通用。」輿案：國語周語：「武不可覿，文不可匿。」即「隱武行文」意。齊語：「隱武事，行文道。」字亦作「隱」，不必改讀。**束甲械。**凌云：「周禮司甲注：『甲，今之鎧也。今古用物不同，其名亦異。古用皮

〔一〕「疫」字，原誤「疾」，據凌本及説文改。
〔二〕「疾」字，原誤「病」，據凌本及説文改。
〔三〕「榮」字，凌本作「多營」。
〔四〕「叉」字，原誤「人」，據凌本改。

謂之甲，今用金謂之鎧。』」水有變，冬溼多霧，凌云：「春秋元命苞：『亂而爲霧。霧，陰陽之氣也。』釋名曰：『霧，冒也，氣蒙亂冒物也。』」春夏雨雹。凌云：「大戴禮：『陽之專氣〔一〕爲雹，陰之專氣爲霰。霰雹者，一氣之化也。』釋名：『雹，砲也。其所中物皆摧折，如人所盛咆。』」此法令緩，刑罰不行。救之者，憂囹圄，案姦宄，誅有罪，蒐五日。盧云：「蒐，與搜同。」

五行五事第六十四

黄震云：「言證應。」凌云：「漢藝文志：『五行者，五常之刑氣也。書曰：初一曰五行，次二曰羞用五事。言進用五事以順五行也。貌、言、視、聽、思心失，而五行之序亂，五星之變作，皆出律曆之數，而分爲一者也。』」

王者與臣無禮，貌不肅敬，○御覽九引「貌」作身。則木不曲直，家語：「孔子曰：『五行用事，先起於木，王者則之，首以木德。其次，以所生之行轉相承也。』」凌云：「大傳：『一曰貌，貌之不恭，是謂不肅。』注：『肅，敬也。君貌不恭，則是不能敬其事也。』尚書疏：『木有華葉之容，故貌屬木。』鄭注：『東宮於地爲木，木或曲或直，人所用爲器者。無故生不暢茂，多有折槁，是爲木不曲直。』」而夏多暴風。風者，木之氣也，凌云：「御覽、禮統：『風，萌

〔一〕「專氣」，原誤「氣專」，據大戴禮曾子天圓篇乙正。

也。養物成功，所以八風象八卦也。』釋名：『風，氾也，其氣博氾而動物也。風，放也，氣放散也。』」**其音角也**，凌云：「月令『其音角』，注：『音，謂樂器之聲。三分羽益一以生角。角數六十四，屬木者，以其清濁中民象也，春色和則角聲調。樂記曰：角亂則憂，其民怨。凡聲尊卑取象五行，數多者濁，數少者清，大不過宮，細不過羽。』鐘律書：『角，觸也。物觸地而出，戴芒角也。』」**故應之以暴風。王者言不從，則金不從革**，凌云：大傳：「二事曰言。言之不從，是謂不乂。」尚書疏：『言之決斷，若金之斬割，故言屬金。』」鄭注：『西宮於地爲金，金性從形而革，人所用爲器者也。無故冶之不銷，或〔一〕入火飛亡，或鑄之裂形，是爲不從革。』」**而秋多霹靂。霹靂者，金氣也**，凌云：「釋名：『辟歷，辟折也，所歷皆破折也。』論衡曰：『圖畫之工，圖雷之狀，如連鼓形。又圖一人若力士，謂之雷公，使左手引連鼓，右手椎之。』春秋『震夷伯之廟』，謂劈歷破之是也。霹靂，俗字。」**其音商也**，凌云：「月令『其音商』，注：『三分徵音益一以生商。商數七十二屬金者，以其濁次宮，臣之象也。秋氣和則商氣調。樂記曰：商亂則陂，其臣壞。』鐘律書：『商之爲言章也，物成就〔二〕可章度也。』」**故應之以霹靂。王者視不明，則火不炎上**，凌云：「大傳：『三事曰視，視之不明，是謂不悊。』尚書疏：『火外光，故視屬火。』鄭注：『南宮於地爲火，火性炎上，然行人所用亨飪者也。無故因見作熱，燔熾爲害，是爲火不炎上。』」**而秋多電**。○初學記二十五引春秋繁露云：「若火不炎上，秋多電，由王者視不明也。」**電者，火氣也**，凌云：「元命苞：『陰陽激〔三〕爲電。』西京雜記：『仲舒曰：

〔一〕「或」字，原誤「則」，據凌本改。
〔二〕「就」字，凌本作「熟」。
〔三〕「激」原作「凝」，據元命苞改。

電，其相擊之光也。』釋名：『電，殄也，乍則殄滅也。』」其音〔一〕徵也，凌云：「月令『其音徵』，注：『三分宮音去一以生徵。徵數五十四，屬火者，以其徵清，事之象也。夏氣和則徵聲調。樂記云：徵亂則哀，其事勤。鍾律書：『徵，祉也，物盛大而繁祉也。』」故應之以電。王者聽不聰，則水不潤下，凌云：「大傳：『四事曰聽，聽不聰，是謂不謀。』尚書疏：『水內明，故聽屬水。』鄭注：『北宮於地爲水。水性侵潤下流，人所用灌溉者也。無故源流竭絶，川澤以涸，是爲水不潤下。』」而春夏多暴雨。初學記二、御覽十引西京雜記：董仲舒曰：「太平之時，雨不破塊，津莖潤葉而已。」雨者，水氣也，凌云：「釋名：『雨者，羽也，如鳥羽動則散也。』禮統：『雨者，輔時生養均徧，故謂之雨。』」其音羽也，凌云：「月令：『其音羽』，注：『三分商去一以生羽。羽數四十八，屬水者，以其爲最清，物之象也。冬氣和則羽聲調。樂記曰：羽亂則危，其財匱。』鍾律書：『羽，宇也。物聚藏宇覆之也。』」故應之以暴雨。○天啟本無「之」字。王者心不能容，則稼穡不成，書洪範：「土爰稼穡。」大傳：「五事曰心，維思。思之不容，是謂不聖。」白虎通五行篇：「五行之性，土者最大。苞含萬物，將生者出，將歸者入，不嫌清濁，爲萬物母。」尚書疏：「土安静而萬物生，心思慮而萬事成。故思屬土。」而秋多雷。雷者，土氣也，凌云：「春秋元命苞：『陰陽合而爲雷。』西京雜記：董仲舒曰：『雷，其相擊之聲也。』釋名：『雷，硍也，如轉物有所硍，雷之聲也。』」其音宮也，白虎通禮樂篇：「土謂宮，宮者含也，容也，含容四時者也。」月令「其音宮」，注：「聲始於宮。宮數八十一，屬土者，以其最濁，君之象也。季春之氣和則宮聲調。」樂記曰：「宮亂則荒，其君驕。黄鐘之宮最長也，十二律轉相生，五音俱終

〔一〕「音」原誤作「陰」，據他本改。

於六十焉。」鐘律書：「宫，中也，居中央，暢四方，唱始施生，爲四聲綱也。」故應之以雷。

五事，一曰貌，書傳云：「容儀。」説苑修文篇：「貌者，男子之所以恭敬，婦人之所以姣好。行步中矩，折旋中規，立則磬折，拱則抱鼓。」〇天啟本不提行。二曰言，書傳云：「詞章。」論衡訂思篇云：「鴻範五行，二曰火。五事，二曰言。言火同氣，故童謠詩謌爲妖言。」三曰視，書傳云：「觀正。」四曰聽，書傳云：「察是非。」五曰思。何謂也？書傳云：「心慮所行。」案：「思」下脱心字，下同。今文尚書竝作思心。詩疏引鴻範五行傳曰：「貌屬木，言屬金，視屬火，聽屬水，思心屬土。」漢書藝文志、天文志、律曆志、漢紀孝昭紀、續漢志、晉隋書五行志、戰國策高注引五行傳，玉海五引大傳，竝作思心。晉書天文志亦作思心。夫五事者，人之所受命於天也，而王者所修而治民也。孔光傳：「書曰：羞用五事，建用皇極。如貌、言、視、聽、思失，大中之道不立，則咎徵薦臻，六極屢降，皇之不極，是謂大中不立。」〇官本云：「他本無『者』字。」故王者爲民，治則不可以不明，準繩不可以不正。俞云：「『則』下有闕文，或於『民』字絶句。『治』爲法字之誤，『法則不可以不明，準繩不可以不正』，二語相對。周官太宰曰：『法則以馭其官。』」王者貌曰恭，書傳云：「儼恪。」揚雄玄數云：「三百爲木事，貌用恭。」恭者敬也。言曰從，書傳云：「是〔一〕則可從。」從者可從。宋世家集解引馬云「發言當使可從」，與此合。謂使人從之也。五行志：「言之不從。從，順也，謂己發言之不順也。」義微别。玄數云：「四九爲金事，言用從。」視曰

〔一〕「是」字，原作「事」，據凌本改。

明，書傳云：「必清審。」玄數云：「二七爲火事，視用明。」明者知賢不肖，分明黑白也。聽曰聰，書傳云：「必微諦。」玄數云：「一六爲水事，聽用聰。」聰者能聞事而審其意也。思曰容，五行志：「思（脱「心」字。）曰容。」又引傳曰：「思心之不容，是謂不聖。」容，當爲容，故班訓之曰：「容，寬也。」今本竝誤爲容。史記宋世家作「思曰睿」，疑亦後人所改。玄數云：「五五爲土事，思用睿。」雄用今文，思下亦脱心字，睿亦當作容，從恭、明、聰、容爲韻。説文「思，容也」，本此。玉海引大傳作容，而注云「當爲睿」，則失之矣。（馬鄭訓睿爲通，乃古文，不當以改大傳。）容者言無不容。恭作肅，書傳云：「心敬。」從作乂，書傳云：「可以治。」宋世家作「從作治」，集解引馬云：「出令而從，所以爲治也。」又，五行志作艾，字同。明作哲，哲，宋世家作智，五行傳及漢志作悊，古文尚書作哲。聰作謀，書傳云：「所謀必成當。」官本云：「聰，他本作聽。」容作聖。何謂也？書曰：「睿作聖。」睿亦容之誤。書傳云：「于事無不通，謂之聖。」恭作肅，言王者誠能内有恭敬之姿，而天下莫不肅矣。凌云：「劉向五行傳記：『肅，敬也。内曰恭，外曰敬。』鄭注：『君貌恭則臣禮肅。』」○天啟本無「者」字，下同。從作乂，言王者言可從，明正從行而天下治矣。俞云：「明正，乃則臣二字之誤。當作『王者言可從，則臣從行而天下治矣。』書洪範正義引鄭注『君言從則臣職治』，與此義相近。」明作哲，哲者知也，五行志「哲，智也」，與此同。案：説文：「哲，昭晰明也。哲，智也，悊，敬也。」五行志叚悊爲哲。鄭云「君視明則臣照哲」，从古文尚書哲字作解。王者明則賢者進，不肖者退，天下知善而勸之，知惡而恥之矣。因王者之明賢否，而天下知善惡、智之至也。聽作謀，謀者謀事也，國語魯語：「咨事爲謀。」王者聽則聞事與臣下謀之，故事無失謀矣。宋世家集解引馬云：「上聽則下進其謀。」書疏及詩小旻疏引鄭云：「君聽聰則臣進謀。」是馬鄭義竝與董同。王引之云：「恭與肅，從與乂，明與哲，睿與聖，義並相近。若以謀爲謀事，則與聰義不類。謀與敏同，敏古讀爲每，謀古讀若媒，並見唐韻正。謀、敏聲相近，故字相通。中庸鄭注：敏或爲謀，是其證也。聽則敏，不聽則不敏，故五行傳曰：聽之不聰，是謂不謀，不謀則不敏。若以爲不能謀事，則謀上須加能字，而其義始明。伏生解聽以謀爲敏，正與經旨相合。董、劉、馬、鄭胥失之。」　輿案：王説固是。然以此爲教，恐王者自恃其敏，有獨斷之失。故董訓爲謀事，俾王者既有聰明，仍勤討論，合天下之志慮以爲謀，翕受敷施，人蒙其利，斯聰之至也。此漢儒解經用意處。且洪範言「謀及卿士庶人」，始之以「乃心」，是謀固兼包人我，與聽義無所閡也。　容作聖，聖者設也，白虎通七：「聖者通也，道也，聲也。」王者心寬大無不容，則聖能施設，事各得其宜也。秦誓：「其心休休焉，其如有容焉。」老子云：「容乃公，公乃王，王乃天，天乃道，道乃久。」荀子云：「君子賢而能容衆，知而能容愚，博而能容淺，粹而能容雜。」大戴禮：「子張問入官，孔子曰：『古者冕而前旒，所以蔽明也；統絖塞耳，所以弇聰也。故水至清則無魚，人至察則無徒。』」説苑君道篇：「尹文曰：『人君之事，無爲而能容下，大道容衆，大德容下，聖人寡爲而天下理矣。』聖德貴容如此。」

王者能敬，則肅，肅則春氣得，故肅者主春。○盧云：「大典本無『則肅肅』三字，故肅下重一肅字，今依何本。」　輿案：天啟本與大典本同〔一〕。　春陽氣微，萬物柔易，移弱可化，「柔」字疑當在「弱」上。於時陰氣爲賊，故王者欽。欽不以議陰事，然後萬物遂生，而木可曲直也。凌云：「孔安國曰：『木可揉使曲直也。』」○官本云：「他本無『可』字。」春行秋政，則草木凋；行冬政，則雪；行夏政，

〔一〕凌本、叢刊本亦同大典本。

則殺。春失政則。盧云：「下有闕文。」凌云：「淮南子時則訓：『六合：孟春與孟〔一〕秋爲合，仲春與仲秋爲合，季春與季秋爲合，孟夏與孟冬爲合，仲夏與仲冬爲合，季夏與季冬爲合。孟春始贏，孟秋始縮，仲春始出，仲秋始内，季春大出，季秋大内，孟夏始緩，孟冬始急，仲夏至修，仲冬至短，季夏德畢，季冬刑畢。故正月失政，七月涼風不至；二月失政，八月雷不藏；三月失政，九月不下霜；四月失政，十月不凍；五月失政，十一月蟄蟲冬出其鄉；六月失政，十二月草木不脱；七月失政，正月大寒不解；八月失政，二月雷不發；九月失政，三月春風不濟；十月失政，四月草木不實；十一月失政，五月下雹霜；十二月失政，六月五穀疾狂。』」

王者能治，則義立，義立則秋氣得，故乂者主秋。○盧云：「乂，舊本作義，錢改。」秋氣始殺，王者行小刑罰，民不犯則禮義成。於時陽氣爲賊，故王者輔以官牧之事，然後萬物成熟。秋草木不榮華，凌云：「爾雅：『木謂之榮，草謂之華。』」金從革也。凌云：「馬融曰：『金之性從人而更可消鑠。』」秋行春政，則華；行夏政，則喬；凌云：「爾雅：『上勾曰喬，如木楸曰喬。』注：『楸樹性，其上竦。』」孫詒讓云：「喬，疑槁之借字，謂枯槁也。古从喬聲，高聲字多通用。莊子列禦寇釋文：『槁，本作𥎊。』是其例也。」行冬政，則落。秋失政，則春大風不解，雷不發聲。

王者能知，則知善惡，知善惡則夏氣得，故哲者主夏。夏陽氣始盛，萬物兆長，王者不揜明，則道不退塞。而夏至之後，而，字疑衍。大暑隆，萬物茂育懷任，王者恐明不知賢不

〔一〕「孟」字，原誤「仲」，據凌本及淮南子改。

肖，分明白黑。「王者恐」下十三字，疑衍文。於時寒爲賊，故王者輔以賞賜之事，然後夏草木不霜，火炎上也。凌云：「孔安國曰：『言其自然之常性也。』」夏行春政，則風；行秋政，則水；行冬政，則落。夏失政，則冬不凍冰，凌云：「風俗通：『壯冰曰凍。』」五穀不藏，大寒不解。

王者無失謀，然後冬氣得，故謀者主冬。冬陰氣始盛，草木必死，王者能聞事，審謀慮之，則不侵伐。不侵伐且殺，則死者不恨，生者不怨。冬日至之後，大寒降，萬物藏於下。於時暑爲賊，故王者輔之以急斷之事，○天啟本下「以」字在「事」上，凌本同。以水潤下也。以上文例之，此間疑有脱誤。冬行春政，則蒸；行夏政，則雷；凌云：「莊子曰：『陰陽錯行，則天地大絯，於是乎有雷有霆。』」行秋政，則旱。冬失政，則夏草木不實。句。霜「霜」上疑有奪字。淮南時則訓：「十一月失政，正月下雹霜。」○凌本無「霜」字。五穀疾枯。時則訓作「疾狂」。盧云：「五事無『思曰容』一節，似亦文脱。」

郊語第六十五

古文説，禘爲祀天帝，郊爲祈農事。（鄭康成用此説。）禘重於郊。周禮「圜丘之祭」，禘而非郊。西漢諸儒罕言圜丘，董據春秋爲説，以郊爲祭天專名，禘爲宗廟之祭。（見五行順逆篇。）如閔公吉禘莊公，僖八年禘於太廟是已。此今文説也。王肅以禘爲宗廟之祭，暗用董説，而並混郊丘爲一，則非董旨。孫星衍六天及感生帝辨云：「張融引董仲舒、劉向、馬融之論，皆以爲周禮圜丘，則孝經云南郊，與王肅同，其言謬。繁露云：『郊因新歲之初。』又云：『郊因先卜不吉不敢郊。』是董不以郊爲冬至祭圜丘之明證。肅等誣之，且誣劉馬者，蓋見漢人多議郊祀，不議圜丘，因疑諸儒即以郊爲圜丘，不知秦漢時固無冬至圜丘之祭。秦以冬十月爲歲首，故常以十月上宿郊見，非因冬至。」按：孫説是也。漢制郊祀最爲紛雜，至成帝時，匡衡等議定郊祭，始重董言，郊專言事天，而不言天地合祭。時以正月上辛，而不以冬至夏至。郊止有一，而無二郊四郊之繁。匡衡定制爲南北郊，與董略殊矣。黄震云：「此篇言事天之義，有缺文。」錢云：「郊語一篇，似當次四祭篇後。此下五篇實一篇也。」

人之言：醞去煙，盧云：「未詳。」孫詒讓云：「醞，當作醯。墨子備穴篇云：『益持醯，客即熏以救目明。』醯可禦烟，故以救熏穴也。藝文類聚引此亦作醞，則唐宋已誤。」輿案：類聚八十引此文，一本「醞」作醯，形與醯近。白孔六帖二有「徵動羽」三字，注云：「董仲舒亦似是此處文。」**鴟羽去眯，**○天啟本「眯」作眜，旁注：「一作『眯』。」凌云：「作眯爲是。文選李音米，又音美。字林云：『物入眼爲眯。』莊子：『播糠眯目。』」**慈石取鐵，**凌云：「漢書藝文志『慈石取鐵』，鬼谷子：『其察言也，如磁石之引鍼。』抱朴子曰：『五石者，丹砂、雄黄、白礬、石曾、磁也。』淮南萬畢術：『磁石一名磁君。』」輿案：呂覽精通篇：「慈石召鐵，或引之也。」淮南覽冥訓：「若以磁石之能連鐵也，而求其引瓦則難矣。」又云：「夫燧之取火於日，磁石之引鍼，蟹之敗漆，葵之鄉日，雖有智者，弗能然也。」**頸金取火，**

○盧云：「頸金，一作真金。」凌云：「原注：『一作頳，一作真。』留青日札：『淮南子曰：陽燧見日則燃而爲火。陽燧，金也。取金猛無緣者，日高三四丈，持以向日，操艾承之，有頃即焦，吹之得火。』」**蠶珥絲於室，而絃絕於堂，**淮南子天文訓「蠶珥絲而商絃絕」，高注：「蠶老絲成，自中徹外，視之爲金精珥，表裏見，故曰珥絲。一曰弄絲於口，商絃細而急，故先絕也。」又覽冥訓云：「蠶咡絲而商絃絕，或感之也。」高注：「老蠶上下絲於口，故曰咡絲。新絲出，故絲脆。商於五音最細而急，故絕也。咡或作珥。蠶老時，絲在身中，正黄，達見於外，如珥也。商，西方金音也，蠶，午火也，火壯金困，應商而已，或有新故相感者也。」御覽八百二十五引春秋文耀鉤曰：「商絃絕，蠶合絲。」注云：「絃將絕，蠶含絲，以待用也。」易乾九五疏：「造化之性，陶甄之器，非爲同類相感，亦有異類相感者，若慈石引針，琥珀拾芥、蠶吐絲而商絃絕，銅山崩而洛鍾應，其類煩多，難一一言也。」**禾實於野，而粟缺於倉，**吕氏春秋：「冬與夏不能兩刑，草與稼不能兩成。新穀熟而陳穀有虧。」○御覽八百三十九引作「禾實於野，粟缺於倉，皆奇怪非人所意乎，此可畏也」。初學記二十七引作「禾實於野，粟鄆（疑缺。）於倉，皆奇怪非人意者也」。**蕪荑生於燕，**凌云：「通志『蕪荑，曰蕪姑，曰蕨蓎，曰姑榆。』爾雅云：『莁荑、蔱蘠，榆類也，實似榆筴，臭如狖，可作醬。』」輿案：此爾雅釋木之「無姑，其實夷」者也，亦作無夷。本草云：「蕪荑，一名無姑，主去三蟲。」陶注：「今惟出高麗，狀如榆莢，氣臭如狖，彼人皆以作醬食之。性殺蟲，置物中亦辟蛀，但患其臭。」急就篇云：「蕪荑、鹽豉、醯、酢醬。」莁荑乃草類，別一物。**橘枳死於荆，**凌云：「周禮攷工記：『橘踰淮而北爲枳。』淮南子：『江南橘樹之江北而化爲橙。』」**此十物者，皆奇而可怪，**俞云：「上文有八物，無十物也。蓋由淺人誤分『蠶珥絲於室而絃絕於堂，禾實於野而粟缺於倉』爲四事耳。其誤顯然，不可不正。」輿案：此或有脱文。如淮南泰族訓云：「蛟龍伏寢于淵，而卵割于陵，螣蛇雄鳴于上風，雌鳴于下風而化成形，精之至也。」又天文訓云：「日至而麋鹿解，月虚而魚腦流，麒麟鬬而日月食，鯨魚死而彗星出。」吕氏春秋精通篇：「月望則蚌蛤實，羣陰盈；月晦則蚌蛤虚，羣陰虧。夫月形乎天，而羣陰化乎淵。」皆其比也。○官本云：「而可，他本作可而。」非人所意也。夫非人所意而然〔一〕，既已有之矣，○官本云：「他本『已』作以。」或者吉凶禍福、利不利之所從生，無有奇怪，非人所意，如是者乎？○藝文類聚八十引作「禍福利害，無有奇怪乎」。此等可畏也。等，字疑衍。孔子曰：「君子有三畏：畏天命，畏大人，凌云：「鄭康成曰：『大人，謂天子、諸侯爲政者。』」畏聖人之言。」彼豈無傷害於人，如孔子徒畏之哉！如，與而同。以此見天之不可不畏敬，猶主上之不可不謹事。不謹事主，其禍來至顯；不畏敬天，其殃來至闇。闇者不見其端，若自然也。殃之來有由，不知其端，則命之自然而已。吕覽應同篇：「禍福之所自來，衆人以爲命，安知其所。」故曰：堂堂如天，殃言不必立校，俞云：「校，讀爲效。謂不必立有效驗也。」默而無聲，潛而無形也。由是觀之，天殃與主罰所以別者，闇與顯耳。○天啟本「主」作上，凌本同。不然，其來逮人，殆無以異。不，字疑衍。孔子同之，俱言可畏也。天地神明之心，與人事成敗之真，固莫之能見也，唯聖人能見之。聖人者，見人之所不見者也，故聖人之言亦可畏也。奈何如廢郊禮？盧云：「如，與而同。」郊禮者，人所最甚重也。「人」上疑脱聖字。廢聖人所最甚重，而吉凶利害在於冥冥不可得見之中，雖已多受其病，何從知之？故

〔一〕「而然」，凌本作「然而」，屬下句讀。

曰：問聖人者，問其所爲而無問其所以爲也。問其所以爲，終弗能見，不如勿問。問爲而爲之，俞云：「當作『問其所爲而爲之』。」所不爲而勿爲，是與聖人同實也，何過之有？詩云：「不騫不忘，率由舊章。」○天啟本作不愆，凌本同。盧云：「詩攷正作不騫。」舊章者，先聖人之故文章也。率由，各有修從之也。俞云：「『各』字乃者字之誤，『修』字乃循字之誤。循誤爲脩，因誤爲修矣。此引詩而釋之，舊章者，先聖人之故文章也。率由者，有循從之也。有，與又通。循字解率字之義，從字解由字之義，言舉先聖人之故文章，又循而從之，是謂『率由舊章』也。」○天啟本「故」下脱十七字。此言先聖人之故文章者，雖不能深見而詳知其則，猶不知其美譽之功矣。盧云：「不知，錢疑是不失之誤。」今郊事天之義，此聖人故。盧云：「此下文脱。錢云：『郊祭篇中「故古之聖王文章之最重者也」起，當接此處。』」輿案：天啟本下有云云二字，注：「今依凌本從錢説移正。」故古之聖王，當衍此五字，與上接。文章之最重者也，前世王莫不從重，栗精奉之，以事上天。至於秦而獨闕然廢之，○天啟本「闕」作曠。官本云：「闕，他本作瞻。」一何不率由舊章之大甚也！凌云：「文獻通考：『秦始皇既并天下，三年一郊。』按：自秦始皇有三歲一郊之制，漢文在位，始親郊雍畤及渭陽五帝各一而已。景帝不親郊。武帝元光後常三歲一郊。昭帝不親郊。宣帝神爵以前十三年不親郊，以後間歲一郊，元成如之。蓋西京郊祀，若雍五畤，若甘泉太乙，皆出於方士祈福之説，而非有古人報本之意。故三代之禮制，至秦漢蕩然。禮之大者，莫重於郊。漢承秦弊，廢郊禮。董生之論，其警漢深矣。」○凌本「何」下有其字。天者，百神之大君也。事天不備，雖百神猶無益也。漢武以求仙之故，用方士言，有泰一及三一、冥羊、馬行、赤星諸祀。成帝世始議罷之。王莽祀諸神，至千七百所，所謂百神無益者邪？何以言其然也？祭而地神者，春秋譏之。盧云：「祭而地神者，文有訛脱。此指不郊猶三望之類。」凌云：「僖三十一年傳：『何以書？譏，不郊而望祭也。』」俞云：「當作『不祭天神而祭地神者，春秋譏之』。蓋即譏不郊而望之類。」○地，天啟本原注云：「疑是他字。」孔子曰：「獲罪於天，無所禱也。」是其法也。故未見秦國致天福如周國也。○凌本「天」作大。詩云：「唯此文王，小心翼翼，昭事上帝，允懷多福。」○凌本「云」作曰。多福者，非謂人也，事功也，上「也」字疑作之。○凌本「人」字下有事字。謂天之所福也。傳曰：「周國子多賢，蕃殖〔一〕至於駢孕男者四，四産而得八男，皆君子俊雄也。」王應麟云：「論語『周有八士』，包氏注云：『四乳生八子。』其説本繁露。周書武寤篇：（當作「和寤解」。）『尹氏八士』，注云：『武王賢臣。』晉語『文王詢八虞』，賈逵云：『周八士皆在虞官。』以董興周之言考之，當在文武時。」（困學紀聞七。）凌云：「論語疏：『鄭玄以爲成王時，劉向馬融皆以爲宣王時。』白虎通云：『質家積於仲，文家積於叔。論語曰：周有八士。不積於叔何？蓋以兩兩俱生故也。不積于伯、季，明其無二也。』」此天之所以興周國也，非周國之所能爲也。漢書郊祀志：劉向云：「詩曰：『率由舊章。』舊章，先王法度，文王以之交神于祀，子孫千億。」○天啟本「此」上有今字。今秦與周俱得爲天子，而所以事天者異於周。以郊爲百神始，始入歲首，必以正月上辛日先享天，乃敢於地，先貴之義也。於，疑當作爲。董不取天地合祭之説，其旨尊陽而抑陰，故先天而後地。夫歲先之與歲弗行也，相去遠矣。天下福若無可怪者，福，字疑誤。然所以久弗行者，

〔一〕「殖」字，凌本無。

非灼灼見其當而故弗行也，〇天啟本「者」作也。典禮之官常嫌疑，莫能昭昭明其當也。今切以爲其當與不當，可内反於心而定也。切，疑作竊。堯謂舜曰：「天之歷數在爾躬。」言察身以知天也。今身有子，孰不欲其有子禮也。聖人正名，名不虛生。天子者，則天之子也。以身度天，獨何爲不欲其子之有子禮也。也，耶同。今爲其天子，而闕然無祭於天，天何必善之？「其天」二字，當有一衍。錢云：「此下似當接郊祀篇中『周宣王時』一條。此下『所聞曰』云云，似非論郊之文。」俞云：「按郊語、郊義、郊祭、郊祀四篇，實止一篇。殆由後人欲取足崇文總目八十二篇之數，以意妄分之耳。其文多錯亂，盧註訂正已多。上文『今郊事天之義，此聖人故』以下文脱，當云『此古聖人文章之最重者也』。盧以郊祭篇『故古之聖王文章之最重者也』接之，文氣一貫，於是自篇首至此，文始可讀。然至此處『天何必善之』下接『所聞曰天下和平』云云，仍有脱誤。今考定其文，合四篇爲一，録之如下云：『今爲其天子，而闕然無祭，天何必善之？春秋之義，國有大喪者，止宗廟之祭而不止郊祭，不敢以父母之喪廢事天地之禮也。父母之喪，至哀痛悲苦也，尚不敢廢郊也，孰足以廢郊者？故其在禮亦曰：喪者不祭，惟祭天，爲越喪而行事。夫古之畏敬天而重天郊如此甚也，今羣臣學士不探察，曰：「萬民多貧，或頗饑寒，足郊乎？」是何言之誤？天子父母事天，而子孫畜萬民，民未徧飽，無用祭天者，是猶子孫未得食，無用食父母也。言莫逆於是。是其去禮遠也。先貴而後賤，孰貴於天子？天子不可不祭天也，無異人之不可不食父。爲人子而不事父者，天下莫能以爲可，今爲天之子而不事天，何以異是？是故天子每至歲首，必先郊祭以享天，乃敢爲地行子禮也；每將興師，必先郊祭以告天，乃敢征伐行子之道也。文王受天命而王天下，先郊乃敢行事而興師伐崇。其詩曰：「芃芃棫樸，薪之槱之。濟濟辟王，左右趣之，濟濟辟王，左右奉璋。奉璋峩峩，髦士攸宜。」此郊辭也。其下曰：「淠彼涇舟，烝徒檝之，周王于邁，六師及之。」此伐辭也。其下曰：「文王受命，有此武功。既伐于崇，作邑于豐。」以此辭者見文王受命則郊，郊乃伐崇，伐崇之時，何遽平乎？已受命而王，必先祭天，乃行王事，文王之伐崇是也。詩曰：「濟濟辟王，左右奉璋。奉璋峩峩，髦士攸宜。」此文王之郊也。其下之辭曰：「淠彼涇舟，蒸徒檝之，周王于邁，六師及之。」此文王之伐崇也。上言奉璋，下言伐崇，以是見文王之先郊而後伐也。文王受命則郊，郊乃伐崇。崇國之民，方困於暴亂之君，未得被聖人德澤，而文王已郊矣，安在德未洽者不可以郊乎？所聞曰：「天下和平，則災害不生。」今災害生，見天下未和平也。天下所未和平者，天子之教化不行也。詩曰：「有覺德行，四國順之。」覺者著也，王者有明著之德行於世，則四方莫不響應，風化善於彼矣。故曰：「悦有慶賞，嚴於刑罰，疾於法令。」周宣王時，天下旱，歲惡甚，王憂之。其詩曰：「倬彼雲漢，昭回于天。王曰嗚呼！何辜今之人，天降喪亂，饑饉薦臻。靡神不舉，靡愛斯牲。圭璧既卒，寧莫我聽。旱既太甚，蕴隆蟲蟲。不殄禋祀，自郊徂宫。上下奠瘞，靡神不宗。后稷不克，上帝不臨。耗斁〔一〕下土，寧丁我躬。」宣王自以爲不能乎后稷，不中乎上帝，故有此災。有此災，俞恐懼而謹事天，天若不予是家者，是家安得立爲天子？立爲天子者，天予是家。天予是家者，天使是家。天使是家者，是天之所予也，天之所使也。天已予之，天已使之，其間不可以接天，何哉？故春秋凡譏郊，未嘗譏君德不成于郊也。及不郊而祭山川，失祭之敍，逆於禮，故必譏之。以此觀之，不祭天者，乃不可祭小神也。郊因先卜，不吉〔二〕不敢郊。百神之祭不卜，而卜郊，郊祭最大也。春秋譏喪祭，不譏喪郊，郊不辟喪，喪尚不辟，況他物？春秋之法，王者歲一祭天於郊，四祭於宗廟。宗廟因於四時之易，郊因於新歲之初。聖人有以起之，其於祭不可不親也。天者，百神之君也，王者之所最尊也。以最尊天之故，故易始歲更紀，即以其初郊。郊必以正月上辛者，言其所最尊，首一歲之事，每更紀以郊，郊祭首之，先貴之義，

〔一〕「斁」字，原作「射」，據詩雲漢改。
〔二〕「吉」字，原誤「及」，據本書郊祀篇改。

尊天之道也。郊祝曰：「皇皇上帝，照臨下土，集地之靈，降甘風雨，庶物羣生，各得其所。靡今靡古，維予一人，某敬拜皇天之祜。」夫不自爲言，而爲庶物羣生言，以人心庶天無尤也。天無尤焉，而辭順恭，宜可喜也。右郊祀九句者，陽數也」又按郊祀之辭，舊有脱誤，今從盧校本。」所聞曰：天下和平，則災害不生。今災害生，見天下未和平也。天下所未和平者，天子之教化不行也。詩曰：「有覺德行，四國順之。」覺者著也，此以聲近爲訓。王者有明著之德行於世，則四方莫不響應，風化善於彼矣。故曰：悦于慶賞，〇官本「于」作有，云：「疑作于。」嚴于刑罰，疾于法令。

春秋繁露義證卷第十五

郊義第六十六

錢云：「此當爲論郊首篇，且與下合爲一篇，後人編次失之。」

郊義，二字標題，他篇所無。錢云：「二字真古篇名，餘俱後人所分而爲之名，非本書之舊。」春秋之法，王者歲一祭天於郊，僖三十一年傳「天子祭天」，何注：「郊者，所以祭天也。天子所祭，莫重於郊。」四祭於宗廟。桓八年何注：「天〔一〕子四祭四薦，諸侯三祭三薦。」宗廟因於四時之易，郊因於新歲之初，聖人有以起之，其以祭不可不親也。以，疑作於。天者，百神之君也，王者之所最尊也。以最尊天之故，故易始歲更紀，始，字疑衍。凌云：「淮南子：『是月也，日窮於次，月窮於紀，星回於天，歲將更始。』玉篇：『歲〔二〕，思惠切，載名。』說文曰：『木星也。越歷二十八宿，偏陰陽十二月一次。』」即以其初郊。郊必以正月

〔一〕「天」字，原誤「夫」，據凌本及公羊傳注改。

〔二〕「歲」字，原誤「紀」，據凌本改。

上辛者，言以所最尊，首一歲之事。此謂王禮也。郊語及郊事對立云：「天子郊用正月上辛。」禮郊特牲：「郊之用辛也，周之始郊，日以至。」疏云：「王肅用董仲舒劉向之說，以此爲周郊。上云『郊之祭，迎〔一〕長日之至』，謂周之郊祭於建子之月，而迎此冬至長日之至也。而用辛者，以冬至陽氣新用事，故用辛也。周之始郊日以至者，對建寅之月，又祈穀郊祭，此言始者，對建寅爲始也。（王以周有二郊，似非董意。）鄭康成則異於王。上文云『迎長日之至』，自據周郊，此云『郊之用辛』，據魯禮也。言郊用辛日者，取齋戒自新周之始郊，日以至者，謂魯之始郊日以冬至之月。云始者，對建寅之月。天子郊祭，魯於冬至之月，初始郊祭，示先有事，故云始也。」與謂董意以周魯郊天同在正月，則適用子月，歲首最尊，是亦取陽氣新用事。王用董信矣。成十七年傳：「然則郊〔二〕曷用？郊用正月上辛。」注：「魯郊轉卜春三月，言正月，因見百王正所當用也。三王之郊，一用夏正。言正月者，春秋之制也。正月者歲首，上辛猶始新，皆取首先之意。」白虎通郊祀篇：「五帝三王祭天，一用夏正何？夏正得天之數也。天地交，萬物通，始終之正。故易乾鑿度云『三王之郊，一用夏正』也。祭日用丁與辛何？先甲三日辛也，後甲三日丁也，皆可以接事昊天之日。故春秋傳：『郊以正月上辛日』。尚書曰：『丁巳用牲於郊，牛二。』」續漢禮儀志：「上丁祠南郊。」是郊日用丁也。案何及白虎通言三王之郊一用夏正，是謂周亦用夏正，與董不合。五經異義：「春秋公羊說，禮，郊及日皆不卜，常以正月上丁也。魯於天子並事變禮，今成王命魯使卜從乃郊，不從即已，下天子也。魯以上辛郊，不敢與天子同也。」（御覽五百二十七禮儀部。）推董意，蓋以天子必以上辛郊，魯異天子，惟郊須先卜。（見郊祀篇。）知者，各篇皆言周、言王者、言天子之禮，惟郊祀篇引春秋言君德，是別言魯明矣。郊天最尊，故歲事用首，今制則首宗廟。每更紀者以郊，郊祭首

〔一〕「迎」字，原誤「近」，據禮記郊特牲疏改。

〔二〕「郊」字，據凌本及公羊傳補。

之，俞云：「衍一『郊』字。」先貴之義，尊天之道也。

郊祭第六十七

春秋之義，國有大喪者，止宗廟之祭，而不止郊祭，此與王制合。左僖三十三年傳：「特祀於主，烝嘗禘於廟。」杜預注云：「宗廟四時常禮，自如舊三年一禘，乃皆同於吉。」蓋古文説。○御覽五百二十七下有「不止郊祭者」五字。不敢以父母之喪，廢事天地之禮也。董言郊不兼地，「地」字當衍。御覽五百二十七引無「地」字，不誤。父母之喪，至哀痛悲苦也，尚不敢廢郊也，孰足以廢郊者？故其在禮，亦曰：「喪者不祭，唯祭天爲越喪而行事。」白虎通爵篇：「春秋曰：『元年春，王正月，公即位。』改元位也。王者改元，即事天地；諸侯改元，即事社稷。」王制云：「夫喪三年不祭，唯祭天地社稷爲越紼而行事。」鄭注云：「不敢以卑廢尊。」案：宣二年十月天王崩，三年正月卜郊，春秋不譏，此文蓋説其義。夫古之畏敬天而重天郊，如此甚也。今羣臣學士不探察，俞云：「探，乃深之誤。」曰：「萬民多貧，或頗饑寒，足郊乎？」是何言之誤！白虎通禮樂篇：「太平乃制禮作樂何？夫禮樂所以防奢淫，天下人民饑寒，何樂乎？」羣臣學士殆習此説。天子父母事天，而子孫畜萬民。漢書武五子傳：「壺關三老上書云：『父者猶天，母者猶地，子猶萬物也。』」齊王儉議引春秋感精符：「王者，父天母地。」民未徧飽，無用祭天者，是猶子孫未得食，無用食父母也。言莫逆於是，是其去禮遠也。先貴而後賤，錢云：「『先貴而後賤』上當有禮者二字，文脱也。」孰貴於天子？天子號天之子也。莊子人間世篇：「與天爲徒者，知天子之與己皆天之所子。」又庚桑楚篇：「天之所助，謂之天子。」奈何受爲天子之號，而無天子之禮？天子不可不祭天也，無異人之不可以不食父。○盧云：「此下當接郊祀篇首一段『爲人子者而不事父者，天下莫能以爲可』，共一百九十五字，移此方脗合。」輿案：凌本移，今從之。爲人子而不事父者，天下莫能以爲可。今爲天之子而不事天，何以異是？是故天子每至歲首，必先郊祭以享天，乃敢爲地，行子禮也；每將興師，必先郊祭以告天，乃敢征伐，行子道也。凌云：「白虎通：『故論語曰：予小子敢昭告於皇天上帝。此湯伐桀告天，用夏家之法也。』」文王受天命而王天下，先郊乃敢行事，而興師伐崇。大傳云：「文王受命六年伐崇。」史記同，與此合。白虎通三軍篇：「王者受命，質家先伐，文家先改正朔何？質家言天命已使己誅無道，今誅得爲王，故先伐。文家言天命已成爲王者，乃得誅伐王者耳，故先改正朔也。」其詩曰：「芃芃棫樸，薪之槱之。濟濟辟王，左右趨之。濟濟辟王，左右奉璋。奉璋峩峩，髦士攸宜。」此郊辭也。此今文家説。説郛載詩推度災云：「王者受命，必先祭天，乃行王事。詩曰：『濟濟辟王，左右奉璋。』此文王之祭天也。」定九年傳：「璋判白何？」注：「傳獨言璋者，所以郊事天尤重。詩云：『奉璋峩峩，髦士攸宜。』是也。」竝以爲郊辭，鄭箋則以爲宗廟之祭。其下曰：「淠彼涇舟，烝徒檝之。周王于邁，六師及之。」此伐辭也。其下曰：「文王受命，有此武功，既伐于崇，作邑於豐。」今詩四語別在一篇。以此辭者，以，用也。見文王受命則郊，郊乃伐崇，伐崇之時，民何處央乎？○央，天啟本注云：「一作殃。」盧云：「處央，疑當作遽乎。」凌本作平，無「乎」字。凌云：「此下當接四祭篇『已受命而王』至末。此論郊，與四祭無涉，蓋申明先郊後伐之意。」　輿案：四祭篇是此處重文。若如凌本接入此下，不合文理，今不從之。又此下原有「故古之聖王，文章之最重者也」，至「疾於法令」一段，今移前篇。

四祭第六十八

凌云：「桓八年注：『四者，四時祭也。疏數之節，靡所折中，是故君子合諸天道，感四時物而思親也。』」

古者歲四祭。四祭者，因四時之所生孰，而祭其先祖父母也。○御覽五百二十五無「所」字「其」字。初學記九引無「之」字「其」字。天啟本「孰」作「熟」。**故春曰祠，夏曰礿，秋曰嘗，冬曰蒸。**桓七年傳：「此周制四時祭名。」　案：王制春禴、夏禘、秋嘗、冬蒸，當是夏殷制。白虎通宗廟篇：「宗廟所以歲四祭者何？春曰祠者，物微，故祠名之。夏曰禴者，麥熟，進之。秋曰嘗者，新穀熟，嘗之。冬曰蒸者，蒸之爲言衆也。冬之物成者衆。」○御覽五百二十五、初學記九引此，「礿」並作禴，下同。案周禮大宗伯注云：「禴，夏禮。」疏引孫炎云：「禴者，新菜可汋。」詩天保、説苑修文篇亦作禴。**此言不失其時，以奉祭先祖也。**○天啟本「祭」作祀，凌本同。**過時不祭，則失爲人子之道也。**○盧云：「人子，舊本作天子，誤。」**祠者，以正月始食韭也；**王制：「春薦韭。」桓八年〔一〕何注：「薦尚韭卵。祠猶食也，猶繼嗣也。春物始生，孝子思親，繼嗣而食之，故曰祠。」説文：

〔一〕「八年」，原誤「七年」，據公羊傳桓八年何注改。

「一穜〔一〕而久者謂之韭，象形，在一之上。一，地也。」礿者，以四月食麥也；王制：「夏薦麥。」何注：「薦尚麥魚。麥〔二〕始熟可汋，故曰礿。」春秋説題辭：「麥之爲言殖也。寢生觸凍而不息，精射刺直，故麥含芒，事且立也。」○御覽五百二十五作「禴者，以四月煮麪餅也」，疑誤。嘗者，以七月嘗黍稷也；王制：「秋薦黍。」何注：「薦尚黍、肫。嘗者，先辭也。秋穀成者非一，黍先熟，可得薦，故曰嘗。」春秋説題辭：「黍者緒也，故其立字禾入水爲黍。」爾雅：「穀以稷爲長。」烝者，以十月進初稻也。王制：「冬薦稻。」何注：「薦尚稻鴈。烝，衆也，氣盛貌。冬萬物畢成，所薦衆多，芬芳備具，故曰烝。」春秋説題辭：「稻之爲言藉也，稻冬含水，盛其德也。故稻太陰精，含水，沮洳乃能化也。江旁多稻，故其宜也。」月令章句：「十月穫稻。九月熟者，謂之半夏稻。」説苑修文篇：「春薦韭卵，夏薦麥魚，秋薦黍豚，冬薦稻鴈。」此天之經也，地之義也。孝子孝婦，緣天之時，因地之利。凌云：「孝經注：『經，常也。利物爲義。孝爲百行之首，人之長德，若三辰運天而有常，五土分地而爲義也。』」○以下原接「已受命而王」云云一段。盧云：「此下當有脱文。『已受命而王』云云，與下篇文多相同，不與此處承接。順命篇中『地之菜茹〔三〕瓜果』以下六十三字，或當在此。」今從之。地之菜茹瓜果，漢書食貨志：「還廬樹桑，菜茹有畦，瓜瓠果蓏，殖于疆易。」王莽傳：「雖生菜茹，而人不食。」顔注竝云：「茹，所食之菜。」輿案：菜、茹平列，茹疑别是草類可食者。「地」字有誤。藝之稻麥黍稷，菜生穀熟，永思吉日，供具祭物，齋戒沐浴，潔清致敬，祀其先

〔一〕「穜」字，原作「種」，據説文改。

〔二〕「麥」字，據公羊傳桓八年何注補。

〔三〕「茹」字，原誤「茄」，據盧本及下文改。

祖父母。孝子孝婦不使時過，已處之以愛敬，行之以恭讓，亦殆免於罪矣。○「地」之下六十三字，原在順命篇「雖闇且愚，莫不昭然」下，今從凌本依盧説移正。

已受命而王，必先祭天，乃行王事，文王之伐崇是也。詩曰：「濟濟辟王，左右奉璋。奉璋峩峩，髦士攸宜。」此文王之郊也。凌本「曰」作云。其下之辭曰：「淠彼涇舟，烝徒檝之。周王于邁，六師及之。」此文王之伐崇也。上言奉璋，下言伐崇，以是見文王之先郊而後伐也。文王受命則郊，郊乃伐崇。崇國之民，方困於暴亂之君，未得被聖人德澤，而文王已郊矣。安在德澤未洽者不可以郊乎？此與下郊祀篇文重，凌本竝移前郊祭篇末，似未合。黄氏日鈔引亦屬此篇，知宋本如此，今爲提行别出。

郊祀第六十九

周宣王時，天下旱，歲惡甚，王憂之。其詩曰：「倬彼雲漢，昭回於天。王曰嗚呼！何辜今之人？天降喪亂，饑饉薦臻。靡神不舉，靡愛斯牲，圭璧既卒，寧莫我聽。旱既太甚，蕴隆蟲蟲。不殄禋祀，自郊徂宫。上下奠瘞，靡神不宗。凌云：「毛傳：『上祭天，下祭地。』箋：『從郊而至宗廟，瘞天地之神，無不齋肅而尊敬之，言徧至也。』」后稷不克，上帝不臨。耗射下土，寧丁我躬。」凌云：「毛詩作『耗斁下土』。斁與射通。毛傳：『丁，當也。』」宣王自以爲不能乎后稷，不中乎上帝，中，猶合也。故有此災。有此災，○官本云：「他本有此災在愈恐懼之下，誤。」愈恐懼而謹事天。天若不予是家，是家者安得立爲天子？是家，猶言商家周家之家。○盧云：「舊『是家』不重，今從大典本。」立爲天子者，天予是家。天予是家者，天使是家。天使是家者，盧云：「此五字疑衍。」○天啟本不重「天使是家」四字。是家天之所予也，天之所使也。○天啟本作「是天之所予，天之所使也」。官本「是」下無「家」字。天已予之，天已使之，其間不可以接天何哉？俞云：「其間，當作其家。」故春秋凡譏郊，未嘗譏君德不成於郊也。乃不郊而祭山川，失祭之敍，逆於禮，故必譏之。以此觀之，不祭天者，乃不可祭小神也。凌云：「僖三十一年傳：『何以書？譏不郊而望祭也。』注：『譏尊者不食而卑者獨食。』」郊因先卜，不吉不敢郊。百神之祭不卜，而郊獨卜，凌云：「僖三十年傳：『禘嘗不卜。』又云：『卜郊，非禮也。』注：『禮，天子不卜郊。』疏：『三卜禮謂是魯禮。』」○凌本無「獨」字。郊祭最大也。春秋譏喪祭，不譏喪郊，閔二年傳：「吉禘於莊公，何以書？譏。何譏爾？譏始不三年也。」郊不辟喪，喪尚不辟，況他物。盧云：「疑有脱誤。」郊祝曰：「皇皇上天，照臨下土。集地之靈，降甘風雨。庶物羣生，各得其所。靡今靡古，維予一人某敬拜皇天之祜。」○盧云：「舊本訛作『言而已矣』，無『各得其所』以下四句。今以大戴禮記公冠篇及博物志之文訂補，與下所云『郊祀九句』合。」輿案：玉海九十二引繁露郊祝語，至「庶物羣生」止，下有云云二字。夫不自爲言，而爲庶物羣生言，以人心庶天無尤焉。○「以人心」上疑有脱字。官本云：「焉，他本作也。」天無尤焉，而辭恭順，宜可喜也。右郊祀九句。九句者，陽數也。「句」字始見此。王應麟小學紺珠三云：「古者以一句爲一言：一言蔽之，曰思無邪。揚之水卒章之四言，秦漢以來，衆儒訓詁，乃有句稱。」錢云：「郊祀，亦當爲郊祝。」凌云：「樂稽耀嘉：『郊祀之辭九句，九，陽數也。』」　輿案：玉海亦作「郊祀」。

順命第七十

黃震云：「言天子之義，畏天之説。」

父者，子之天也；天者，父之天也。俞云：「當作『祖者父之天也』。故下文曰：『天者萬物之祖。』」無天而生，未之有也。天者萬物之祖，觀德篇云：「天地者，萬物之本，先祖之所出也。」對册云：「天者，羣物之祖也。」莊子達生篇：「天地，萬物之父母也。」白虎通天地篇：「地者，元氣之所生，萬物之祖也。」白孔六帖一引黎幹云：「萬物之始，天也；人之始，祖也。」萬物非天不生。後漢書劉陶傳：「臣聞人非天地無以爲生，天地非人無以爲靈。」莊子達生篇：「凡有貌象聲色者，皆物也。」獨陰不生，獨陽不生，陰陽與天地參然後生。故曰：父之子也可尊，父，當作天。公羊何注：「王者尊，稱天子，衆人卑，稱母子。」母之子也可卑，尊者取尊號，卑者取卑號。穀梁莊三年傳：「獨陰不生，獨陽不生，獨天不生，三合然後生。故曰母之子也可，天之子也可，尊者取尊稱焉，卑者取卑稱焉。」　案：此篇兩用穀梁傳，蓋師説同與？故德侔天地者，皇天右而子之，號稱天子。又見三代改制篇。孟子曰：「天子一位。」下云「次有五等之爵」，則董亦以天子爲最尊之爵號。凌云：「周易乾鑿度：『孔子曰：易有君人五號也。帝者，天稱也；王者，美行也；天子者，爵號也；大君者，與上行異也；大人者，聖德明備也。變文以著名，題德以別操。又天子者，繼天理物，改政〔一〕一統，各得其宜，父天母地，以養萬民，至尊之號也。』」其次有五等之爵以尊之，皆以國邑爲號。其無德於天地之間者，州國人民，甚者不得繫國邑。莊十年傳：「荆者何？州名也。州不若國，國不若氏。氏不若人，人不若名，名不若字，字不若子。」凌云：「民，當作名。」俞云：「當作氏。」皆絶骨肉之屬，離人倫，盧云：「此下疑脱二字。」謂之閽盜而已。凌云：「襄二十九年：『閽弑吴子餘祭。』傳：『閽者何？門人也，刑人也。』」無名姓號氏於天地之間，至賤乎賤者也。文十六年傳：「弑君者曷爲或稱名氏，或不稱名氏？大夫弑君稱名氏，賤者窮諸人；大夫相殺稱人，賤者窮諸盜。」注：「賤者，謂士也。」其尊至德，○錢云：「至德，疑是至尊。」官本云：「他本『其』作甚。」輿案：當作「至高」。奉本篇云：「至尊且高。」巍巍乎不可以加矣；其卑至賤，冥冥其無下矣。春秋列序位尊卑之陳，累累乎可得而觀也。雖闇且愚，莫不昭然。○各本「地之菜茹瓜果」至「殆免於罪矣」一段在此處，今移四祭篇。公子慶父，罪亦〔二〕二字疑有誤，或下有脱文。不當繫於國，以親之故爲之諱，而謂之齊仲孫，去其公子之親也。閔元年「冬，齊仲孫來」，傳：「齊仲孫者，公子慶父也。公子慶父則曷爲謂之齊仲孫？繫之齊也。曷爲繫之齊？外之也。曷爲外之？春秋爲尊者諱，爲親者諱，爲賢者諱。」○盧云：「而謂，舊本作『而諸母之國』五字，訛誤，今改正。」故有大罪，不奉其天命者，皆棄其天

〔一〕「政」字原脱，據周易乾鑿度補。

〔二〕「亦」字，凌本無。

倫。人於天也，以道受命；其於人，以言受命。不若於道者，天絶之；不若於言者，人絶之。臣子大受命於君，穀梁莊元年傳：「人之於天也，以道受命；於人也，以言受命。不若於道者，天絶之也；不若於言者，人絶之也。君子大受命。」辭而出疆，唯有社稷國家之危，猶得發辭而專安之，盟是也。盧云：「『之』字疑當在『專』字下。安，疑是寗字。寗盟即成二年『及齊國佐盟於袁婁』者是。『發辭而專之』，即其對晉人者是也。」輿案：「安之」句下有脱文，疑是「公子結及齊侯宋公」八字。見莊十九年傳。天子受命於天，諸侯受命於天子，子受命於父，臣妾受命於君，妻受命於夫。諸所受命者，其尊皆天也，雖謂受命於天亦可。禮喪服傳：「君者天也，父者天也，夫者天也。」又曰：「婦人無二天。」○盧云：「舊本下有『不天亦可』四字，係衍文。」天子不能奉天之命，則廢而稱公，王者之後是也。公侯不能奉天子之命，則名絶而不得就位，衛侯朔是也。子不奉父命，則有伯討之罪，衛世子蒯聵是也。臣不奉君命，雖善以叛，言晉趙鞅入於晉陽以叛是也。定十三年傳。孔廣森云：「時荀寅士吉射作亂，攻趙氏。趙鞅奔晉陽，興師以拒二子。君爲之逐荀士而復鞅。其復有君命，故以歸言之；其出無君命，故以叛言之。鞅自以與寅吉射情有曲直，而春秋之誅壹施之。此臣道之大防也。後世蕭、高、宇文之徒，猶託名清君側之惡爲義師者，惟春秋之教不明，而亂臣賊子不知所懼也。」輿案：明史可法不從幕客言舉兵誅馬阮，清君側之惡，以爲如此安得爲純臣，（見魏禧所記歐陽斌元王綱二人事。）殆篤守春秋之教者邪？妾不奉君之命，則媵女先至者是也。僖八年：「秋七月，禘于太廟，用致夫人。」傳：「夫人何以不稱姜氏？貶。曷爲貶？譏其以妾爲妻也。其以妾爲妻奈何？蓋脅於齊媵女之先至者也。」注：「僖公本聘楚女爲嫡，齊先致其女，脅僖公，使用爲嫡。」輿案：禮，諸侯娶一國，則二國往媵之。嫡先至，國君冕而親迎；媵後至，侯迎于城下。詩云：「靜女其姝，俟我于城隅。」易林云：「季姬踟躕，結衿待時。」是其事也。妻不奉夫之命，則絶，夫不言及是也。桓十八年「公夫人姜氏遂如齊」，傳：「公何以不言及夫人？夫人外也。夫人外者何？内辭也。其實夫人外公也。」注：「時夫人淫於齊侯而譖公，故云爾。」曰：不奉順於天者，其罪如此。○案爲人者天篇有「傳曰：『唯天子受命於天，天下受命於天子，一國則受命於君。君命順則民有順命，君命逆則民有逆命。』故曰『一人有慶，萬民賴之』。此之謂也」一節，疑是此處錯簡。本篇下文與上不類，當别爲一篇。

孔子曰：「畏天命，畏大人，畏聖人之言。」凌云：「集解：『順吉逆凶，天之命也。』大人，即聖人，與天地合其德者也。深遠不可易，則聖人之言也。」輿案：大人，謂在位者。○各本不提行，今從凌本。其祭社稷、宗廟、山川、鬼神，○天啟本無「其」字。不以其道，無災無害。至於祭天不享，其卜不從，使其牛口傷，凌云：「宣三年經：『郊牛之口傷，改卜牛，牛死，乃不郊，猶三望。』注：『譏宣公養牲不謹敬、不潔清而災。重事至尊，故詳録其簡甚。』」鼷鼠食其角。凌云：「成七年經：『鼷鼠食郊牛角，改卜牛，鼷鼠又食其角。』注：『鼷鼠者，鼠中之微者。角生上，指逆之象。易京房傳曰：祭天不慎，鼷鼠食郊牛角。書又食者重録，魯不覺悟，重有災也。』」或言食牛，或言食而死，或食而生，或不食而自死，或改卜而牛死，或卜而食其角。過有深淺薄厚，而災有簡甚，不可不察也。猶郊之變，「猶」字疑有誤。因其災而之變，應而無爲也。句疑有誤。見百事之變之所不知而自然者，勝言與？見，字疑誤。以此見其可畏。專誅絶者其唯天乎？臣殺君，子殺父，凌云：「殺，皆當作弑。」三十有餘，諸其賤者則損。盧云：

「六字亦疑衍文。」以此觀之，可畏者其唯天命、大人乎？盧云：「大人，疑衍。」亡國五十有餘，皆不事畏者也。況不畏大人，大人專誅之。君之滅者，何日之有哉？魯宣違聖人之言，變古易常，而災立至。聖人之言可不慎？盧云：「疑當有一與字。」此三畏者，異指而同致，故聖人同之，俱言其可畏也。

郊事對第七十一

漢魏六朝百三家集本作「郊祀對」。

廷尉臣湯昧死言：盧云：「舊本有曰字。古文苑無。」凌云：「史記：『張湯者，杜人也，爲廷尉。』正義曰：『百官表曰：廷尉，秦官，有正、左、右監，皆秩千石也。』」春秋元命苞：「王者置廷尉，讞疑刑，官之平，下之信也。尉者，尉民心撫其實也。故立字士垂一人詰屈折著爲廷，示戴尸首，以寸者爲言，寸度治法數之分，示惟尸稽於寸舍則法有分，故爲尉，示與寸尸。」臣湯承制，以郊事問故膠西相仲舒。故，猶今言前某官也。後漢書應劭傳：「故膠西相仲舒老病致仕，朝廷每有政議，數遣廷尉張湯親至陋巷，問其得失。」此其一也。今人言故，則屬之死者矣。凌云：「蔡邕曰：『羣臣有所奏請，尚書令奏之，下有司曰制，制書也。古者上下共稱之，至秦，天子獨以爲稱，漢因而不改。』」臣仲舒對曰：「所聞古者天子之禮，莫重於郊。郊常以正月上辛者，所以先百神而最居前。凌云：「郊特牲：『郊之用辛，周之始郊也。』盧植曰：『辛之爲言自新絜也。』鄭玄曰：『用辛日者，爲人當齋戒自新絜也。』」○漢魏本「者」上有日字。禮，三年喪，不祭其先，而不敢廢郊。郊重於宗廟，天尊於人也。王制曰：『祭天地之牛繭栗，史記武帝紀：「有司與太史公、祠官寬舒〔一〕等議：天地牲角繭栗。」凌云：「漢書顔注：『牛角之形或如繭，或如栗，言其小。』」宗廟之牛握，凌云：「王制注：『握，謂長不出膚。』」賓客之牛尺。』○盧云：「古文苑三句之『牛』下皆有角字。」輿案：漢魏本亦有。此言德滋美而牲滋微也。春秋曰：『魯祭周公，用白牡。』色白貴純也。引傳爲春秋，漢世常有此例。文十三年傳「周公用白牡」，注：「白牡，殷牲也，於郊故謂之郊。」周禮鄭注：「始養之曰畜，將用之曰牲也。」○凌本作白牲。下同。帝牲在滌三月，宣三年傳「帝牲在於滌三月」，注：「滌，宫名，養帝牲三牢之處也。謂之滌者，取其蕩滌潔清。三牢者，各主一月，取三月一時，足以充其天牲。帝，皇天上帝，在北辰之中，主總領天地、五帝、羣神也。」牲貴肥潔，而不貪其大也。凌云：「郊特牲注：『犢者，誠慤未有牝牡之情，是以小爲貴也。』」凡養牲之道，務在肥潔而已。駒犢未能勝芻豢之食，凌云：「孔疏：『小馬之駒，小牛之犢。』周禮注：『養牛羊曰芻，若犬豕則曰豢。』」莫如令食其母便。」臣湯謹問仲舒：「魯祀周公用白牡，非禮也？」○盧云：「白牡，舊作白牲，誤。今改正，下同。」輿案：文十三年傳，閩、監、毛本，並作白牲。惟唐石經作「牡」。天啟本及漢魏本並作白牲。下「魯祭周公用白牡」同。凌本無「湯」字「也」字。臣仲舒對曰：「禮也。」臣湯問：○天啟本有曰字，凌本同。「周天子用騂犅，文十三年傳「魯公用騂犅」，注：「騂犅，赤脊，周牲也。」○天啟本「犅」作剛，下同。羣公不毛。文

〔一〕「舒」字，據史記補。

十三年傳「羣公不毛」，注：「不毛，不純色。」周公，諸公也，何以得用純牲？」臣仲舒對曰：「武王崩，成王立而在襁褓之中，此與書金縢不合。金縢云：「王與大夫盡弁。」則年在既冠後也。五經異義引古文尚書說：「成王即位年十三。」新書修政篇則云成王六歲即位。然幼在襁褓，見于禮記、尚書大傳、史記魯世家及蒙恬傳、淮南要略訓、後漢桓郁〔一〕傳竇憲疏等書，而漢武命畫周公負成王圖以賜霍光，則其說由來已久。（今所傳漢圖有周公輔成王圖。成王正立居中，周公魯公曲身拱立居左，當是仿武帝圖意爲之。光傳，負字或「輔」之誤。家語因造爲孔子觀周公相成王，抱之負扆，南面以朝諸侯之圖，不足信據。周章傳論「身非負圖之託」。疑亦誤用。）方苞疑禮記等書皆劉歆增竄，其詞甚辨。崔述亦云：「唐叔，成王母弟。周公之東也，唐叔實往歸禾，則成王非幼。蓋成王居喪，周公以冢宰聽政，後人但聞周公攝政，遂誤以成王爲幼耳。」輿案：成王在襁褓，又見賈誼保傅篇。蓋指成王爲太子時言之，非即位時事。諸家或因此致誤，亦未可知。至王莽居攝，自擬周公，孺子嬰年在襁褓，謂成王幼少，自易傅會。概以爲劉歆增竄，或未必然。續漢書輿服志：「袍者，或曰周公抱成王晏居，故施袍。」晉書輿服志：「革帶，古之鞶帶也，謂之鞶革。其有囊綬，則以綴於革帶。八坐尚書荷紫，以生紫爲袷囊，綴之服外，加於左肩。昔周公負成王，制此服衣，至今以爲朝服。」疑皆因「襁褓」二字傅會。○官本及漢魏本「立」〔二〕竝作幼。官本云：「他本誤作立。」周公繼文武之業，成二聖之功，德漸天地，澤被四海，故成王賢而貴之。詩云：『無德不報。』凌云：「大雅抑之詩。言受人之德必有報。」故成王使祭周公以白牡，上不得與天子同色，下有異於諸侯。

〔一〕「桓郁」，原誤「桓宥」，據後漢書改。

〔二〕「立」，凌本、叢刊本亦作「幼」。

凌云：「文十三年注：『白牲，殷牲也。周公死有王禮，謙不敢與文武同也。魯公以諸侯不嫌，故從周制，以脊爲差。』攷工記注：『魯廟有世室，牲有白牡，此用先王之禮。』按：周天子純赤，魯公赤脊，故不同也。」臣仲舒愚以爲報德之禮。」○天啟本無「臣」字，凌本同。臣湯問仲舒：「天子祭天，諸侯祭土，魯何緣以祭郊？」盧云：「祭郊，疑倒。」臣仲舒對曰：「周公傅成王，成王遂及聖，功莫大於此。周公，聖人也，有祭於天道。○盧云：「『於天道』三字舊脱，以古文苑補。」輿案：漢魏本亦有，無下「故」字。故成王令魯郊也。」臣湯問仲舒：「魯祭周公用白牡，其郊何用？」臣仲舒對曰：「魯郊用純騂犅。○玉海九十二引「犅」作剛，漢魏本同。周色上赤，○漢魏本「上」作尚。魯以天子命郊，故以騂。」凌云：「文十三年注：『牲用騂，尚赤也。』」臣湯問仲舒：「祠宗廟或以鶩當鳧，鶩非鳧，可用否？」俞云：「此本作『或以鶩當鳧，鳧當鶩，可用否』？故仲舒對曰：『鶩非鳧，鳧非鶩也。』又曰：『奈何以鳧當鶩，鶩當鳧？』可證此文之誤。」輿案：御覽九百一十九引作「張湯問仲舒曰『祠宗廟或以鳧當鶩，可不』。」仲舒對曰：○漢魏本句上有臣字。「鶩非鳧，鳧非鶩也。凌云：「爾雅『舒鳧，鶩』，舍人注：『鳧，家鴨。鶩，野鴨也。』埤雅：『尸子曰：野鴨爲鳧，家鴨爲鶩，不能飛翔，如庶人守耕稼而已。』如淳曰：『漢儀注：佽飛具矰繳以射鳧雁，給祭祀。』」臣聞孔子入太廟，每事問，慎之至也。陛下祭躬親，齋戒沐浴，以承宗廟，甚敬謹，奈何以鳧當鶩，鶩當鳧？名實不相應，漢書郊祀志：「王莽時，自天地六宗，下至諸小鬼神，凡千七百所，用三牲鳥獸三千餘種。後不能備，乃以雞當鶩雁，犬當麋鹿。」以承太廟，不亦不稱乎？凌云：「稱，讀如稱物平施之稱。」臣仲舒愚以爲不可。臣犬馬齒衰，賜骸骨，伏陋巷。陛下乃幸使九卿問臣以朝廷之事，凌云：

「漢置九卿：一曰太常，二曰光禄，三曰衛尉，四曰太僕，五曰廷尉，六曰大鴻臚，七曰宗正，八曰大司農，九曰少府。是爲九卿也。董仲舒傳：『朝廷如有大議，使使者及廷尉張湯就其家問之。』獨斷：『朝廷者，不敢斥君，故曰朝廷。』」○天啟本無「臣」字。**臣愚陋。曾不足以承明詔，奉大對。臣仲舒昧死以聞。**」凌云：「獨斷云：『漢承秦法，羣臣上書皆言昧死。王莽盜位，慕古法，去昧死，曰稽首。』」○昧死，漢魏本作冒死。

春秋繁露義證卷第十六

執贄第七十二

此篇不言士庶人之贄，疑有缺文。曲禮、説苑、白虎通並詳之。

凡執贄，天子用暢，莊二十四年注：「凡贄，天子用鬯。」説苑修文篇：「天子以鬯爲贄。鬯者，百草之本也，上暢於天，下暢於地，無所不暢，故天子以暢爲贄。」盧云：「暢與鬯同。」凌云：「暢、鬯古今字。」公侯用玉，莊二十四年注：「諸侯用玉。」凌云：「曲禮疏：『公、侯、伯用圭，子、男用璧也。』」卿用羔，大夫用雁。白虎通瑞贄篇：「卿以羔爲贄。羔者，取其羣而不黨。卿職在盡忠率下，不阿黨也。大夫以雁爲贄者，取其飛成行，止成列。大夫職在奉命適四方，動作當能自正以事君也。」又朝聘篇：「卿執雁，取其跪乳有禮也。」雁乃有類於長者，長者在民上，必施然有先後之隨，必俶然有行列之治，説苑修文篇：「大夫以雁爲贄。雁者，行列有長幼之序，故大夫以爲贄。」莊二十四年注：「雁取其在人上，有先後行列。」儀禮士相見禮注：「雁取知時，飛翔有行列。」詩王風「將其來施施」，毛傳：「施施，難進之貌。」釋名釋親屬：「叔亦俶也，見嫂俶然卻退也。」俶與踧同。一切經音義十三引字林：「踧踖，不進也。惟有先後行列，故若卻退而不敢競進。」○官本「俶」作淑，云：「他本作俶。」故大夫以爲贄。

羔有角而不任，設備而不用，類好仁者；執之不鳴，殺之不諦，類死義者；羔食於其母，必跪而受之，類知禮者；白虎通衣裳篇：「羔者，取其跪乳遜順也。」○御覽九百二「食」作飲。凌本無「於」字。盧云：「『羔有角』之上，舊本有『羔乃其類天者。天之道，任陽而不任陰。王者之道，任德而不任刑，順天也』，凡二十七字，係衍文。又後漢書章懷注所引『類好仁者』無好字，『殺之不諦』作不嗥，『必跪而受之』無『而受之』三字。案：諦，與啼同。荀子禮論篇『哭泣諦號』，楊倞注引管子：『豕人立而諦。』」〔一〕**故羊之爲言猶祥與！故卿以爲贄。**莊二十四年注：「羔取其執之不鳴，殺之不號，乳必跪而受之，類死義知禮者也。」白虎通：「卿大夫贄，古以麑鹿，今以羔雁何？以爲古者質，取其內，謂得美草鳴相呼。今文取其外，謂羔跪乳、雁有行列也。」凌云：「譙周法訓：『羊有跪乳之禮。』後漢書注：『韓詩內傳：「小者曰羔，大者曰羊。」』說文：『羊，祥也。』」**玉有似君子。**○黄氏日鈔「似」下有乎字。**子曰：「人而不曰如之何、如之何者，吾末如之何也矣。」**朱子注論語云：「如之何、如之何者，熟思而審處之詞。」此以如之何爲問人之詞，與熟審意亦相通。陸賈新語辨惑篇引，以爲指世亂言之，別一義。○凌本「末」作莫。**故匿病者不得良醫，羞問者聖人去之，以爲遠功而近有災，是則不有。**盧云：「四字疑。」輿案：有，與友同。言羞問者之病如此，故聖人不與相親友也。釋名釋言語：「友，有也，相保有也。」荀子大略篇：「友者所以相有也。」白虎通綱紀篇：「友者，有也。古者謂相親愛爲有。」左昭六年傳：「宋向戌〔二〕謂華亥曰：『女喪而宗室，于人何有？人亦于汝何有？』」注：「言人不能愛汝也。」又左昭二十年傳「是不有寡君也」，

〔一〕這句盧文，原在下句注中，據注意前移。
〔二〕「向戌」，左傳作「寺人柳」。

注：「有，相親友也。」宣十五年傳：「中國不救，狄人不有，是以亡也。」與此「不有」字義正同。玉至清而不蔽其惡，莊二十四年注：「玉取其至清而不自蔽其惡。」○天啟本「清」作親。淩云：「清，王本作新。」內有瑕穢，必見之於外，荀子德行篇：「瑕適並見，情也。」說苑修文篇：「圭者，玉也，有瑕於中，必見於外。」淩云：「廣雅云：『瑕，裂穢也。』鄭玄曰：『瑕，玉之病也。』」故君子不隱其短。不知則問，不能則學，取之玉也。君子比之玉，玉潤而不污，是仁而至清潔也；廉而不殺，是義而不害也；禮記：「夫昔者君子比德如玉焉：溫潤而澤，仁也；縝密以栗，知也；廉而不劌，義也。」說苑雜篇、管子水地篇「不殺」亦作不劌。初學記二十七引五經通義曰：「玉有五德：溫潤而澤，有似于智；銳而不害，有似于仁；抑而不撓，有似于義；有瑕于內，必見于外，有似于信；垂之如墜，有似于禮。」白虎通瑞贄篇引禮王度記曰：「玉者有象君子之德，燥不輕，溼不重，薄不橈，虛不傷，疵不掩，是以人君寶之。」堅而不磬，盧云：「磬，與硜同。本一作磨。」輿案：荀子法行篇：「堅剛而不屈。」管子水地篇：「夫玉堅而不蹙，義也。」過而不濡。過，字無義，疑溫字之誤。溫近于柔，與堅對文，言溫潤而不濡弱也。莊二十四年傳注：「內堅剛而外溫潤。」禮記聘義、詩秦風、管子水地篇，竝以溫說玉。下文「視之如庸」，謂溫；「展之如石」，謂堅也。視之如庸，展之如石，狀如石，三字疑衍文，或是原注混入。搔而不可從繞，盧云：「本一作燒，疑非是。」俞云：「從，衍文。繞者，撓之叚字。搔而不可撓，即荀子法行篇所謂『折而不撓』也。漢書枚乘傳：『足可搔而絕。』然則搔與折義亦相近。」輿案：管子水地篇：「折而不撓，勇也。」說苑修文篇「薄而不撓」，一作「橈」。潔白如素，而不受污，莊二十四年注：「潔白而不受污。」淩云：「攷工注：『素，白采也。』」玉類備者，盧云：「備者疑當作備德者。」輿案：玉，字衍。莊二十四年注：「有似乎備德之君子。」故公侯以爲

贄。白虎通：「公侯以玉爲贄者，玉取其燥不輕，溼不重，明公侯之德全也。」説苑修文篇：「諸侯以圭爲贄。圭者，玉也。」**暢有似於聖人者，**俞云：「『聖人』下當疊聖人二字。下所説皆聖人之德也。至『暢亦取百草之心』，始説暢之似聖人。然則此當作聖人者明矣。上文云『雁乃有類於長者，長者在民上』，亦疊長者二字，正與此一律。」**純仁淳粹，而有知之貴也，擇於身者盡爲德音，**擇，疑積之誤。**發於事者盡爲潤澤。積美陽芬香，以通之天。**白虎通攷黜篇：「鬯者，芬香之至也。」又云：「芬香條鬯，以通神靈。」孫詒讓曰：「陽，當作暢。」輿案：此「積」字疑衍。易文言：「美在其中而暢於四支。」故云美暢。**暢亦取百香之心，獨末之，**戴望云：「百香之心，當作百草之香。『獨末之』三字，衍文。」孫詒讓云：「漢書禮樂志郊祀歌云『百末旨酒布蘭生』，顔注云：『百末，百草華之末也。以百草華末雜酒，故香且美也。事見春秋繁露。』然則此云獨末之，與百末之文正合。顔謂事見繁露，亦正指此，非衍文明矣。」**合之爲一，而達其臭，氣暢于天。**白虎通攷黜篇：「鬯者，以百草之香鬱金（金字疑衍。）而合釀之，成爲鬯。」王度記曰：「天子鬯，諸侯薰，大夫芭蘭，士蕭，庶人艾。」説文：「鬯，以秬釀鬱草，芬芳攸服，以降神也。」「鬱」下云：「一曰鬱鬯，百草之華，遠方鬱人所貢芳草。合釀之以降神。鬱，今鬱林郡也。」（通典引説文云：「鬱，芳草也，十葉爲貫，將以煮之，用爲鬯，爲百草之英，合而釀酒，以降神也。」）○各本作「暢天子」。盧云：「天子，錢疑是于天之訛，今改。」**其淳粹無擇，與聖人一也，故天子以爲贄。而各以事上也。**通典七十五：杜佑説云：「天子無客禮。亦有贄者，明其事神祇之道，故須贄以表心。故巡狩至於山川，有所告之，用鬯酒，盛以大璋中璋。」**觀贄之意，可以見其事。**莊二十四年注：「鬯取其芬芳在上，臭達于天，而醇粹無擇，有似乎聖人。故視所執而知其所任矣。」

山川頌第七十三

山則巃嵸礨崔，摧嵬嶵巍，盧云：「案説苑雜言篇作『巃嵸纍嶵』。此疑有衍文。」凌云：「上林賦注：『巃嵸崔巍，皆高峻貌。巃，力孔切。嵸音總。』南都賦注：『罪嵬，山石嶵嵬，高而不平也。礨，魯偉切，山貌。』」俞云：「此本作『山則巃嵸礨嶵』。説苑雜言篇作『夫山巃嵸纍嶵』，即本此文，可證也。因傳寫之本不同，或作『巃嵸崔嵬』，或作『巃嵸摧巍』，而後人誤合之，於是作『礨崔摧嵬嶵巍』矣。一聲之字，不應疊用，其誤可知。上林賦『於是崇山矗矗，巃嵸崔巍』，亦本此文，並可爲證。」○天啟本「摧嵬」作嵬崔，漢魏本作「山則巃嵸礨摧，嵬崔嶵巍」。黄氏日鈔與今本同。久不崩陁，似夫仁人志士。孔子曰：「山川神祇立，盧云：「川，字疑衍。」寶藏殖，説苑雜言篇：「夫山，巃嵸纍嶵，萬民之所觀仰，草木生焉，萬物立焉，飛禽萃焉，走獸休焉，寶藏殖焉。」○官本云：「殖，他本誤作殖。」器用資，曲直合，大者可以爲宮室臺榭，小者可以爲舟輿浮灄。盧云：「疑桴楫之誤。」輿案：淮南主術訓：「大者以爲舟航柱梁，小者以爲楫楔。」王念孫云：「楫楔，集韻引作椄槢，小梁也。亦見莊子在宥篇。」案浮灄，無義，疑亦椄槢之訛，桴楫則與「舟」複矣。○凌本「灄」作楫。大者無不中，小者無不入，持斧則斫，折鐮則艾。盧云：「折，疑當作持。」凌云：「爾雅『斫謂之鐯』，注『钁也』。」御覽：『風俗通：鐮刀刈葵。』」生人立，禽獸伏，死人入，荀子堯問篇：「其猶土也，深扣之而得甘泉焉，樹之而五穀蕃焉，草木殖焉，禽獸育焉，生則立焉，死則入焉。」説苑臣術篇：「爲人下者，其猶土乎？種之則五穀生焉，掘之則甘泉出焉，草木殖焉，禽獸育焉，生人立焉，死人入焉。」多其功而不言，是以君子取譬也。」不言，猶功多而不自以爲德也。荀子作不息，蓋不悳之誤。家語作不意，亦非。韓詩外傳、説苑臣術篇竝作不言。尚書大傳：「夫山，草木生焉，禽獸蕃焉，財用殖焉，生財用而無私爲，四方皆伐焉，每無私予焉。」藝文類聚、北堂書鈔竝引墨子云：「民衣焉食焉，家焉死焉，地終不責德焉。故翟以地爲仁。」藝文類聚十引韓詩外傳曰：「仁者何以樂山？山者，萬物之所瞻仰也，草木生焉，萬物殖焉，飛鳥集焉，走獸休焉，吐生萬物而不私焉。出雲導風，天地以成，國家以寧，此仁者所以樂山。」且積土成山，無損也，成其高，無害也，成其大，無虧也。小其上，泰其下，○凌云：「泰，音大。」官本云：「上，他本誤作正。」久長安，後世無有去就，儼然獨處，惟山之意。孫詒讓云：「意，疑當作悳，形近而誤。」詩云：「節彼南山，惟石巖巖。赫赫師尹，民具爾瞻。」此之謂也。凌云：「毛傳：『節，高峻貌。巖巖，積石貌。赫赫，顯盛貌。師，大師，周之三公也。尹，尹氏，爲太師。具，俱。瞻，視也。』」

水則源泉混混沄沄，○盧云：「古文苑作泫泫。」官本云：「沄沄，他本誤作汒汒。」興案：黄氏日鈔作「沄沄」。説苑雜言篇作「泉源潰潰」。淮南原道訓：「混混滑滑，濁而徐清。」凌本不提行。晝夜不竭，既似力者；盧云：「説苑雜言篇凡既字皆作其。」盈科後行，既似持平者，説苑作「循理而行，不遺小間，其似持平者」，與此微異。循微赴下，不遺小間，既似察者，荀子宥坐篇：「淖約微達似察。」説苑雜言篇：「綿弱而微達似察。」○天啟本「小間」作小問，凌本同，誤。韓詩外傳三及説苑並作小間。官本云：「他本『微』作嶽。」循谿谷不迷，或奏萬里而必至，既似知者；「知」字似未合。荀子宥坐篇〔一〕：「其萬折也必東，似志。」家語三恕篇「發源必東，此似志」，即用荀子文。知，疑志之誤。説苑雜言篇云「其萬折必東，似意」，「意」亦當作志。又説苑云：「淺者流行，深者不測，似智。」淩云：「奏，音走。」○黄氏日鈔「奏」作養，似誤。障防山而能清淨，既似知命者；○盧云：「説苑作障防而清。古文苑『山而』作止之。」孫詒讓云：「山，當即之字，隸書相近而誤。而能二字古通，必有一衍。」輿案：外傳與説苑同。漢魏本作「鄣防止之能淨淨」。不清而入，潔清而出，既似善化者；荀子宥坐篇：「以出以入，以就鮮潔，似善化。」説苑雜言篇：「不清以入，鮮潔以出，似善化。」家語：「以出以入，萬物就此化潔，此似善化也。」赴千仞之壑，入而不疑，既似勇者；疑，猶恐也。列女傳貞順篇「夫人守節，流死不疑」，義與此同。荀子宥坐篇：「其赴百仞之谷不懼，似勇。」家語同。懼亦疑也。説苑雜言篇作「其赴百仞之谷不疑，似勇」。文選謝靈運還舊園注引繁露作「赴千仞之壑而不旋，似勇者」。作「旋」亦通。○外傳三「入而不疑」作蹈深不疑。漢魏本無「入」字。天啟本「入」作石。物皆困於火，而水獨勝之，既似武者；○天啟本「困」作因，注云：「或是困。」咸得之而生，失之而死，既似有德者。荀子宥坐篇：「孔子曰：『夫水，大徧與諸生而無爲也，似德。』」孔子在川上曰：「逝者如斯夫，不舍晝夜。」此之謂也。

〔一〕「宥坐篇」，原誤「宥生篇」，據荀子改。

求雨第七十四

漢藝文志雜占有請雨止雨二十六卷，未知何人所譔。藝文類聚一百、御覽三十五竝引神農求雨書，是其來久矣。同類相動篇：「欲致雨則動陰以起陰，欲止雨則動陽以起陽，故致雨非神也，而疑於神者，其理微妙也。」通典四十三引此篇作董仲舒春秋。

春旱求雨。凌云：「春秋考異郵：『旱之爲言悍也，陽驕蹇所致也。』」**令縣邑以水日禱社稷山川，家人祀户。**凌云：「通考：『後漢制，自立春至立夏，盡立秋，郡國上雨澤，詣少府，郡縣各掃除社稷。其旱也，公卿長官以次行雩禮。』論衡：『夫雩，古而有之。故禮曰雩祭，祭水旱也。故有雩禮，故孔子不譏，而仲舒申之。夫如是，雩祭，祀禮也。雩祭得禮，則大水，鼓用牲於社，亦古禮也。得禮無非，當雩一也。禮，祭也。社，報生萬物之功。土地廣遠，難得辨祭，故立社爲位，主心事之。爲水旱者，陰陽之氣也，滿六合，難得盡祀，故修壇設位，敬恭祈求，效事社之義，復災變之道也。推生事死，推人事鬼，陰陽精氣，儻如生人能飲食乎，故共〔一〕馨香，奉進旨嘉〔二〕，區區惓惓，冀見答享。推祭社言之，當雩一也。』月令注中霤禮：『祀户之禮，南面設主於户內之西，乃制脾及腎爲俎，奠於主北。又設盛

〔一〕「共」字，原誤「其」，據論衡明雩篇改。

〔二〕「奉進旨嘉」，原誤「進旨酒嘉」，據明雩篇改。

於俎西，祭黍稷、祭肉、祭醴，皆三祭。肉，脾一，腎再。既祭徹之，更陳鼎俎，設饌於筵前。迎尸，略於祭宗廟之儀。』」○天啟本作「以水日令民禱社，家祀户」。盧云：「舊本作『令民禱社，家人祀户』。今以通典增改。所謂家人，即民也，不可民與家人竝言。又社稷山川，縣邑〔一〕之所宜禱，故定從通典。」輿案：藝文類聚一百、御覽三十五引竝作「以水日令民禱社，家人祠户」。是唐宋本已如此。**無伐名木，無斬山林。**凌云：「周禮注：『積石曰山，竹木曰林。』」**暴巫，**凌云：「檀弓『吾欲暴巫而奚若』，注：『暴之，是虐之也。巫能接神，亦覬天哀而雨之。』漢書郊祀志：『在男曰覡，在女曰巫也。』」○御覽三十五「暴」作曝，字同。**聚尪。**○御覽三十五引「尪」作虵。各本同。藝文類聚一百引作「尪」。今據改。**八日。於邑東門之外爲四通之壇，**凌云：「三禮圖：『雩壇在巳地。』封禪書：『爲壇，開八通之鬼道。』索隱：『司馬彪續漢書祭祀志云：壇有八陛通道以爲門。』」**方八尺，植蒼繒八。**凌云：「字林曰：『繒，帛總名。』禮緯〔二〕含文嘉云：『天子、三公、諸侯皆以三帛以薦玉。』宋均注：『其殷禮。三帛，謂朱、白、蒼，象三正。』」**其神共工，祭之以生魚八，玄酒，具清酒、**凌云：「春秋元命苞：『酒旗，主上尊酒，所以侑神〔三〕也。酒者，乳也。王者法酒旗以布政，施天乳以哺人。』禮運『故玄酒在室』，疏：『玄酒，謂水也。以其色黑，故謂之玄。而太古無酒，此水當酒所用，故謂之玄酒。』周禮酒正：『辨三酒之物，三曰清酒。』注云：『今中山冬釀〔四〕，接夏而成。』」

〔一〕「邑」字，原作「令」，據盧本改。
〔二〕「緯」字，原誤「説」，據凌本改。
〔三〕「神」字，原誤「酒」，據凌本及元命苞改。
〔四〕「釀」下，原有「酒」字，據凌本及酒正注刪。

膊脯。凌云：「説文：『薄脯膊之屋上，从肉專聲，匹〔一〕各切。』東方朔曰：『乾肉爲脯。』」擇巫之潔清辯利者以爲祝。凌云：「羣經音辨：『祝，祭主，贊辭者也。』」○盧云：「舊本作『清潔辯言利辭者』。又考宋本，作清潔辨言，又或作辨口。」輿案：天啟本無「爲」字。凌云：「『爲』字據後漢禮儀志注補入。」祝齋三日，服蒼衣，先再拜，乃跪陳，陳已，復再拜，乃起。隋志：「梁有董仲舒請禱圖。」當即此類。祝曰：「昊天生五穀以養人，○天啟本無「生」字，王本同。今五穀病旱，恐不成實，○天啟本無「實」字。敬進清酒、膊脯，○天啟本「敬」下有起字，王本同。盧云：「劉昭注續漢志作脯脼。」再拜請雨，雨幸大澍。」凌云：「自『昊天』至『大澍』，見春秋漢含孳。説文：『雨所以澍生萬物，故曰澍，音注。』藝文類聚一百引董仲舒曰：『廣陵女子諸巫，無小大，皆相聚其郭門外，爲小壇，以脯酒祭，使移市。市使門者無内丈夫，丈夫無得相從飲食。又令吏各往視其夫，皆言到〔二〕即赴，雨澍而止。』又曰：『江都相仲舒下内史承書從事，其都閒吏家在百里内，皆令人故行書告縣，遣妻視夫，賜巫一月租，使巫求雨，復使巫相推擇潔淨易教者祭，跪祝曰：天生五穀以養人，今五穀病旱，恐不成。敬進清酒甘羞，再拜請雨。』」案：自廣陵女子至祭跪，今繁露所無。」即奉牲禱，○通典下有「復再拜起」四字。藝文類聚一百與今本同。天啟本無「即」字，凌本同。以甲乙日爲大蒼龍一，長八丈，居中央。月令疏：「蒼是東方之色。」按蒼龍即青龍。墨子貴義篇：「日者言帝以甲乙殺青龍於東方，以丙丁殺赤龍於南方，以庚辛殺白龍於西方，以壬癸殺黑龍

〔一〕「匹」字，原誤「亡」，據凌本及説文改。

〔二〕「到」字，原誤「利」，據凌本改。

於北方，以戊己殺黃龍於中方。」然則此爲象龍，象其日所殺之龍而爲之與？○盧云：「蒼，本亦作青。」輿案：後漢郎顗傳注作「蒼」，「丈」作尺。爲小龍七，各長四丈。通典「七」作十，郎顗傳注作五，「丈」作尺。於東方。皆東鄉，其間相去八尺。小童八人，皆齋三日，服青衣而舞之。凌云：「鄭注：易曰：『天一地二，天三地四，天五地六，天七地八，天九地十。而五行自水始，火次之，木次之，金次之，土爲後。木生數三，成數八，但言八者，舉其成數。』通典：『後漢行雩禮以求雨，興土龍，立土人舞童二佾。』案：以下人物之數，悉本五行之數，如春爲東方，屬木，木之成數八，故人物之數皆八也。羣經音辨：『青，東方色也。』」田嗇夫亦齋三日，服青衣而立之。凌云：「說文：『嗇，愛濇，从來从㐭。來者㐭而藏之，故田夫謂之嗇夫。』風俗通：『嗇，省也。夫，賦也。言消息百姓，均其役賦。』」鑿社通之於閭外之溝，凌云：「漢書顏注：『溝，街衢之旁通水者也。』」○鑿，天啟本作「諸里」，通典作里，無「之於」字及下「之」字。取五蝦蟇，凌云：「急就篇『水蟲科斗、䵷、蝦蟇』，顏注：『蝦蟇一名螫，大腹而短腳。』焦氏易林：『蝦蟇羣聚，從天請雨，雲雷〔一〕集聚，應時輒雨，得其所願。』」錯置社之中。○天啟本作錯置秘中，通典作置社中。藝文類聚「置」作里。官本云：「社，他本誤作秘。」凌云：「據禮志補『之』字。」池方八尺，深一尺，凌云：「孔安國曰：『停水曰池。』」○天啟本作「二尺」〔二〕。置水蝦蟇焉。通典無此五字，疑是衍文。具清酒、膊脯，祝齋三日，服蒼衣，拜跪，陳祝如初。○天啟本「祝」作祀。取三歲雄雞與三歲猳

〔一〕「雲雷」二字據易林補。

〔二〕「一尺」，凌本及叢刊本亦作「二尺」。

豬，○天啟本無「豭」字。凌云：「據禮志補『豭』字。釋文『音家』。方言云：『豬，北燕朝鮮之間謂之豭。』字鑑：『豬，專於切。』說文：『豕而三毛叢居者。從豕，者聲。』五經文字云：『從犬作猪者訛。』」皆燔之於四通神宇。○通典「四」下有方字，下同。令民闔邑里南門，○天啟本無「民」字。通典「民」作人，避唐諱。凌云：「『民』字，據禮志補。」置水其外。開邑里北門，○天啟本無「邑里」二字，凌本有「里」字，云：「據禮志補。」具老豭豬一，置之於里北門之外。市中亦置豭豬一，○天啟本「一」在「置」下，凌本同。聞鼓聲，○凌本「聞」下有彼字，據禮志補。皆燒豭豬尾。○天啟本無「豭」字。取死人骨埋之，○通典無「死」字。開山淵，積薪而燔之。藝文類聚一百引神農求雨書〔一〕曰：「春夏雨日而不雨，甲乙命爲青龍，又爲火龍，東方，小童舞之。丙丁不雨，命爲赤龍，南方，壯者舞之。戊己不雨，命爲黃龍，壯者舞之。庚辛不雨，命爲白龍，又爲火龍，西方，老人舞之。壬癸不雨，命爲黑龍，北方，老人舞之。如此不雨，潛處闔南門，置水其外，開北門，取人骨埋之。如此不雨，命巫祝而曝之。曝之不雨，神山積薪，擊鼓而焚之。」御覽三十五亦引神農求雨書云：「春，甲乙不雨，東爲青龍，又爲火龍，東方，老人舞之。壬癸黑雲興乃雨。」又曰：「北不雨，命巫祝而曝之。不雨，禱山神，積薪具，擊鼓而焚之。」欒稽耀嘉：「開神山神淵，積薪，夜擊鼓噪而燔之。」管子：「水出地而不流者，命之曰淵。」○天啟本無「之」字。凌云：「據禮志補。」通道橋之壅塞不行者，決瀆之。疑當作「決瀆之不行者」。通典無此六字。○天啟本「通」上有「決」字，凌本同。幸而得雨，報以豚一，酒、鹽、黍財足，凌云：「世本：『夙沙氏煮海爲鹽。』漢書顏注：『財、纔古通用。』」○

〔一〕「神農求雨書」，原誤「神農求雨者」，據下文引改。

天啟本作「以豬一」，無「報」字。官本同，云：「他本作『報以豚一』。」**以茅爲席，毋斷。**凌云：「南山經『白菅爲席』，注：『菅，茅屬也。』鄭注序官：『敷陳曰筵，藉之曰席。』」**夏求雨。**凌云：「漢舊儀：『求雨，太常禱天地、宗廟、社稷、山川以賽，各如其常牢禮也。四月立夏，旱，乃求雨，禱雨而已，後旱復重禱而已。訖立秋，雖旱，不得禱求雨也。』」**令縣邑以水日，家人祀竈。**凌云：「中霤禮：『祀〔一〕竈之禮，先席於門之奥，東面〔二〕，設主於竈陘，乃制肺及心肝爲俎，奠於主西。又設盛於俎南，亦祭黍。三祭：肺、心、肝各一祭。醴一，亦既祭徹之。更陳鼎俎，設饌于筵前，迎尸，如祀户之禮。』説文：『周禮以竈祠祝融。』淮南子：『炎帝作火官，死爲竈神。』莊子〔三〕云：『浩，竈神也，如美女，衣赤。』雜五行書〔四〕曰：『竈神名禪，字子郭，黄衣，夜披髮，從竈中出。知其名呼之，可除兇惡，市豬肝泥竈，令婦孝。』」〇天啟本無「縣」字。據禮志及藝文類聚一百引，有「縣」字，是唐本不誤。盧云：「舊本與各書所引，凡祀與祠，並參雜不一，今姑仍之，下放此。」輿案：通典及御覽三十五引「祀」作祠。藝文類聚與今本同。天啟本「祀」作祝。通典「竈」下有神字。**無舉土功，更火浚井。**凌云：「漢書注：『浚，抒治之也，音峻。』釋名：『井清曰泉，清潔者也。』世本：『伯夷作井。』」〇盧云：「火，本一作大。」輿案：藝文類聚「火」作水，疑是。**暴釜於壇，臼杵於術，**凌云：「易繫辭：『斷木爲杵，掘地爲臼。』雜記『杵以梧』，注：『所以擣也。』漢書刑法志『園囿術路』，注：

〔一〕「祀」字，原誤「記」，據凌本改。
〔二〕「面」字，原誤「西」，據凌本改。
〔三〕據史記武帝本紀，「莊子」下當有「司馬彪注」四字，且下「浩」字當作「誥」。
〔四〕「書」原作「志」，據後漢書卷三二陰識傳注改。

『如淳曰：『術，大道也。』一切經音義注：『蒼頡篇：邑中道曰術。道，路也。』漢禮器制度：『釜受三斛，或云五斛。』」輿案：「暴釜」何以「於壇」？疑有誤字。通典與今本同，「壇」作檀。藝文類聚引作「曝釜甑杵臼于衢」。御覽三十五引作「暴釜鬲杵臼于術」。「壇」疑鬲之誤，又衍上「於」字耳。○凌云：「王本『釜』作金。」七日。爲四通之壇於邑南門之外，○天啟本無「之」字。凌云：「據禮志補。」方七尺，植赤繒七。其神蚩尤，祭之以赤雄雞七，玄酒，具清酒、膊脯。○藝文類聚無「具」字。祝齋三日，服赤衣，拜跪陳祝如春辭。○盧云：「辭，當依下文作祠。通志無此字。」以丙丁日爲大赤龍一，長七丈，○藝文類聚作「長各七尺」。居中央。又爲小龍六，各長三丈五尺，於南方。皆南鄉，○天啟本「長」字在「各」上。其間相去七尺。壯者七人，凌云：「鄭注：『火生數二，成數七。』但言七者，亦舉其成數。』」皆齋三日，服赤衣而舞之。司空嗇夫亦齋三日，服赤衣而立之。鑿社而通之閭外之溝。取五蝦蟇，錯置里社之中，池方七尺，深一尺。具酒脯，○藝文類聚及天啟本竝無「具」字〔一〕。祝齋，衣赤衣，拜跪陳祝如初。據上下文，「祝齋」下當有「三日」二字。取三歲雄雞、豭豬，燔之四通神宇。開陰閉陽如春也。通典：「後漢求雨閉諸陽，衣皁，興土龍，立土人，舞童二佾。七日一變，如故事。」○天啟本無「也」字。凌云：「據禮志補。」季夏禱山陵以助之。土爲季夏，故別舉其法。令縣邑十日壹徙市，○藝文類聚「季夏」作季春，誤，

〔一〕「具」，凌本、叢刊本亦無。

無「十日」二字。天啟本、凌本同。今從盧本。於邑南門之外。五日禁男子無得行入市。通志：「漢武帝元封六年旱，女子及巫丈夫不入市。」○藝文類聚「男子」作男女。家人祠中霤。凌云：「中霤，禮：祀〔一〕中霤之禮，設主於牖下，乃制心及肺肝爲俎，其祭肉，心、肺〔二〕、肝各一。他皆如祀户之禮。中霤猶中室也。土主中央而神在室，古者複穴，是以名室爲霤云。」無舉土功。○天啟本「舉」作興，凌本同。聚巫市傍，爲之結蓋。○藝文類聚無此四字。傍，天啟本作傷，疑場之誤。爲四通之壇於中央，植黄繒五。○藝文類聚「繒」作幡。其神后稷，祭之以母䬁五，○盧云：「母䬁，舊脱，今以劉昭注及通典增補。」凌本作母肫。劉逢禄云：「王本缺母肫二字。今據元本藝文類聚劉昭注及通典增補。」輿案：通典注云：「母，音模，禮謂之淳母。䬁，音移，周禮曰䬁食。」玄酒，具清酒、膊脯。令各爲祝齋三日，盧云：「『令各爲』三字疑衍。」輿案：通典有，藝文類聚無。衣黄衣。皆如春祠。○通典「皆」上有餘字，是。藝文類聚「祠」作辭。以戊己日爲大黄龍一，長五丈，居中央。又爲小龍四，○官本云：「他本『四』作五。」輿案：通典與今本同。藝文類聚無「四」字。各長二丈五尺，於南方。○通典「南方」作中央。藝文類聚作「長各二丈五尺」，無下三字。皆南鄉，其間相去五尺。丈夫五人，皆齋三日，服黄衣而舞之。凌云：「鄭注：『土生數五，成數十。』但言五者，土以生爲本。』」意林：『風俗通：禮云：十尺曰丈，成人之長也。夫者，膚也，言其智膚敏宏教也，故曰丈夫。』」○藝文類聚

〔一〕「祀」字，原誤「記」，據凌本改。

〔二〕「肺」字，據凌本補。

「丈夫」作士姓。天啟本無「皆」字〔一〕，類聚有。**老者五人，亦齋三日，衣黃衣而立之。**天啟本無「老者」二字。通典無「五人」二字。俞云：「聚珍本云：『他本無老者二字。』今以文義求之，無此二字者是也。據下文冬求雨，用老者六人。則季夏之月不得亦用老者，一也。且上文於春云：『小童八人，皆齋三日，服青衣而舞之。田嗇夫〔二〕亦齋三日，服青衣而立之。』於夏云：『壯者七人，皆齋三日，服赤衣而舞之。司空嗇夫亦齋三日，服赤衣而立之。』於秋云：『鰥者九人，皆齋三日，服白衣而舞之。司馬亦齋三日，衣白衣而立之。』於冬云：『老者六人，皆齋三日，衣黑衣而舞之。尉亦齋三日，服黑衣而立之。』是舞之者或小童，或壯者，或鰥者，或老者，皆擇用民間之人，而立之者或田嗇夫，或司空嗇夫，或司馬，或尉，皆在官之人也。此乃用『丈夫五人舞之，老者五人立之』，於義不合，二也。然則此文宜如何？曰：此文直云『五人亦齋三日，衣黃衣而立之』。所謂『五人』，非如丈夫五人，以數計也。五人乃當時有此名目，其字本作伍。漢酷吏尹賞傳：『乃部户曹掾史與鄉吏〔三〕、亭長、里正、父老、伍人。』是伍人與亭長、里正同類。此所『衣黃衣而立之』者，即其人也。作五者，古字通耳。後人不達其義，謂五人是以數計，則五人之上不得無文。臆加老者字，而古制失矣。」輿案：藝文類聚一百引亦作「老者五人」，是唐本已如此。**亦通社中於閭外之溝，**○天啟本「社」下闕一字，「中」下闕一字。孫鑛云：「宋本俱闕。」**蝦蟇池方五尺，深一尺。**○天啟本「蝦」上有取字，凌本同。**他皆如前。**○盧云：「舊本此下有一段云：『神農求雨第十九曰：「戊己不雨，命爲黃龍，又爲大龍，

〔一〕「皆」，凌本、叢刊本亦無。
〔二〕「夫」字，據本篇原文補。
〔三〕「吏」字，原誤「史」，據漢書尹賞傳改。

壯者舞之，季立之。」又曰：「東方小童舞之，南方壯者、西方沾人、北方口人舞之。」』共四十八字。續漢志注無之。此疑後人隨意附注，不得以閒雜本書。其『第十九曰』者〔一〕，此書十九篇中之語也。舊本曰作日，亦訛。」輿案：天啟本有此四十八字。「西方沾人」下注云：「未詳。」「北方」下注云：「疑少一字。」盧所見作空方格。神農求雨書、藝文類聚所載較詳，引見上。

秋暴巫尪至九日，○天啟本無「尪」字。凌云：「據禮志補。」**無舉火事，**凌云：「漢昭帝紀『夏，旱，大雩，不得舉火。』注：『臣瓚曰：不得舉火，抑陽助陰也。』」**無煎金器，**○天啟本無「無」字，凌本同。**家人祠門。**凌云：「中霤禮：祀門之禮，北面設主於門左樞，乃制肝及肺心爲俎，奠於俎南，又設盛於俎東。其他皆如祭竈之禮。」○官本「祠」作祀，云：「祀，他本作祠。」**爲四通之壇於邑西門之外，方九尺，植白繒九。其神少昊，**○盧云：「舊本作太昊，訛。今依通典改正。」官本作「太」，云：「通典作少昊。」**祭之以桐木魚九，**初學記二、御覽十一並引淮南子曰：「董仲舒請雨，秋用桐木魚。」**玄酒，具清酒、膊脯。衣白衣。**凌云：「羣經音辨：『白，西方色也。』」　輿案：「衣白衣」上疑當有「祝齋三日」四字。**他如春。以庚辛日爲大白龍一，長九丈，居中央。爲小龍八，各長四丈五尺，於西方。皆西鄉，其間相去九尺。鰥者九人，**凌云：「鄭注：『金生數四，成數九。但言九者，亦舉其成數。』」**皆齋三日，服白衣而舞之。司馬亦齋三日，**○官本云：「他本闕馬字。」**衣白衣而立之。蝦蟇池方九尺，深一尺。他皆如前。**

〔一〕「者」字，據盧本補。

冬舞龍六日，禱於名山以助之。家人祠井。○祠，官本作祀，云：「他本作祠。」無壅水。爲四通之壇於邑北門之外，○通典「爲」上有各字。方六尺，植黑繒六。其神玄冥，凌云：「五行記：『顓頊爲玄冥。』御覽：『漢舊儀：祠五祀，謂五行，金、木、水、火、土也。木正曰句芒，火正曰祝融，金正曰蓐收，水正曰玄冥，土正曰后土，皆古聖能治成五行有功者也。』鄭注月令：『玄冥，少皞氏之子，曰修，曰熙，爲水正。』」祭之以黑狗子六，玄酒，具清酒、膊脯。祝齋三日，衣黑衣，祝禮如春。以壬癸日爲大黑龍一，長六丈，居中央。又爲小龍五，○天啟本無「又」字、「五」字。凌本無「又」字。各長三丈，於北方。皆北鄉，其間相去六尺。老者六人，凌云：「鄭注：『水生數一，成數六。但言六者，亦舉其成數。』」皆齋三日，衣黑衣而舞之。尉亦齋三日，服黑衣而立之。蝦蟇池皆如春。○盧云：「趙疑『皆』字上脱『方六尺，深一尺，他』七字。」輿案：通典與今本同。天啟本無「皆」字，凌本同。

四時皆以水日，○天啟本無「日」字。官本云：「通典下有日字。」凌本不提行。爲龍，必取潔土爲之，結蓋，龍成而發之。文選應休璉與岑文瑜書：「土龍矯首於玄寺，泥人鶴立於闕里。」注引淮南子曰：「聖人用物，若用朱絲約芻狗，若用土龍以求雨。芻狗待之而求福，土龍待之而得食。」山海經曰：「大荒東北隅中，有山名凶犁土丘，應龍處南極，殺蚩尤與夸父，不得復上，故下數旱。而爲應龍之狀，乃得大雨。」郭璞曰：「今之土龍，氣應自然冥感，非人所能。」論衡亂龍篇：「董仲舒申春秋之雩，設土龍以招雨，（龍虚篇「招雨」作爲感。）其意以雲龍相致。易曰：『雲從龍，風從虎。』以類求之，故設土龍。陰陽從類，風雨自至。」又云：「仲舒覽見深鴻，立事不妄，設土龍之象，果有狀也。」又死僞篇云：「董仲舒請雨之法，設土龍以感氣。夫土龍非實，不能致雨，仲舒用之致精誠。不顧物之真僞也。」又定賢篇云：「仲舒信土龍之能致雲雨，蓋亦有以也。」又案書云：「孔子終，論定于仲舒之言。其修雩始龍，必將有義，未可怪也。」白孔六帖二、初學記二引許慎淮南子注：「湯遭旱，作土龍以象龍，雲從龍，故致雨也。」案劉子駿掌雩祭、典土龍事，（亦見論衡亂龍篇。）是土龍漢時沿用。此云「爲龍」，象之而已，非真龍也。程明道行狀云：「上元之茅山有龍池，其龍如蜥蜴而五色。祥符間，命中使取二龍，至中途，中使奏一龍飛空而去。自昔嚴奉以爲神物。先生嘗捕而脯之，使人不惑。」案遺書但言捕二龍，持歸爲小兒玩之至死。今浙江鄞天井山有五龍靈蹟，有求于山者，或得蛇，或得蜥蜴，或得蛙，皆足以致雨，往往而驗。（見全祖望碧沚龍神廟碑。）殆因土龍而傅會者與？**四時皆以庚子之日，**○凌本「四時」提行。**令吏民夫婦皆偶處。凡求雨之大體，丈夫欲藏匿，**○盧云：「續漢志注作欲藏而居。」**女子欲和而樂。**凌云：「樂稽耀嘉：『凡求雨，男女欲和而樂。』」○盧云：「此下舊有『神農書又曰：開神山神淵，積薪，夜擊鼓，譟而燔之，爲其旱也』二十三字。案此段亦非本文，今改作小字，附注於此，以備考。『神農書』，舊本脱農字，今增。旱，或一作皁。」

輿案：天啟本有此二十三字，旱，作皁。

止雨第七十五

凌云：「西京雜記：『京都大水，祭山川以止雨。丞相、御史、二千石，禱祀如求雨法。』」

雨太多，令縣邑以土日，塞水瀆，凌云：「玉篇：『説文曰：瀆，溝也。一曰邑中溝。』」**絶道，蓋井，禁婦人不得行入市。令縣鄉里皆掃社下。縣邑若丞合史、嗇夫三人以上，**○凌本「史」作吏。

祝一人；鄉嗇夫若吏三人以上，祝一人；里正父老三人以上，祝一人，皆齋三日，○盧云：「自此三日以下一百八十字，各本闕。聚珍本從大典補。」凌云：「王本別以第六王道篇『年年之積』至『賢賢也，春秋』五十字，錯簡於此，今刪去重複。」輿案：天啟本「皆齋」下缺數行，注云：「宋本闕文數行。」又有「年年之積」云云至「春秋」五十字，旁注云：「從宋本存之，諸本闕。」下接「恐傷五穀」云云。各衣時衣。凌云：「春蒼，夏赤，秋黃，冬黑。」具豚一，凌云：「方言：『豚，豬子也。』」黍鹽美酒財足，祭社。擊鼓三日，而祝。先再拜，乃跪陳，陳已，復再拜，乃起。祝曰：「嗟！○盧云：「本作諸字，誤。」天生五穀以養人，今淫雨太多，五穀不和。敬進肥牲清酒，以請社靈，幸爲止雨，除民所苦，無使陰滅陽。陰滅陽，不順於天。天之常意，在於利人，凌云：「生五穀以利人。」輿案：「常意」二字疑倒。人願止雨，敢告於社。」祝祠與求雨大同。郊祀篇所謂「以人心庶天無尤也」。鼓而無歌，至罷乃止。凡止雨之大體，女子欲其藏而匿也，丈夫欲其和而樂也。開陽而閉陰，闔水而開火。凌云：「漢書：『仲舒治國，以災異之變推陰陽所以錯行，故求雨，閉諸陽，縱諸陰，其止雨反是。』師古曰：『謂若閉南門，禁舉火，及開北門，水灑人之類是也。』」以朱絲縈社十周。通典云：「成帝五年六月，始命諸官止雨。朱繩乃縈社，擊鼓攻之。」御覽五百二十六引漢舊儀云：「五儀（二字疑誤。）元年，儒術奏施行董仲舒請雨事，始令尚書、丞相以下求雨雪。曝城南舞童女禱天神五帝。五年，（五，疑成之誤。）始令諸官止雨，朱絲縈社，擊鼓助之。」衣赤衣赤幘。三日罷。御覽六百八十七引董仲舒止雨書曰：「執事者赤幘。由是言之，知不著冠之所服也。」（下二句非原文。）○各本「三日」並作言。盧云：「末七字有訛脱。」孫詒讓云：「言當作『三日』二字。下文『三日而止，末至三日，天大暒亦止』是也。」今從之。

二十一年八月甲申，朔。丙午，武帝二十一年，從建元元年起數之，則元狩四年。時仲舒免歸家居。元鼎以前紀元竝追稱，故此不列年號耳。○盧云：「本作庚申朔，訛。」凌本不提行。江都相仲舒告内史中尉：凌云：「百官公卿表云：『少府内史，周官，秦因之，掌治京師。』任昉物原云：『諸官稱史，亦自伏犧置史官始。』中尉，秦官，掌徼巡京師，武帝太初元年，更名執金吾。』」陰雨太久，○凌云：「以上俱補入。」恐傷五穀，趣止雨。止雨之禮，廢陰起陽。書十七縣，八十離鄉，「離」字疑有誤。及都官吏千石以下，夫婦在官者，咸遣婦歸。○盧云：「舊脱『歸』字，今補。」女子不得至市，市無詣井，○天啟本「詣」作諸，注云：「一作詣。」蓋之，勿令泄。鼓用牲于社。祝之曰：「雨以太多，以，與已同。五穀不和，敬進肥牲，以請社靈，社靈幸爲止雨，除民所苦，無使陰滅陽。陰滅陽，不順於天。天意常在於利民，願止雨。敢告。」鼓用牲於社，皆壹以辛亥之日，書到即起，縣社令長，若丞尉官長，凌云：「百官公卿表：『縣令、長，皆秦官，掌治其縣，皆有丞、尉，秩四百石至二百石。』」各城邑社嗇夫，里吏正里人皆出，凌云：「百官公卿表：『十亭一鄉，鄉有三老，有秩嗇夫。嗇夫職聽訟，收賦稅。』」至於社下，餔而罷。凌云：「餔，音逋，申時食也。」○官本云：「餔而，他本誤作顧西。」三日而止。未至三日，天暒亦止。盧云：「暒，與晴同。舊本作星，訛。案仲舒本傳，所著百二十三篇中有條教一類，此節殆其一也。後人掇拾遺佚，以類附此。鄭康成注周官大祝，引仲舒救日食祝曰：『炤炤大明，瀸滅無光，奈何以陰侵陽，以卑侵尊？』亦不在此書中。」○官本「天」下有大字，云：「他本無。」

祭義第七十六

五穀，食物之性也，天之所以爲人賜也。性，與生同。○盧云：「舊本『人賜』倒，錢改。」　輿案：黄氏日鈔作「天所以賜人」。　宗廟上四時之所成，凌云：「禮鄭注：『合於天道，因四時之變化，孝子感時念親，則以此祭之也。』」受賜而薦之宗廟，敬之性也，盧云：「性，疑當作至。」於祭之而宜矣。於，字疑誤。　宗廟之祭，物之厚無上也。春上豆實，凌云：「桓四年注：『豆，祭器名，狀如鐙。天子二十有六，諸公十有六，諸侯十有二，卿上大夫八，下大夫六，士二。』三禮圖：『豆高尺二寸，漆赤中。大夫以上畫赤雲氣，諸侯飾以象，天子加玉飾。』案御覽引禮圖：『豆以木，受四升。』餘并同。」夏上尊實，秋上朹實，凌云：「説文：『朹，古簋字。』」○天啟本「朹」作机。　冬上敦實。凌云：「三禮圖：『敦有足，其形如今酒樽法。』案聶注：『舊圖，敦受一斗二升，漆赤中，大夫飾口以白金。』孝經鉤命決云：『敦，規首，上下圓相連。』」豆實，韭也，春之所始生也。　尊實，醴也，戴校引錢大昕云：「尊，當爲籩。周禮籩人四籩以醴爲首。尊酒器，不可以盛籩實。隸書籩或省辵，因誤爲尊耳。」孫詒讓云：「錢説是。惟臱與尊形實不相近，無由致誤。竊謂尊當爲算之譌。禮記明堂位云：『薦用玉豆雕篹。』鄭注云：『篹，籩屬也，以竹爲之。』史記汲鄭列傳云：『其餽遺人不過算器食。』集解引徐廣云：『算，竹器。』篹从算得聲，古字通用。（儀禮士冠禮鄭注云：「匴，竹器。」古文匴爲篹，此以算爲篹，猶今文禮以匴爲篹也。）此以夏上算實配春上豆實，猶明堂位以雕篹配玉豆，皆以篹當籩，明其同物也。算，艸書或作茾，（皇象書急就篇凡从竹字通作卄形。是其例。）

與尊正相似，因而致誤。」（明堂位孔疏云：「簋，籩也。」）○天啟本「麷」作麯，注云：「一作麰。」案：疑當作「麥」。夏之所受初也。桓八年〔一〕注：「麥，魚始熟可礿，故曰礿。」或引「受長」。○盧云：「受初，錢疑倒，下同。」杌實，黍也，凌云：「說文：『杌，黍稷方器也。』廣韻：『簠簋，祭器，受斗二升，內圓外方，曰簋。』考工疏：『祭宗廟用木簋。』」秋之所先成也。敦實，稻也，冬之所畢熟也。始生故曰祠，善其司也；夏約故曰礿，俞云：「此本作『初受故曰礿』，即承『夏之所初受』而言，與『始生故曰祠』、『先成故曰嘗』、『畢熟故曰蒸』，承上而言者一律。因上文初受誤作受初，於是此文亦作受初。而今本作夏約者，即受之誤。受之與夏，初之與約，字形皆相似也。」貴所受初也；○天啟本作「貴所初礿也」，凌本同。　案：初，字疑衍。先成故曰嘗，嘗言甘也；畢熟故曰蒸，蒸言衆也。○凌本「蒸」作烝。奉四時所受於天者而上之，爲上祭，上祭，疑四祭。貴天賜，且尊宗廟也。孔子受君賜則以祭，況受天賜乎。一年之中，天賜四至，至則上之，此宗廟所以歲四祭也。故君子未嘗不食新，新天賜至，盧云：「錢疑是『天賜新至』。」必先薦之，乃敢食之，尊天、敬宗廟之心也。○天啟本「敢」作取，凌本同。尊天，美義也；敬宗廟，大禮也。聖人之所謹也。○盧云：「舊本，『大禮也』倒在此句下，今移正。」不多而欲潔清，「多」上疑脱一字。不貪數而欲恭敬。君子之祭也，躬親之，○天啟本「躬」作恭，凌本同。致其中心之誠，盡敬潔之道，以接至尊，故鬼享之。享之如此，乃可謂之能祭。祭者，察也，以善逮鬼神之謂也。善乃逮

〔一〕「八年」，原誤「七年」，據公羊傳桓八年何注改。

不可聞見者，故謂之察。凌云：「尚書大傳：『察者，至也。至者，人事也，人事至然後祭。』」吾以名之所享，故祭之不虛，安所可察哉！可，疑不之誤〔一〕。祭之爲言際也與？○盧云：「與，音餘。舊本此下有察也二字，係誤衍。」祭然後能見不見。見不見之見者，○盧云：「舊本作『之見者見不見』，係誤倒，今移正。」然後知天命鬼神。知天命鬼神，然後明祭之意。明祭之意，乃知重祭事。○官本云：「他本『事』作祀，下同。」孔子曰：「吾不與祭，如不祭。凌云：「特牲饋食注：『士賤職褻，時至事暇，可以祭，則筮其日矣。』疏：『鄭云：時至事暇，可以祭者，若祭時至，有事不得暇，則不可以私廢公故也。若大夫以上尊，時至，唯有喪故不祭，餘吉事皆不廢祭。若有公事及病，使人攝祭。』故論語孔子云：『吾不與祭。』注：『孔子或出或病，不自親祭，使攝者爲之，不致肅敬于心，與不祭之同。』」○天啟本無下三字，凌本同。祭神如神在。」重祭事，如事生。凌云：「禮志曰：『君子生則敬養，死則敬饗也。』」故聖人於鬼神也，畏之而不敢欺也，信之而不獨任，事之而不專恃。恃其公，報有德也；幸其不私，與人福也。其見於詩曰：「嗟爾君子，毋恆安息。○天啟本「毋」作叨，蓋「勿」之誤文。凌本「恆」作常。靜共爾位，凌云：「共，韓詩作恭。鄭玄曰：『共，古恭字。』」好是正直。神之聽之，介爾景福。」正直者得福也，不正者不得福，此其法也。以詩爲天下法矣，何謂不法哉？謂、爲同。其辭直而重，有再歎之，盧云：「有，與又同。」欲人省其意也。而人尚不省，何其忘哉！孔子曰：「書之重，辭之復。盧云：「復，與複同。」

〔一〕「之誤」，原誤「誤之」，據文義乙正。

嗚呼！不可不察也。其中必有美者焉。」此之謂也。莊云：「苟一義一法足以斷其凡，則無可凡而皆削而不書。春秋非紀事之史也，所以約文而示義也。是故有單辭，有兩辭，有複辭，有衆辭。衆辭可凡而不可凡也，複辭可要而不可要也，兩辭備矣，可益而不可益也，單辭明矣，可殊異而不可殊也。故曰『游夏之徒不能贊一辭』也。」盧云：「末段多有賸句，疑後人所附益。」凌云：「『孔子曰』至『者焉』，見春秋緯。」 輿案：「其辭」下至末，疑是他篇説春秋文。首止之會盟，葵丘之會盟，召陵之盟，皆再書焉，此書重之例也。稷之會，終之曰「成宋亂」；澶淵之會，終之曰「宋災」。故尹氏立王子朝，先之曰「王室亂」，此辭複之例也。僖四年傳：「師在召陵，則曷爲再言盟？喜服楚也。」何注引孔子語釋之，與此同。疏云：「春秋説文，蓋即出此。」姚鼐公羊補注云：「孔子書重辭復之言，蓋齊魯儒者傳之，公羊家載之于注，此真聖人辭也，非出春秋緯也。漢人多習于公羊之説，西漢之末作禮緯、春秋緯者，勦其説以爲書。世乃以九錫及書之重等語，皆謂何引緯書以説經，則誣之甚矣。」 案：姚不知何引董語。僖二十二年傳：「春秋辭繁而不殺者正也。」知此是説春秋文。「其中必有美者焉」，或引作「必有大美惡焉」，於義爲長。見明劉永之復梁寅書。

循天之道第七十七

此篇多養生家言。御覽七百二十四引神仙傳曰：「李少君與議郎董仲舒相親，見仲舒宿有固疾，體枯氣少。少君乃與其成藥二劑，並有用戊己之草、后土脂、黄精根、獸沈肪、先秀之根、百卉華釀，亥月上旬合煎銅鼎中，童男沐浴潔静，調其湯火。合藥成，服如雞子三劑，齒落更生；服盡五劑，命不復傾。」 案：此「仲舒」爲仲君之譌，後人因董言養生而傅會之。互見年表。○張惠言云：「此下諸篇，多錯簡缺誤，就其明者正之，餘不敢强説。」

循天之道，以養其身，謂之道也。莊子讓王篇：「道之真，以治身。」天有兩和以成二中，黄震云：「兩和謂中春、中秋。」俞云：「兩和謂春分、秋分，二中謂冬至、夏至。」歲立其中，用之無窮。是北方之中用合陰，而物始動於下；「是」下當有故字。南方之中用合陽，而養始美於上。疑當作「而物始養於上」。其動於下者，不得東方之和不能生，中春是也。其養於上者，不得西方之和不能成，中秋是也。聖人之道以中和爲則，故取春秋而不取冬夏。然則天地之美惡，在兩和之處，二中之所來歸而遂其爲也。惡，讀曰烏。「在」字句絶，下疑更有「在」字。是故東方生而西方成，○官本「故」下有和字，云：「他本無。」東方和生北方之所起，○天啟本無「生」字，「起」下缺一字，官本有「前」字，云：「他本無。」西方和成南方之所養長。俞云：「『長』字衍，下同。」○各本「西方」上衍「而」字，今據上文及俞説删。起之不至於和之所不能生，養長之不至於和之所不能成。成於和，生必和也；始於中，止必中也。中者，天地〔一〕之所終始也；○官本云：「他本無始字。」而和者，天地之所生成也。凌云：「中庸：『致中和，天地位焉，萬物育焉。』疏：『言人君所能致極。中庸使陰陽不錯，則天地得其正位焉。生成得

〔一〕「地」字，凌本、盧本、叢刊本作「下」。

理，故萬物得其生育焉。』」夫德莫大於和，而道莫正於中。中者，天地之美達理也，「美」下疑奪一字。聖人之所保守也。詩云：「不剛不柔，布政優優。」此非中和之謂與？是故能以中和理天下者，其德大盛；能以中和養其身者，其壽極命。言無天閼。程子云：「今人不怠惰放肆，必太嚴厲，聖人便自有中和之氣。」男女之法，法陰與陽。白虎通紀綱篇：「夫婦法人，取象人合陰陽，有施化端也。漢含孳云：『水火交感，陰陽以設，夫婦象也。』」又嫁娶篇：「人承天地，施陰陽，故設嫁娶之禮。」又引春秋穀梁傳曰：「男子二十五繫心，女十五許嫁，感陰陽也。」御覽五十八引春秋元命苞：「水之立字，兩人交一，以中出者爲水。一者數之始，兩人譬男女，言陰陽交物，以一起也。」陽氣起於北方，至南方而盛，盛極而合乎陰。陰氣起乎中夏，至中冬而盛，盛極而合乎陽。不盛不合，是故十月而壹俱盛，終歲而乃再合。錢云：「一歲再合，則『十月』當作六月。」○天啟本無「壹」字。天地久節，以此爲常，久，疑作之。是故先法之内矣，句疑有脱誤。養身以全，使男子不堅牡不家室，謂壯而後有家室。白虎通嫁娶篇：「男三十，筋骨堅强，任爲人父。女二十，肌膚充盈，任爲人母。合爲五十，應大衍之數，生萬物也。故禮内則曰：『男三十壯有室，女二十壯而嫁。』」陰不極盛不相接。○官本云：「他本『極盛』作盛極。」是故身精明，難衰而堅固，壽考無忒，此天地之道也。天氣先盛牡而後施精，故其精固；上「精」字疑衍。天道施，地道化，施與化對文。○凌本「天氣」作天地，非。地氣盛牝而後化，故其化良。凌云：「大戴禮記：『故男以八月生齒，八歲而毁。一陰一陽，然後成道，二八十六，然後精通，然後其施行。女七月生齒，七歲而毁，二七十四，然後其化成。』」○官本云：「牝，他本作托。」輿案：天啟本不誤。是故陰陽之會，冬合北方而物動於下，夏合南方而物動於上。

上下之大動，皆在日至之後。爲寒則凝冰裂地，爲熱則焦沙爛石。凌云：「漢書顏注：『凝，堅冰也。』尸子曰：『寒凝冰裂地。』釋名：『熱，爇也，如火所燒爇也。』呂氏春秋曰：『湯時大旱七年，煎沙爛石。』淮南子詮言訓：『陽氣起於東北，盡於西南；陰〔一〕氣起於西南，盡於東北。陰陽之始皆調適相似，日長其類以侵相遠。或熱焦沙，或寒凝水。』」氣之精至於是，句。故天地之化，春氣生而百物皆出，夏氣養而百物皆長，秋氣殺而百物皆死，冬氣收而百物皆藏。凌云：「越絶書：『范子曰：臣聞陰陽氣不同處，萬物生焉。冬三月之時，草木既死，萬物各異藏，故陽氣避之藏伏，壯於内，使陰陽得成於外。夏三月盛暑之時，萬物遂長，陰氣避之下藏伏，壯於内。然而萬物親而信之，是所謂也陽者，主生萬物。方夏三月之時，大熱不至，則萬物不能成；陰氣主殺，方冬三月之時，地不内藏，則根荄不成，即春無生。故一時失度，即四序爲不行。』」是故惟天地之氣而精，盧云：「而，字疑衍。」出入無形，而物莫不應，實之至也。○盧云：「舊脱『也』字，趙增。」君子法乎其所貴。天地之陰陽當男女，人之男女當陰陽。陰陽亦可以謂男女，男女亦可以謂陰陽。論衡自然篇：「儒者説夫婦之道取法于天地。」天地之經，至東方之中而所生大養，○各本「至」上有生字，俞云「即『至』字之誤衍，今據刪。」至西方之中而所養大成，一歲四起業，而必於中。業，字疑誤。中之所爲，而必就於和，故曰和其要也。文子曰：「古之爲道者養以和，持以適。」嵇康養生論：「守之以一，養之以和，和理日濟，同乎大順。」又云：「修性以保神，安心以全身。愛憎不棲於情，憂喜不留於意，泊然無感而體氣和平。」

〔一〕「陰」字，原作「陽」，據凌本及淮南子改。

和者，天之正也，盧云：「趙疑『天』下當有地字。案：下文俱以天地並言。」陰陽之平也，○官本云：「平，一作半。」其氣最良，物之所生也。凌云：「淮南子：『天地之氣，莫大於和。和者，陰陽調，日夜分而生物。春分而生，秋分而成。生之與成，必得和之精。故聖人之道，寬而栗，嚴而温，柔而直，猛而仁。太剛則折，太柔則卷，聖人正在剛柔之間，乃得道之本。積陰則沈，積陽則飛，陰陽相接，乃能成和。』」○官本云：「他本『良』下有爲字。」誠擇其和者，以爲大得天地之奉也。天地之道，雖有不和者，必歸之於和，而所爲有功；雖有不中者，必止之於中，而所爲不失。是故陽之行，始於北方之中，而止於南方之中；陰之行，始於南方之中，而止於北方之中。陰陽之道不同，至於盛而皆止於中，其所始起皆必於中。中者，天地之太極也，日月之所至而卻也，長短之隆，不得過中，天地之制也。隆，猶極也。兼和與不和，中與不中，而時用之，盡以爲功。是故時無不時者，天地之道也。順天之道，節者天之制也，「節」下「者」字，疑緣上下文衍。陽者天之寬也，陰者天之急也，中者天之用也，和者天之功也。舉天地之道，而美於和，「美」上疑有莫字。是故物生，皆貴氣而迎養之。孟子曰：「我善養吾浩然之氣者也。」謂行必終禮，而心自喜，常以陽得生其意也。終禮，疑當作中禮。案：西漢時未尊孟子，而董引孟子説凡再見，其他義與之相合者亦多。是自漢以後，孔孟之隆，胥由董子矣。○盧云：「自，舊本作目，譌。」輿案：天啟本「自」字不誤。公孫之養氣曰：「裹藏泰實則氣不通，泰虛則氣不足，凌云：「裹藏，謂藏府也。」盧本刪「公孫之養氣曰裹藏」八字，云「衍文」。天啟本及凌本竝有。天啟本「裹藏」下注云：「三字未詳。」孫詒讓云：「下文皆公孫尼子文。御覽四百六十七引公孫尼子曰：『君子怒則自説以和，喜則收之以正。』與此正同。養氣蓋即其篇名，盧刪大繆。」輿案：孫説是。公孫尼子二十八篇，見藝文志，注云：「七十子之弟子。」沈約謂樂記取公孙尼子，劉瓛謂緇衣，公孫尼子所作，蓋亦大師。論衡本性篇：「惟世碩公孫尼子之徒頗得其正。」世碩以人性有善有惡，公孫當亦近之。董子言性，殆本公孫，此復引其文，蓋在師承之列矣。又北堂書鈔引公孫尼子云：「太古之人，飲露，食草木實。聖人爲火食，號燧人，飲食以通血氣。」文選沈休文三月三日詩注引公孫尼子云：「衆人役物而忘情。」御覽二十一及七百二十四引公孫尼子「孔子有疾」云云，（引見下。）蓋皆養生家言，殆有道者與？ **熱勝則氣□，寒勝則氣□，**盧云：「舊本『熱勝則氣寒』下有校語云：『此下疑少五字。』」今案：『寒』當爲下句之首，兩句正相對，而各少下一字耳。」**泰勞則氣不入，泰佚則氣宛至，**盧云：「宛，讀爲鬱，下同。」**怒則氣高，喜則氣散，憂則氣狂，懼則氣懾。凡此十者，氣之害也，而皆生於不中和。故君子怒則反中而自説以和，喜則反中而收之以正，憂則反中而舒之以意，懼則反中而實之以精。」**以上引公孫書畢。淮南原道訓：「夫喜怒者，道之邪也；憂悲者，德之失也；好憎者，心之過也；嗜欲者，性之累也。人大怒破陰，大喜墜陽，薄氣發瘖，驚怖爲狂，憂悲多恚，病乃積成。好憎繁多，禍乃相隨。故心不憂樂，德之至也；通而不變，静之至也；嗜欲不載，虚之至也；無所好憎，平之至也；不與物散，粹之至也。」程子云：「聖人未嘗無喜也，象喜亦喜。聖人未嘗無怒也，一怒而安天下之民。聖人未嘗無哀也，哀此煢獨。聖人未嘗無懼也，臨事而懼。聖人未嘗無愛也，仁民而愛物。聖人未嘗無欲也，我欲仁，斯仁至矣。但中其節則謂之和。」與此可參證。**夫中和之不可不反如此。**○盧云：「不可不反，舊本作不可反，今從趙增一『不』字。」**故君子道至，氣則華而上。**○盧云：「『氣則』二字，本或作而字，非。」輿案：天啟本作而字，注云：「一作『氣則』。」句中疑尚有誤字。」**凡氣從心。心，氣之君也，何爲而氣不隨也。**心動而氣隨之。○何，天啟本作心。**是以天下之道**

者，皆言內心其本也。道者，謂修養生之道者，下同。古自有此稱，猶世俗之人稱俗者也。（見莊子讓王篇。）故仁人之所以多壽者，外無貪而內清淨，心和平而不失中正，取天地之美以養其身，是其且多且治。鶴之所以壽者，無宛氣於中，凌云：「相鶴經：『大喉以吐故，修頸以納新，故生大壽不可量。』初學記引繁露作『鶴知夜半，鶴所以壽者，無死氣於中也』。」是故食冰。俞云：「凌注以『是故食冰』四字屬下爲義，非也。蝯無食冰之説，於義無取。且『鶴之所以壽者』，『蝯之所以壽者』，兩文相對。『是故食冰』，『是故氣四越』，兩文亦相對。則食冰自屬鶴也。董子原文疑作『是故食不冰』。冰者，凝之正字。説文於『冰』篆下出重文『凝』，曰『俗冰從疑』是也。食不凝，謂所食不凝滯也。蓋中無宛氣，故食不凝滯，此鶴之所以壽也。相鶴經謂『大喉以吐故，修頸以納新』，是矣。淺人但知冰爲冰凍字，誤删不字，遂失其義。」猿之所以壽者，好引其末，是故氣四越。越，猶散也。謂流而不滯。國語周語：「氣不沈滯，而亦不散越。」又云：「以揚沈伏，而黜散越。」淮南原道訓：「聲出於口，則越而散矣。」知越、散義同。○御覽九百十引繁露曰：「蝯似猴，大而黑，長前臂。所以壽者，好引其氣也。」初學記二十九引同，惟「所以壽者」作壽八百。天氣常下施於地，○官本云：「下，他本誤作不。」是故道者亦引氣於足；莊子大宗師篇：「真人之息以踵。」天之氣常動而不滯，是故道者亦不宛氣。下疑有脱文。苟不治，雖滿不虛。盧云：「案此七字疑有誤。或當作『氣苟不治，雖滿必虛』。」是故君子養而和之，節而法之，去其羣泰，法，疑治。羣泰，即上泰勞、泰佚、泰實、泰虛之類。取其衆和。高臺多陽，廣室多陰，遠天地之和也，故聖人弗爲，適中而已矣。呂覽孟春紀：「室大多陰，臺高多陽。多陰則蹷，多陽則痿，此陰陽不適之患也。」藝文類聚六十一引董生書、詩名物疏引董子，竝云：「禮，天子之宮，右清廟，左涼室，前明堂，後路寢。

四室者，足以避寒暑而不高大也。夫高室近陽，廣室多陰，故室適形而止。」○各本脱「聖」字，據御覽百七十四引補。盧云：「中，舊本作之，誤。」**法人八尺，四尺其中也。**淮南天文訓：「音以八相生，故人修八尺。尋自倍，故八尺而爲尋。有形則有聲，音之數五，以五乘八，五八四十，故四丈而爲匹。匹者，中人之度也。」説文：「周制以八寸爲尺，十尺爲丈。人長八尺，故曰丈夫。周制寸、尺、咫、尋、常、仞諸度量，皆以人之體爲法。」論衡氣壽篇：「人形一丈，正形也。名男子爲丈夫，尊公嫗爲丈人。」**宫者，中央之音也；甘者，中央之味也；**淮南原道訓：「故音者，宫立而五音形矣。味者，甘立而五味亭矣。」亦見五行對篇。**四尺者，中央之制也。是故三王之禮，味皆尚甘，聲皆尚和。處其身所以常自漸於天地之道，**漸，猶寖潤也。天地陰陽篇：「天地之間，有陰陽之氣，常漸人者，若水常漸魚也。」**其道同類，一氣之辨也。法天者乃法人之辨。**辨，治也。人之所以自治，與天地之道相通，故法天者法人之所以自治而已。人之自治，莫貴於氣，故云一氣之辨，其要亦曰中和而已矣。**天之道，嚮秋冬而陰來，嚮春夏而陰去。是故古之人霜降而迎女，冰泮而殺内，**殺内，當爲殺止。殺，去聲。謂自霜降始逆女，及冰泮而殺止也。霜降九月，冰泮二月也。故詩云：「士如歸妻，迨冰未泮。」荀子大略篇：「霜降逆女，冰泮殺内。」内，亦止之誤。（通典引「内」正作止。）注：「殺，減也。内爲妾御也。」據誤文爲説。家語本命解：「霜降而婦功成，嫁娶者行焉。冰泮而農桑起，婚禮而殺于此。」通典五十九注引董仲舒書云：「聖人以男女當天地之陰陽。天地之道，向秋冬而陰氣來，向春夏而陰氣去。是故古之人霜降而迎女，冰泮而殺止，與陰俱近，與陽俱遠。」初學記注引董仲舒云：「聖人以男女陰陽其道同類。天道向秋冬爲陰氣結，向春夏爲陰氣去。故曰：霜降逆女，冰泮而殺止。」

詩東門之楊正義引董仲舒，與初學記大同，亦作「殺止」。是唐本尚不誤。召南摽〔一〕梅及東門之楊正義、周禮媒氏疏載王肅論引荀子、韓詩傳，亦作「殺止」。與陰俱近，與陽俱遠也。○下「俱」字原脱。盧云：「遠上疑亦當有『俱』字。」案：通典有，今據補。天地之氣，不致盛滿，不交陰陽。凌云：「白虎通：『嫁娶必以春者，春，天地交通，陰陽相接之時也。』」是故君子甚愛氣而游於房，以體天也。漢藝文志：「房中者，性情之極，至道之際。是以聖人制外樂以禁内情，而爲之節文。樂而有節，則和平壽考，迷者弗顧，以生疾而隕性命。」○盧云：「『游』上當有謹字。」氣不傷於以盛通，而傷於不時、天并。以盛通，即前所云「極盛相接」也。俞云：「『天并』二字無義。疑當作弃天。弃與并字相似，傳寫又誤倒耳。下文曰：『不與陰陽俱往來，謂之不時；恣其欲而不顧天數，謂之天并。』夫不顧天數，正弃天之謂，可知其誤矣。」輿案：并，即屏字。言爲天所屏棄。句例與莊子天刑、天放同。○官本云：「傷，他本誤作傖。」不與陰陽俱往來，謂之不時；恣其欲而不顧天數，謂之天并。君子治身，不敢違天。是故新牡十日而一遊於房，錢云：「十日亦當作六日。」輿案：十，字是。荀子大略篇：「十日一御。」與此合。中年者倍新牡，二十日。始衰者倍中年，四十日。中衰者倍始衰，八十日。大衰者以月當新牡之日，十月。白虎通五行篇：「年六十閉房何？法六月陽氣衰也。」嫁娶篇：「男子六十閉房何？所以輔衰也。故重性命也。」禮内則曰：「妾雖老，未滿五十，必與〔二〕五日之御。」滿五十不

〔一〕「摽」字，原誤「標」，據詩摽有梅改。
〔二〕「與」字，原作「預」，據禮記内則改。

御，俱爲助衰也。至七十大衰，食非肉不飽，寢非人不煖，故七十復開房也。日本丹波康賴所撰醫心方廿八引玉房秘訣云：「年廿，常二日一施；卅，三日一施；卌，四日一施；五十，五日一施。年過六十以去，勿復施瀉。」與此略異，然六十後閉房則同。以白虎通推之，婦人過五十不御，是故古者男子三十而娶，女二十而嫁，以十年爲差。**而上與天地同節矣。此其大略也，然而其要皆期於不極盛不相遇。**醫心方引洞玄子云：「男年倍女損女，女年倍男損男。」**疏春而曠夏，謂不遠天地之數。民皆知愛其衣食，而不愛其天氣。天氣之於人，重於衣食。衣食盡，尚猶有閒，**句。**氣盡而立終。**盧云：「閒，疑闕之誤。」輿案：閒，字不誤。言衣食盡尚可云救，視氣盡猶有閒也。莊子天地篇：「比犧尊於溝中之斷，則美惡有閒矣。」此二字所本。○原「氣」下無「盡」字。錢云：「『氣』下當脱盡字。」今補。**故養生之大者，乃在愛氣。氣從神而成，神從意而出。心之所之謂意，**天道施篇云：「萬物動而不形者，意也。」說文：「意，志也，从心、音。」**意勞者神擾，神擾者氣少，氣少者難久矣。**淮南原道訓：「夫形者生之舍也，氣者生之充也，神者生之制也，一失位則三者傷矣。」精神訓：「心者形之主也，而神者心之寶〔一〕也。」司馬遷傳：「凡人所生者神也，所託者形也。神大用則竭，形大勞則敝，形神〔二〕離則死。死者不可復生，離者不可復合，故聖人重之。」**故君子閑欲止惡以平意，平意以靜神，**○官本云：「靜，他本作淨，下同。」**靜神以養氣。**○盧云：「養，本一作愛。」**氣多而治，則養身之大者得矣。**

〔一〕「寶」原作「實」，據淮南子改。

〔二〕「神」字，據凌本及漢書補。

○官本云：「他本『身』作人。」古之道士有言曰：漢藝文志道家有道家言二〔一〕篇，道士言蓋其類。將欲無陵，固守一德。此言神無離形，則氣多內充，而忍饑寒也。王應麟云：「老子谷神一章，養生者宗焉。董子此文數語，亦有得于此。」和樂者，生之外泰也；○盧云：「和，舊本作知，誤。」精神者，生之內充也。凌云：「白虎通：『精神者何謂也？精者，靜也，太陰施化之氣也，象火之化任生也。神者，恍惚，太陰之氣也。』」外泰不若內充，而況外傷乎？忿恤憂恨者，生之傷也；○官本云：「他本『恤憂』作憂恤。」凌云：「也，王本誤作亡。」和說勸善者，生之養也。勸善，疑歡喜之誤。君子慎小物而無大敗也。行中正，聲嚮榮，氣意和平，居處虞樂，可謂養生矣。凡養生者，莫精於氣。○各本下接「此物獨生」至末。盧本接「是故男女體其盛」至末。盧云：「此下舊本衍『故天下之君』五字。又誤出下卷天地之行篇中語『此物獨死』至『大可見矣』九十七字，今改歸下篇。」張惠言云：「此下當接下篇『是故春襲〔二〕』至『羣物皆生而』止，再接『此物獨死』至末。」今從之。是故春襲葛，夏居密陰，秋避殺風，冬避重漯，就其和也。盧云：「漯，疑是溼。」俞云：「漯，當爲沛。漯字說文本作濕，而今經傳相承，皆以濕爲燥溼之溼。然則此言重漯，即重濕也。以漯爲溼，猶經傳之以濕爲溼矣。李翕析里橋郙閣頌『醳散關之嶃漯』，漯即溼也，與此正同。說詳王氏念孫漢隸拾遺。」衣欲常漂，盧云：「漂，當與僄同，輕也。或又疑是溧字。」凌云：「韋昭曰：『以水擊絮爲漂。』」食欲常饑。體欲

〔一〕「二」字，原作「一」，據漢書改。

〔二〕「襲」字，據凌本及本篇正文補。

常勞，而無長佚，居多也。居多，二字疑衍。御覽二十一引公孫尼子曰：「孔子有疾〔一〕，哀公使醫視之。醫曰：『子居處飲食何如？』孔子曰：『丘〔二〕春居葛籠，夏居密陽，秋不風，冬不煬，飲食不饋，飲酒不勤。』醫曰：『是良藥也。』」七百二十四引同。饋作遺。○凌本「長」作常。凡天地之物，乘於其泰而生，厭於其勝而死，四時之變是也。凌云：「家語：『孔子曰：化於陰陽，象形而發，謂之生；化窮數盡，謂之死。』」○上「於」字各本作以，錢云：「計臺本作於。」今據改。故冬之水氣，東加於春而木生，乘其泰也。春之生，西至金而死，厭於勝也。生於木者，至金而死；淮南墬形訓「故禾春生秋死」，注：「禾者木，春木王而生，秋金〔三〕王而死。」生於金者，至火而死。淮南墬形訓「麥秋生夏死」，注：「麥，金也。金王而生，火王而死。」春之所生而不得過秋，秋之所生不得過夏，天之數也。飲食臭味，每至一時，亦有所勝，有所不勝，句。之理不可不察也。之，猶此。四時不同氣，氣各有所宜，宜之所在，其物代美。視代美而代養之，同時美者雜食之，是皆其所宜也。故薺以冬美，而荼以夏成，白虎通八風篇：「昌盍風至，生薺麥。」西京雜記載仲舒雨雹對云：「建巳之月爲純陽，不容都無復陰也，但陽氣之極耳，薺麥枯，由陰殺也。建亥之月爲純陰，不容都無復陽也，但陰氣之極耳，薺麥始生，由陽升也。」淮南子「薺麥夏死」，而人曰夏生，生者多也。

〔一〕「疾」字，原作「病」，據凌本改。
〔二〕「丘」字，據凌本補。
〔三〕「金」字，原誤「木」，據淮南子注改。

韓愈猗蘭操：「雪霜貿貿，薺麥之茂。」傅玄董逃行歷九秋篇：「薺與麥兮夏零，蘭桂踐霜逾馨。」蓋薺麥夏零而冬美也。○通志昆蟲草木略云：「薺之菜甚小，自生園圃，其實曰蒫。」爾雅云：「蒫，薺實。」詩云「其甘如薺」，謂此菜之美也。○荼，盧本作芥，王本作芬，淩云：「皆誤，當作荼。爾雅：『荼，苦菜。』月令孟春云：『苦菜秀。』易通卦驗元圖云：『苦菜生于寒，經冬歷春，得夏乃成。』故知『荼』字爲是，且與薺連文。詩曰：『誰謂荼苦，其甘如薺。』作芥作芬，皆無據也。」今從淩本改，下同。此可以見冬夏之所宜服矣。冬，水氣也，薺，甘味也，乘於水氣而美者，甘勝寒也。淩云：「爾雅：『蒫，薺實。』詩：『其甘如薺。』淮南墬形訓：『薺冬生，仲夏死。』注：『薺，水也。冬水王而生，土王而死。』廣韻：『甘菜。』金匱玉衡經：『冬至，陽氣在子，萬物蟄藏，薺麥之類得冬始生，皆非正氣。』」○御覽九百八十「而美」作故美。薺之爲言濟與？濟，大水也。○御覽九百八十引作「薺之言濟，所以濟大水也」。夏，火氣也，荼，苦味也，乘於火氣而成者，苦勝暑也。淮南時則訓「孟夏其味苦」，高注：「火味苦也。」白虎通：「火味所以苦何？南方主長養，苦者所以長養也。猶五味須苦可以養也。」天無所言，而意以物。以物示意。物不與羣物同時而生死者，必深察之，是天之所以告人也。○盧云：「舊本作『是天所告人也』。」錢云：「大典有『之』字『以』字。」故薺成告之甘，荼成告之苦也。君子察物而成告謹，「成」字疑當在「而」上。是以至薺不可食之時，而盡遠甘物，至荼成就也。成就，猶成熟也，字疑誤。天所獨代之成者，君子獨代之，○盧云：「所獨，舊本倒，誤。又『君子獨代』下似脱去一字。」是冬夏之所宜也。春秋雜物其和，物，疑食之誤。上文所云「同時美者雜食之」也。而冬夏代服其宜，則當得天地之美，四時和矣。孫詒讓云：「當，當作常。」凡擇味之大體，各因其時之所美，而違天不遠矣。○盧云：「舊本『各因』二字誤作冬字，『之所』倒作所之，今皆改正。」是故當百物大生之時，羣物皆生，而此物獨死。○各本自「是故春襲葛」至「羣物皆生而」誤在下篇「天地之行美也」下，「此物」上衍「故天下之君」五字。今依凌本從張説移正，刪「故天下之君」五字。可食者，告其味之便於人也；其不食者，告殺穢除害之不待秋也。當物之大枯之時，羣物皆死，如此物獨生。俞云：「如，即而字。惟其文傳寫錯誤，今正之曰：是故當百物大生之時，羣物皆生，而此物獨死，不可食者，告殺穢除害之不待秋也。當物之大枯之時，羣物皆死，如此物獨生，可食者，告其味之便於人也。」○官本云：「如，他本誤作知。如、而通。」其可食者，益食之，天爲之利人，獨代生之；其不可食，益畜之。益，疑作並。天愍州華之間，故生宿麥，中歲而熟之。凌云：「漢書仲舒説上曰：『春秋他穀不書，至於麥禾不成則書之，以此見聖人於五穀最重宿麥。』漢武紀『遣謁者勸有水災郡種宿麥』，顏注：『秋冬種之，經歲乃熟，故曰宿麥。』氾勝之書：『凡田六道，種麥爲首。子欲富，黄金覆，謂曳柴壅麥根也。夏至後七十日，寒地可種宿麥。』陶隱居云：『麥有大小穬，穬即宿麥。』」○盧云：「『州華之間』四字疑誤。」官本云：「中，他本作正。」君子察物之異，以求天意，大可見矣。○盧本自「是故春襲葛」至此，並在下篇。

是故男女體其盛，臭味取其勝，居處就其和，勞佚居其中，寒煖無失適，饑飽無過平，○過，凌本作失。欲惡度理，動静順性，○各本「性」下有命字，疑衍。今從凌本刪。喜怒止於中，憂懼反之正，此中和常在乎其身，謂之得天地泰。○凌本「得」上有大字，下句同。官本云：「他本無大字。」輿案：「此」字疑在「謂」之上。得天地泰者，其壽引而長；○官本「得」上有大字，云：「他本無。」不得天地泰者，其壽傷而短。短長之質，人之所由受於天也。○天啟本「天」作人。是故壽有短長，養有得失，及至其末之，大卒而必讎，於此莫之得離，孫詒讓云：「末之，疑當作末也。大卒，疑作大率，形近而誤。莊子人間世篇：『率然拊之。』釋文云：『率或作卒。』」故壽之爲言，猶讎也。盧云：「讎，與酬、售並同。詩『無言不讎』，箋云：『如賣物，物善則其售賈貴，物惡則其售賈賤。』爾雅釋詁云『匹也』，説文云『讐也』，義亦皆同。」凌云：「漢書律曆志：『廣延宣問，以考星度，未能讎也。』注：『鄭德云：相應曰讐。』」天下之人雖衆，不得不各讎其所生，而壽夭於其所自行。○盧云：「舊本作『壽夭與其所以日』，誤。」自行可久之道者，其壽讎於久；自行不可久之道者，其壽亦讎於不久。久與不久之情，各讎其生平之所行，○官本云：「他本脱『與不久』三字。」今如後至，不可得勝，如、而同。疑文尚有奪誤。故曰：壽者讎也。然則人之所自行，乃與其壽夭相益損也。其自行佚而壽長者，命益之也；其自行端而壽短者，命損之也。端，字疑誤。以天命之所損益，疑人之所得失，此大惑也。是故天長之而人傷之者，其長損；天短之而人養之者，其短益。夫損益者皆人，人其天之繼歟？○官本云：「夫，他本誤作失。」輿案：天啟本「損益」作損夭。出其質而人弗繼，豈獨立哉！○官本云：「立，他本作哀。」案：當作「豈不哀哉」。

春秋繁露義證卷第十七

天地之行第七十八

天地之行美也。○盧本下接「是故春襲葛」至「君子察物之異，以求天意，大可見矣」一段。盧云：「天地之美，下文具言之。然此處或尚有脱字。」錢云：「首一條乃養生家言，後一條言君臣之道，似非一篇之文。」張惠言云：「此下當接『是以天高』至『伏節死義』，再接『難不惜其命』至『臣之功也』。此篇文止此。『代四時也』是如天之爲篇文。」輿案：張校是。今從凌本移正。是以天高其位而下其施，○天啟本「是以」云云至「伏節死」，在「臣之功也」下。藏其形而見其光，序列星而近至精，近至精，無義，疑有誤。下同。立元神篇「天積衆精以自剛」下云：「近至精，所以爲剛也。」近至，或積衆之誤。考陰陽而降霜露。高其位所以爲尊也，下其施所以爲仁也，藏其形所以爲神也，見其光所以爲明也，序列星所以相承也，近至精所以爲剛也，考陰陽所以成歲也，降霜露所以生殺也。爲人君者，其法取象於天。○官本云：「取，他本誤最。」案：天啟本有也字，凌本同。故貴爵而臣國，所以爲仁也；盧云：「『臣國』二字之閒有脱文，少『所以爲尊也』一句。」輿案：離合根篇云：「任羣賢以受成，乃不自勞於事，所以爲尊也。汎愛羣生，不以喜怒賞罰，所以爲仁也。」深居隱處，不見其體，所以爲神也；任賢使能，觀聽四方，所以爲明也；量能授官，賢愚有差，所以相承也；引賢自近，以備股肱，所以爲剛也；考實事功，○凌本作「考事實功」。次序殿最，所以成世也；有功者進，無功者退，所以賞罰也。是故天執其道爲萬物主，君執其常爲一國主。天不可以不剛，主不可以不堅。天不剛則列星亂其行，主不堅則邪臣亂其官。困學紀聞九引漢書丁鴻日食封事云：「天不可以不剛，不剛則三光不明；王不可以不强，不强則宰牧縱横。」其説出于此。星亂則亡其天，臣亂則亡其君。故爲天者務剛其氣，爲君者務堅其政，○後漢書黄瓊傳「堅」作彊。剛堅然後陽道制命。地卑其位而上其氣，暴其形而著其情，受其死而獻其生，成其事而歸其功。卑其位所以事天也，上其氣所以養陽也，暴其形所以爲忠也，著其情所以爲信也，受其死所以藏終也，○官本云：「死，他本作形。」獻其生所以助明也，成其事所以助化也，○盧云：「化，舊本誤作位，今據下文改正。」歸其功所以致義也。爲人臣者，其法取象於地。故朝夕進退，奉職應對，所以事貴也；供設飲食，候視疢疾，所以致養也；○天啟本「疢」作疚。委身致命，事無專制，所以爲忠也；易緯乾鑿度：「上者專制，下者順從。」○盧云：「爲忠，舊本亦作致養，誤。今改正。」竭愚寫情，不飾其過，所以爲信也；○盧云：「爲信，舊本作爲忠，亦誤。今據上文改正。」伏節死難，不惜其命，所以救窮也；事之不濟，以死繼之，所以救人事之窮。○「伏節死」下，天啟本接「義代四時也」云云，至「況櫗人乎」。凌本「死」下有義字。推進光榮，褒揚其善，所以助明也；○天啟本無「助」字。受命宣恩，輔成君子，所以助化也；子，字疑誤。功成事就，歸德於上，所以致義也。是故地明其理爲萬物母，臣明其職爲一國宰。母不可以不信，宰不可以不忠。母不信則草木傷其根，宰不忠則姦臣危其君。根傷則亡其枝葉，○天啟本無「其」字。君危則亡其國。故爲地者務暴其形，爲臣者務著其情。義亦見離合根諸篇。○盧云：「自『難不惜其』起至此，共百二十四字，舊本誤在前『羣物皆生而』之下，『一國之君』之上，今案文義移正。」

一國之君，其猶一體之心也。禮緇衣：「民以君爲心，君以民爲體。」漢武元狩元年詔：「君者心也，民猶支體。支體傷則心憯怛。」○天啟本不提行，接「務著其情」下。今從凌本敍次，從盧本提行。隱居深宮，若心之藏於胸；至貴無與敵，若心之神無與雙也。嵇康養生論：「精神之于形骸，猶國之有君也。」○官本云：「敵，他本誤作遍。」其官人上士，上，與尚同。高清明而下重濁，若身之貴目而賤足也；任羣臣無所親，因材器使，無所偏愛。若四肢之各有職也；○盧云：「有職，本或作一職。」內有四輔，若心之有肝肺脾腎也；書洛誥：「亂爲四輔。」漢書谷永傳：「永對曰：『四輔既備，成王靡有過舉。』」顏注：「四輔，謂左輔、右弼、前疑、後丞。」大戴禮千乘篇：「國有四輔。輔，卿也，卿設如〔一〕四體。」王莽爲漢設四輔官，自爲太傅，幹

〔一〕「如」字，原誤「于」，據大戴禮記改。

四輔之事。（又見孔光傳。）尚書大傳之「四隣」，即此。書洛誥疏云：「周公事無不統，故一人爲四輔。」據此以肝肺脾腎爲喻，是董主四人分設也。王應麟小學紺珠三云：「四佐：脾、腎、肝、肺。」注云：「周書：心有四佐。」佐、輔同義。凌云：「春秋元命苞：『目者肝之使，肝者木〔一〕之精，蒼龍之位也。鼻者肺之使，肺者金之精，制割立斷。耳者心之候，心者火之精，上爲張星，成于五，故人心長五寸。陰者腎之寫，腎者水之精，上爲虛危。口者脾之門户，脾者土之精，上爲北斗，主變化者也。脾之爲言附著也，如龍蟠虎伏，合附著也。』」外有百官，若心之有形體孔竅也；親聖近賢，若神明皆聚於心也；上下相承順，若肢體相爲使也；布恩施惠，若元氣之流皮毛腠理也；凌云：「素問云：『西方生燥，燥生金，金生辛，辛生肺，肺生皮毛。』呂氏春秋：『伊尹曰：用新去陳，腠理遂通〔二〕。』高誘曰：『腠理，肌脈也。』」百姓皆得其所，若血氣和平，形體無所苦也；○盧云：「『血氣』上舊衍流字，今删。」無爲致太平，若神氣自通於淵也；○盧云：「『自通』上舊衍無字，今删。」致黃龍鳳皇，若神明之致玉女芝英也。凌云：「詩含神霧曰：『太華之山，上有明星玉女，主持玉漿，服之成仙。』張揖曰：『玉女，青要、乘弋等也。』玉符經〔三〕：『欲清淨絜白，致其芝英，當得芝英玉女圖。』玉曆通政經：『芝英者，王者親延耆老，養〔四〕有道，則生也。』」君明，臣蒙其功，若心之神，體得以全；「神」下當有而字。臣賢，君

〔一〕「木」原作「目」，據春秋元命苞改。

〔二〕「通」原作「用」，據呂氏春秋先己篇改。

〔三〕據云笈七籤卷八十，「玉符經」當作「五稱符」。

〔四〕「養」字，據凌本補。

蒙其恩，若形體之靜而心得以安。上亂下被其患，若耳目不聰明而手足爲傷也；臣不忠而君滅亡，若形體妄動而心爲之喪。○盧云：「舊本脱『爲』字，趙增。」是故君臣之禮，若心之與體，心不可以不堅，君不可以不賢；體不可以不順，臣不可以不忠。心所以全者，體之力也；君所以安者，臣之功也。

威德所生第七十九

天有和有德，有平有威，有相受之意，有爲政之理，不可不審也。春者，天之和也；夏者，天之德也；秋者，天之平也；冬者，天之威也。天之序，必先和然後發德，必先平然後發威。此可以見不和不可以發慶賞之德，不平不可以發刑罰之威。○天啟本「罰」作伐。又可以見德生於和，威生於平也。不和無德，不平無威，天之道也，達者以此見之矣。○盧云：「達，舊本作起，誤。錢據大典改。」我雖有所愉而喜，必先和心以求其當，然後發慶賞以立其德。雖有所忿而怒，必先平心以求其政，然後發刑罰以立其威。錢云：「政，當作正。」劉逢禄云：「政，與正通。」能常若是者謂之天德，行天德者謂之聖人。爲人主者，居至德之位，操殺生之勢，以變化民。民之從主也，如草木之應四時也。喜怒當寒暑，威德當冬夏。冬夏者，威德之合也；寒暑者，喜怒之偶也。喜怒之有時而當發，寒暑亦有時而當出，其理一也。凌云：「五經通義：『日在牽牛則寒，在東井則暑。牽牛水宿，宿外遠人，故寒；東井火宿，宿内近人，故暑。』」當喜而不喜，猶當暑而不暑；當怒而不怒，猶當寒而不寒也；當德而不德，猶當夏而不夏也；當威而不威，猶當冬而不冬也。喜怒威德之不可以不直處而發也，直，與值同。如寒暑冬夏之不可不當其時而出也。故謹善惡之端。此閒似有脱文。何以效其然也？春秋采善不遺小，掇惡不遺大，諱而不隱，罪而不忽，此閒脱二字。盧、凌本作二□。以是非，正理以褒貶。喜怒之發，威德之處，無不皆中其應，可以參寒暑冬夏之不失其時已。故曰聖人配天。義互見四時之副諸篇。○盧云：「舊本『已』字上有而字，大典無。」

如天之爲第八十

陰陽之氣，在上天，亦在人。盧云：「上，字疑衍。」輿案：黄氏日鈔引有。在人者爲好惡喜怒，在天者爲暖清寒暑。出入上下、左右、前後，平行而不止，未嘗有所稽留滯鬱也。其在人者，亦宜行而無留，若四時之條條然也。條條，行貌。荀子儒效篇：「脩脩兮其統類之行也。」彼「脩脩」，即此「條條」。古書脩、條多通作。又見奉本篇。夫喜怒哀樂之止動也，此天之所爲人性命者。止動，謂或止或動。「天之爲人性命」，語又見竹林篇。臨其時而欲發其應，亦天應也，○盧云：「『臨其時』下舊本衍致上二字，今删。」與暖清寒暑之至其時而欲發無異。若留德而待春夏，留刑而待秋冬也，此有順四時之名，實逆於天地之經。言因順四時之名，留德不發，而必待春夏，留刑不用，而必待秋冬，實逆天地之經也。在人者亦天也，奈何其久留天氣，使之鬱滯，不得以其正周行也。是故○盧云：「此下舊注一脱字。」案：天啟本「脱」作大字。凌云：「脱字，是校者所注。」天行穀朽寅，而秋生麥，告除穢而繼乏也。淮南墬形訓：「禾春生秋死，麥秋生夏死。」鹽鐵論論菑篇：「春生夏長，故火生于寅。木，陽類也。」穀熟于夏，故云「穀朽寅」。凌云：「月令注：『麥者，接絶續乏之穀，尤重之。』疏：『蔡氏云：陽氣初胎于酉，故八月薺麥應時而生也。』」所以成功繼乏，以贍人也。天之生有大經也，而所周行者，又六字疑有誤及脱文。有害功也，除而殺殛者，疑作「有害功者除而殺殛之」。○凌云：「殛，吉逆切，音戟，誅也。王本誤作殌。」行急皆不待時也，天之志也，而聖人承之以治。「治」上當有爲字。是故春修仁而求善，秋修義而求惡，冬修刑而致清，夏修德而致寬。此所以順天地，體陰陽。然而方求善之時，見惡而不釋；方求惡之時，見善亦立行；○凌本作力行。方致清之時，見大善亦立舉之；方致寬之時，見大惡亦立去之。○凌本作力去之。以效天地之方生之時有殺也，○盧云：「『天地』下『之』字，疑衍。」官本云：「地，他本作子。」輿案：地字當衍。方殺之時有生也。是故志意隨天地，緩急倣陰陽。然而人事之宜行者，無所鬱滯，且恕於人，順於天，天人之道兼舉，此謂執其中。○盧云：「舊『天』字，文不重，錢云當有。」天非以春生人，以秋殺人也。當生者曰生，當死者曰死，非殺物之義待四時也。○「非殺物之義」，天啟本作非殺之任擬，下接「神明亂世」云云。凌本作非殺物之任擬，下接「代四時也」云云。張惠言云：「此下當接上天地之行篇『代四時也』至末。」案盧本與張説合，今從之。待，天啟本作代，凌本同，注引鶡冠子注「太公調陰陽，相照、相蓋、相治，四時相代、相生、相殺」，顏延年曰「一寒一暑、一往一復爲代，去者爲謝」爲證。輿案：作「待」是。上云「待春夏」，「待秋冬」，下云「必待四時」，皆其義。但句中尚疑有奪誤。以文求之，當云「非殺物生物之必待四時也」。義，蓋必之誤。或云當作「非生殺之任，（句。）擬待四時也」，亦通。而人之所治也，安取久留當行之理，而必待四時也。此之謂壅，非其中也。人有喜怒哀樂，猶天之有春夏秋冬也。喜怒哀樂之至其時而欲發也，若春夏秋冬之至其時而欲出也，○官本云：「出，他本誤作忠。」皆天氣之然也。「然」上疑脱自字。其宜直行而無鬱滯，一也。天終歲乃一偏此四者，而人主終日不知過此四之數，人主一日萬機，刑賞迭施，隨感而應，志意遷易，不知其數。「四」下似當有者字。其理故不可以相待。且天之欲利人，非直其欲利穀也。除穢不待時，況穢人乎！疑當作「況民穢乎」。國語魯語：「武王除民之穢。」○盧云：「案：自『義待四時也』至此，共百四十字，舊本在前天地之行篇『伏節死』下，誤。今移正。」

天地陰陽第八十一

天、地、陰、陽、木、火、土、金、水，九，與人而十者，天之數畢也。凡物必有大本，非天不生；

必有參贊，非人不成。故數始于天而畢于人。循天之道篇：「人者，天之繼也。」說文：「孔子曰：『推十合一爲士。』」一之與十，遞相終始，必盡人以合天也。十端亦見官制象天篇。故數者至十而止，書者以十爲終，皆取之此。聖人何其貴者？起於天，至於人而畢。俞云：「聖，衍字。此明人貴於物之義。上文曰：『天、地、陰、陽、木、火、土、金、水、九，與人而十。』是起於天，畢於人也。此人之所以貴也。但言人貴，非言聖人貴，聖字衍明矣。」畢之外謂之物，物者投所貴之端，而不在其中。俞云：「投，字無義，疑數字之誤。」以此見人之超然萬物之上，而最爲天下貴也。列子：「榮啟期曰：『天地萬物，唯人爲貴。』」○孫詒讓云：「日鈔引作天所貴，亦通。」人，下長萬物，上參天地。故其治亂之故，動靜順逆之氣，乃損益陰陽之化，而搖蕩四海之內。基義篇云：「聖人之道，行諸天地，蕩諸四海。」物之難知者若神，不可謂不然也。今投地死傷而不騰相助，孫詒讓云：「此蓋言投物於淖則動，於堅則不動也。『而不騰相助』當作『而不能相動』，與下『相動而近』、『相動而愈遠』，文正相對。」投淖相動而近，凌云：「淖，一切經音義『收孝反』，蒼頡篇云『深泥也』。字林：云『濡甚曰淖，亦溺也，溼也。』」投水相動而愈遠。由此觀之，○天啟本注云：「由，一作猶。」夫物愈淖而愈易變動搖蕩也。○凌本「愈」竝作逾。今氣化之淖，非直水也。而人主以衆動之無已時，衆，字疑有誤。是故常以治亂之氣，與天地之化相殺而不治也。世治而民和，志平而氣正，則天地之化精，而萬物之美起。世亂而民乖，志僻而氣逆，則天地之化傷，○盧云：「僻，舊本作癖，誤。」氣生災害起。盧云：「『氣』上疑脫一字。」○凌本無「氣生」二字。是故治世之德，潤草木，澤流四海，功過神明。○張惠言云：「『功過』下當接上篇錯簡『神明亂世』至末。」案：各本下接「名者所以別物也」至「復而不厭者道也」一段。今依凌本從張說移入下篇末。亂世之所起亦博。若是，皆因天地之化，以成敗物，乘陰陽之資，以任其所爲，故爲惡愆人力而功傷，名自過也。句疑有誤。○盧本「任擬神明」云云至此，在上篇，自爲一段。云：「首尾皆有闕文，且似天地篇中語。」天地之閒，有陰陽之氣，常漸人者，若水常漸魚也。所以異於水者，可見與不可見耳，其澹澹也。然則人之居天地之閒，其猶魚之離水，一也。離，附也。論衡變虛篇說災變之家曰：「人在天地之閒，猶魚在水中。」其無閒若氣而淖於水。水之比於氣也，若泥之比於水也。是天地之閒，若虛而實，人常漸是澹澹之中，而以治亂之氣，與之流通相殽也。凌云：「羣經音辨：『殽，相雜錯也。』」○天啟本「殽」下有饌字。故人氣調和，而天地之化美，殽於惡而味敗，此易之物也。味，字疑誤。盧云：「此『易』下趙疑當有見字。」推物之類，以易見難者，其情可得。治亂之氣，○官本云：「氣，他本作易。」邪正之風，是殽天地之化者也。生於化而反殽化，與運連也。○盧本「天地之閒」至此，在上篇，自爲一段。錢云：「後篇大意言治亂之氣與天地之化相殽，則此節應入後篇『四海之內』云云，適合。」輿案：此篇今並依凌本從張讀移正。官本云：「連，他本作之。」春秋舉世事之道，夫有書天，盧云：「舊本此下空四字。然此處文亦疑有脱誤。」之盡與不盡，王者之任也。詩云：「天難諶斯，詩大明詩攷云：「諶，韓詩作訦，説文作諶，毛作忱。」後漢書胡廣傳、續漢書律曆志論、潛夫論卜列篇，並與此同。不易維王。」此之謂也。夫王者不可以不知天。知天，詩人之所難也。天意難見也，其道難理。是故明陽陰、入出、實虛之處，所以觀天之志。辨五行之本末順逆、小大廣狹，所以觀天道也。天志仁，其道也義。○仁，各本作入。錢云：「入當是仁。蓋仁字誤作人，又轉誤作入也。」輿案：錢説是。爲人者天篇云：「人之血氣化天志而仁。」今從凌本改。爲人主者，予奪生殺，各當其義，若四時；列官置吏，必以其能，若五行；好仁惡戾，任德遠刑，若陰陽。此之謂能配天。天者其道長萬物，而王者長人。人主之大，天地之參也；好惡之分，陰陽之理也；喜怒之發，寒暑之比也；官職之事，五行之義也。以此長天地之間，蕩四海之内，○自「神明亂世之所起」至「蕩」字止，天啟本、盧本並在上如天之爲篇。天啟本「蕩」下有一闕字。盧云：「以下文脱。此段亦似天地陰陽篇中語。」凌云：「原注：闕。張惠言云：『此下仍接下篇末段「四海之内」至末，以「蕩四海之内」五字爲句。』」今從之。殺陰陽之氣，與天地相雜。是故人言：既曰王者參天地矣，禮經解：「天子者，與天地參，故德配天地。」中庸：「可以與天地參矣。」荀子王制篇：「君子者，天地之參也，萬物之總也。」苟參天地，則是化矣，豈獨天地之精哉。王者亦參而殺之，治則以正氣殺天地之化，亂則以邪氣殺天地之化，○盧云：「此下舊有亂則二字，係衍文。」同者相益，異者相損之數也，「之」上疑有天字。無可疑者矣。

天道施第八十二

天道施，地道化，人道義。大戴禮天圓篇〔一〕：「吐氣者施，而含氣者化，是以陽施而陰化也。」潛夫論本訓篇：「天道曰施，地道曰化，人道曰爲。」**聖人見端而知本，精之至也；**○官本云：「而，他本誤作不。」**得一而應萬，類之治也。**類，猶統類也。荀子儒效篇：「平正和民之善，億萬之衆而摶〔二〕若一人。」又云：「以淺持博，以今持古，以一持萬。苟仁義之類也，雖在鳥獸之中，若別白黑。倚物怪變，所未嘗聞也，所未嘗見也，卒然起一方，則舉統類而應之，無所儗㤰。」又云：「法教之所不及，聞見之所不至，則知不能類也，是雅儒者也。」王制篇：「以類行雜，以一行萬。」並與此「類」字義同。淮南俶真訓：「夫道，有經紀條貫，得一之道，連千枝萬葉。」輿案：聖人之智，足以貫統類而不差忒，故得一物之情而萬物可治，所謂正其理則萬事一也。下此固不能無扞格矣。**動其本者不知靜其末，受其始者不能辭其終。**莊子人間世篇：「其作始也簡，其將畢也必鉅。」**利者盜之本也，妄者亂之始也。**史記孟荀列傳：「利誠亂之始也。」○官本云：「盜，他本誤作道。下同。」**夫受亂之始，動盜之本，而欲民之靜，不可得也。**知治之語，故施政務正其本，民氣常求其靜。**故君子非禮而不言，非**

〔一〕「天圓篇」，原誤「天圖篇」，據大戴禮記改。
〔二〕「摶」字，原作「搏」，據荀子改。

禮而不動。好色而無禮則流，飲食而無禮則争，流争則亂。夫禮，體情而防亂者也。「體情」二字，最得作禮之意。學者不知此義，遂有以禮度爲束縛，而迫性命之情者矣。禮經解：「夫禮禁亂之所由生，猶坊止水之所自來也。」管子心術篇：「禮者因人之情，緣義之理，而爲之節文者也。故禮者謂有理也，理也者明分以諭義之意也。故禮出乎義，義出乎理，理因乎宜者也。」藝文類聚三十八、御覽五百二十三，竝引董生書曰：「理者，天所爲也。文者，人所爲，謂之禮。禮者因人情以爲節文，以救其亂也。夫隄者水之防也，禮者人之防也。刑防其末，禮防其本也。」疑是此處脱文。○盧云：「夫，一作故。」輿案：官本作故，注云：「他本故誤作夫。」天啟本「夫」作無。民之情，不能制其欲，使之度禮。目視正色，耳聽正聲，口食正味，身行正道，非奪之情也，○官本云：「情，他本誤作精。」所以安其情也。色、聲、味，皆情也。道之以正，所以安之。不奪其情，而使之束縛拘苦，無泰然之樂。變謂之情，雖持異物性亦然者，故曰内也。持，疑作特。人生有食色嗜欲，則變而之情矣。然未始不根于性，雖特異之物，亦莫不然，故性爲内。變變之變，謂之外。○盧云：「變變，本或作變情。」天啟本注云：「一作情。」故雖以情，然不爲性説。變情之變則物也。雖由情遷，已失其本性，故云「不爲性説」。故曰：外物之動性，若神之不守也。外物重而我爲役，則我爲物動矣。此性與神之不能守也。積習漸靡，物之微者也。物之感人，由于至微，漸移漸積，乃至汩没而不可反，故君子慎微。孟子：「物交物則引之而已矣。」樂記：「物之感人無窮，人之好惡無節，則是物至而人化物也。」荀子儒效篇：「居楚而楚，居越而越，居夏而夏，是非天性也，積靡使然也。故人知謹注措，慎習俗，大積靡，則爲君子矣；縱性情而不足問學，則爲小人矣。」其入人不知，習忘乃爲，常然若性，不可不察也。淮南齊俗訓「人之性無邪，久湛于俗則易。易而忘本，合於若性。」

大戴禮：「孔子少成若性，習慣之爲常。」荀子儒效篇：「習俗移志，安久移質。」又荀子解蔽篇：「心亦如是矣，故道之以理，養之以清，物莫之傾，則足以定是非，決嫌疑，小物引之，則其正外易，其心内傾，不足以決庶理。」○盧云：「舊本『察』字上脱『不』字，今補。」**純知輕思則慮達，**思不過節，故曰輕思。孔子所謂再斯可也。**節欲順行則倫得，以諫争僩静爲宅，**盧云：「僩，與嫺同。賈子傅職篇、道術篇多用此字。」**以禮義爲道則文德。**盧云：「趙疑『德』當作得。」輿案：疑作「以禮義道德爲則」。**是故至誠遺物而不與變，**淮南齊俗訓：「人性欲平，嗜欲害之，惟聖人能遺物而反己。」又原道訓云：「達于道，外與物化，而内不失其情。」盧云：「『變』字上下似尚有一字。」**躬寬無争而不以與俗推，**管子心術篇：「聖人之道，若存若亡，援而用之，没世不亡。與物變而不化，應物而不移，日用之而不化。」又内業篇云：「聖人與時變而不化，從物而不移，能正能静，然後能定。」盧云：「『以』字疑衍。」**衆强弗能入。**衆物雖强，不能撓聖人之心。**蜩蜕濁穢之中，**凌云：「爾雅釋蟲孫注：『宫中小蟬也。』舍人云：『方語不同，三輔以西曰蜩。』淮南子：『蟬飲而不食，三十日而蜕。』文心雕龍：『蟬蜕穢濁之中。』史記正義：『蜕，音税，去皮也。』」**含得命施之理，**雖在濁穢之中，而常含存其天理。命施，謂天命天施。天施見竹林篇。**與萬物遷徙而不自失者，聖人之心也。**管子心術篇：「聖人裁物，不爲物使。」荀子儒效篇：「聖人也者，本仁義，當是非，齊言行，不失豪釐。無它道焉，已乎行之矣。」

名者，所以别物也。管子心術篇：「名者，聖人之所以紀萬物也。」○凌本不提行。**親者重，疏者輕，尊者文，卑者質，近者詳，遠者略，**莊云：「春秋詳内略外，詳尊略卑，詳重略輕，詳近略遠，詳大略小，詳變略常，詳正略否。」**文辭不隱情，明情不遺文，**情，實也。雖加文辭，而不隱其實，所謂文予而實不予也。紀實而不遺其文，所謂定哀多微詞，不書昭公，取同姓，而書孟子卒之類是也。人心從之而不逆，古今通貫而不亂，名之義也。○天啟本注云：「貫，一作道。」錢云：「『古今通貫』下當接前『任擬神明』一段。其『而不亂』以下至『復而不厭者道也』並非此篇文。」輿案：錢校非。今竝依凌本從張讀。男女猶道也。天地之陰陽當男女，人之男女當陰陽，故道不外陰陽。人生別言禮義，名號之由人事起也。人之生，一瞑耳，聖人別爲禮義以教之。因禮義而生名號，凡以治人事也，然其本則原於天。不順天道，謂之不義，察天人之分，觀道命之異，可以知禮之説矣。張惠言云：「此説禮，以發明人道義之意。」見善者不能無好，見不善者不能無惡，好惡去就[一]，不能堅守，故有人道。好惡任情，則有流争之失，故明人道、制禮義以範之。人道者，人之所由樂而不亂，復而不厭者，萬物載名而生，聖人因其象而命之。先有物而後有名，名不先物作也。既因衆象而命以名，然後整齊參伍，以義相從。是故先物而後象，先象而後名，先名而後義。管子心術篇：「凡物載名而來，聖人因而財之，而天下治。」然而可易也，皆有義從也，當夫未有名之先，牛可以爲馬，犬可以爲羊，及夫因象命名，則皆以義相從。如犬性獨則獨從犬，羊性羣則羣從羊，不可易矣。或疑「可易」上當有不字，亦通。故正名以名義也。○天啟本作明義，凌本同。物也者，洪名也，皆名也，而物有私名，此物也，非夫物。洪名，猶荀子正名篇之「大共名」，故亦曰「皆名」，皆名猶通名。賈子先醒篇：「此博號也。」博號亦猶洪名。私名猶正名篇之「大別名」，故曰「此物，非夫物」。物爲洪名，通言之皆物也。自其別言之，則有動植飛潛之異，又有黑

[一]「去就」，據凌本補。

白色類之分，此物不可混於彼物矣。孫詒讓云：「墨子經上篇『名達類私』，説云：『名物達也，命之藏私也。是名也，止於是物也。』與此私名義同。」○私，各本作和。今從孫校正。古書「和」「私」二字多相亂。國語魯語「和爲每懷」，韋注：「後鄭司農云：『和，當爲私。』」管子法禁篇：「修上下之交，以私親於民。」墨子非儒篇：「爲欲厚所至私，輕所至重。」荀子正名篇：「其爲天下多，其私樂少矣。」各本私，皆誤作和，是其證。夫，各本作失，張惠言云：「當作夫，猶彼也。」今亦據改。**故曰：萬物動而不形者，意也；形而不易者，德也；樂而不亂，復而不厭者，道也。**凌云：「道生天地之先。德，道之用也。管子曰：『虚無無形謂之道，化育萬物謂之德。』對策：『臣聞夫樂而不亂，復而不厭者，謂之道。』顔注：『復，謂反復行之也。』」○此段原在天地陰陽篇「功過」下，張惠言云：「當在『聖人之心也』下，爲篇末。」今從凌本移。然疑是深察名號篇中文，因提行別出。

附録

董子年表

紀年	時政	出處	著述
文帝元年	時沿用秦正，以十月爲歲首。　帝好刑名之言。史記屈賈列傳：「賈生以爲漢興至孝文二十餘年，天下和洽，宜改正朔，易服色，法制度，定官名，興禮樂。孝文初即位，謙讓未遑也。」	史記本傳：「下帷講誦，弟子傳以久次相受業，或莫見其面，蓋三年董仲舒不觀於舍園〔一〕。進退容止，非禮不行，學士皆師尊之。」又史記儒林傳：「仲舒弟子通者以百數。」	史記儒林傳序：「言春秋於齊自胡毋生，於趙自董仲舒。」　許慎五經異義載有公羊董仲舒説。　鄭玄六藝論：「治公羊胡毋生、董仲舒。仲舒弟子嬴公，嬴公弟子眭孟，眭孟弟子莊彭祖及顔安樂，安樂弟

〔一〕「舍園」，原誤「園舍」，據史記儒林傳乙正。

二年
三年
四年
五年
六年
七年
八年
九年
十年
十一年
十二年
十三年
十四年
十五年

詔舉賢良方正直言極諫者。
灌嬰爲丞相。
丞相灌嬰薨。周勃逮詣詔獄。
帝親耕蠶。除祕祝。
黃龍見成紀。詔議郊祀。公孫臣明服色。新垣平設五廟。幸雍。始郊見五帝。詔諸侯王公卿郡守舉賢良能直言極諫者。上親策之。

案下帷爲修學時事，傳序於「爲博士」下，蓋追溯之。御覽八百九十七引鄒子云：「董仲舒三年不窺園圃，乘馬不知牝牡。」又八百四十引鄒子云：「董仲舒三年不窺園，嘗乘馬不覺牝牡，志在經傳也。」又九百七十六引桓譚新論云：「董仲舒專精於述古，年至六十餘，不窺園中菜。」論衡儒增篇云：「儒書言董仲舒讀春秋，專精一思，志不在他，三年不窺園菜。夫言不窺園菜，實也。言三年，增之也。」廣輿記：「董家里景州廣川鎮，仲舒下帷於此。」御覽九

子陰豐、劉向、王彦。」公羊序疏引戴宏云：「子夏傳公羊高，高傳子平，平傳子地，地傳子敢，敢傳子至漢景帝時，壽乃共弟子齊人胡毋子都著於竹帛，與董仲舒皆見於圖讖。」疏又引孝經説云：「子夏傳與公羊氏，五世乃至胡毋生、董仲舒。」是董與胡毋同爲子夏六傳弟子。秦二世時，已有「人臣無將」語。見史記劉敬叔孫通傳。又公羊傳成於秦前之證。宣十二年傳疏以公羊子爲景帝時人，誤矣。論衡案書云：「仲舒之書，不違儒家，不反孔子。」又超奇篇云：「孔子曰：『文王既没，文不在兹

十六年	郊祀五帝於渭陽。新垣平詐令人獻玉杯，刻曰「人主延壽」。令天下大酺。明年改元。案書中有玉杯篇，疑是紀論此事。今所輯則與玉杯無涉，不敢臆説，附著於此。	百一十二引幽明録云：「董仲舒嘗下帷獨詠，有客來詣，語遂移日，仲舒知其非常客。又日欲雨，仲舒因此戲之曰：『巢居知風，穴居知雨。卿非狐狸，則是鼷鼠。』客聞此言，色動形壞，化成老狐狸也。」附存於此，以廣軼聞。	乎？』文王之文在孔子，孔子之文在仲舒。」晉書荀崧傳：「公羊高親受子夏，立於漢朝，辭義清雋，斷決明審，董仲舒之所善也。」　案漢書本傳云：「少治春秋。」知仲舒治春秋在景帝前。而考其書所引，兼及詩、書、禮、易、孝經、論語。是董子又兼通羣經。而以春秋爲歸宿者。故儒林傳云：「董仲舒通五經。」又案：漢初儒者皆習道家，如賈誼司馬談父子皆然。以竇太后好尚，爲臣子者固當講求。董子請統一儒術，而其初固亦兼習道家。書中保權位、立元神諸篇，有道家學。循天之道篇明引道
後元年	誅新垣平。		
二年	匈奴和親。		
三年			
四年			
五年			
六年	民得賣爵。		
七年	帝崩。令吏民出臨，三日釋服，已下服大紅，十五日小紅，十四日纖，七日釋服。		

家語，是其證矣。程朱惡佛，而其初由佛入，風會所趨，未容全不鑽研，買然闢拒也。

景帝元年 二年 三年 四年 五年 六年 七年 中元年 二年 三年 四年 五年 六年	易王非立爲汝南王。 膠西于王端立。 易王非徙江都。	史記本傳云：「以治春秋，孝景時爲博士。」漢儒林傳：「胡毋生治公羊春秋，爲景帝博士，與董仲舒同業。」按：爲博士不知何年，故通著於景帝。然仲舒至元狩間即以老病致仕，則其爲博士時，雖不如平津六十之年，亦非賈生弱冠之比矣。御覽七百二十四引神仙傳云：「李少君與議郎董仲舒相親，見仲舒宿有固疾，體枯氣少。」云云。仲舒爲議郎，	以前約爲幼壯修學時，以後則仕朝之年，始有獻替矣。

後元年 二年 三年	令士貲算四得官。	史傳不見。抱朴子論仙篇亦引董仲舒李少君家録。漢武内傳亦有「東方朔董仲舒侍」之文。蓋並董仲君之譌。董仲君爲方士，見廣弘明集。王應麟困學紀聞十，疑仲舒儒者，不肯爲方士家録，斷爲依託。不知是誤文也。附志於此。	
武帝建元 元年	詔舉賢良方正、直言極諫之士。丞相衛綰奏所舉賢良或治申、韓、蘇、張之言，亂國政，請皆罷。奏可。議明堂，徵申公。史記史公自序：「自孔子卒，京師莫崇庠序。唯建元元狩之間，文辭粲如也。」	以對策爲江都王相。班書述董仲舒云：「讜言訪對，爲世純儒。」王應麟通鑑答問四云：「武帝雖因仲舒之對，興學校之官，然而皇建有極，是彝是訓，以盡君師之責者，帝未之知也。儻能以	史記本傳：「以春秋災異之變，推陰陽所以錯行。故求雨閉諸陽，縱諸陰，其止雨反是。行之一國，未嘗不得所欲。」繁露中所著求雨止雨及言陰陽、五行諸篇，皆當在此時。

二年	竇太后治黃老言，不好儒術，非薄五經，以事下趙綰王臧獄。　鹽鐵論褒賢篇：「趙綰王臧之徒，以儒術擢馬上卿。」	仲舒爲三公，俾之師保萬民，用申公轅固爲太常，以明師道於朝廷，則四方風動，化行俗美，漢其三代矣。惜也，帝不用仲舒之真儒，而勸學之議，乃發於公孫弘。帝之好儒，其葉公之好龍與？」又云：「諸侯相之疏遠，不若中朝臣之親近。」	
三年			
四年			
五年	置五經博士。		
六年	竇太后崩。　遼東高廟災。　通夜郎。	以遼東高廟災，居舍著災異之記。主父偃上其書，下吏，旋赦之。書見五行志。　案劉向傳上變事云：「董仲舒坐私爲災異書，主父偃取奏之，下吏。罪至不道，幸蒙不誅，復爲大中大夫、膠西相，以老病	五行志云：「景武之世，董仲舒治公羊春秋，始推陰陽，爲儒者宗。」據史云，自從「不復言災異」。是志載所推事，應當在此前。

元光元年

二年

初令郡國舉孝廉各一人，復徵賢良。

上初至雍，郊見五時。後常三歲一見。

免歸。漢有所欲興，嘗有詔問。仲舒爲世儒宗，定議有益天下。」是傳所云廢爲中大夫，當在此時。

洪邁云：「以武帝之嗜殺，臨御方數歲，可與爲善。廟殿之災，豈無他説，仲舒首勸其殺骨肉大臣，與平生學術大爲乖刺。馴至淮南衡山二獄，死者數萬人。然則下吏幾死，非不幸也。」

輿案：仲舒此書，因時之論。使武帝早從其言，何至興彼大獄。仲舒學術尚仁，而有時主刑，所以爲大儒也。洪論失之。

漢書吾丘壽王傳：「詔使從中大夫董仲舒受春秋。」

七月，京師雹。鮑敞問仲舒：「雹何物？」仲舒答之。見西京雜記五。

年	事	考
三年		
四年		
五年	公孫弘復徵，以博士爲左内史。江都王上書，願擊匈奴。	
六年		
元朔元年	江都王薨。定不舉孝廉罪。	
二年		
三年	公孫弘爲御史大夫。中大夫張湯爲廷尉。	儒林傳，仲舒與韓嬰論於武帝前，當在此數年中。公孫弘以仲舒嫉其從諛，言於上，徙相膠西王，王亦善待之。馮衍傳云：「仲舒言道德，見嫉於公孫弘，此忠臣所爲流淚也。」王應麟通鑑
四年		
五年	公孫弘代薛澤爲丞相。	

答問四云：「春秋之學，所以明王道，辨是非也。弘不能勝利欲之心，舍所學以求詭遇之。獲宰相、封侯，人以爲榮，識者則曰：『儒之辱也。』」太史公自序云：「公孫弘以儒顯。」其意微矣。正誼不謀利，明道不計功，若董子可以爲儒矣。而武帝不能用，弘不能容也。儒林傳云：「公孫弘以春秋白衣爲天子三公。天下學士，靡然鄉風。」夫弘以佞諛致斯位，猶翰音之登天，梯稗之有秋。而學者爲之風動，明經志青紫，稽古矜車

六年	公孫弘請爲博士置弟子員。　五行志云：「淮南王安、衡山王賜謀反伏誅。上思仲舒前言，使仲舒弟子呂步舒持斧鉞治淮南獄，以春秋義顓斷於外，還奏，上皆是之〔一〕。」	馬，慕人爵之勢榮，忘天爵之良貴，弘實啟之。	儒林傳：「江公受穀梁春秋，上使與仲舒議，不如仲舒。公孫弘本爲公羊學，比輯其議，卒用董子。於是上尊公羊春秋，由是公羊大興。」
元狩元年	立皇太子。		
二年	公孫弘薨。	免歸家。朝廷遣廷尉張湯就問。蓋自是不復出矣。	後漢書應劭傳云：「故膠東相董仲舒老病致仕，朝廷每有政議，數遣廷尉張湯親至陋巷，問其得失。於是作春秋決獄二百三十二事，動以經對，言之詳矣。」案：決獄
三年	廷尉張湯遷御史大夫。		

〔一〕「五行」至「是之」原在元狩元年「太子」下，據漢書五行志移入元朔六年。

年	大事	董子事蹟	備考
四年		八月甲申朔丙午，告内史中尉，陰雨太久，恐傷五穀，趣止雨。	書今亡。東晉咸和間，賀喬妻于氏上表引仲舒所斷疑獄二事，當出此書。二事引見卷三注。又宋王楙野客叢書亦引其文。
五年			
六年			
元鼎元年			
二年	張湯有罪自殺。		
三年			
四年	天子郊雍。詔司馬談等議立后土祠于汾陰脽上。封姬嘉爲周子南君，奉周祀。		
五年	立泰畤甘泉，天子親郊見，拜貺于郊。		

六年			
元封元年	登封泰山。桑弘羊爲治粟都尉，領大農，盡管天下鹽鐵。	通典十載武帝時仲舒説上曰：「鹽鐵之利，二十倍於古，人必病之。」當在此時，或家居所條奏耶？	
二年	作明堂于泰山下。		
三年	膠西于王薨。		
四年	上幸河東，祠后土。		
五年			
六年			
太初元年	十一月甲子朔旦，令祀上帝于明堂。正曆，以正月爲歲首。色尚黄，數用五。案三代時子丑寅三正迭建，秦改用亥，違天道矣。武帝尊孔子，改用夏正建寅，至今不變，則賈董諸人之力也。	仲舒卒。葬長安下馬陵。陝西通志引馬谿田集，墓在長安故城二十里。武帝幸芙蓉園，過此下馬。一時文士，莫不下馬，故名。今在西安府城内臙脂坡下。又李肇國史補：「董仲舒墓在長安。武帝幸宜	仲舒著書，皆未改正朔以前事，則其卒於太初前可知。故斷自是年止。宣帝時，魏相數條漢興以來，國家便宜行事，及賢臣賈誼、鼂錯、董仲舒所言，奏請施行之。玉海五十五周太公金版玉匱條引論衡云：「案古太公望、近世董仲舒，造傳作書百有餘。」文選北山移文註引董仲舒集七言琴歌二首。

春苑，至此下馬。時謂之下馬陵。歲遠譌爲蝦蟇陵也。」　元至順元年，從祀孔子廟庭。

辨命論注仲舒集有士不遇賦。論衡别通篇：「董仲舒睹重常之鳥，劉子政曉貳負之尸，皆見山海經。」又云：「董劉不讀山海經，不能定二疑。」又超奇篇云：「陸賈董仲舒論説世事，由意而出，不假取於外。」又案書篇：「董仲舒著書不稱子者，意殆自謂過諸子也。」又引讖書云：「董仲舒亂我書。蓋孔子言也。」案：程子許自漢以來，有儒者氣象者三人：大毛公、董仲舒、揚雄。然於雄頗議其行己。無間然者，獨毛董耳。又云：「毛萇董仲舒最得聖賢之意。」朱子則云：「漢儒惟董仲舒純粹，其學甚正。」又云：「仲舒識得本原，如云正心、修身可以治國平天下。如云仁、義、禮、樂皆其具。此等説話皆好。若陸宣公論事卻精密，第恐本原處不如仲舒。」又答沈晦叔云：「近日一派流入江西，蹴踏董仲舒而推尊管仲王猛。」又答陳正己云：「董仲舒所立甚高，恐未易以世儒詆之。」又云：「仲舒本領純正，如説正心以正朝廷，與命者天之令也。以下諸語皆善。班固所謂純儒，極是。」其推崇者至矣。又陸隴其論賈董優劣云：「賈之言多及於利害，而董則主於義理也。賈之言多至於激烈，而董則穆然和平也。激烈者，其中猶有浮躁不平之意。而和平者，本於莊敬誠恪之餘。涉於利害者，與世運爭勝負，而一害去未必無一害興。主於義理者，與性情爲流通，而義中自有利，義中自無害。」又曰：「賈以才勝，董以學勝。以聖門言之，董生猖者也，賈生狂者也。」又曰：「學董生而不得，猶不失爲迂闊之儒。學賈生而不得，則功利誇詐而已。」　輿案：後世以訓詁義理分漢宋學派，不知董君書實爲言義理之宗。故余以爲漢儒經學，當首董次鄭。

則知説經有體，不必別標門户矣。王西莊十七史商榷云：「學者若能識得康成深處，方知程朱義理之學，漢儒已見及。程朱研精義理，仍即漢儒意趣。吾於董生則云。」　又案：兩漢多用董學。魏晉南北朝多用鄭學，宋以後多用朱學。董學在春秋，鄭學在禮，朱學在四書。近人調和漢宋，專取鄭朱語句相同者，牽合比附，用心雖勤，亦失所宗矣。

董子生卒年月無可考。要生於景帝前，至武帝朝，以老壽終，無疑。桓譚新論言「生年至六十餘不窺園中菜」，知年過六十。司馬遷生於景帝後元年，而尊之曰「董生」，知年輩遠在遷前。本書止兩篇有二十一年之文，知元狩四年尚存也。茲參考傳記，略爲表其出處，觀其時以討論其學，讀其書可以得所用心已。對策之年，今據史記列之建元元年，漢書武紀在元光元年。洪邁容齋續筆六云：「漢武建元元年，詔舉賢良方正直言極諫之士。丞相綰奏所舉賢良或治申、商、韓非、蘇秦、張儀之言，亂國政，請皆罷。奏可。是時對者百餘人，帝獨善莊助對，擢爲中大夫。後六年，當元光元年，復詔舉賢良，於是董仲舒出焉。」資治通鑑書仲舒所對爲建元元年。案策問中云：「朕親耕籍田，勸孝弟，崇有德。使者冠蓋相望，問勤勞，恤孤獨，盡思極神。」對策曰：「陰陽錯繆，氛氣充塞，羣生寡遂，黎民未濟。」必非即位之始年也。齊召南云：「策中有『今臨政而願治七十餘歲矣』之文。漢初至建元三年爲七十歲。若在建元元年，不得云七十餘歲。因定爲建元五年。」輿案：洪氏所舉，不足爲非元光元年之證。至齊所説近似矣。然疑册中語有衍字，其文當云：「古人有言，臨淵羨魚，不如退而结網。臨政願治，不如退而更化。」皆古語也。淺人妄加數字，則不成文理。（禮樂志引亦同。）且上溯祖宗，而云「今臨政而願治」，亦復不詞。又與上文「漢自得天下以來，常欲善治，而至今不可善治者，失之於當更化而不更化也」，語意重複。幸年數錯繆，痕迹顯然。次風不據以糾正本文，反遷就對策之年，則其失矣。定爲五年，尤無據也。史公學於董生，記事必確。史傳云：「今上即位，爲江都相。」是爲相在建元元年。對策即於其時審矣。建元六年，遼東高廟災，生且下吏。若如武紀在對策前，則名尚未顯，主父偃何自嫉之？而兩史並云：「不敢復言災異。」對策推災異乃甚切。册中又有「敬聞高誼」之語，若曾受拘繫，不合爲此言，斯明徵也。劉向傳又言：「仲舒坐私爲災異書下吏，復爲大中大夫、膠西相。」不云下吏後對策爲江都相，尤其較然無疑者。通鑑考異云：「仲舒傳，仲舒對策，推明孔氏，抑黜百家。立學校之官，州縣舉茂才孝廉，皆自仲舒發之。」舉孝廉在元光元年十一月，若對策在下五月，不得云自仲舒發之。蓋紀誤。又王楙野客叢書卷二十一云：「武帝即位，凡兩開賢良科。一在建元元年，一在元光元年。」而元光五年但詔徵吏民明當世務者，不聞有賢良之舉。仲舒之舉，本傳雖不明載歲時，然以武帝即位之言推之，合是建元元年。漢書武帝紀謂元光元年，與公孫弘出焉者，史氏失于併書耳。蓋弘之出，正係元光元年，仲舒之出，又在其先。考元光元年賢良制，正弘所對者。而仲舒所對，有及於春秋，謂一爲元之説。益知仲舒之出，在建元元年矣。其説竝是。今定從通鑑，據史記云。

宣統元年重九日，蘇輿記於京師寓盧

春秋繁露考證

史記：上大夫董仲舒推春秋，頗著文焉。索隱曰繁露。

漢藝文志：董仲舒百二十三篇。公羊董仲舒治獄十六篇。

後漢書明德馬后紀：尤善周官、董仲舒書。注：玉杯、蕃露、清明、竹林之屬。輿案：今本無清明。

周禮大司樂注：董仲舒云：「成均五帝之學。」疏：出繁露。以爲繁，多；露，潤。

隋志：董仲舒春秋繁露十七卷。春秋決事十卷。

唐志：仲舒春秋繁露十七卷。春秋決獄十卷。七録云：「春秋斷獄五卷。」輿案：應劭曾撰集春秋斷獄，疑是董書，今亦亡之。

崇文總目：春秋繁露十七卷。漢膠西相董仲舒撰。案：仲舒本傳：「説春秋事得失，聞舉、玉杯、蕃露、清明、竹林之屬數十篇，十餘萬言。」解者但謂所著書名。而隋、唐志繁露卷目與今正同。案其書盡八十二篇，義引宏博，非出近世，然其間篇第已舛，無以是正。又即用玉杯、竹林題篇，疑後取而附著云。

南宋館閣書目：春秋繁露，漢膠西相董仲舒撰。仲舒，廣川人。説春秋事得失，聞舉、玉杯、蕃露、清明，竹林之屬數十篇。顔師古注：「皆其所著書名。」今繁露中有玉杯、竹林二篇。隋、唐書及三朝國史志十七卷。今十卷。繁露之名，先儒未有釋者，案逸周書王會解：「天子南面立，絻無繁露。」注云：「繁露，冕之所垂也，有聯貫之象。」春秋屬辭比事，仲舒立名，或取諸此。

鼂公武子止郡齋讀書志：春秋繁露十七卷，漢董仲舒撰。史稱「仲舒説春秋事得失，聞舉、玉杯、繁露、清明、竹林之屬數十篇，十餘萬言，皆傳於後世」。今溢而爲八十二篇，又通名繁露，皆未詳。隋、唐卷目與今同，但多訛舛。

六一先生歐陽永叔書後：漢書董仲舒傳仲舒所著書百餘篇，第云清明、竹林、玉杯、繁露之書。蓋略舉其篇名。今其書纔四十篇，又總名春秋繁露者，失其真也。予在館中校勘羣書，見有八十餘篇，然多錯亂重復。又有民間應募獻書者，獻三十餘篇，其間數篇，在八十篇外。乃知董生之書，流散而不全矣。方俟校勘，而予得罪，夷陵秀才田文初以此本示予，不暇讀。明年春，得假之許州。以舟下南郡，獨卧閲此，遂誌之。董生儒者，其論深極春秋之旨。然惑於改正朔，而云王者大一元者，牽於其師之説，不能高其論，以明聖人之道。惜哉！惜哉！景祐四年四月四日書。」興案：改朔爲因時之論。辨見楚莊王篇。歐公本論又云：「昔戰國之時，楊墨交亂，孟子患之，而專言仁義。故仁義之説勝，則楊墨之學廢。漢之時，百家並興，董生患之，而退修孔氏。故孔氏之道明，而百家息。」以董生與孟子並尊，則公固非不知董生者。

陳振孫伯玉書録解題：春秋繁露十七卷，漢膠西相廣川董仲舒撰。案隋、唐及國史志，卷皆十七。崇文總目凡八十二篇，館閣書目止十卷。萍鄉所刻，亦財三十七篇。今乃樓攻媿得潘景憲本，卷篇皆與前志合，然亦非當時本書也。先儒疑辨詳矣。其最可疑者，本傳載所著書百餘篇，清明、竹林、繁露、玉杯之屬，今總名曰繁露，而玉杯、竹林則皆其篇名，此決非其本真。況通典、御覽所引，皆今書所無者，尤可疑也。然古書存於世者希矣，姑以傳疑存之可也。又有寫本作十八卷，而但有七十九篇。攷其篇次皆合，但前本楚莊王在第一卷首，而此本仍在卷末，别爲一卷。前本雖八十二篇，而闕文者三，實七十九篇也。

黄震東發日鈔五十六：董仲舒傳：「説春秋事得失，聞舉、玉杯、蕃露、清明、竹林之屬數十篇，十餘萬言。」顔師古注：「皆其所著書名。」本朝崇文總目「繁露十七卷，八十二篇」，與隋、唐志卷目同。目謂其「義引宏博，非出近世」。然總以繁露爲名，又即用玉杯、竹林題篇，已疑後人附著矣。乃中興館閣書目止存十卷，三十七篇。新安程大昌讀太平寰宇記及杜佑通典，見所引繁露語言，今書皆無之，因知今書之非本真。又讀太平御覽，古繁露語特多。御覽，太平興國間編葺，此時繁露尚存，今遂逸不傳。

合此三説觀之，是隋、唐、國初繁露已未必皆董仲舒之舊，中興後繁露又非隋、唐、國初之繁露矣。近世胡尚書榘爲萍鄉宰日，刊之縣齋，僅三十七篇而已。其後得攻媿樓參政校定本，十七卷八十二篇之舊復全。其兄胡槻既刊之江東漕司，其後岳尚書珂復刊之嘉禾郡齋，世遂以爲定本。攻媿謂爲仲舒所著無疑，而取楚莊王篇第一，謂爲潘氏本有之。至於調均一篇，萍鄉本列置第三十五，及攻媿再定本，乃不及此篇，則不知何説也。又程氏謂通典載「劍在左，青龍象。刀在右，白虎象。韍在前，朱雀象。冠在首，玄武象」。謂此數語今書所無，而今書服制象篇此語實具存。程氏以爲無之，不知又何也。　愚案：今書惟對膠西王越大夫之問，辭約義精，而具在本傳。餘多煩猥，至於理不馴者有之。如云「宋襄公由其道而敗，春秋貴之」，襄公豈由其道者耶？興案：春秋貴仁。由其道蓋節取之，所謂假事明義也。如云「周無道而秦伐之」，以與殷周之伐竝言，秦果伐無道者耶？興案：此蓋僞作，辨見本篇。如云「志如死灰，以不問，以不對對」，恐非儒者之言。如以「王正月」之王爲文王，恐春秋無此意。興案：王謂文王，本公羊傳。如謂「黄帝之先謚、四帝之後謚」，恐隆古未有謚。興案：白虎通、禮郊特牲曰：「古者生無爵，死無謚。」此言生有爵，死當有謚也。且此文明云，周人改號軒轅爲黄帝，而四帝以號爲謚，尤不足疑。如謂「舜主天法商，禹主地法夏，湯主天法質，文王主地法文」，於理皆未見其有當。辨見本篇。如謂「楚莊王以天不見災而禱之于山川」，不見災而懼可矣，禱於山川以求天災，豈人情乎？輿案：君權無限，故聖人申天以屈君。説者遂以不見災爲天不譴告，故禱而求之。事亦見説苑，非董刱説。若其謂性有善姿，而未能爲善，惟待教訓而後能爲善。謂性已善，幾於無教。孔子言善人吾不得而見之。而孟子言人性皆善，過矣。是又未明乎本然之性也。輿案：本然之性，即程子所謂理。此不足以疑董，辨見本篇。漢世之儒，惟仲舒仁義三策，炳炳萬世。曾謂仲舒之繁露而有是乎？歐陽公讀繁露，不言其非真，而譏其不能高其論以明聖人之道，且有「惜哉惜哉」之歎。夫仲舒純儒，歐公文人，此又學者所宜審也。輿案：黄氏日鈔又云：「自孟子後，學聖人之學者惟仲舒。其天資純美，用意肫篤，漢唐諸儒，鮮其比者。使幸而及門孔氏，親承聖訓，庶幾四科之流亞矣。其謂正誼不謀利，明道不計功，如許正論，前無古人。其後能見之發揮者，唯伊洛諸儒。嘗見之行事者，惟諸葛孔明。所謂漢賊不兩立，成敗利鈍不暇計者也。」

王應麟漢藝文志考：董仲舒百二十三篇。本傳：「仲舒所著，皆明經術之意，及上疏條教，凡百二十三篇。而説春秋事得失，聞舉、玉杯、蕃露、清明、竹林之屬，復數十篇，十餘萬言。」後漢明德馬后尤善董仲舒書。注云：「玉杯、蕃露、清明、竹林之屬。」七録、隋、唐志：春秋繁露十七卷。今八十二篇，始楚莊王，終天道施。三篇闕。又即用玉杯、竹林題篇，疑後人附著。館閣書目案逸周書王會「天子南面立，絻無繁露」，注云：「繁露，冕之所垂，有聯貫之象。」春秋屬辭比事，仲舒立名，或取諸此。集一卷士不遇賦，答制策詣公孫弘記室，其見於傳注者，有救日食、祝止雨、書雨雹對。

玉海四十：漢春秋繁露八十二篇。始楚莊王，終天道施。三篇闕。玉杯第二，竹林第三，玉英第四。一卷，楚莊王、玉杯。二，竹林。三，玉英、精華。四，王道。五，滅國上下、隨本消息、盟會要、正貫、十指、重政。六，服制象、二端、符瑞、俞序、離合根、立元神、保位權。七，考功名、通國身、三代改制、一作文質。官制象天、堯舜湯武、服制。八，度制、舜國、仁義法、必仁且知。九，身之養、對膠西、合作江都。觀德、奉本。十，深察名號、實性、諸侯、五行，闕文二篇。十一，爲人者天、五行之義、陽尊陰卑、王道通三、天容、天辨在人、陰陽位。十二，陰陽終始、陰陽義、陰陽出入、天道無二、暖燠孰多、基義，闕文一篇。十三，四時之副、人副天數、同類相動、五行相勝、相生、五行逆順、治水、五行。十四，治亂五行、五行變救、五行五事、郊語。十五，郊義、郊祭、四祭、郊祀、順命、郊祀對。十六，執贄、山川頌、求雨、止雨、祭義、循天之道。十七卷，天地之行、威德所生、如天之爲、天地陰陽、天道施第八十二。玉杯、竹林二篇之名，未有以訂之。

樓郁舊序：六經道大而難知，惟春秋聖人之志在焉。凌曙云，孝經鉤命決：「孔子在庶，德無所施，功無所就，志在春秋，行在孝經。」自孔子没，莫不有傳。名於傳者五家，用於世纔三而止耳。凌曙云，漢書藝文志：「昔仲尼没而微言絶，七十子喪而大義乖，故春秋分爲五。」韋昭曰：「謂左氏、公羊、穀梁、鄒氏、夾氏也。」按鄒氏無師，夾氏無書，惟三家立於學官。其後傳世學散，原迷而流分。蓋公羊之學，後有胡毋子都。凌曙云，廣韻、風俗通云：「胡毋姓，本胡公之後也。公子完奔齊，遂有齊國。而宣王母弟別封毋鄉。遠本胡公，近取毋邑，故曰胡毋氏也。」漢書：「字子都，齊人也。齊之言春秋者多受胡毋生。」董仲舒治其說信勤矣，嘗爲武帝置對於篇，又自著書以傳於後。其微言至要，蓋深於春秋者也。然聖人之旨在經，經之失傳，傳之失學，故漢諸儒多病專門之見，各務高師之言，至窮智畢學，或不出聖人大中之道，使周公孔子之志既晦而隱焉。董生之書，凌曙云，漢書顏注：「生，猶言先生。」視諸儒尤博極閎深也。本傳稱玉杯、繁露、清明、竹林之屬。今其書十卷，又總名繁露。其是非請俟賢者辨之。太原王君家藏此書，常謂仲舒之學久鬱不發，將以廣之天下，就予求序，因書其本末云。慶曆七年二月，大理評事四明樓郁書。凌曙云：「案郁字子文。」

新安程大昌泰之書秘書省繁露書後：右繁露十七卷，紹興間董某所進。臣觀其書，辭意淺薄，間掇董仲舒策語，雜置其中，輒不相倫比，臣固疑非董氏本書。又班固記其說春秋凡數十篇，玉杯、繁露、清明、竹林，各爲之名，似非一書。今董某進本，通以繁露冠書，而玉杯、清明、竹林特各居其篇卷之一，愈益可疑。他日讀太平寰宇記及杜佑通典，頗見所引繁露語言，顧今書皆無之。寰宇記曰：「三皇驅車抵谷口。」通典曰：「劍之在左，蒼龍之象也。刀之在右，白虎之象也。韍之在前，朱雀之象也。冠之在首，玄武之象也。」此數語者，不獨今書所無，且其體致全不相似，臣然後敢言今書之非本真也。牛亨問崔豹：「綴玉而下垂，如繁露也。」則繁露也者，古冕之旒，似露而垂，是其所從假以名書也。以杜樂所引，推想其書，皆句用一物，以發己意，有垂旒凝露之象焉。則玉杯、竹林同爲託物，又可想見也。漢魏間人所爲文，有名連珠者，其聯貫物象，以達己意，略與杜樂所引同。如曰「物勝權則衡殆，形過鏡則影窮」者，是其凡最也。以連珠而方古體，其殆繁露之自出歟？其名其體，皆契合無殊矣。又云：淳熙乙未，予佐蓬監館本有春秋繁露，既嘗書所見於卷目，而正定其爲非古矣。後又因讀太平御覽，凡其部彙列敍古繁露語特多。如曰「禾實於野，粟缺於倉」，皆奇怪非人所意，此可證也。舊本作「此可謂也」，文獻通考作「此可畏也」，皆誤。又曰「金干土則五穀傷，土干金則五穀不成」。張湯欲以鷰當梟，祠祀宗廟。仲舒曰：「鷰非梟，梟非鷰，愚以爲不可。」又曰：「以赤統者幘尚赤。」諸如此類，亦皆附物著理，無憑虛發語者。然後益自信予所正定不謬也。御覽，太平興國間編緝，此時繁露之書尚存，今遂逸不傳，可歎也已。

四明樓大防跋：繁露一書，凡得四本，皆有余高祖正議先生序文。始得寫本於里中，亟傳而讀之，舛誤至多，恨無他本可校。已而得京師印本，以爲必佳，而相去殊不遠。又竊疑竹林、玉杯等名，與其書不相關。後見尚書程公跋語，亦以篇名爲疑。又以通典、太平御覽、太平寰宇記所引繁露之言，今書皆無之，遂以爲非董氏本書。且以其名，謂必類小說家。後自爲一編，記雜事，名演繁露，行於世。開禧三年，今編修胡君仲方榘宰萍鄉，得羅氏蘭臺本，刊之縣庠，考證頗備。先程公所引三書之言，皆在書中，則知程公所見者未廣，遂謂爲小說者，非也。然止於三十七篇，終不合崇文總目及歐陽文忠公所藏八十二篇之數。余老矣，猶欲得一善本。聞婺女潘同年叔度景憲多收異書，屬其子弟訪之，始得此本，果有八十二篇。是萍鄉本猶未及其半也。喜不可言。以校印本，各取所長，悉加改定，義通者兩存之。轉寫相訛，又古語亦有不可强通者，春秋會解一書，案本集此下似注某年某人所集，文亦脱。仲方摭其引繁露十三條，今皆具在。余又據說文解字「王」字下引董仲舒曰：「古之造文者，三畫而連其中謂之王。三者天地人也，而參通之者王也。」許叔重在後漢和帝時，今所引在王道通三第四十四篇中。其本傳中對越三仁之問，朝廷有大議，使使者及廷尉張湯就其家問之，求雨閉諸陽，縱諸陰，其止雨反是，三策中言天之仁愛人君，天道之大者在陰陽，陽爲德，陰爲刑，故王者任德教而不任刑之類，今皆在其書中。則其爲仲舒所著無疑，且其文詞亦非後世所能到也。左氏傳猶未行於世，仲舒之言春秋，多用公羊之說。嗚呼！漢承秦敝，旁求儒雅，士以經學專門者甚衆，獨仲舒以純儒稱。人但見其潛心大業，非禮不行，對策爲古今第一。余竊謂惟仁人之對曰，「仁人者，正其誼，不謀其利，明其道不計其功」。又有言曰，「不由其道而勝，不如由其道而敗」。此類非一，是皆真得吾夫子之心法，蓋深於春秋者也。自揚子雲猶有愧於斯，況其他乎。其得此意之純者，在近世惟范太史唐鑑爲庶幾焉。褒貶評論，惟是之從，不以成敗爲輕重也。潘氏本楚莊王篇爲第一，他本皆無之。前後增多凡四十二篇，而三篇闕焉。惟玉杯、竹林二篇之名，未有以訂之，更俟來哲。仲方得此，尤以爲前所未見。相與校讐，將寄江右漕臺長兄祕閣公刻之，而謂余記其後。嘉定三年中伏日，四明樓鑰書於攻媿齋。

胡仲方跋：榘頃歲刻春秋繁露於萍鄉，凡十卷三十七篇，雖非全書，然一人間之所未見，故樂與吾黨共之。後五年，官中都，復從攻媿先生大參樓公得善本，凡八十二篇，爲十七卷。視隋、唐志、崇文總目諸家所紀篇卷皆同，惟三篇亡耳。先生又手自讐校，是正訛舛，今遂爲全書。乃録本屬祕閣兄重刊於江右之計臺，以惠後學云。嘉定辛未四月初吉，朝奉郎宗正丞兼權右司郎官兼樞密院檢詳諸房文字胡榘書。

四庫全書總目卷二十九經部春秋類附録：春秋繁露十七卷，永樂大典本。漢董仲舒撰。

「繁」或作「蕃」，蓋古字相通。其立名之義不可解。中興館閣書目謂「繁露，冕之所垂，有聯貫之象。春秋比事屬辭，立名或取諸此」。亦以意爲説也。其書發揮春秋之旨，多主公羊，而往往及陰陽五行。考仲舒本傳，蕃露、玉杯、竹林，皆所著書名。而今本玉杯、竹林乃在此書之中。故崇文總目頗疑之，而程大昌攻之尤力。今觀其文，雖未必全出仲舒，然中多根極理要之言，非後人所能依託也。是書宋代已有四本，多寡不同，至樓鑰所校，乃爲定本。鑰本原闕三篇，明人重刻，又闕第五十五篇，及第五十六篇首三百九十六字，第七十五篇中一百七十九字，第四十八篇中二十四字，又第三十五篇顛倒一頁，遂不可讀。其餘譌脱，不可勝舉。蓋海内藏書之家，不見完本，三四百年於兹矣。今以永樂大典所存樓鑰本，詳爲勘訂，凡補一千一百二十一字，删一百二十一字，改定一千八百二十九字。神明焕然，頓還舊笈。雖曰習見之書，實則絶無僅有之本也。倘非幸遇聖朝右文稽古，使已湮舊籍復發幽光，則此十七卷者，竟終沈於蠹簡中矣，豈非萬世一遇哉！

案：春秋繁露雖頗本春秋以立論，而無關經義者多，實尚書大傳、詩外傳之類。向來列之經解中，非其實也，今亦置之於附録。

四庫館奏進書後：臣等謹案春秋繁露十七卷，漢董仲舒撰。「繁」或作「蕃」，蓋古字相通。其立名之義不可解。南宋館閣書目，謂「繁露，冕之所垂，有聯貫之象，春秋比事屬辭，立名或取諸此」。亦以意爲説也。其發揮春秋之旨，多主公羊，而往往及陰陽五行。考仲舒本傳，蕃露、玉杯、竹林，皆所著書名。而今本玉杯、竹林乃在此書之中。故崇文總目頗疑之，而程大昌攻之尤力。今觀其文，雖未必全出仲舒，然中多根極理要之言，非後人所能依託也。是書宋代已有四本，多寡不同，至樓鑰所校，乃爲定本。鑰本原闕三篇，明人重刻，又闕第五十篇，及第五十六篇首三百九十六字，第七十五篇中一百八十字，第四十八篇中二十四字，又第三十五篇顛倒一頁，遂不可讀。其餘訛脱，不可勝乙。蓋海内藏書之家，不見完本，三四百年於兹矣。今以永樂大典所存樓鑰本，詳校其異於他本者，凡補一千一百餘字，删一百十餘字，改定一千八百二十餘字。神明焕然，頓還舊觀。雖曰習見之書，實則絶無僅有之本也。儻非幸遇聖朝右文稽古，使已湮舊籍復發幽光，則此十七卷者，終沈於蠹簡中矣，兹豈非萬世之遇哉！臣等編校之餘，爲是書幸，且爲讀是書者幸也。乾隆三十八年十月恭校上。

案：此書之大恉在乎仁義，仁義本乎陰陽。陽居大夏，陰居大冬，見天之任德不任刑也。又言除穢不待時，如天之殺物不待秋。則董子之論，固非倚於一偏者。

其重政篇云：「聖人所欲説，在於説仁義而理之。」「不然，傅於衆辭，觀於衆物，説不急之言，而以惑後進者，君子之所甚惡也。」即此可知其立言之本意矣。我皇上新考試詞臣，取仲舒語「以仁安人，以義正我」命題。臣竊仰窺聖德聖治，固已與天地同流，陰陽協撰矣。而於是書猶有取爾，况在學者其曷可以不讀。向者苦其脱爛，乃今而快覩全書，尤爲深幸。臣服習有年，見其以天證人，析理斷事，實切於養德養身之要。而凡政治之原，郊祀之典，用人之方，弭災之術，俱無所不備。即其正名辨制，委曲詳盡，亦始入學者所必當研究也。謹就二三學人，覆加考核，合資雕版，用廣其傳，冀無負朝廷昌明正學，嘉惠士林之至意。至書中如考功、爵國等篇，尚有不可强通者，在以詒夫好學深思之士，或能明其説焉。

乾隆五十年十月，舊史官臣盧文弨謹書目録後。

盧本春秋繁露參校本及新校人名氏：聚珍版本，以是本爲主。又取蜀中本，明嘉靖甲寅潙陽周大夫所刻，有永寧趙維垣序，云出宋本。又明程榮、何允中兩家本。

江陰趙曦明敬夫校、江都江恂于九校、江都秦黌序唐校、臨潼張坦芑田校、常熟陳桂森耕巖校、金壇段玉裁若膺校、瓊山吴典學齋校、嘉定錢唐學源校、江都秦恩復敦夫校、太倉陸時化潤之校、餘姚盧文弨紹弓合校、休寧陳兆麟仰韓校、江寧齊韶敬傳校。

凌曙春秋繁露注序：昔仲尼志在春秋，行在孝經。春秋爲撥亂反正之書，聖德在庶，修素王之文焉。周室既衰，秦并天下，焚書阬儒，先王之道，蕩焉泯焉。炎漢肇興，鴻儒蔚起，各執遺經，抱殘守闕，公羊至漢始著竹帛。書紀散而不絶，此中蓋有天焉。廣川董生，下帷講誦，實治公羊。維時古學未出，左氏不傳春秋，公羊爲全孔經。而仲舒獨得其精義，説春秋之得失頗詳。蓋自西狩獲麟，爲漢制法，知劉季之將興，識仲舒之能亂，受授之義，豈偶然哉！據百國之寶書，乃九月而經立。于是以春秋屬商，商乃傳與公羊高。高傳與其子平，平傳與其子地，地傳與其子敢，敢傳與其子壽。自高至壽，五葉相承，師法不墜。壽乃一傳而爲胡毋生，再傳而爲董仲舒。太史公謂漢興五世之間，唯仲舒名明於春秋。其傳公羊氏也，觀諸藝文所載，著述甚夥，今不概見，所存者唯春秋繁露十有七卷。原書亦皆失次，然就其完善者讀之，識禮義之宗，達經權之用，行仁爲本，正名爲先，測陰陽五行之變，明制禮作樂之原。體大思精，推見至隱，可謂善發微言大義者已。漢武即位，以文學爲公卿，欲議古立明堂城南，以朝諸侯，草巡狩、封禪、改曆服色事，未就。及仲舒對册，推明孔氏，抑黜百家。立學校之官，州郡舉茂才孝廉，皆自仲舒發之，然終未盡其用。當武帝時，公卿以下，争於奢侈，僭上亡度，民皆背本趨末。仲舒乃從容説上，切中當世之弊。及仲舒死後，功費愈甚，天下虚耗，武帝乃悔征伐之事——無益也。劉向謂仲舒有王佐之才，雖伊吕無以加，筦晏之屬，殆不及也。今其書流傳既久，魚魯雜糅，篇第褫落，致難卒讀。淩嘗之夫，横生訾議，經心聖符，不絶如綫，心竊傷之。遂乃購求善本，重加釐正。又復采列代之舊聞，集先儒之成説，爲之注釋。及隋唐以後諸書之引繁露者，莫不考其異同，校其詳略，書目姓氏，咸臚列於下方。夫聖情幽遠，末學難窺，賴彼先賢，以啟檮昧，事跡既明，義例斯得，輔翼經傳，舍此何從。曙也不敏，耽慕其書，傳習有年，弗忍棄置。至於是書之善，正誼明道，貫通天人，非予膚淺之識所能推見。登堂食胾，願以俟諸好學深思之士。嘉慶二十年四月既望，國子學生江都凌曙書于蜚雲閣。

凌曙注本凡例：一、是書以聚珍本爲主。按語臚列于下，凡官本按他本作某者，皆是。一、是書明王道焜本向有注者，加「原注」二字，引盧學士抱經本，加「盧注」二字。一、是書缺文據聚珍本增入。一、是書錯簡，凡有此下當接某處者，皆依官本及武進臯文編修讀本、盧學士刻本改正。一、是書所引春秋，皆公羊家言，故兩傳不敢羼入。惟書中引穀梁之文僅一條，故引穀梁以注之。至於土地人名，間有引杜注者，以無關義例故也。

孫氏校勘記跋：光緒甲午刊本。按春秋繁露，自宋已來，已多譌缺。乾隆時館臣據永樂大典所收樓鑰本對勘，補訂删改，復成完帙。且於創行聚珍版之始，即首先排印。詳見聚珍板程式。蓋意在廣爲流播。顧閩中所翻刻聚珍本諸書，竟缺此種，不知當時何以遺漏。豐順丁氏所藏聚珍原印本，則此書宛在，是所急應補刻者。提調傅太守請於上官，決意重刻。並以吾鄉盧氏文弨曾取聚珍本覆加考核，刻之於抱經堂叢書中者，似更詳備。爰飭梓人，依式墨板，既竣事，星華因思盧本雖讐校精密，特官本校語未及全載。且近日江都凌氏有注，亦頗具異同。復節採德清俞氏平議數條，因併録爲此帙，附刻於後。以視近日淛局重翻盧本之仍有譌脱，或略勝云。光緒乙未秋季，會稽孫星華季宜識。

魏源董子春秋發微序：董子春秋發微七卷，何爲而作也？曰：所以發揮公羊之微言大誼，而補胡毋生條例、何劭公解詁所未備也。漢書儒林傳言董生與胡毋生同業治春秋。而何氏注但依胡毋生條例，於董生無一言。及近日曲阜孔氏、武進劉氏，皆公羊專家，亦止爲何氏拾遺補缺，而董生之書，未之詳焉。若謂董生疏通大詣，不列經文，不足頡頏何氏，則其書三科九旨，燦然大備，且宏通精淼，内聖而外王，蟠天而際地，遠在胡毋生何劭公章句之上。蓋彼猶泥文，此則優柔而饜飫矣。彼專析例，此則曲暢而旁通矣。故抉經之心，執聖之權，冒天下之道者，莫如董生。今以本書爲主，而以劉氏釋例之通論大義近乎董生，附諸後。爲公羊春秋別開閫域，以爲後之君子亦將有樂於斯。至繁露者，首篇之名，以其兼撮三科九旨，爲全書之冠冕，故以繁露名首篇。後人妄以繁露爲全書之名，復妄移楚莊王一章於全篇之首，矯誣之甚。故今仍以繁露名首篇，其全書但曰董子春秋，以還其舊。輿案：繁露爲篇名甚確。但唐宋各書引均以爲全書名，其來已久。至云「稱董子春秋，以還其舊」，則未必然。論衡案書篇：「董仲舒著書不稱子者，意殆自謂過諸子也。」知漢世無此稱。至其三代改制質文一篇，上下古今，貫五德五行於三統，可謂窮天人之絶學。視胡毋生條例，有大巫小巫之歎。輿案：三代改制一篇，言公羊學者多盛稱之。其實此篇乃言典禮，「以春秋當新王」諸語，則漢世經師之設詞也。說詳本篇。況何休之偏執，至以叔術妻嫂爲應變，且自謂非常可惪之論，玷經害教，貽百世口舌者乎。今分七卷，臚列其目於前，以詔來學。

繁露第一、張三世例，通三統例，異內外例。輿案：董自有十科六指，此仍是以何例説董學。

俞序第二、張三世例。　奉本第三、張三世例。

三代改制質文第四、通三統例。　爵國第五、通三統例。輿案：爵國篇明舉周制及春秋，似與三統無涉。

符瑞第六、通三統例。　仁義第七、異内外例，附公始終例。

王道第八、論正本謹微兼譏貶例。　順命第九、爵氏字例。尊尊賢賢。　觀德第十、爵氏字例。尊尊親親。　玉杯第十一、予奪輕重例。　玉英第十二、予奪輕重例。精華第十三、予奪輕重例。竹林第十四、兵事例。戰伐侵滅入圍取邑表。滅國第十五、邦交例。朝聘會盟表。隨本消息第十六、邦交例。同上。度制第十七、禮制例。譏失禮。郊義第十八、禮制例。譏失禮。二端第十九、災異例。天地陰陽第二十、災異例。五行相勝第二十一、災異例。陽尊陰卑第二十二、通論陰陽。會要第二十三、通論春秋。正貫第二十四、通論春秋。十指第二十五、通論春秋。

朱一新無邪堂答問一：胡仕榜問：董膠西明春秋，乃惑於改正朔，而云王魯。歐陽永叔惜其拘牽師説，不能高論以明聖人之道，似中其失。答：漢儒以改建正朔，損益質文，爲王者治定功成，制禮作樂之事，聖人之道，莫大乎此，故恒言之，不獨董生爲然。蓋謂推言其極至，則其治具畢張可見也。此即漢儒至高之論，永叔所言，未覩其通。公羊爲漢儒專家之學，與宋儒之説絶異，此所引未明家法。輿案：董生書發明聖人之道者極多，改朔云云，特其一端。而其論發于太初未改正朔以前，在當日爲時務，非高論也。歐公未深考耳。説見楚莊王篇。朱説亦未明晰。至其所云王魯者，謂假十二公之事，以示百王大法，猶之寄王法於魯云耳。成元年傳：「王者無敵，莫敢當也。」昭二十五年傳：「昭公曰：『吾何僭哉。』子家駒曰：『設兩觀，乘大路，朱干玉戚以舞大夏，八佾以舞大武，此皆天子之禮也。』」以周爲王者，而斥魯人僭用天子之禮，則魯之爲託王可見矣。公羊家之説以爲周道既微，明王不作，夫子知漢室將興，因損益百王之法，作春秋以貽來世。以春秋爲漢興而作，此尤緯説之無理者。蓋自處士横議，秦人焚書，漢高溺儒冠，文景喜黄老，儒術久遏而不行。自武帝罷黜百家，諸儒乃亟欲興其學，竄附緯説，以冀歆動時君，猶左傳之增其處者爲劉氏也。此在立學之初，諸儒具有苦心，後人若復沿襲其説，則愚甚矣。俗語不實，流爲丹青，光武好言圖讖，東漢諸儒從風而靡。何劭公遂以春秋演孔圖之説解獲麟，可云寡識。桓三年正月何注亦云：「非主假周以爲漢制。」第載之空言，不如見之行事。魯史具存，即借其事以寓褒貶。故曰加吾王心焉。夏尚忠，殷尚質，三王之道若循環。周末文勝，夫子欲變之以殷質，而其褒貶誅絶之法不敢自專，寄之於魯。此以春秋當新王之義，非謂真以魯爲新王也。公羊家言，如以祭仲爲行權，乃假祭仲以明經權之義，非真許祭仲。傳言殺人以自生，亡人以自存，君子不爲也。祭仲正與相反，其非許祭仲可知。何注蓋失公羊本意。繁露玉英篇：「權雖反經，亦必在可以然之域。不在可以然之域，故雖死亡，終弗爲也，公子目夷是也。」漢儒謂反經合道爲權。是不合於道者，仍不得謂之權。權，所以衡輕重。未能守經，而侈語達權，則如無星之稱，將恃何道以衡之，子臧言聖達節，蓋必有節，而後可達也。以齊襄爲復九世之讎，乃假齊襄，以明復讎之義，非真許齊襄。公羊子深惡魯莊忘親事讎，故發此傳。而於伍子胥之復讎過當者，亦深許之。蓋皆有爲而言也。父母之讎，不共戴天。況於國君受繼體之重，無論齊魯勢均力敵，本有可勝之道，即使戰而敗北，亦當收合餘燼，枕戈泣血，以爲後圖。人子不復讎，何以爲人；國君不復讎，何以立國。後人有謂南宋明復讎之義爲不量力者，蕘言邪説，宜爲春秋所誅絶也。此類頗多，皆文與而實不與。但此唯公羊爲然，近儒乃推此意以説羣經。遂至典章、制度、輿地、人物之灼然可據者，亦視爲莊列寓言，恣意顛倒，殆同戲劇，從古無此治經之法。

麟爲王者之瑞，夫子論次十二公之事，爲萬世法。王道浹，人事備。西狩獲麟，於周爲異，春秋則託以爲瑞。故曰：「所聞世著治升平，所見世文致太平。」此張三世之義。曰文致者，明其非真太平也。不然，定哀爲衰世，獲麟非美事，漢儒豈不知之，而顧爲是瞶瞶耶？公羊家多非常可怪之論，西漢大師自有所受，要非心知其意，鮮不以爲悖理傷教。故爲此學者，稍不謹慎，流弊滋多。近儒惟陳卓人深明家法，亦不過爲穿鑿。若劉申受、宋于庭、龔定庵、戴子高之徒，蔓衍支離，不可究詰。凡羣經略與公羊相類者，無不旁通而曲暢之。即絶不相類者，亦無不鍛鍊而傅合之。舍康莊大道，而盤旋於蟻封之上，憑臆妄造，以誣聖人。二千年來經學之厄，蓋未有甚於此者也。國朝公羊學始於陽湖莊氏，華路藍縷，例尚未純。卓人學出凌曉樓，曉樓言禮制，已頗穿鑿，而尚未甚。至劉、宋、戴諸家，牽合公羊、論語而爲一。于庭復作大學古義説，以牽合之。但逞私臆，不顧上下文義。定庵專以張三世穿鑿羣經，實則公羊家言，惟張三世最無意義。何注恩王父之説，亦復不詞。定庵以此爲宗，烏足自名其學？凡此云云，皆所謂以艱深文淺陋也。道咸以來，説經專重微言，而大義置之不講。其所謂微言者，又多强六經以就我，流弊無窮。即如魏默深詩古微之攻故訓傳，書古微以杜林漆書誣馬鄭，遂欲廢斥古文。魏氏史學名家，其經學實足誤人。良由漢學家瑣碎而鮮心得，高明者亦悟其非，而又炫於時尚。宋儒義理之學，深所諱言。於是求之漢儒，惟董生之言最精。求之六經，惟春秋改制之説最易附會。且西漢今文之學久絶，近儒雖多綴輯，而零篇墜簡，無以自張其軍。獨公羊全書幸存，繁露、白虎通諸書，又多與何注相出入。其學派甚古，其陳義甚高，足以壓倒東漢以下儒者，遂幡然變計而爲此。夫公羊大義在通三統，通三統故建三正。當周之時，夏正周正，列國並用，本非異事，不待張皇也。春秋時晉用夏正，近儒久有定論。逸周書周月篇夏數得天，百王所同。其在商湯，用師於夏，順天革命，改正朔，變服殊號，一文一質，示不相沿。以建丑之月爲正，亦越我周。致伐於商，改正異械，以垂三統。至於敬授民時，巡狩祭享，猶自夏焉。古人所以重三正者，以其合於天運。天運三微而成著，故王者必法天以出治。五始之義，公羊子言之備矣。詩書所陳，六藝所述，往往言天象以明人事，謂夫日鑒在兹，不可褻越也。漢人親見秦之縱恣，以速其亡，每遇天變，動色相戒。日食修德，日食修刑，元成失馭，猶明此義。故漢之末造，朝綱解紐，而獨無厲民之政，上畏天命，下畏民碞，其所以固國脈者，端在於是。董子謂王者舉事，宜求其端於天。又謂正朝廷以正百官，正百官以正萬民，比物此志也。今乃舍其敬天勤民之大者，而專舉改制以爲言。夫春秋重義不重制，義則百世所同，制則一王所獨。惟王者受命於天，改正朔，異器械，別服色，殊徽號，以新天下之耳目。而累朝舊制，沿用已久，仍復並行，此古今之通義。周時本兼有四代之制，六經無不錯舉其説，非獨春秋爲然。孔子殷人，雜用殷禮，見於戴記者甚多，安得以爲改制之證。公羊文十三年傳：「周公用白牡，魯公用騂犅。」何注：「白牡，殷牲也。」此乃成王所賜，豈亦孔子所改？明堂位兼用四代禮樂，若非經有賜魯明文，則近儒亦將援爲孔子改制之證。且託王於魯，猶可言也，帝制自爲，不可言也。聖人有其位則義見於制，無其位則義寓於事。是故孟子之論春秋也，曰其事其義，不曰其制。曰天子之事，不曰天子之制。衮褒鉞貶者，正天子之所有事。孔子自言竊取其義，竊取云者，取諸文王也。公羊傳曰：「王者孰謂，謂文王也。」開宗明義，即示人以遵王之旨。左氏傳亦言王周正月。觀此可無夏時冠周月之疑矣。近人頗以左氏晚出爲疑，案戴記哀公問疏引五經異義曰：「高祖時，皇太子納妃，叔孫通制禮。」以爲天子無親迎，從左氏義。然則秦末漢初，左傳固行於民間，通儒多見之也。聖人作春秋，以文王之法正諸侯，而不以空言説經，故其義悉寓於諸侯之事。若夫典章文物一仍其舊，曾何改焉？其有不合，非經師之失傳，即周衰之變禮。夫子録之，以著世變。檀弓諸篇，類此者甚多。漢儒惑於緯書，乃有爲漢赤制諸謬説，蓋其陋也。制與事判然不同，改正朔，易服色，殊徽號，異器械，是之謂制。制者一成而不可易，非天子不制度是也。若工虞水火，若兵刑錢穀，是之謂事。事者，臣工所條奏，儒生所講求，先民有言，詢於芻蕘是也。制所以定民志，事所以達民情。今有人焉，作通攷，作罪言，講明其義，以備采擇，苟無紕繆，聖王所弗禁也。有人焉，改會典，改律例，變禮易樂，非悖逆，即病狂。王法所不容，春秋所必誅也。漢人語言簡質，往往混事於制。又欲立春秋於學官，而故神其説。端門受命，素王改制，此蓋神道設教之遺意，豈可據爲事實？漢儒亦但竄之於緯，未嘗敢著之於經也。近人信緯而不信經，抑知鄭君注中庸，以祖述堯舜、憲章文武爲仲尼作春秋之事。而必引公羊繼文王之體、守文王之法度以明之。且謂作禮樂者，必聖人在天子之位。而曉一孔之人，不知今王之新政可從。孔疏申鄭意，亦謂孔子身無其位，不敢制作二代之禮。鄭君固信緯書者，而其言如此，曷嘗有如近人無忌憚之説？聖人自云從周，説經者必欲與之相反，可乎？近儒因王制兼有殷制，遂傅合於公羊。夫王制乃漢文集博士所作，盧侍中明言之。侍中漢代大儒，出入禁闥，豈有本朝大掌故懵然不知之理？近人深斥其説，以此爲衛經之苦心，固無不可。若乃託王制以穿鑿二傳，顛倒五經，則侍中遺説不得不亟與申明也已。當孝文時，今學萌芽，老師猶在，博采四代典禮，以成是篇，乃王制摭及公羊，非公羊本於王制。周尺東田，明是漢人常語，與月令之有太尉、大戴記之有孝昭冠辭略同。太尉與冠辭，猶可云偶贅及之。周尺東田，乃王制一篇節目，豈亦贅文耶？王制、月令，雖輯於後人，而所言仍是三代之制，故戴記取之，無庸曲説。今文家言禮制，每與古文不同。三代遺制紛繁，儒者各述所聞，致多歧異。即今文之與今文，亦間有不同，非獨古學家爲然也。遭秦焚書，民間私相傳述，今文特先立學，故顯於西漢，古文至東漢而始顯。此乃傳述之歧互，非關制作之異同。今學古學之名，漢儒所立，秦以前安有此分派？文有今古，豈制有今古耶？王制果爲公羊而作，則師説具存，繁露何以不引其文，漢儒何以不述其例，直待千餘年後，始煩諸儒爲之鑿空乎？王制：「公侯田方百里，伯七十里，子男五十里。」鄭注：「此殷所因夏爵三等之制也。殷有鬼侯、梅伯，春秋變周文，從殷質，合伯、子、男以爲一。則殷爵三等者，公、侯、伯也。」案王制此言，本於孟子，孟子明言周制，而鄭君以爲殷制，顯與孟子不合。蓋鄭欲溝通周官之説，致多膠葛。近人復因鄭此言，而歧之又歧。然鄭君特舉此以明王制之兼有殷制，曷嘗謂王制爲素王改制之書？正義引鄭目録云：「王制作在秦漢之際。」又有鄭荅臨碩云：「孟子蓋赧王之際，王制之作，復在其後。」其説雖與盧侍中不同，要未嘗以王制爲春秋改制而作也。王制首篇即述孟子之言，故鄭以爲在孟子之後。王制分天下以爲左右，曰二伯。鄭注亦引春秋傳周召分陝之事爲證。周召分陝，正是周制，烏得以爲孔子之制？乃近人因王制未足徵信，復援孟子以爲助。孟子明云：「周室班爵禄。」周制也，非殷制也。孟子言天子一位，子男同一位，凡五等。公羊言伯、子、男同位，凡三等。三書説各不同，烏可强爲溝合？孟子公侯百里，伯七十里，子男五十里。與武成分土惟三義同。近人黜僞古文尚書，棄置弗道。然漢書地理志已言周爵五等而土三等，豈班志亦僞乎？殷制既以公、侯、伯爲三等，則公、侯必不能同爲百里。書缺有間，但當闕疑，烏可鑿空妄造？近儒致疑於孟子者，徒以班爵禄之説與周官不合，夫周官不合羣經者多矣，何獨執此而定百里爲素王之制且周制公侯百里，非但見於孟子，亦先見於論語：「有千乘之國焉，有百乘之家焉。」千乘之國，集解引包咸馬融二説，包據孟子、王制，馬據周官、司馬法。如馬説則開方僅得三百一十六里有奇，仍與周官四百里不合。若謂舉成數而言，亦當云三百里，不得云四百里。周官之三百里，固非大國也。蓋司馬法是出軍之數，孟子、王制乃賦民之數。當出軍時，必不能埽境以行，但十抽其一耳。王制疏引五經異義：「賦法積四十五井，除山川坑岸三十六井，定出賦者九井。」則千里之畿地方百萬井，除山川坑岸三十六萬井，定出賦者六十四萬井。長轂萬乘，以許君之言差次之，則諸侯百里。長轂千乘，乃賦法，非出軍之法明矣。由此言之，司馬法亦百里，非四百里也。當從包義爲長。豈節用愛人之語，必出於聖人晚年定論？而一人之私制，顧舉以告魯大夫，魯大夫將茫然何從索解乎？魯齊稱大國者，蓋以其附庸之多，其實封非必有加於百里。魯頌言土田附庸，復言公車千乘，與論語、孟子皆合。附庸若任宿顓臾之類，猶時見於左傳。歷世既久，諸侯多滅附庸以自廣，其甚者且滅大國。如晉滅虞虢之類。故孟子曰：「今魯方百里者五。」魯之疆域，見左傳者已不止百里，非侵滅小國，烏能若是。明堂位復云：「方七百里。」則誇飾之辭，或并附庸計之，未可知也。孟子：「十一月，徒杠成。十二月，輿梁成。」即國語引夏令十月成梁之制。周十二月，夏之十月。孟子所用，周正也，非夏正也。近人謂孟荀皆用孔子改制之說。案荀子有王制篇，所言序官之法，大制與周禮同。又云：「田野什一，關市譏而不征，山林澤梁，以時禁發而不稅。」說亦同於孟子。孟子明云，文王治岐之制，豈得以爲殷制？荀子言「王者之制，道不過三代，法不貳後王。道過三代謂之蕩，法貳後王謂之不雅」。荀子意在法後王，乃後人反誣以改制之說，此正荀子所斥爲不雅者也。公羊家言以王二月、王三月爲存三統，然則聖人固從周正，特兼存夏殷正朔，以明三代聖王皆奉天以出治耳。必謂春秋改正朔而用夏正，則第書王三月可矣，曷爲書王二月，而可牽合顔淵爲邦之問，强以公羊羼入論語乎？董子繁露，今存八十二篇。言陰陽、五行、仁義、禮智、性情者十六七，言他事者十三四。其言改制者，惟三代質文、符瑞、玉杯、楚莊王諸篇間及之，並非春秋要義。楚莊王篇：「王者徙居處，更稱號，易服色者，無他焉，不敢不順天志而明自顯也。若夫大綱人倫、道理、政治、教化、習俗、文義盡如故，亦何改哉？」近儒輒以大學、論、孟之言，牽涉於素王改制，觀此可憬然矣。董子謂天積衆精以自剛，常置陰空處，稍取之以爲助。其言陰陽五行，皆明此義。陽爲德，陰爲刑，親陽而疏陰，任德而不任刑。其說深有契乎洙泗言仁之旨，董子之稱大儒者以此。所言喜怒哀樂中和諸說，皆可爲中庸義疏。至若正朔三而改，文質再而復，特聖王受命承天之一事。今舍全書大義而專言此，豈董子之意乎？近儒惟孫淵如喜言陰陽五行，其所摭古義，皆術數家言，與董子伏生之學渺不相涉。漢初張蒼最明陰陽，而遺説罕聞。其據以推五運者，乃本孔子之論五帝德。見大戴記。五行或以相生爲義，或以相克爲義，迄無定論。張蒼謂漢爲水德。後因黄龍見成紀，從公孫臣言，改爲土德。其説本不足據。蓋漢儒惡秦特甚，不欲漢承秦後，因春秋有託王之義，遂奪秦黑統而歸之素王，因素王黑統而遂有紛紛改制之説。西狩獲麟，或以爲麟者木精一角赤目爲火候，漢將受命之瑞。或以爲中央土，軒轅大角之獸，春秋禮書修母而致子。或以爲西方金精之獸，春秋立言西方兑，兑爲口，故麟來。聚訟紛紜，皆讆言也，庸足信乎？公羊之學，盛行西漢。班史所載臣工諸條奏，本春秋褒貶災異以立説者甚多，初未及素王制作之事。惟梅福傳，福據此以求立孔子世爲殷後。成帝推迹古文，以左氏、穀梁、世本、禮記相明，遂立孔子後爲殷紹嘉公。當時據以立二王後者，乃用古文及左氏、穀梁，並非據公羊。劉申受欲明三統之義，而反黜左氏，亦傎甚矣。緯書多漢儒附益，故戰國諸子從未一及是言。公、穀至漢時始著竹帛，後師諸説，多存其中，亦未嘗一及是言。豈非言不雅馴，爲搢紳先生所難言乎？陸賈新語術事篇：「春秋上不及五帝，下不及三王，述齊桓晉文之小善，魯之十二公，至今之爲政，足以知成敗之效，何必於三王。」此可見秦漢之際言春秋者，尚無改制之謬説。漢儒泥於陰陽，推迹五運，乃始以是羼入公羊耳。新語或以爲僞作，實非也。嚴鐵橋漫稿已詳辨之。漢中葉後，儒者篤信緯説，逐末忘本，於是緯候之學流爲術數，術數之學流爲圖讖，怪説繁興，新莽因之，遂移國祚。魏、晉、六朝，篡奪相仍，莫不師莽之故智。此正後儒所當黜絶，安可更揚其波？况五運之學失傳已久。公羊大義甚多，繁露名言不少，豈舍此遂無可尋繹耶？亦徒見其好異而已矣。子張問十世，子答以因革損益。所因謂三綱五常，所損益謂質文三統。質文三統，非有德有位者孰能損益之？儒者講明其理可也，擅改其制不可也。若夫三綱五常，則吾儒與有責焉耳矣。文王既没，文不在兹。文武之道，未墜於地，聖賢之於道也，未嘗不以之自任。文在兹則道在兹，文者何？詩書禮樂是也。采之風謡，載在方策。東遷而後，禮壞樂崩。聖無常師，識大識小，暮年删定，述而不作。故夫詩書禮樂者，三代帝王治世之大經，非洙泗間一家之言也。夫子修春秋以垂教萬世，託始於文，託王於魯。定哀多微辭，上以諱尊隆恩，下以避害容身，慎之至也。漢藝文志：「春秋所貶損大人當世君臣，有威權勢力，其事實皆形於傳，是以隱其書而不宣，所以免時難也。」聖人憲章文武，方以生今反古戒人，豈有躬自蹈之之理？素王者，後人所尊稱，並非聖人自名其學。聖道之大，安在乎王與不王。近儒喜以素王説春秋，世俗之見，淺之乎測聖人矣。太平御覽引孝經援神契，子曰：「吾作孝經，以素王無爵禄之賞、斧鉞之誅，故稱明王之道。」謂素王爲夫子自稱者，始見於此。鄭何諸人，皆同此説。鄭説見左傳序疏引六藝論。緯書固不足信，即以其説徵之，亦可見聖人於誅賞之空言且謙讓不敢自專，而敢肆改一王之定制耶？春秋雖著諸侯之行事，實仍託之空文，素之爲言空也。若紛紛制作，則真王矣，何素王之有。公羊家言變周文，從殷質。文王殷人，其所用者殷制。即從緯書之説，以爲受命改元，亦是殷末周初之制。夫子用此，與從先進義同。豈敢緣隙奮筆，僭以王者自居？春秋即爲聖人制作之書，度亦不過一二微文以見意，豈有昌言於衆，以自取大戾者。且亦惟公羊爲然，於二傳何與？於詩、書、禮、易、論語又何與？乃欲割裂經文，以就己意，舉六經微言大義，盡以歸諸公羊。然則聖門傳經，獨一公羊耳，安用商、瞿、子夏諸賢之紛紛也哉！繁露所引論語，如「敬事而信」、「管仲之器」、「棠棣之華」、「内省不疚」、「當仁不讓」、「苟志於仁」、「大德不踰閑」、「禮云禮云」、「政逮於大夫」、「名不正則言不順」之類，皆引聖言以爲證，要非牽合公羊以合論語也。諸説皆與質文改制無涉。董子謂春秋大元，故謹於正名，其非正文字之誤可知。乃宋于庭論語説於此獨不從董子而從鄭君，且引老子有名無名以立説，異哉。莊生有言，春秋以道名分，假天子兖鉞之權以誅亂臣賊子者，聖人爲萬世綱常計，不得已也。周室雖微，名分具在。鼎之輕重不可問，制之質文可輕改乎？何氏解詁，例已煩碎。何注如「法其生不法其死，恩王父不恩高曾」之類，義皆難通。半亦由屬辭之拙僿。又如傳言隱賢，而注泛及連帥。傳稱單伯，而注泛及貢士。皆未必公羊本意。單氏不見魯史，而周卿士有單襄公穆公之類，見内外傳及漢食貨志。可知公羊之義爲短。至春秋録内略外，微者不書，逢丑父自無見經之例，何注乃以爲絶頃公。何義蓋本繁露竹林篇，而微有不同，皆曲説也。今乃於三科九旨而外，侈言劭公所不敢言，且混合六經而爲一。是聖人晚年删述，但以改制爲事，平日雅言，復以改制爲教，洙泗之間，自爲風氣，師弟子所斷斷講習者，莫非干犯名義之言。爲下不悖之謂何？不至於邪説誣民不止。此惟外夷無父無君之教乃有之，而可以誣吾夫子乎？公羊三科：一曰張三世，二曰存三統，三曰異外内。内其國而外諸夏，内諸夏而外戎狄，是故稱於越者，未能以其名通也。稱越者，能以其名通也。吴獲陳夏齧則少進之，有憂中國之心，則又進之。進之者何？謂其寖知中國之禮義也。若楚王之妻媦，固無時焉可也。自羲畫八卦，契敷五教，千聖百王，相嬗相維，以成此中國。中國之所以爲中國者無他焉，以所因之三綱五常耳。公羊子曰：「公追戎于濟西。」此未有言伐者，其言追何？大其爲中國追也。聖人之惡戎如此，非以其無君臣上下，無禮義廉耻，猾夏之風，漸不可長歟？於越句吴，同爲明德之後，既廣魯於天下，則漸被中夏之教化，春秋猶屢進之。若夫宗楊墨無父無君之教，以僩擾我中夏，有心世道者，宜何如嚴外内之防。而徒侈言張三世，通三統之義，不思異外内之義，吾恐猖狂恣肆之言，陷溺其心者既久，且將援儒入墨，用夷變夏而不自知。嗚呼，是亦不可以已乎！窮經所以致用，封建之制不行，夏時之制久定。自漢以來，垂二千年，未之有改。乃猶喋喋言三統，固哉高叟之爲詩也！夫心之所同然者何也？謂理也，義也。天以五常之理賦人，故樂記謂之天理。義之用多端，而莫大於君臣。故天澤之分，必不可踰。義理之學，宋儒以之爲教，孔孟曷嘗不以爲教？漢學家惟惡言理，故與宋儒爲仇。「理義之悦我心，猶芻豢之悦我口」，豈苦人以所難哉？先王本理以制禮，以禁慝也。有禮斯有樂，以導和也。古樂既亡，禮亦爲文飾之具。宋儒因亟以理明之，又恐人矜持拘苦，而屢以從容樂易導之。今讀其遺書，以理爲教，實多以禮爲教。文集語録多不勝舉。所不同於三代者，特其沿革耳。此與聖門教人之方有何不合？而戴東原則曰：「程朱憑在己之意見，而執之曰理，以禍斯民。」且謂聖人以體民情、遂民欲爲得理。見東原文集孟子字義疏證。夫聖賢正恐人之誤於意見，故有窮理之功。東原乃認意見爲理，何其言理之粗。體民情固也，遂民欲而亦謂之理，何其言理之悖。欲仁欲也，欲利亦欲也，使徒遂其欲而不以理義爲閑，將人皆縱其欲而滔滔不返，不幾於率獸食人乎？白虎通情性篇引孝經鉤命決曰：「情生於陰，欲以時念也。性生於陽，以就理也。陽氣者仁，陰氣者貪，故情有利欲，性有仁也。」其言與樂記若合符節。古書之言性情理欲者，明白若此，漢學家好據古義，獨不從之，何耶？乃謂宋儒以理殺人，死矣，更無可救矣。亦東原集中語。疾首蹙額，若不可一朝居，而必求自放於禮法之外者。苟以此爲教，恐五季之禍，其不復見於今者幾希。誠不意儒者日治三禮，而竟不求諸制禮之本原也。故曰：「學而不思則罔。」

近人知理之不可惡，宋儒之不可仇，而必不肯言同然之理，獨言聖人罕言之理。高則高矣，夫理而可以高言也邪？今夫義之實莫大乎君臣，仁之實莫大乎父子。世衰道微，臣弑其君者有之，子弑其父者有之。孔子懼，作春秋。春秋天子之事，乃正名定分，以誅亂賊之事，非干名犯義，以改制度之事也。公羊家言改正朔，易服色，蓋王者治定功成，制禮作樂，所以告成功於天。而其先節目甚多，故六經言治法者甚備。

六經大義，戴記經解篇、莊子天下篇皆言之。周人之言經義，初未嘗通六經爲一也。董生古矣，莊生及七十子之徒，不尤古耶？繁露玉杯篇：「詩書序其志，禮樂純其養，易春秋明其知。六學皆大，而各有所長。詩道志，故長於質。禮制節，故長於文。樂詠德，故長於風。書著功，故長於事。易本天地，故長於數。春秋正是非，故長於治人。」董生之言如是，曷嘗通六經爲一乎？今以六經之言，一切歸之改制。其鉅綱細目散見於六經者，轉以爲粗迹而略置之。夫日以制作爲事，而不顧天理民彝之大，以塗飾天下耳目者，惟王莽之愚則然耳。曾謂聖人而有是乎？故曰：「以思無益，不如學也。」

春秋繁露義證序

蘇厚菴爲春秋繁露義證，將成而告余曰：「董生此書，説春秋者不過十之五六，吾爲此書，而深有會於春秋之旨。書成後，當更爲公羊董義述以盡吾意。漢代公羊家宜莫先董生，何劭公釋傳不及董生一字者何？」余因舉眭孟事告之，曰：「或以此故，子更求之。」國變之後，厚菴歸里。間與余言董義述，每舉一事，余爲欣賞者久之。歲癸丑，大病新愈，將赴會垣。余贈以詩，有「温故知新是我師」，及「天爲斯文留絶學」之句。並以公錢刊行其繁露義證。嗣復以例言及董生年表來。十月返其煙舟故居，忽與余有違言，音問遂絶。以甲寅四月十四日故。其妻託楊芷園兄弟將義證稿來，又增一序文。並言其展轉牀蓐，自悔前書錯謬。聞余得子，思爲詩以賀，未就。余爲悽然。

念厚菴從余數十年，言行素謹。前之致書，或亦久病傎倒，不能自主，不足深論。其義證固可傳之書也。吾鄉魏默深先生爲董氏春秋發微，未成。今厚菴復爾。余讀鍾離意别傳，意爲魯相，發孔子教授堂下牀首懸甕中素書曰：「後世修吾書董仲舒。」則仲舒修書，預知之數百年前，此聖人在天之靈所昭鑒也。豈宜久晦而不章？厚菴已矣，余更以俟夫後之爲公羊學者。

甲寅閏月，長沙王先謙撰